Le
What's
What

Le
Qu'est-
ce
Que c'est

sous
les auspices
du Haut Comité
de la langue française

Le
Qu'est-
ce
Que c'est

Le What's What

La première
encyclopédie
visuelle
franco-anglaise

Reginald Bragonier Jr
et
David Fisher

**La traduction française de l'ouvrage a été réalisée par
FRANTERM sous la direction de Alain Fantapié et Marcel Brulé**

Coordonnateur des travaux : Loïc Depecker
*en liaison avec : les Commissions ministérielles de terminologie, les organismes professionnels,
les entreprises, les fédérations sportives.*

RTL
EDITION

MENGÈS

QU'EST-CE QUE FRANTERM ?

Ce sont des équipes de spécialistes, de linguistes et de terminologues dont le siège des activités est au 10, boulevard Raspail, Paris 75007 (tél. 544.41.30). Elles disposent de moyens techniques importants : des terminaux notamment, qui permettent d'interroger à distance trois grandes banques mondiales de données terminologiques informatisées.

1 — SA PLACE

- FRANTERM a été chargé par le gouvernement français de coordonner les commissions ministérielles de terminologie.
- FRANTERM est associée aux activités de normalisation terminologique internationale menées par l'AFNOR, l'I.S.O., le C.C.I.T.T., etc.
- FRANTERM est au centre d'une coopération terminologique internationale francophone grâce aux contacts privilégiés qu'elle entretient avec le Canada, le Québec (avec lesquels elle constitue le module français du réseau de néologie dont elle le représentant unique et officiel de la France) et la Belgique.
- FRANTERM coopère également avec les organisations internationales et de nombreux pays (pays arabes, pays d'Asie, Pays-Bas, O.C.D.E., Unesco, etc.).
- FRANTERM est au cœur des activités terminologiques par ses rapports avec les professionnels dans les entreprises, avec les traducteurs, les correcteurs et les typographes, ce qui lui permet de disposer d'un réseau d'informations et aussi d'utilisateurs et de diffuseurs.

2 — SES PROGRAMMES

- Enrichir la langue française, et la rendre plus précise.
- Favoriser le dialogue entre les différentes langues par la création de banques terminologiques multilingues.

- Permettre d'accéder à ces informations par les modes de diffusion classique mais aussi en utilisant les technologies nouvelles (dictionnaires informatisés, banques de terminologie accessibles grâce à la télématique).
- Favoriser le développement de la traduction assistée par ordinateur qui nécessite l'élaboration préalable de grands ensembles terminologiques cohérents et adaptés.

FRANTERM est donc au centre d'un réseau de relations et d'activités d'une triple dimension : nationale, francophone et internationale. FRANTERM crée une banque de données terminologique avec leur traduction en plusieurs langues étrangères.

3 — SERVICES ET PRESTATIONS

FRANTERM a entrepris la réalisation de plusieurs grands dictionnaires (un dictionnaire des télécommunications trilingue de vingt mille termes, un autre des professions audiovisuelles commandé par le Ministère de la Communication ; elle constitue également un dictionnaire sur la maîtrise de l'énergie, et une série de lexiques).

FRANTERM a élaboré entre 1981 et 1982, six cahiers de néologie édités par l'Office de la langue française de Québec et comportant un millier de termes nouveaux dans le domaines suivants : lagunage, boues activées, épuration des eaux, circuits intégrés, semiconducteurs, électronique, infrastructure routière, etc.

FRANTERM a également constitué le dictionnaire des néologismes officiels accessible sur support papier, ou interrogeable par terminal.

FRANTERM diffuse les *Cahiers de Terminologie* publiés avec chaque numéro de la revue *Médias et Langage*.

Composition française et index : SERTI
Centre de Traitement : 106, avenue Jean-Jaurès — Lyon
Siège Social : 6, rue Saint-Charles — Paris
Montage et Photogravure : Points Couleurs
78, avenue de Brogny — Annecy
Maquette de couverture : Bernard Flageul

Nous remercions de leur aimable coopération pour l'illustration de la couverture de cet ouvrage, les services de documentation des firmes suivantes :
Air France/Bosch/Centre Audio-visuel S.N.C.F./Centre National d'Etudes Spatiales/Leitz/Olympia/Peugeot/Régie Nationale des Usines Renault et la Brigade des Sapeurs Pompiers de Paris/le ministère de la Marine/ la Préfecture de Police de Paris/

ISBN : 2-85620-197-0

ÉDITION AMÉRICAINE

Equipe éditoriale

Reginald Bragonier Jr., David Fisher
Hugh Johnson, Warren Cox, Dwight Dobbins, Dorothy Bacheller, Maria Maggi, Herb Pierce

Documentation

Stephanie Bernardo, Denise Demong, Sandy Dorfman, Barbara Lefferts, Susan Baran, Dina Boogaard, Edith Hathaway,
Howard Leib, Barry O'Donnell, Patricia Schulman, Lita Telerico, Carol Tormey,
Beverly Weintraub, Reginald Bragonier III, Brooke Nelson, Tina Oxenberg

Illustrations

Peter Kleinman, Don Murphy, Michael Renzhiwich, Neal Adams, Charles Addams, John Hill, Calvin Klein, Jan Leighton, Dee Molenaar,
The Schechter Group, Dr. Seuss, Mort Walker, Jo Ann Wanamaker, Andy Warhol, Mike Witte

Photographies

Bill Ashe, John Barrett, BODI, David Burnett, Phil Koenig, Michael Weiss

Index

Dorothy Macdonald, Annamaria Bouza, Marion D.S. Dreyfus, Andrea Immel

Mise en page

Melissa Ayers, Gary Bralow, Eric Kibble, Mark Mugrage

ÉDITION FRANCAISE

réalisée sous les Auspices du Haut Comité de la langue française

La traduction française de l'ouvrage a été réalisée par FRANTERM sous la direction de Alain FANTAPIÉ et Marcel BRULÉ

Coordonnateur des travaux : Loïc Depecker

en liaison avec : les commissions ministérielles de terminologie, les organismes professionnels, les entreprises, les fédérations sportives.

Avec la collaboration de :

Marlène Baroukh, Pierre-Antoine Camus, Bernard Cohen, Denis Robert, traducteurs.

Et avec le concours notamment de :

Alain Baudias, André Bellavoir, Jean-Maris Berthe, Jean-Claude Biget, Pierre Blois, Daniel Braslet, Éléonore Brille, Gérard Brunschwig, André de Caix, Denis Carel, Simone Carré, Jean-Michel Cau, Henri Champeaux, Danièle Charles Saintoin, Maris-France Clerc Girard, Louis Colas, Maurice Controu, Bernard Courtois, Jean-Louis Courtois, Michel Cuilleray, Odile Duchenne, Jean Duffaud, Jean-Claude Fantou, André-Georges Ferré, Louis Gelis, Yvonne Gervais, Jean-Baptiste Graissin, Jean Gravelet, Henri Gravier, Clovis Grimaud, Claudine Grouzelle, Annic Hannaux, Jean Iung, Paul Jacob, Jean-Paul Josseran, Jean Jouannic, André Kaisserlian, Norbert Kalfon, Rémy Lafaurie, René Lagarrigue, Christian Langonné, Robert Lecourt, Victor Malka, Marie-Thérèse Mchanetzki, Claude Michel, Alain Milhaud, Jean de Montalembert, Charlotte Nadel, Jean-Claude Neyrat, Béatrice Léveillé Nizerolle, Claude Ollivier, Chantal Paris, Michel Palot, Serge Paul, Jean Pelletier, Robert Perriaux, Danielle Perrin, Grégoire Perrin, Jean-François Perroux, Vincent Planque, Frédéric Pochet, Henry Pouzargue, Lucette Précone, Guillaume Proebster, Olivier Puyplat, Louis Quesnel,

Jean Rebeix, Richard Richer, Jacques Rimbaud, Yves Rocquemont, Monique de Rycker, José Salillas, François Secondi, Patrick Selmer, Michel Serbier, Pierre Sizaire, Pierre Sourdois, Gaston Thélotte, Marcel Thué, Patrick Tugault, Gilbert Vanel, François Wagner, Pierre Weiss.

Avec le concours précieux notamment de :

Adidas, Air France (direction du matériel), la Banque de France, le Centre d'études techniques des industries de l'habillement, le Centre technique de l'industrie horlogère, le Cercle des jeunes chefs d'entreprises du machinisme agricole, la Chambre syndicale des ascenseurs et monte-charges, la Chambre syndicale de la facture instrumentale, la Chambre syndicale du cycle, le Commissariat à l'énergie atomique, les Échanges musicaux francophones, Electricité de France, la Fédération française de la bijouterie-joaillerie-orfèvrerie, la Fédération française de l'industrie des produits de parfumerie-de beauté et de toilette, la Fédération française du parapluie, Hugin France, l'Imprimerie nationale, l'Institut technique interprofessionnel de l'horticulture, Kremlin, le Laboratoire central des ponts et chaussées, Médias et langage, Otis, Polaroïd, Seb, la Société française du patrimoine campanaire, la Société nationale des chemins de fer français, la société Ogp, le Syndicat des fabricants de capteurs solaires, le Symso, le Syndicat des fabricants et constructeurs des industries médicochirurgicales, le Syndicat national des chaînes mécaniques.

MODE D'EMPLOI

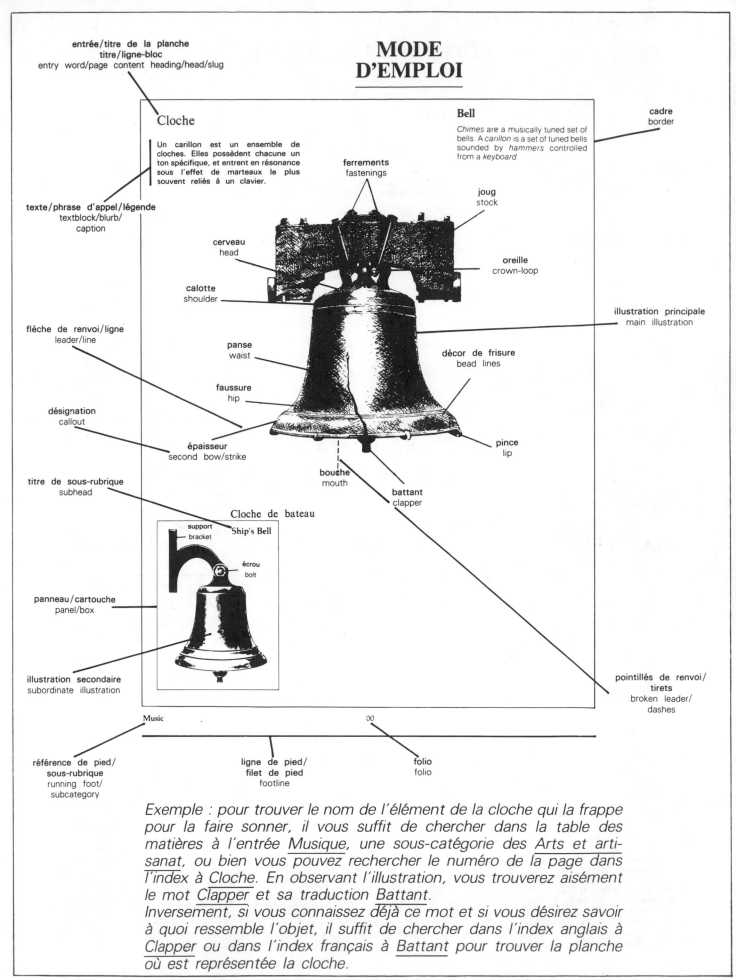

entrée/titre de la planche
titre/ligne-bloc
entry word/page content heading/head/slug

Cloche

Un carillon est un ensemble de cloches. Elles possèdent chacune un ton spécifique, et entrent en résonance sous l'effet de marteaux le plus souvent reliés à un clavier.

texte/phrase d'appel/légende
textblock/blurb/
caption

Bell

Chimes are a musically tuned set of bells. A *carillon* is a set of tuned bells sounded by *hammers* controlled from a *keyboard*.

cadre
border

ferrements
fastenings

joug
stock

cerveau
head

oreille
crown-loop

calotte
shoulder

illustration principale
main illustration

flèche de renvoi/ligne
leader/line

panse
waist

décor de frisure
bead lines

faussure
hip

désignation
callout

épaisseur
second bow/strike

pince
lip

bouche
mouth

battant
clapper

titre de sous-rubrique
subhead

Cloche de bateau
Ship's Bell

support
bracket

écrou
bolt

panneau/cartouche
panel/box

illustration secondaire
subordinate illustration

pointillés de renvoi/tirets
broken leader/dashes

Music

00

référence de pied/sous-rubrique
running foot/subcategory

ligne de pied/filet de pied
footline

folio
folio

Exemple : pour trouver le nom de l'élément de la cloche qui la frappe pour la faire sonner, il vous suffit de chercher dans la table des matières à l'entrée Musique, une sous-catégorie des Arts et artisanat, ou bien vous pouvez rechercher le numéro de la page dans l'index à Cloche. En observant l'illustration, vous trouverez aisément le mot Clapper et sa traduction Battant.
Inversement, si vous connaissez déjà ce mot et si vous désirez savoir à quoi ressemble l'objet, il suffit de chercher dans l'index anglais à Clapper ou dans l'index français à Battant pour trouver la planche où est représentée la cloche.

LE WHAT'S WHAT... QU'EST-CE QUE C'EST ?

Jusqu'à présent, il était impossible de trouver dans un dictionnaire un terme que vous aviez oublié ou que vous ignoriez. En effet, dans un dictionnaire d'usage courant, pour trouver un mot, il faut en premier lieu le connaître.

Or le *Qu'est-ce que c'est* est une révolution en matière de dictionnaire encyclopédique : son approche est *visuelle*. Il vous permet de trouver dans les planches illustrées le nom des éléments d'un objet, même si l'un d'eux n'est pas visible sur l'illustration : une fiche de renvoi en pointillés vous aide alors à le retrouver. De plus, pour accroître le caractère synthétique des planches et faciliter votre lecture, un certain nombre d'éléments représentés sont l'addition imaginaire d'objets plus restreints : l'animal fabuleux, la voiture, l'église, par exemple. Votre recherche s'effectue donc plus *rapidement*.

Cela rejoint bien la visée des créateurs américains du *What's what*, qui ont sélectionné ces planches encyclopédiques en fonction de la fréquence d'utilisation qui pouvait en être faite, et de leur utilité. Un tel choix ouvert en priorité sur la technologie et la langue des États-Unis, vous permet donc d'appréhender au plus près la réalité américaine.

COMMENT UTILISER LE WHAT'S WHAT ? QU'EST-CE QUE C'EST ?

Le système de classification du WHAT'S WHAT est simple et direct : puisque chaque objet du monde physique fait partie d'un ensemble, le lecteur peut retrouver tout détail en recherchant l'ensemble dont il fait partie.

Tous les objets entrent naturellement dans l'une des douze catégories suivantes : *la terre, les êtres vivants, les abris et les constructions, les transports, les communications, les objets personnels, la maison, les sports et les loisirs, les arts et l'artisanat, les machines, les outils et les armes, les uniformes et les costumes, les signes et les symboles.*

Pour retrouver un objet :

1° Consulter la table des matières où chaque entrée est classée par catégorie et sous-catégorie selon la nature et l'usage de l'objet ; vous trouverez l'endroit du livre où il se trouve. (Exemple : une automobile est classée dans *Transports*).

2° Vous pouvez aussi trouver le nom d'un objet, ou partie d'objet dans l'index. (Exemple : vous trouverez le numéro de la page où figure « rail de sécurité » en cherchant dans l'index « rail » ou « sécurité », ou bien n'importe quel autre élément du sous-marin auquel vous pouvez penser puisque toutes ces entrées sont affectées du numéro de la page où sont représentés le sous-marin et ses composants.

Ainsi, soit par la table des matières, soit par l'index, vous trouverez le terme précis que vous cherchez et sa traduction américaine.

Avertissement

Les textes de présentation qui figurent en haut de chaque page ont pour double fonction :

a) de donner une explication générale à propos de l'objet présenté,

b) d'en enrichir la connaissance par la fourniture de nombreux termes supplémentaires.

Pour enrichir encore cette encyclopédie, nous avons fait figurer un texte similaire en anglais (dont les termes en italique figurent dans l'index anglais). Ce n'est pourtant pas toujours une traduction à l'identique du texte français, dans la mesure où l'univers nord-américain ne correspond pas toujours exactement aux concepts et aux objets de l'univers francophone (d'où un découpage terminologique différent) et, dans la mesure également où la langue anglaise embrasse parfois la fonction et la forme là où le français ne donne parfois que l'un ou l'autre.

Enfin, qu'il nous soit permis de faire appel à tous les lecteurs du WHAT'S WHAT/QU'EST-CE QUE C'EST.

La réalisation d'une telle encyclopédie a réclamé plus de six années de travail et d'innombrables vérifications. Néanmoins, le langage est une chose mouvante, deux langues le sont encore davantage (et pas toujours dans le même sens). Il n'est donc pas impossible que certains lecteurs décèlent ce qu'ils croient être des erreurs ou des imprécisions.

Qu'ils veuillent bien nous les signaler (accompagnées des justifications, bibliographies, sources, etc.) à l'adresse ci-dessous.

Franterm, le Haut Comité de la langue française et nous-mêmes les recevrons et les examinerons avec gratitude, les considérant comme une tentative d'enrichissement de cette œuvre toujours en devenir.

EDITIONS MENGÈS
13, passage Landrieu
75007 PARIS

Préface

L'ouvrage présenté ici pour la première fois au public francophone est l'aboutissement d'un travail mené en France durant les années 1982-83. Il fait donc état de quelques aspects de la langue française de notre temps.

Il s'agit cependant de la traduction du *What's what* américain. En ce sens, il est parfois une adaptation, puisque *certains concepts* (nous dénombrons quatre phases de la lune et l'américain huit), *certains modes de pensées* (notre réflexion logique est souvent différente), *certains objets* (la configuration du billet de banque, *certains sports* (le football américain ne fait que très sporadiquement son apparition en France) nous sont étrangers. On s'apercevra ainsi que notre appréhension du monde, comme cela apparaît dans la conception des planches et des textes qui les présentent, est souvent très différente, tant il est vrai que nous pensons un monde que notre langue a d'abord modelé. De plus, le génie propre des créateurs du *What's what* contribue lui aussi à modifier la perspective. En outre, il serait illusoire de croire que la langue américaine forme un ensemble homogène ; aussi le vocabulaire proposé n'est-il pas toujours celui qui a cours dans les instances internationales de normalisation. Par ailleurs, certains matériels présentés sont parfois assez anciens (la plateforme de forage par exemple).

C'est pourquoi l'on pourra noter quelques disparités.

La version française a toutefois le mérite d'exister : notre chance a été de pouvoir puiser à tout moment dans les richesses du français hors de France, et dans ce sens nous avons bénéficié d'une part du travail effectué depuis quelques années dans l'ensemble de la francophonie, tout particulièrement au Canada où le Bureau des traductions du Secrétariat d'état du gouvernement fédéral, et l'Office de la langue française du Québec nous ont accordé l'accès à leurs banques de données terminologiques ; et d'autre part de l'effort fourni par les ministères français, celui des Relations Extérieures notamment, les commissions ministérielles de terminologie, et Franterm, organisme chargé de coordonner sur le plan technique leurs recherches et d'assurer la liaison avec les centres de terminologie fonctionnant en France et à l'étranger.

En somme, le *What's what/Qu'est-ce que c'est* fournit un ouvrage de travail non négligeable à la fois pour mieux faire percevoir la manière dont la langue américaine analyse le monde physique, constituant ainsi un important document de civilisation, et pour mettre en évidence les capacités d'adaptation de la langue française.

Ce travail n'est cependant qu'un commencement pour nous. Il témoigne de l'intérêt, du dévouement, et de l'amitié des dizaines de techniciens français qui ont accepté, dans des conditions souvent difficiles, de réunir leur expérience, leur compétence, et leur savoir pour nous permettre de disposer d'un instrument de travail précieux.

Alain Fantapié
Directeur de Franterm

SOMMAIRE

SOMMAIRE (suite)

SOMMAIRE (suite)

La Terre

Notre planète est présentée ici sous tous ses aspects : tantôt on l'aperçoit de loin, minuscule dans l'immensité de l'espace qu'elle partage avec d'autres corps célestes ; tantôt on la voit de près, ce qui permet d'en examiner la géographie et de découvrir, représentés schématiquement, les moindres détails de sa surface.

On a simplifié la présentation de certaines planches, dont celle de l'univers, en faisant figurer fictivement côte à côte des éléments disparates, afin de mieux pouvoir regrouper les légendes.

Dans quelques cas, notamment pour représenter les diverses couches intérieures de la Terre, on a donné des coupes à niveaux multiples, car c'était là la seule façon de désigner certaines parties du globe terrestre.

Enfin, dans la figure de la grotte, pour mieux faire ressortir certains détails, on a procédé à une coupe transversale plutôt qu'à une représentation classique, améliorant ainsi la clarté de la planche.

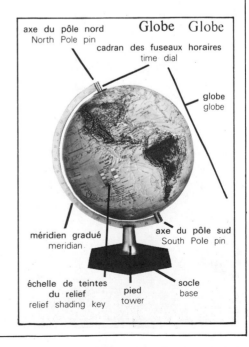

axe du pôle nord
North Pole pin

Globe   Globe

cadran des fuseaux horaires
time dial

globe
globe

axe du pôle sud
South Pole pin

méridien gradué
meridian

échelle de teintes
du relief
relief shading key

pied
tower

socle
base

Univers

Dans cette représentation stylisée de l'univers, on a regroupé pêle-mêle les éléments de la masse cosmique, depuis le système solaire et les galaxies locales jusqu'aux galaxies extérieures. De la terre, seules sont visibles les planètes éclairées par notre soleil. Les météores, ou étoiles filantes, apparaissent comme autant de traînées lumineuses qui traversent le ciel, lorsqu'ils se désintègrent en pénétrant dans l'atmosphère terrestre.

Universe

This whimsical creation of the universe includes such bits and pieces of the entire *cosmic mass* as the *solar system, local galaxies* and *external galaxies.* Observable *planets* are illuminated by the light of our sun. *Meteors,* or *shooting stars,* are seen as streaks of light in the *sky* as they are vaporized on entering earth's atmosphere.

étoile supergéante rouge
red supergiant star

galaxie spirale
spiral galaxy

côté
side

galaxies elliptiques
elliptical galaxies

face
full face

galaxies spirales normal
common spiral galaxies

trou noir
black hole

galaxies irrégulières
irregular galaxies

galaxie spirale barr
barred spiral galax

astéroïdes/petites planètes
asteroids/planetoids

Pluton
Pluto

nébuleuse/nuage interstellaire
nebula/interstellar cloud

Neptune
Neptune

étoiles
stars

Uranus
Uranus

effet Doppler
doppler shift

constellation
constellation

nuage de gaz
mystery gas cloud

pulsar
pulsar

quark
quark

quasar
quasar

ceinture de rayonnements
radiation-belt

queue
tail

tête
head/coma

comète
comet

étoile naine blanche
white dwarf star

étoiles binaires/étoiles doubles
binary stars/double stars

nuage d'ions
ion particle cloud

ondes radioélectriques
radio waves

supernova
supernova

satellite
satellite

division sombre de Cassini
Cassini division

anneaux
rings

Saturne
Saturn

Jupiter
Jupiter

éruption solaire/protubérance solaire
solar flare/solar prominence

Mars
Mars

Terre
Earth

Vénus
Venus

Titan
Titan

Mercure
Mercury

Lune/satellite
moon/satellite

taches solaires
Sun spots

Soleil
Sun

rayonnements cosmiques
cosmic rays

3

Système planétaire

Earth Core

Geologists divide the earth into three *zones*: the *lithosphere*, containing all solids from the land surface to the earth's center: the *hydrosphere*, all surface water areas: and the *atmosphere*, the layered gaseous envelope surrounding the earth's surface. The moon goes through eight phases every 29.5 days, called a *synodic period*, or *lunar month*, in which parts of it are in dark shadow and not visible from earth.

Noyau de la terre

Les géologues divisent la terre en trois zones : la lithosphère, qui comprend toutes les matières à l'état solide, depuis la surface jusqu'au centre de la terre ; l'hydrosphère, qui désigne l'eau située à la surface de la terre ; et l'atmosphère, c'est-à-dire l'enveloppe gazeuse composée de plusieurs couches, qui entoure la terre. La terminologie française ne donne de nom qu'à quatre phases de la lune, tandis que l'anglais en distingue huit. Ces phases correspondent aux étapes de la révolution synodique de la lune, laquelle s'effectue en vingt-neuf jours et demi ; c'est ce que l'on appelle la période synodique, ou mois lunaire, ou lunaison, au cours duquel certaines parties de l'hémisphère non éclairées par le soleil, ne sont pas visibles de la terre.

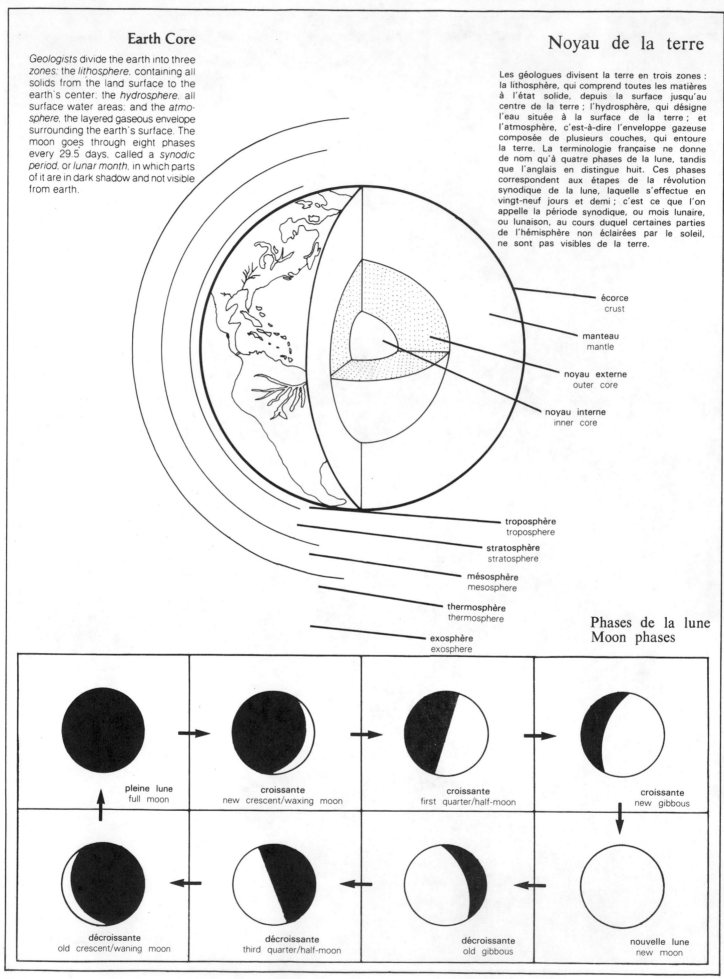

écorce
crust

manteau
mantle

noyau externe
outer core

noyau interne
inner core

troposphère
troposphere

stratosphère
stratosphere

mésosphère
mesosphere

thermosphère
thermosphere

exosphère
exosphere

Phases de la lune
Moon phases

pleine lune
full moon

croissante
new crescent/waxing moon

croissante
first quarter/half-moon

croissante
new gibbous

décroissante
old crescent/waning moon

décroissante
third quarter/half-moon

décroissante
old gibbous

nouvelle lune
new moon

Monde du cartographe

La position sur la grille terrestre est indiquée à la fois par la latitude exacte, nord ou sud de l'équateur, et par la longitude, est ou ouest du méridien international ou méridien de Greenwich. Au cours de la rotation diurne de la terre, le soleil passe directement au-dessus de chaque méridien : il est alors midi à tous les points de ce méridien, tandis que de l'autre côté de la terre, il est minuit, et l'on passe au jour suivant du calendrier. Un écart de 15° entre méridiens correspond à un intervalle d'une heure en temps solaire. Sur la carte des fuseaux horaires présentée ci-dessous, on voit que le découpage théorique de la Terre en vingt-quatre fuseaux horaires égaux a subi des modifications afin de mieux coïncider avec les frontières politiques et géographiques.

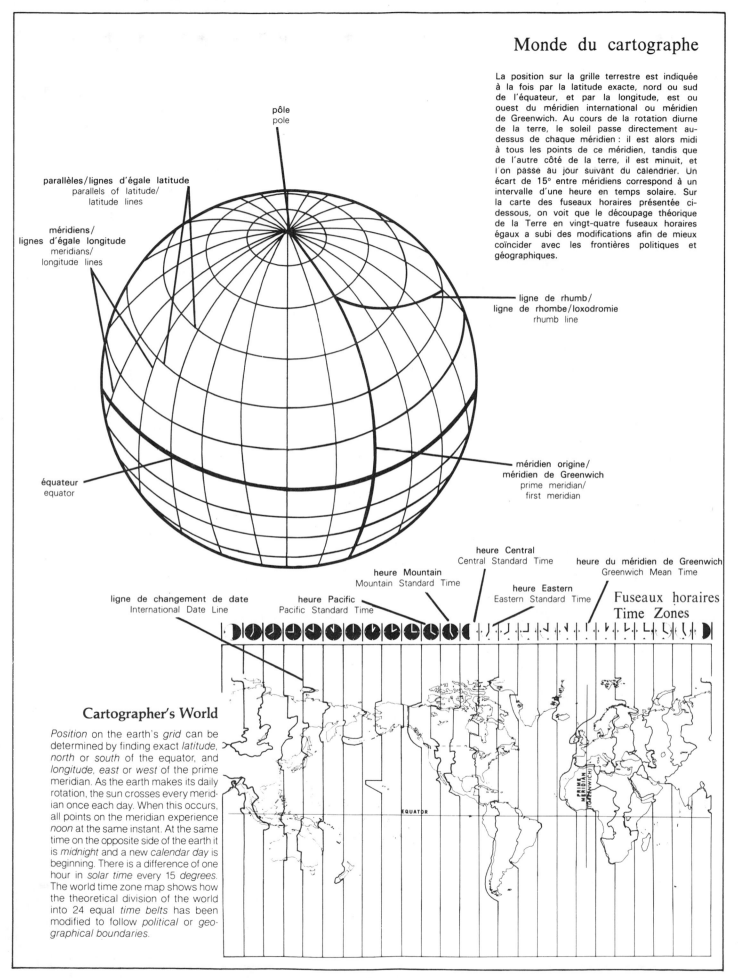

pôle
pole

parallèles/lignes d'égale latitude
parallels of latitude/
latitude lines

méridiens/
lignes d'égale longitude
meridians/
longitude lines

ligne de rhumb/
ligne de rhombe/loxodromie
rhumb line

équateur
equator

méridien origine/
méridien de Greenwich
prime meridian/
first meridian

heure Central
Central Standard Time

heure Mountain
Mountain Standard Time

heure du méridien de Greenwich
Greenwich Mean Time

heure Eastern
Eastern Standard Time

ligne de changement de date
International Date Line

heure Pacific
Pacific Standard Time

Fuseaux horaires
Time Zones

EQUATOR

PRIME MERIDIAN

Cartographer's World

Position on the earth's *grid* can be determined by finding exact *latitude*, *north* or *south* of the equator, and *longitude*, *east* or *west* of the prime meridian. As the earth makes its daily rotation, the sun crosses every meridian once each day. When this occurs, all points on the meridian experience *noon* at the same instant. At the same time on the opposite side of the earth it is *midnight* and a new *calendar day* is beginning. There is a difference of one hour in *solar time* every 15 *degrees*. The world time zone map shows how the theoretical division of the world into 24 equal *time belts* has been modified to follow *political* or *geographical boundaries*.

Terre

Vents et courants océaniques

Les catégories zonales de vents se déplacent vers le nord ou vers le sud en fonction des saisons. On voit ici les vents qui prédominent en hiver. Les courants saisonniers subissent des variations de vitesse et de direction, sous l'action des vents saisonniers, tandis que les courants permanents ne varient guère au cours de l'année.

Wind and Ocean Currents

The *zonal patterns* of wind are displaced northward and southward seasonally. Those shown here prevail in winter. *Seasonal currents* change speed and direction due to seasonal winds, whereas *permanent currents* experience relatively little change.

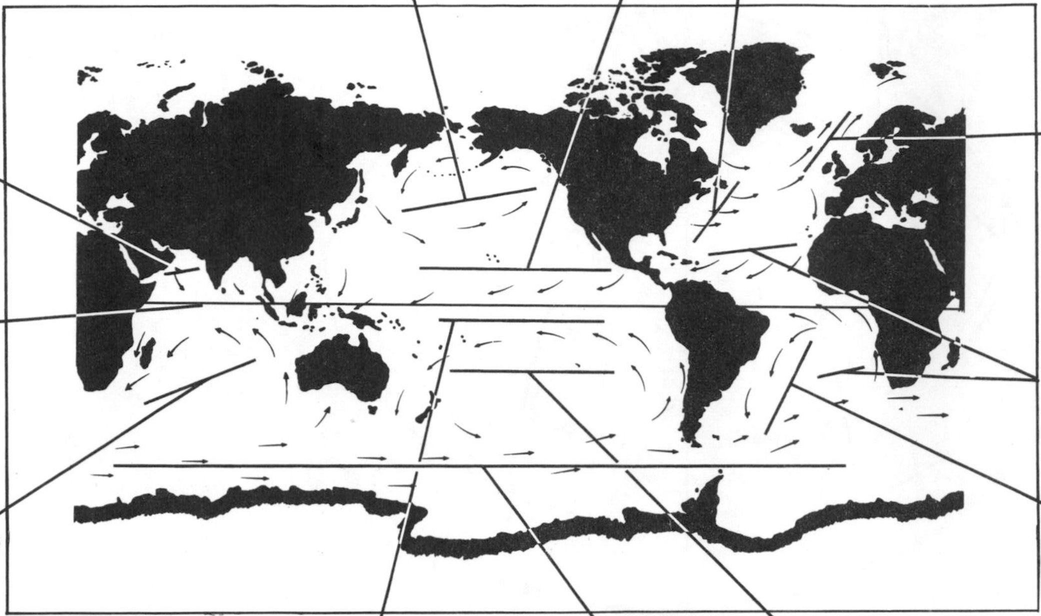

vents d'ouest
Westerlies

alizés
Trade Winds

vents d'ouest
Westerlies

vents d'ouest
Westerlies

moussons
Monsoons

équateur
Equator

anticyclones
Horse Latitudes

alizés
Trade Winds

alizés
Trade Winds

Courants atmosphériques

Wind Patterns

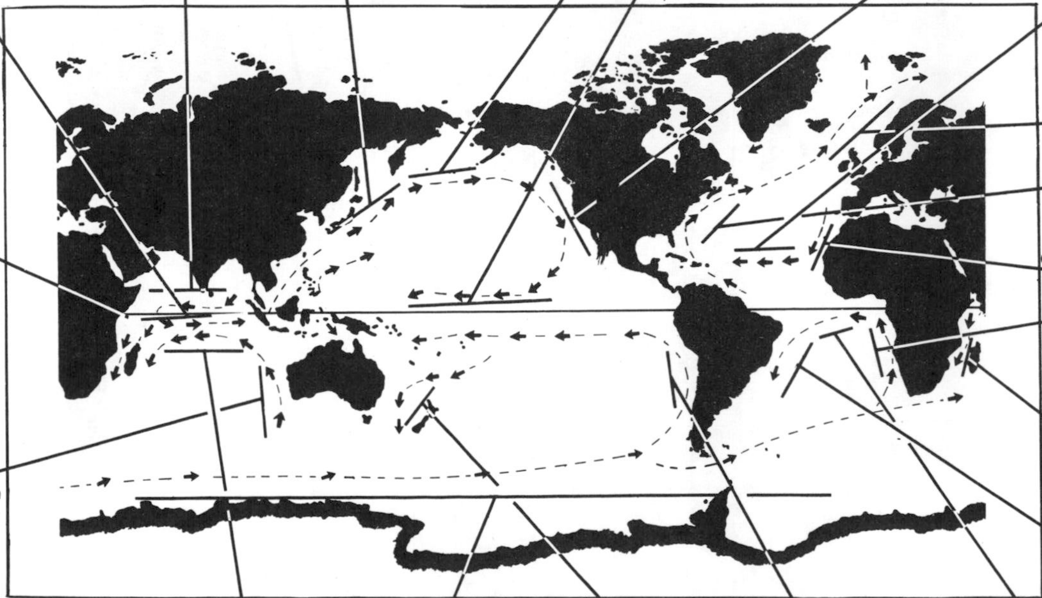

calmes
Doldrums

grands frais d'ouest
Roaring Forties

alizés
Trade Winds

courant nord-équatorial
North Equatorial Current

courant de Kouro-Chivo
Kuroshio Current/
Japan Current

dérive
nord-pacifique
North Pacific Drift

courants équatoriaux
Equatorial Currents

courant de Californie
California Current

courant nord
équatorial atlantique
Atlantic North
Equatorial Current

contre-courant équatorial
Equatorial Counter Currents

dérive
nord-atlantique
North Atlantic Drift

Gulf Stream
Gulf Stream

équateur
Equator

courant des Canaries
Canary Current

courant de Benguela
Benguela
Current

courant d'Agulhas
Agulhas
Current

courant
ouest-australien
West Australia
Current

courant du Brésil
Brazil Current

Courants océaniques

Ocean Currents

dérive des vents d'ouest/
grande dérive d'ouest
West Wind Drift

courant est-australien
East Australia Current

courant
sud équatorial atlantique
Atlantic South
Equatorial Current

courant sud-équatorial
South Equatorial Current

courant de Humboldt/courant du Pérou
Humboldt Current/Peru Current

Éléments du relief

Un golfe est la partie de la mer qui rentre dans les terres. Une bande de sable ou de galet reliant une île à la terre est un tombolo.

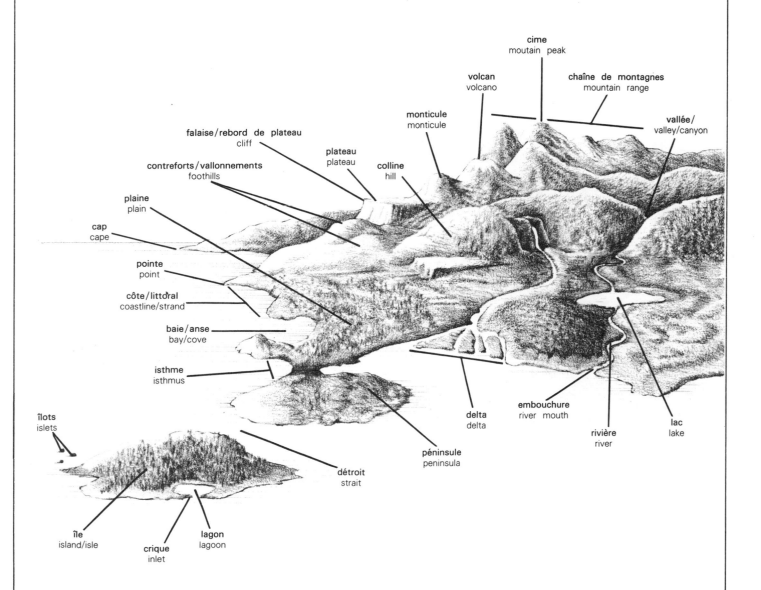

cime
moutain peak

volcan
volcano

chaîne de montagnes
mountain range

monticule
monticule

vallée/
valley/canyon

falaise/rebord de plateau
cliff

plateau
plateau

colline
hill

contreforts/vallonnements
foothills

plaine
plain

cap
cape

pointe
point

côte/littoral
coastline/strand

baie/anse
bay/cove

isthme
isthmus

îlots
islets

delta
delta

embouchure
river mouth

rivière
river

lac
lake

péninsule
peninsula

détroit
strait

île
island/isle

crique
inlet

lagon
lagoon

Land Features

A part of an *ocean* or *sea* extending into the land is a *gulf*. A narrow finger of land extending into the water is a *spit*. A sand or gravel bar connecting an island with the *mainland* or another island is a *tombolo*.

7

Terrains

Montagnes

Un groupe de montagnes, comme les montagnes alpines que l'on voit ici, s'appelle une chaîne Par cirque, on entend une dépression de forme circulaire que l'on trouve parfois dans les régions montagneuses. Un khame est une forme d'accumulation hydroglaciaire plus ou moins allongée, laissée par le retrait du bouclier glacé. Une colline, ou une hauteur isolée, dégagée nettement du terrain alentour est appellée une butte.

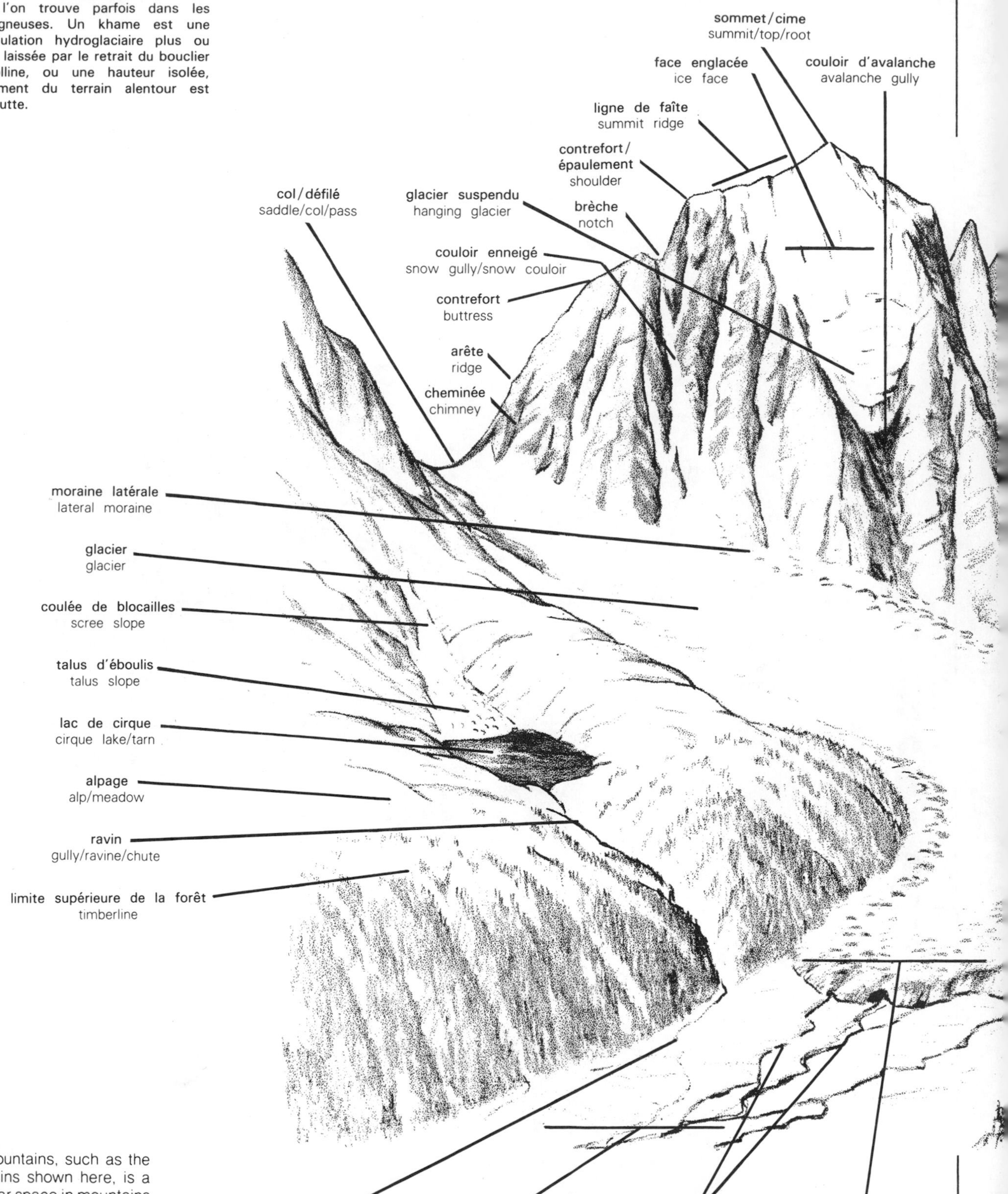

sommet/cime
summit/top/root

face englacée
ice face

couloir d'avalanche
avalanche gully

ligne de faîte
summit ridge

contrefort/
épaulement
shoulder

col/défilé
saddle/col/pass

glacier suspendu
hanging glacier

brèche
notch

couloir enneigé
snow gully/snow couloir

contrefort
buttress

arête
ridge

cheminée
chimney

moraine latérale
lateral moraine

glacier
glacier

coulée de blocailles
scree slope

talus d'éboulis
talus slope

lac de cirque
cirque lake/tarn

alpage
alp/meadow

ravin
gully/ravine/chute

limite supérieure de la forêt
timberline

Mountains

A series of mountains, such as the Alpine mountains shown here, is a *range*. A circular space in mountains is a *cirque*, or *cwm*. A *kame* is a ridge or material left by a retreating *ice sheet*. An isolated hill or mountain rising abruptly from the surrounding land is a *butte*.

torrent non-glaciaire
non-glacial stream

plaine fluvioglaciaire
glacial outwash/glacial plain

torrents glaciaires
glacial streams

moraine frontale
terminal moraine

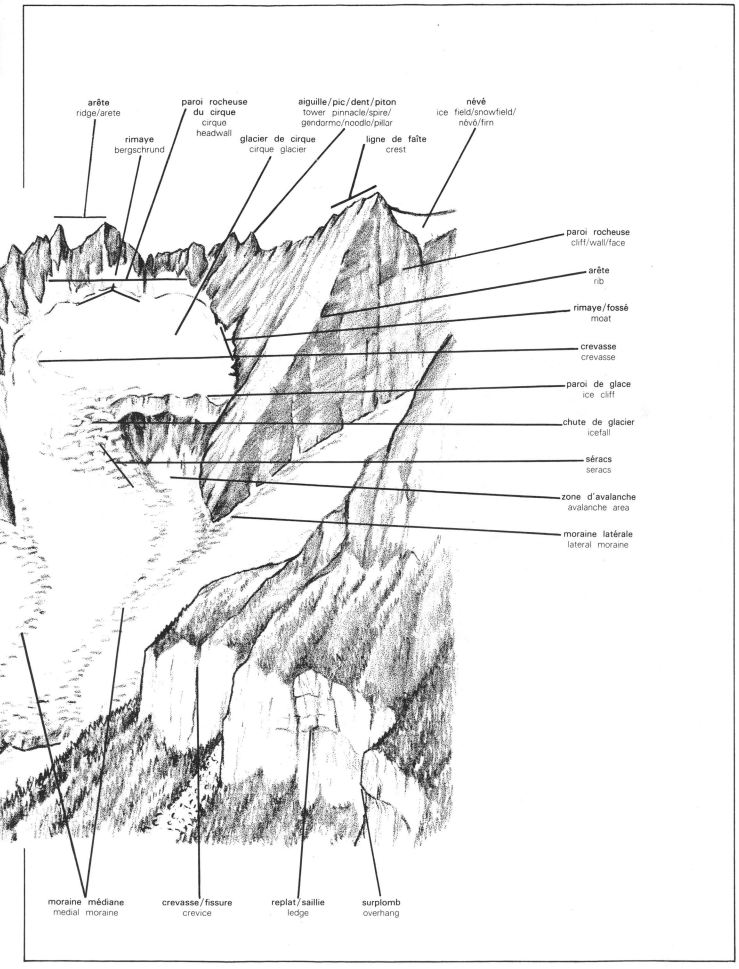

arête
ridge/arete

rimaye
bergschrund

paroi rocheuse
du cirque
cirque
headwall

glacier de cirque
cirque glacier

aiguille/pic/dent/piton
tower pinnacle/spire/
gendarme/noodle/pillar

ligne de faîte
crest

névé
ice field/snowfield/
névé/firn

paroi rocheuse
cliff/wall/face

arête
rib

rimaye/fossé
moat

crevasse
crevasse

paroi de glace
ice cliff

chute de glacier
icefall

séracs
seracs

zone d'avalanche
avalanche area

moraine latérale
lateral moraine

moraine médiane
medial moraine

crevasse/fissure
crevice

replat/saillie
ledge

surplomb
overhang

9

Terrains

Volcan

Pour les volcans à évent central tel que celui présenté ici, le matériel volcanique fait éruption à partir d'un seul conduit. Les volcans fissuraux rejettent le matériel volcanique le long de fractures importantes.

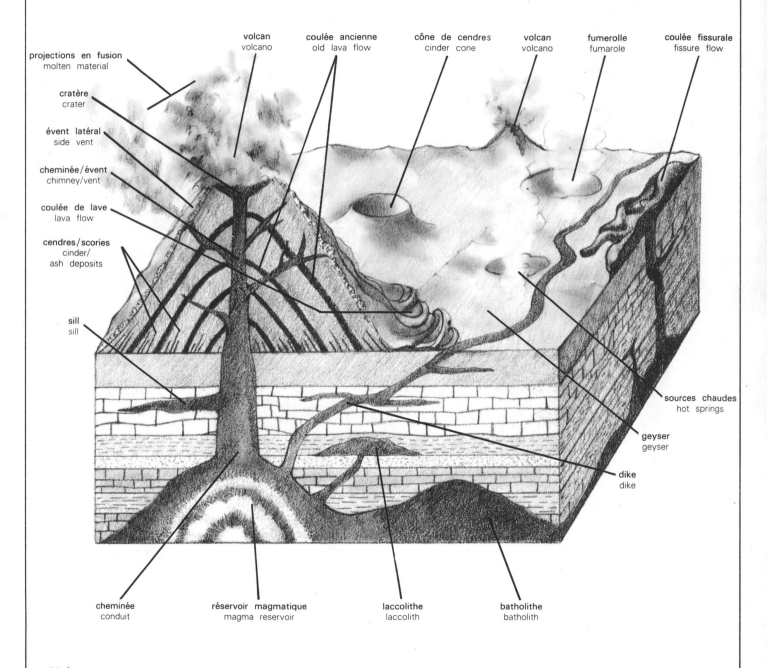

projections en fusion
molten material

cratère
crater

évent latéral
side vent

cheminée / évent
chimney / vent

coulée de lave
lava flow

cendres / scories
cinder /
ash deposits

sill
sill

volcan
volcano

coulée ancienne
old lava flow

cône de cendres
cinder cone

volcan
volcano

fumerolle
fumarole

coulée fissurale
fissure flow

sources chaudes
hot springs

geyser
geyser

dike
dike

cheminée
conduit

réservoir magmatique
magma reservoir

laccolithe
laccolith

batholithe
batholith

Volcano

In *central-vent volcanoes,* such as the one shown here, material erupts from a single pipe. *Fissure volcanoes* extrude material along extensive *fractures.*

Coupe transversale d'une grotte

On appelle *spéléologie*, l'exploration et l'étude scientifique des *grottes* et des *gouffres*. Dans une grotte, on distingue la *zone de pénombre*, près de l'entrée, où pénètre une certaine quantité de lumière, et la zone obscure. Une cavité comportant un ensemble de *galeries*, de *salles* et de puits en communication, prend souvent le nom de *réseau*, parfois même de *système souterrain*. On appelle *concrétions*, les formations résultant du dépôt de substances dissoutes dans l'eau. Les cristaux de *calcite* qui tapissent les *parois* ou le *sol* de certains lacs souterrains — en eau ou asséchés — peuvent prendre des formes diverses, notamment celles de *choux-fleurs* ou de *dents de cochon*.

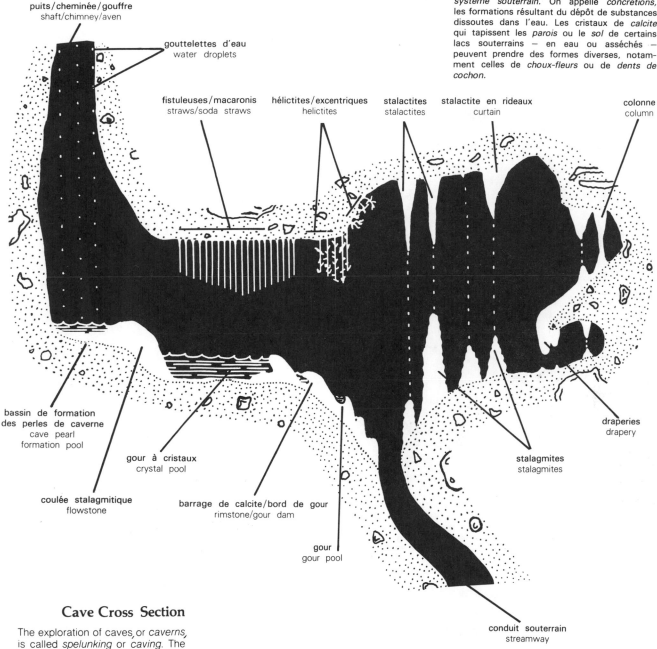

puits/cheminée/gouffre
shaft/chimney/aven

gouttelettes d'eau
water droplets

fistuleuses/macaronis
straws/soda straws

hélictites/excentriques
helictites

stalactites
stalactites

stalactite en rideaux
curtain

colonne
column

draperies
drapery

stalagmites
stalagmites

conduit souterrain
streamway

gour
gour pool

barrage de calcite/bord de gour
rimstone/gour dam

coulée stalagmitique
flowstone

gour à cristaux
crystal pool

bassin de formation
des perles de caverne
cave pearl
formation pool

Cave Cross Section

The exploration of caves, or *caverns*, is called *spelunking* or *caving*. The area lighted by daylight just inside a cave entrance is the *twilight zone*. An underground structure containing many *galleries*, *chambers* or *rooms* is a *cave system*. Anything formed inside a cave, *cavern* or *grotto*, by dripping water is *dripstone*. Knobby calcite growths often found on *walls* and *floors* of once-submerged caves are called *cave coral* or *cave popcorn*.

Terrains

Glacier

Lorsqu'un glacier débouche dans la mer ou dans un lac, il arrive qu'il vêle, c'est-à-dire que certaines portions s'en détachent : ce sont des icebergs. Souvent, ceux-ci se disloquent pour donner des icebergs de moindre taille. Viennent ensuite des blocs encore plus petits, appelés Bourguignons de growlers. On assiste à la formation d'une banquise, lorsque des icebergs ou des floes, se soudent les uns aux autres sous l'effet du gel ; cependant ces termes sont utilisés pour désigner plus généralement toute étendue de glace flottante ; le mot floeberg désigne un fragment détaché de la banquise.

Glacier

When a glacier terminates at the water's edge, sections break off, or *calve*, to form icebergs. Icebergs often break apart to form smaller, separate *bergs*, *bergy bits* or *bitty bergs*. Even smaller sections are called *growlers*. Ice packs, formed when the water surface between floating ice freezes, are called *floes*. Sections that break off are called *floebergs*.

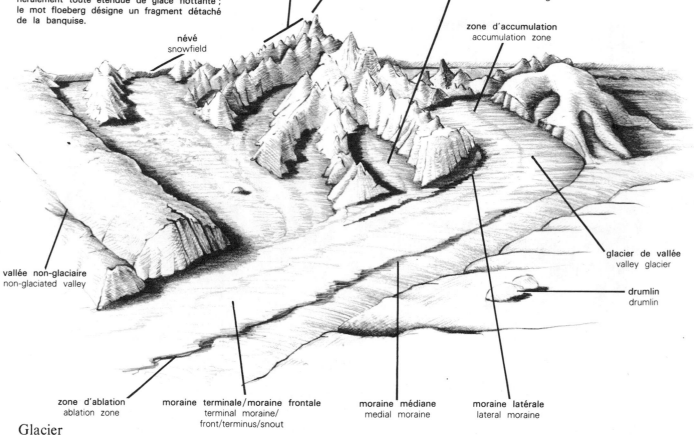

névé
snowfield

arête
arete

horn/pic/
aiguille
horn/spitz/peak

glacier de cirque
cirque glacier

zone d'accumulation
accumulation zone

glacier de vallée
valley glacier

drumlin
drumlin

vallée non-glaciaire
non-glaciated valley

zone d'ablation
ablation zone

moraine terminale/moraine frontale
terminal moraine/
front/terminus/snout

moraine médiane
medial moraine

moraine latérale
lateral moraine

Glacier
Glacier

Iceberg
Iceberg

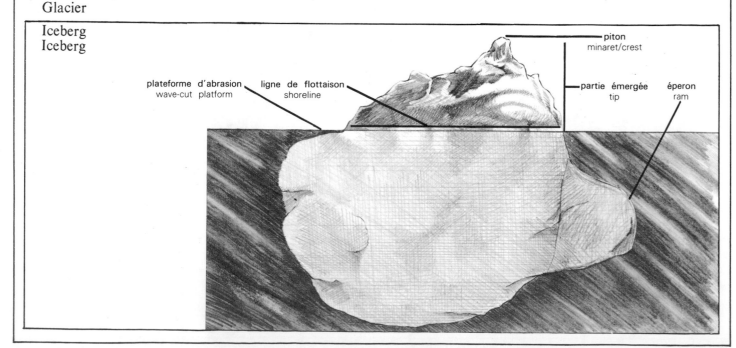

plateforme d'abrasion
wave-cut platform

ligne de flottaison
shoreline

piton
minaret/crest

partie émergée
tip

éperon
ram

Cours d'eau

Un système fluvial comporte un cours d'eau principal ainsi que des affluents ou des ramifications. Il est alimenté par un bassin fluvial, et creuse un chenal. On dit qu'il y a inondation lorsque le fleuve déborde de son lit.

River

A *river system* consists of the main river and its tributaries or branches. It drains from a *river basin*, and flows along a *course*, or *watercourse*, cutting a *channel* through the land. A *flood* occurs when it overflows its banks.

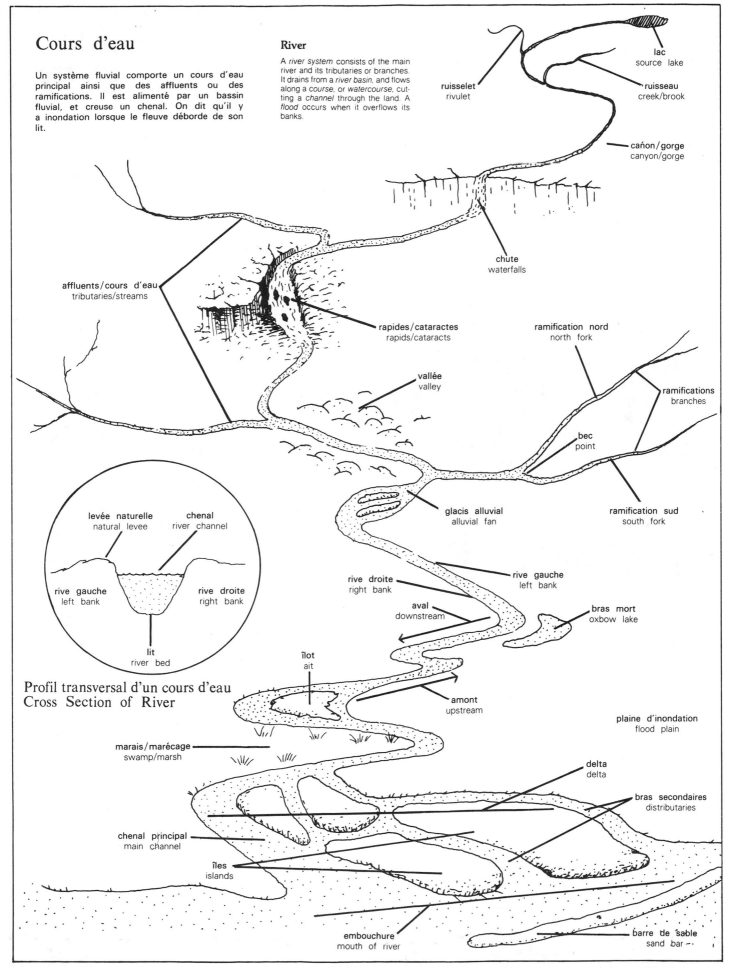

lac
source lake

ruisselet
rivulet

ruisseau
creek/brook

cańon / gorge
canyon/gorge

chute
waterfalls

affluents / cours d'eau
tributaries/streams

rapides / cataractes
rapids/cataracts

vallée
valley

ramification nord
north fork

ramifications
branches

bec
point

ramification sud
south fork

glacis alluvial
alluvial fan

rive gauche
left bank

rive droite
right bank

aval
downstream

bras mort
oxbow lake

levée naturelle
natural levee

chenal
river channel

rive gauche
left bank

rive droite
right bank

lit
river bed

Profil transversal d'un cours d'eau
Cross Section of River

îlot
ait

amont
upstream

plaine d'inondation
flood plain

marais / marécage
swamp/marsh

delta
delta

bras secondaires
distributaries

chenal principal
main channel

îles
islands

embouchure
mouth of river

barre de sable
sand bar

13

Systèmes hydrographiques

Wave and Shoreline

Wavelength is the linear distance between two wave crests, *period* is the time it takes two crests to pass a given point, and *wave height* is the vertical distance measured from the trough to the crest of a wave. There are *surface waves*, *tidal waves*, *internal waves*, *tsunamis*, *storm surges* and *seiches*. Long, crestless waves are *swells*. The rapid flow of water up onto the *beach face* following the breaking of *surf* is the *uprush* or *swash*.

Vague et littoral

On appelle *longueur d'onde*, la distance horizontale entre deux crêtes de vagues successives ; la *période* est l'intervalle de temps qui sépare le passage de deux crêtes successives à un point donné ; la *hauteur* désigne la dénivellation entre le creux et la crête. Parmi les diverses sortes de vagues, on trouve les *ondes de surface*, les ondes longues dont les *ondes de marée*, les *ondes internes*, *les tsunamis* (provoqués par les tremblements de terre), les *ondes de tempête* et les *seiches* (provenant des oscillations des bassins). La houle est un mouvement ondulatoire, sans déferlement de vagues. La montée rapide de l'eau sur la *plage*, après le déferlement, s'appelle *le jet de rive*.

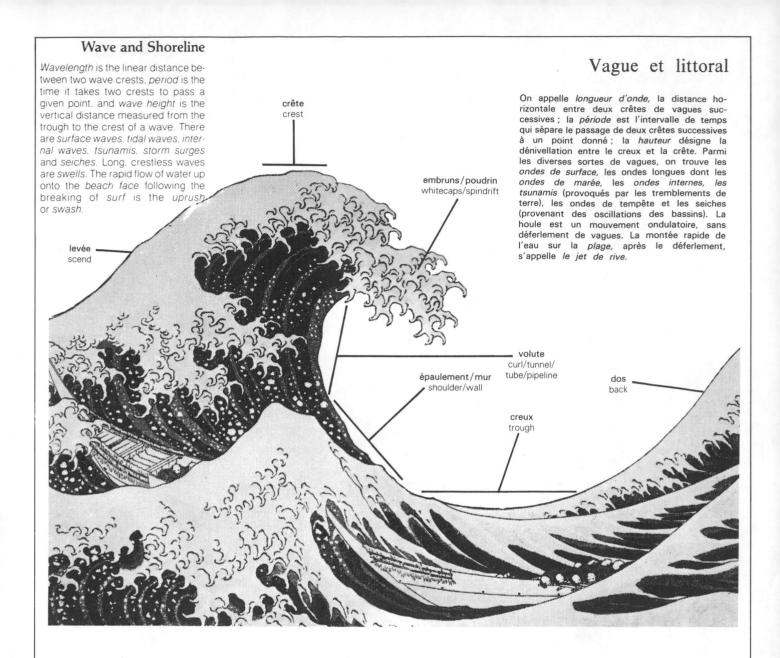

crête
crest

embruns/poudrin
whitecaps/spindrift

volute
curl/tunnel/
tube/pipeline

dos
back

épaulement/mur
shoulder/wall

creux
trough

levée
scend

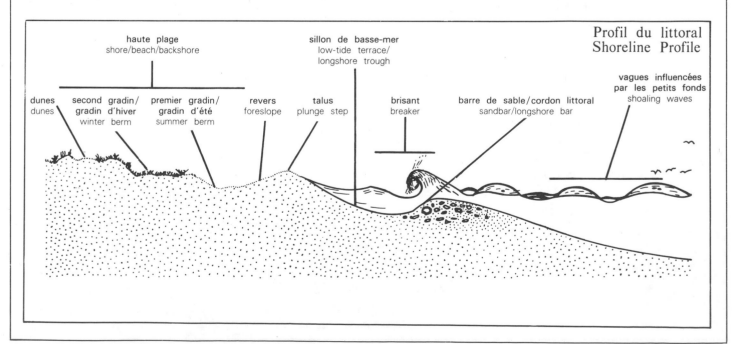

Profil du littoral
Shoreline Profile

haute plage
shore/beach/backshore

sillon de basse-mer
low-tide terrace/
longshore trough

vagues influencées
par les petits fonds
shoaling waves

dunes
dunes

second gradin/
gradin d'hiver
winter berm

premier gradin/
gradin d'été
summer berm

revers
foreslope

talus
plunge step

brisant
breaker

barre de sable/cordon littoral
sandbar/longshore bar

Littoral et marge continentale

L'estran est la partie du littoral comprise entre le niveau des plus hautes mers et celui des plus basses mers. On nomme plateforme continentale, ou plateau continental, la partie du fond des mers qui borde le continent. La plateforme continentale ne dépassant pas 150 à 180 mètres de profondeur, cette partie est traditionnellement délimitée par la courbe de cent brasses, c'est-à-dire la courbe de niveau correspondant à cette profondeur (1 brasse = 1,83 m).

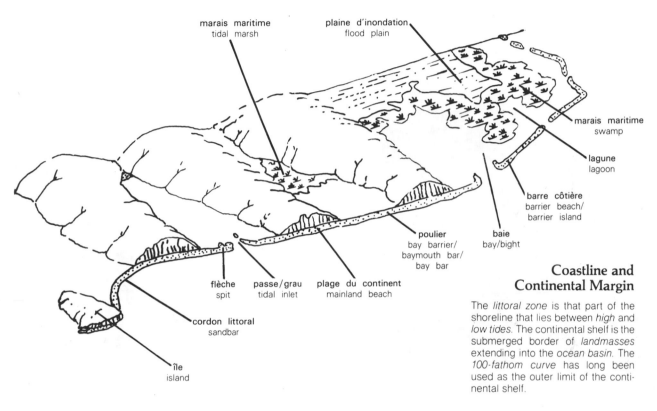

marais maritime
tidal marsh

plaine d'inondation
flood plain

marais maritime
swamp

lagune
lagoon

barre côtière
barrier beach/
barrier island

baie
bay/bight

poulier
bay barrier/
baymouth bar/
bay bar

plage du continent
mainland beach

passe/grau
tidal inlet

flèche
spit

cordon littoral
sandbar

île
island

Coastline and Continental Margin

The *littoral zone* is that part of the shoreline that lies between *high* and *low tides*. The continental shelf is the submerged border of *landmasses* extending into the *ocean basin*. The *100-fathom curve* has long been used as the outer limit of the continental shelf.

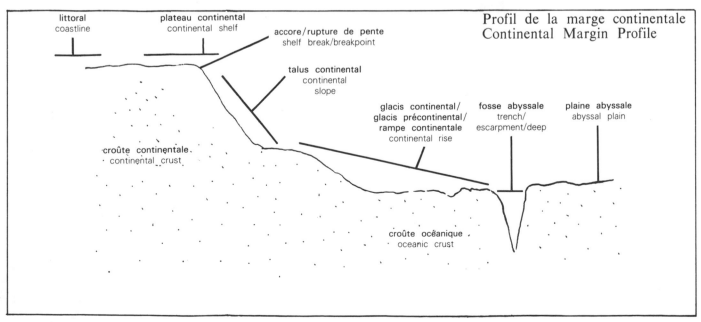

littoral
coastline

plateau continental
continental shelf

accore/rupture de pente
shelf break/breakpoint

talus continental
continental slope

glacis continental/
glacis précontinental/
rampe continentale
continental rise

fosse abyssale
trench/
escarpment/deep

plaine abyssale
abyssal plain

croûte continentale
continental crust

croûte océanique
oceanic crust

Profil de la marge continentale
Continental Margin Profile

Systèmes hydrographiques côtiers

Nuages

Le nom que l'on donne à un nuage dépend à la fois de sa forme et de son altitude. Les nuages sont constitués de gouttelettes d'eau ou de minuscules cristaux de glace ; leur forme varie sans cesse, sous l'action de l'évaporation, du vent, et des déplacements d'air.

Clouds

The name of a cloud describes both its appearance and its height above the ground. Clouds are formed from tiny droplets of water or *ice crystals* and continually change shape due to evaporation, wind and *air movements*.

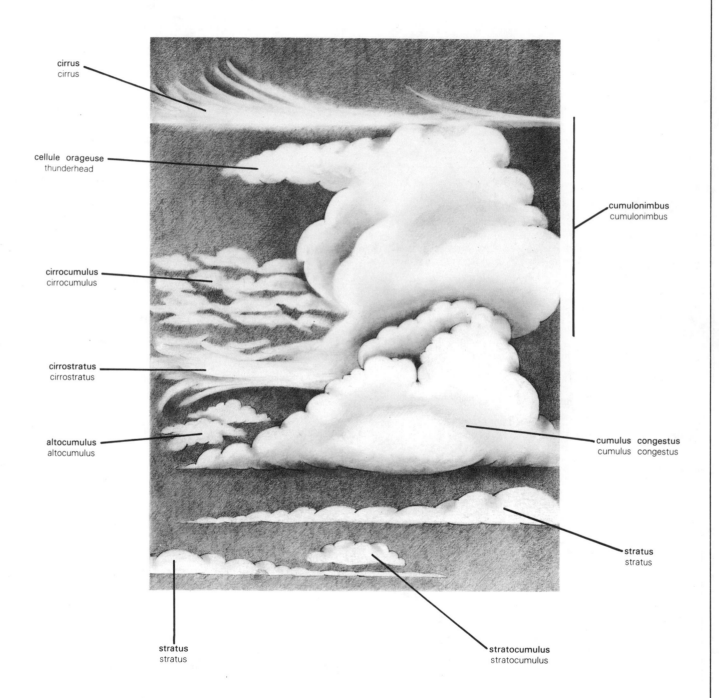

cirrus
cirrus

cellule orageuse
thunderhead

cumulonimbus
cumulonimbus

cirrocumulus
cirrocumulus

cirrostratus
cirrostratus

cumulus congestus
cumulus congestus

altocumulus
altocumulus

stratus
stratus

stratus
stratus

stratocumulus
stratocumulus

Types de tempête

Les orages s'accompagnent généralement d'éclairs, de *tonnerre*, de bourrasques ou de fortes rafales de vent, de fortes *pluies*, et parfois de *grêle*. Les cyclones du Pacifique sont appelés *typhons*. Les tornades sont des mouvements violents de l'atmosphère en forme de *tourbillon*.

Storm Systems

Thunderstorms carry the same general features: lightning, *thunder*, strong gusts of *wind*, heavy *showers*, and occasionally *hailstones*. When hurricanes occur in the Pacific, they are called *typhoons*. Tornados are also known as *twisters*.

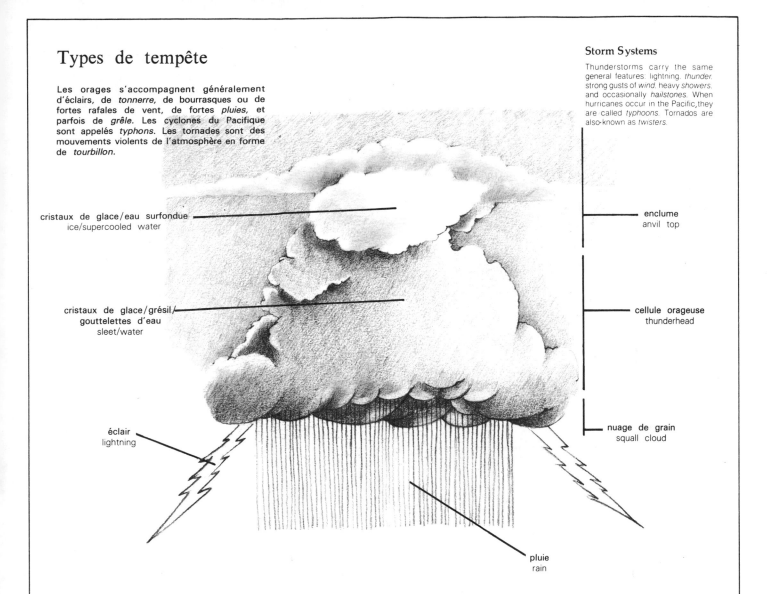

cristaux de glace/eau surfondue
ice/supercooled water

cristaux de glace/grésil/ gouttelettes d'eau
sleet/water

éclair
lightning

enclume
anvil top

cellule orageuse
thunderhead

nuage de grain
squall cloud

pluie
rain

Orage
Thunderstorm

Tornade
Tornado

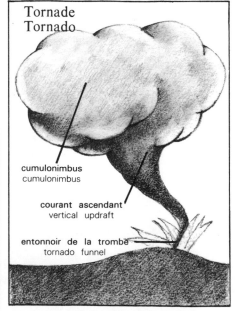

cumulonimbus
cumulonimbus

courant ascendant
vertical updraft

entonnoir de la trombe
tornado funnel

Coupe d'un ouragan
Cross Section of Hurricane

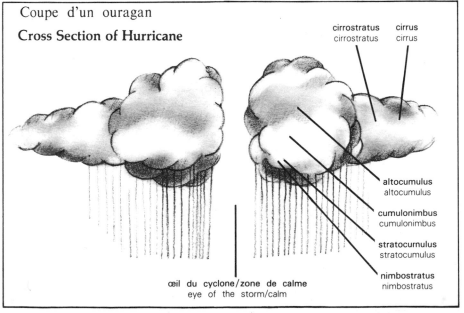

cirrostratus
cirrostratus

cirrus
cirrus

altocumulus
altocumulus

cumulonimbus
cumulonimbus

stratocurnulus
stratocumulus

nimbostratus
nimbostratus

œil du cyclone/zone de calme
eye of the storm/calm

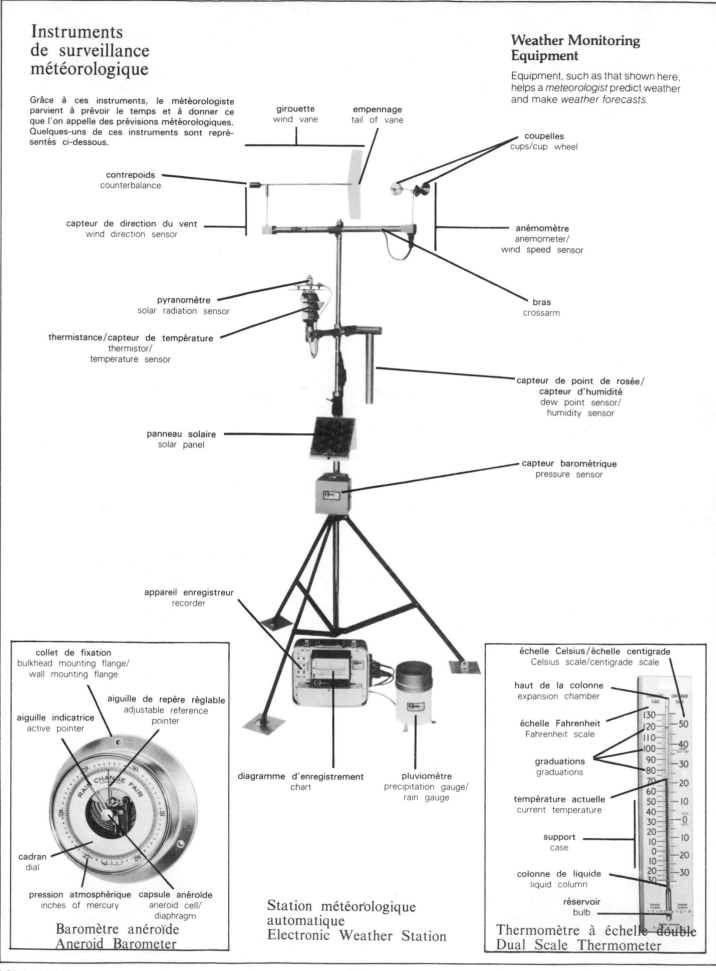

Instruments de surveillance météorologique

Grâce à ces instruments, le météorologiste parvient à prévoir le temps et à donner ce que l'on appelle des prévisions météorologiques. Quelques-uns de ces instruments sont représentés ci-dessous.

Weather Monitoring Equipment

Equipment, such as that shown here, helps a *meteorologist* predict weather and make *weather forecasts*.

girouette
wind vane

empennage
tail of vane

coupelles
cups/cup wheel

contrepoids
counterbalance

capteur de direction du vent
wind direction sensor

anémomètre
anemometer/
wind speed sensor

pyranomètre
solar radiation sensor

thermistance/capteur de température
thermistor/
temperature sensor

bras
crossarm

capteur de point de rosée/
capteur d'humidité
dew point sensor/
humidity sensor

panneau solaire
solar panel

capteur barométrique
pressure sensor

appareil enregistreur
recorder

collet de fixation
bulkhead mounting flange/
wall mounting flange

aiguille de repère réglable
adjustable reference
pointer

aiguille indicatrice
active pointer

échelle Celsius/échelle centigrade
Celsius scale/centigrade scale

haut de la colonne
expansion chamber

échelle Fahrenheit
Fahrenheit scale

graduations
graduations

température actuelle
current temperature

support
case

cadran
dial

diagramme d'enregistrement
chart

pluviomètre
precipitation gauge/
rain gauge

colonne de liquide
liquid column

pression atmosphérique
inches of mercury

capsule anéroïde
aneroid cell/
diaphragm

réservoir
bulb

**Baromètre anéroïde
Aneroid Barometer**

Station météorologique
automatique
Electronic Weather Station

**Thermomètre à échelle double
Dual Scale Thermometer**

Carte météorologique

Cette carte météorologique, ou carte synoptique, donne les conditions météorologiques concernant une vaste étendue de territoire. Les chiffres qui figurent autour du modèle de pointage indiquent la température (en degrés Fahrenheit), la pression atmosphérique, et les variations barométriques.

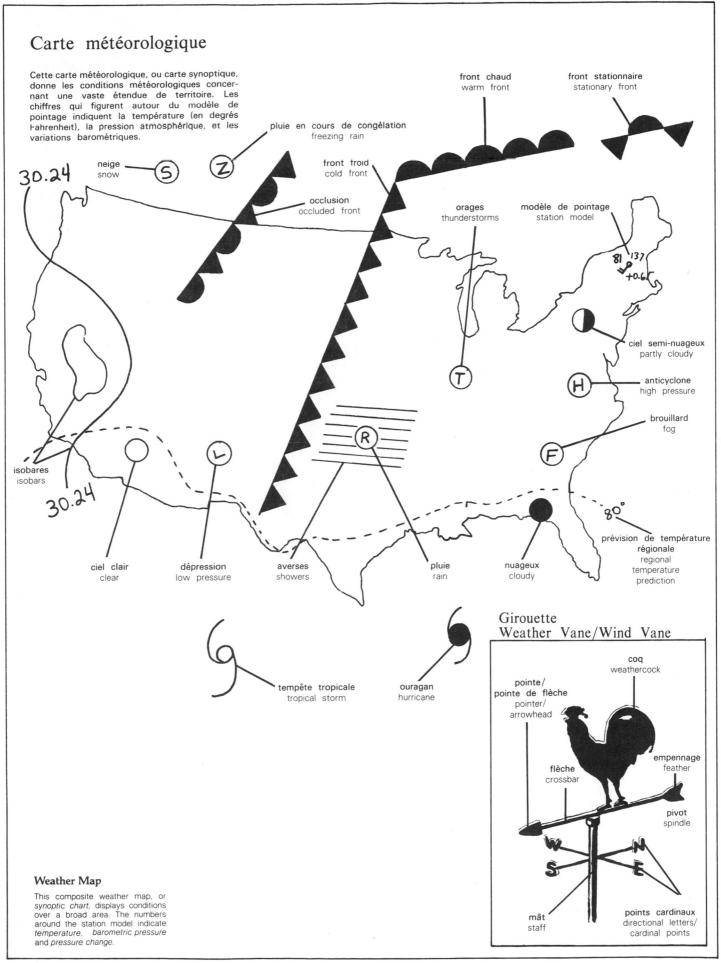

front chaud
warm front

front stationnaire
stationary front

pluie en cours de congélation
freezing rain

neige
snow

front froid
cold front

occlusion
occluded front

orages
thunderstorms

modèle de pointage
station model

ciel semi-nuageux
partly cloudy

anticyclone
high pressure

brouillard
fog

isobares
isobars

prévision de température régionale
regional temperature prediction

ciel clair
clear

dépression
low pressure

averses
showers

pluie
rain

nuageux
cloudy

tempête tropicale
tropical storm

ouragan
hurricane

Girouette
Weather Vane/Wind Vane

coq
weathercock

pointe/
pointe de flèche
pointer/
arrowhead

empennage
feather

flèche
crossbar

pivot
spindle

mât
staff

points cardinaux
directional letters/
cardinal points

Weather Map

This composite weather map, or *synoptic chart*, displays conditions over a broad area. The numbers around the station model indicate *temperature*, *barometric pressure* and *pressure change*.

Météorologie

Carte

Par cartographie, on entend la conception et l'établissement du dessin et de l'édition des cartes et plans. On appelle projection d'une carte, le cadre géométrique ou la grille dans lesquels figurent les principaux éléments : contours, symboles et caractères typographiques.

coordonnée de longitude en degrés
longitude coordinate
in degrees

nom de région
regional name

coordonnée de latitude en degrés
latitude coordinate
in degrees

signe conventionnel de ville
city or town symbol

limite/ligne/frontière politique
line symbol/
political boundary

signe conventionnel de capitale politique
political capital symbol

rose des vents
compass rose

index
index

repères de l'index
index reference key

Cities and Towns

Abashiri . . . . G 1
Aizuwakamatsu . . . . F 3
Akabira . . . . F 2
Akashi . . . . E 4
Akita . . . . E 3
Akkeshi . . . . G 2
Amagasaki . . . . E 4
Aomori . . . . F 2
Asahikawa . . . . F 2
Ashibetsu . . . . F 2
Ashikaga . . . . E 3
Ashiya . . . . E 4
Bekkai . . . . G 2
Beppu . . . . C 4

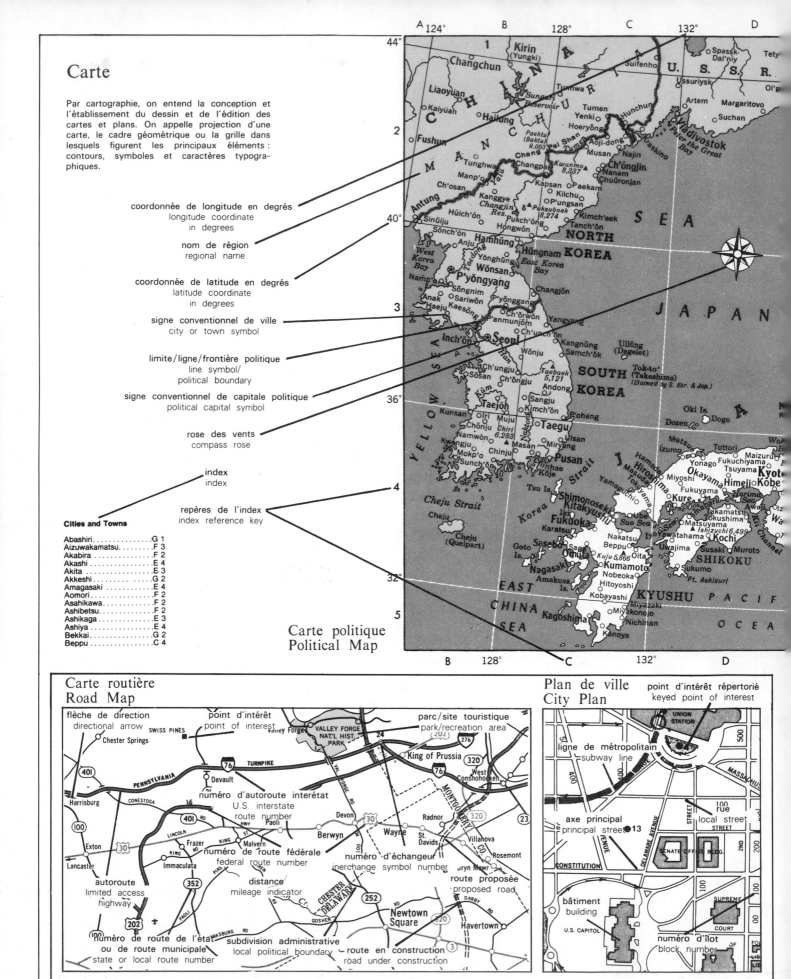

Carte politique
Political Map

Carte routière
Road Map

flèche de direction
directional arrow

point d'intérêt
point of interest

parc/site touristique
park/recreation area

numéro d'autoroute interétat
U.S. interstate
route number

numéro de route fédérale
federal route number

numéro d'échangeur
interchange symbol number

route proposée
proposed road

autoroute
limited access
highway

distance
mileage indicator

numéro de route de l'état
ou de route municipale
state or local route number

subdivision administrative
local political boundary

route en construction
road under construction

Plan de ville
City Plan

point d'intérêt répertorié
keyed point of interest

ligne de métropolitain
subway line

axe principal
principal street

rue
local street

bâtiment
building

numéro d'îlot
block number

Cartes

20

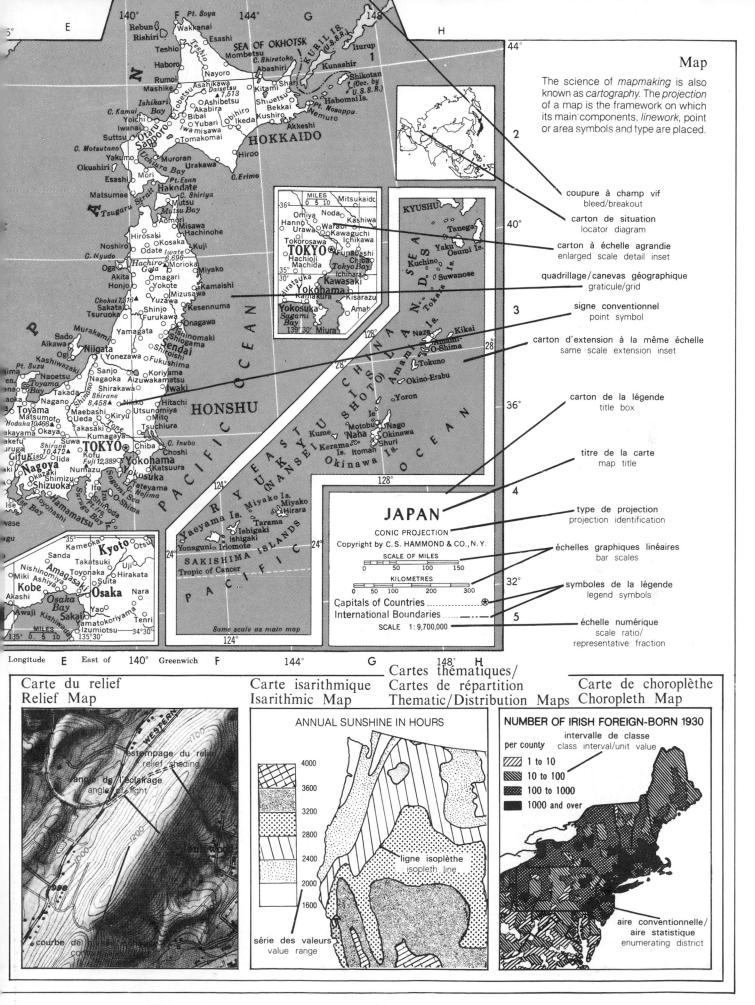

Map

The science of *mapmaking* is also known as *cartography*. The *projection* of a map is the framework on which its main components, *linework*, point or area symbols and type are placed.

coupure à champ vif
bleed/breakout

carton de situation
locator diagram

carton à échelle agrandie
enlarged scale detail inset

quadrillage/canevas géographique
graticule/grid

signe conventionnel
point symbol

carton d'extension à la même échelle
same scale extension inset

carton de la légende
title box

titre de la carte
map title

type de projection
projection identification

échelles graphiques linéaires
bar scales

symboles de la légende
legend symbols

échelle numérique
scale ratio/
representative fraction

JAPAN
CONIC PROJECTION
Copyright by C. S. HAMMOND & CO., N.Y.
SCALE OF MILES
0   50   100   150
KILOMETRES
0   50   100   200   300
Capitals of Countries .... ⊛
International Boundaries ...... _ . . _
SCALE 1:9,700,000

Longitude   E   East of   140°   Greenwich   F   144°   G   148°   H

Cartes thématiques/
Thematic/Distribution Maps

Carte du relief
Relief Map

Carte isarithmique
Isarithmic Map

Cartes de répartition

Carte de choroplèthe
Choropleth Map

estompage du relief
relief shading

angle de l'éclairage
angle of light

courbe de
co

ANNUAL SUNSHINE IN HOURS

4000
3600
3200
2800
2400
2000
1600

ligne isoplèthe
isopleth line

série des valeurs
value range

NUMBER OF IRISH FOREIGN-BORN 1930

intervalle de classe
class interval/unit value

per county

1 to 10
10 to 100
100 to 1000
1000 and over

aire conventionnelle/
aire statistique
enumerating district

Carte nautique et carte topographique

Sur une carte nautique, le niveau zéro figure à côté du titre de la carte. On y trouve aussi des échelles de conversions permettant aux navigateurs de calculer les profondeurs en mètres, en brasses ou en pieds. La carte est entourée d'une marge qui comporte des modifications et des figures extérieures à la surface cartographiée et dont l'ensemble est appelé habillage.

Nautical Chart and Topographic Map

On nautical charts, *sounding datum reference* is stated in the *chart title*. *Depth conversion scales* are provided to enable the mariner to work in *meters*, *fathoms*, or *feet*. The space outside a chart or map, used to identify and explain the map, is the *map margin*.

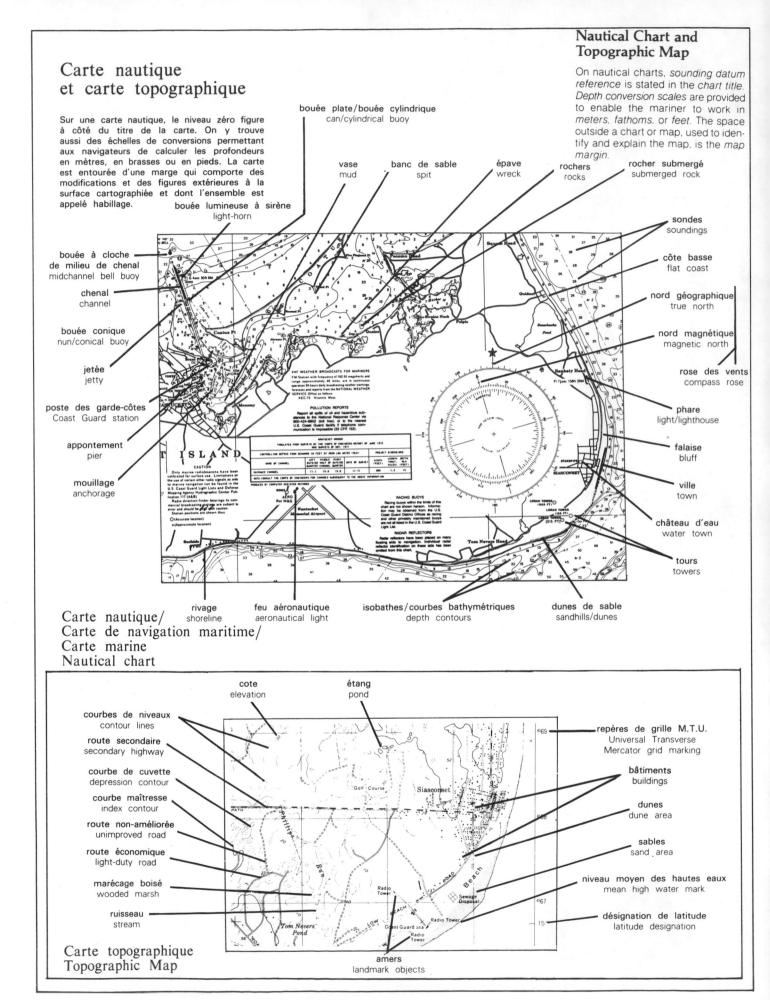

bouée plate/bouée cylindrique
can/cylindrical buoy

vase
mud

banc de sable
spit

épave
wreck

rochers
rocks

rocher submergé
submerged rock

bouée lumineuse à sirène
light-horn

sondes
soundings

bouée à cloche de milieu de chenal
midchannel bell buoy

côte basse
flat coast

chenal
channel

nord géographique
true north

bouée conique
nun/conical buoy

nord magnétique
magnetic north

jetée
jetty

rose des vents
compass rose

poste des garde-côtes
Coast Guard station

phare
light/lighthouse

appontement
pier

falaise
bluff

mouillage
anchorage

ville
town

château d'eau
water town

tours
towers

rivage
shoreline

feu aéronautique
aeronautical light

isobathes/courbes bathymétriques
depth contours

dunes de sable
sandhills/dunes

Carte nautique/ Carte de navigation maritime/ Carte marine Nautical chart

---

cote
elevation

étang
pond

courbes de niveaux
contour lines

repères de grille M.T.U.
Universal Transverse Mercator grid marking

route secondaire
secondary highway

bâtiments
buildings

courbe de cuvette
depression contour

dunes
dune area

courbe maîtresse
index contour

sables
sand area

route non-améliorée
unimproved road

route économique
light-duty road

niveau moyen des hautes eaux
mean high water mark

marécage boisé
wooded marsh

désignation de latitude
latitude designation

ruisseau
stream

amers
landmark objects

Carte topographique Topographic Map

Êtres vivants

Pour faciliter la consultation, ce chapitre a été divisé en cinq subdivisions : cellule, homme, animaux de consommation, animaux domestiques, animaux sauvages et plantes. Les animaux et les plantes sélectionnés pour chaque subdivision comportent la plupart des parties communes à tous les membres des principales familles qu'ils représentent. A l'exception de l'homme étudié de plus près que les autres sujets de ce chapitre, étant donnée son importance évidente pour nous, seules les parties externes des espèces vivantes ont été identifiées. Toutefois, les animaux de consommation ont été illustrés de manière à montrer les parties alimentant notre consommation quotidienne. Les animaux domestiques et sauvages, dont certains sont groupés selon leur milieu, sont représentés par un seul spécimen par espèce, mais compte-tenu de caractères uniques propres à certains animaux, une bête composite a été créée pour illustrer certains d'entre eux. Le règne végétal est représenté de la racine aux parties constituantes de la fleur y compris les plantes spéciales et les parties comestibles, fruits et légumes.

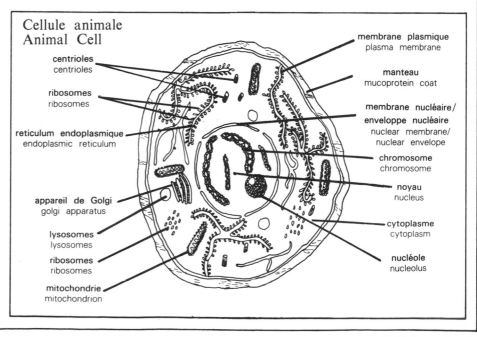

Cellule animale
Animal Cell

membrane plasmique
plasma membrane

centrioles
centrioles

manteau
mucoprotein coat

ribosomes
ribosomes

membrane nucléaire/
enveloppe nucléaire
nuclear membrane/
nuclear envelope

reticulum endoplasmique
endoplasmic reticulum

chromosome
chromosome

noyau
nucleus

appareil de Golgi
golgi apparatus

cytoplasme
cytoplasm

lysosomes
lysosomes

nucléole
nucleolus

ribosomes
ribosomes

mitochondrie
mitochondrion

Cellule animale

Corps humain

Le corps, à l'exception de la tête, du cou et des membres, est désigné sous le nom de tronc ou de torse.

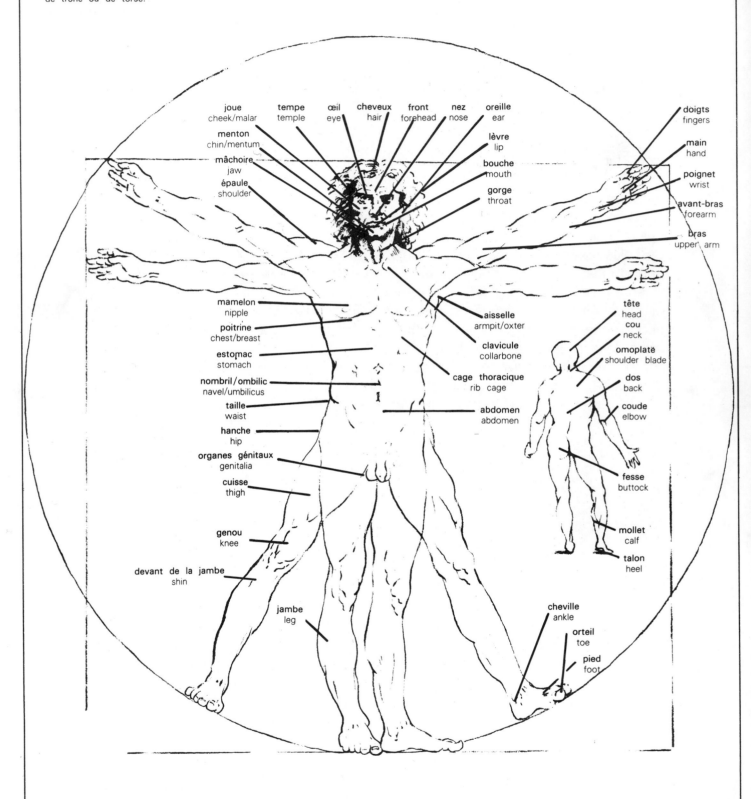

joue — cheek/malar
tempe — temple
œil — eye
cheveux — hair
front — forehead
nez — nose
oreille — ear
menton — chin/mentum
mâchoire — jaw
épaule — shoulder
lèvre — lip
bouche — mouth
gorge — throat
doigts — fingers
main — hand
poignet — wrist
avant-bras — forearm
bras — upper arm
mamelon — nipple
poitrine — chest/breast
estomac — stomach
nombril / ombilic — navel/umbilicus
taille — waist
hanche — hip
organes génitaux — genitalia
cuisse — thigh
genou — knee
devant de la jambe — shin
jambe — leg
aisselle — armpit/oxter
clavicule — collarbone
cage thoracique — rib cage
abdomen — abdomen
tête — head
cou — neck
omoplate — shoulder blade
dos — back
coude — elbow
fesse — buttock
mollet — calf
talon — heel
cheville — ankle
orteil — toe
pied — foot

The Human Body

The body, less the *head* and *limbs*, is referred to as the *trunk* or *torso*.

Anatomie littéraire

Les termes employés dans cette nouvelle approche de la description de l'anatomie masculine et féminine sont dérivés de la littérature populaire. Les reins désignent généralement les parties du corps qui doivent être vêtues ou ceintes. Un repli de chair est appelé un bourrelet.

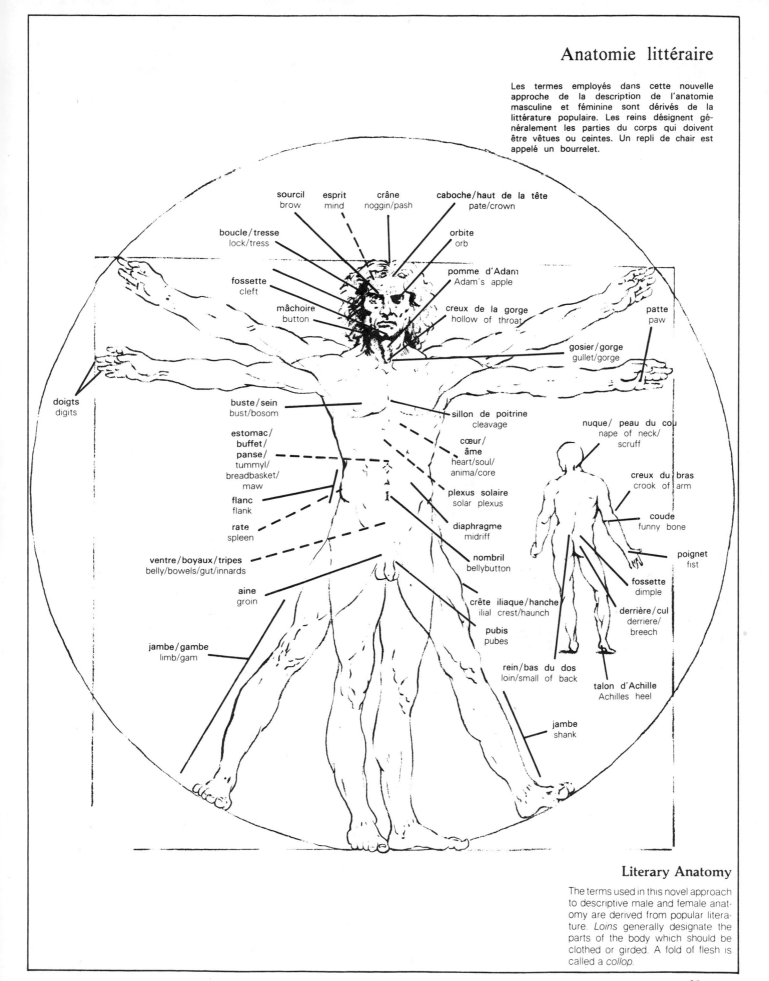

sourcil brow

esprit mind

crâne noggin/pash

caboche/haut de la tête pate/crown

boucle/tresse lock/tress

orbite orb

pomme d'Adam Adam's apple

fossette cleft

mâchoire button

creux de la gorge hollow of throat

patte paw

gosier/gorge gullet/gorge

doigts digits

buste/sein bust/bosom

sillon de poitrine cleavage

estomac/ buffet/ panse/ tummy/ breadbasket/ maw

cœur/ âme heart/soul/ anima/core

nuque/ peau du cou nape of neck/ scruff

creux du bras crook of arm

plexus solaire solar plexus

coude funny bone

flanc flank

rate spleen

diaphragme midriff

poignet fist

ventre/boyaux/tripes belly/bowels/gut/innards

nombril bellybutton

fossette dimple

derrière/cul derriere/ breech

aine groin

crête iliaque/hanche ilial crest/haunch

pubis pubes

jambe/gambe limb/gam

rein/bas du dos loin/small of back

talon d'Achille Achilles heel

jambe shank

Literary Anatomy

The terms used in this novel approach to descriptive male and female anatomy are derived from popular literature. *Loins* generally designate the parts of the body which should be clothed or girded. A fold of flesh is called a *collop*.

Homme

Squelette et système musculaire

Les muscles volontaires sont contrôlés par la volonté, incitant les os du squelette à produire le mouvement. Les muscles involontaires, comme le cœur, agissent spontanément. Le point de rencontre de deux os est une articulation. Le cartilage est un type souple de tissu conjonctif. La structure osseuse dans laquelle le cerveau est logé s'appelle la boîte crânienne.

Skeletal and Muscular System

Voluntary muscles are subject to or controlled by will, pulling on *bones* of the *skeleton* to produce movement. *Involuntary muscles*, like the heart, act independently of volition. Where one bone meets another is a *joint*. *Cartilage*, or *gristle*, is a flexible type of connective tissue. The bony structure in which the brain is housed is the *cranium*.

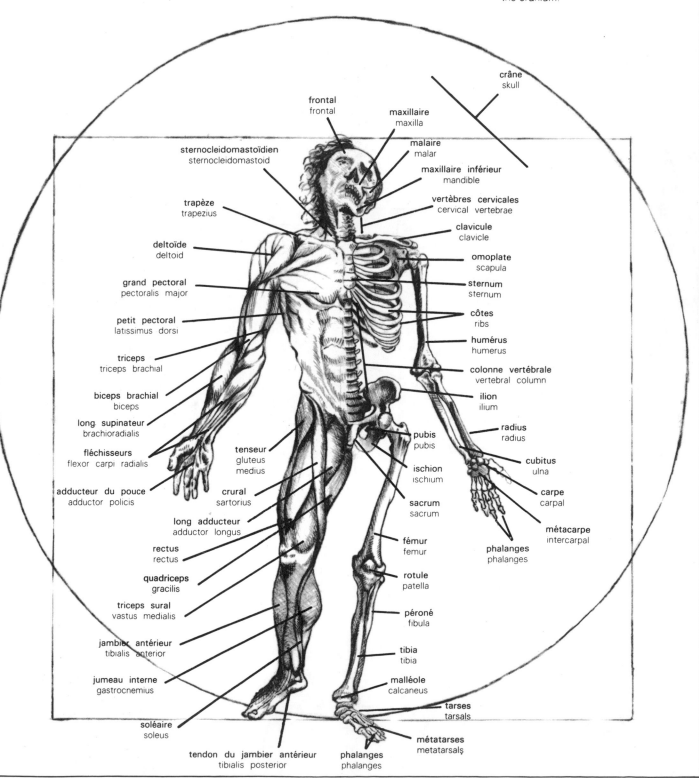

crâne
skull

frontal
frontal

maxillaire
maxilla

malaire
malar

maxillaire inférieur
mandible

vertèbres cervicales
cervical vertebrae

clavicule
clavicle

omoplate
scapula

sternum
sternum

côtes
ribs

humérus
humerus

colonne vertébrale
vertebral column

ilion
ilium

radius
radius

cubitus
ulna

carpe
carpal

métacarpe
intercarpal

phalanges
phalanges

sternocleidomastoïdien
sternocleidomastoid

trapèze
trapezius

deltoïde
deltoid

grand pectoral
pectoralis major

petit pectoral
latissimus dorsi

triceps
triceps brachial

biceps brachial
biceps

long supinateur
brachioradialis

fléchisseurs
flexor carpi radialis

adducteur du pouce
adductor policis

tenseur
gluteus medius

crural
sartorius

long adducteur
adductor longus

rectus
rectus

quadriceps
gracilis

triceps sural
vastus medialis

jambier antérieur
tibialis anterior

jumeau interne
gastrocnemius

soléaire
soleus

tendon du jambier antérieur
tibialis posterior

phalanges
phalanges

pubis
pubis

ischion
ischium

sacrum
sacrum

fémur
femur

rotule
patella

péroné
fibula

tibia
tibia

malléole
calcaneus

tarses
tarsals

métatarses
metatarsals

Homme

26

Internal Organs

The stomach and intestines are the principal organs of the *digestive system*, or *alimentary canal*, and the *pancreas*, liver and *gall bladder* all aid in the nutrition process and the elimination of wastes. The heart is the pump of the *circulatory system*, sending blood through *arteries*, *veins* and *capillaries*. The lungs are the center of the *respiratory system*.

Organes internes

L'estomac et les intestins sont les principaux organes de l'appareil digestif. Le pancréas, le foie et la vésicule biliaire aident au processus de nutrition et à l'élimination des déchets. Le cœur est la pompe du système circulatoire ; il envoie le sang à travers les artères, les veines et les capillaires. Les poumons sont le centre du système respiratoire.

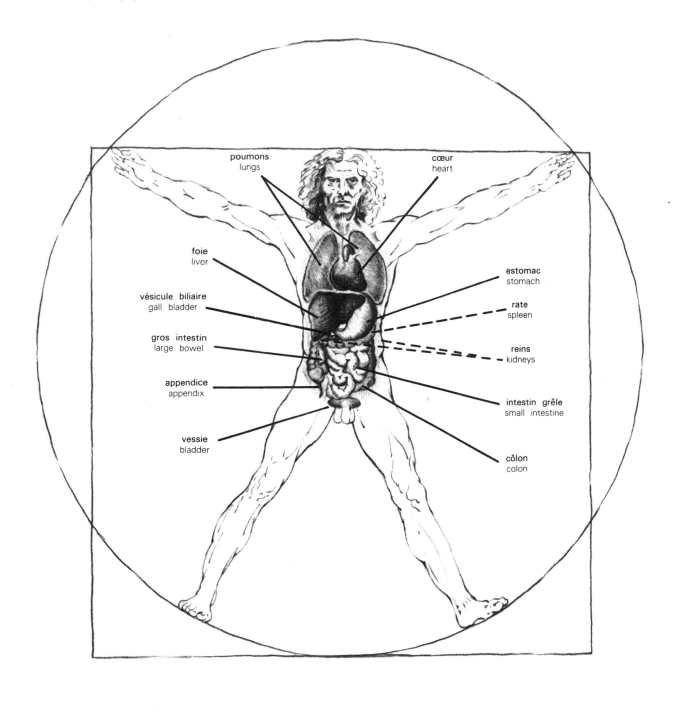

poumons
lungs

cœur
heart

foie
liver

estomac
stomach

vésicule biliaire
gall bladder

rate
spleen

gros intestin
large bowel

reins
kidneys

appendice
appendix

intestin grêle
small intestine

vessie
bladder

côlon
colon

Homme

Organes des sens

L'œil qui est logé dans l'*orbite* est recouvert d'une couche transparente appelée la *cornée*. L'angle formé par la jonction de la paupière supérieure et inférieure s'appelle le cantus. La jonction proche du nez est le cantus interne, l'autre le cantus externe. La langue frotte contre le *palais* en haut de la bouche. Le pharynx est le début de la *gorge* et de l'*œsophage*.

Sense Organs

The eye, which is located in an *eye socket*, or *orbit*, is covered with a transparent layer called the *cornea*. The angle formed where upper and lower eyelids come together is called the *cantus*. The junction nearest the nose is the *inner cantus*, the other is the *outer cantus*. The tongue rubs against the *palate* at the top of the mouth. The *pharynx* is the beginning of the *throat*, or *gullet*.

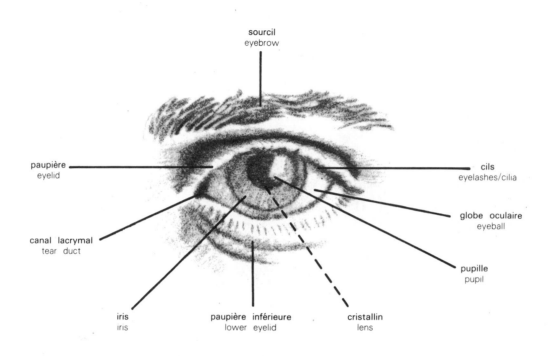

sourcil
eyebrow

paupière
eyelid

cils
eyelashes/cilia

globe oculaire
eyeball

canal lacrymal
tear duct

pupille
pupil

iris
iris

paupière inférieure
lower eyelid

cristallin
lens

Œil
Eye

Nez et Bouche
Nose and Mouth

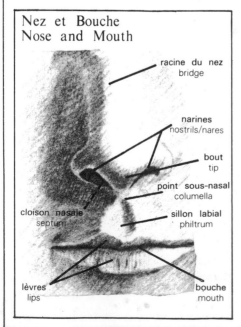

racine du nez
bridge

narines
nostrils/nares

bout
tip

point sous-nasal
columella

cloison nasale
septum

sillon labial
philtrum

lèvres
lips

bouche
mouth

Oreille externe/Pavillon
Outer Ear/Auricle/Pinna

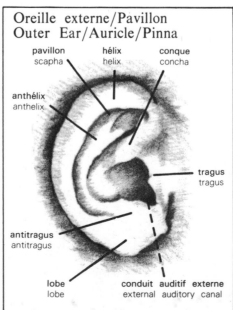

pavillon
scapha

hélix
helix

conque
concha

anthélix
anthelix

tragus
tragus

antitragus
antitragus

lobe
lobe

conduit auditif externe
external auditory canal

Langue
Tongue

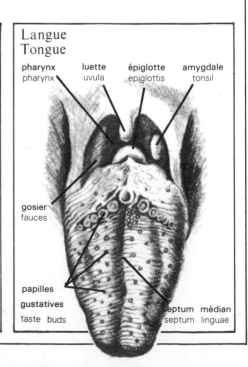

pharynx
pharynx

luette
uvula

épiglotte
epiglottis

amygdale
tonsil

gosier
fauces

papilles gustatives
taste buds

septum médian
septum linguae

Extrémités

L'espace compris entre le pouce et les doigts tendus est l'angle de préhension. Une empreinte digitale est une impression à l'encre des ...

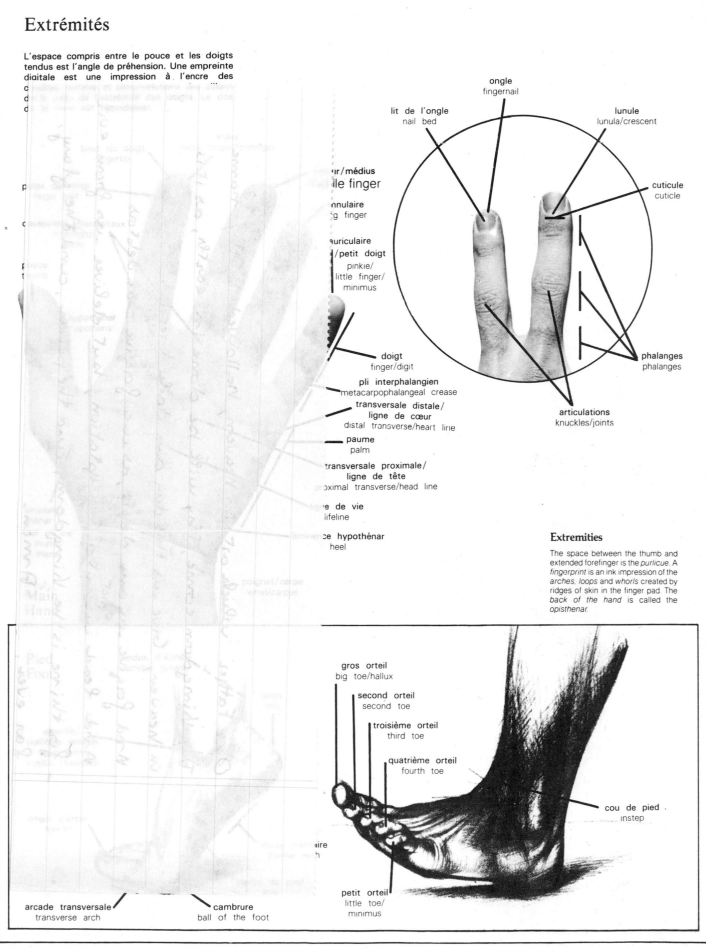

ongle
fingernail

lit de l'ongle
nail bed

lunule
lunula/crescent

cuticule
cuticle

...ur/médius
...le finger

...nnulaire
...g finger

...uriculaire
.../petit doigt
pinkie/
little finger/
minimus

doigt
finger/digit

pli interphalangien
metacarpophalangeal crease

transversale distale/
ligne de cœur
distal transverse/heart line

paume
palm

transversale proximale/
ligne de tête
proximal transverse/head line

...e de vie
lifeline

...ce hypothénar
...heel

phalanges
phalanges

articulations
knuckles/joints

Extremities

The space between the thumb and extended forefinger is the *purlicue*. A *fingerprint* is an ink impression of the *arches, loops* and *whorls* created by ridges of skin in the finger pad. The *back of the hand* is called the *opisthenar*.

gros orteil
big toe/hallux

second orteil
second toe

troisième orteil
third toe

quatrième orteil
fourth toe

cou de pied
instep

petit orteil
little toe/
minimus

arcade transversale
transverse arch

cambrure
ball of the foot

Vache

Les jeunes *bovins* s'appellent des *veaux* ; leurs femelles des *génisses*, puis quand elles ont mis bas des *vaches* ; les mâles adultes sont des *taureaux*. Les bœufs peuvent être de boucherie ou de trait. Le *torse* d'une vache est appelé *tronc*.

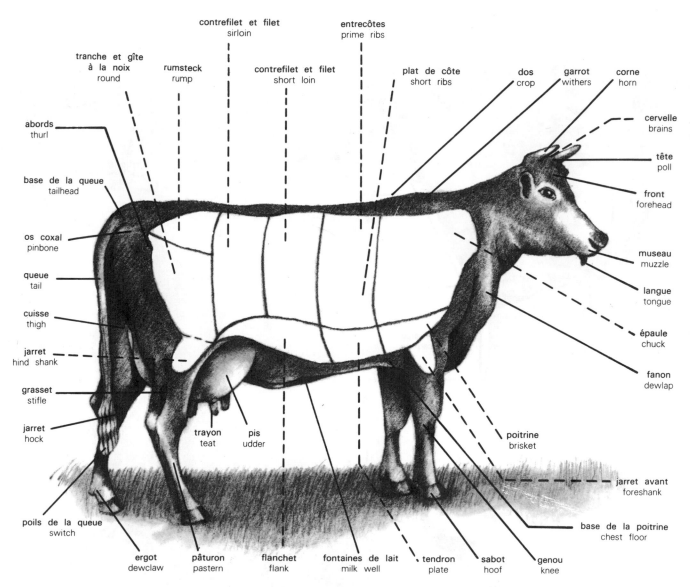

contrefilet et filet
sirloin

entrecôtes
prime ribs

tranche et gîte
à la noix
round

rumsteck
rump

contrefilet et filet
short loin

plat de côte
short ribs

dos
crop

garrot
withers

corne
horn

cervelle
brains

abords
thurl

tête
poll

base de la queue
tailhead

front
forehead

os coxal
pinbone

museau
muzzle

queue
tail

langue
tongue

cuisse
thigh

jarret
hind shank

épaule
chuck

grasset
stifle

fanon
dewlap

jarret
hock

trayon
teat

pis
udder

poitrine
brisket

jarret avant
foreshank

poils de la queue
switch

base de la poitrine
chest floor

ergot
dewclaw

pâturon
pastern

flanchet
flank

fontaines de lait
milk well

tendron
plate

sabot
hoof

genou
knee

Cow

Young *cattle* are *calves*: females are *heifers* until they give birth and are then cows: males are *bulls*. Castrated males, raised for *beef*, are *steers*. Castrated males, raised as draft animals, are *oxen*. The body, or *torso*, of a cow is known as the *barrel*.

Mouton

L'*agneau* est un jeune mouton. Le mâle adulte s'appelle le *bélier* et sa femelle la *brebis*. La viande d'un jeune mouton est de *l'agneau*, tandis que celle d'un mouton âgé d'au moins dix-huit mois s'appelle du *mouton*.

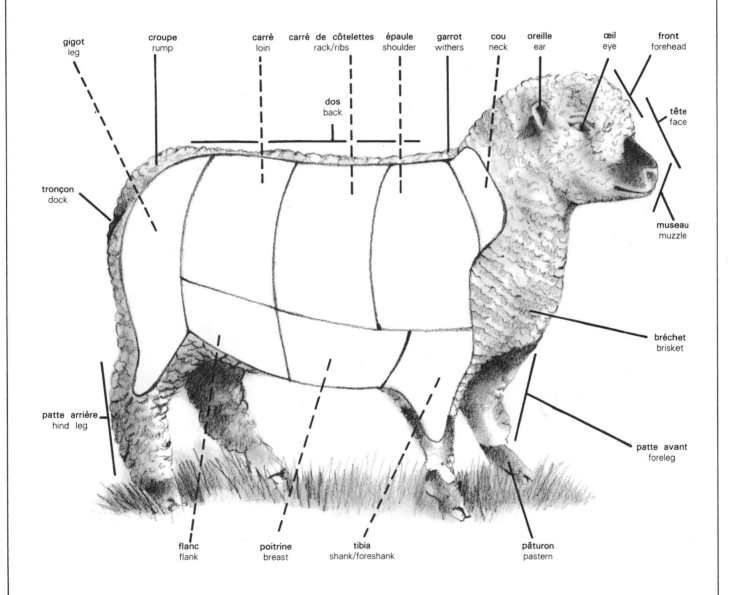

gigot
leg

croupe
rump

carré
loin

carré de côtelettes
rack/ribs

épaule
shoulder

garrot
withers

cou
neck

oreille
ear

œil
eye

front
forehead

dos
back

tête
face

tronçon
dock

museau
muzzle

bréchet
brisket

patte arrière
hind leg

patte avant
foreleg

flanc
flank

poitrine
breast

tibia
shank/foreshank

pâturon
pastern

Sheep

A young sheep is called a *lamb*. An adult male is a *ram*; an adult female is a *ewe*. The meat of a young sheep is called *lamb*, while that of an animal over eighteen months old is called *mutton*.

Animaux de consommation

Cochon

Les petits du cochon s'appellent des *gorets*.
Les petits cochons domestiques sont des
cochons de lait. Les mâles s'appellent des
verrats, les femelles des *truies*. Tous les
cochons font partie de la famille des suidés.
Leur viande s'appelle du *porc*.

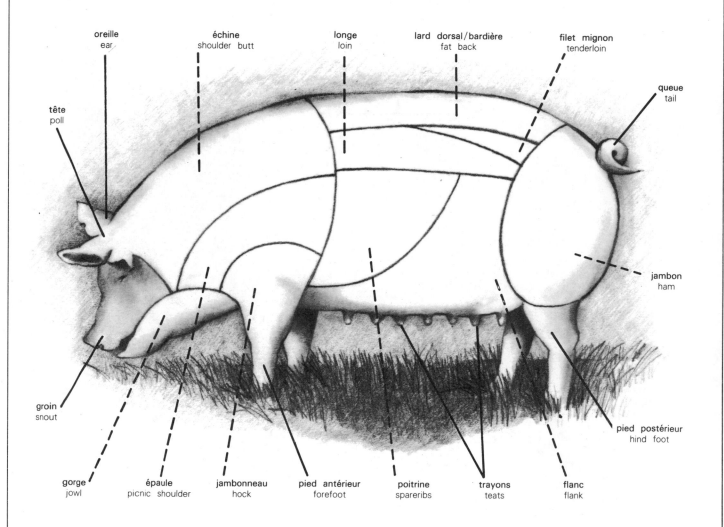

oreille
ear

échine
shoulder butt

longe
loin

lard dorsal/bardière
fat back

filet mignon
tenderloin

queue
tail

tête
poll

jambon
ham

groin
snout

pied postérieur
hind foot

gorge
jowl

épaule
picnic shoulder

jambonneau
hock

pied antérieur
forefoot

poitrine
spareribs

trayons
teats

flanc
flank

Pig

Young pigs are called *shoats*. Small
or sub-adult domestic animals are
pigs or *gruntlings*. If they weigh over
120 pounds, they are called *hogs*.
Adult males are *boars*. Adult females
are *sows*. Pigs, hogs, boars and
sows are referred to as *swine*. Pig
meat is called *pork*.

Volaille

A l'état sauvage, les poules, les dindes, les *canards*, les *oies* et les *faisans* font partie du *gibier d'eau* ; à l'état domestique, on parlera au contraire de volaille. Le *coq* est le mâle de la *poule*. Le *dindon* est le mâle de la *dinde*. Les petits de la poule s'appellent des *poussins* ; ceux de la dinde des *dindonneaux*. Le *poulet* est le mâle de la poule, castré avant d'avoir atteint sa maturité sexuelle. Contrairement aux autres volailles, les canards ont des *pattes palmées* et un *bec* large, plat avec de petites *dents*. Les *entrailles* de volaille que l'on mange le plus souvent sont les *abattis*, le *cœur*, le *foie* et le *gésier*.

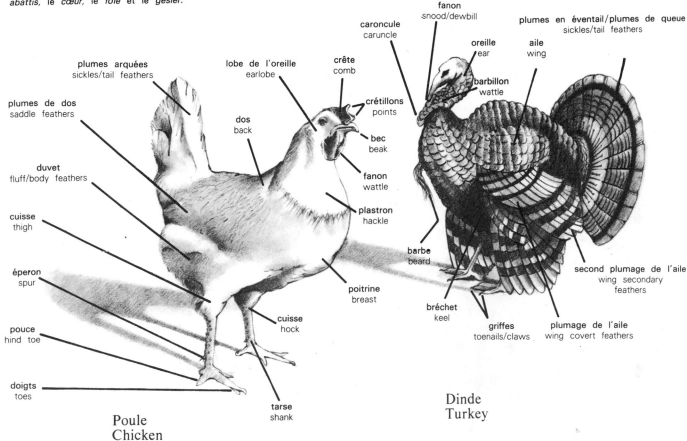

plumes arquées sickles/tail feathers

plumes de dos saddle feathers

duvet fluff/body feathers

cuisse thigh

éperon spur

pouce hind toe

doigts toes

lobe de l'oreille earlobe

dos back

crête comb

crétillons points

bec beak

fanon wattle

plastron hackle

poitrine breast

cuisse hock

tarse shank

fanon snood/dewbill

caroncule caruncle

oreille ear

barbillon wattle

aile wing

plumes en éventail/plumes de queue sickles/tail feathers

barbe beard

bréchet keel

griffes toenails/claws

second plumage de l'aile wing secondary feathers

plumage de l'aile wing covert feathers

Poule
Chicken

Dinde
Turkey

Morceaux de volaille
Poultry parts

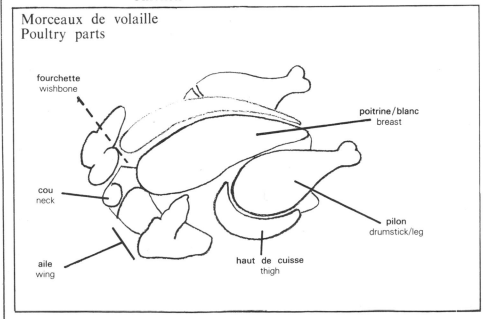

fourchette wishbone

poitrine/blanc breast

cou neck

pilon drumstick/leg

aile wing

haut de cuisse thigh

Poultry

Chickens, turkeys, *ducks*, *geese* and *pheasants* are known collectively as *fowl* in the wild, as *poultry* if domesticated. A male chicken is a *rooster*; a female is a *hen*. A male turkey is a *tom*. Young chickens are *chicks*; young turkeys are *poults*. A *capon* is a male chicken that has been castrated before sexual maturity. Unlike other poultry, ducks have *webbed feet* and broad, flat *bills* with small *teeth*. Among the *entrails* of a fowl, the most edible are the *giblets*, the *heart*, the *liver* and the *gizzard*.

Chien

Les chiens sont des animaux digitigrades ; ils marchent sur ce qui est anatomiquement la *pointe de leurs doigts,* ou pelotes digitales. On appelle *ergot* le cinquième doigt ou *pouce* du chien ; cette griffe postérieure n'a pas de fonction propre et n'atteint pas le sol.

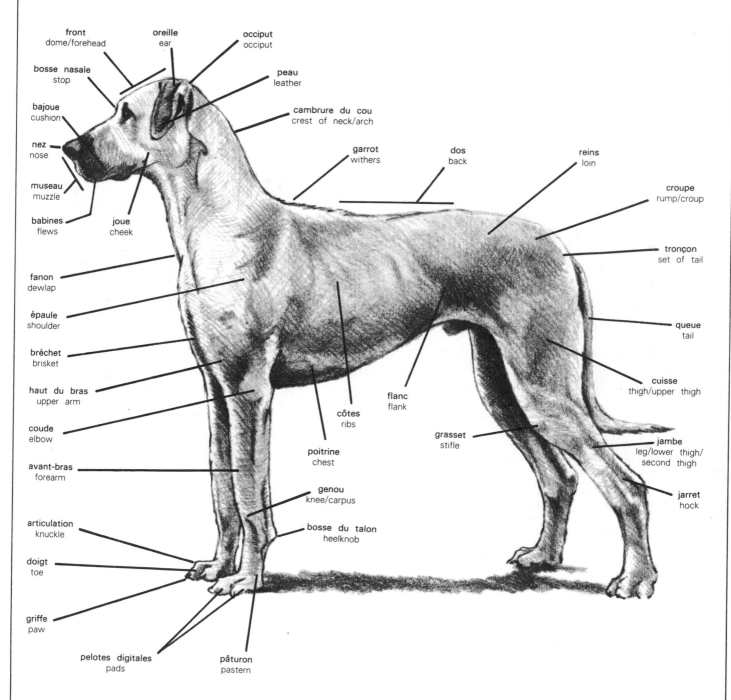

front
dome/forehead

oreille
ear

occiput
occiput

bosse nasale
stop

peau
leather

cambrure du cou
crest of neck/arch

bajoue
cushion

garrot
withers

dos
back

reins
loin

nez
nose

croupe
rump/croup

museau
muzzle

tronçon
set of tail

babines
flews

joue
cheek

fanon
dewlap

épaule
shoulder

queue
tail

bréchet
brisket

cuisse
thigh/upper thigh

haut du bras
upper arm

côtes
ribs

flanc
flank

jambe
leg/lower thigh/
second thigh

coude
elbow

poitrine
chest

grasset
stifle

avant-bras
forearm

genou
knee/carpus

jarret
hock

articulation
knuckle

bosse du talon
heelknob

doigt
toe

griffe
paw

pelotes digitales
pads

pâturon
pastern

Dog

Dogs are digitigrade animals; they walk on what are anatomically their four *fingertips,* or pads. The fifth finger, or *thumb,* a functionless inner claw, is known as a *dewclaw,* and does not reach the ground. The bushy tail of a rough-coated dog is called a *brush.* A smooth-coated dog's tail is a *stern.*

Chat

Les jeunes chats s'appellent des *chatons,* les femelles adultes des *chattes.* Leurs *griffes* sont rétractiles : elles peuvent rentrer dans des gaines situées sous les *pelotes digitales* de leurs pieds. Le *museau* du chat comprend son nez et les mâchoires de sa gueule.

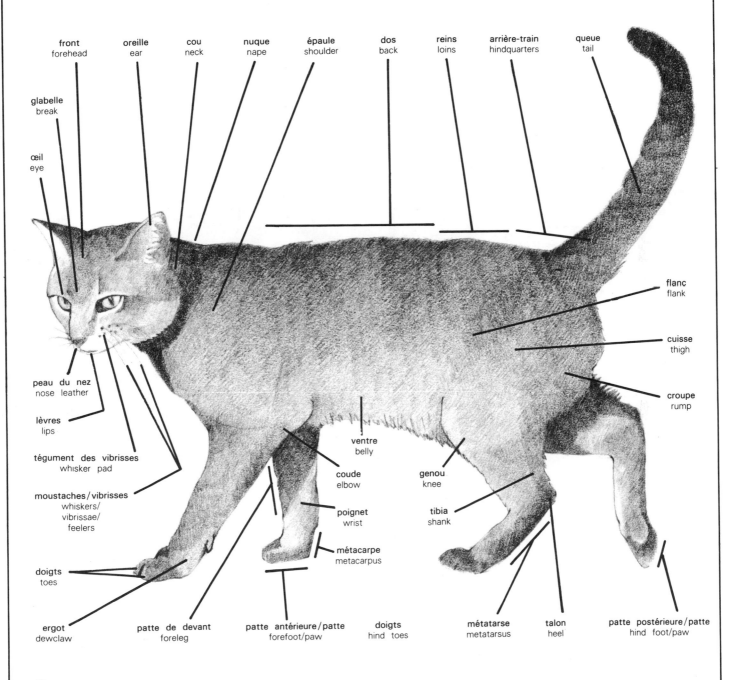

front
forehead

oreille
ear

cou
neck

nuque
nape

épaule
shoulder

dos
back

reins
loins

arrière-train
hindquarters

queue
tail

glabelle
break

œil
eye

flanc
flank

cuisse
thigh

peau du nez
nose leather

croupe
rump

lèvres
lips

ventre
belly

tégument des vibrisses
whisker pad

coude
elbow

genou
knee

moustaches / vibrisses
whiskers/
vibrissae/
feelers

poignet
wrist

tibia
shank

doigts
toes

métacarpe
metacarpus

ergot
dewclaw

patte de devant
foreleg

patte antérieure / patte
forefoot/paw

doigts
hind toes

métatarse
metatarsus

talon
heel

patte postérieure / patte
hind foot/paw

Cat

Newborn cats are called *kittens,* adult males are *tomcats,* and adult females are *cattas.* Cats are capable of drawing their *toenails,* or *claws,* into *sheaths* located above the *pads* of their feet. A cat's *muzzle* consists of the *nose* and *jaw* sections of its face.

Animaux domestiques

Horse   Cheval

A horse less than a year old is a *foal*. Male foals are *colts*, females are *fillies*. A mature male is a *stallion*, a female is a *mare*. In breeding, the male parent is a *sire*, the female is a *dam*. A castrated male is called a *gelding*.

Un cheval de moins d'un an est un *foal*. Le *foal* mâle est un poulain, le foal femelle est une pouliche. Le mâle adulte s'appelle un *étalon*, sa femelle une *jument*. En termes d'élevage, les parents portent le nom de *sire* pour le mâle, et de *mère* pour la femelle. Un cheval castré est dit *hongre* ou un *guilledin*.

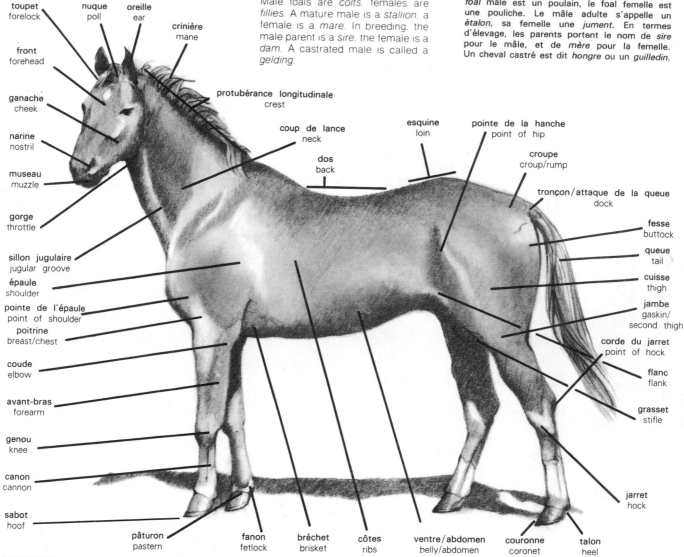

toupet
forelock

nuque
poll

oreille
ear

crinière
mane

front
forehead

ganache
cheek

narine
nostril

museau
muzzle

gorge
throttle

sillon jugulaire
jugular groove

épaule
shoulder

pointe de l'épaule
point of shoulder

poitrine
breast/chest

coude
elbow

avant-bras
forearm

genou
knee

canon
cannon

sabot
hoof

protubérance longitudinale
crest

coup de lance
neck

dos
back

esquine
loin

pointe de la hanche
point of hip

croupe
croup/rump

tronçon/attaque de la queue
dock

fesse
buttock

queue
tail

cuisse
thigh

jambe
gaskin/
second thigh

corde du jarret
point of hock

flanc
flank

grasset
stifle

jarret
hock

pâturon
pastern

fanon
fetlock

bréchet
brisket

côtes
ribs

ventre/abdomen
belly/abdomen

couronne
coronet

talon
heel

Pied / Foot

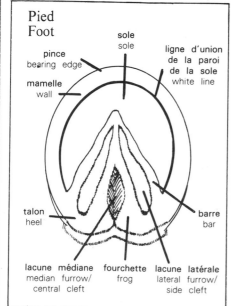

sole
sole

ligne d'union
de la paroi
de la sole
white line

pince
bearing edge

mamelle
wall

talon
heel

barre
bar

lacune médiane
median furrow/
central cleft

fourchette
frog

lacune latérale
lateral furrow/
side cleft

Sabot / Hoof

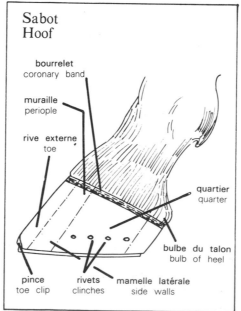

bourrelet
coronary band

muraille
periople

rive externe
toe

quartier
quarter

bulbe du talon
bulb of heel

pince
toe clip

rivets
clinches

mamelle latérale
side walls

Fer à cheval / Shoe

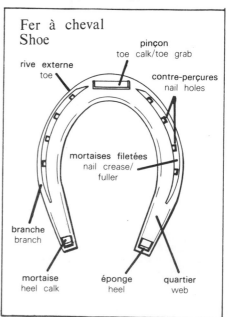

pinçon
toe calk/toe grab

rive externe
toe

contre-perçures
nail holes

mortaises filetées
nail crease/
fuller

branche
branch

mortaise
heel calk

éponge
heel

quartier
web

Oiseaux

Les *plumes servant à voler* sont formées d'un axe et de barbes latérales, accrochées entre elles par des barbules. D'*autres plumes* ainsi qu'un fin *duvet* recouvrent le corps de l'oiseau. La partie de l'oiseau qui reste sans plume est dite *aptère*.

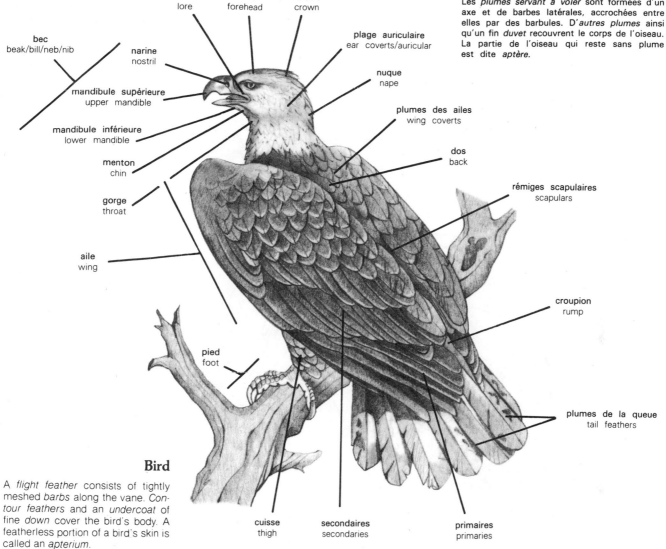

lore
lore

front
forehead

calotte
crown

plage auriculaire
ear coverts/auricular

bec
beak/bill/neb/nib

narine
nostril

nuque
nape

mandibule supérieure
upper mandible

plumes des ailes
wing coverts

mandibule inférieure
lower mandible

dos
back

menton
chin

rémiges scapulaires
scapulars

gorge
throat

aile
wing

croupion
rump

pied
foot

plumes de la queue
tail feathers

Bird

A *flight feather* consists of tightly meshed *barbs* along the vane. *Contour feathers* and an *undercoat* of fine *down* cover the bird's body. A featherless portion of a bird's skin is called an *apterium*.

cuisse
thigh

secondaires
secondaries

primaires
primaries

Serre
Grasping Foot

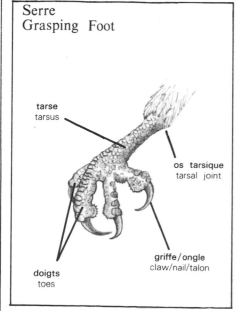

tarse
tarsus

os tarsique
tarsal joint

doigts
toes

griffe/ongle
claw/nail/talon

Pied palmé
Swimming Foot/Webbed Foot

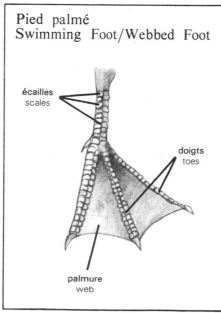

écailles
scales

doigts
toes

palmure
web

Plume
Feather

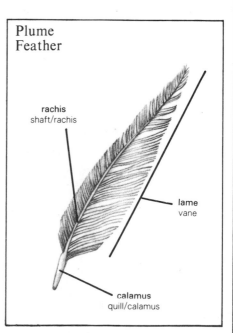

rachis
shaft/rachis

lame
vane

calamus
quill/calamus

Animaux sauvages

Araignée

Les araignées secrètent des *fils de soie* qu'elles utilisent pour bâtir des toiles, des *nids* ou des *parachutes,* ce qui permet au vent de les porter d'un endroit à l'autre. Quand une araignée tisse une toile, elle construit d'abord un *pont* entre deux supports, puis façonne par-dessus un *orbe.* Une *toile échafaudée* en fil sec lui permet alors de disposer une *spirale visqueuse* en fil gluant.

Spider

Spiders produce *silk threads* which they use to make webs, *nests* or *parachutes* that allow the wind to carry them from one location to another. When a spider spins a web, it first constructs a *bridge* between two supports and fashions an *orb* beneath. A *scaffolding web* of dry thread is then used to lay down a *viscid spiral* of sticky thread.

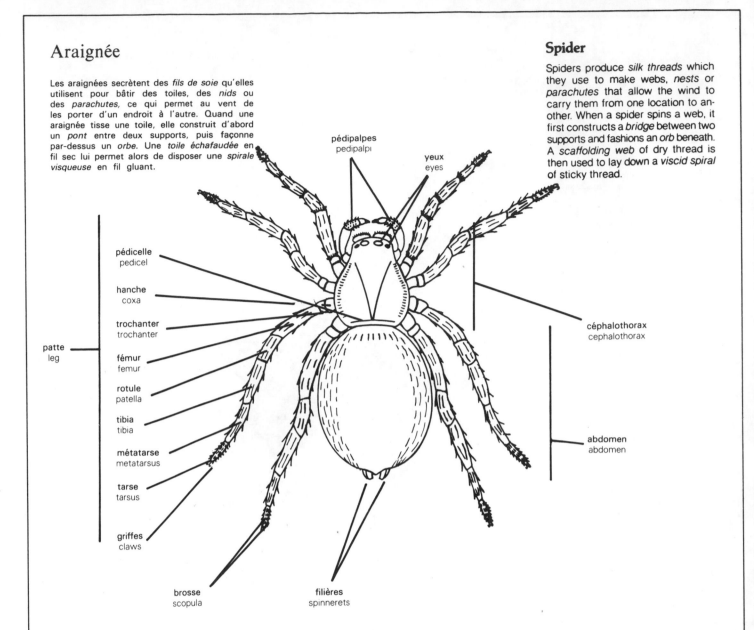

pédipalpes
pedipalpi

yeux
eyes

pédicelle
pedicel

hanche
coxa

trochanter
trochanter

fémur
femur

rotule
patella

tibia
tibia

métatarse
metatarsus

tarse
tarsus

griffes
claws

patte
leg

céphalothorax
cephalothorax

abdomen
abdomen

brosse
scopula

filières
spinnerets

Tête
Face

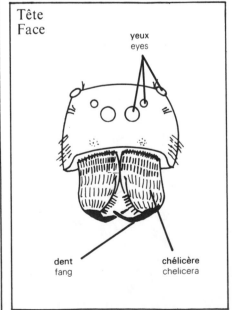

yeux
eyes

dent
fang

chélicère
chelicera

Toile d'araignée
Web

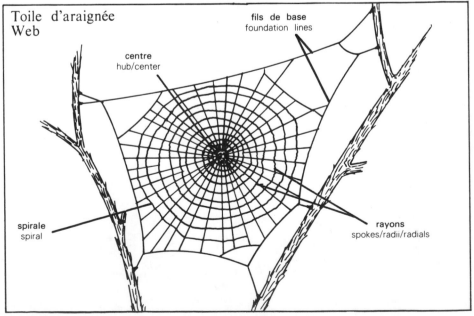

fils de base
foundation lines

centre
hub/center

spirale
spiral

rayons
spokes/radii/radials

Insectes

Les insectes ont des enveloppes externes appelées *exosquelettes*. Les *métamorphoses* de la plupart d'entre eux s'échelonnent sur quatre étapes : l'*œuf*, la *larve*, la *nymphe* et l'*imago*.

Insects

Insects have shell-like outer coverings called *exoskeletons*. Most undergo four stages during *metamorphosis*: the *egg*, the *larva*, the *pupa*, and the *adult*.

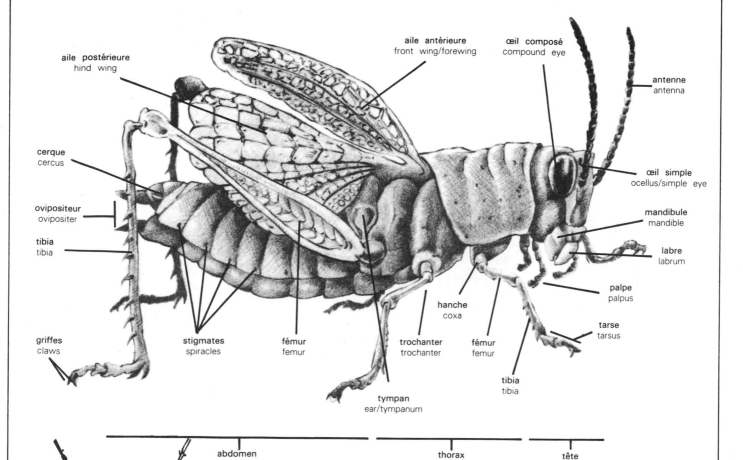

aile postérieure
hind wing

aile antérieure
front wing/forewing

œil composé
compound eye

antenne
antenna

cerque
cercus

œil simple
ocellus/simple eye

ovipositeur
oviposter

mandibule
mandible

tibia
tibia

labre
labrum

palpe
palpus

griffes
claws

stigmates
spiracles

fémur
femur

hanche
coxa

tarse
tarsus

trochanter
trochanter

fémur
femur

tibia
tibia

tympan
ear/tympanum

abdomen
abdomen

thorax
thorax

tête
head

Grillon
Grasshopper

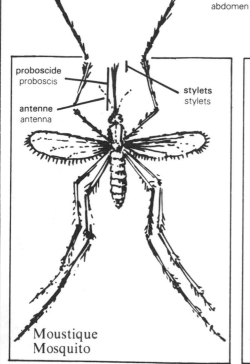

proboscide
proboscis

stylets
stylets

antenne
antenna

Moustique
Mosquito

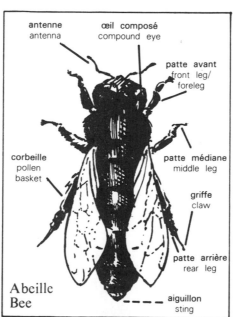

antenne
antenna

œil composé
compound eye

patte avant
front leg/foreleg

corbeille
pollen basket

patte médiane
middle leg

griffe
claw

patte arrière
rear leg

aiguillon
sting

Abeille
Bee

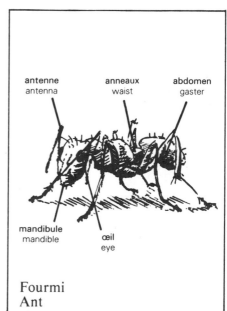

antenne
antenna

anneaux
waist

abdomen
gaster

mandibule
mandible

œil
eye

Fourmi
Ant

39

Animaux sauvages

Reptiles

Tous les serpents venimeux injectent leur venin à leur proie par leurs crocs, mais les serpents venimeux n'ont pas tous des crocs hypodermiques, comme le serpent à sonnettes figuré ici. Le renflement aplati situé sous la tête d'un cobra au niveau des muqueuses s'appelle le *capuchon*. Les tortues vivent soit sur terre, soit sous la mer ; ces dernières ont des *ailerons*. De nombreux *scinques*, qui sont voisins des lézards, n'ont ni pattes ni paupières. En plus des familles de reptiles représentées ici, il y a le tuatara semblable au lézard — un survivant de l'époque des dinosaures, dont la tête est surmontée d'un troisième œil qui s'est atrophié au cours des âges.

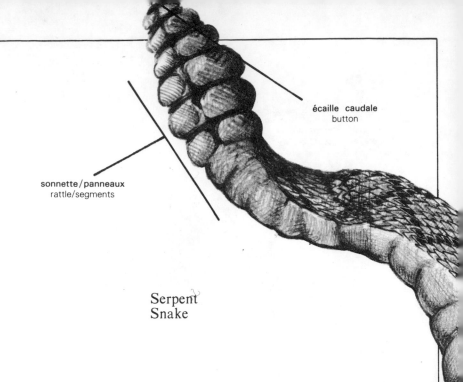

écaille caudale
button

sonnette/panneaux
rattle/segments

Serpent
Snake

Reptiles

In addition to the reptile families represented here, there is the lizard-like *tuatara*, a leftover from the days of the *dinosaurs*, with a vestigial *third eye* on the top of its head. All *poisonous snakes* inject their prey with *venom* through fangs, but not all venomous snakes have "*hypodermic fangs*," like the rattler shown here. The flattened swelling below a cobra's head is called the *hood*. Most land-living turtles are called *tortoises*. Turtles that live in the sea have *flippers*. Many *skinks*, which are lizards, have no legs or eyelids.

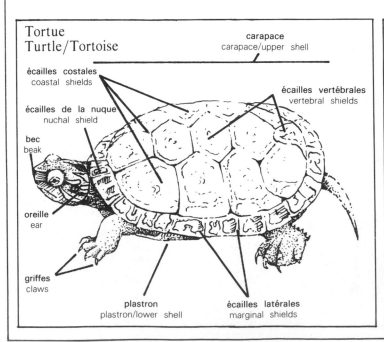

Tortue
Turtle/Tortoise

carapace
carapace/upper shell

écailles costales
coastal shields

écailles vertébrales
vertebral shields

écailles de la nuque
nuchal shield

bec
beak

oreille
ear

griffes
claws

plastron
plastron/lower shell

écailles latérales
marginal shields

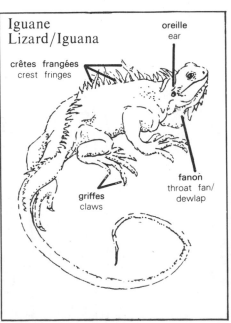

Iguane
Lizard/Iguana

oreille
ear

crêtes frangées
crest fringes

griffes
claws

fanon
throat fan/
dewlap

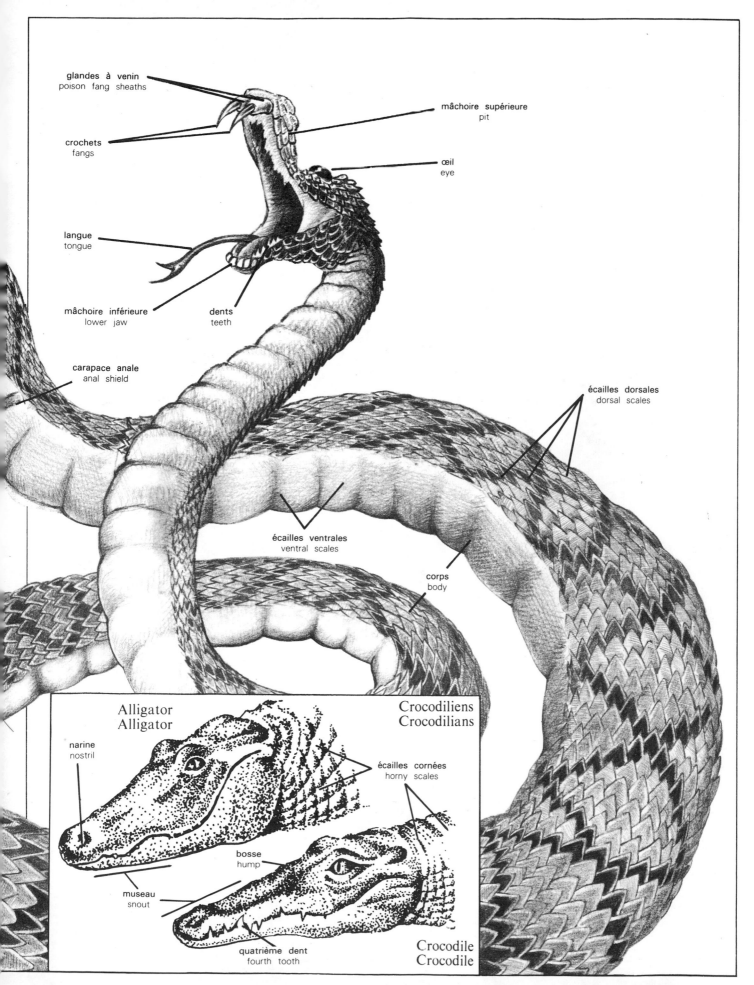

glandes à venin
poison fang sheaths

crochets
fangs

mâchoire supérieure
pit

œil
eye

langue
tongue

mâchoire inférieure
lower jaw

dents
teeth

carapace anale
anal shield

écailles dorsales
dorsal scales

écailles ventrales
ventral scales

corps
body

Alligator
Alligator

Crocodiliens
Crocodilians

narine
nostril

écailles cornées
horny scales

bosse
hump

museau
snout

quatrième dent
fourth tooth

Crocodile
Crocodile

41

Animaux sauvages

Les amphibiens

Les grenouilles et les crapauds se ressemblent beaucoup, mais les crapauds vivent plus particulièrement sur terre et ont une peau plus sèche et plus dure.

Amphibians

Frogs and toads resemble one another closely, but toads are characteristically more terrestrial and have rougher, drier skin.

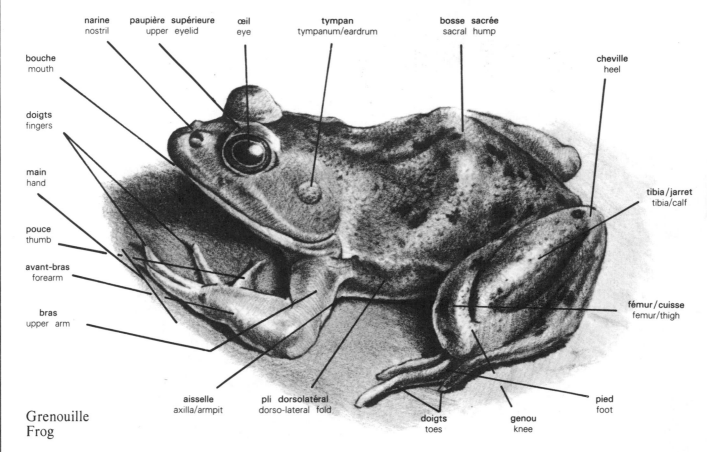

narine
nostril

paupière supérieure
upper eyelid

œil
eye

tympan
tympanum/eardrum

bosse sacrée
sacral hump

cheville
heel

bouche
mouth

doigts
fingers

main
hand

pouce
thumb

avant-bras
forearm

bras
upper arm

tibia/jarret
tibia/calf

fémur/cuisse
femur/thigh

aisselle
axilla/armpit

pli dorsolatéral
dorso-lateral fold

doigts
toes

genou
knee

pied
foot

Grenouille
Frog

Têtard
Tadpole/Polliwog

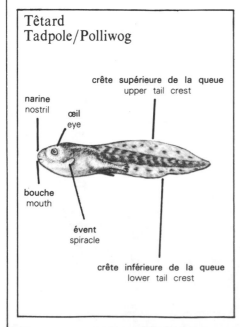

crête supérieure de la queue
upper tail crest

narine
nostril

œil
eye

bouche
mouth

évent
spiracle

crête inférieure de la queue
lower tail crest

Crapaud
Toad

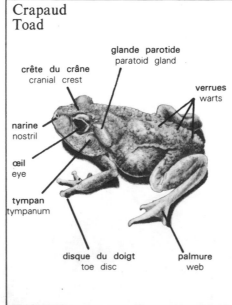

glande parotide
paratoid gland

crête du crâne
cranial crest

verrues
warts

narine
nostril

œil
eye

tympan
tympanum

disque du doigt
toe disc

palmure
web

Salamandre
Salamander

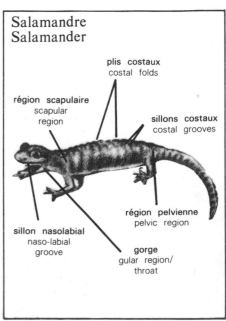

plis costaux
costal folds

région scapulaire
scapular region

sillons costaux
costal grooves

sillon nasolabial
naso-labial groove

région pelvienne
pelvic region

gorge
gular region/throat

Vie sous-marine

Les poissons nagent souvent en groupes, appelés *bancs,* et ils se reproduisent en déposant des œufs, ou en *frayant.* De petits poissons et des poissons récemment incubés sont appelés *fretin.*

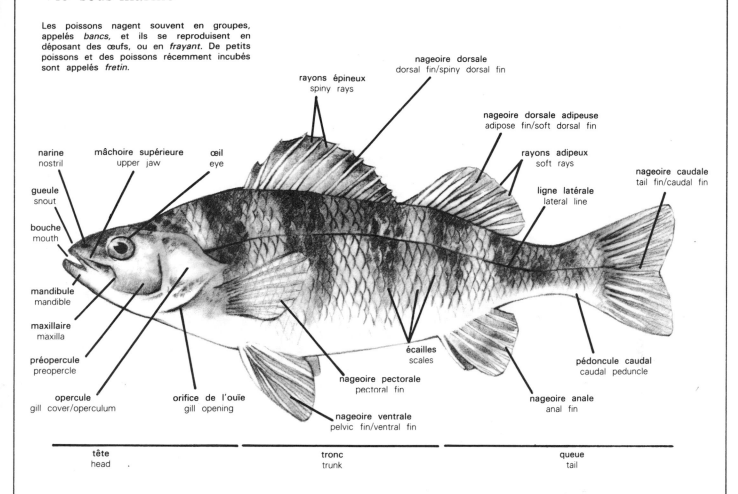

rayons épineux
spiny rays

nageoire dorsale
dorsal fin/spiny dorsal fin

nageoire dorsale adipeuse
adipose fin/soft dorsal fin

rayons adipeux
soft rays

nageoire caudale
tail fin/caudal fin

ligne latérale
lateral line

narine
nostril

mâchoire supérieure
upper jaw

œil
eye

gueule
snout

bouche
mouth

mandibule
mandible

maxillaire
maxilla

préopercule
preopercle

opercule
gill cover/operculum

orifice de l'ouïe
gill opening

écailles
scales

nageoire pectorale
pectoral fin

nageoire ventrale
pelvic fin/ventral fin

pédoncule caudal
caudal peduncle

nageoire anale
anal fin

tête
head

tronc
trunk

queue
tail

Poisson
Fish

Marine Life

Fish often swim in groups, called *schools,* and reproduce by depositing eggs, or *spawning.* Recently hatched or small adult fish are called *fry.*

Dauphin
Dolphin

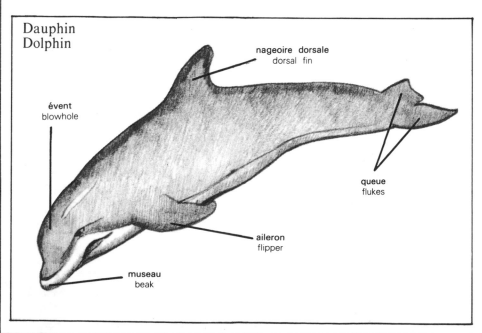

nageoire dorsale
dorsal fin

évent
blowhole

queue
flukes

aileron
flipper

museau
beak

Pastenague
Stingray

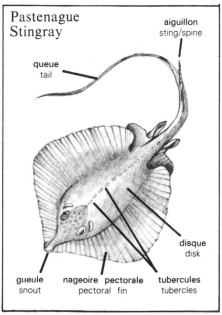

aiguillon
sting/spine

queue
tail

disque
disk

gueule
snout

nageoire pectorale
pectoral fin

tubercules
tubercles

Animaux sauvages

Vie sous-marine

Le *manteau* d'une pieuvre est cette enveloppe dure et protectrice qui recouvre son corps et qui lui donne sa forme. Les pieuvres et les calmars ont des *chromatophores*, ou *cellules pigmentées*, qui leur permettent de changer de couleur, ainsi que des *poches à encre*, qui secrètent un *sépia* protecteur. Les étoiles de mer ont des *bouches* sur *leurs surfaces orales*. Les polypes coralliens vivent dans des *squelettes* calcaires, qui forment la base des *récifs coralliens*.

Marine Life

The *mantle* of an octopus is the tough protective wrapper that covers the body and gives it shape. Octopuses and squid have *chromatophores*, or *pigment cells*, which enable them to change color, as well as *ink glands*, or *sacs*, that secrete protective "ink." Starfish have *mouths* on their *oral surfaces*. Coral polyps live within limestone *skeletons*, which form the basis for *coral reefs*.

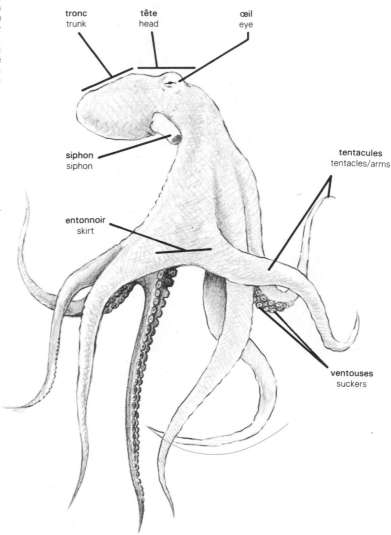

tronc
trunk

tête
head

œil
eye

siphon
siphon

tentacules
tentacles/arms

entonnoir
skirt

ventouses
suckers

Pieuvre
Octopus/Devilfish

Méduse
Jellyfish

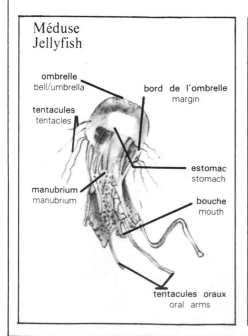

ombrelle
bell/umbrella

bord de l'ombrelle
margin

tentacules
tentacles

estomac
stomach

manubrium
manubrium

bouche
mouth

tentacules oraux
oral arms

Étoile de mer
Starfish/Sea star

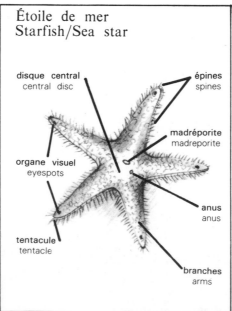

disque central
central disc

épines
spines

organe visuel
eyespots

madréporite
madreporite

tentacule
tentacle

anus
anus

branches
arms

Polype corallien en coupe
Coral polyp cross section

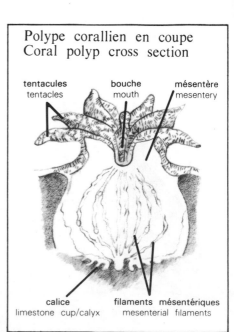

tentacules
tentacles

bouche
mouth

mésentère
mesentery

calice
limestone cup/calyx

filaments mésentériques
mesenterial filaments

Shellfish

Lobsters with only one claw are called *culls*, and lobsters that have lost both claws are known as *pistols*. Crustaceans, such as lobsters, *crabs*, *shrimp*, *crayfish* and *barnacles*, are covered with a coating of *chitin*, which varies in hardness according to *lime* content. Scallops, clams, snails, oysters and *mussels* are *mollusks*. The study of mollusks is *malacology*. The study of shells only is *conchology*.

Crustacés

Les homards peuvent avoir une ou deux pinces. Les *crustacés*, tels que les homards, les *crabes*, les *crevettes*, les *écrevisses* et les *bernacles* sont recouverts d'une enveloppe de *chitine*, dont la dureté varie en fonction de sa teneur en *calcaire*. Les pétoncles, les palourdes, les *escargots*, les *huîtres* et les *moules* sont des *mollusques*. L'étude des mollusques a pour nom la *malacologie*. Celle des coquillages la *conchyliologie*.

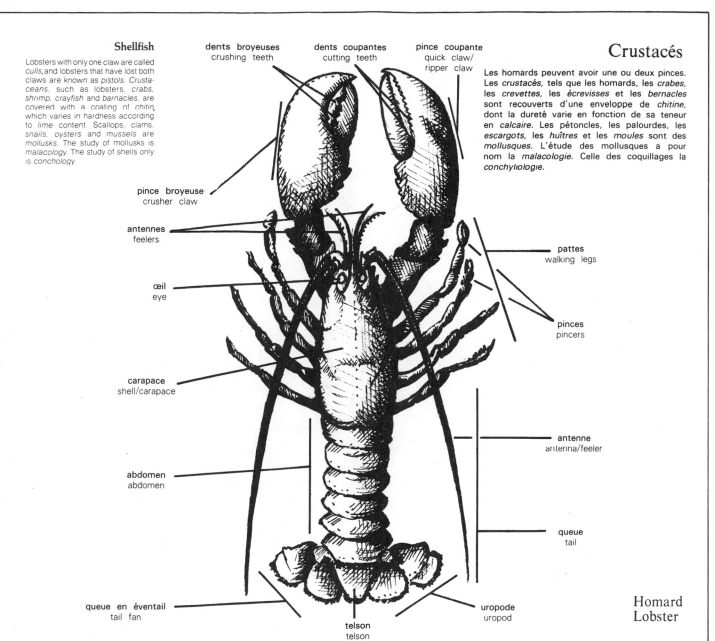

dents broyeuses crushing teeth — **dents coupantes** cutting teeth — **pince coupante** quick claw/ripper claw — **pince broyeuse** crusher claw — **antennes** feelers — **œil** eye — **carapace** shell/carapace — **abdomen** abdomen — **queue en éventail** tail fan — **telson** telson — **pattes** walking legs — **pinces** pincers — **antenne** antenna/feeler — **queue** tail — **uropode** uropod

Homard
Lobster

Coquillage univalve / Univalve shell

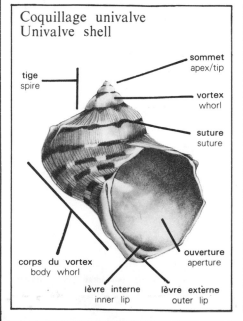

tige spire — **sommet** apex/tip — **vortex** whorl — **suture** suture — **corps du vortex** body whorl — **ouverture** aperture — **lèvre interne** inner lip — **lèvre externe** outer lip

Coquillage bivalve — Pétoncle / Bivalve shell/Scallop

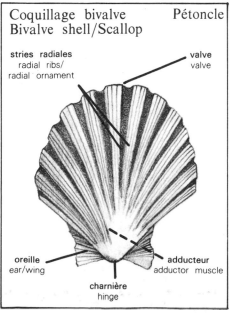

stries radiales radial ribs/radial ornament — **valve** valve — **oreille** ear/wing — **charnière** hinge — **adducteur** adductor muscle

Coquillage bivalve — Palourde / Bivalve shell/clam

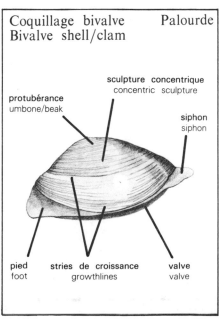

protubérance umbone/beak — **sculpture concentrique** concentric sculpture — **siphon** siphon — **pied** foot — **stries de croissance** growthlines — **valve** valve

Animaux sauvages

Bête composite

Cet *animal* singulier met l'accent sur différentes parties d'animaux appartenant à différentes espèces. Il y manque les prolongements postérieurs, les queues, qui peuvent aller des queues longues et minces, terminées par une *brosse* et ayant en leur milieu un appendice corné appelé *épine* – comme chez le lion, jusqu'aux queues bien fournies des renards et aux queues courtes des cochons. Le légendaire *centaure*, à la tête d'homme, au corps de lion et à la queue de *dragon* ou de *scorpion* est un autre exemple d'animal composite.

corne de koudou
kudu horn

corne de girafe
giraffe horn

bois d'élan
moose antlers

piquants de porc-épic
porcupine quills

oreille de cerf
deer ear

moustaches / vibrisses
whiskers/vibrissae

crinière de lion
lion mane

robe de jaguar ou de léopard
jaguar, or leopard, coat

robe de girafe
giraffe coat

patte de lion
lion paw

griffe
claw

sabot de vache fendu
cow hoof/cloven hoof

ergot
dewclaw

poche de kangourou ou de wallaby
kangaroo, or wallaby, pouch

Ultimate Beast

This remarkable *creature* calls attention to those parts of animals which are distinctive to particular species. Missing are posterior extensions, or *tails*, which vary from long, thin tails that end in a *brush* and have a horny appendage called a *thorn* in the middle, such as a lion's, to brushy fox tails and stubby boar tails. Another composite animal is the legendary *manticore,* which combined the head of a man, the body of a lion, and the tail of a *dragon* or *scorpion*.

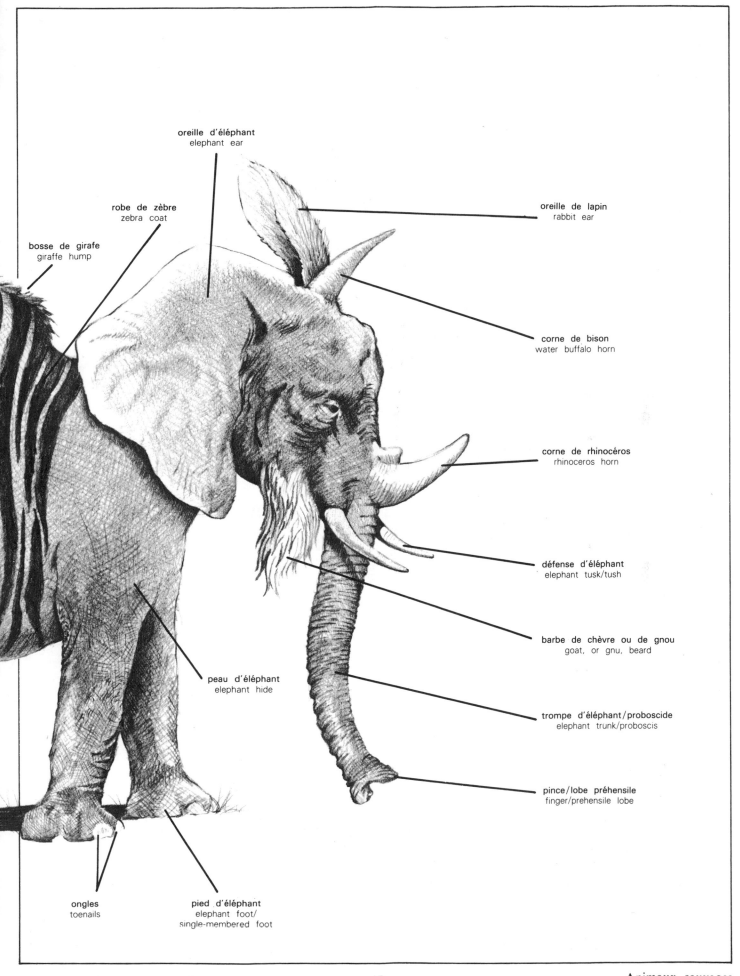

oreille d'éléphant
elephant ear

oreille de lapin
rabbit ear

robe de zèbre
zebra coat

corne de bison
water buffalo horn

bosse de girafe
giraffe hump

corne de rhinocéros
rhinoceros horn

défense d'éléphant
elephant tusk/tush

barbe de chèvre ou de gnou
goat, or gnu, beard

peau d'éléphant
elephant hide

trompe d'éléphant/proboscide
elephant trunk/proboscis

pince/lobe préhensile
finger/prehensile lobe

ongles
toenails

pied d'éléphant
elephant foot/
single-membered foot

47

Animaux sauvages

Arbre

Quand un arbre est abattu, ce qui reste attaché à sa *racine* s'appelle une *souche*.

Tree

When a tree is cut down, what remains attached to the *root* is called a *stump*.

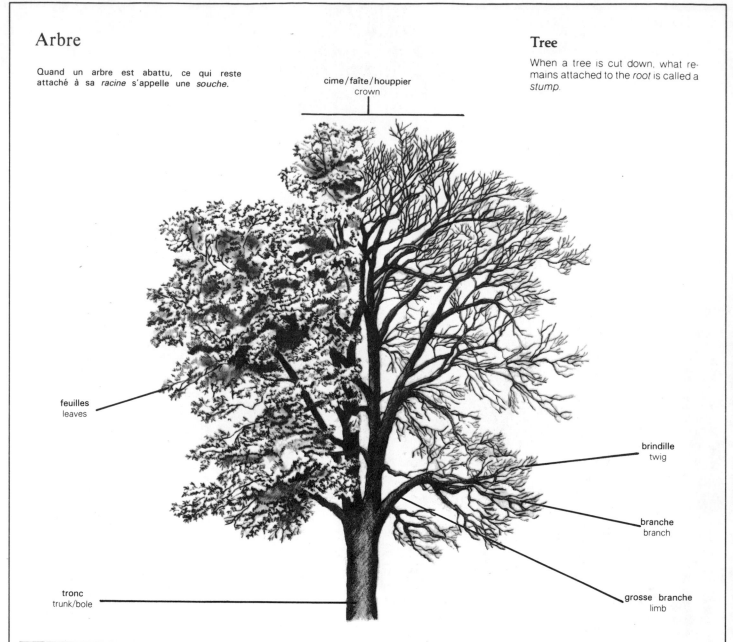

cime/faîte/houppier
crown

feuilles
leaves

brindille
twig

branche
branch

grosse branche
limb

tronc
trunk/bole

Coupe du tronc
Tree Trunk Cross Section

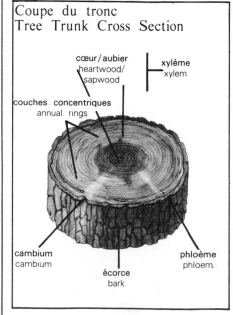

cœur/aubier
heartwood/sapwood

xylème
xylem

couches concentriques
annual rings

cambium
cambium

écorce
bark

phloème
phloem

Brindille
Twig

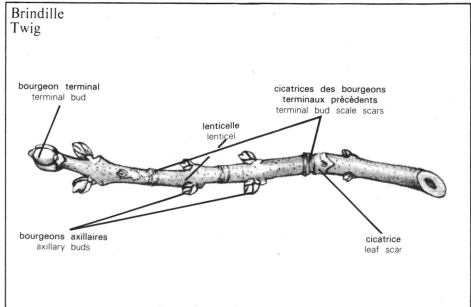

bourgeon terminal
terminal bud

lenticelle
lenticel

cicatrices des bourgeons terminaux précédents
terminal bud scale scars

bourgeons axillaires
axillary buds

cicatrice
leaf scar

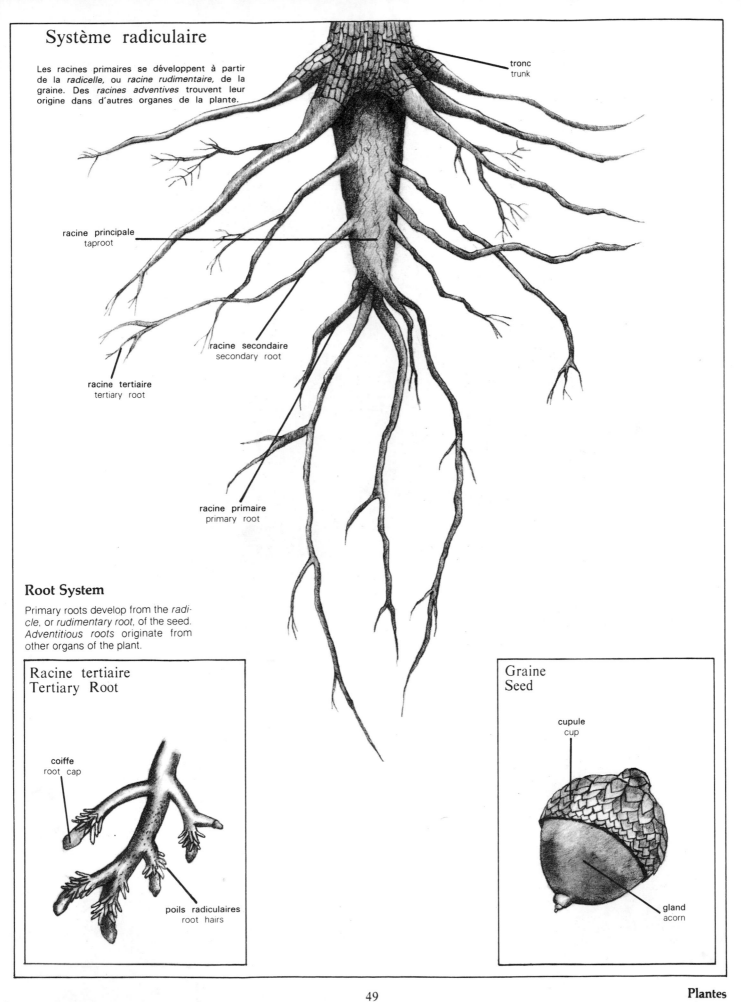

Système radiculaire

Les racines primaires se développent à partir de la *radicelle*, ou *racine rudimentaire*, de la graine. Des *racines adventives* trouvent leur origine dans d'autres organes de la plante.

tronc
trunk

racine principale
taproot

racine secondaire
secondary root

racine tertiaire
tertiary root

racine primaire
primary root

Root System

Primary roots develop from the *radicle*, or *rudimentary root*, of the seed. *Adventitious roots* originate from other organs of the plant.

Racine tertiaire
Tertiary Root

coiffe
root cap

poils radiculaires
root hairs

Graine
Seed

cupule
cup

gland
acorn

49

Plantes

Feuille

La couche cireuse recouvrant la partie supérieure d'une feuille est la *cuticule*. Les feuilles minces, les épines ou les pousses situées à la base de la tige d'une feuille sont appelées *stipules*. Les *feuilles composées* sont faites de deux feuilles ou plus, ou *folicules*. L'ensemble des feuilles composant une plante ou plus s'appelle le *feuillage*.

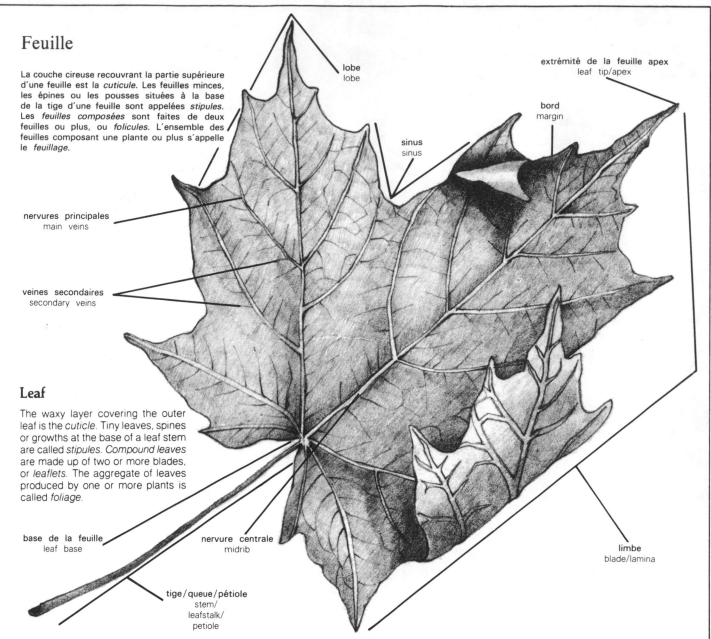

lobe
lobe

extrémité de la feuille apex
leaf tip/apex

bord
margin

sinus
sinus

nervures principales
main veins

veines secondaires
secondary veins

Leaf

The waxy layer covering the outer leaf is the *cuticle*. Tiny leaves, spines or growths at the base of a leaf stem are called *stipules*. *Compound leaves* are made up of two or more blades, or *leaflets*. The aggregate of leaves produced by one or more plants is called *foliage*.

base de la feuille
leaf base

nervure centrale
midrib

limbe
blade/lamina

tige/queue/pétiole
stem/
leafstalk/
petiole

Pomme de pin
Pine Cone

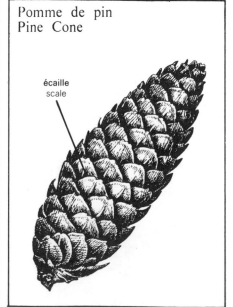

écaille
scale

Samara
Samara/Key

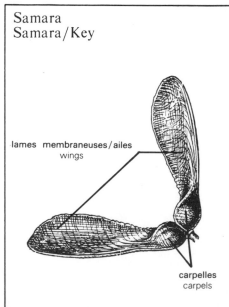

lames membraneuses/ailes
wings

carpelles
carpels

Palmier
Palm

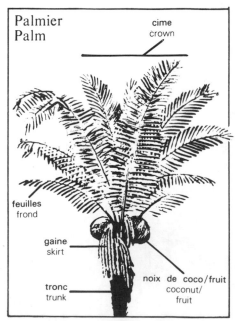

cime
crown

feuilles
frond

gaine
skirt

tronc
trunk

noix de coco/fruit
coconut/
fruit

Fleur

La plupart des fleurs sont recouvertes de *sépales* protégeant un verticille interne de *pétales* très colorés et odorants. Quand les sépales et les pétales sont presque identiques, comme pour le lys représenté ici, on les appelle *tépales*. Les *graines* des fleurs sont créées lorsque le *pollen* de l'anthère fertilise les *ovules*, ou *cellules ovulaires*, dans le stigmate.

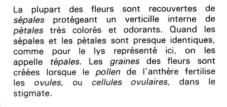

pistil
pistil

étamine
stamen

bourgeon
bud

tépale
tépale

réceptacle
receptacle

tige queue/pédicelle
stem/stalk/pedicel

pédoncule
peduncle

Flower

Most flowers have an outer covering of leaflike *sepals* protecting an inner whorl of bright-colored, scented *petals*. When sepals and petals are almost identical, as they are in the lily shown here, they are called *tepals*. Flower *seeds* are created when *pollen* from the anther fertilizes *ovules*, or *egg cells*, in the stigma.

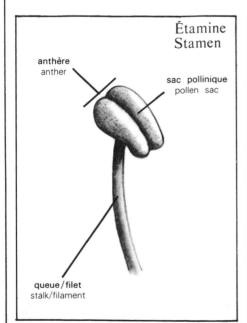

Étamine
Stamen

anthère
anther

sac pollinique
pollen sac

queue/filet
stalk/filament

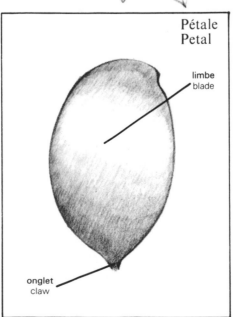

Pétale
Petal

limbe
blade

onglet
claw

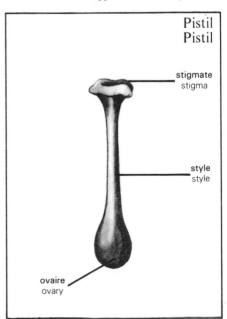

Pistil
Pistil

stigmate
stigma

style
style

ovaire
ovary

Légumes

Le légume est la partie comestible d'une plante. Les racines des carottes, des betteraves et des navets sont comestibles, de même que les tiges des asperges, les tubercules des pommes de terre, le pied des poireaux et des oignons, les feuilles de choux, de laitues et d'épinards, le *fruit vert,* ou *ovaire,* des concombres, des petits pois et des courges, et *le fruit mûr* des tomates et des potirons.

Vegetables

A vegetable is that part of a plant that can be eaten. The roots of carrots, beets and turnips are edible, as are asparagus stems, potato tubers, leek and onion leaf bases, cabbage, lettuce and spinach leaves, the *immature fruit,* or *ovary,* of cucumbers, peas and summer squash, and the *mature fruit* of tomatoes and winter squash.

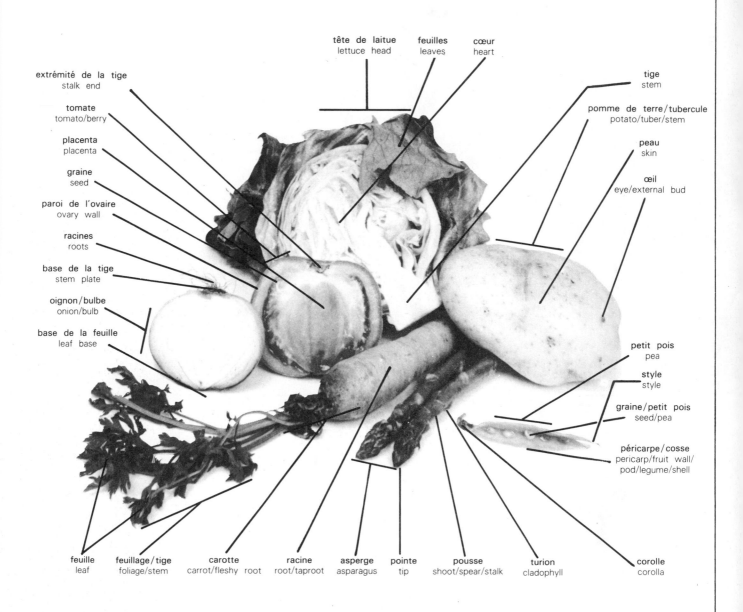

tête de laitue
lettuce head

feuilles
leaves

cœur
heart

tige
stem

pomme de terre/tubercule
potato/tuber/stem

peau
skin

œil
eye/external bud

extrémité de la tige
stalk end

tomate
tomato/berry

placenta
placenta

graine
seed

paroi de l'ovaire
ovary wall

racines
roots

base de la tige
stem plate

oignon/bulbe
onion/bulb

base de la feuille
leaf base

petit pois
pea

style
style

graine/petit pois
seed/pea

péricarpe/cosse
pericarp/fruit wall/
pod/legume/shell

feuille
leaf

feuillage/tige
foliage/stem

carotte
carrot/fleshy root

racine
root/taproot

asperge
asparagus

pointe
tip

pousse
shoot/spear/stalk

turion
cladophyll

corolle
corolla

Fruits

Nuts and crops commonly referred to as vegetables, such as tomatoes and melons, are actually *vegetable fruits*. Fruits are classed according to the number of ovaries they have: They range from simple fruits, such as peaches, to aggregate fruits, such as strawberries. Each segment of *multiple fruits*, such as pineapples and figs, is edible.

Fruits

Les fruits sont classés d'après le nombre de leurs ovaires. Cela va des fruits simples, comme les pêches, aux fruits composés, comme les fraises. Chaque portion de *fruits multiples*, comme les ananas et les figues, est comestible.

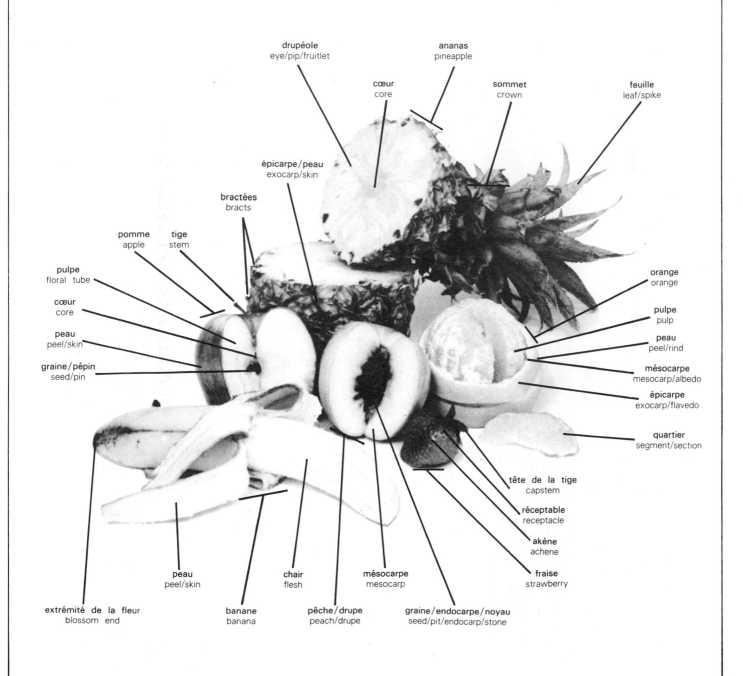

drupéole
eye/pip/fruitlet

ananas
pineapple

cœur
core

sommet
crown

feuille
leaf/spike

épicarpe/peau
exocarp/skin

bractées
bracts

pomme
apple

tige
stem

pulpe
floral tube

cœur
core

peau
peel/skin

graine/pépin
seed/pin

orange
orange

pulpe
pulp

peau
peel/rind

mésocarpe
mesocarp/albedo

épicarpe
exocarp/flavedo

quartier
segment/section

tête de la tige
capstem

réceptable
receptacle

akène
achene

peau
peel/skin

chair
flesh

mésocarpe
mesocarp

fraise
strawberry

extrémité de la fleur
blossom end

banane
banana

pêche/drupe
peach/drupe

graine/endocarpe/noyau
seed/pit/endocarp/stone

Cactus

Les cactus sont des plantes au *tissu succulent*. Ils peuvent emmagasiner dans leur tige de l'humidité pour de longues périodes. Certains cactus sont couverts de *glochidiés, ainsi que d'épines et de fleurs.*

Succulents

Succulents are plants with *fleshy tissue* that have the ability to store moisture for long periods of time in their stem. Some cacti have protective *glochidia*, razor-sharp hairlike bristles, in addition to spines and flowers.

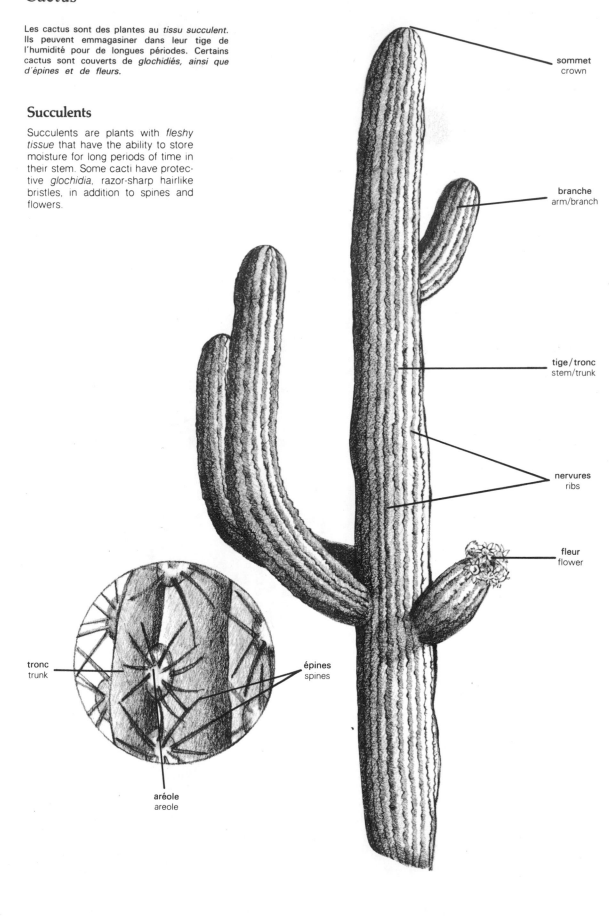

sommet
crown

branche
arm/branch

tige/tronc
stem/trunk

nervures
ribs

fleur
flower

tronc
trunk

épines
spines

aréole
areole

Plantes particulières

Les champignons vénéneux ou fungi ne sont pas comestibles. Sans fleur et sans graine, les fougères se reproduisent au moyen de *spores* contenues dans les sporanges disposés sur la face inférieure des feuilles. Les algues, comme *l'algue marine* représentée ci-dessous, s'attache au sol marin au moyen d'un *crampon*.

lambeaux du voile
remnants of universal veil

lamelles
gills

chapeau
cap/pileus

anneau
ring/annulus

tige/pied/stipe
stem/stalk/stipe

volve
volva

mycélium
mycelium

Champignon
Mushroom

Special Plants

Toadstools are inedible mushrooms, or *fungi*. Flowerless, seedless ferns reproduce by means of *spores* carried in spore cases on the underside of the leaves. Seaweed, such as the *marine algae* shown here, attaches itself to the ocean floor by means of a *holdfast*.

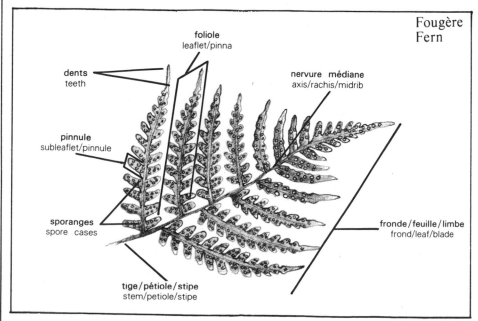

Fougère
Fern

foliole
leaflet/pinna

dents
teeth

nervure médiane
axis/rachis/midrib

pinnule
subleaflet/pinnule

sporanges
spore cases

tige/pétiole/stipe
stem/petiole/stipe

fronde/feuille/limbe
frond/leaf/blade

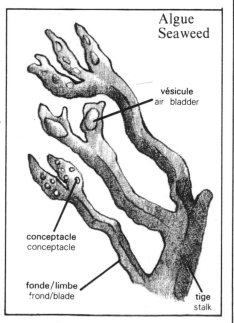

Algue
Seaweed

vésicule
air bladder

conceptacle
conceptacle

fonde/limbe
frond/blade

tige
stalk

Plantes

Graminées

Les graminées comprennent deux parties : les *organes végétaux* et les *organes floraux*. Les *céréales*, comme le *blé*, *l'avoine*, *l'orge* et le maïs produisent des fruits, des graines ou des grains comestibles. Des rhizomes et des *stolons*, ou *coulants* — des tiges aériennes — se répandent depuis ces graminées pour créer de nouvelles plantes. L'*inflorescence* ou *trochet* de *fleurs* des graminées est faite de nombreux spicules. Les veines de leurs feuilles sont parallèles.

Grass

There are two parts to grass plants, the *vegetable organs* and the *floral organs*. *Cereal grasses*, such as *wheat*, *oat*, *barley* and corn, produce edible *fruit*, *seed* or *kernels*. Rhizomes and *stolons*, or *runners*—above-ground stems—spread out from grass plants to produce new plants. The *inflorescence*, or *flower cluster*, of grasses consists of many spikelets. Grass leaves are *parallel-veined*.

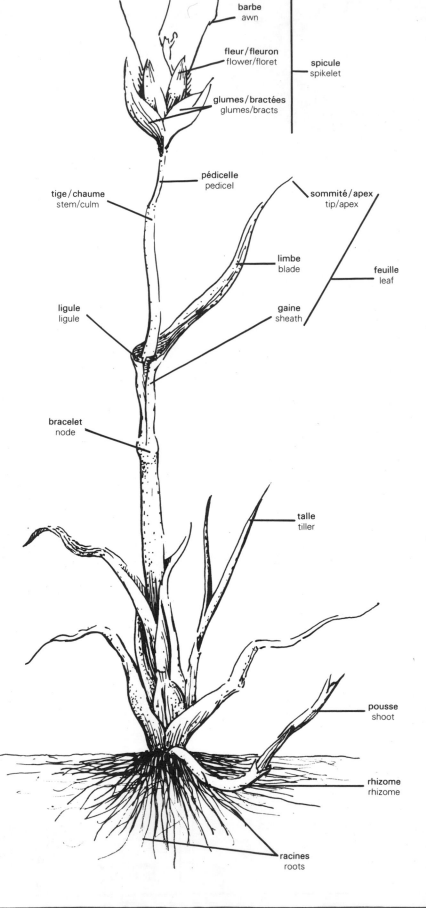

barbe
awn

fleur/fleuron
flower/floret

glumes/bractées
glumes/bracts

spicule
spikelet

pédicelle
pedicel

tige/chaume
stem/culm

sommité/apex
tip/apex

limbe
blade

feuille
leaf

ligule
ligule

gaine
sheath

bracelet
node

talle
tiller

pousse
shoot

rhizome
rhizome

racines
roots

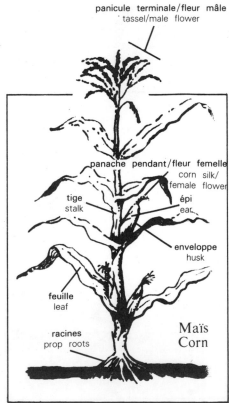

panicule terminale/fleur mâle
tassel/male flower

panache pendant/fleur femelle
corn silk/female flower

tige
stalk

épi
ear

enveloppe
husk

feuille
leaf

racines
prop roots

Maïs
Corn

Plantes   56

Les abris et les constructions

La maison est l'abri le plus fondamental de l'homme, elle est donc décrite ici sous plusieurs de ses aspects, des fondations et de la charpente aux fenêtres et aux murs.

Les abris et constructions décrits dans le reste de cette section sont classés en trois catégories : architectures des autres pays, qui vont des pagodes aux pyramides ; les constructions et bâtiments spéciaux comme le Capitole et la Maison Blanche, les gratte-ciel et les prisons, les parcs d'attractions et les aéroports ; et les autres constructions rencontrées dans notre vie quotidienne : les ponts, les tunnels, les canaux et les barrages.

Les termes désignant les parties des objets rencontrés dans presque tous les intérieurs sont les mêmes que ceux d'une maison et sont tous présentés ici. En revanche ceux d'un palais de justice sont assez différents pour mériter une attention particulière tout comme les parties des ascenseurs ou d'un escalier mécanique. Dans certains cas il a été fait appel à des illustrations en plan ou en coupe pour faciliter l'accès du lecteur à des termes spécifiques à une construction.

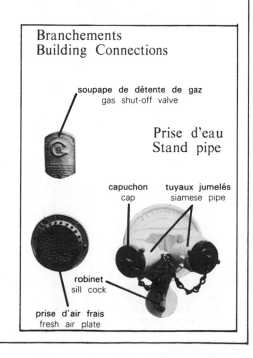

Branchements
Building Connections

soupape de détente de gaz
gas shut-off valve

Prise d'eau
Stand pipe

capuchon   tuyaux jumelés
cap   siamese pipe

robinet
sill cock

prise d'air frais
fresh air plate

Fondations

Certaines maisons sont construites sur *pieux*. D'autres sont construites sur *dalles* en béton armé. La partie construite en sous-sol s'appelle la *cave* ou le *soubassement*. Les maisons sans cave disposent d'un espace entre les solives du plancher et le sol, le *vide-sanitaire*, permettant d'accéder aux tuyauteries.

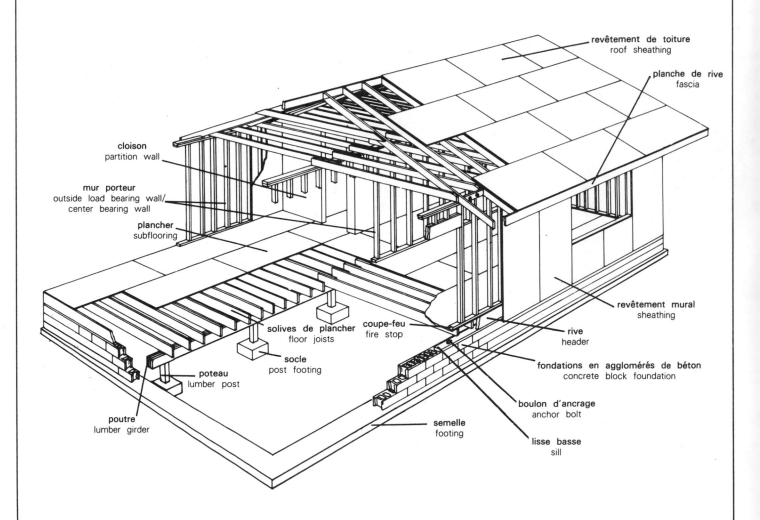

revêtement de toiture
roof sheathing

planche de rive
fascia

cloison
partition wall

mur porteur
outside load bearing wall/
center bearing wall

plancher
subflooring

revêtement mural
sheathing

solives de plancher
floor joists

coupe-feu
fire stop

rive
header

socle
post footing

fondations en agglomérés de béton
concrete block foundation

poteau
lumber post

boulon d'ancrage
anchor bolt

poutre
lumber girder

semelle
footing

lisse basse
sill

Foundation

Some houses are built on sunken *posts*, or *piers*. Others are built on concrete floors, or *slabs*. The area of a house built below ground level is the *basement*. Houses without basements usually have an area between the floor joists and the ground called a *crawl space*, through which access is gained to inspect pipes.

Charpente

On appelle contrefiche toute pièce de bois disposée en diagonale dans une charpente. Un étrésillon est une petite pièce de bois clouée entre deux poteaux pour les étayer. Les poutres sont des pièces de bois équarries, comme les solives destinées à supporter les planchers ou les plafonds et les linteaux, membrures horizontales conçues pour supporter les charges au dessus des ouvertures des portes et des fenêtres.

Frame

Any diagonally placed piece of timber in a frame is a *brace*. A *cat* is a small piece of lumber nailed between studs for reinforcement. *Beams* are squared off pieces of timber, such as *joists*, used to support *floor* or *ceiling*, or *lintels*, horizontal *members* designed to carry loads above openings such as doors and windows.

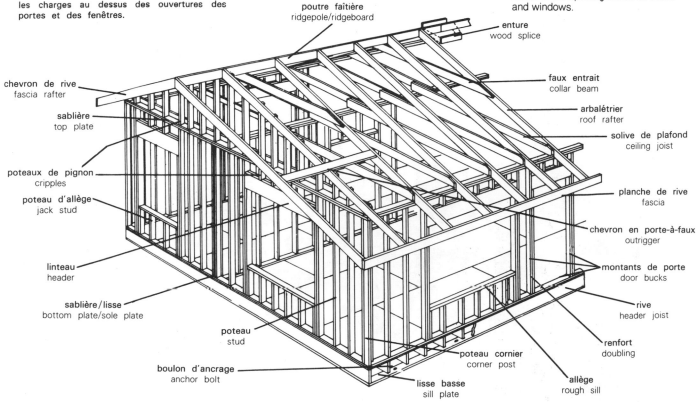

poutre faîtière
ridgepole/ridgeboard

enture
wood splice

chevron de rive
fascia rafter

faux entrait
collar beam

sablière
top plate

arbalétrier
roof rafter

solive de plafond
ceiling joist

poteaux de pignon
cripples

poteau d'allège
jack stud

planche de rive
fascia

chevron en porte-à-faux
outrigger

linteau
header

montants de porte
door bucks

sablière/lisse
bottom plate/sole plate

rive
header joist

poteau
stud

renfort
doubling

boulon d'ancrage
anchor bolt

poteau cornier
corner post

lisse basse
sill plate

allège
rough sill

Ferme de charpente composite
Composite Roof Truss

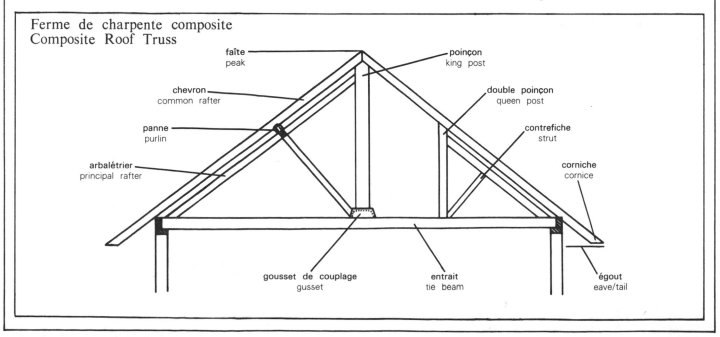

faîte
peak

poinçon
king post

chevron
common rafter

double poinçon
queen post

panne
purlin

contrefiche
strut

arbalétrier
principal rafter

corniche
cornice

gousset de couplage
gusset

entrait
tie beam

égout
eave/tail

Maison

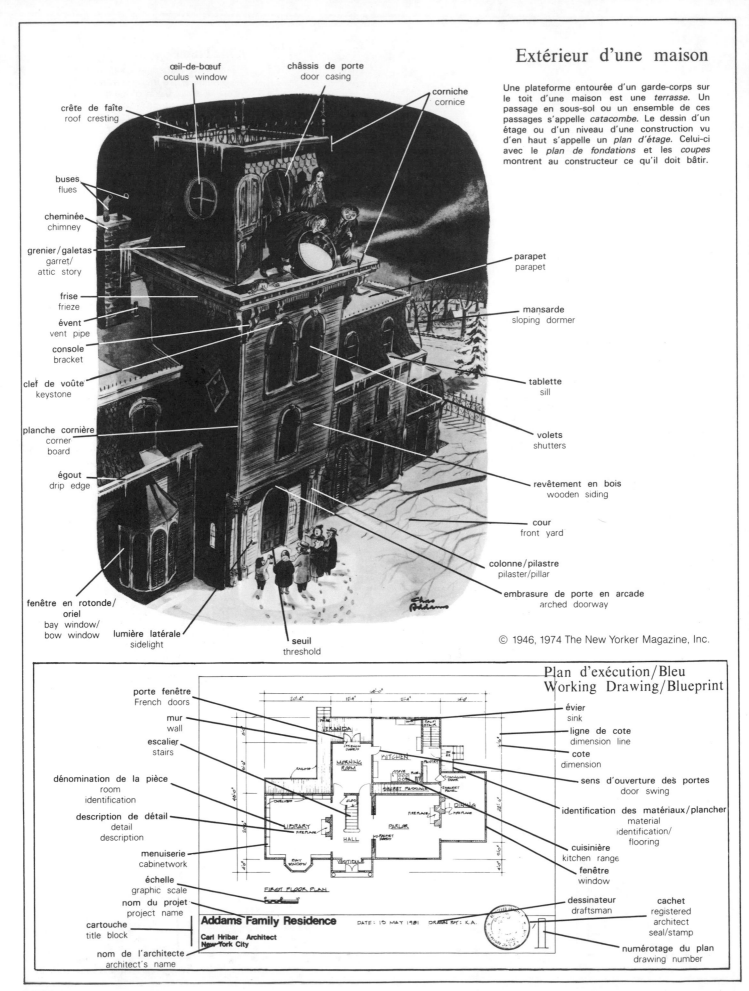

Extérieur d'une maison

œil-de-bœuf
oculus window

châssis de porte
door casing

corniche
cornice

crête de faîte
roof cresting

buses
flues

cheminée
chimney

grenier/galetas
garret/
attic story

frise
frieze

évent
vent pipe

console
bracket

clef de voûte
keystone

planche cornière
corner
board

égout
drip edge

fenêtre en rotonde/
oriel
bay window/
bow window

lumière latérale
sidelight

seuil
threshold

parapet
parapet

mansarde
sloping dormer

tablette
sill

volets
shutters

revêtement en bois
wooden siding

cour
front yard

colonne/pilastre
pilaster/pillar

embrasure de porte en arcade
arched doorway

Une plateforme entourée d'un garde-corps sur le toit d'une maison est une *terrasse*. Un passage en sous-sol ou un ensemble de ces passages s'appelle *catacombe*. Le dessin d'un étage ou d'un niveau d'une construction vu d'en haut s'appelle *plan d'étage*. Celui-ci avec le *plan de fondations* et les *coupes* montrent au constructeur ce qu'il doit bâtir.

© 1946, 1974 The New Yorker Magazine, Inc.

Plan d'exécution/Bleu
Working Drawing/Blueprint

porte fenêtre
French doors

mur
wall

escalier
stairs

dénomination de la pièce
room
identification

description de détail
detail
description

menuiserie
cabinetwork

échelle
graphic scale

nom du projet
project name

cartouche
title block

nom de l'architecte
architect's name

évier
sink

ligne de cote
dimension line

cote
dimension

sens d'ouverture des portes
door swing

identification des matériaux/plancher
material
identification/
flooring

cuisinière
kitchen range

fenêtre
window

dessinateur
draftsman

cachet
registered
architect
seal/stamp

numérotage du plan
drawing number

FIRST FLOOR PLAN

Addams Family Residence   DATE: 15 MAY 1981   DRAWN BY: K.A.
Carl Hribar Architect
New York City

House Exterior

A flat observation platform with railings on the roof of a house is a *widow's walk*. An underground passageway or group of passageways is a *catacomb*. A drawing of one floor or level of a building, as seen from above, is a *floor plan*. Together with a *foundation plan* and *elevations*, a floor plan shows the builder what to build.

House Exterior

The room or space under the roof is the *attic*. The lowest story of a house is called the *basement* if it is at least partly below ground or street level. A part of a house projecting on one side or subordinate to the main structure is called a *wing*. *Patios*, *terraces*, *decks* and *porches* adjoin a house and are used for play or relaxation. An open *gallery* alongside a house with its own roof is a *veranda*. The trees, shrubs, paths and gardens around a house are called *landscaping*.

Extérieur d'une maison

L'espace compris sous le toit est le *grenier*. La partie la plus basse d'une maison s'appelle la *cave* si elle est située au moins en partie en dessous du niveau du sol ou de la chaussée. La partie d'une maison dépassant sur un côté ou rattachée au bâtiment principal s'appelle une *aile*. Les *patios*, les *terrasses* et les *vérandas* sont utilisés pour les jeux ou le repos. L'art d'arranger les arbres, les buissons, les sentiers et les jardins autour de la maison s'appelle le *paysagisme*.

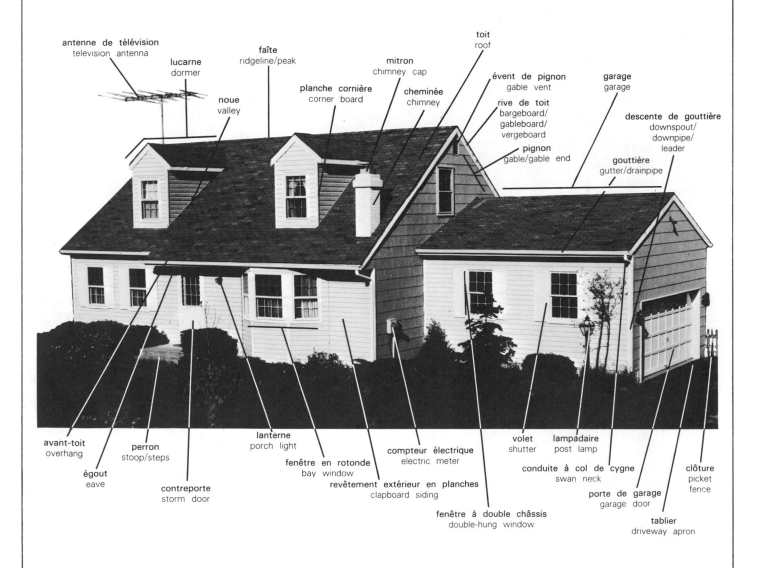

antenne de télévision
television antenna

lucarne
dormer

faîte
ridgeline/peak

mitron
chimney cap

toit
roof

noue
valley

planche cornière
corner board

cheminée
chimney

évent de pignon
gable vent

garage
garage

rive de toit
bargeboard/
gableboard/
vergeboard

descente de gouttière
downspout/
downpipe/
leader

pignon
gable/gable end

gouttière
gutter/drainpipe

avant-toit
overhang

perron
stoop/steps

lanterne
porch light

compteur électrique
electric meter

volet
shutter

lampadaire
post lamp

égout
eave

contreporte
storm door

fenêtre en rotonde
bay window

revêtement extérieur en planches
clapboard siding

conduite à col de cygne
swan neck

clôture
picket
fence

porte de garage
garage door

fenêtre à double châssis
double-hung window

tablier
driveway apron

Porte

Le *seuil* ou le *pas de porte* est la partie qui se trouve exactement en dessous de la porte. Les portes d'entrée sont parfois doublées d'une *porte grillagée*. Une porte entièrement ou en partie vitrée est une *porte fenêtre*. La protection caoutchoutée fixée au mur derrière une porte pour le protéger de l'impact est une *butée*. On appelle porte à vantail coupé une porte coupée horizontalement par le milieu, et dont les deux parties peuvent s'ouvrir indépendamment.

Door

The *sill, threshold*, or *saddle* is that part directly beneath the door. Entrance doors are often covered by *screendoors*. A door cut in half horizontally whose two parts can be used independently is called a *Dutch door*. A door having glass panes throughout or nearly throughout its length is a *French door*. The rubber-tipped projection attached to the wall behind an opening door to protect it from the impact is a *doorstop*.

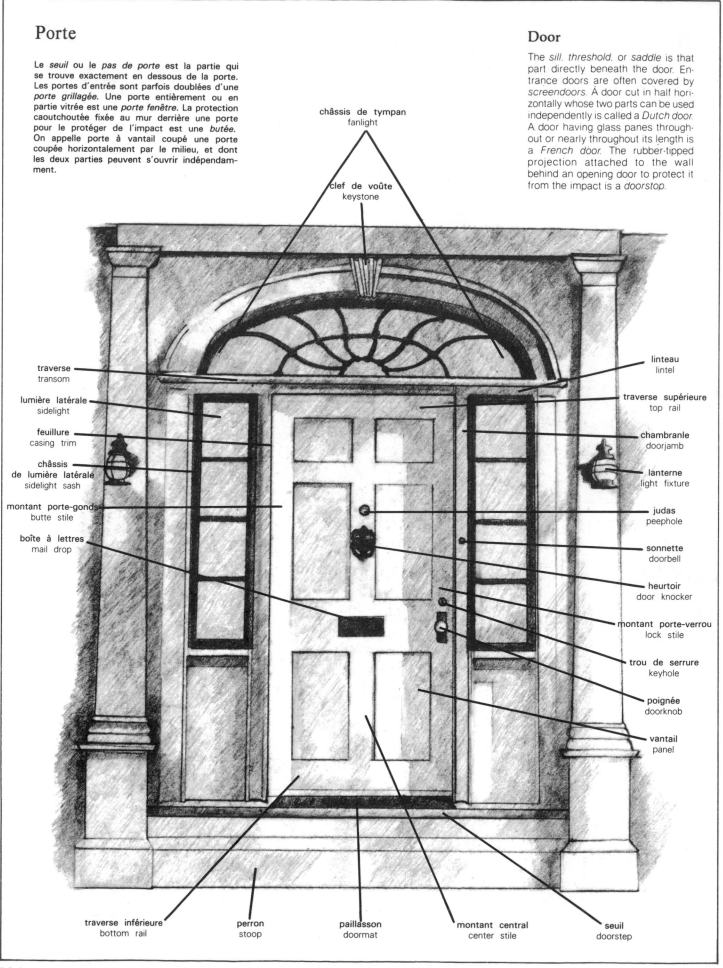

châssis de tympan
fanlight

clef de voûte
keystone

traverse
transom

lumière latérale
sidelight

feuillure
casing trim

châssis
de lumière latérale
sidelight sash

montant porte-gonds
butte stile

boîte à lettres
mail drop

linteau
lintel

traverse supérieure
top rail

chambranle
doorjamb

lanterne
light fixture

judas
peephole

sonnette
doorbell

heurtoir
door knocker

montant porte-verrou
lock stile

trou de serrure
keyhole

poignée
doorknob

vantail
panel

traverse inférieure
bottom rail

perron
stoop

paillasson
doormat

montant central
center stile

seuil
doorstep

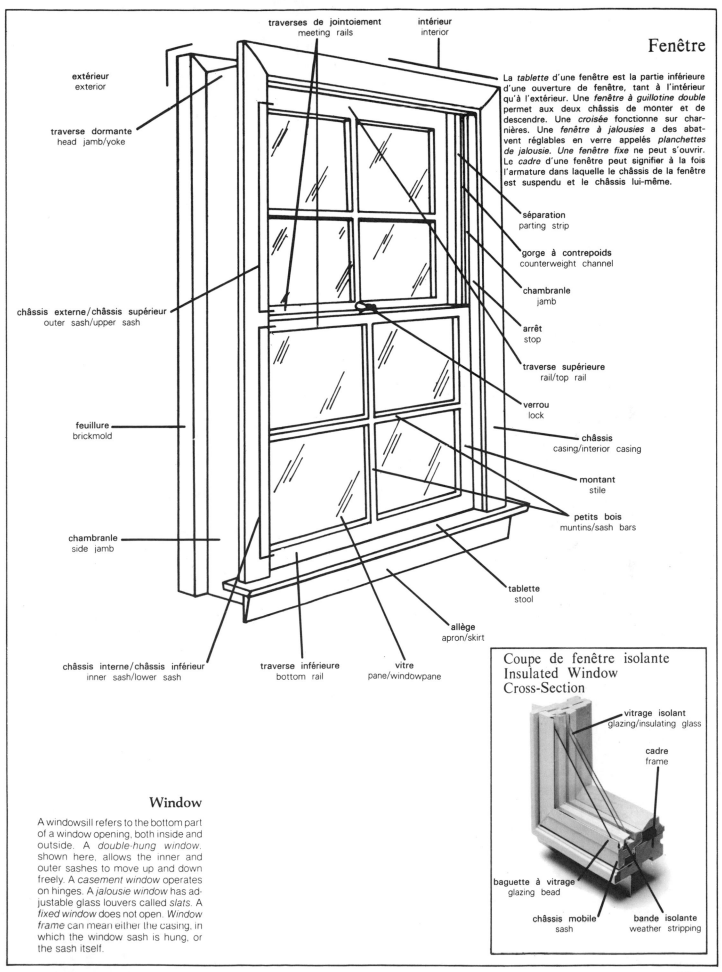

Fenêtre

traverses de jointoiement
meeting rails

intérieur
interior

extérieur
exterior

traverse dormante
head jamb/yoke

châssis externe/châssis supérieur
outer sash/upper sash

feuillure
brickmold

chambranle
side jamb

châssis interne/châssis inférieur
inner sash/lower sash

traverse inférieure
bottom rail

vitre
pane/windowpane

allège
apron/skirt

tablette
stool

petits bois
muntins/sash bars

montant
stile

châssis
casing/interior casing

verrou
lock

traverse supérieure
rail/top rail

arrêt
stop

chambranle
jamb

gorge à contrepoids
counterweight channel

séparation
parting strip

La *tablette* d'une fenêtre est la partie inférieure d'une ouverture de fenêtre, tant à l'intérieur qu'à l'extérieur. Une *fenêtre à guillotine double* permet aux deux châssis de monter et de descendre. Une *croisée* fonctionne sur charnières. Une *fenêtre à jalousies* a des abat-vent réglables en verre appelés *planchettes de jalousie. Une fenêtre fixe* ne peut s'ouvrir. Le *cadre* d'une fenêtre peut signifier à la fois l'armature dans laquelle le châssis de la fenêtre est suspendu et le châssis lui-même.

Coupe de fenêtre isolante
Insulated Window Cross-Section

vitrage isolant
glazing/insulating glass

cadre
frame

baguette à vitrage
glazing bead

châssis mobile
sash

bande isolante
weather stripping

Window

A windowsill refers to the bottom part of a window opening, both inside and outside. A *double-hung window.* shown here, allows the inner and outer sashes to move up and down freely. A *casement window* operates on hinges. A *jalousie window* has adjustable glass louvers called *slats.* A *fixed window* does not open. *Window frame* can mean either the casing, in which the window sash is hung, or the sash itself.

Maison

Staircase

A tread and riser comprise a *step*. A tread's depth is its *run*. A step in a straight *flight*, or series of steps, is called a *flier*. A series of flights connecting landings is a *stairway*. The vertical space occupied by stairs is called a *stairwell*. An entrance stairway to a building is a *stoop*.

Escalier

Le giron et la contre-marche forment la marche. La profondeur du giron correspond à la largeur de la marche. Une marche dans une *volée droite* s'appelle une *marche droite*. Une succession de volées reliant des paliers constitue *l'escalier*. L'espace vertical occupé par l'escalier est la *cage d'escalier*. L'escalier d'entrée d'un bâtiment est un *perron*.

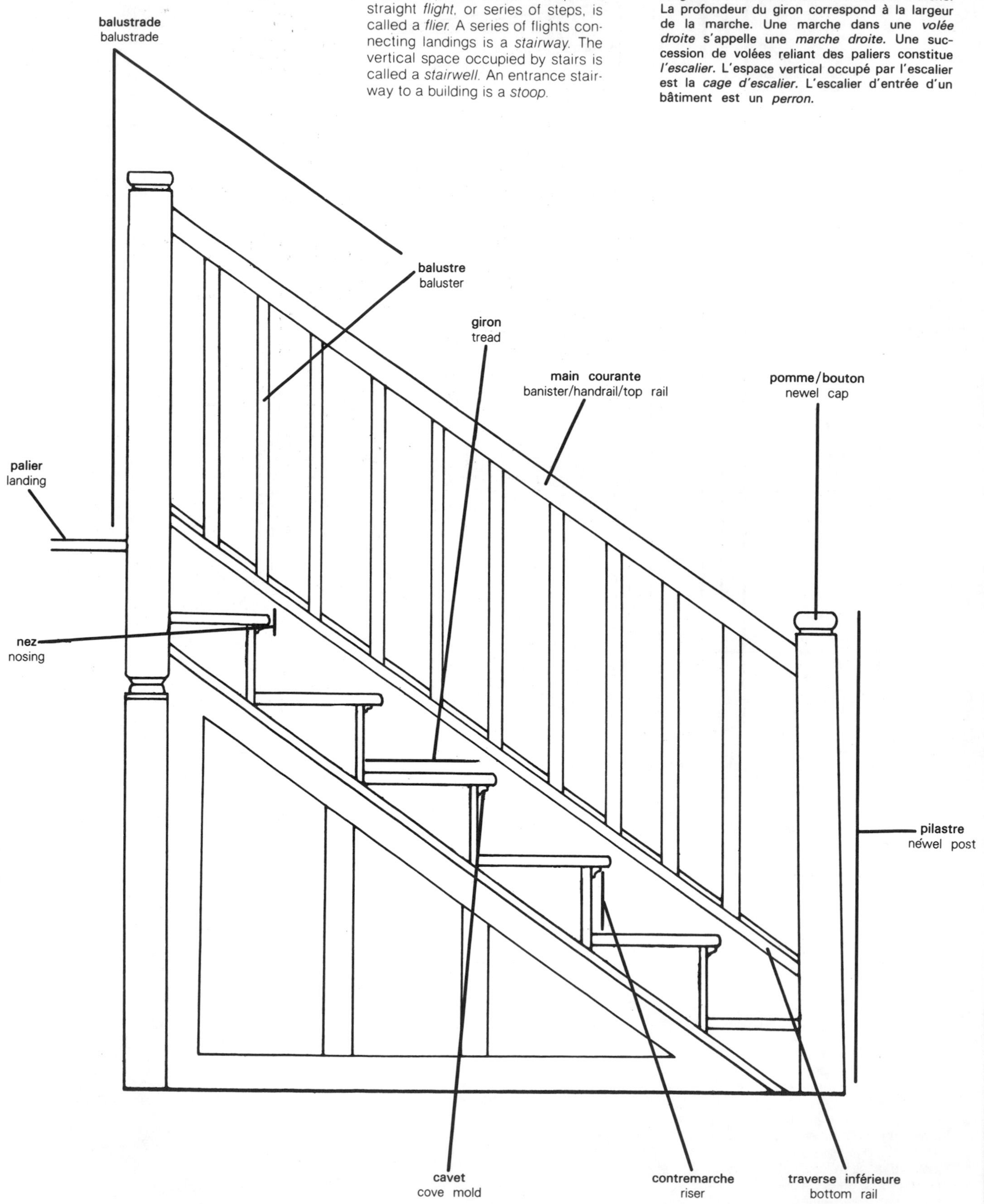

balustrade
balustrade

balustre
baluster

giron
tread

main courante
banister/handrail/top rail

pomme/bouton
newel cap

palier
landing

nez
nosing

pilastre
newel post

cavet
cove mold

contremarche
riser

traverse inférieure
bottom rail

Fence

A solid fence can be called a *screen*. If it holds back a slope of ground it is a *retaining wall*. *Supporting members*, or *fence posts*, are anchored in foundation *postholes*. Any material used between posts is *infill*. A *weep hole* in a retaining wall allows water to seep through.

Clôture

Une clôture pleine peut s'appeler un *écran*. Si elle retient la pente d'un terrain il s'agit d'un *mur de soutènement*. Les *éléments de soutien* ou *poteaux* sont ancrés dans des *trous* de fondations. Tout ce qui sert à remplir l'espace entre les poteaux est la *garniture*. Une *barbacane* dans un mur de soutènement est un trou qui permet l'écoulement de l'eau.

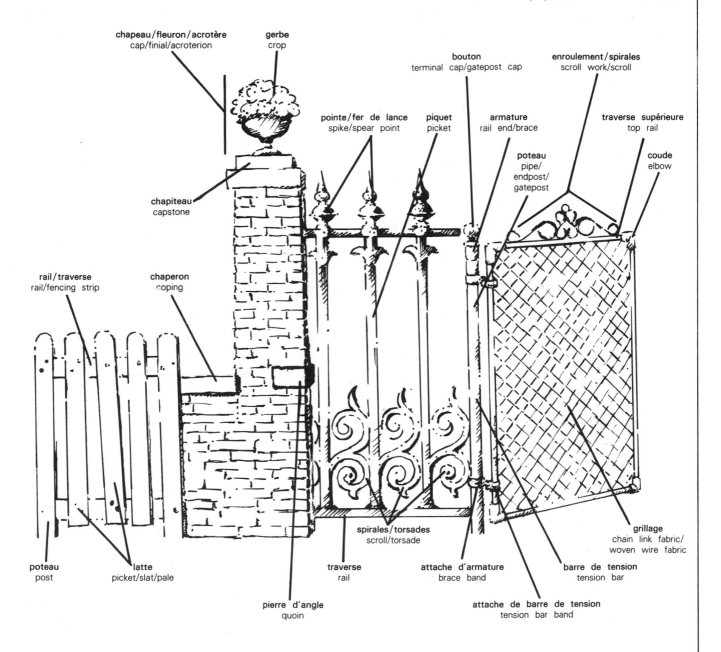

chapeau/fleuron/acrotère
cap/finial/acroterion

gerbe
crop

bouton
terminal cap/gatepost cap

enroulement/spirales
scroll work/scroll

pointe/fer de lance
spike/spear point

piquet
picket

armature
rail end/brace

traverse supérieure
top rail

poteau
pipe/
endpost/
gatepost

coude
elbow

chapiteau
capstone

rail/traverse
rail/fencing strip

chaperon
coping

spirales/torsades
scroll/torsade

grillage
chain link fabric/
woven wire fabric

poteau
post

latte
picket/slat/pale

traverse
rail

attache d'armature
brace band

barre de tension
tension bar

pierre d'angle
quoin

attache de barre de tension
tension bar band

Clôture en bois
Wood Fence

Pilier de portail
en maçonnerie
Masonry Gate Post/
Gate Pier

Clôture en fer forgé
Wrought Iron Fence

Porte en grillage
Steel Chain Gate

Building Materials

Boards are *timber*, or lumber, cut in long, flat *slabs*. When used in construction, boards are referred to as *beams*, or *balks*. When they are used to support a pitched roof, they are called *rafters*. A *plank* is thicker than a board. *Shakes* are *wooden shingles*, but cracks in wood caused by wind or frost are also called shakes. A *spall* is a chip or flaking of brick.

Matériaux de construction

Les planches sont du *bois d'œuvre* découpé en longues *plaques*. Employées dans les travaux de construction elles portent les noms de *poutre* ou *solives*. Utilisées pour supporter un toit incliné elles s'appellent *chevrons*. Un *madrier* est plus épais qu'une planche. Les *bardeaux* sont des *tuiles* en bois. Une *épaufrure* est un éclat de brique ou d'autre matériau.

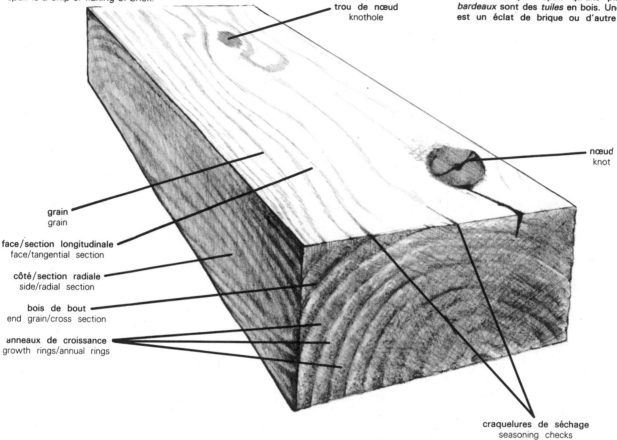

trou de nœud
knothole

nœud
knot

grain
grain

face/section longitudinale
face/tangential section

côté/section radiale
side/radial section

bois de bout
end grain/cross section

anneaux de croissance
growth rings/annual rings

craquelures de séchage
seasoning checks

Bois d'œuvre

Brique/Aggloméré
Brick/Masonry Unit

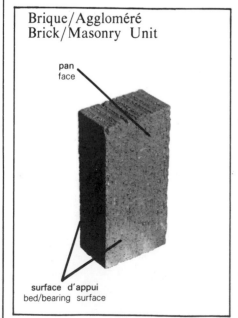

pan
face

surface d'appui
bed/bearing surface

Bardeau en asphalte
Roofing Shingle

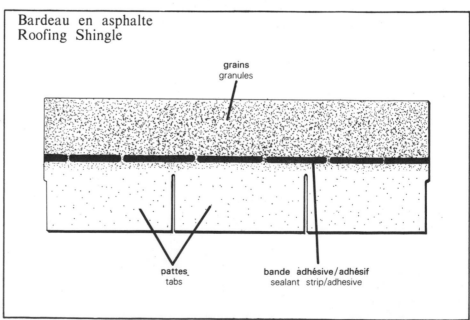

grains
granules

pattes
tabs

bande àdhésive/adhésif
sealant strip/adhesive

Mur de brique

Les briques et leurs faces portent des noms différents selon leur emplacement et la manière de les utiliser ou de les présenter. On appelle *maçonneries* les constructions en *pierres* ou en briques. La disposition selon laquelle un mur est construit s'appelle *l'appareil*. La surface exposée s'appelle le *parement*. La pièce métallique utilisée pour renforcer un mur est une *agrafe*, et le dégagement laissé pour faire passer les tuyaux et les conduites est une *réservation*. Un *chaînage* est ce qui permet de solidariser la maçonnerie.

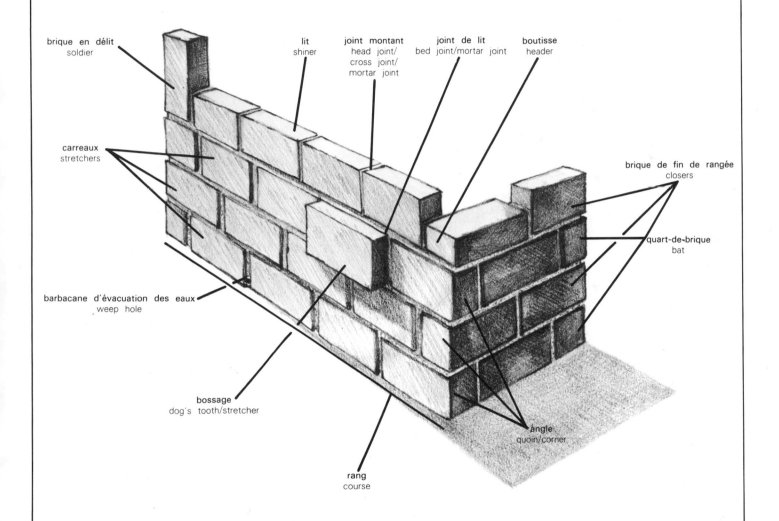

brique en délit
soldier

lit
shiner

joint montant
head joint/
cross joint/
mortar joint

joint de lit
bed joint/mortar joint

boutisse
header

carreaux
stretchers

brique de fin de rangée
closers

quart-de-brique
bat

barbacane d'évacuation des eaux
weep hole

bossage
dog's tooth/stretcher

angle
quoin/corner

rang
course

Brick Wall

Bricks and brick faces take on different names, depending on where and how they are used or exposed. Structures built of *stone* or brick are called *masonry*. The pattern in which a wall is laid is its *bond*. The exposed surface is the *face*. A piece of iron or steel used to brace a wall is a *cramp*, while a recess left within for pipes or ducts is a *chase*. A *tie* is any material that holds masonry together.

Maison

Architecture internationale

Les Japonais ont mis au point la *construction toute en charpente* avec des *assemblages à emboîtement latéral*. Les minarets d'où les *muezzins* appellent les fidèles à la prière sont normalement construits près de la mosquée. Les obélisques étaient souvent entourés de *colonnes*, ou stèles, érigées en l'honneur de dieux. Les pyramides, *polyèdres à base quadrangulaire*, étaient utilisées comme tombes ou comme temples. Les pyramides à sommet plat, appelées *mastabas*, étaient strictement des *constructions funéraires*. Les *ziggourats*, pyramides à degrés supportant un *sanctuaire*, étaient en revanche utilisées pour des cultes.

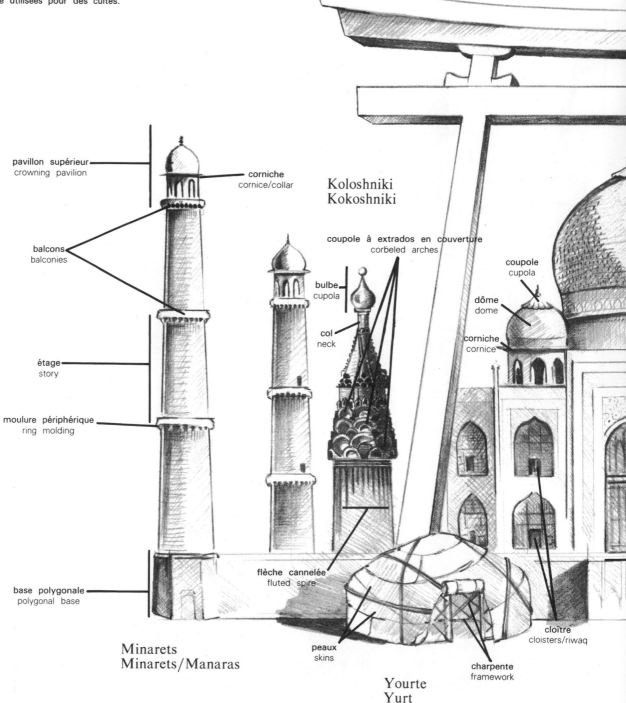

Torii/Porte de Sanctuaire Shinto
Torii/Shinto Temple Gateway

pavillon supérieur
crowning pavilion

corniche
cornice/collar

Koloshniki
Kokoshniki

balcons
balconies

coupole à extrados en couverture
corbeled arches

coupole
cupola

bulbe
cupola

dôme
dome

col
neck

corniche
cornice

étage
story

moulure périphérique
ring molding

base polygonale
polygonal base

flèche cannelée
fluted spire

cloître
cloisters/riwaq

Minarets
Minarets/Manaras

peaux
skins

charpente
framework

Yourte
Yurt

The Japanese developed the *whole-timbered building*, with *interlocking timbered joints*. Minarets, from which *criers*, or *muezzins*, call people to prayer, are normally attached or annexed to a mosque. Obelisks were often surrounded by *pillars*, or stelae, erected in honor of gods. Pyramids, *quadrilateral structures*, were used as tombs or temples. Flat-topped pyramids called *mastabas* were strictly *funerary structures*, while *ziggurats*, stepped pyramids supporting a *shrine*, were used for worship.

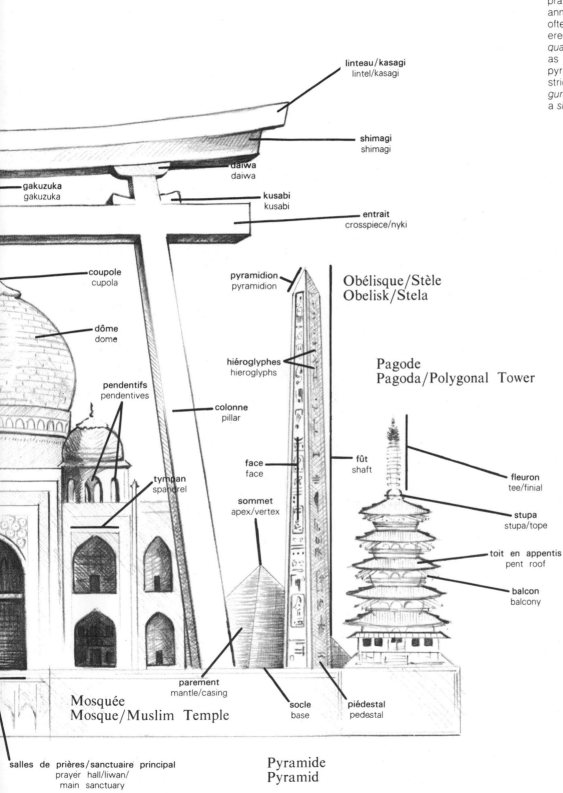

linteau/kasagi
lintel/kasagi

shimagi
shimagi

daiwa
daiwa

gakuzuka
gakuzuka

kusabi
kusabi

entrait
crosspiece/nyki

coupole
cupola

dôme
dome

pendentifs
pendentives

tympan
spandrel

pyramidion
pyramidion

hiéroglyphes
hieroglyphs

colonne
pillar

face
face

sommet
apex/vertex

Obélisque/Stèle
Obelisk/Stela

Pagode
Pagoda/Polygonal Tower

fût
shaft

fleuron
tee/finial

stupa
stupa/tope

toit en appentis
pent roof

balcon
balcony

parement
mantle/casing

socle
base

piédestal
pedestal

Mosquée
Mosque/Muslim Temple

salles de prières/sanctuaire principal
prayer hall/liwan/
main sanctuary

Pyramide
Pyramid

Arc

La distance entre les impostes s'appelle la *portée*. La *flèche* est la distance entre la partie supérieure des impostes et le point le plus élevé des intrados. La *clef de voûte* est le point le plus élevé des extrados. La partie d'un arc qui va de la clef de voûte à l'imposte est le rein de l'arc.

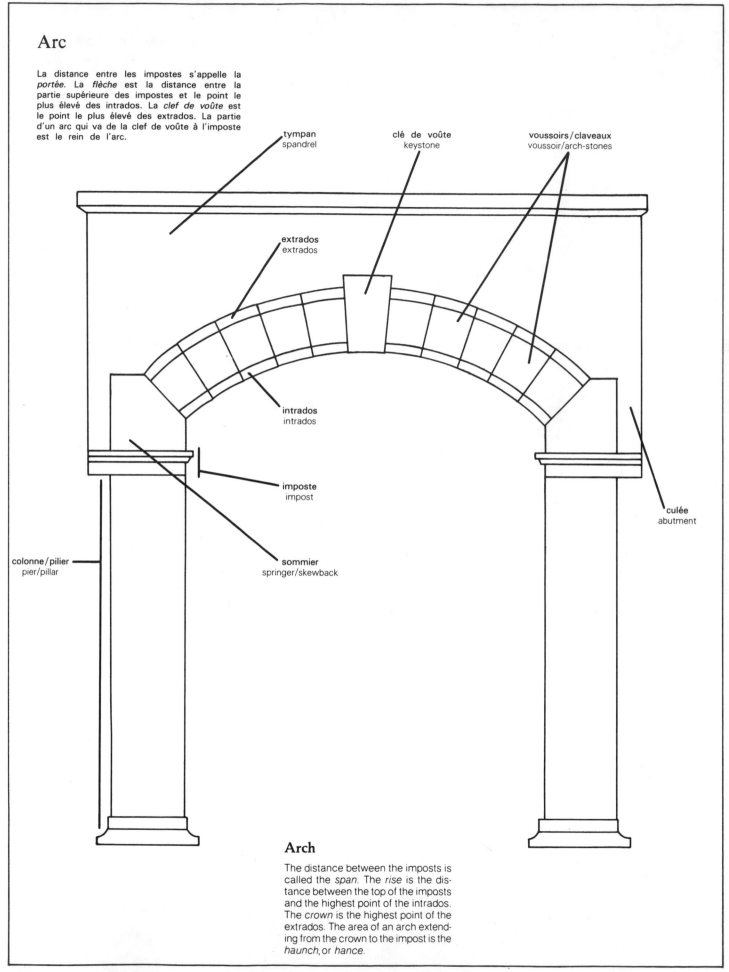

tympan
spandrel

clé de voûte
keystone

voussoirs/claveaux
voussoir/arch-stones

extrados
extrados

intrados
intrados

imposte
impost

culée
abutment

colonne/pilier
pier/pillar

sommier
springer/skewback

Arch

The distance between the imposts is called the *span*. The *rise* is the distance between the top of the imposts and the highest point of the intrados. The *crown* is the highest point of the extrados. The area of an arch extending from the crown to the impost is the *haunch*, or *hance*.

Colonne

L'espace compris entre deux colonnes s'appelle *l'entre-colonne*.

Column

The clear space between two columns is *intercolumniation*.

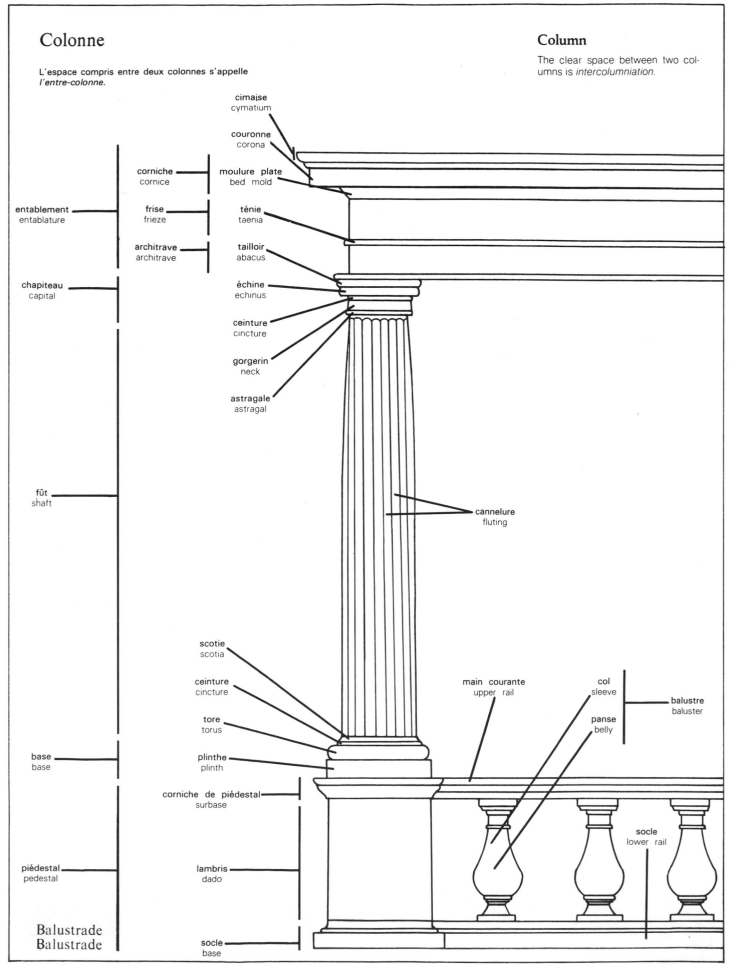

cimaise
cymatium

couronne
corona

corniche
cornice

moulure plate
bed mold

entablement
entablature

frise
frize

ténie
taenia

architrave
architrave

taillor
abacus

chapiteau
capital

échine
echinus

ceinture
cincture

gorgerin
neck

astragale
astragal

fût
shaft

cannelure
fluting

scotie
scotia

ceinture
cincture

main courante
upper rail

col
sleeve

balustre
baluster

tore
torus

panse
belly

base
base

plinthe
plinth

socle
lower rail

corniche de piédestal
surbase

piédestal
pedestal

lambris
dado

Balustrade
Balustrade

socle
base

Architectures

Capitole

Le premier étage du Capitole comporte le *Hall des Colonnes*, les *couloirs de la Chambre des Députés et du Sénat*, des *salles de réunion*, des *restaurants*, les *bureaux de transport* et un *bureau de poste*. Quand l'Assemblée des députés est convoquée, on place la *Masse de la Chambre des Députés* sur un *piédestal* cylindrique à la droite du bureau du Président. Du côté du sénat se trouve un *lampadaire* d'où pendent deux lampes. La lampe rouge indique qu'une séance à huis-clos est en cours, la lampe blanche indique une séance ordinaire. Les visiteurs des chambres du Congrès prennent place dans les *galeries*.

Capitol

The first floor of the Capitol contains the *Hall of Columns*, *House* and *Senate corridors*, *committee rooms*, *restaurants*, *transportation offices* and a *post office*. When the House is called to order, the *Mace of the House of Representatives* is placed on a cylindrical *pedestal* to the right of the Speaker's desk. On the Senate side is a *chandelier* with two bulbs below it. The red one indicates an executive session; the white, a regular session. Visitors to the chambers of Congress sit in *galleries*.

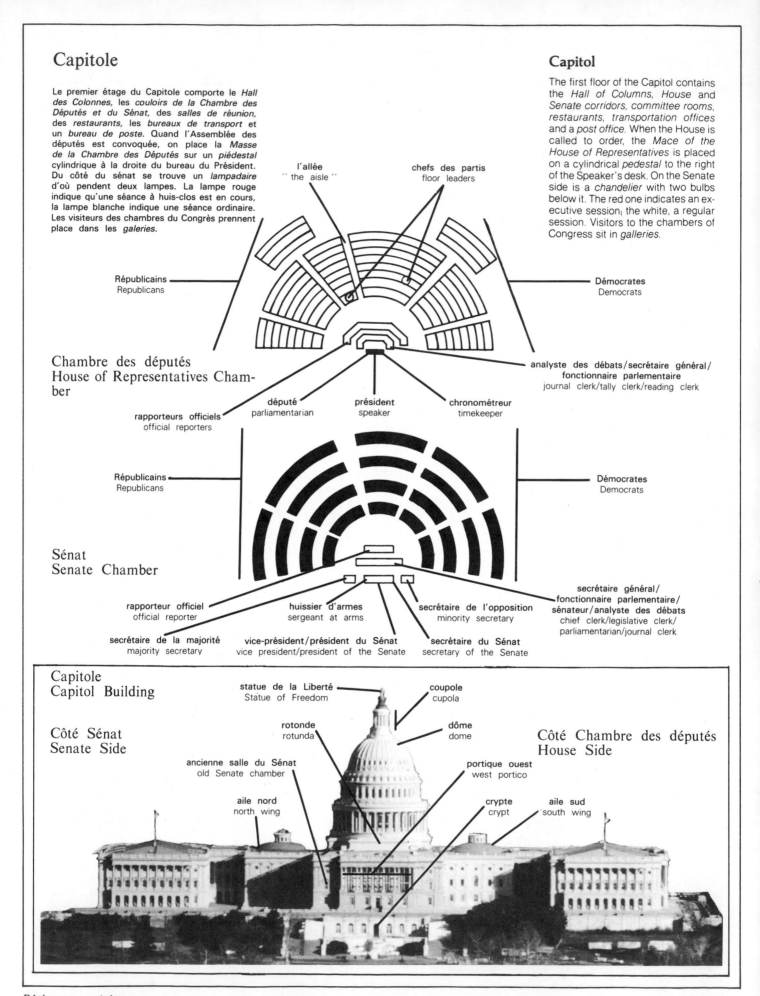

l'allée
"the aisle"

chefs des partis
floor leaders

Républicains
Republicans

Démocrates
Democrats

Chambre des députés
House of Representatives Chamber

analyste des débats/secrétaire général/
fonctionnaire parlementaire
journal clerk/tally clerk/reading clerk

rapporteurs officiels
official reporters

député
parliamentarian

président
speaker

chronométreur
timekeeper

Républicains
Republicans

Démocrates
Democrats

Sénat
Senate Chamber

secrétaire général/
fonctionnaire parlementaire/
sénateur/analyste des débats
chief clerk/legislative clerk/
parliamentarian/journal clerk

rapporteur officiel
official reporter

huissier d'armes
sergeant at arms

secrétaire de l'opposition
minority secretary

secrétaire de la majorité
majority secretary

vice-président/président du Sénat
vice president/president of the Senate

secrétaire du Sénat
secretary of the Senate

Capitole
Capitol Building

Côté Sénat
Senate Side

statue de la Liberté
Statue of Freedom

coupole
cupola

rotonde
rotunda

dôme
dome

Côté Chambre des députés
House Side

ancienne salle du Sénat
old Senate chamber

portique ouest
west portico

aile nord
north wing

crypte
crypt

aile sud
south wing

White House

The White House, a historic *mansion* that serves as the President's *home* and *office*, contains *portraits, antiques* and *memorabilia*. In addition to the rooms and offices shown here, there is a bombproof *command post* in the cellar and a *helipad* on the south lawn.

Maison Blanche

La Maison Blanche, *demeure* historique qui sert de *résidence* et de *bureau* au Président, contient des *portraits,* des *antiquités* et des *souvenirs.* En plus des pièces et des bureaux présentés ici, il y a un *quartier général* à l'épreuve des bombes dans la cave et une *piste pour hélicoptères* sur la pelouse sud.

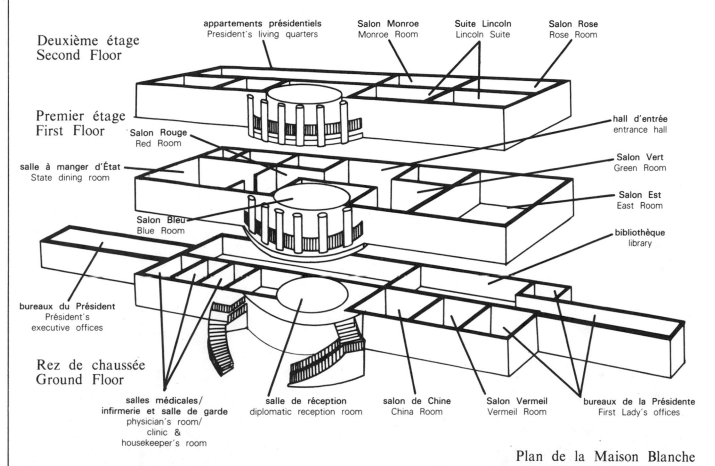

Deuxième étage
Second Floor

appartements présidentiels
President's living quarters

Salon Monroe
Monroe Room

Suite Lincoln
Lincoln Suite

Salon Rose
Rose Room

Premier étage
First Floor

Salon Rouge
Red Room

hall d'entrée
entrance hall

salle à manger d'État
State dining room

Salon Vert
Green Room

Salon Bleu
Blue Room

Salon Est
East Room

bibliothèque
library

bureaux du Président
Président's executive offices

Rez de chaussée
Ground Floor

salles médicales/
infirmerie et salle de garde
physician's room/
clinic &
housekeeper's room

salle de réception
diplomatic reception room

salon de Chine
China Room

Salon Vermeil
Vermeil Room

bureaux de la Présidente
First Lady's offices

Plan de la Maison Blanche

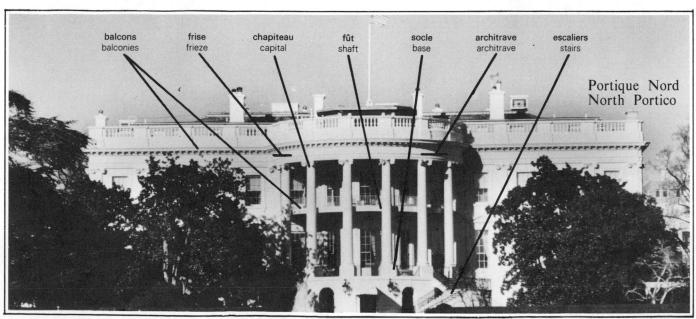

balcons
balconies

frise
frieze

chapiteau
capital

fût
shaft

socle
base

architrave
architrave

escaliers
stairs

Portique Nord
North Portico

Bâtiments spéciaux

Prison

Les *prisons de haute sécurité* comme celle qui est présentée ici sont caractérisées par des *murs très élevés,* des *gardes armés* et des *postes de contrôle de sécurité.* Les prisons peuvent également être entourées de *grillages* et disposer de *systèmes de sécurité* en grande partie électroniques avec des *portes,* des *alarmes,* des *écrans de télévision en circuit fermé* et des *interphones* commandés par des *ordinateurs centraux.* Les *prisonniers* ou *détenus* des établissements de détention y compris les *prisons,* vivent dans des *cellules* fermées par des *portes verrouillées.*

Prison

Maximum security prisons, such as the one seen here, are characterized by high *walls, armed guards* and *security checkpoints. Minimum security prisons* may be surrounded by *chainlink fences* and have *security systems* that are largely electronic, with *doors, alarms, TV monitors* and *intercoms* monitored by *central computers. Prisoners,* or *inmates,* in all *correctional facilities,* including *jails,* live in *cells* with *barred doors.*

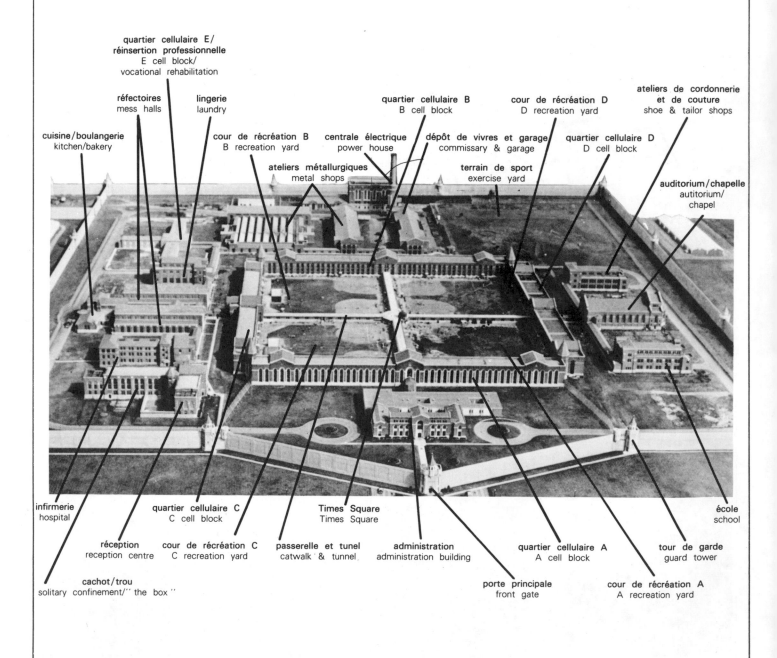

quartier cellulaire E/
réinsertion professionnelle
E cell block/
vocational rehabilitation

réfectoires
mess halls

lingerie
laundry

quartier cellulaire B
B cell block

cour de récréation D
D recreation yard

ateliers de cordonnerie
et de couture
shoe & tailor shops

cuisine/boulangerie
kitchen/bakery

cour de récréation B
B recreation yard

centrale électrique
power house

dépôt de vivres et garage
commissary & garage

quartier cellulaire D
D cell block

ateliers métallurgiques
metal shops

terrain de sport
exercise yard

auditorium/chapelle
autitorium/
chapel

infirmerie
hospital

quartier cellulaire C
C cell block

Times Square
Times Square

administration
administration building

quartier cellulaire A
A cell block

école
school

réception
reception centre

cour de récréation C
C recreation yard

passerelle et tunel
catwalk & tunnel

porte principale
front gate

tour de garde
guard tower

cachot/trou
solitary confinement/'' the box ''

cour de récréation A
A recreation yard

Gratte-ciel

Un gratte-ciel est construit sur des *fondations sur pilotis en béton armé* soutenues par des *pieux* enfoncés dans le sol ou la roche. Le centre du bâtiment contient la *gaine d'ascenseur*. La machinerie destinée au fonctionnement du bâtiment est située aux *étages mécaniques*. Une *première pierre* est la pierre posée solennellement lors d'une cérémonie d'inauguration.

Skyscraper

A skyscraper, or *building* more than twenty stories high, is built on a *foundation* of reinforced concrete *piers* supported by *piles* driven into soil or bedrock. The center of the building, or *core,* usually contains the *elevator bank.* The machinery needed to operate the building's systems is located on the *mechanical floors.* A *cornerstone* is a stone laid at a formal inauguration ceremony.

grue
kangaroo crane

poteaux
columns

toit
roof

poutrelles
beams/girders

armature
skeleton/frame

bâche
tarpaulin cover

étages
stories/tenant floors

étage de transfert
skylobby/transfer
to local elevators

mur rideau
curtainwall/
skin/facing

hall
lobby/foyer

place
plaza

En construction
Under Construction

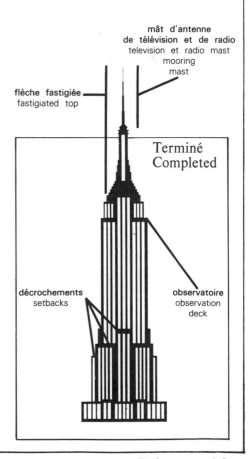

mât d'antenne
de télévision et de radio
television et radio mast
mooring
mast

flèche fastigiée
fastigiated top

Terminé
Completed

décrochements
setbacks

observatoire
observation
deck

Bâtiments spéciaux

Ascenseur

Un *bourrelet* caoutchouté forme une *bordure de sûreté* sur les *montants* ou parties intérieures des portes de l'ascenseur. Presque tous les ascenseurs ont une *trappe de sortie* dans le *plafond* et sont équipés de *coffrets* contenant les *commutateurs du ventilateur*, de *l'éclairage* et de *la mise en marche*.

Elevator

There is padding which makes up the *safety edges* on the *shafts*, or innermost sides, of elevator doors. Most elevator cars have *emergency top exits* in the *canopy* or real ceiling as well as *service cabinets* which contain *fan switches*, *light* and *start switches*. An individual who directs people to the next available car in a *bank* of elevators is called a *starter*.

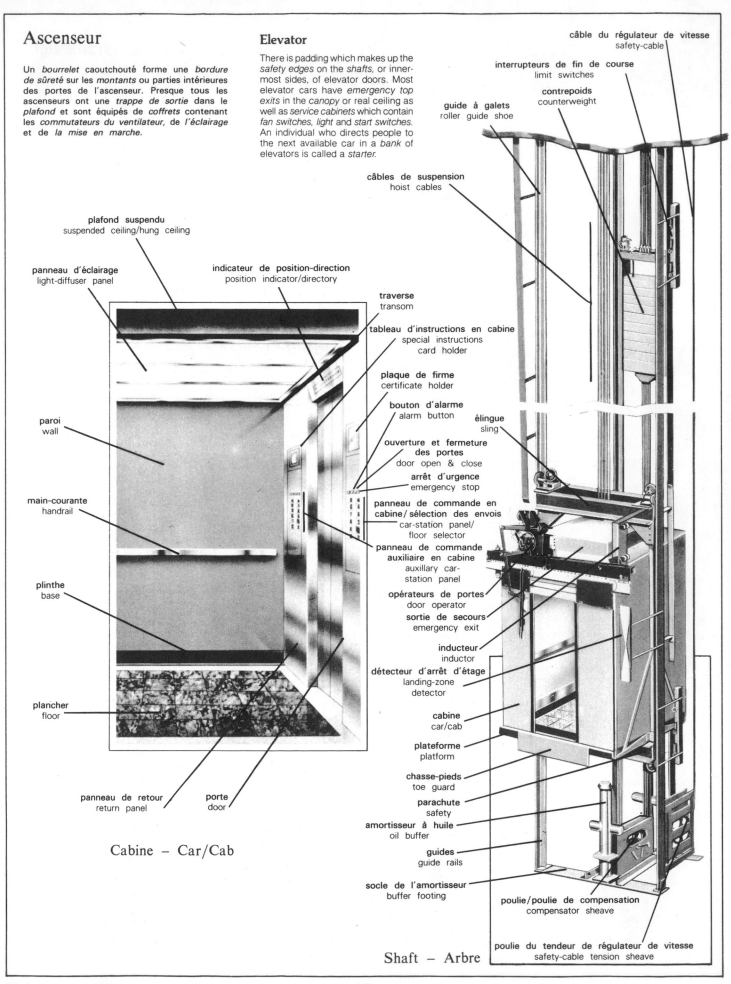

plafond suspendu
suspended ceiling/hung ceiling

panneau d'éclairage
light-diffuser panel

indicateur de position-direction
position indicator/directory

traverse
transom

tableau d'instructions en cabine
special instructions
card holder

plaque de firme
certificate holder

bouton d'alarme
alarm button

ouverture et fermeture
des portes
door open & close

arrêt d'urgence
emergency stop

panneau de commande en
cabine/ sélection des envois
car-station panel/
floor selector

panneau de commande
auxiliaire en cabine
auxillary car-
station panel

opérateurs de portes
door operator

sortie de secours
emergency exit

inducteur
inductor

détecteur d'arrêt d'étage
landing-zone
detector

cabine
car/cab

plateforme
platform

chasse-pieds
toe guard

parachute
safety

amortisseur à huile
oil buffer

guides
guide rails

socle de l'amortisseur
buffer footing

paroi
wall

main-courante
handrail

plinthe
base

plancher
floor

panneau de retour
return panel

porte
door

Cabine – Car/Cab

câble du régulateur de vitesse
safety-cable

interrupteurs de fin de course
limit switches

contrepoids
counterweight

guide à galets
roller guide shoe

câbles de suspension
hoist cables

élingue
sling

poulie/poulie de compensation
compensator sheave

poulie du tendeur de régulateur de vitesse
safety-cable tension sheave

Shaft – Arbre

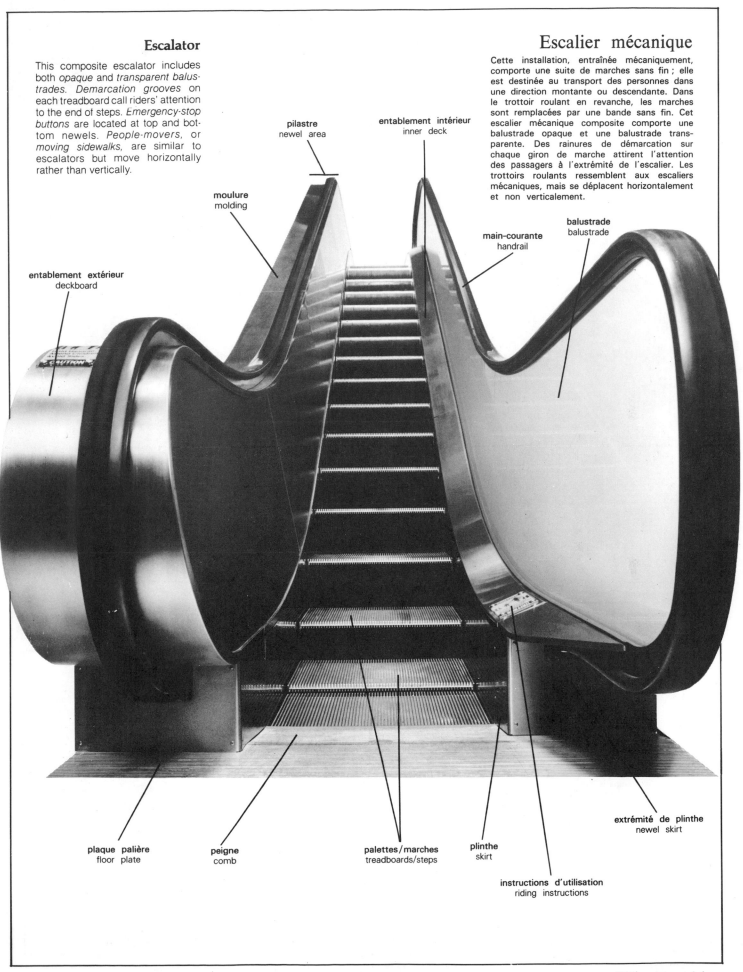

Escalator

This composite escalator includes both *opaque* and *transparent balustrades*. *Demarcation grooves* on each treadboard call riders' attention to the end of steps. *Emergency-stop buttons* are located at top and bottom newels. *People-movers*, or *moving sidewalks*, are similar to escalators but move horizontally rather than vertically.

Escalier mécanique

Cette installation, entraînée mécaniquement, comporte une suite de marches sans fin ; elle est destinée au transport des personnes dans une direction montante ou descendante. Dans le trottoir roulant en revanche, les marches sont remplacées par une bande sans fin. Cet escalier mécanique composite comporte une balustrade opaque et une balustrade transparente. Des rainures de démarcation sur chaque giron de marche attirent l'attention des passagers à l'extrémité de l'escalier. Les trottoirs roulants ressemblent aux escaliers mécaniques, mais se déplacent horizontalement et non verticalement.

pilastre
newel area

entablement intérieur
inner deck

moulure
molding

entablement intérieur
inner deck

main-courante
handrail

balustrade
balustrade

entablement extérieur
deckboard

plaque palière
floor plate

peigne
comb

palettes/marches
treadboards/steps

plinthe
skirt

instructions d'utilisation
riding instructions

extrémité de plinthe
newel skirt

Bâtiments spéciaux

Château

Un château était protégé par un fossé que l'on pouvait franchir par un *pont-levis* abaissé. On appelait *machicoulis* les étroites ouvertures dans le sol des échauguettes ou des tours, utilisées pour déverser des liquides bouillants ou des pierres sur les attaquants.

Castle

A castle was protected by a moat which could be crossed by a lowered *drawbridge*. Narrow openings in turret or tower floors, used to drop boiling liquids or stones on attackers, were called *machicolations*.

casemates
casemates

bastion
bastion/mount

tourelle
turret

rempart
rampart/bulwark

créneaux
battlements

donjon
fortress/keep/donjon

tour
tower

quai
wharf

pont
bridge

fossé
moat

cour extérieure
outer ward/
outer bailey

cour intérieure
inner ward/inner bailey

ouvrage avancé
outwork

portail/barbacane
gatehouse/barbican

Parapet garni de créneaux

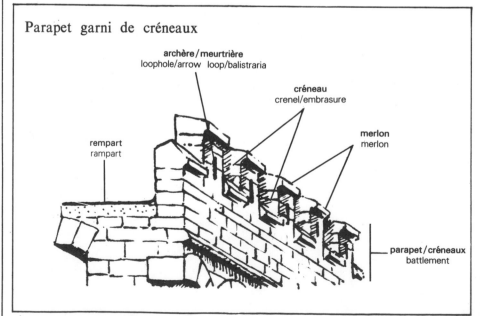

archère/meurtrière
loophole/arrow loop/balistraria

créneau
crenel/embrasure

merlon
merlon

rempart
rampart

parapet/créneaux
battlement

Echauguette

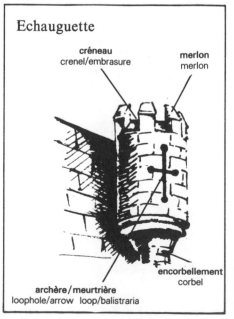

créneau
crenel/embrasure

merlon
merlon

encorbellement
corbel

archère/meurtrière
loophole/arrow loop/balistraria

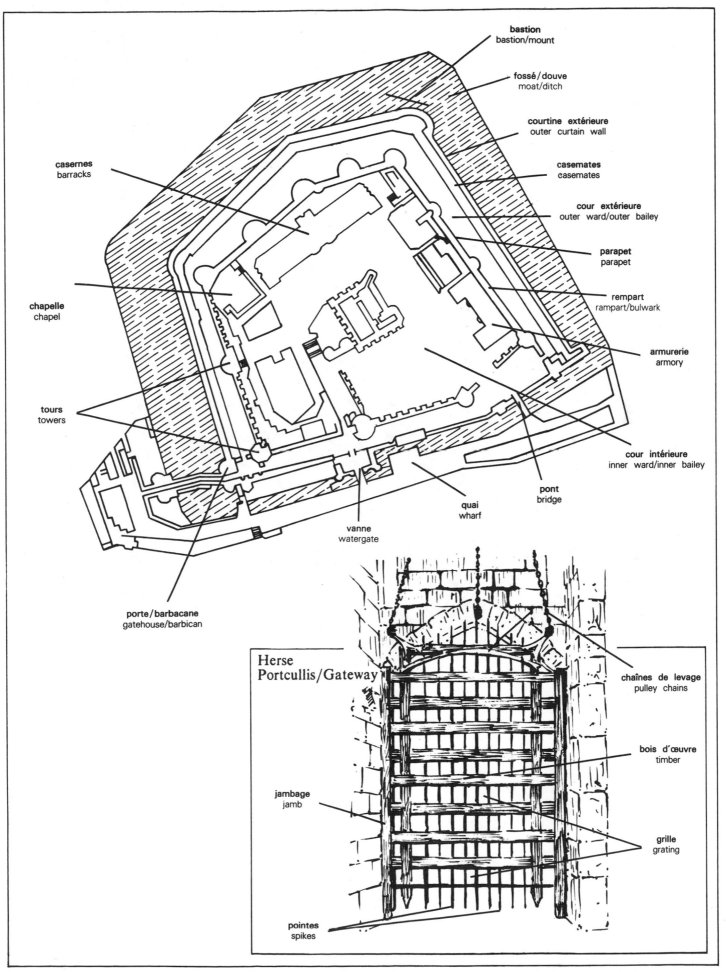

bastion
bastion/mount

fossé / douve
moat/ditch

courtine extérieure
outer curtain wall

casemates
casemates

cour extérieure
outer ward/outer bailey

parapet
parapet

rempart
rampart/bulwark

armurerie
armory

cour intérieure
inner ward/inner bailey

pont
bridge

quai
wharf

vanne
watergate

porte / barbacane
gatehouse/barbican

tours
towers

chapelle
chapel

casernes
barracks

Herse
Portcullis/Gateway

chaînes de levage
pulley chains

bois d'œuvre
timber

grille
grating

jambage
jamb

pointes
spikes

79   Bâtiments spéciaux

Fortifications

Les *forts de campagne* ou *postes avancés* étaient protégés par des palissades de bois abritant les soldats qui tiraient à partir de *parapets* surélevés. La *poudre* et les *munitions* étaient gardées dans un *magasin*.

Fortifications

This *field fortification* or *trading post* was protected by wooden walls from behind which soldiers could fire on attackers from raised *parapets*. *Powder* and *ammunition* were stored in a building called a *magazine*.

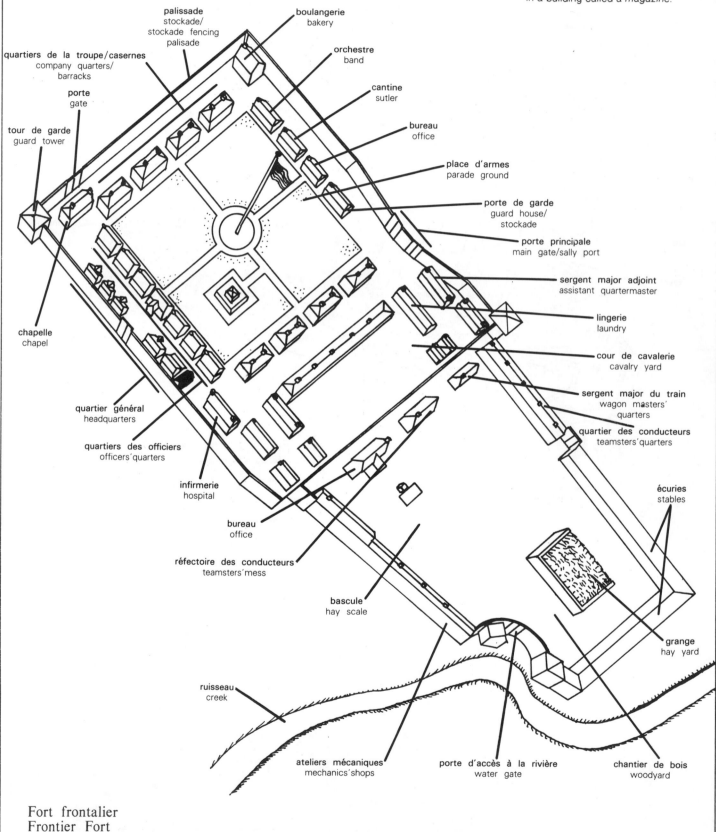

palissade
stockade/
stockade fencing
palisade

boulangerie
bakery

orchestre
band

cantine
sutler

bureau
office

place d'armes
parade ground

porte de garde
guard house/
stockade

porte principale
main gate/sally port

sergent major adjoint
assistant quartermaster

lingerie
laundry

cour de cavalerie
cavalry yard

sergent major du train
wagon masters'
quarters

quartier des conducteurs
teamsters'quarters

écuries
stables

grange
hay yard

quartiers de la troupe/casernes
company quarters/
barracks

porte
gate

tour de garde
guard tower

chapelle
chapel

quartier général
headquarters

quartiers des officiers
officers'quarters

infirmerie
hospital

bureau
office

réfectoire des conducteurs
teamsters'mess

bascule
hay scale

ruisseau
creek

ateliers mécaniques
mechanics'shops

porte d'accès à la rivière
water gate

chantier de bois
woodyard

Fort frontalier
Frontier Fort

Bâtiments spéciaux

80

Fortifications

Les fortifications permanentes comme le *fort de Vauban* illustré ici, avaient des *murs* et des *talus* en maçonnerie et en terre. Elles étaient souvent équipées de *casemates*, d'*abris blindés*, murs à l'épreuve des explosifs, de *pont-levis* et de *garde-corps*, protections à hauteur de poitrine pour les soldats.

Fortifications

Permanent fortifications, such as the *point* of the star fort illustrated here, had *walls* and *slopes* made of *masonry* and earth. They often had *casemates*; *bombproofs*, walls impervious to explosives; *drawbridges* and *earthen breastworks*, breast-high protection for soldiers.

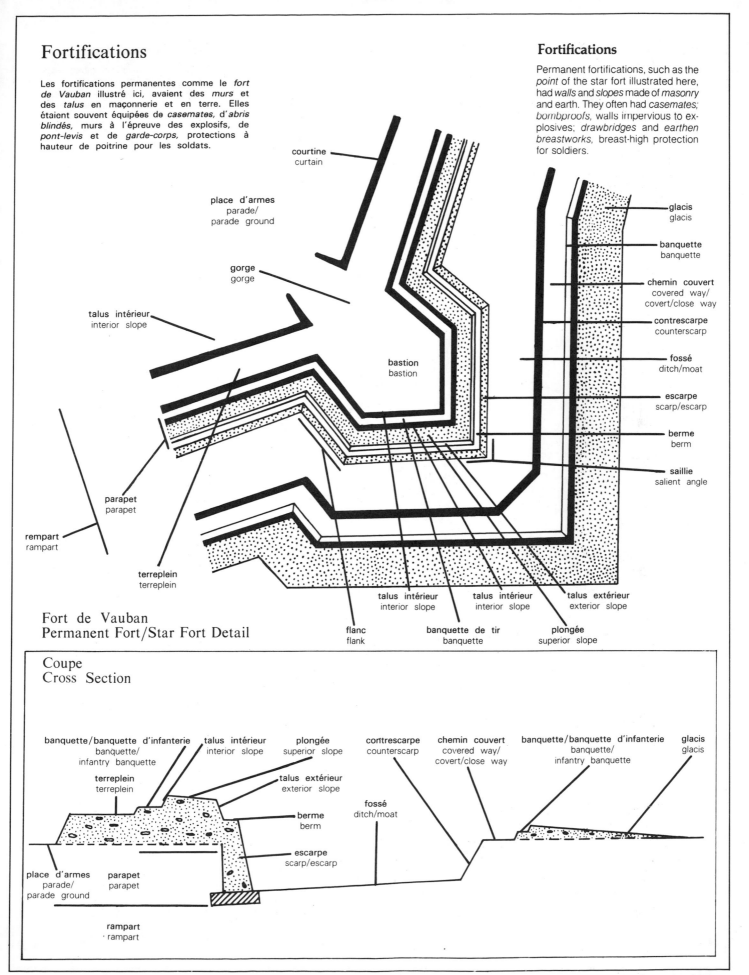

courtine
curtain

place d'armes
parade/
parade ground

gorge
gorge

talus intérieur
interior slope

bastion
bastion

parapet
parapet

rempart
rampart

terreplein
terreplein

glacis
glacis

banquette
banquette

chemin couvert
covered way/
covert/close way

contrescarpe
counterscarp

fossé
ditch/moat

escarpe
scarp/escarp

berme
berm

saillie
salient angle

flanc
flank

banquette de tir
banquette

talus intérieur
interior slope

talus intérieur
interior slope

plongée
superior slope

talus extérieur
exterior slope

Fort de Vauban
Permanent Fort/Star Fort Detail

Coupe
Cross Section

banquette/banquette d'infanterie
banquette/
infantry banquette

talus intérieur
interior slope

plongée
superior slope

contrescarpe
counterscarp

chemin couvert
covered way/
covert/close way

banquette/banquette d'infanterie
banquette/
infantry banquette

glacis
glacis

terreplein
terreplein

talus extérieur
exterior slope

fossé
ditch/moat

berme
berm

place d'armes
parade/
parade ground

parapet
parapet

escarpe
scarp/escarp

rampart
rampart

Bâtiments spéciaux

Tipi

L'*armature en perches* d'un tipi indien était
attachée à son sommet par une *corde en
cuir*. Elle était recouverte de *peaux* de bison
tannées, et un *foyer* était creusé dans le sol.
Les autres habitations des Indiens incluent les
wigwams, qui sont des huttes rondes ou
ovales faites de perches recouvertes d'*écorces,*
de *nattes* ou de peaux ; les *wickiups* qui sont
des huttes faites de *broussailles* ou recouvertes
de nattes ; et les *hogans,* constructions de
terre et de *branches* recouvertes de *boue* ou
de *gazon.*

Tepee / Teepee / Tipi

The *pole frame* of an Indian tepee
was held together at the top by a *hide
rope.* It was covered with dressed
buffalo *skins* and had a *fire pit* on the
floor within. Other Indian dwellings
included *wigwams,* rounded or oval-
shaped lodges formed by poles over-
laid with *bark, mats* or skins;
wickiups, huts made of *brushwood*
or covered with mats; and *hogans,*
dwellings constructed of *earth* and
branches and covered with *mud* or
sod.

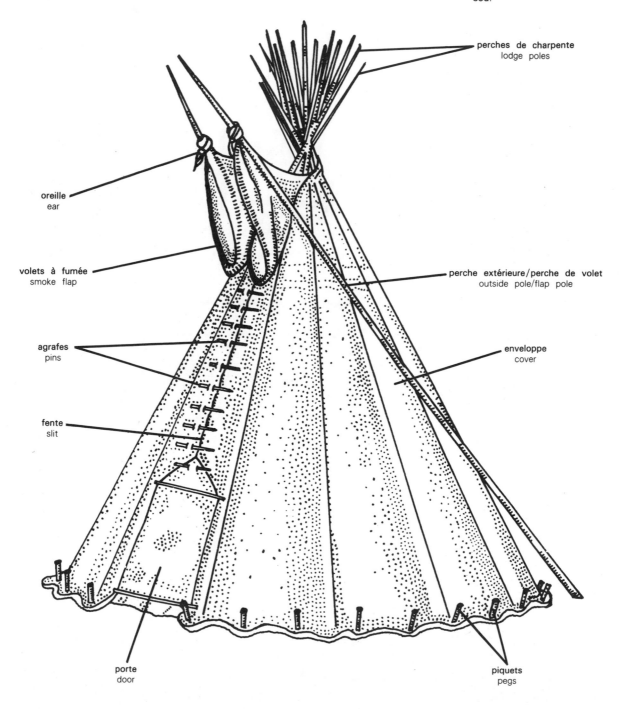

perches de charpente
lodge poles

oreille
ear

volets à fumée
smoke flap

perche extérieure / perche de volet
outside pole / flap pole

agrafes
pins

enveloppe
cover

fente
slit

porte
door

piquets
pegs

Constructions en dôme

Un dôme est traditionnellement une *voûte circulaire* dont les murs exercent une poussée égale dans toutes les directions, retenue par une *armature circulaire*. Le dôme géodésique est constitué d'un *réseau de montants ou de tirants* définissant de grands cercles orientés dans trois directions dans n'importe quelle aire donnée.

Domed Structures

Traditionally, a dome is a circular *vault* whose walls exert equal thrust in all directions, resisted by a *tension ring*. The geodesic dome consists of a *grid* of *compression* or *tension members* lying upon *great circles* running in three directions in any given area.

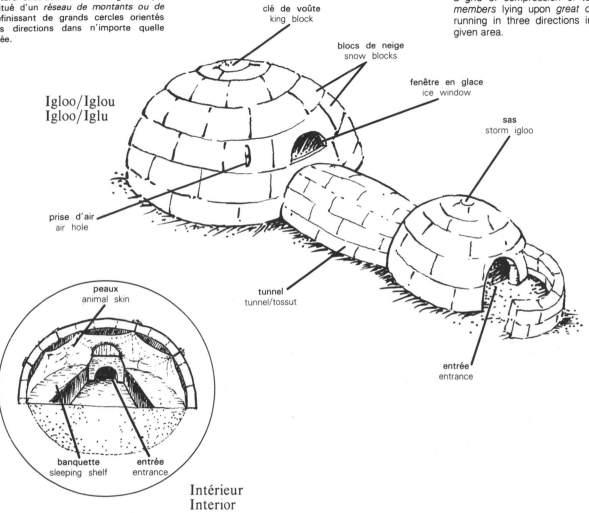

Igloo/Iglou
Igloo/Iglu

clé de voûte
king block

blocs de neige
snow blocks

fenêtre en glace
ice window

sas
storm igloo

prise d'air
air hole

tunnel
tunnel/tossut

entrée
entrance

peaux
animal skin

banquette
sleeping shelf

entrée
entrance

Intérieur
Interior

Dôme géodésique
Geodesic Dome

pivots
hubs

rayons
spoke/strut

revêtement
skin/face

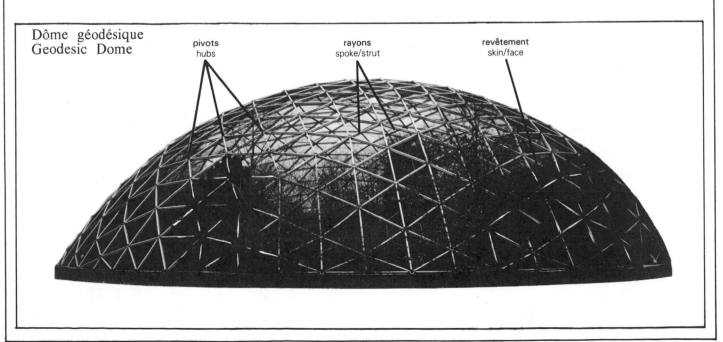

Bâtiments spéciaux

Église/Cathédrale

Une *chapelle* est un petite édifice utilisé pour la prière. La résidence du clergé s'appelle le *presbytère*. Le bureau où se traitent les affaires des églises s'appelle la *chancellerie*.

Church/Cathedral

A small building used for worship is called a *chapel*. Living quarters used by church clergy are the *rectory*. The office in which church business is conducted is the *chancellery*.

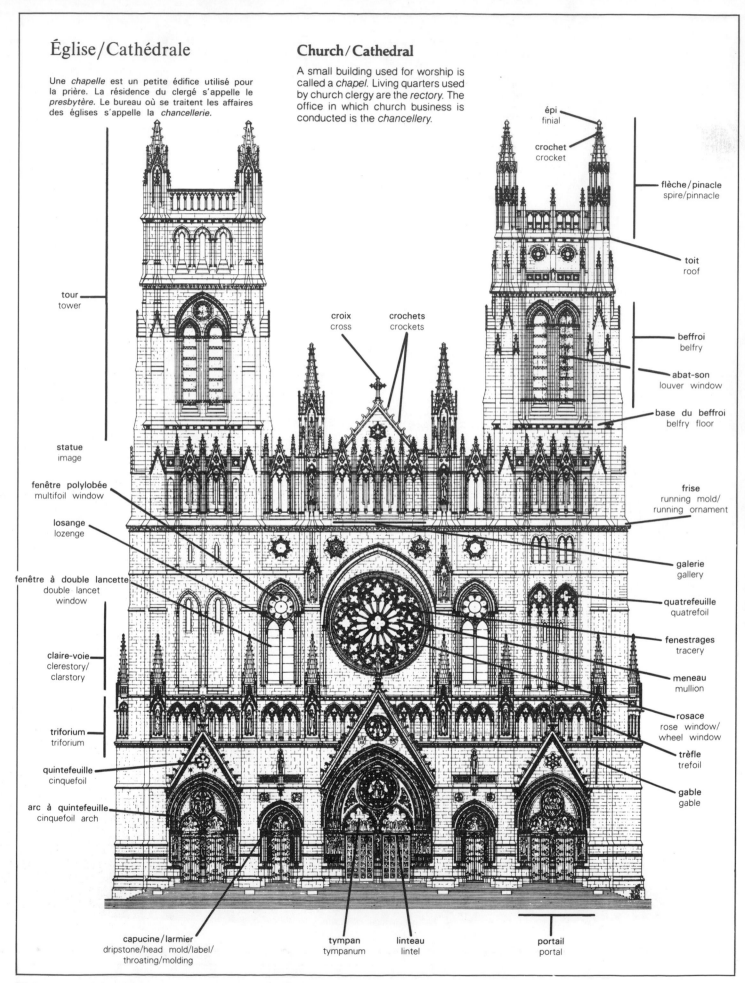

épi
finial

crochet
crocket

flèche/pinacle
spire/pinnacle

toit
roof

beffroi
belfry

abat-son
louver window

base du beffroi
belfry floor

frise
running mold/
running ornament

galerie
gallery

quatrefeuille
quatrefoil

fenestrages
tracery

meneau
mullion

rosace
rose window/
wheel window

trèfle
trefoil

gable
gable

croix
cross

crochets
crockets

tour
tower

statue
image

fenêtre polylobée
multifoil window

losange
lozenge

fenêtre à double lancette
double lancet
window

claire-voie
clerestory/
clarstory

triforium
triforium

quintefeuille
cinquefoil

arc à quintefeuille
cinquefoil arch

capucine/larmier
dripstone/head mold/label/
throating/molding

tympan
tympanum

linteau
lintel

portail
portal

Church Interior

That part of a church containing the altar and seats for the clergy and choir is called the *chancel*. A *pulpit* is an elevated platform used in preaching or conducting a worship service. The *tabernacle* is a receptacle for consecrated elements of the Eucharist: the *pix*, the container in which Communion *wafers* are kept; the *paten*, a plate used to hold *Communion bread*; and the *chalice*, or *Communion cup*, used to dispense consecrated *wine*.

Intérieur d'église

La partie de l'église qui contient le maître-autel et les stalles du clergé et de la maîtrise s'appelle le *chœur*. Une *chaire* est une plateforme élevée d'où le prêtre prêche ou conduit le service. Le *tabernacle* est le lieu où se conservent les Saintes Éspèces de l'Eucharistie. Le *ciboire* contient les hosties ; la *patène* est une petite coupelle qui reçoit le pain de communion ; le *calice*, ou coupe de communion, est destiné au vin consacré.

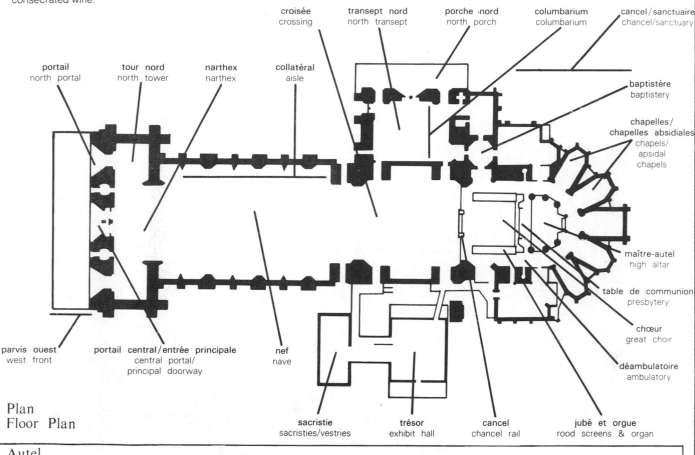

croisée
crossing

transept nord
north transept

porche nord
north porch

columbarium
columbarium

cancel/sanctuaire
chancel/sanctuary

portail
north portal

tour nord
north tower

narthex
narthex

collatéral
aisle

baptistère
baptistery

chapelles/
chapelles absidiales
chapels/
apsidal
chapels

maître-autel
high altar

table de communion
presbytery

chœur
great choir

déambulatoire
ambulatory

parvis ouest
west front

portail central/entrée principale
central portal/
principal doorway

nef
nave

Plan
Floor Plan

sacristie
sacristies/vestries

trésor
exhibit hall

cancel
chancel rail

jubé et orgue
rood screens & organ

Autel
Altar

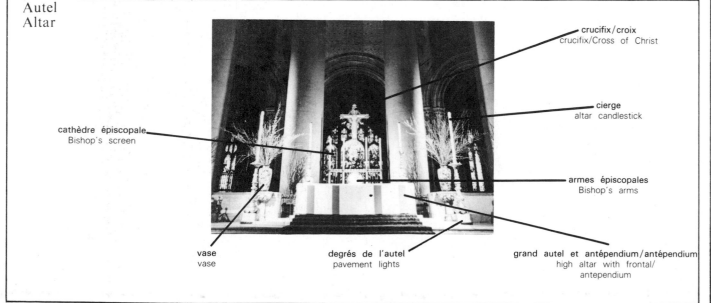

crucifix/croix
crucifix/Cross of Christ

cierge
altar candlestick

cathèdre épiscopale
Bishop's screen

armes épiscopales
Bishop's arms

vase
vase

degrés de l'autel
pavement lights

grand autel et antépendium/antépendium
high altar with frontal/
antependium

Synagogue

La *Thora* est un rouleau de parchemin ou de fine peau sur lequel sont copiés en hébreu les cinq livres des *Écritures* ou *Pentateuque*. Elle est maintenue roulée par une *bande* de cuir.

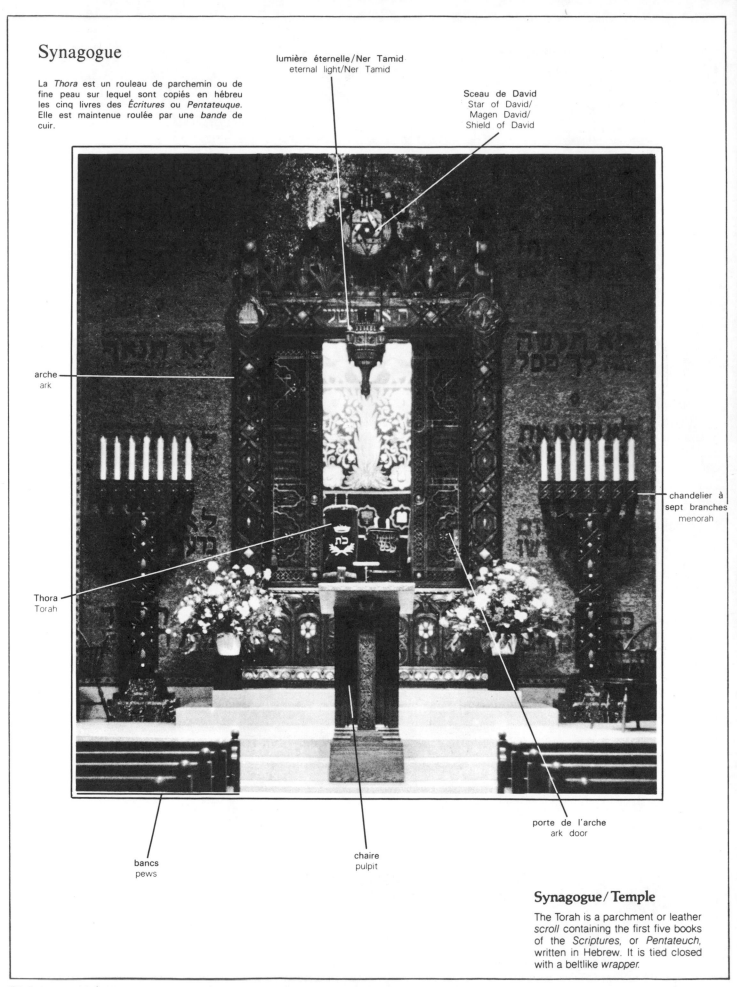

lumière éternelle/Ner Tamid
eternal light/Ner Tamid

Sceau de David
Star of David/
Magen David/
Shield of David

arche
ark

chandelier à
sept branches
menorah

Thora
Torah

porte de l'arche
ark door

bancs
pews

chaire
pulpit

Synagogue/Temple

The Torah is a parchment or leather *scroll* containing the first five books of the *Scriptures*, or *Pentateuch*, written in Hebrew. It is tied closed with a beltlike *wrapper*.

Courtroom

The small anteroom off the court-room in which the *judge* changes into his *robes* and holds conferences is called the *judge's chambers*. After a *jury* has heard a case, it deliberates in a *jury room*. A judge may sometimes use a malletlike *gavel* during proceedings.

Salle d'audience de palais de justice

La petite antichambre à l'extérieur de la salle d'audience où le *juge* change de *robe* et tient conseil s'appelle le *cabinet du juge*. Après avoir écouté les débats, les *jurés* se retirent dans une *salle de délibération*. Le juge fait parfois usage d'un *marteau* au cours des débats.

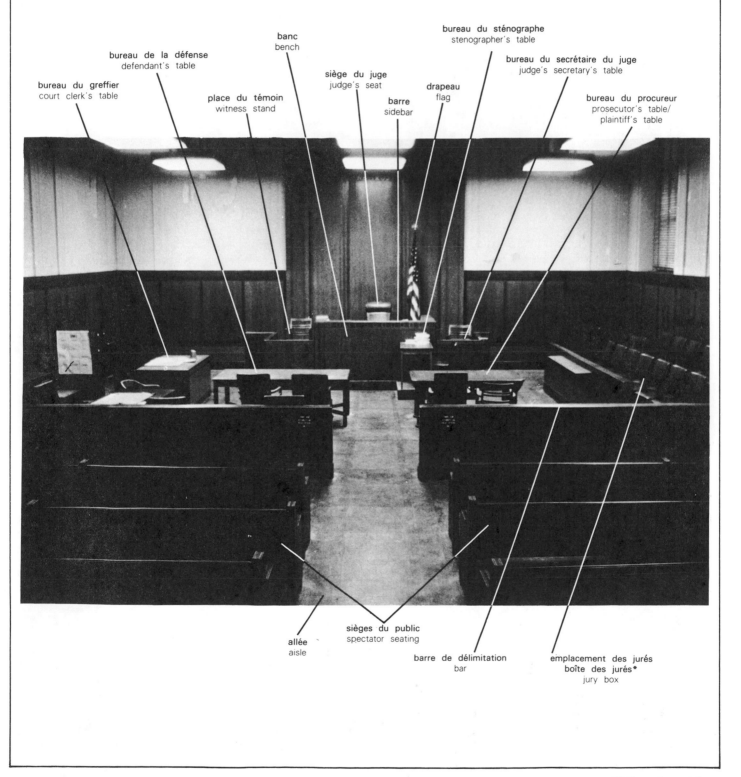

banc
bench

bureau du sténographe
stenographer's table

bureau de la défense
defendant's table

siège du juge
judge's seat

bureau du secrétaire du juge
judge's secretary's table

bureau du greffier
court clerk's table

barre
sidebar

drapeau
flag

bureau du procureur
prosecutor's table/
plaintiff's table

place du témoin
witness stand

sièges du public
spectator seating

allée
aisle

barre de délimitation
bar

emplacement des jurés
boîte des jurés*
jury box

Bâtiments spéciaux

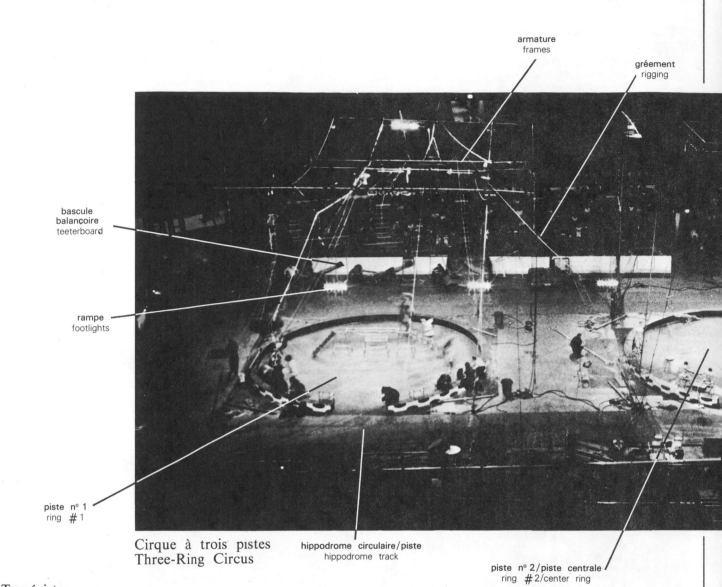

armature
frames

gréement
rigging

bascule
balançoire
teeterboard

rampe
footlights

piste n° 1
ring #1

Cirque à trois pistes
Three-Ring Circus

hippodrome circulaire/piste
hippodrome track

piste n° 2/piste centrale
ring #2/center ring

Trapézistes
Aerialists/Flyers/
Trapeze Artists

Dompteur
Animal Tamer

platforms plateformes

anneau de sécurité
safety loop

filet de sécurité
safety-net apron

câble japonais
corde
web

échelle de corde
rope ladder

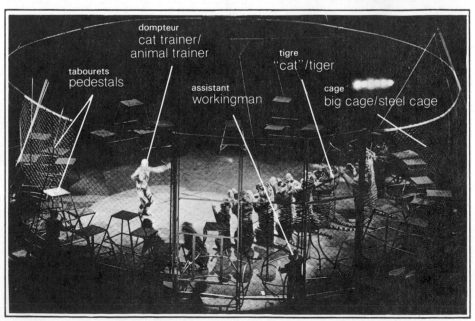

dompteur
cat trainer/
animal trainer

tabourets
pedestals

assistant
workingman

tigre
"cat"/tiger

cage
big cage/steel cage

Cirque

Traditionnellement, les spectacles de cirque ont lieu sous un chapiteau dressé par des *monteurs* et débutent par une *parade* de tous les acteurs entrant dans l'arène. Un *présentateur de manège*, généralement vêtu d'une *queue de pie* et d'un *haut-de-forme* annonce les numéros, y compris les numéros de *dressage* et de *clowns*; les numéros de *funambules* et les *jongleurs*. Autrefois, des *spectacles forains* donnés dans des tentes annexes présentaient des *femmes tatouées*, des *géants*, des *nains*, des *avaleurs de sabres* et des *cracheurs de feu*.

spectateurs
audience

talus
rebord de piste
ring curbs

cage
animal cage

projection lumineuse/rond de lumière
spotlight

piste n° 3
ring #3

Circus

Circuses traditionally take place in tents erected by *roustabouts* and begin with a *parade* in which all the performers enter the *arena*. A *ring-master*, usually clad in *top hat* and *tails*, announces acts, including *animal* and *clown acts; tightrope*, or *high-wire acts;* and *jugglers*. In the past, *sideshows*, which took place in an adjoining tent, featured *tattooed ladies*, *giants*, *midgets*, *sword-swallowers* and *fire-eaters*.

Chapiteau
Circus Tent/Big Top/Top

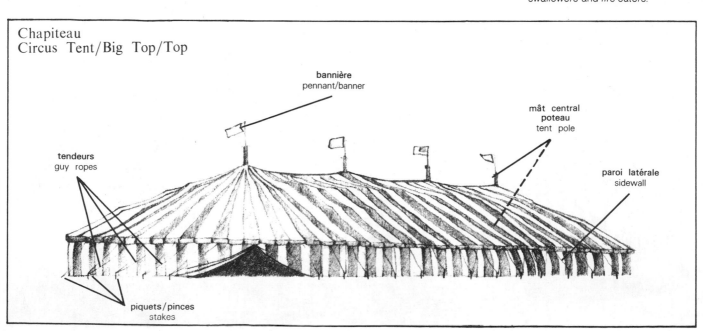

bannière
pennant/banner

mât central
poteau
tent pole

tendeurs
guy ropes

paroi latérale
sidewall

piquets/pinces
stakes

Parc d'attractions

Les montagnes russes sont constituées de *montagnes, de lignes droites* et de *boucles*. Des *roues de retenue* maintiennent les wagonnets sur les rails, les *roues directrices* sont utilisées pour les virages, et les *roues motrices* pour la propulsion.

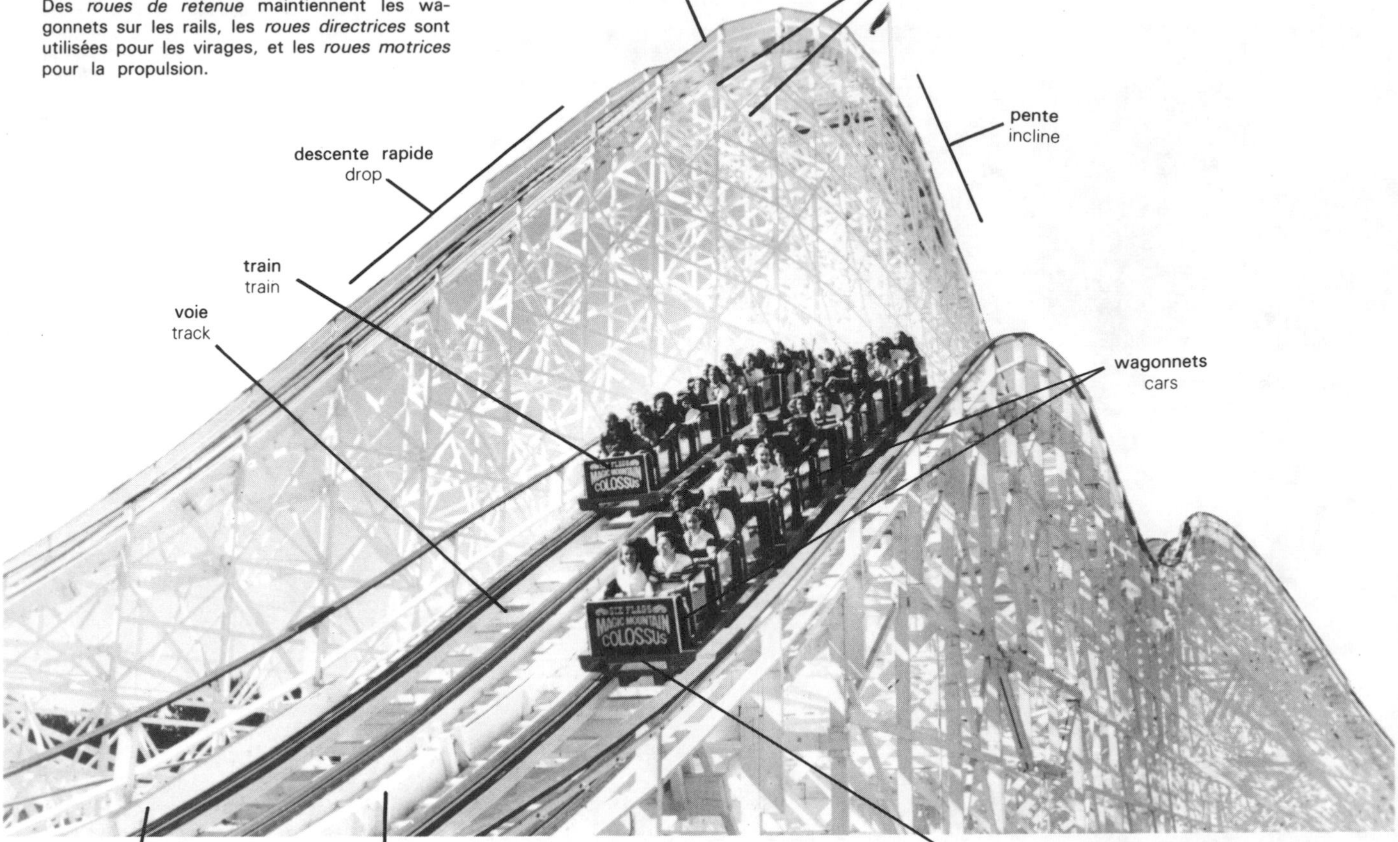

montants et virages
uprights & bents

garde-fou
handrail

pente
incline

descente rapide
drop

train
train

voie
track

wagonnets
cars

trottoir
walk board

câble de sécurité
maintenance safety rope

roues motrices
tractor wheels/road wheels

Montagnes russes
Roller Coaster

Amusement Park

A roller coaster consists of *hills, straightaways* and *loops. Upstop wheels* lock roller-coaster cars to the track, *guide wheels* are used for turns and tractor wheels are used for gliding.

Auto-tamponeuse
Bumper Car/Scooter Car

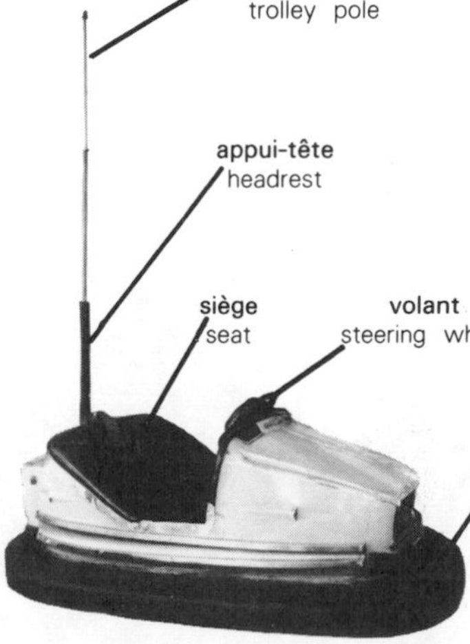

perche de contact
trolley pole

appui-tête
headrest

siège
seat

volant
steering wheel

butoir
bumper

Voie de montée
Incline Track

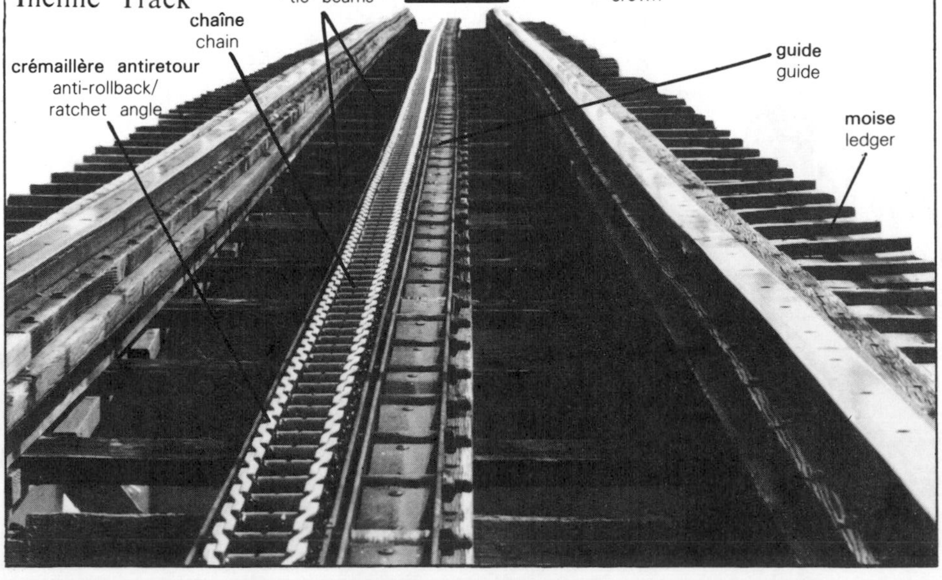

poutrelles
tie beams

sommet
crown

chaîne
chain

crémaillère antiretour
anti-rollback/
ratchet angle

guide
guide

moise
ledger

Amusement Park

Immobile carousel horses are called *gallopers*. *Jumpers* move up and down on horse rods. *Flying horses* tilt outward as the carousel picks up speed. Merry-go-round music is traditionally provided by a mechanical *band organ*, often referred to as a *calliope*.

Parc d'attractions

Les chevaux immobiles des manèges s'appellent des *chevaux galopants*. Les *chevaux sauteurs* sont ceux qui se déplacent de haut en bas le long de perches. Les *chevaux volants* penchent vers l'extérieur quand le manège prend de la vitesse. La musique des manèges provient traditionnellement d'un *orgue de barbarie*.

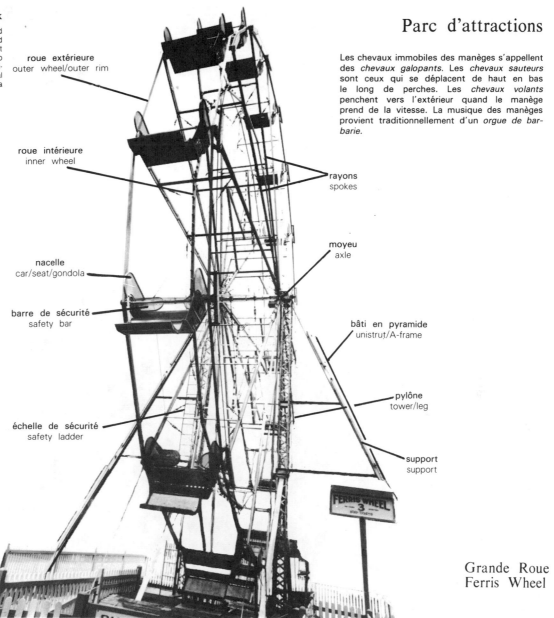

roue extérieure
outer wheel/outer rim

roue intérieure
inner wheel

rayons
spokes

moyeu
axle

nacelle
car/seat/gondola

barre de sécurité
safety bar

bâti en pyramide
unistrut/A-frame

pylône
tower/leg

échelle de sécurité
safety ladder

support
support

FERRIS WHEEL

Grande Roue
Ferris Wheel

Manège de chevaux de bois
Merry-Go-Round/Carousel

panneau peint
panel painting

châssis tournant
rotating frame

corniche
inner cornice

cheval de bois
horse

chariot
gondola/chariot

plateforme
platform

fronton
rim/rounding board/
cornice/shield

perche
horse rod

piste intérieure
inside drive

Bâtiments spéciaux

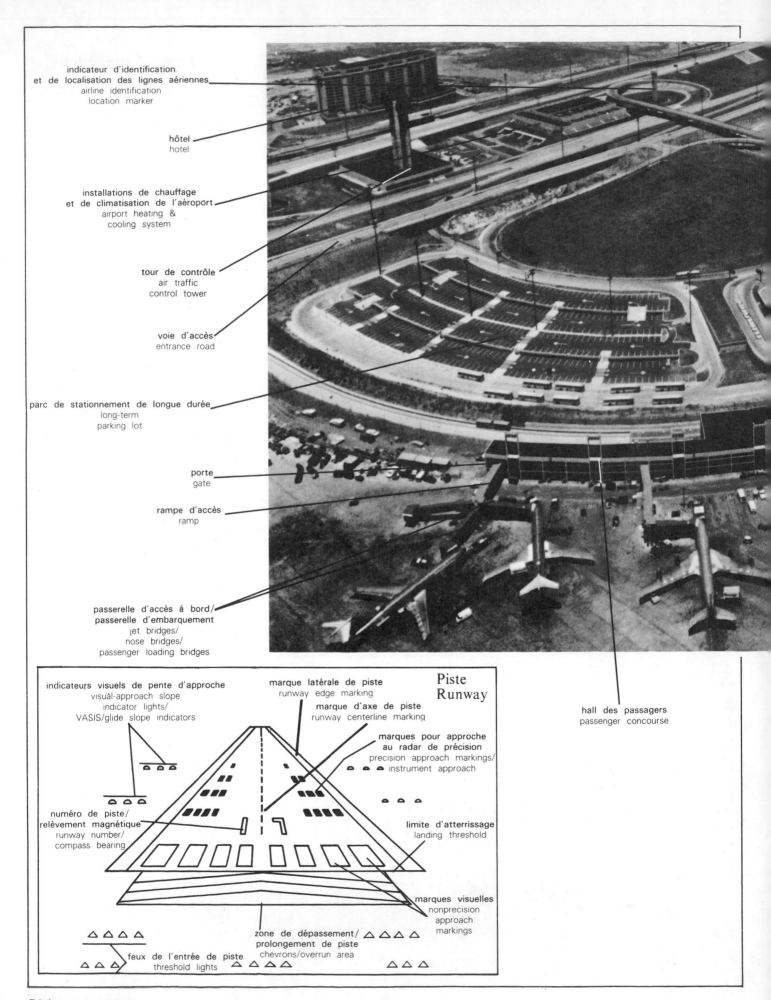

indicateur d'identification
et de localisation des lignes aériennes
airline identification
location marker

hôtel
hotel

installations de chauffage
et de climatisation de l'aéroport
airport heating &
cooling system

tour de contrôle
air traffic
control tower

voie d'accès
entrance road

parc de stationnement de longue durée
long-term
parking lot

porte
gate

rampe d'accès
ramp

passerelle d'accès à bord/
passerelle d'embarquement
jet bridges/
nose bridges/
passenger loading bridges

hall des passagers
passenger concourse

Piste
Runway

indicateurs visuels de pente d'approche
visual-approach slope
indicator lights/
VASIS/glide slope indicators

marque latérale de piste
runway edge marking

marque d'axe de piste
runway centerline marking

marques pour approche
au radar de précision
precision approach markings/
instrument approach

numéro de piste/
relèvement magnétique
runway number/
compass bearing

limite d'atterrissage
landing threshold

marques visuelles
nonprecision
approach
markings

feux de l'entrée de piste
threshold lights

zone de dépassement/
prolongement de piste
chevrons/overrun area

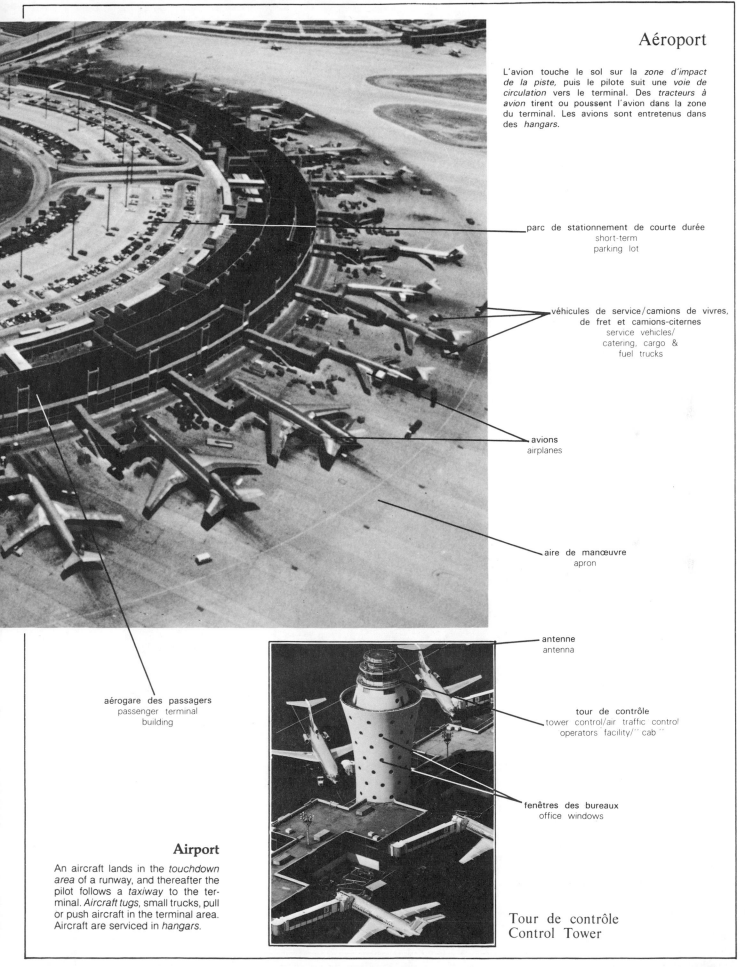

Aéroport

L'avion touche le sol sur la *zone d'impact de la piste*, puis le pilote suit une *voie de circulation* vers le terminal. Des *tracteurs à avion* tirent ou poussent l'avion dans la zone du terminal. Les avions sont entretenus dans des *hangars*.

parc de stationnement de courte durée
short-term
parking lot

véhicules de service/camions de vivres, de fret et camions-citernes
service vehicles/
catering, cargo &
fuel trucks

avions
airplanes

aire de manœuvre
apron

antenne
antenna

tour de contrôle
tower control/air traffic control
operators facility/'' cab ''

fenêtres des bureaux
office windows

aérogare des passagers
passenger terminal
building

Airport

An aircraft lands in the *touchdown area* of a runway, and thereafter the pilot follows a *taxiway* to the terminal. *Aircraft tugs*, small trucks, pull or push aircraft in the terminal area. Aircraft are serviced in *hangars*.

Tour de contrôle
Control Tower

Bâtiments spéciaux

Gare de triage

Une *gare de triage* est composée d'un ensemble de *voies parallèles*, et *d'appareils de voie* permettant de former les *trains de marchandises* et de garer les *wagons* et les *locomotives* dans l'attente d'une utilisation ou de réparation. Dans les *triages par gravité*, les wagons de marchandises sont poussés sur une *rampe de débranchement* vers les *voies de classement* déterminées par un *chef de triage*, dans le but de former les trains. Les *freins de voie permettent de régler* la vitesse des wagons lors de leur déplacement sur ces voies.

Railroad Yard

A railroad yard, or *marshalling yard*, consists of a system of *parallel tracks*, *crossovers* and *switches* where *cars* are formed into *trains* and where cars, *locomotives* and other *rolling stock* are kept when not in use or awaiting repair. In *hump yards*, freight cars are pushed down a *hump* onto a *siding*, determined by a *yardmaster*, to be coupled to a forming train. *Electropneumatic retarders* control the speed of the cars as they move along the tracks.

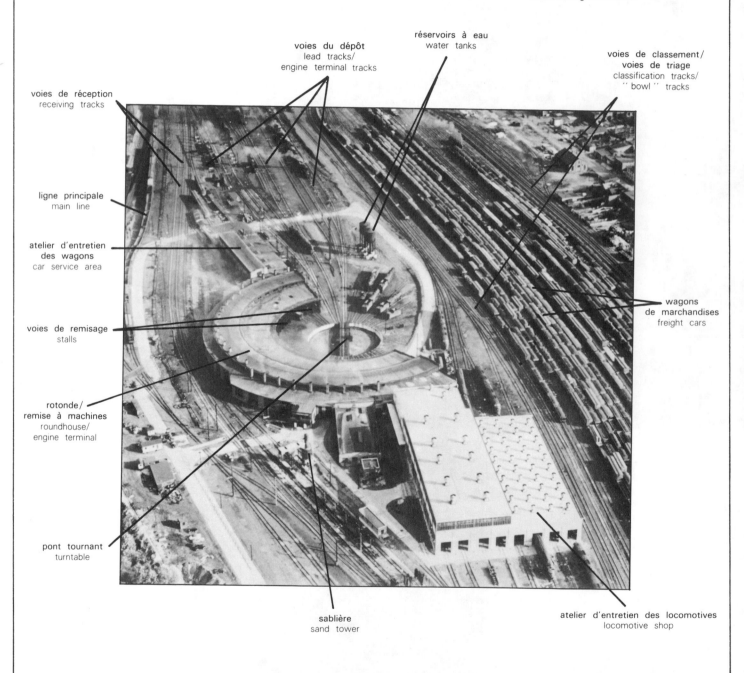

voies du dépôt
lead tracks/
engine terminal tracks

réservoirs à eau
water tanks

voies de classement/
voies de triage
classification tracks/
'' bowl '' tracks

voies de réception
receiving tracks

ligne principale
main line

atelier d'entretien
des wagons
car service area

voies de remisage
stalls

rotonde/
remise à machines
roundhouse/
engine terminal

pont tournant
turntable

wagons
de marchandises
freight cars

sablière
sand tower

atelier d'entretien des locomotives
locomotive shop

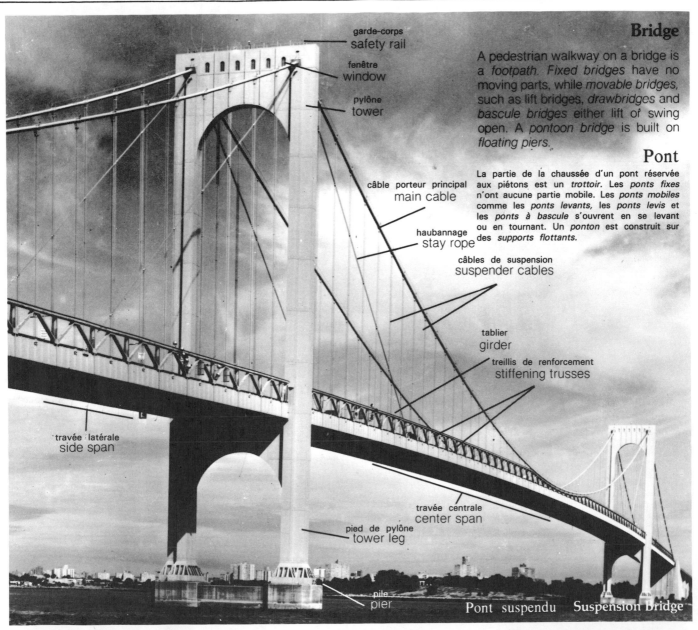

Bridge

A pedestrian walkway on a bridge is a *footpath*. *Fixed bridges* have no moving parts, while *movable bridges*, such as lift bridges, *drawbridges* and *bascule bridges* either lift of swing open. A *pontoon bridge* is built on *floating piers*.

Pont

La partie de la chaussée d'un pont réservée aux piétons est un *trottoir*. Les *ponts fixes* n'ont aucune partie mobile. Les *ponts mobiles* comme les *ponts levants*, les *ponts levis* et les *ponts à bascule* s'ouvrent en se levant ou en tournant. Un *ponton* est construit sur des *supports flottants*.

garde-corps
safety rail

fenêtre
window

pylône
tower

câble porteur principal
main cable

haubannage
stay rope

câbles de suspension
suspender cables

tablier
girder

treillis de renforcement
stiffening trusses

travée latérale
side span

travée centrale
center span

pied de pylône
tower leg

pile
pier

Pont suspendu   Suspension Bridge

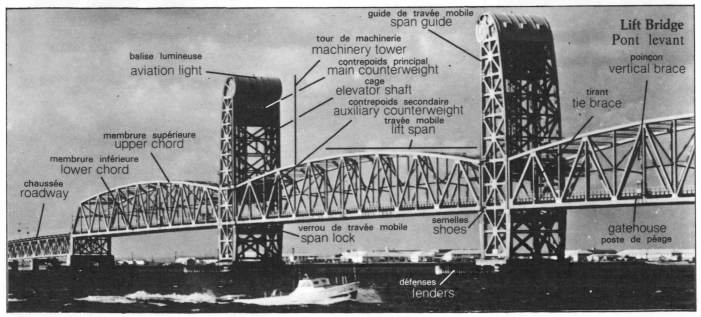

guide de travée mobile
span guide

Lift Bridge
Pont levant

tour de machinerie
machinery tower

contrepoids principal
main counterweight

cage
elevator shaft

contrepoids secondaire
auxiliary counterweight

travée mobile
lift span

poinçon
vertical brace

tirant
tie brace

balise lumineuse
aviation light

membrure supérieure
upper chord

membrure inférieure
lower chord

chaussée
roadway

verrou de travée mobile
span lock

semelles
shoes

gatehouse
poste de péage

défenses
fenders

Tunnel

On appelle *canalisations* les tunnels qui mènent l'eau aux centrales hydroélectriques ou aux réseaux urbains ainsi que ceux qui recueillent l'eau de pluie ou des égouts. Les tunnels creusés dans le rocher n'ont généralement pas besoin de *revêtement*. Les tunnels sous une étendue d'eau peuvent être ventilés par des *manches d'aération* prenant l'air à la surface ou par des *souffleries* placées à leurs extrémités.

Tunnel

Tunnels that take water to hydroelectric plants or to municipal waterworks and those that remove storm water and sewage are called *conduits*. Tunnels cut through rock frequently require no *lining*. Underwater tunnels can be ventilated by *shafts* leading to the surface or by *exhaust* or *booster fans* at the ends.

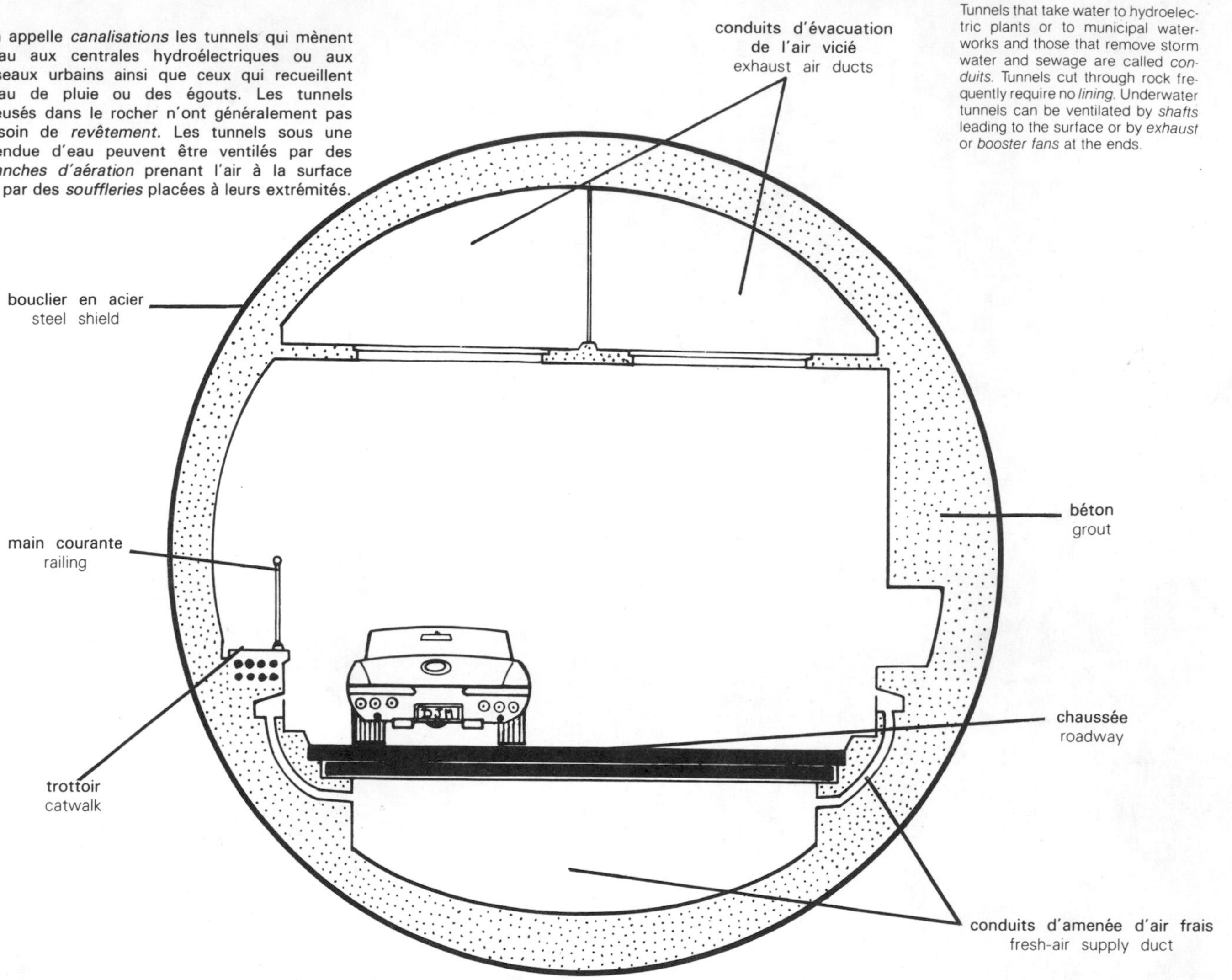

conduits d'évacuation de l'air vicié
exhaust air ducts

bouclier en acier
steel shield

main courante
railing

trottoir
catwalk

béton
grout

chaussée
roadway

conduits d'amenée d'air frais
fresh-air supply duct

Coupe
Cross Section

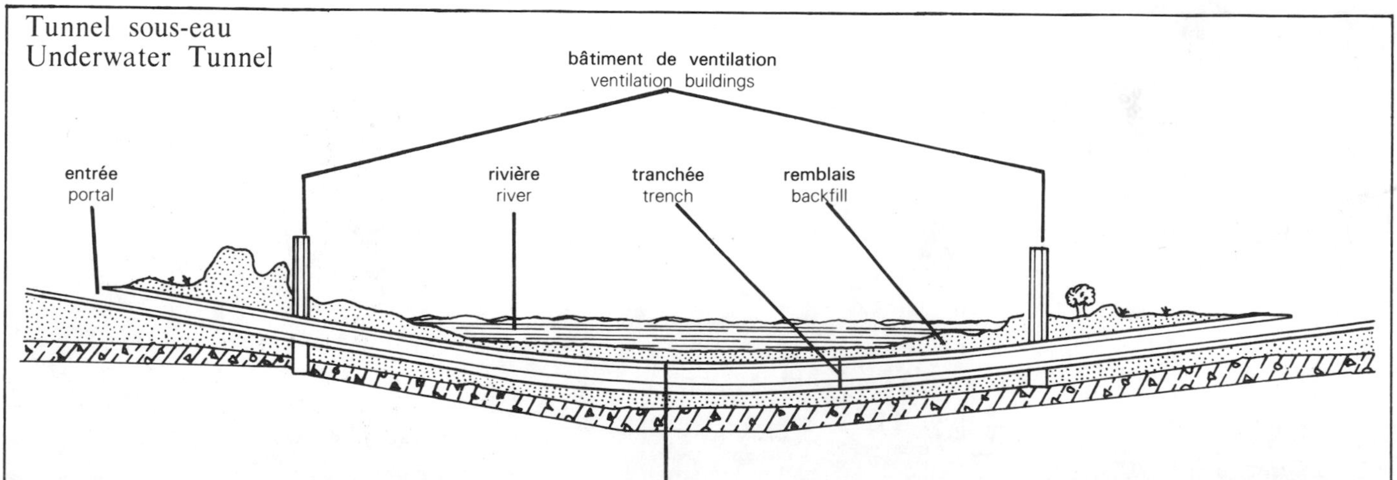

Tunnel sous-eau
Underwater Tunnel

bâtiment de ventilation
ventilation buildings

entrée
portal

rivière
river

tranchée
trench

remblais
backfill

bouclier du tunnel
tunnel shield

Canal Lock

The water level in a canal lock is raised or lowered through *sluice gates* in the lock wall or *floor*. *Shipboard lines* or *hawsers* secured to *bollards* along the lockside hold the vessel steady while the lock is in operation. Before *electric locomotives* were used, animals would haul boats through locks following a *towpath*.

Écluse

Le niveau d'eau dans le sas d'une écluse est abaissé ou élevé au moyen de *vannes* dans le bajoyer ou dans le *radier*. Des *aussières* amarrées à des *bittes* stabilisent le bateau pendant l'opération d'éclusage. Avant l'apparition des *locotracteurs* électriques on faisait appel à des animaux pour tirer les bateaux à partir de *chemins de halage*.

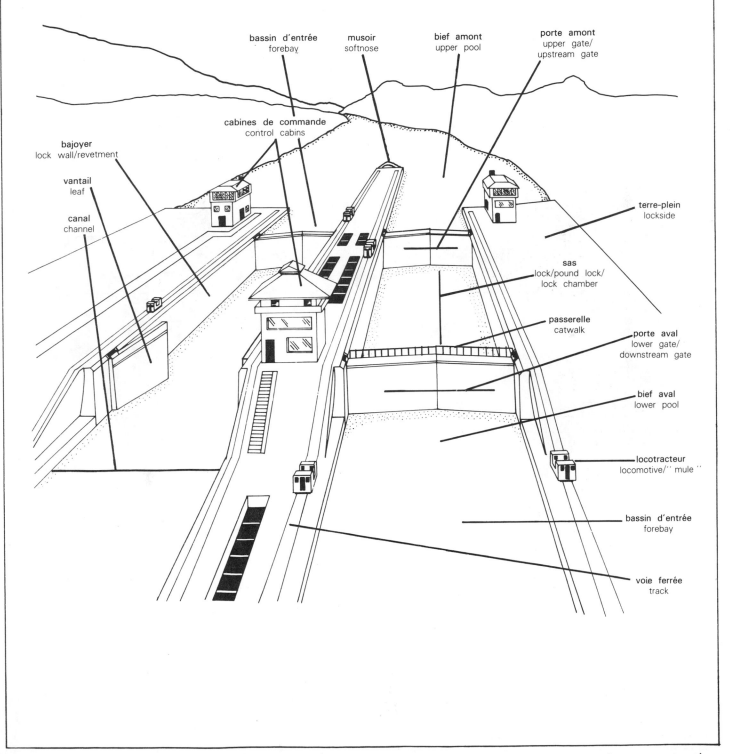

bassin d'entrée
forebay

musoir
softnose

bief amont
upper pool

porte amont
upper gate/
upstream gate

cabines de commande
control cabins

bajoyer
lock wall/revetment

vantail
leaf

canal
channel

terre-plein
lockside

sas
lock/pound lock/
lock chamber

passerelle
catwalk

porte aval
lower gate/
downstream gate

bief aval
lower pool

locotracteur
locomotive/'' mule ''

bassin d'entrée
forebay

voie ferrée
track

97

Barrage

Bon nombre de barrages ont des chenaux escarpés divisés en bassins, *les échelles à saumons*, qui permettent aux poissons de remonter la rivière. D'autres barrages ont des *passages à grumes*. Une *digue* ou une *levée* est un ouvrage en terre destiné à arrêter l'eau au lieu de régler son cours.

Dam

Many dams have steep channels divided by partitions into pools, called *fishways* or *fish ladders*, that enable fish to swim upriver. Other dams have *log chutes* designed to allow logs to pass through. A *dike*, or *levee*, is an earthwork construction built to block water rather than to regulate its flow.

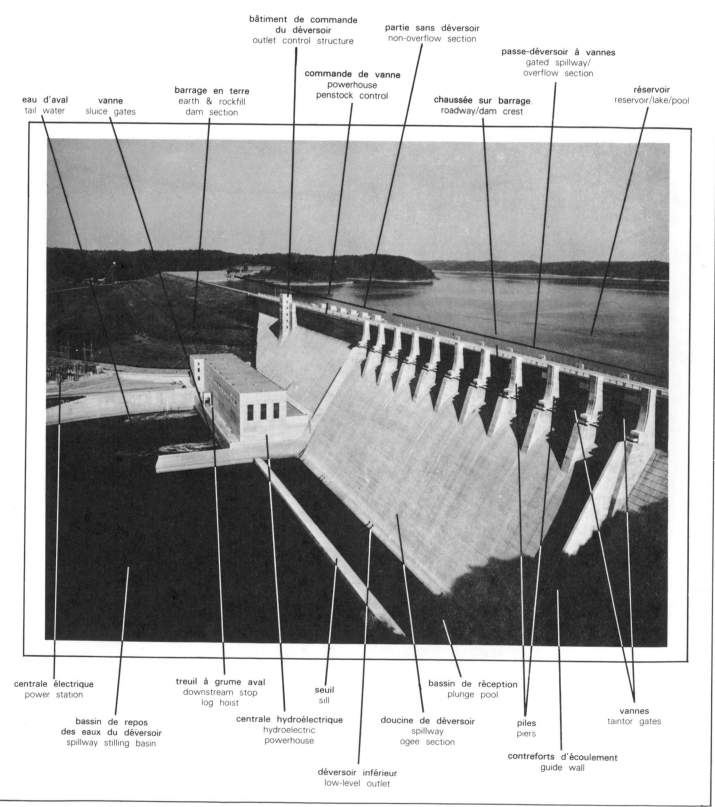

bâtiment de commande du déversoir
outlet control structure

partie sans déversoir
non-overflow section

passe-déversoir à vannes
gated spillway/
overflow section

commande de vanne
powerhouse
penstock control

réservoir
reservoir/lake/pool

eau d'aval
tail water

vanne
sluice gates

barrage en terre
earth & rockfill
dam section

chaussée sur barrage
roadway/dam crest

centrale électrique
power station

treuil à grume aval
downstream stop
log hoist

seuil
sill

bassin de réception
plunge pool

vannes
taintor gates

bassin de repos des eaux du déversoir
spillway stilling basin

centrale hydroélectrique
hydroelectric
powerhouse

doucine de déversoir
spillway
ogee section

piles
piers

contreforts d'écoulement
guide wall

déversoir inférieur
low-level outlet

Oil Drilling Platform/ Offshore Rig

In shallow water this *semisubmersible* rig drills in the floating position. When drilling at greater depths the motion compensator, a *hydraulic-pneumatic device*, moves up and down as the rig does in the sea to keep the *pipe* stationary in the *hole*. The "driller" controls the *drill, bit* changes and large hydraulic valves, or *blowout preventors*.

Plateforme de forage

Dans les eaux peu profondes, cette plateforme *semi-submersible* fore en flottant. Lorsqu'elle travaille à plus grande profondeur, le compensateur de mouvement, *dispositif hydropneumatique*, monte et descend en même temps que la plateforme sur la mer dans le but de stabiliser la *colonne de forage* dans le *puits*. Le foreur contrôle le *forage*, les *changements de trépans* et les grandes vannes hydrauliques ou *vannes d'éruption*.

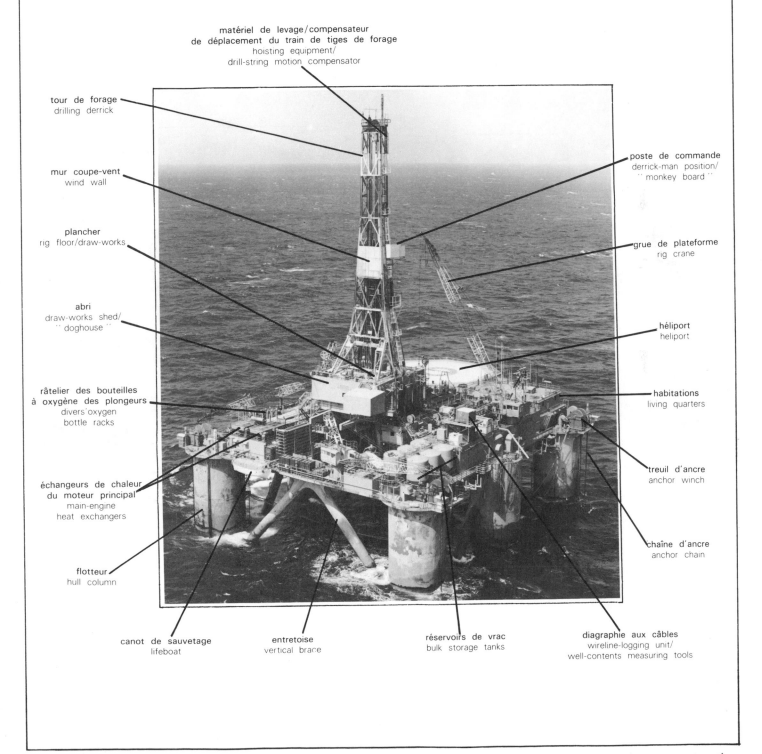

matériel de levage/compensateur de déplacement du train de tiges de forage
hoisting equipment/ drill-string motion compensator

tour de forage
drilling derrick

mur coupe-vent
wind wall

plancher
rig floor/draw-works

abri
draw-works shed/ "doghouse"

râtelier des bouteilles à oxygène des plongeurs
divers'oxygen bottle racks

échangeurs de chaleur du moteur principal
main-engine heat exchangers

flotteur
hull column

poste de commande
derrick-man position/ "monkey board"

grue de plateforme
rig crane

héliport
heliport

habitations
living quarters

treuil d'ancre
anchor winch

chaîne d'ancre
anchor chain

canot de sauvetage
lifeboat

entretoise
vertical brace

réservoirs de vrac
bulk storage tanks

diagraphie aux câbles
wireline-logging unit/ well-contents measuring tools

Autres constructions

Étable et silo

Le *sol* d'une étable est divisé en son centre par un *passage à fourrage*, parfois équipé d'*attaches* pour les vaches. De chaque côté se trouvent les *caniveaux à purin* et de chaque côté de ceux-ci sont installés les *mangeoires*, les *stalles* et les *auges* pour permettre aux chevaux et au bétail de manger. Le foin est stocké dans un *fenil* sous le toit. Autour de l'étable s'étend la *cour* avec une *fosse à fumier* assez large pour recevoir un camion. D'autres constructions sont placées autour de l'étable principale : les *silos à grain*, les *poulaillers*, les *fumoirs* et les *porcheries*.

Barn and Silo

A barn *floor* is divided in the center by a *feed passage* that may be lined with *stanchions* to hold cows. On either side are *manure gutters*, and on each side of these are *mangers*, *boxes* or *troughs*, from which horses or cattle eat. Hay is stored in a *loft*, a storage room next to the roof. Surrounding a barn is a *yard* with a *manure pit* large enough to back a wagon into. Other barnyard structures, adjoining the main barn or built nearby, include *grain pits*, or *bins*; *springhouses*; *smokehouses*, and *pigpens*.

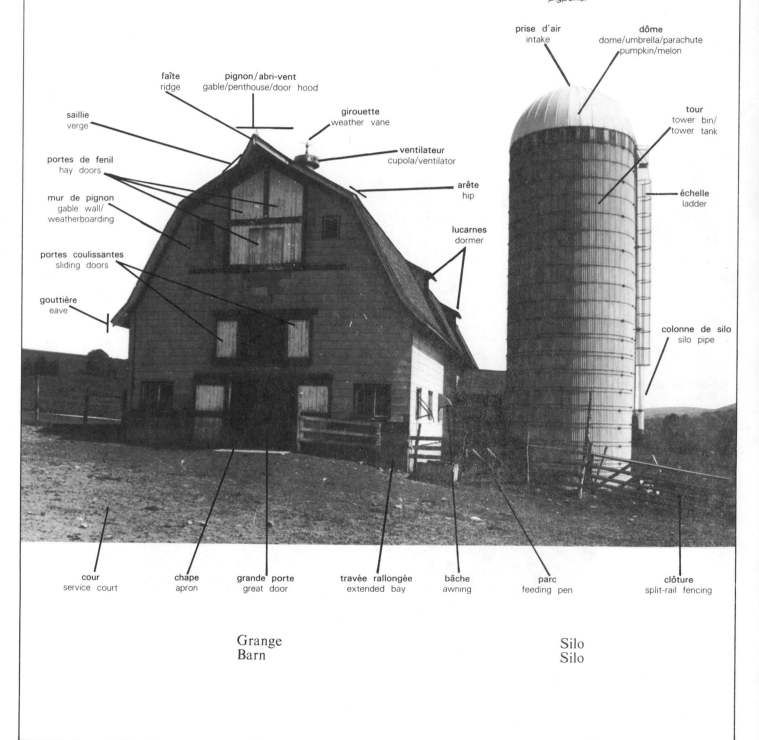

faîte — ridge
pignon/abri-vent — gable/penthouse/door hood
girouette — weather vane
saillie — verge
ventilateur — cupola/ventilator
portes de fenil — hay doors
arête — hip
mur de pignon — gable wall/weatherboarding
lucarnes — dormer
portes coulissantes — sliding doors
gouttière — eave

prise d'air — intake
dôme — dome/umbrella/parachute pumpkin/melon
tour — tower bin/tower tank
échelle — ladder
colonne de silo — silo pipe

cour — service court
chape — apron
grande porte — great door
travée rallongée — extended bay
bâche — awning
parc — feeding pen
clôture — split-rail fencing

Grange
Barn

Silo
Silo

Les transports

Dans cette section, les principales formes de transport sont représentées en commençant par la plus courante — l'automobile. L'étude de l'automobile débute par une illustration représentant une voiture imaginaire et composite constituée des formes extérieures de modèles existant ou ayant existé. On trouvera ensuite une vue éclatée montrant les divers éléments internes, d'ordinaire invisibles, ainsi que diverses illustrations du moteur, du tableau de bord et des dispositifs de régulation et de réglementation de la circulation.

Parmi les autres modes de transport, citons les transports en commun ou transports publics, les véhicules de secours, de service public et de loisir, les navires et les bateaux, les avions et les véhicules spatiaux. Les engins destinés à des fins militaires comme les navires et les avions de combat figurent aussi dans ce chapitre des transports.

Des illustrations en coupe ont été utilisées pour montrer au lecteur les parties et les pièces intérieures d'un paquebot, la cabine de pilotage d'un avion gros-porteur, d'un avion de combat et de la navette spatiale.

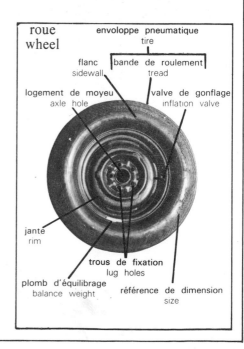

roue
wheel

envoloppe pneumatique
tire

flanc — bande de roulement
sidewall — tread

logement de moyeu
axle hole

valve de gonflage
inflation valve

jante
rim

trous de fixation
lug holes

plomb d'équilbrage
balance weight

référence de dimension
size

Automobile/Extérieur

Cette voiture dont la carrosserie a été dessinée spécialement est un modèle *carrossé sur commande* ; elle comporte un *châssis* comprenant le *cadre rigide* et les roues. Les modèles anciens, aujourd'hui de collection, n'avaient pas de coffre mais une banquette arrière repliable. Les *décapotables* ont une capote de toile que l'on peut retirer ou replier. De nombreux modèles modernes sont équipés d'un *toit ouvrant*. En général, la *conduite intérieure* a quatre portes et des banquettes à l'avant et à l'arrière qui prennent toute la largeur de l'habitacle. Une version tronquée de la conduite intérieure, le *coupé*, n'a que deux portes. La *familiale* dispose d'une surface importante de chargement derrière la banquette arrière et est parfois équipée de *sièges destinés* à accueillir des passagers supplémentaires. Une *voiture de sport* est un modèle capable de performances élevées dont l'aérodynamisme de la carrosserie a été spécialement étudié afin de réduire le coefficient de pénétration dans l'air.

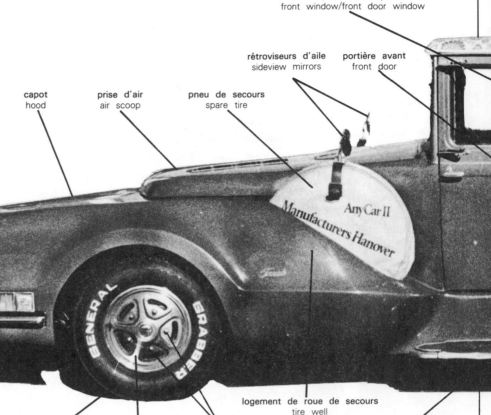

fenêtre avant/fenêtre de portière avant
front window/front door window

rétroviseurs d'aile
sideview mirrors

portière avant
front door

capot
hood

prise d'air
air scoop

pneu de secours
spare tire

aile avant
fender/front
quarter panel

feu de signalisation
signal light/
cornering lamp

logement de roue de secours
tire well

pneu/roue
tire/wheel

jante en magnésium
mag wheel

boulons de fixation
lug nuts

bas de caisse
rocker panel

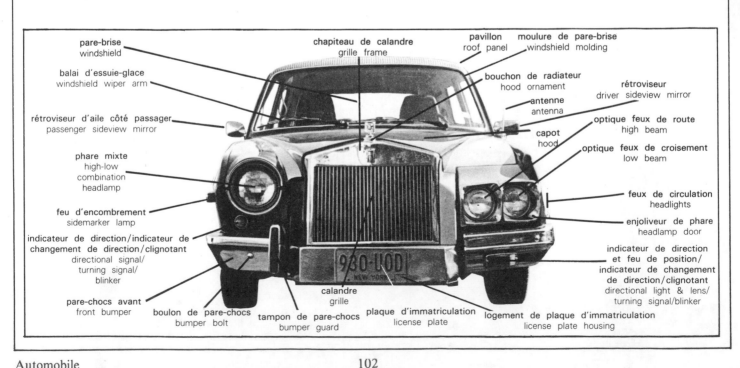

pare-brise
windshield

chapiteau de calandre
grille frame

pavillon
roof panel

moulure de pare-brise
windshield molding

balai d'essuie-glace
windshield wiper arm

bouchon de radiateur
hood ornament

rétroviseur
driver sideview mirror

rétroviseur d'aile côté passager
passenger sideview mirror

antenne
antenna

optique feux de route
high beam

phare mixte
high-low
combination
headlamp

capot
hood

optique feux de croisement
low beam

feu d'encombrement
sidemarker lamp

feux de circulation
headlights

indicateur de direction/indicateur de changement de direction/clignotant
directional signal/
turning signal/
blinker

enjoliveur de phare
headlamp door

indicateur de direction
et feu de position/
indicateur de changement
de direction/clignotant
directional light & lens/
turning signal/blinker

pare-chocs avant
front bumper

boulon de pare-chocs
bumper bolt

tampon de pare-chocs
bumper guard

calandre
grille

plaque d'immatriculation
license plate

logement de plaque d'immatriculation
license plate housing

930-UOD
NEW YORK

Automobile/Car Exterior

The *body* of this specially designed car, or *customized automobile*, rests on a *chassis* consisting of a *frame* and wheels. Older cars often had *rumble seats* instead of trunks. On *convertibles*, the entire top folds into a compartment called the *boot*. Many contemporary cars have sliding *sun roofs* or *moon roofs*. A *sedan* usually has four doors and full-width front and rear seats. A *coupe* is a smaller version of a sedan, having only two doors. A *station wagon* is a boxlike car with storage space behind the rear seat, which may have *fold-down seats* for additional passenger seating. A high-performance car with a low-slung body is a *sports car*.

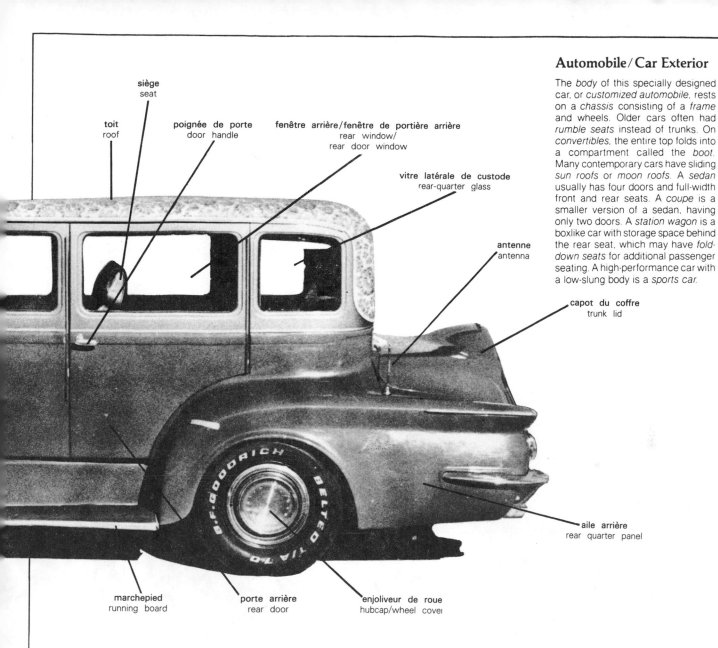

siège
seat

toit
roof

poignée de porte
door handle

fenêtre arrière/fenêtre de portière arrière
rear window/
rear door window

vitre latérale de custode
rear-quarter glass

antenne
antenna

capot du coffre
trunk lid

aile arrière
rear quarter panel

marchepied
running board

porte arrière
rear door

enjoliveur de roue
hubcap/wheel cover

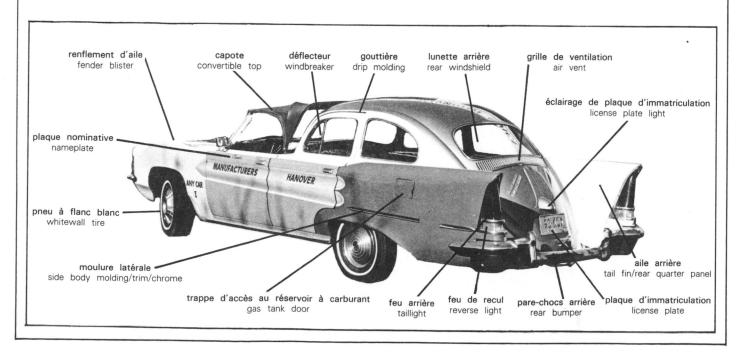

renflement d'aile
fender blister

capote
convertible top

déflecteur
windbreaker

gouttière
drip molding

lunette arrière
rear windshield

grille de ventilation
air vent

éclairage de plaque d'immatriculation
license plate light

plaque nominative
nameplate

pneu à flanc blanc
whitewall tire

moulure latérale
side body molding/trim/chrome

trappe d'accès au réservoir à carburant
gas tank door

feu arrière
taillight

feu de recul
reverse light

pare-chocs arrière
rear bumper

plaque d'immatriculation
license plate

aile arrière
tail fin/rear quarter panel

Vue en transparence d'une automobile

De nombreux systèmes entrent dans l'assemblage d'une voiture : la transmission qui comprend l'embrayage, la boîte de vitesses, l'arbre et le pont arrière ; le circuit de refroidissement destiné à contrôler la température du moteur ; le circuit électrique qui alimente le démarreur, les divers accessoires et les feux du véhicule ; la suspension qui assure à la conduite souplesse et confort, et le système de freinage.

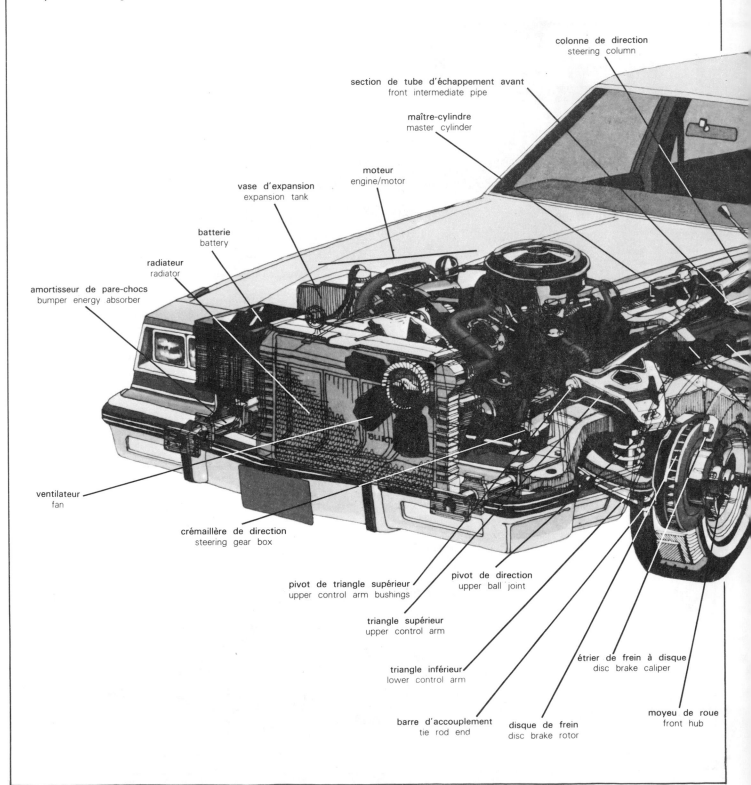

colonne de direction
steering column

section de tube d'échappement avant
front intermediate pipe

maître-cylindre
master cylinder

moteur
engine/motor

vase d'expansion
expansion tank

batterie
battery

radiateur
radiator

amortisseur de pare-chocs
bumper energy absorber

ventilateur
fan

crémaillère de direction
steering gear box

pivot de triangle supérieur
upper control arm bushings

pivot de direction
upper ball joint

triangle supérieur
upper control arm

triangle inférieur
lower control arm

étrier de frein à disque
disc brake caliper

moyeu de roue
front hub

barre d'accouplement
tie rod end

disque de frein
disc brake rotor

Automobile Cutaway

Various systems are incorporated in a car: a *power train,* which consists of *clutch,* transmission, driveshaft and rear axle; a *cooling system* designed to control engine temperature; an *electrical system* to power the engine *starter motor,* accessories and lights; a *suspension system* to provide a smooth ride; and a *braking system.*

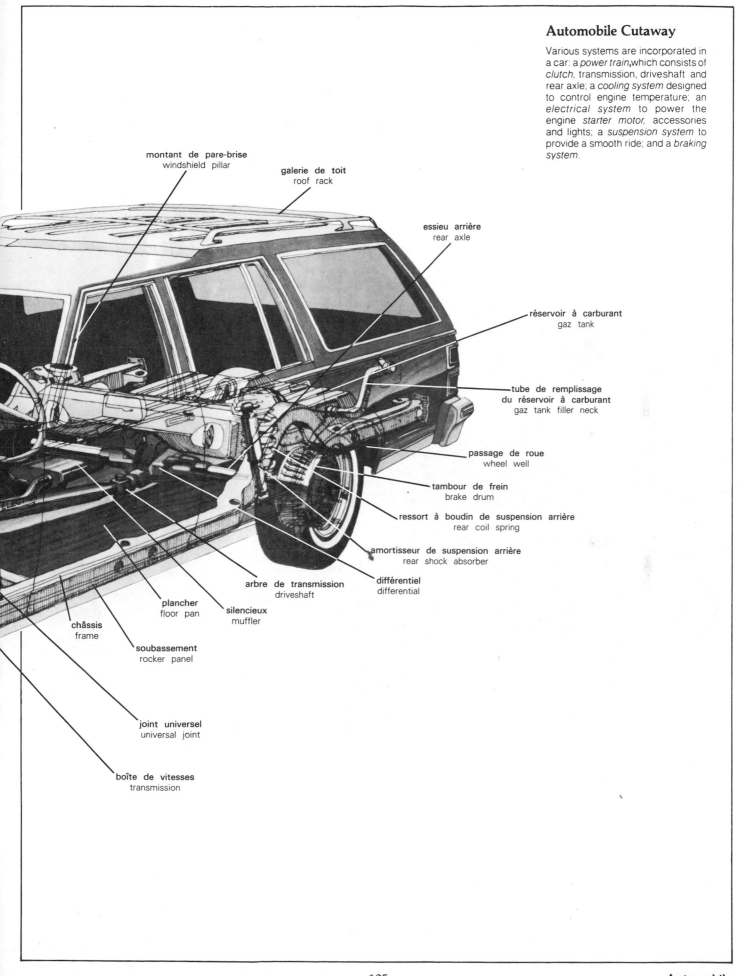

montant de pare-brise
windshield pillar

galerie de toit
roof rack

essieu arrière
rear axle

réservoir à carburant
gaz tank

tube de remplissage
du réservoir à carburant
gaz tank filler neck

passage de roue
wheel well

tambour de frein
brake drum

ressort à boudin de suspension arrière
rear coil spring

amortisseur de suspension arrière
rear shock absorber

différentiel
differential

arbre de transmission
driveshaft

silencieux
muffler

plancher
floor pan

châssis
frame

soubassement
rocker panel

joint universel
universal joint

boîte de vitesses
transmission

Habitacle

On voit ici les différentes parties du *tableau de bord* mais il ne faut pas oublier de citer les *commandes de phares*, des *feux de détresse*, le *levier d'ouverture du capot*, la *commande de richesse de mélange*, l'*accélérateur à main*, la *commande de vitesse des essuie-glace* et la *commande des clignotants*. Souvent, un *rétroviseur* est fixé au-dessus du tableau de bord ou contre le pavillon. Des *pare-soleil* rabattables sont installés au-dessus du pare-brise. Les sièges sont équipés de *ceintures de sécurité*.

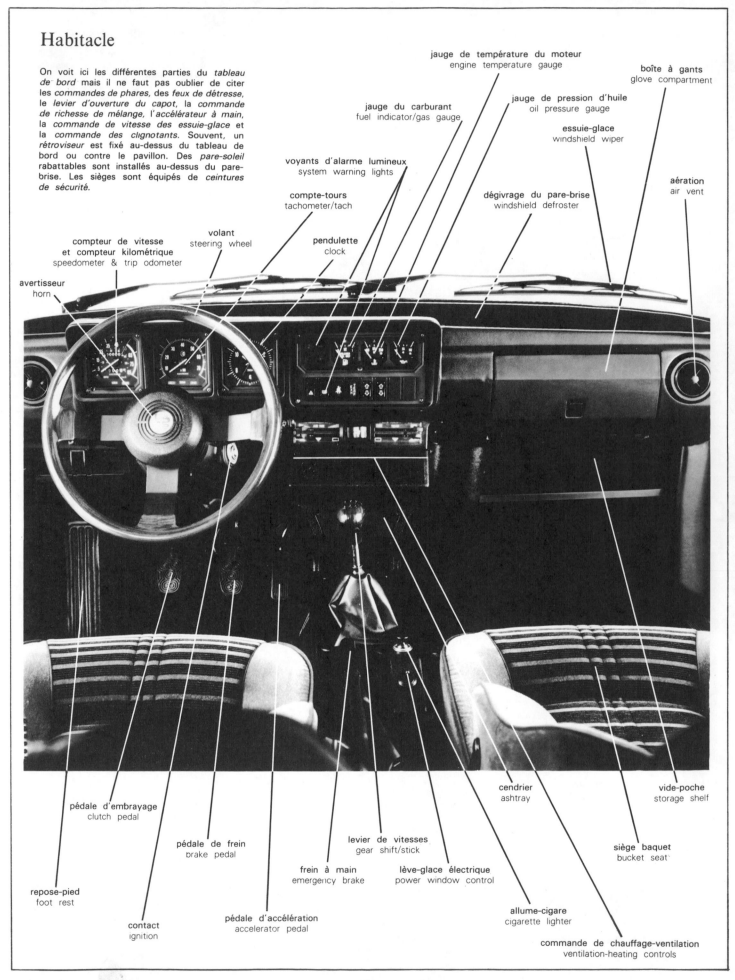

jauge de température du moteur
engine temperature gauge

boîte à gants
glove compartment

jauge de pression d'huile
oil pressure gauge

jauge du carburant
fuel indicator/gas gauge

essuie-glace
windshield wiper

voyants d'alarme lumineux
system warning lights

aération
air vent

dégivrage du pare-brise
windshield defroster

compte-tours
tachometer/tach

compteur de vitesse
et compteur kilométrique
speedometer & trip odometer

volant
steering wheel

pendulette
clock

avertisseur
horn

pédale d'embrayage
clutch pedal

cendrier
ashtray

vide-poche
storage shelf

pédale de frein
brake pedal

levier de vitesses
gear shift/stick

siège baquet
bucket seat

frein à main
emergency brake

lève-glace électrique
power window control

repose-pied
foot rest

contact
ignition

pédale d'accélération
accelerator pedal

allume-cigare
cigarette lighter

commande de chauffage-ventilation
ventilation-heating controls

Moteur

Car Interior

In addition to parts shown on this *dash*, or *dashboard*, are *headlight* and *warning light controls*, *hood release*, *engine choke* and *hand throttle*, *windshield wiper speed control* and *directional signal switch*. Above the dash, there is usually a *rearview mirror*. Flip-down *sun visors* are located above the windshield. Car seats are equipped with *seat belts* or *safety belts*.

Les différentes pièces du moteur sont montées soit à l'intérieur soit sur le *bloc-moteur* ou la *culasse*. Parmi les différents types de moteur citons les *moteurs à quatre cylindres à plat* ou *opposés*, les moteurs à six cylindres *en ligne* et les moteurs *en V* (2, 4 ou 8 cylindres).

tuyau d'aspiration
vacuum hose

tête de distributeur
distributor cap

filtre à air
air cleaner/« hat »

alternateur
alternator

carburateur
carburetor

solénoïde de ralenti
idle-speed solenoid

clapet de retour
des gaz d'échappement
exhaust recirculating valve

jauge à huile
oil dipstick

bouchon d'huile
oil cap

couvre-culbuteur
valve cover

fil de bougie
ignition wire

manchons de bougies
spark-plug boots

bougies
spark plugs

tube de remplissage du
circuit de direction assistée
power-steering
filler tube

avance automatique à dépression
distributor vacuum advance

compresseur du conditionnement d'air
air conditioner compressor

courroie de ventilateur
fan belt

fil de distribution
distributor wire

embrayage du ventilateur
cooling fan clutch

ventilateur
fan

poulie antivibrations
vibration
damper pulley

courroie de ventilateur de
pompe d'assistance de direction
power-steering
fan belt

conduite du carburant
fuel-line hose

clapet thermostatique
heat-riser valve

volant-moteur
flywheel

carter d'huile
oil pan

pompe d'assistance de la direction
power-steering pump

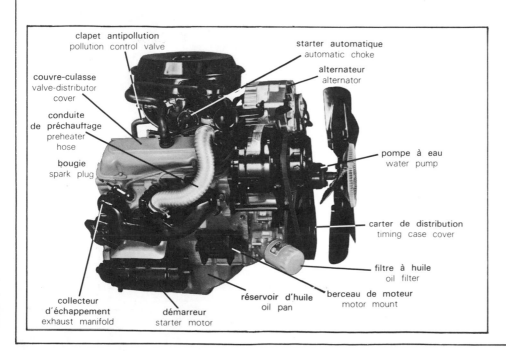

clapet antipollution
pollution control valve

starter automatique
automatic choke

alternateur
alternator

couvre-culasse
valve-distributor
cover

conduite
de préchauffage
preheater
hose

bougie
spark plug

pompe à eau
water pump

carter de distribution
timing case cover

filtre à huile
oil filter

collecteur
d'échappement
exhaust manifold

démarreur
starter motor

réservoir d'huile
oil pan

berceau de moteur
motor mount

Automobile Engine

The parts of an engine are fitted into or on the *engine block* or within the *head*. Common engine configurations include the *horizontally opposed*, or *flat four-cylinder*; the *in-line six*; and the *V-8*.

107

Automobile

Pompe à essence

Les *postes ou îlots de distribution de carburant* dans les *stations-services* peuvent être en *libre-service* ou au contraire servis par le personnel de la station. Les pompes à essence puisent l'essence dans des *réservoirs de stockage souterrains*. Il existe divers types d'essence, caractérisés par *l'indice d'octane*.

contrôle administratif du Service des Instruments de Mesure
weights & measures certification

support d'affichage du prix
price-poster arm

panneau publicitaire
advertising panel

marque
brand

panneau d'affichage
dial face

somme à payer
money totalizer

volume
gallon totalizer

prix du litre
price per gallon

type de carburant
gas type

raccord
coupling

porte frontale
front service door

jupe
skirt

logement de repos
nozzle boot

bec/pistolet
nozzle

réenclenchement/
levier de remise à zéro
reset/
on & off
lever

tuyau/flexible
hose

câble de rappel
retrieving cable

plaque signalétique du fabriquant
manufacturer's label

Mobil **Mobil**
$20.⁵⁰ ⁰⁰ $05.⁰⁰ ⁰⁰
total sale   total sale
0 1 3 9.   0 0 3.¹¹
gallons   gallons
4 8 ¢   1 4 8 ¢

Regular   **Regular**

caoutchouc de protection
fender guard

ressort de maintien
anchor springs

bec
spout

somme à payer

gâchette
trigger

garde
guard

verrou de gâchette
regulator clip

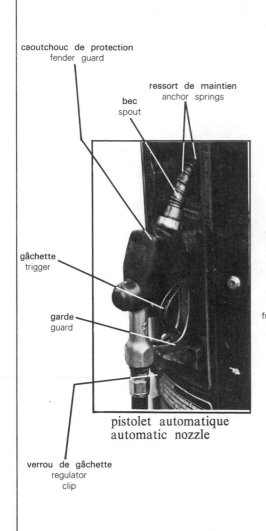

pistolet automatique
automatic nozzle

pompe à essence/
distributeur de carburant
gas pump/island dispenser

Gasoline Pump

Service station islands can be *self-service* or *full-service*. Gas pumps draw supplies from underground *storage tanks*. Gasoline is purchased in different *grades* determined by *octane number*.

Feux de signalisation et de circulation

Les feux de signalisation ou de circulation tricolores, à simple, double ou quadruple face, peuvent être commandés soit manuellement par un agent de la circulation soit automatiquement par une *minuterie électronique*. Les *compteurs de stationnement* ou parcmètres contiennent un système de minuterie déclenché par l'introduction d'une pièce de monnaie. Si la tirelire est pleine, un dispositif bloque automatiquement la *fente d'introduction* afin d'interdire l'introduction de nouvelles pièces. Certains compteurs sont pourvus d'un système détecteur de fausses pièces ou de morceaux de métal qui, bien que pénétrant dans l'appareil, ne déclenchent pas la minuterie.

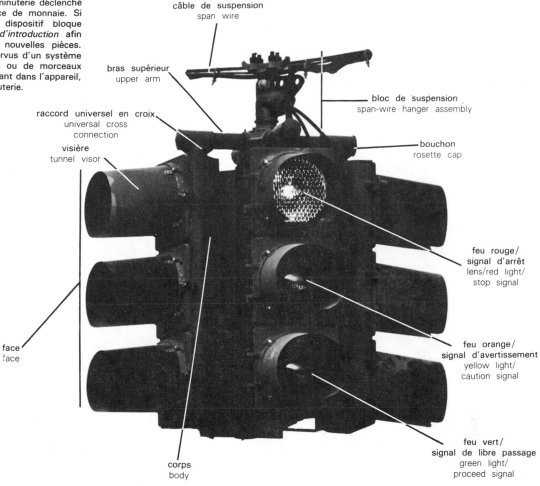

câble de suspension
span wire

bras supérieur
upper arm

raccord universel en croix
universal cross
connection

visière
tunnel visor

bloc de suspension
span-wire hanger assembly

bouchon
rosette cap

feu rouge/
signal d'arrêt
lens/red light/
stop signal

feu orange/
signal d'avertissement
yellow light/
caution signal

face
face

feu vert/
signal de libre passage
green light/
proceed signal

corps
body

Feux de signalisation
Traffic light

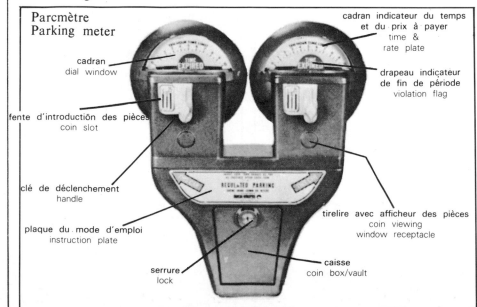

Parcmètre
Parking meter

cadran
dial window

fente d'introduction des pièces
coin slot

clé de déclenchement
handle

plaque du mode d'emploi
instruction plate

serrure
lock

cadran indicateur du temps
et du prix à payer
time &
rate plate

drapeau indicateur
de fin de période
violation flag

tirelire avec afficheur des pièces
coin viewing
window receptacle

caisse
coin box/vault

Traffic Control Devices

Four-face traffic signals, or lights, are operated manually by a traffic-control official or run automatically by an electric *timer*. Parking meters, set atop *pipe standards*, contain *self-starting timers*. Jammed meters activate a *slot closer* so that additional coins cannot be inserted in the *slot block*. Some meters have a *washer detector* that allows *washers* and *slugs* to pass through without registering time on the *dial*.

Autoroute

Des *barrières de sécurité*, et des dispositifs d'absorption des chocs sont placés au centre des *divergents* afin de réduire la gravité des accidents. Certaines routes sont bordées de *glissières de sécurité*. Des *bornes kilométriques* indiquent la distance entre deux points particuliers. De nombreuses *voies rapides* et *autoroutes* sont équipées d'*aires de repos*, *d'aires de service* et *de points de vue panoramiques*.

bretelle d'accès
entrance ramp

route secondaire
minor road/
subsidiary road

divergent
gore area

route de service
service road

intersection/jonction
intersection/junction

bretelle de sortie
exit ramp

route principale
major road

séparateur de voie
road divider

passage supérieur/pont
overpass/bridge

bande d'arrêt d'urgence
shoulder

passage inférieur
underpass

voie de circulation
lane/roadway

bretelle de raccordement
loop ramp

voie d'accélération
entrance lane

terre-plein central
median/island

voie d'accès
access road

chaussée/
route à grande circulation à chaussées séparées
roadbed/
divided highway

Highway

Energy absorbing barriers, or *impact attenuation devices*, are positioned in gore areas to reduce accidents. Some roads are lined with *guardrails*, or *railings*. *Milestones*, or *mile markers*, provide distance information between specific points. Many *expressways*, *freeways* and *thruways* have *rest areas*, *scenic overlooks* and *service areas*.

Échangeur autoroutier en trèfle
Cloverleaf/Interchange

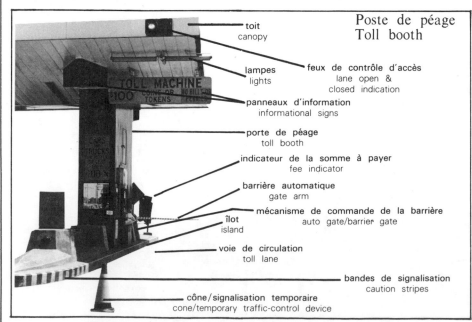

Poste de péage
Toll booth

toit
canopy

lampes
lights

feux de contrôle d'accès
lane open &
closed indication

panneaux d'information
informational signs

porte de péage
toll booth

indicateur de la somme à payer
fee indicator

barrière automatique
gate arm

mécanisme de commande de la barrière
auto gate/barrier gate

îlot
island

voie de circulation
toll lane

bandes de signalisation
caution stripes

cône/signalisation temporaire
cone/temporary traffic-control device

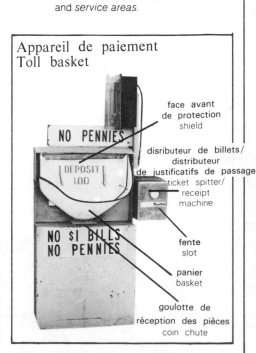

Appareil de paiement
Toll basket

face avant
de protection
shield

disributeur de billets/
distributeur
de justificatifs de passage
ticket spitter/
receipt
machine

fente
slot

panier
basket

goulotte de
réception des pièces
coin chute

Railroad Crossing

A railroad *roadway* consists of two rails, or tracks, and all their supporting elements, including *railroad bridges*, *tunnels* and *embankments*. The roadway follows the *right of way*. The distance between rails is the *gauge*, while the degree of rise or fall in a *roadbed* is the *grade*. The top of a rail is the *railhead*. The bottom is the *rail foot*.

Passage à niveau

Une *voie ferrée* est composée de deux rails et de traverses. Elle comporte également divers équipements, dont des *ponts*, des *tunnels* et des *talus*. La voie ferrée suit généralement le tracé le plus direct possible. L'*écartement de la voie* est la distance qui sépare les deux rails de cette voie, tandis que *les déclivités* correspondent aux rampes et aux pentes de la voie. La partie supérieure du rail s'appelle le *champignon* et la base est appelée *patin du* rail.

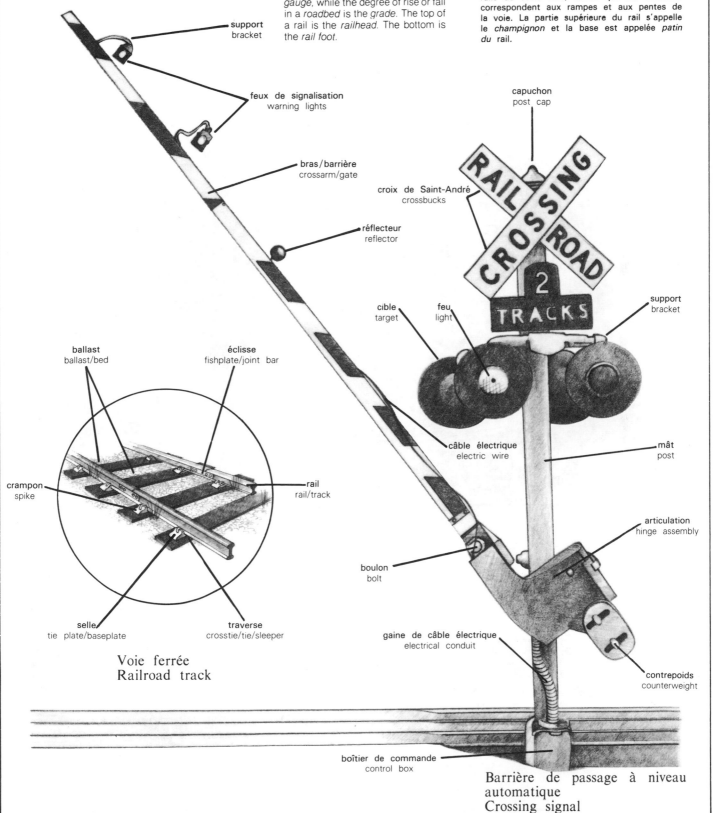

support
bracket

feux de signalisation
warning lights

bras / barrière
crossarm / gate

réflecteur
reflector

capuchon
post cap

croix de Saint-André
crossbucks

cible
target

feu
light

support
bracket

RAIL CROSSING ROAD
2 TRACKS

ballast
ballast / bed

éclisse
fishplate / joint bar

crampon
spike

rail
rail / track

câble électrique
electric wire

mât
post

articulation
hinge assembly

boulon
bolt

selle
tie plate / baseplate

traverse
crosstie / tie / sleeper

gaine de câble électrique
electrical conduit

contrepoids
counterweight

Voie ferrée
Railroad track

boîtier de commande
control box

Barrière de passage à niveau automatique
Crossing signal

Chemin de fer

Railroad

A côté des locomotives présentées ici, il existe aussi des *locomotives diesel* et des *locomotives électriques*. Un *train de marchandises* est composé de *wagons découverts*, de *wagons couverts ou fermés* et des *wagons plats* tandis que les *trains de passagers* sont composés de *voitures-restaurants*, de *voitures-lits* ou *couchettes*, de *voitures-salons* ainsi que de *fourgons à bagages*. Sur le réseau SNCF a été mis en service le TGV, train à grande vitesse.

In addition to the locomotives shown here, there are *diesel* and *electric locomotives*. *Open-top cars*, boxcars and flatcars are the main types of *freight cars*, while *passenger trains* consist of *dining cars, sleeping cars, lounge* or *observation cars* and *baggage cars*.

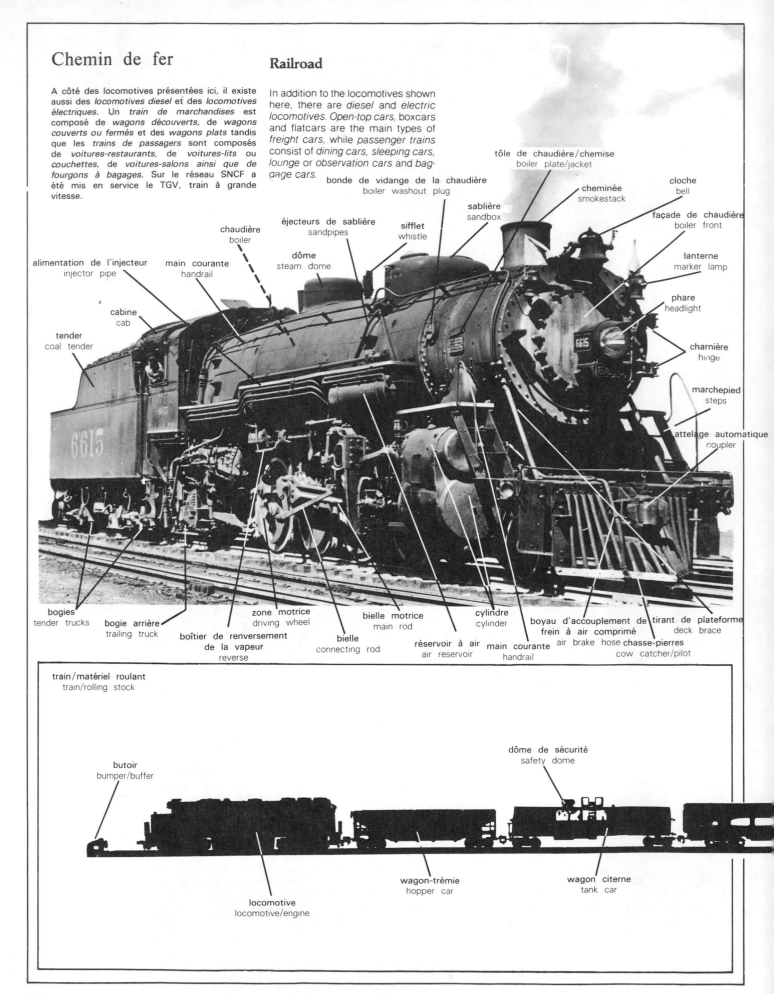

tôle de chaudière/chemise
boiler plate/jacket

bonde de vidange de la chaudière
boiler washout plug

cheminée
smokestack

cloche
bell

sablière
sandbox

façade de chaudière
boiler front

éjecteurs de sablière
sandpipes

sifflet
whistle

lanterne
marker lamp

chaudière
boiler

dôme
steam dome

phare
headlight

alimentation de l'injecteur
injector pipe

main courante
handrail

charnière
hinge

cabine
cab

marchepied
steps

tender
coal tender

attelage automatique
coupler

bogies
tender trucks

bogie arrière
trailing truck

boîtier de renversement
de la vapeur
reverse

zone motrice
driving wheel

bielle
connecting rod

bielle motrice
main rod

cylindre
cylinder

réservoir à air
air reservoir

main courante
handrail

boyau d'accouplement de
frein à air comprimé
air brake hose

tirant de plateforme
deck brace

chasse-pierres
cow catcher/pilot

train/matériel roulant
train/rolling stock

dôme de sécurité
safety dome

butoir
bumper/buffer

wagon-trémie
hopper car

wagon citerne
tank car

locomotive
locomotive/engine

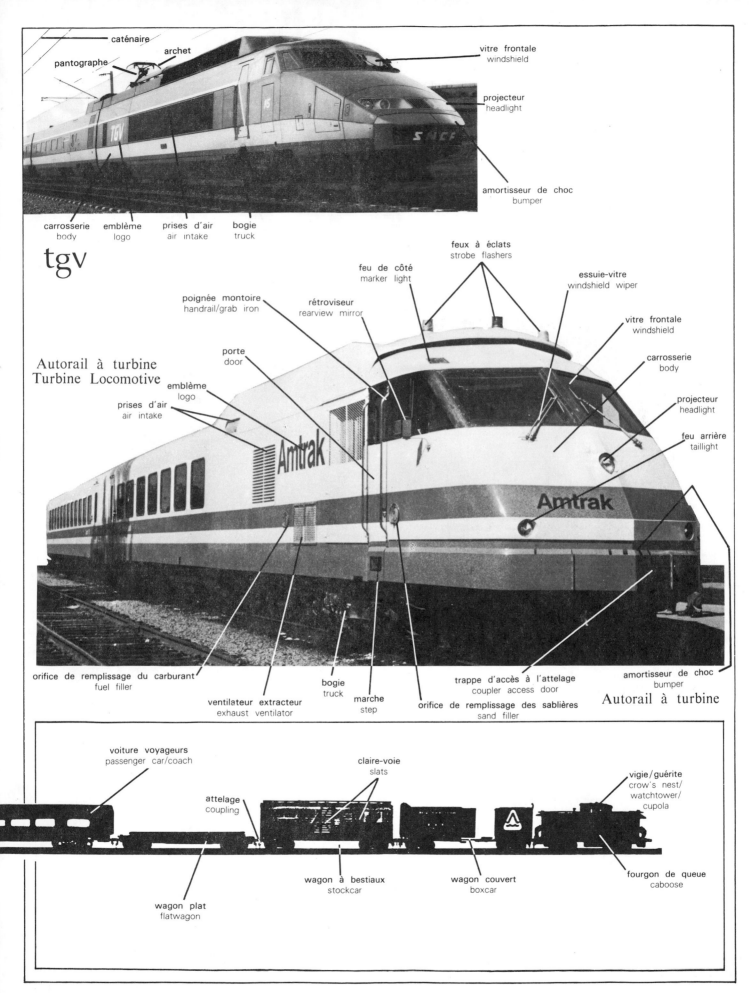

caténaire

pantographe   archet

vitre frontale
windshield

projecteur
headlight

amortisseur de choc
bumper

carrosserie   emblème   prises d'air   bogie
body   logo   air intake   truck

tgv

Autorail à turbine
Turbine Locomotive

poignée montoire   rétroviseur
handrail/grab iron   rearview mirror

porte
door

emblème
logo

prises d'air
air intake

feux à éclats
strobe flashers

feu de côté
marker light

essuie-vitre
windshield wiper

vitre frontale
windshield

carrosserie
body

projecteur
headlight

feu arrière
taillight

orifice de remplissage du carburant
fuel filler

ventilateur extracteur
exhaust ventilator

bogie
truck

marche
step

trappe d'accès à l'attelage
coupler access door

orifice de remplissage des sablières
sand filler

amortisseur de choc
bumper

Autorail à turbine

voiture voyageurs
passenger car/coach

attelage
coupling

claire-voie
slats

vigie/guérite
crow's nest/
watchtower/
cupola

wagon à bestiaux
stockcar

wagon couvert
boxcar

fourgon de queue
caboose

wagon plat
flatwagon

Autocar/Car/Autobus/ Bus

Les autocars équipés pour les longs parcours ont, comme les avions, des *fauteuils à dossier inclinable*, des *galeries* intérieures pour le rangement des bagages ainsi que des *lampes individuelles de lecture*. Ils sont parfois équipés d'un *cabinet de toilette* et de *volets de ventilation* sur le toit. Les autocars de tourisme, dits panoramiques, ont de grandes vitres latérales qui se prolongent vers le toit afin d'élargir le champ de vision.

Bus

Long-distance coaches have air-planelike *reclining seats* with *overhead baggage racks* and *reading lights*. They may also have *lavatories* and *roof ventilation hatches*. *Sightseeing buses* have *transparent roofs*, at least in part, to increase the viewing area.

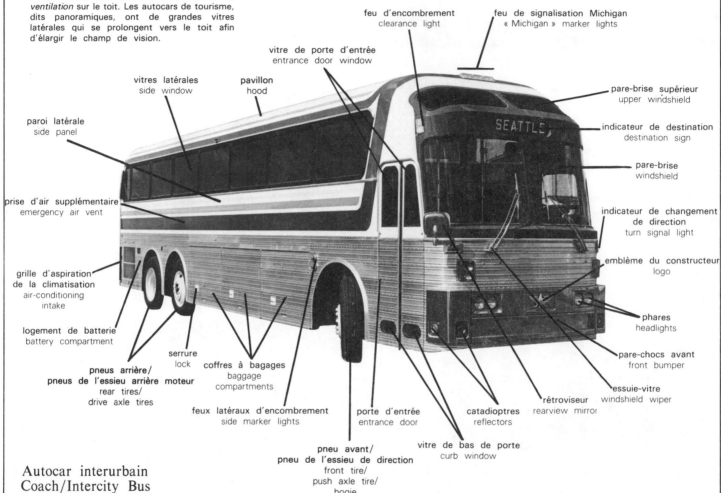

feu d'encombrement
clearance light

feu de signalisation Michigan
« Michigan » marker lights

vitre de porte d'entrée
entrance door window

vitres latérales
side window

pavillon
hood

pare-brise supérieur
upper windshield

indicateur de destination
destination sign

paroi latérale
side panel

pare-brise
windshield

prise d'air supplémentaire
emergency air vent

indicateur de changement
de direction
turn signal light

emblème du constructeur
logo

grille d'aspiration
de la climatisation
air-conditioning intake

phares
headlights

logement de batterie
battery compartment

pare-chocs avant
front bumper

serrure
lock

coffres à bagages
baggage compartments

pneus arrière/
pneus de l'essieu arrière moteur
rear tires/
drive axle tires

essuie-vitre
windshield wiper

rétroviseur
rearview mirror

catadioptres
reflectors

feux latéraux d'encombrement
side marker lights

porte d'entrée
entrance door

vitre de bas de porte
curb window

pneu avant/
pneu de l'essieu de direction
front tire/
push axle tire/
bogie

Autocar interurbain
Coach/Intercity Bus

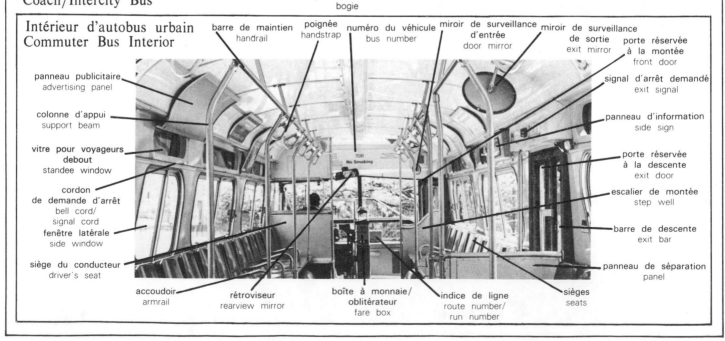

Intérieur d'autobus urbain
Commuter Bus Interior

barre de maintien
handrail

poignée
handstrap

numéro du véhicule
bus number

miroir de surveillance
d'entrée
door mirror

miroir de surveillance
de sortie
exit mirror

porte réservée
à la montée
front door

panneau publicitaire
advertising panel

signal d'arrêt demandé
exit signal

colonne d'appui
support beam

panneau d'information
side sign

vitre pour voyageurs
debout
standee window

porte réservée
à la descente
exit door

cordon
de demande d'arrêt
bell cord/
signal cord

escalier de montée
step well

fenêtre latérale
side window

barre de descente
exit bar

siège du conducteur
driver's seat

panneau de séparation
panel

accoudoir
armrail

rétroviseur
rearview mirror

boîte à monnaie/
oblitérateur
fare box

indice de ligne
route number/
run number

sièges
seats

Subway

A subway, or *rapid transit system*, usually consists of a *train* which derives its power from a *third rail*; subterranean *tunnels*, or *tubes*; elevated *tracks*; and subway *stations*, or *stops*, along each *route*.

Métro

Le métro est un chemin de fer souterrain ou aérien qui le plus souvent tire son énergie d'un troisième rail ; il circule dans des *tunnels* ou sur des *voies aériennes*.

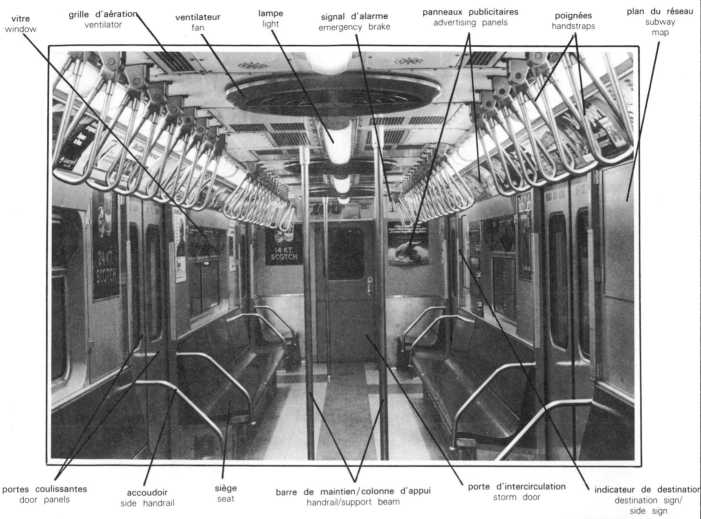

vitre
window

grille d'aération
ventilator

ventilateur
fan

lampe
light

signal d'alarme
emergency brake

panneaux publicitaires
advertising panels

poignées
handstraps

plan du réseau
subway map

portes coulissantes
door panels

accoudoir
side handrail

siège
seat

barre de maintien/colonne d'appui
handrail/support beam

porte d'intercirculation
storm door

indicateur de destination
destination sign/
side sign

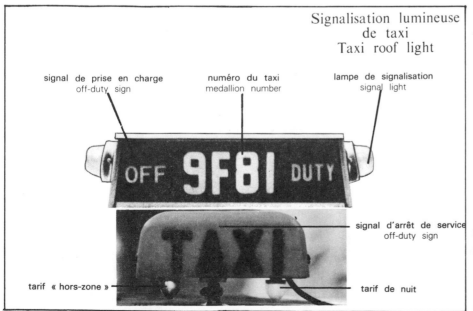

Signalisation lumineuse
de taxi
Taxi roof light

signal de prise en charge
off-duty sign

numéro du taxi
medallion number

lampe de signalisation
signal light

signal d'arrêt de service
off-duty sign

tarif « hors-zone »

tarif de nuit

OFF **9F8I** DUTY

TAXI

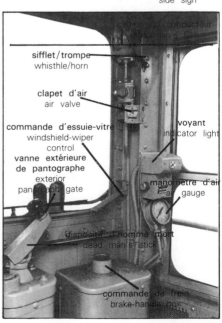

sifflet/trompe
whisthle/horn

clapet d'air
air valve

commande d'essuie-vitre
windshield-wiper
control

vanne extérieure
de pantographe
exterior
pantograph gate

voyant
indicator light

manomètre d'air
air gauge

dispositif d'homme mort
dead man's stick

commande de frein
brake-handle box

Transports en commun

Truck

A *rig* consists of a tractor *coupled* with or *hooked up* to a trailer. A cab may have a partitioned section within, called a *sleeping box*, for the driver, and a *varashield*, a capelike device designed to deflect air and reduce resistance on the trailer, mounted on the roof. The *refrigeration van*, or *reefer*, shown on the opposite page, is a semi, meaning that the tractor bears some of its weight. A true trailer rests and rides on its own wheels.

Camion

Un *semi-remorque* est constitué d'un tracteur *attelé* à une remorque. La cabine du tracteur peut être cloisonnée afin d'aménager une couchette pour le chauffeur. A l'extérieur, la cabine est parfois équipée d'un *panneau déflecteur* monté sur le toit afin de réduire la résistance de l'air sur la remorque. La *remorque réfrigérée* présentée à la page suivante est un semi, ce qui signifie que le tracteur supporte une partie de son poids. Une remorque, au sens strict, repose et roule sur ses propres roues.

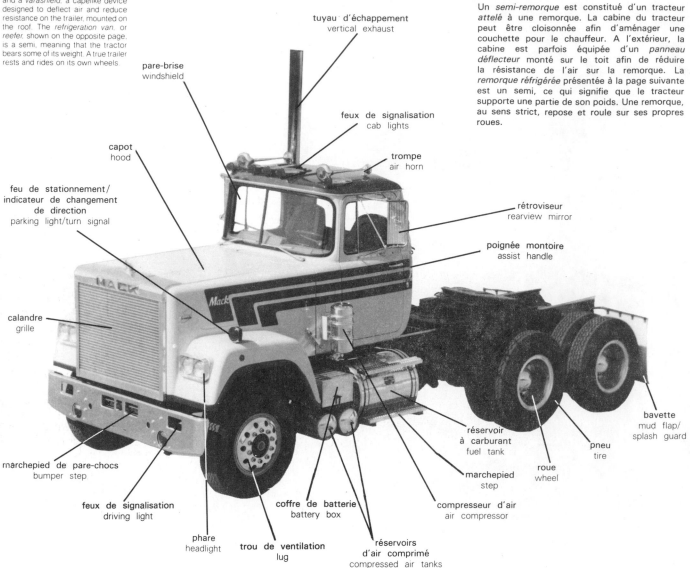

tuyau d'échappement
vertical exhaust

pare-brise
windshield

feux de signalisation
cab lights

trompe
air horn

capot
hood

feu de stationnement/
indicateur de changement
de direction
parking light/turn signal

rétroviseur
rearview mirror

poignée montoire
assist handle

calandre
grille

réservoir
à carburant
fuel tank

bavette
mud flap/
splash guard

pneu
tire

marchepied
step

roue
wheel

marchepied de pare-chocs
bumper step

compresseur d'air
air compressor

feux de signalisation
driving light

coffre de batterie
battery box

phare
headlight

trou de ventilation
lug

réservoirs
d'air comprimé
compressed air tanks

Tracteur/Cabine
Tractor/Cab

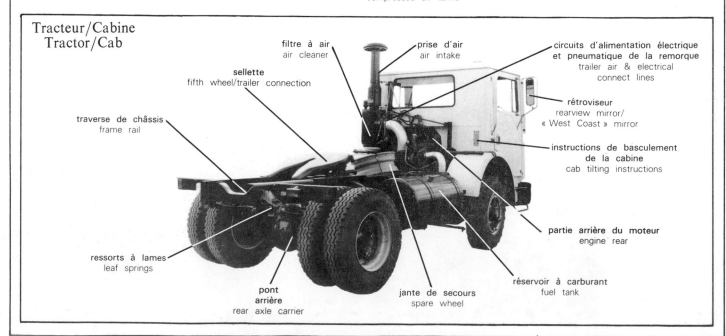

filtre à air
air cleaner

prise d'air
air intake

circuits d'alimentation électrique
et pneumatique de la remorque
trailer air & electrical
connect lines

sellette
fifth wheel/trailer connection

rétroviseur
rearview mirror/
« West Coast » mirror

traverse de châssis
frame rail

instructions de basculement
de la cabine
cab tilting instructions

ressorts à lames
leaf springs

partie arrière du moteur
engine rear

pont
arrière
rear axle carrier

jante de secours
spare wheel

réservoir à carburant
fuel tank

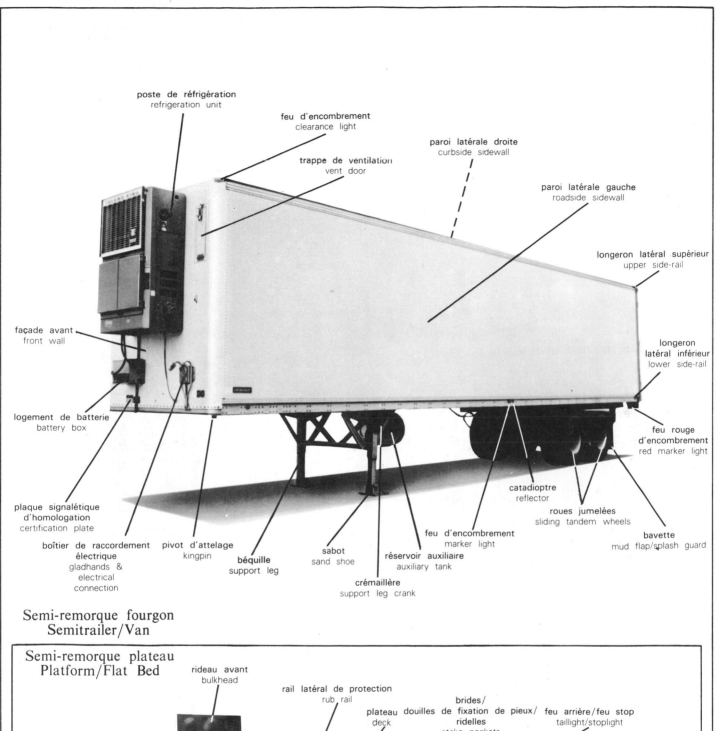

poste de réfrigération
refrigeration unit

feu d'encombrement
clearance light

trappe de ventilation
vent door

paroi latérale droite
curbside sidewall

paroi latérale gauche
roadside sidewall

longeron latéral supérieur
upper side-rail

longeron latéral inférieur
lower side-rail

façade avant
front wall

feu rouge d'encombrement
red marker light

logement de batterie
battery box

catadioptre
reflector

roues jumelées
sliding tandem wheels

bavette
mud flap/splash guard

plaque signalétique d'homologation
certification plate

boîtier de raccordement électrique
gladhands & electrical connection

pivot d'attelage
kingpin

béquille
support leg

sabot
sand shoe

réservoir auxiliaire
auxiliary tank

feu d'encombrement
marker light

crémaillère
support leg crank

Semi-remorque fourgon
Semitrailer/Van

Semi-remorque plateau
Platform/Flat Bed

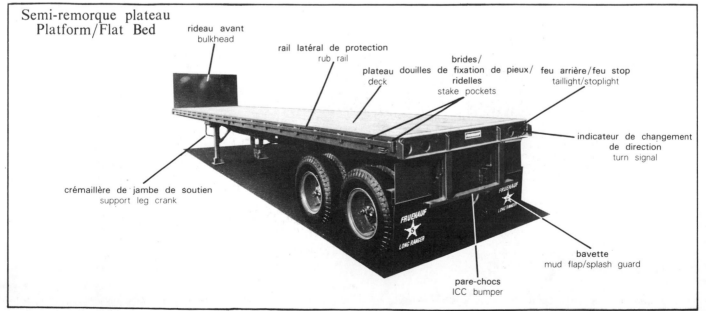

rideau avant
bulkhead

rail latéral de protection
rub rail

brides/
feu arrière/feu stop
taillight/stoplight

plateau
deck

douilles de fixation de pieux/ridelles
stake pockets

indicateur de changement de direction
turn signal

crémaillère de jambe de soutien
support leg crank

bavette
mud flap/splash guard

pare-chocs
ICC bumper

Voiture de police

Beaucoup de voitures de police sont équipées de puissants projecteurs orientables, montés à chaque extrémité de la traverse qui porte, sur le toit, les dispositifs d'éclairage et d'alarme. Un rideau grillagé sépare le chauffeur des passagers et transforme la voiture en *panier à salade*. Dans le coffre de la voiture, le policier dispose de divers instruments tels que pelle, câble, cisailles, signaux pyrotechniques, extincteur, fusil anti-émeute, trousse de première urgence, couvertures et oreiller.

Police Car

Many police cars have *alley lights*, strong floodlights at either end of the light bar on the roof. A wire screen between the driver's seat and the back seat of the car is called the *cage*. Contained in the trunk of many police cars is a *hurst tool*, or *jaws of life*, a *haligan tool*, an *oxygen unit*, *flares*, a *fire extinguisher*, a *riot gun*, a *first-aid kit*, *blankets* and a *pillow*.

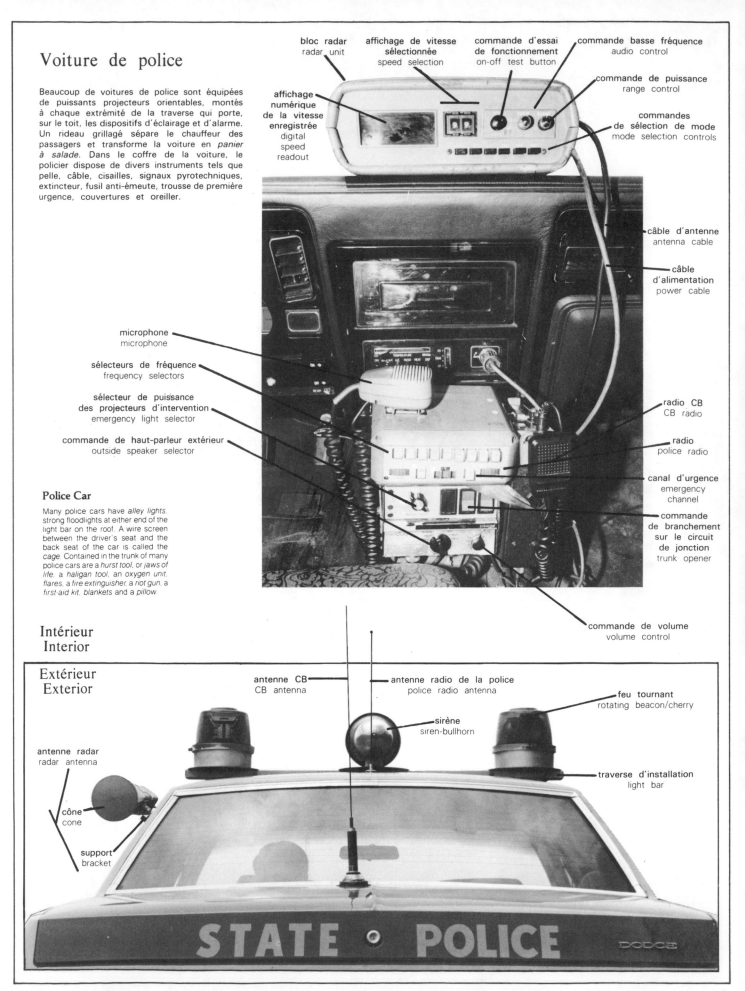

bloc radar
radar unit

affichage de vitesse sélectionnée
speed selection

commande d'essai de fonctionnement
on-off test button

commande basse fréquence
audio control

commande de puissance
range control

affichage numérique de la vitesse enregistrée
digital speed readout

commandes de sélection de mode
mode selection controls

câble d'antenne
antenna cable

câble d'alimentation
power cable

microphone
microphone

sélecteurs de fréquence
frequency selectors

sélecteur de puissance des projecteurs d'intervention
emergency light selector

commande de haut-parleur extérieur
outside speaker selector

radio CB
CB radio

radio
police radio

canal d'urgence
emergency channel

commande de branchement sur le circuit de jonction
trunk opener

commande de volume
volume control

Intérieur
Interior

Extérieur
Exterior

antenne CB
CB antenna

antenne radio de la police
police radio antenna

feu tournant
rotating beacon/cherry

sirène
siren-bullhorn

antenne radar
radar antenna

cône
cone

support
bracket

traverse d'installation
light bar

STATE • POLICE

DODGE

Ambulance

Additional equipment carried inside *advanced life-support units*, such as the one shown here, are *burn sheets*, *gauze*, *emesis basins*, *cervical collars*, *neck rolls*, *bitee sticks*, *tongue blades*, *peroxide* and *alcohol*, *extension tubes*, additional *oxygen tanks*, *splints*, *sandbags* (for traction), *linens*, a *scoop stretcher* and a *carrying chair*.

Ambulance

Parmi les divers équipements des trousses de secours présentées ici, citons des produits comme la *gaze pour brûlures*, des *minerves* orthopédiques, des *serre-cou*, des *abaisse-langue*, de l'*eau oxygénée* et de l'*alcool*, des *écarteurs*, des *bouteilles d'oxygène* supplémentaires, des *sacs de sable* (poids pour traction), du linge (*champ opératoire*, etc.), un brancard et une chaise de portage ou chaise roulante.

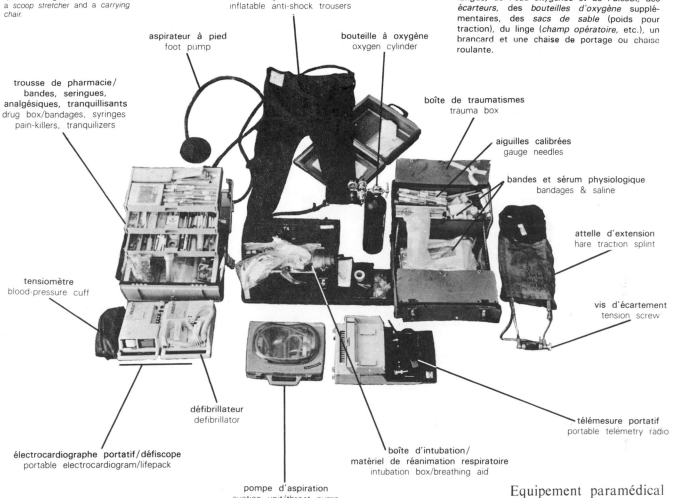

pantalon gonflable antichoc
inflatable anti-shock trousers

aspirateur à pied
foot pump

bouteille à oxygène
oxygen cylinder

boîte de traumatismes
trauma box

trousse de pharmacie/
bandes, seringues,
analgésiques, tranquillisants
drug box/bandages, syringes
pain-killers, tranquilizers

aiguilles calibrées
gauge needles

bandes et sérum physiologique
bandages & saline

attelle d'extension
hare traction splint

tensiomètre
blood-pressure cuff

vis d'écartement
tension screw

défibrillateur
defibrillator

télémesure portatif
portable telemetry radio

électrocardiographe portatif/défiscope
portable electrocardiogram/lifepack

boîte d'intubation/
matériel de réanimation respiratoire
intubation box/breathing aid

pompe d'aspiration
suction unit/throat pump

Equipement paramédical
Paramedic equipment

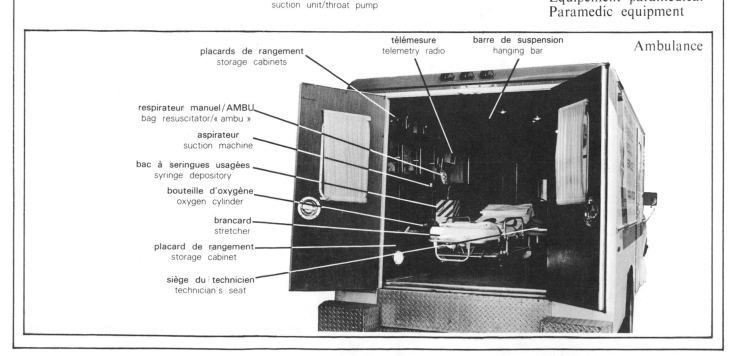

placards de rangement
storage cabinets

télémesure
telemetry radio

barre de suspension
hanging bar

Ambulance

respirateur manuel/AMBU
bag resuscitator/« ambu »

aspirateur
suction machine

bac à seringues usagées
syringe depository

bouteille d'oxygène
oxygen cylinder

brancard
stretcher

placard de rangement
storage cabinet

siège du technicien
technician's seat

Véhicules de secours

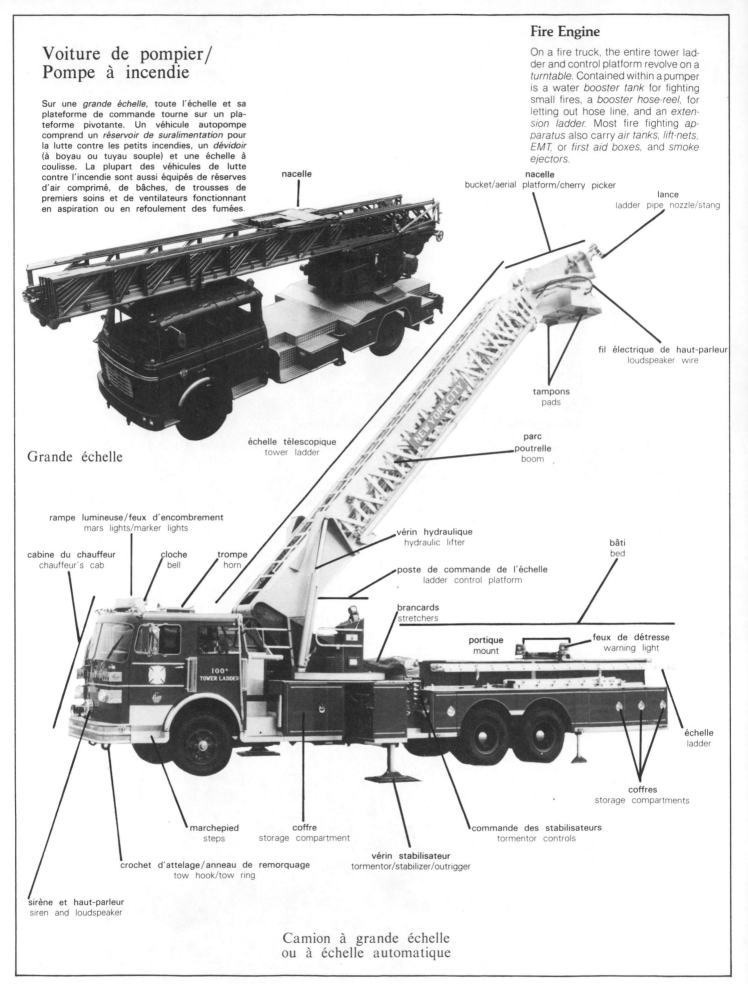

Voiture de pompier/ Pompe à incendie

Sur une *grande échelle*, toute l'échelle et sa plateforme de commande tourne sur un plateforme pivotante. Un *véhicule autopompe* comprend un *réservoir de suralimentation* pour la lutte contre les petits incendies, un *dévidoir* (à boyau ou tuyau souple) et une échelle à coulisse. La plupart des véhicules de lutte contre l'incendie sont aussi équipés de réserves d'air comprimé, de bâches, de trousses de premiers soins et de ventilateurs fonctionnant en aspiration ou en refoulement des fumées.

Fire Engine

On a fire truck, the entire tower ladder and control platform revolve on a *turntable*. Contained within a pumper is a water *booster tank* for fighting small fires, a *booster hose-reel*, for letting out hose line, and an *extension ladder*. Most fire fighting *apparatus* also carry *air tanks*, *lift-nets*, *EMT*, or *first aid boxes*, and *smoke ejectors*.

nacelle

nacelle
bucket/aerial platform/cherry picker

lance
ladder pipe nozzle/stang

fil électrique de haut-parleur
loudspeaker wire

tampons
pads

parc
poutrelle
boom

Grande échelle

échelle télescopique
tower ladder

rampe lumineuse/feux d'encombrement
mars lights/marker lights

cabine du chauffeur
chauffeur's cab

cloche
bell

trompe
horn

vérin hydraulique
hydraulic lifter

bâti
bed

poste de commande de l'échelle
ladder control platform

brancards
stretchers

portique
mount

feux de détresse
warning light

échelle
ladder

coffres
storage compartments

marchepied
steps

coffre
storage compartment

commande des stabilisateurs
tormentor controls

crochet d'attelage/anneau de remorquage
tow hook/tow ring

vérin stabilisateur
tormentor/stabilizer/outrigger

sirène et haut-parleur
siren and loudspeaker

Camion à grande échelle
ou à échelle automatique

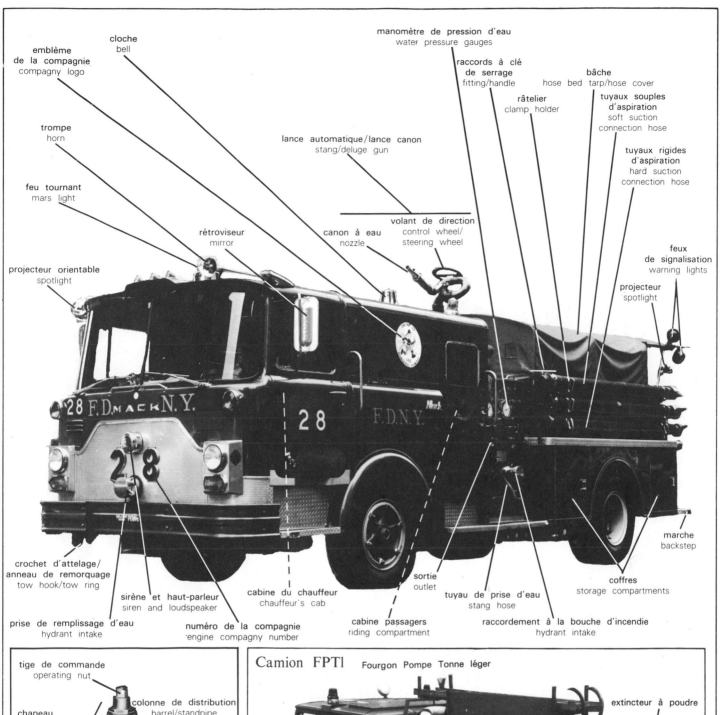

emblème
de la compagnie
compagny logo

cloche
bell

manomètre de pression d'eau
water pressure gauges

raccords à clé
de serrage
fitting/handle

bâche
hose bed tarp/hose cover

tuyaux souples
d'aspiration
soft suction
connection hose

trompe
horn

râtelier
clamp holder

tuyaux rigides
d'aspiration
hard suction
connection hose

lance automatique/lance canon
stang/deluge gun

feu tournant
mars light

rétroviseur
mirror

canon à eau
nozzle

volant de direction
control wheel/
steering wheel

feux
de signalisation
warning lights

projecteur orientable
spotlight

projecteur
spotlight

marche
backstep

crochet d'attelage/
anneau de remorquage
tow hook/tow ring

sirène et haut-parleur
siren and loudspeaker

cabine du chauffeur
chauffeur's cab

sortie
outlet

coffres
storage compartments

prise de remplissage d'eau
hydrant intake

numéro de la compagnie
engine compagny number

cabine passagers
riding compartment

tuyau de prise d'eau
stang hose

raccordement à la bouche d'incendie
hydrant intake

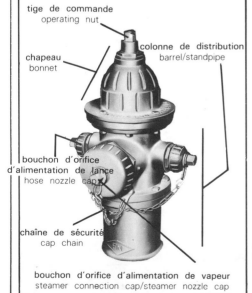

tige de commande
operating nut

chapeau
bonnet

colonne de distribution
barrel/standpipe

bouchon d'orifice
d'alimentation de lance
hose nozzle cap

chaîne de sécurité
cap chain

bouchon d'orifice d'alimentation de vapeur
steamer connection cap/steamer nozzle cap

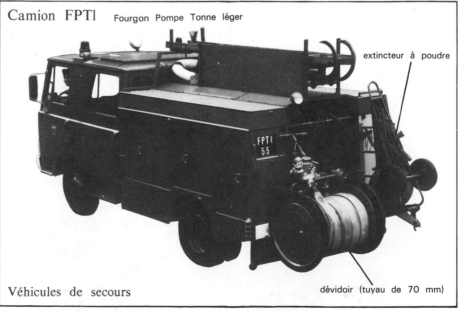

Camion FPT1 Fourgon Pompe Tonne léger

extincteur à poudre

Véhicules de secours

dévidoir (tuyau de 70 mm)

121

Dépanneuse/Véhicule de remorquage

On fait appel à la *dépanneuse* pour dégager la chaussée et emporter les véhicules accidentés. Une dépanneuse bien équipée a des *extincteurs*, un *chargeur de batterie*, des *câbles de connexion de batterie* ainsi que de fortes *cisailles* et un *pied de biche* pour forcer les portières bloquées d'un véhicule accidenté.

Tow Truck/Wrecker

Tow trucks, or *rigs*, that respond to accident reports are called "chasers." A fully-equipped tow truck carries *fire extinguishers*, *battery charger*, *battery jumper cables*, and a two-pronged *lockout tool* which enables the operator to open locked car doors.

poulie de remorquage
tow-cable pulley

poutre de levage
boom

câble
cable

poulie de renvoi
cable pulley

treuil
winch

feux de signalisation
running lights

montant/chandelle
upright/stanchion

commandes de treuil
winch controls

main courante
guardrail

feu latéral d'encombrement
side marker

tuyau d'échappement
tailpipe

traverse de poussée avant
front push plate

roue à jante démontable
split-rim wheel

marchepied
step

coffre à outils
tool-storage box

moyeu double
inverted hub/ dual wheel hub

roues jumelées
dual rear wheels

bavette
mud flap/splash guard

Plateau arrière
Truck Bed

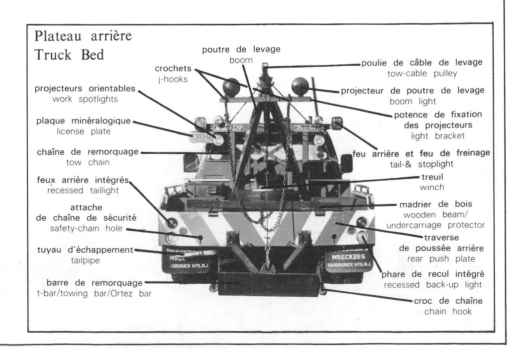

poutre de levage
boom

crochets
j-hooks

poulie de câble de levage
tow-cable pulley

projecteurs orientables
work spotlights

projecteur de poutre de levage
boom light

plaque minéralogique
license plate

potence de fixation des projecteurs
light bracket

chaîne de remorquage
tow chain

feu arrière et feu de freinage
tail-& stoplight

feux arrière intégrés
recessed taillight

treuil
winch

attache de chaîne de sécurité
safety-chain hole

madrier de bois
wooden beam/ undercarriage protector

tuyau d'échappement
tailpipe

traverse de poussée arrière
rear push plate

barre de remorquage
t-bar/towing bar/Ortez bar

phare de recul intégré
recessed back-up light

croc de chaîne
chain hook

Véhicules de voirie

Les agents de la voirie utilisent des *balayeuses-arroseuses* automatiques pour assurer le nettoyage des rues.

Sanitation Vehicles

Garbage collectors, sanitation men, or *"sanmen,"* also use a large, water-carrying truck called a *flusher* to wet down and clean streets.

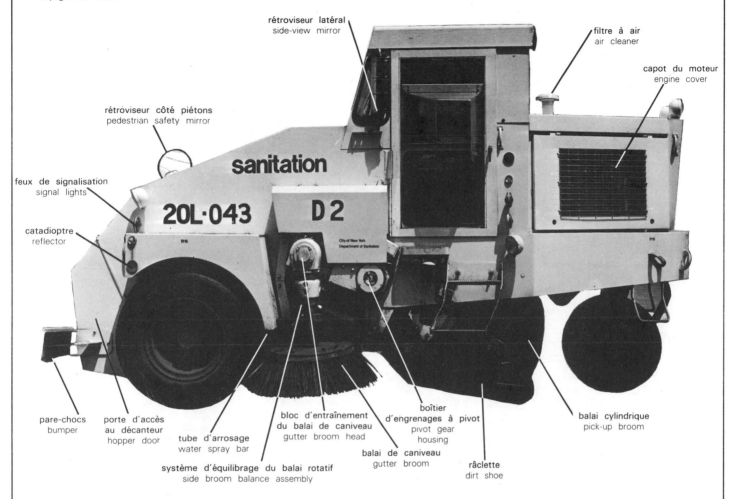

rétroviseur latéral
side-view mirror

filtre à air
air cleaner

capot du moteur
engine cover

rétroviseur côté piétons
pedestrian safety mirror

feux de signalisation
signal lights

catadioptre
reflector

sanitation

20L-043

D 2

City of New York
Department of Sanitation

pare-chocs
bumper

porte d'accès
au décanteur
hopper door

tube d'arrosage
water spray bar

système d'équilibrage du balai rotatif
side broom balance assembly

bloc d'entraînement
du balai de caniveau
gutter broom head

balai de caniveau
gutter broom

boîtier
d'engrenages à pivot
pivot gear
housing

râclette
dirt shoe

balai cylindrique
pick-up broom

Balayeuse-arroseuse
Mechanical Sweeper / Street Cleaner

Benne à ordures à chargement latéral
Side-Loading Collection Truck / Garbage Truck

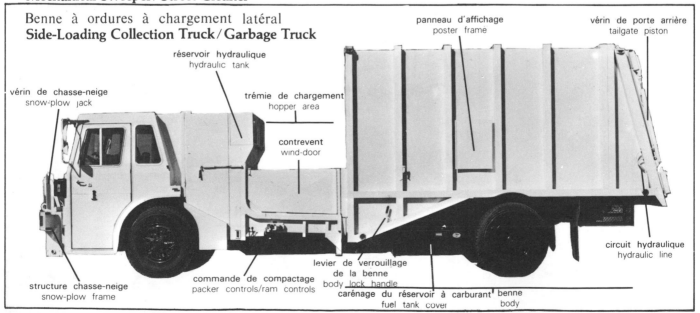

panneau d'affichage
poster frame

vérin de porte arrière
tailgate piston

réservoir hydraulique
hydraulic tank

vérin de chasse-neige
snow-plow jack

trémie de chargement
hopper area

contrevent
wind-door

structure chasse-neige
snow-plow frame

commande de compactage
packer controls/ram controls

levier de verrouillage
de la benne
body lock handle

carénage du réservoir à carburant
fuel tank cover

benne
body

circuit hydraulique
hydraulic line

Véhicules de service public

Bicyclette

La présente illustration reprend divers éléments des modèles les plus populaires. Le *cadre* est l'armature qui porte les *roues* et les autres accessoires de la bicyclette. Il existe aussi des cycles à trois roues : les *tricycles*.

Bicycle

This illustration combines elements from the most popular bicycle styles The *frame* is the skeleton to which the *wheels* and all other components are attached. A one-wheel cycle is called a *unicycle*. A three-wheeler is a *tricycle*.

selle
saddle/seat

poignée de guidon droit
upright handlebar

câble de frein avant
front brake cable

guidon de course
racing handlebar/
dropped handlebar

barre/tube horizontal (e)
cross bar/top tube

broche de guidon
stem

bague de serrage
du tube de fourche
headset

tube de selle
seat post

manchon d'attache
de barre horizontale
head lug

levier de frein
brake lever

butée de gaine de frein
brake hanger

collier de réglage
de la selle
seat lug

tube de selle
seat tube

leviers de dérailleur
shifters

tube de fourche
head tube

catadioptres
reflectors

porte-bagages
rack

frein arrière
rear brake

collier de câble
cable clip

tube oblique de cadre
downtube

frein avant
front brake

pompe de gonflage/
pompe à air comprimé
tire pump/air pump

catadioptre
reflector

manivelle
crank arm

fourche arrière
supérieure
seat stay

câble de dérailleur
derailleur cable

carter de chaîne
chain guard

valve de gonflage
valve

fourche avant
fork/fork blade

attache rapide
de la roue avant
front-wheel
quick release

dérailleur
rear derailleur

fourche arrière inférieure
chain stay

câble
cable

extrémité
de fourche avant
fork tip

moyeu avant
front hub

chaîne
drive chain

garde-boue
fender

roue dentée
chain ring

plateaux
chainwheels

pédale
pedal

jante
rim

lanière
toe strap

pneu/boyau
tire

cale-pied
toe clip

rayons
spokes

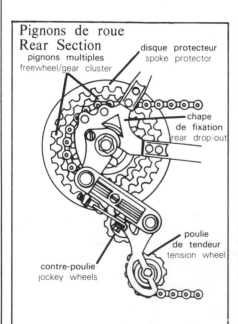

Pignons de roue
Rear Section

pignons multiples
freewheel/gear cluster

disque protecteur
spoke protector

chape
de fixation
rear drop-out

poulie
de tendeur
tension wheel

contre-poulie
jockey wheels

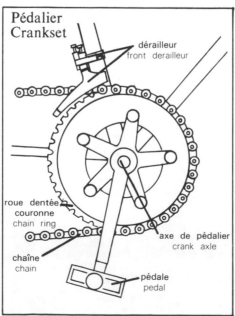

Pédalier
Crankset

dérailleur
front derailleur

roue dentée
couronne
chain ring

axe de pédalier
crank axle

chaîne
chain

pédale
pedal

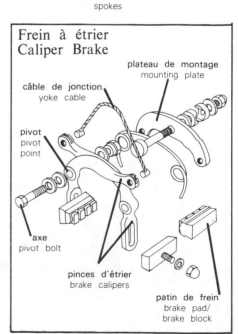

Frein à étrier
Caliper Brake

plateau de montage
mounting plate

câble de jonction
yoke cable

pivot
pivot
point

axe
pivot bolt

pinces d'étrier
brake calipers

patin de frein
brake pad/
brake block

Motorcycle – Motocyclette/Moto

Motorcycle accessories include *faring*, a molded wind deflector, *sissy bar*, a passenger backrest, and storage containers called *saddlebags*, or *panier cases*. A motorcycle for off the-road use is called a *trail bike* or *dirt bike*. A *sidestand*, *kickstand* or *centerstand* holds the motorcycle upright when not in use.

Les accessoires pour moto comprennent le *carénage*, le *dosseret* d'appui pour le passager, le *porte-bagages* et les *sacoches* latérales. Une moto spécialement conçue pour les randonnées *hors piste* est dite " *trial* ". C'est la *moto verte*. Une *béquille* soit *latérale* soit *centrale* permet de stationner la motocyclette.

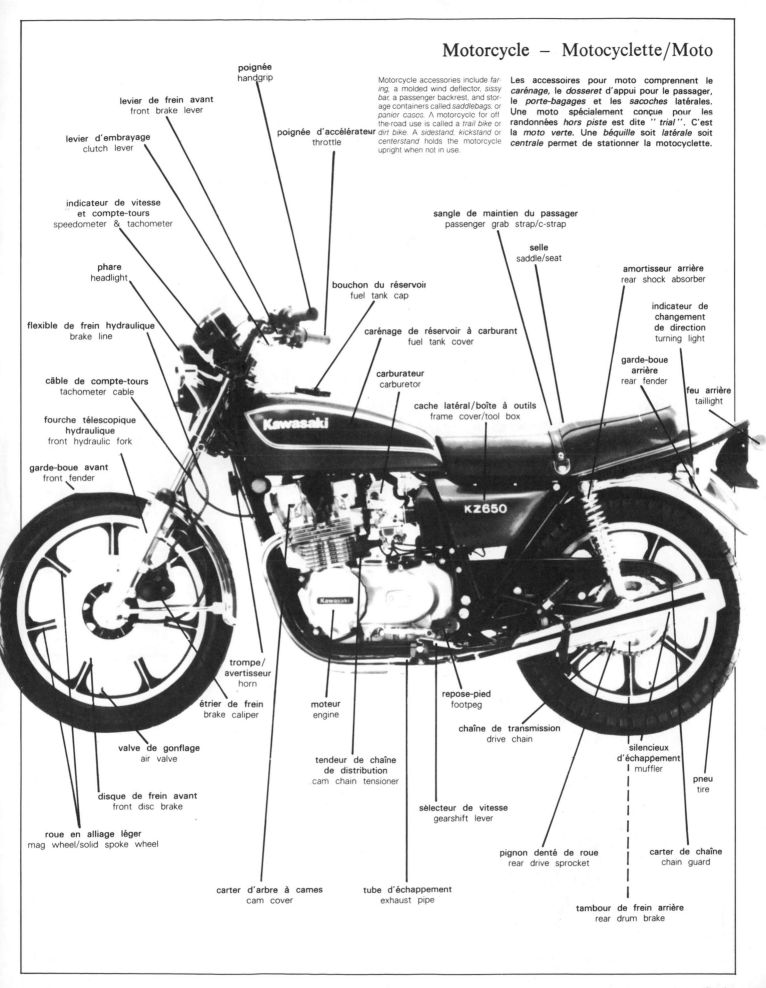

poignée
handgrip

levier de frein avant
front brake lever

levier d'embrayage
clutch lever

indicateur de vitesse
et compte-tours
speedometer & tachometer

phare
headlight

flexible de frein hydraulique
brake line

câble de compte-tours
tachometer cable

fourche télescopique
hydraulique
front hydraulic fork

garde-boue avant
front fender

poignée d'accélérateur
throttle

bouchon du réservoir
fuel tank cap

carénage de réservoir à carburant
fuel tank cover

carburateur
carburetor

cache latéral/boîte à outils
frame cover/tool box

sangle de maintien du passager
passenger grab strap/c-strap

selle
saddle/seat

amortisseur arrière
rear shock absorber

indicateur de
changement
de direction
turning light

garde-boue
arrière
rear fender

feu arrière
taillight

trompe/
avertisseur
horn

étrier de frein
brake caliper

valve de gonflage
air valve

disque de frein avant
front disc brake

roue en alliage léger
mag wheel/solid spoke wheel

moteur
engine

repose-pied
footpeg

chaîne de transmission
drive chain

silencieux
d'échappement
muffler

pneu
tire

carter de chaîne
chain guard

tendeur de chaîne
de distribution
cam chain tensioner

sélecteur de vitesse
gearshift lever

pignon denté de roue
rear drive sprocket

carter d'arbre à cames
cam cover

tube d'échappement
exhaust pipe

tambour de frein arrière
rear drum brake

Véhicules de tourisme

Dans les véhicules de *campage*, qu'il s'agisse de *caravanes* ou d'*autocaravanes*, les systèmes de chauffage et de cuisine fonctionnent au gaz. Les caravanes sont *attelées* tandis que les autocaravanes sont autonomes. Les véhicules à quatre roues motrices, modèles *tous-terrains* sont parfois utilisés comme véhicules de tourisme ou de loisirs.

Recreational Vehicles

The *heating* and *cooking units* in the rear *coach* of a camper run on *propane gas*. Unlike campers, which run under their own power, *trailers* are hitched behind a vehicle and towed. Other *off-the-road vehicles* include *four-wheel drive jeeps* and *dune buggies*.

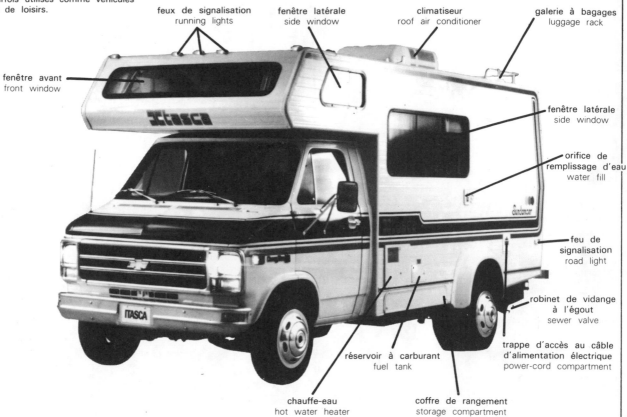

feux de signalisation
running lights

fenêtre latérale
side window

climatiseur
roof air conditioner

galerie à bagages
luggage rack

fenêtre avant
front window

fenêtre latérale
side window

orifice de remplissage d'eau
water fill

feu de signalisation
road light

robinet de vidange à l'égout
sewer valve

trappe d'accès au câble d'alimentation électrique
power-cord compartment

réservoir à carburant
fuel tank

chauffe-eau
hot water heater

coffre de rangement
storage compartment

Autocaravane
Camper/Motorhome

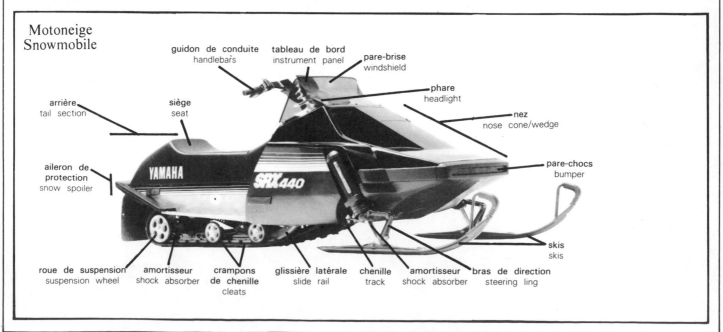

Motoneige
Snowmobile

guidon de conduite
handlebars

tableau de bord
instrument panel

pare-brise
windshield

phare
headlight

arrière
tail section

siège
seat

nez
nose cone/wedge

aileron de protection
snow spoiler

pare-chocs
bumper

skis
skis

roue de suspension
suspension wheel

amortisseur
shock absorber

crampons de chenille
cleats

glissière latérale
slide rail

chenille
track

amortisseur
shock absorber

bras de direction
steering ling

Horse-drawn Carriages

Stagecoaches were drawn by teams of horses and commanded by *drivers* called the *whip*, *Charlie* or *Jehu*. Protection was provided by a *guard*, or *shotgun*. A *buggy* was four-wheeled. A *gig* had two wheels. A *buckboard* had a spring-supported seat attached to a board directly connected to the axles. A *cabriolet* was a *hackney carriage*, or *cab*, with only two wheels and a folding top.

Voitures à cheval

Les *diligences* étaient tirées par des chevaux dirigés par un *cocher* armé d'un fouet. La protection des passagers était assurée par un homme armé. Le *cabriolet*, ou *tilbury*, n'avait que deux roues. Les premiers fermiers américains ont conçu une carriole réduite à la plus simple expression : quatre roues, une grande planche réunissant les deux essieux et un siège au-dessus de l'essieu avant.

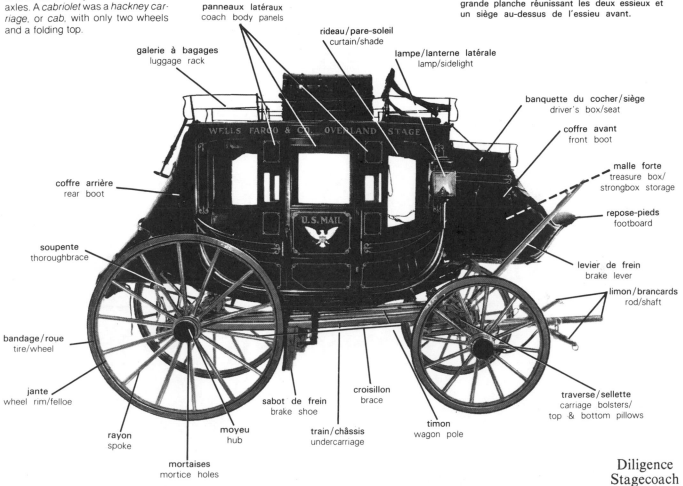

panneaux latéraux
coach body panels

rideau/pare-soleil
curtain/shade

lampe/lanterne latérale
lamp/sidelight

galerie à bagages
luggage rack

banquette du cocher/siège
driver's box/seat

coffre avant
front boot

malle forte
treasure box/
strongbox storage

coffre arrière
rear boot

repose-pieds
footboard

soupente
thoroughbrace

levier de frein
brake lever

limon/brancards
rod/shaft

bandage/roue
tire/wheel

jante
wheel rim/felloe

traverse/sellette
carriage bolsters/
top & bottom pillows

croisillon
brace

sabot de frein
brake shoe

rayon
spoke

moyeu
hub

train/châssis
undercarriage

timon
wagon pole

mortaises
mortice holes

Diligence
Stagecoach

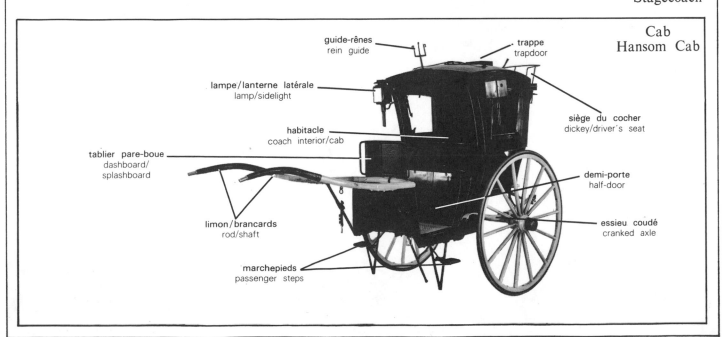

Cab
Hansom Cab

guide-rênes
rein guide

trappe
trapdoor

lampe/lanterne latérale
lamp/sidelight

siège du cocher
dickey/driver's seat

habitacle
coach interior/cab

tablier pare-boue
dashboard/
splashboard

demi-porte
half-door

essieu coudé
cranked axle

limon/brancards
rod/shaft

marchepieds
passenger steps

Terminologie nautique

L'enveloppe extérieure d'un canot, d'un bateau ou d'un navire s'appelle la *coque*. La plus grande largeur du bateau est dite *largeur au fort*. Toute structure ou ligne coupant le navire bord à bord est dite *par le travers*. La partie du navire exposée à la direction d'où vient le vent est dite *au vent*. La partie opposée est dite *sous le vent*.

Nautical Terminology

The outer shell of a boat is the *hull*. A hull's greatest width is the *beam*. Any line running from one side of a boat to the other is said to run *athwartships*. That part of a boat facing the direction from which the wind is blowing is called the *windward* side. The opposite side is called the *leeward* side.

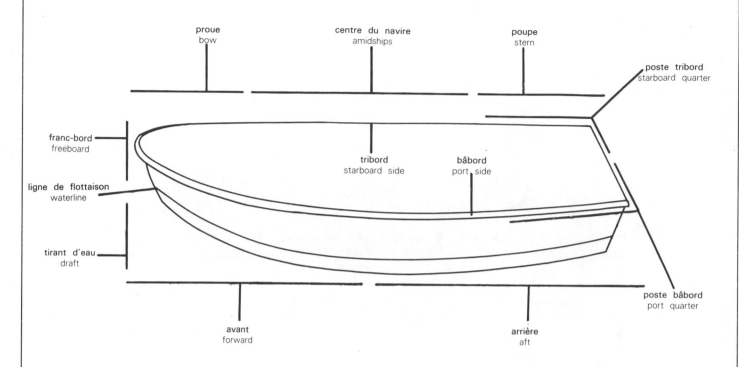

proue
bow

centre du navire
amidships

poupe
stern

poste tribord
starboard quarter

franc-bord
freeboard

tribord
starboard side

bâbord
port side

ligne de flottaison
waterline

tirant d'eau
draft

poste bâbord
port quarter

avant
forward

arrière
aft

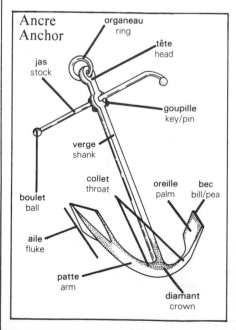

Ancre
Anchor

organeau
ring

tête
head

jas
stock

goupille
key/pin

verge
shank

collet
throat

oreille
palm

bec
bill/pea

boulet
ball

aile
fluke

patte
arm

diamant
crown

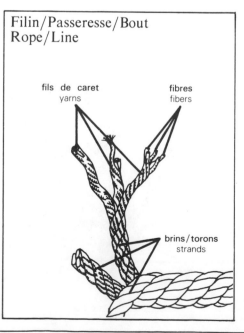

Filin/Passeresse/Bout
Rope/Line

fils de caret
yarns

fibres
fibers

brins/torons
strands

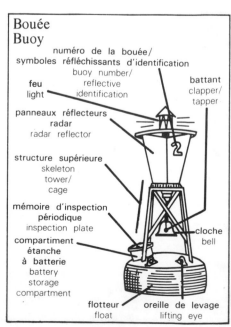

Bouée
Buoy

numéro de la bouée/
symboles réfléchissants d'identification
buoy number/
reflective
identification

feu
light

battant
clapper/
tapper

panneaux réflecteurs
radar
radar reflector

structure supérieure
skeleton
tower/
cage

mémoire d'inspection
périodique
inspection plate

cloche
bell

compartiment
étanche
à batterie
battery
storage
compartment

flotteur
float

oreille de levage
lifting eye

Bateaux et navires

128

Canot à rames

Toute embarcation, pontée ou non, propulsée
à l'aviron est un *canot à rames* ou une *yole*.
Elle prend divers autres noms quand elle est
affectée à un *yacht* ou à un *bateau automobile :*
canot pneumatique, youyou, annexe.

Rowboat

Any small *craft*, either *decked* or
open and propelled by oars, is a row-
boat, or *skiff*. If it is used to service a
yacht or *motor cruiser*, it is called a
dinghy, dink or *tender*.

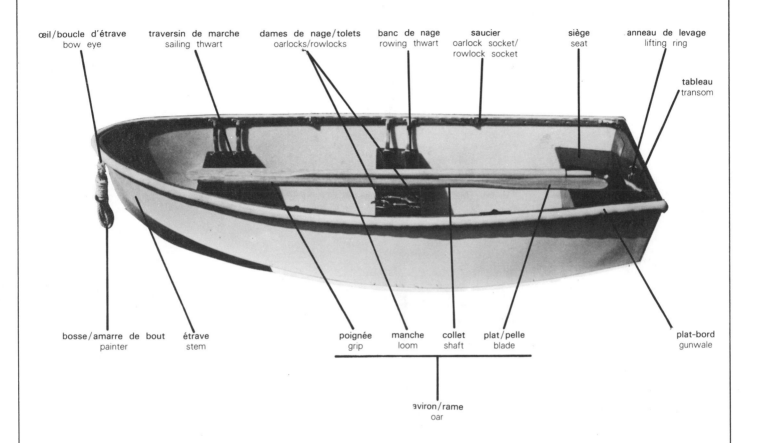

œil/boucle d'étrave
bow eye

traversin de marche
sailing thwart

dames de nage/tolets
oarlocks/rowlocks

banc de nage
rowing thwart

saucier
oarlock socket/
rowlock socket

siège
seat

anneau de levage
lifting ring

tableau
transom

bosse/amarre de bout
painter

étrave
stem

poignée
grip

manche
loom

collet
shaft

plat/pelle
blade

plat-bord
gunwale

aviron/rame
oar

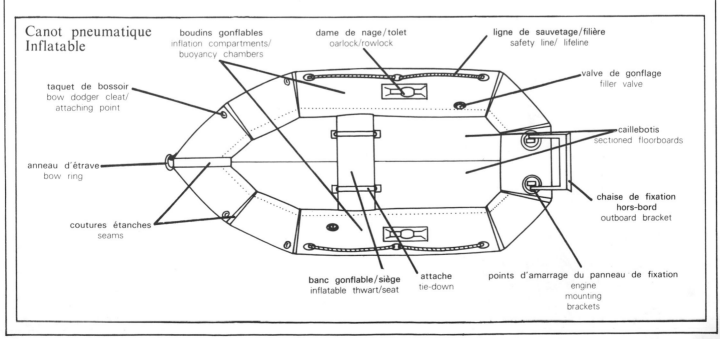

Canot pneumatique
Inflatable

boudins gonflables
inflation compartments/
buoyancy chambers

dame de nage/tolet
oarlock/rowlock

ligne de sauvetage/filière
safety line/ lifeline

taquet de bossoir
bow dodger cleat/
attaching point

valve de gonflage
filler valve

anneau d'étrave
bow ring

caillebotis
sectioned floorboards

chaise de fixation
hors-bord
outboard bracket

coutures étanches
seams

banc gonflable/siège
inflatable thwart/seat

attache
tie-down

points d'amarrage du panneau de fixation
engine
mounting
brackets

Voilier

Les *manœuvres dormantes*, les *haubans* et les *étais* servent à maintenir le mât ou la *mâture* du navire en position. Les *drisses* servent à hisser les voiles tandis que les *manœuvres courantes*, les cordages et les *écoutes* servent à les manœuvrer. Sur certains voiliers, la *roue du gouvernail* est remplacée par une *barre franche*.

Sailboat

Standing rigging, shrouds and stays, keep a sailing vessel's mast, or *spar*, upright. *Halyards* are used to hoist sails and *running rigging*, lines and *sheets*, control them. On some boats a *tiller* is used instead of a wheel to steer.

tête/ton/pomme de mât
masthead

bas-étai
forestay

étai
headstay

foc
jib/jib topsail/
yankee/jibtop

trinquette
staysail/club-footed
forestaysail

rail d'écoute de foc
traveler

baladeur/guide de drisse
staysail boom

rampe de bastingage
toe rail

balcon avant   pont avant
bow pulpit   foredeck

ancre de mouillage
plow anchor

beaupré
bowsprit

treuil/guindeau
windlass

sabords/feu de bâbord
ports/portlights

brion
forefoot

panneaux/écoutilles
hatches

ligne de
flottaison
boot top

quille
keel

filière
lifeline

toit de cabine
cabin top/
coach roof/
trunck

chandelier
stanchion

écoute de grand'voile
mainsheet

mât
mast

pataras
backstay

grand'voile
mainsail

barre de flèche
spreader

hauban
shroud

potence
boom gallows/gallows frame

bôme
boom

porte
gate

passage/descente
companionway

cabestan
winch

poste de pilotage
cockpit

balcon arrière
stern pulpit/
pushpit

lisse de
couronnement
taffrail

roue de gouvernail
wheel/helm

voûte
counter

gouvernail
rudder

talon de gouvernail
rudder skeg

panneau de descente/écoutille de descente
companionway hatch

130

Bateaux et navires

Équipements d'un voilier

Le *bouchain* est la partie arrondie de la *carène* d'un navire, comprise entre les *fonds* (plancher de cabine) et la *muraille*. Les voiliers équipés pour la navigation de nuit ont un *poste de navigation* ou de *commandement* avec une *table des cartes*.

Sailboat Accommodations

The area between a vessel's cabin sole and its hull is called the *bilge*. Boats with overnight accommodations usually have a *navigator's station*, featuring a *chart table*.

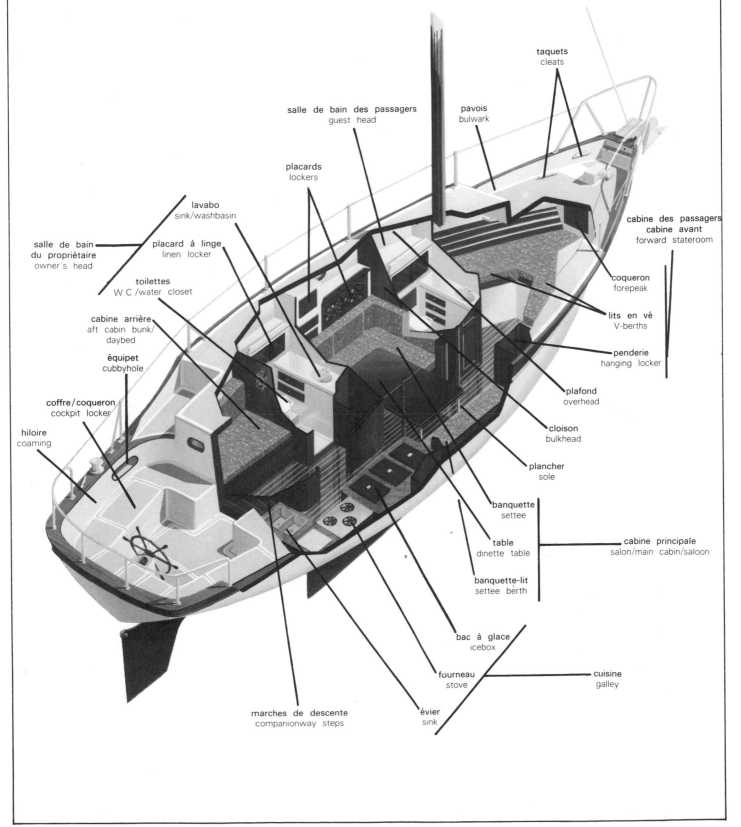

taquets
cleats

salle de bain des passagers
guest head

pavois
bulwark

placards
lockers

lavabo
sink/washbasin

cabine des passagers
cabine avant
forward stateroom

salle de bain
du propriétaire
owner's head

placard à linge
linen locker

coqueron
forepeak

toilettes
W.C./water closet

lits en vé
V-berths

cabine arrière
aft cabin bunk/
daybed

penderie
hanging locker

équipet
cubbyhole

plafond
overhead

coffre/coqueron
cockpit locker

cloison
bulkhead

hiloire
coaming

plancher
sole

banquette
settee

table
dinette table

cabine principale
salon/main cabin/saloon

banquette-lit
settee berth

bac à glace
icebox

cuisine
galley

fourneau
stove

marches de descente
companionway steps

évier
sink

Bateaux et navires

Voile

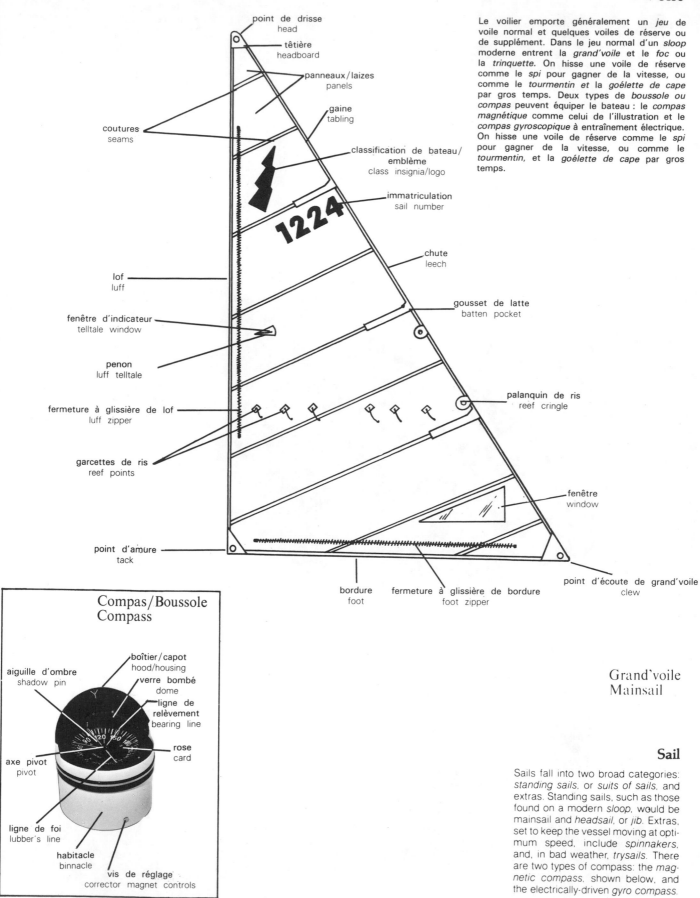

point de drisse
head

têtière
headboard

panneaux/laizes
panels

coutures
seams

gaine
tabling

classification de bateau/
emblème
class insignia/logo

immatriculation
sail number

1224

chute
leech

lof
luff

gousset de latte
batten pocket

fenêtre d'indicateur
telltale window

penon
luff telltale

fermeture à glissière de lof
luff zipper

palanquin de ris
reef cringle

garcettes de ris
reef points

fenêtre
window

point d'amure
tack

bordure
foot

fermeture à glissière de bordure
foot zipper

point d'écoute de grand'voile
clew

Le voilier emporte généralement un *jeu* de voile normal et quelques voiles de réserve ou de supplément. Dans le jeu normal d'un *sloop* moderne entrent la *grand'voile* et le *foc* ou la *trinquette*. On hisse une voile de réserve comme le *spi* pour gagner de la vitesse, ou comme le *tourmentin et* la *goélette de cape* par gros temps. Deux types de *boussole ou compas* peuvent équiper le bateau : le *compas magnétique* comme celui de l'illustration et le *compas gyroscopique* à entraînement électrique. On hisse une voile de réserve comme le *spi* pour gagner de la vitesse, ou comme le *tourmentin,* et la *goélette de cape* par gros temps.

Compas/Boussole
Compass

boîtier/capot
hood/housing

aiguille d'ombre
shadow pin

verre bombé
dome

ligne de relèvement
bearing line

axe pivot
pivot

rose card

ligne de foi
lubber's line

habitacle
binnacle

vis de réglage
corrector magnet controls

Grand'voile
Mainsail

Sail

Sails fall into two broad categories: *standing sails,* or *suits of sails,* and extras. Standing sails, such as those found on a modern *sloop,* would be mainsail and *headsail,* or *jib.* Extras, set to keep the vessel moving at optimum speed, include *spinnakers,* and, in bad weather, *trysails.* There are two types of compass: the *magnetic compass,* shown below, and the electrically-driven *gyro compass.*

Moteur hors-bord

Trois types fondamentaux de moteurs sont utilisés pour propulser les bateaux : les moteurs hors-bord, les moteurs mixtes montés très en arrière, et les moteurs à-bord. Le *sextant*, venu remplacer l'*octant* et le *quadrant* sert à mesurer l'angle du soleil ou d'un corps céleste avec la ligne d'horizon pour déterminer la position du bateau en mer.

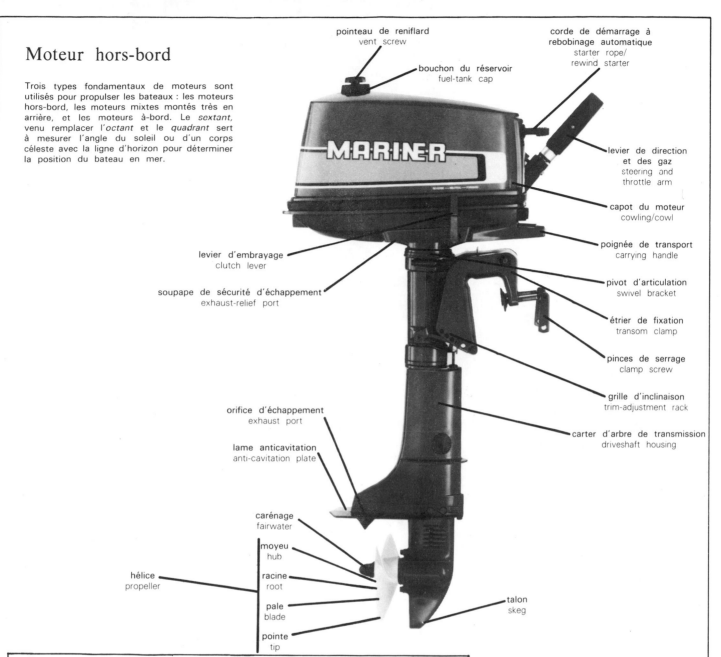

pointeau de reniflard
vent screw

bouchon du réservoir
fuel-tank cap

corde de démarrage à rebobinage automatique
starter rope/ rewind starter

levier de direction et des gaz
steering and throttle arm

capot du moteur
cowling/cowl

poignée de transport
carrying handle

pivot d'articulation
swivel bracket

étrier de fixation
transom clamp

pinces de serrage
clamp screw

grille d'inclinaison
trim-adjustment rack

carter d'arbre de transmission
driveshaft housing

levier d'embrayage
clutch lever

soupape de sécurité d'échappement
exhaust-relief port

orifice d'échappement
exhaust port

lame anticavitation
anti-cavitation plate

carénage
fairwater

moyeu
hub

hélice
propeller

racine
root

pale
blade

pointe
tip

talon
skeg

Sextant
Sextant

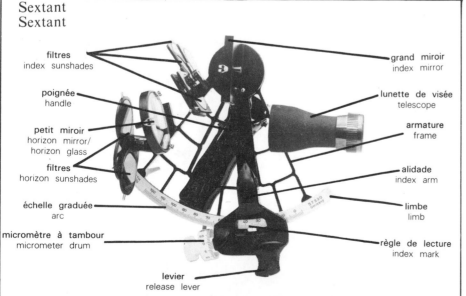

filtres
index sunshades

poignée
handle

petit miroir
horizon mirror/ horizon glass

filtres
horizon sunshades

échelle graduée
arc

micromètre à tambour
micrometer drum

levier
release lever

grand miroir
index mirror

lunette de visée
telescope

armature
frame

alidade
index arm

limbe
limb

règle de lecture
index mark

Outboard Engine

Three basic types of engines are used to power vessels: outboards, *inboard-outboards*, or *sterndrives*, and *inboards*. A marine sextant, a successor to the *octant* and *quadrant*, is used to measure the angle between a celestial body and the earth's horizon to help mariners determine their position at sea.

Bateau à moteur

Il existe deux types fondamentaux de coques : celles restant immergées pendant le déplacement du navire et celles planant à la surface de l'eau. A l'intérieur de ces catégories, on trouve des formes diverses telles que les coques à fond en V, les coques en aile de mouette, à fond plat ou à fond rond. Les vedettes fluviales ou *house boats* sont des embarcations aux lignes générales carrées qui offrent le maximum d'espace habitable. Les dispositifs en acier servant à hisser à bord un canot pneumatique sont appelés des bossoirs d'embarcation.

Powerboat

There are basically two kinds of powerboat *hull forms: displacement* and *planing*. Within these categories there are *V-bottom, cathedral, gull-wing, flat-bottom* and *round-bottom hulls. Houseboats* are boxlike vessels designed to provide maximum living space aboard. Projecting steel fittings used to hoist and carry a dinghy on a yacht are called *davits*.

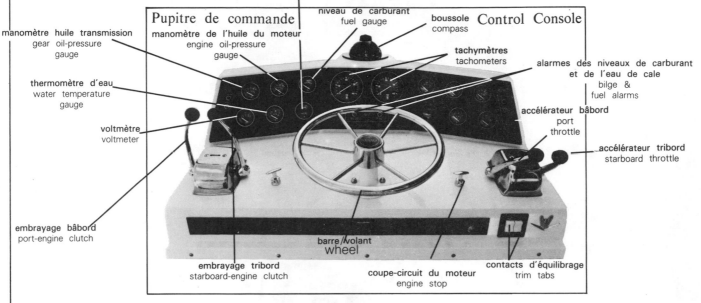

Pupitre de commande — Control Console

compteur horaire du moteur
engine hour meter

niveau de carburant
fuel gauge

boussole
compass

manomètre de l'huile du moteur
engine oil-pressure
gauge

tachymètres
tachometers

manomètre huile transmission
gear oil-pressure
gauge

alarmes des niveaux de carburant
et de l'eau de cale
bilge &
fuel alarms

thermomètre d'eau
water temperature
gauge

accélérateur bâbord
port
throttle

voltmètre
voltmeter

accélérateur tribord
starboard throttle

embrayage bâbord
port-engine clutch

embrayage tribord
starboard-engine clutch

barre/volant
wheel

coupe-circuit du moteur
engine stop

contacts d'équilibrage
trim tabs

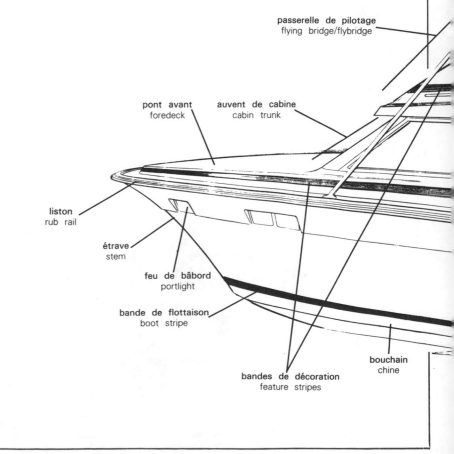

passerelle de pilotage
flying bridge/flybridge

pont avant
foredeck

auvent de cabine
cabin trunk

liston
rub rail

étrave
stem

feu de bâbord
portlight

bande de flottaison
boot stripe

bandes de décoration
feature stripes

bouchain
chine

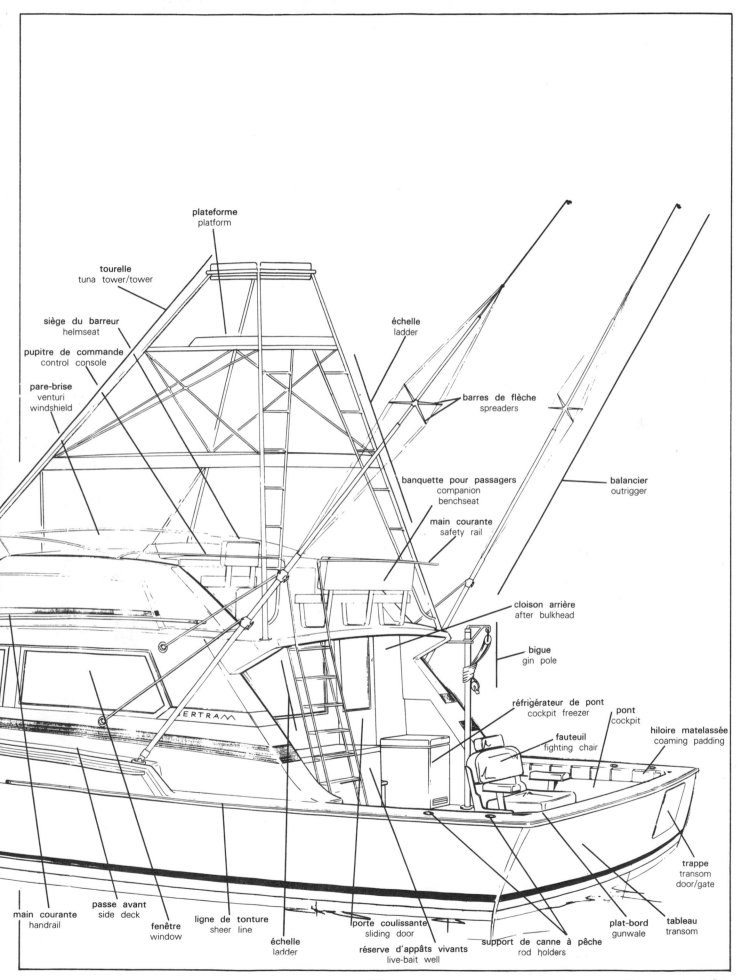

plateforme
platform

tourelle
tuna tower/tower

siège du barreur
helmseat

pupitre de commande
control console

pare-brise
venturi
windshield

échelle
ladder

barres de flèche
spreaders

banquette pour passagers
companion
benchseat

balancier
outrigger

main courante
safety rail

cloison arrière
after bulkhead

bigue
gin pole

réfrigérateur de pont
cockpit freezer

pont
cockpit

fauteuil
fighting chair

hiloire matelassée
coaming padding

trappe
transom
door/gate

main courante
handrail

passe avant
side deck

fenêtre
window

ligne de tonture
sheer line

échelle
ladder

porte coulissante
sliding door

réserve d'appâts vivants
live-bait well

support de canne à pêche
rod holders

plat-bord
gunwale

tableau
transom

Bateaux et navires

Bateau citerne/Pétrolier

Les cargos et bateaux transportant des marchandises peuvent être des *rouliers*, des *porte-conteneurs*, des *porte-bouges*, des *porte-palettes*, des *bateaux frigorifiques*, des *minéraliers en vrac* ou des *bateaux citernes* tels que le *superpétrolier* présenté ici. Parmi les bateaux de marchandises, les *navires de ligne* suivent des routes régulières à dates fixes tandis que les *caboteurs* ne suivent aucune route régulière.

Tanker

Cargo ships include *roll on-roll off ships*; *container ships*; *barge carriers*; *pallet ships*; *refrigerator ships*, or *reefers*; *dry-bulk carriers*; and *liquid-bulk carriers* such as the *super tanker* seen here. A *merchant ship* carrying *cargo* or *freight* is called a *liner* if it travels on scheduled routes at regular intervals, or a *tramp* if it does not have a fixed or scheduled route.

coursive/passerelle
"catwalk"/
fore & aft gangway

mât
foremast

nid de pie
"crow's nest"/
lookout area

pressure &
vacuum relief valves
clapets de sécurité
ou dépression

entrée sous-gaillard
belowdeck
storage entrance

guindeau de mouillage
anchor windlass &
mooring winch

guindeau d'ancre et treuil d'amarrage
anchor windlass &
mooring winch

mât et antennes radar
radar mast & radar antennas

passerelle de navigation/timonerie
bridge/wheelhouse

aileron de passerelle
bridge wing

antennes radiotélégraphiques
wireless, telegraph &
navigation aerials

poinçon central de levage
king post

canot de sauvetage
lifeboat

mât de charge
hose-handling
derrick

tête d'arrimage du mât de charge
stowed derrick
brackets

aft superstructure/
deckhouse
superstructure arrière/château arrière

pressure &
vacuum relief valves
valves de sécurité haute et basse pression

deck manifold
collecteur de pont

tank hatches
panneau de citerne

rail
rambarde

foam monitors &
fire-fighting stations
extincteurs à mousse et portes d'incendie

gas-vent lines
conduits de dégagement des gaz

137

Paquebot transatlantique

Les *cloisons principales,* parois placées transversalement dans la coque du paquebot sont en général étanches. Une *cloison d'abordage* est une *cloison étanche* située près de l'étrave pour pallier les risques d'inondation en cas d'abordage. Les fenêtres circulaires d'un navire sont appelées des *sabords* ou des *hublots.* Le bateau peut communiquer avec le quai grâce à une passerelle amovible qui se loge dans une ouverture ménagée dans la barre d'appui. Une protection métallique entourant les amarres sortant des écubiers empêche les rats de monter à bord des navires.

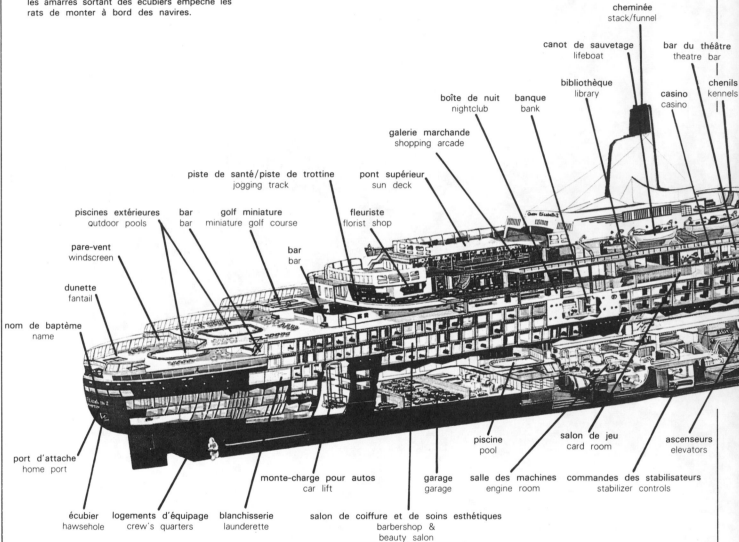

cheminée
stack/funnel

canot de sauvetage
lifeboat

bar du théâtre
theatre bar

chenils
kennels

bibliothèque
library

casino
casino

boîte de nuit
nightclub

banque
bank

galerie marchande
shopping arcade

piste de santé/piste de trottine
jogging track

pont supérieur
sun deck

piscines extérieures
outdoor pools

bar
bar

golf miniature
miniature golf course

fleuriste
florist shop

pare-vent
windscreen

bar
bar

dunette
fantail

nom de baptème
name

piscine
pool

salon de jeu
card room

ascenseurs
elevators

port d'attache
home port

monte-charge pour autos
car lift

garage
garage

salle des machines
engine room

commandes des stabilisateurs
stabilizer controls

écubier
hawsehole

logements d'équipage
crew's quarters

blanchisserie
launderette

salon de coiffure et de soins esthétiques
barbershop &
beauty salon

Passenger Ship/ Ocean Liner

Main bulkheads, steel walls running athwartships on a ship, are normally watertight. A *collision bulkhead* is a *watertight bulkhead* near the bow to prevent flooding in the event of collision. Circular windows aboard ship are called *ports* or *portholes.* A ship is boarded at the pier by a portable stairway, or *gangplank,* which fits in an opening in a ship's *rail* or *bulwark.* A metal shield on *berthing hawsers* to prevent rats from coming aboard is a *ratcatcher.*

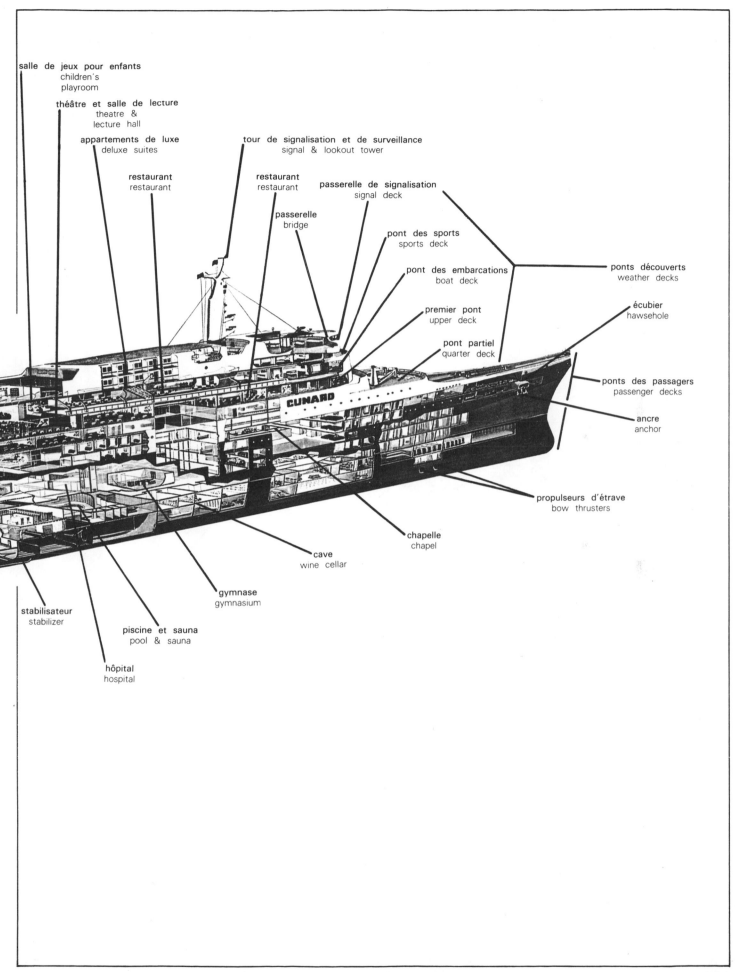

salle de jeux pour enfants
children's
playroom

théâtre et salle de lecture
theatre &
lecture hall

appartements de luxe
deluxe suites

restaurant
restaurant

restaurant
restaurant

passerelle
bridge

tour de signalisation et de surveillance
signal & lookout tower

passerelle de signalisation
signal deck

pont des sports
sports deck

pont des embarcations
boat deck

premier pont
upper deck

pont partiel
quarter deck

ponts découverts
weather decks

écubier
hawsehole

ponts des passagers
passenger decks

ancre
anchor

propulseurs d'étrave
bow thrusters

chapelle
chapel

cave
wine cellar

gymnase
gymnasium

piscine et sauna
pool & sauna

stabilisateur
stabilizer

hôpital
hospital

Navire de guerre

Les navires modernes, comme ce destroyer, qui servent au combat naval en surface, à commencer par les cuirassés et les croiseurs, servent à protéger les itinéraires de navigation, à dissuader les envahisseurs ou à effectuer des missions d'appui pour les opérations terrestres. De nos jours, les navires de guerre sont porteurs de missiles surface-air ou surface-surface, ainsi que d'un éventail d'armes défensives télécommandées. Beaucoup de ces navires utilisent la propulsion atomique.

Surface Fighting Ship

Beginning with *dreadnoughts*, or *battleships*, modern surface *warships*, such as this *destroyer*, or *tin can*, have the capability to protect *shipping lanes*, deter invasions or support military operations on land. Today military vessels carry *surface-to-air missiles* and *surface-to-surface missiles*, as well as a range of *defensive guided weapons*. Many are *nuclear-powered*.

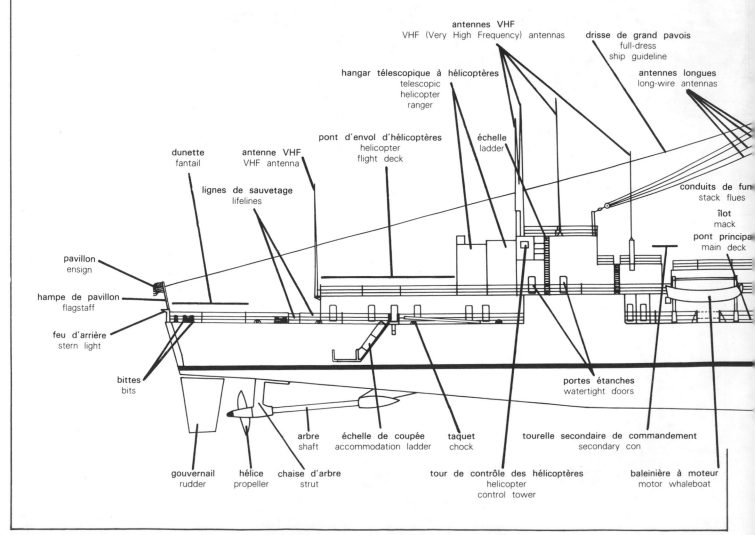

antennes VHF
VHF (Very High Frequency) antennas

drisse de grand pavois
full-dress
ship guideline

hangar télescopique à hélicoptères
telescopic
helicopter
ranger

antennes longues
long-wire antennas

pont d'envol d'hélicoptères
helicopter
flight deck

échelle
ladder

dunette
fantail

antenne VHF
VHF antenna

conduits de fum
stack flues

îlot
mack

pont principa
main deck

lignes de sauvetage
lifelines

pavillon
ensign

hampe de pavillon
flagstaff

feu d'arrière
stern light

bittes
bits

portes étanches
watertight doors

arbre
shaft

échelle de coupée
accommodation ladder

taquet
chock

tourelle secondaire de commandement
secondary con

gouvernail
rudder

hélice
propeller

chaise d'arbre
strut

tour de contrôle des hélicoptères
helicopter
control tower

baleinière à moteur
motor whaleboat

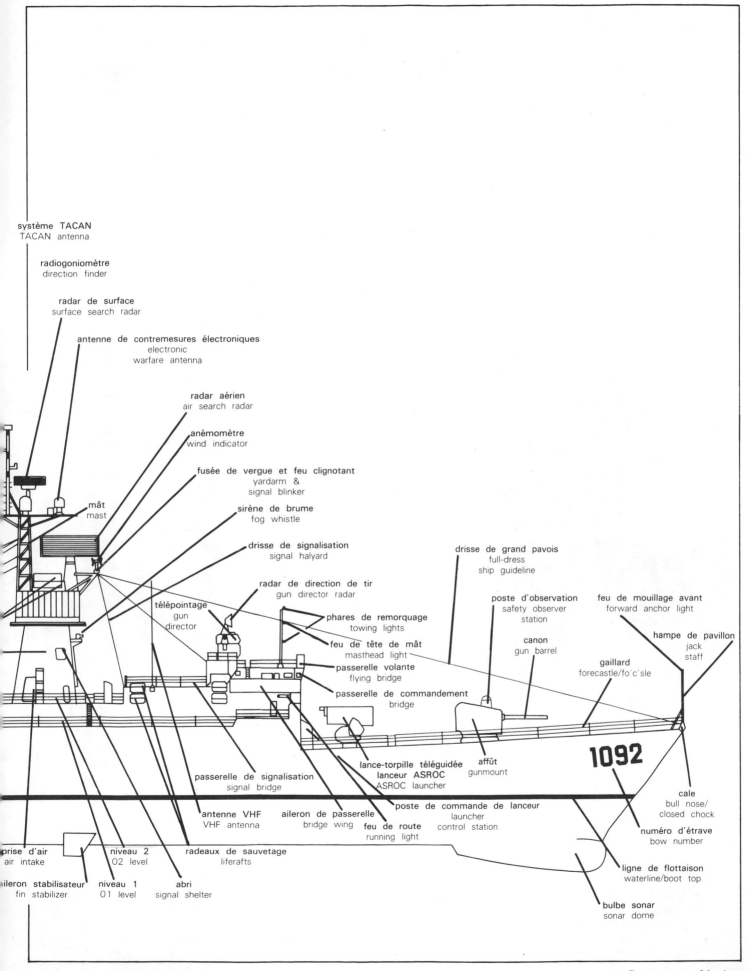

système TACAN
TACAN antenna

radiogoniomètre
direction finder

radar de surface
surface search radar

antenne de contremesures électroniques
electronic
warfare antenna

radar aérien
air search radar

anémomètre
wind indicator

fusée de vergue et feu clignotant
yardarm &
signal blinker

mât
mast

sirène de brume
fog whistle

drisse de signalisation
signal halyard

drisse de grand pavois
full-dress
ship guideline

radar de direction de tir
gun director radar

poste d'observation
safety observer
station

feu de mouillage avant
forward anchor light

télépointage
gun
director

phares de remorquage
towing lights

canon
gun barrel

hampe de pavillon
jack
staff

feu de tête de mât
masthead light

passerelle volante
flying bridge

gaillard
forecastle/fo'c'sle

passerelle de commandement
bridge

lance-torpille téléguidée
lanceur ASROC
ASROC launcher

affût
gunmount

1092

passerelle de signalisation
signal bridge

poste de commande de lanceur
launcher
control station

cale
bull nose/
closed chock

antenne VHF
VHF antenna

aileron de passerelle
bridge wing

feu de route
running light

numéro d'étrave
bow number

prise d'air
air intake

niveau 2
02 level

radeaux de sauvetage
liferafts

ligne de flottaison
waterline/boot top

aileron stabilisateur
fin stabilizer

niveau 1
01 level

abri
signal shelter

bulbe sonar
sonar dome

Porte-avions

La superstructure d'un porte-avion est appelée *îlot*. Pour la manœuvre de décollage, les avions sont assistés par une catapulte située sur la plateforme d'envol ou pont supérieur.

Aircraft Carrier

The superstructure on an aircraft carrier, or *flattop*, is called the *island*. On take-off, aircraft are assisted by steam-driven catapults located on the *flight deck* or *angled deck*.

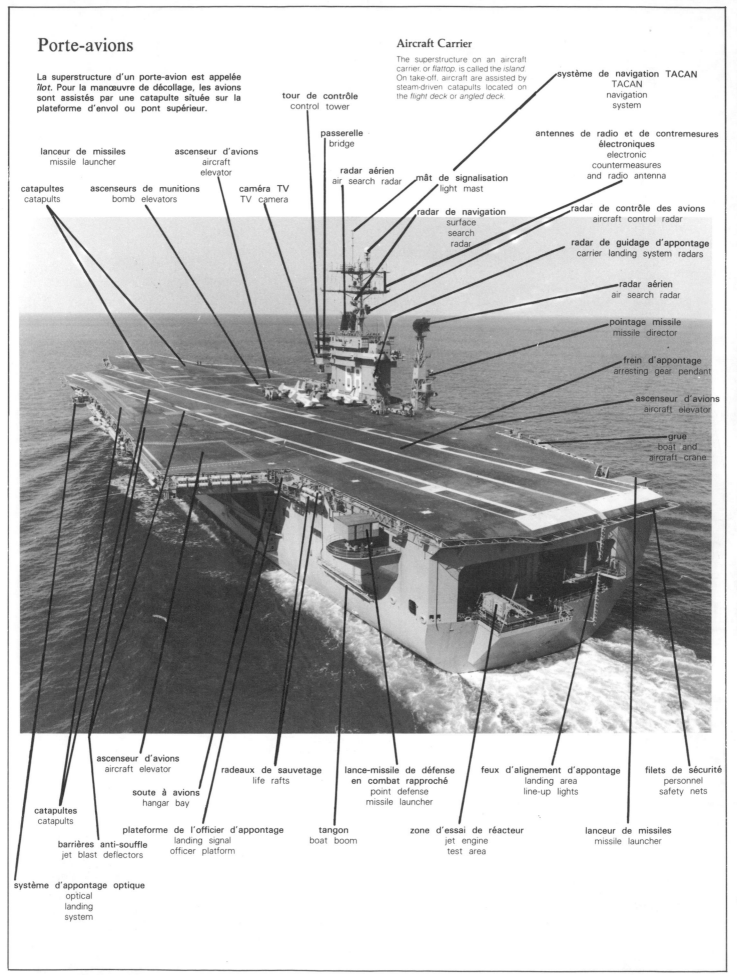

tour de contrôle
control tower

passerelle
bridge

radar aérien
air search radar

mât de signalisation
light mast

radar de navigation
surface search radar

système de navigation TACAN
TACAN navigation system

antennes de radio et de contremesures électroniques
electronic countermeasures and radio antenna

radar de contrôle des avions
aircraft control radar

radar de guidage d'appontage
carrier landing system radars

radar aérien
air search radar

pointage missile
missile director

frein d'appontage
arresting gear pendant

ascenseur d'avions
aircraft elevator

grue
boat and aircraft crane

lanceur de missiles
missile launcher

ascenseur d'avions
aircraft elevator

catapultes
catapults

ascenseurs de munitions
bomb elevators

caméra TV
TV camera

ascenseur d'avions
aircraft elevator

radeaux de sauvetage
life rafts

lance-missile de défense en combat rapproché
point defense missile launcher

feux d'alignement d'appontage
landing area line-up lights

filets de sécurité
personnel safety nets

soute à avions
hangar bay

catapultes
catapults

plateforme de l'officier d'appontage
landing signal officer platform

tangon
boat boom

zone d'essai de réacteur
jet engine test area

lanceur de missiles
missile launcher

barrières anti-souffle
jet blast deflectors

système d'appontage optique
optical landing system

Bateaux et Navires

Sous-marin

Les sous-marins possèdent une coque épaisse capable de résister aux fortes pressions des profondeurs et une coque extérieure plus légère. Dans l'espace situé entre ces deux épaisseurs se trouvent les ballasts utilisés pour commander l'équilibre et la plongée. Le kiosque contient les antennes radio et radar et plusieurs périscopes utilisés pour l'observation et la navigation. Les sous-marins plus anciens étaient équipés de schnorchels hissables. La navigation sous-marine est rendue possible grâce à un système de guidage inertiel. En plus des missiles, les sous-marins sont munis de torpilles.

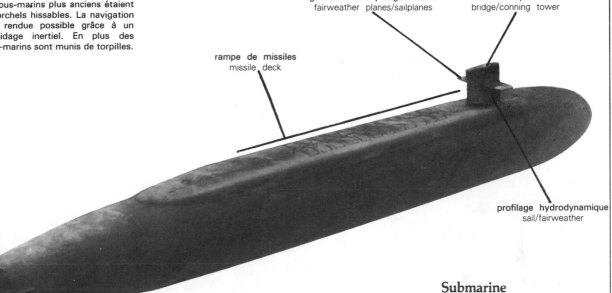

gouvernail de plongée avant
fairweather planes/sailplanes

kiosque
bridge/conning tower

rampe de missiles
missile deck

profilage hydrodynamique
sail/fairweather

gouvernail
rudder

hélice
propeller

Submarine

Submarines, formerly called *U-boats* or *pigboats*, have thick inner *pressure hulls* and lighter *outer hulls*. The space between hulls is divided into several *ballast tanks*, used to control the vessel's buoyancy and trim. The conning tower contains *radio* and *radar antennas* and various *periscopes*, used for observation and navigation. In older submarines the sail also contained a *snorkel tube*. Navigation underwater is accomplished by means of an *inertial guidance system*. In addition to missiles, submarines can carry *torpedoes*.

Sous-marin lance-missile balistique
Fleet Balistic Missile Submarine

Sous-marin atomique d'attaque
Nuclear-Powered Attack Submarine

rail de sécurité
safety-line track

numéro d'identification
hull number

pont en carapace de tortue
turtleback

Remorqueur et bateau-pompe

Un *pare-battage* est une protection de cordage disposée autrefois à l'avant des remorqueurs. Un *pousseur* est un bateau dont la *proue* est faite pour pousser plusieurs *barges* amarrées ensemble. Un *bateau-pompe* est généralement un remorqueur équipé de pompes à haute pression de lances et de canons à eau.

Tugboat and Fireboat

A *pudding fender* is a large fender made of old rope, formerly fitted to the bow of many *tugs*, or *towboats*. A *pusher tug*, also called a *pushboat*, is specially designed with a high flat bow for *barge cluster* push-towing. A fireboat is usually a tug fitted with such items as *high-pressure pumps*, *hoses* and *nozzles*.

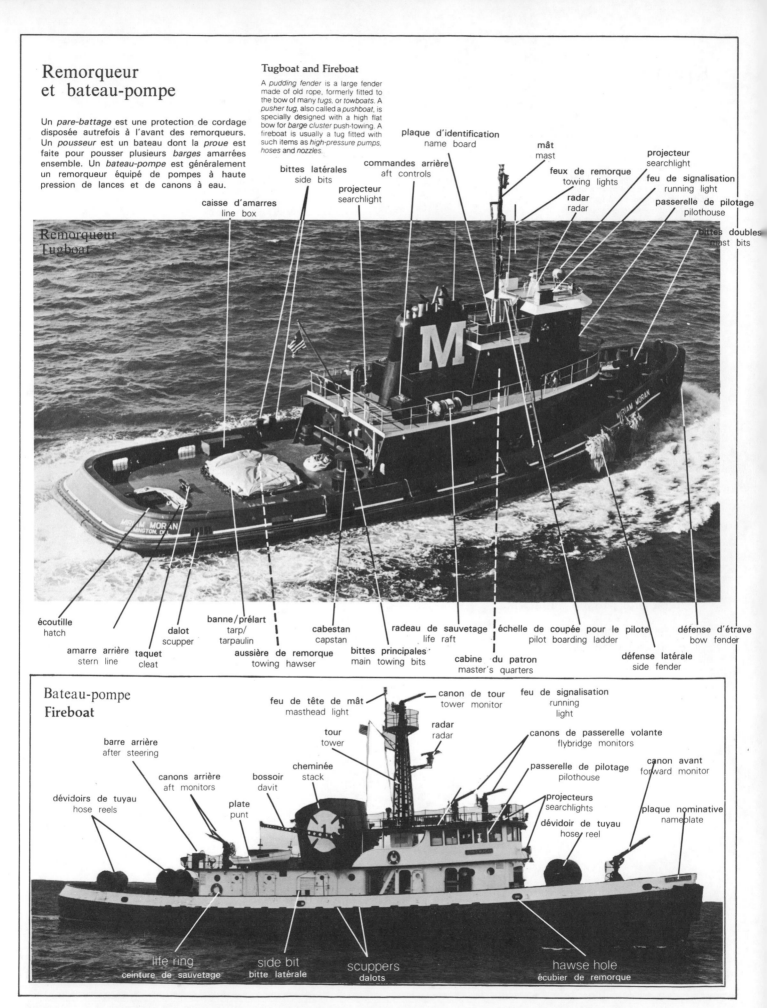

Remorqueur / Tugboat

caisse d'amarres / line box
bittes latérales / side bits
projecteur / searchlight
commandes arrière / aft controls
plaque d'identification / name board
mât / mast
feux de remorque / towing lights
radar / radar
projecteur / searchlight
feu de signalisation / running light
passerelle de pilotage / pilothouse
bittes doubles / mast bits

écoutille / hatch
amarre arrière / stern line
taquet / cleat
dalot / scupper
banne/prélart / tarp/tarpaulin
aussière de remorque / towing hawser
cabestan / capstan
bittes principales / main towing bits
radeau de sauvetage / life raft
cabine du patron / master's quarters
échelle de coupée pour le pilote / pilot boarding ladder
défense latérale / side fender
défense d'étrave / bow fender

Bateau-pompe / Fireboat

barre arrière / after steering
canons arrière / aft monitors
dévidoirs de tuyau / hose reels
bossoir / davit
plate / punt
cheminée / stack
tour / tower
feu de tête de mât / masthead light
canon de tour / tower monitor
radar / radar
feu de signalisation / running light
canons de passerelle volante / flybridge monitors
passerelle de pilotage / pilothouse
projecteurs / searchlights
dévidoir de tuyau / hose reel
canon avant / forward monitor
plaque nominative / nameplate

life ring / ceinture de sauvetage
side bit / bitte latérale
scuppers / dalots
hawse hole / écubier de remorque

144

Aéroglisseurs et hydroptères

Les véhicules sur coussin d'air, ou machines à effet de sol, sont des véhicules qui avancent sur un coussin d'air formé par des ventilateurs qui pulsent de l'air à travers des fentes ou tuyères pratiquées sur le pourtour inférieur de la coque. Il existe plusieurs catégories d'hydroptères selon qu'ils sont équipés de patins à effet de pénétration, de patins semi-immergés, de patins polyplans et d'ailes immergées.

Hovercraft and Hydrofoil

Air Cushion Vehicles (ACV), or *ground-effect machines*, are *amphibious vehicles* that ride on a cushion of air blown by *lift fans* through *slots* or *jets* around the underside of the hull. There are four classes of hydrofoils: *ladder, depth-effect, surface-piercing* and *submerged foils*.

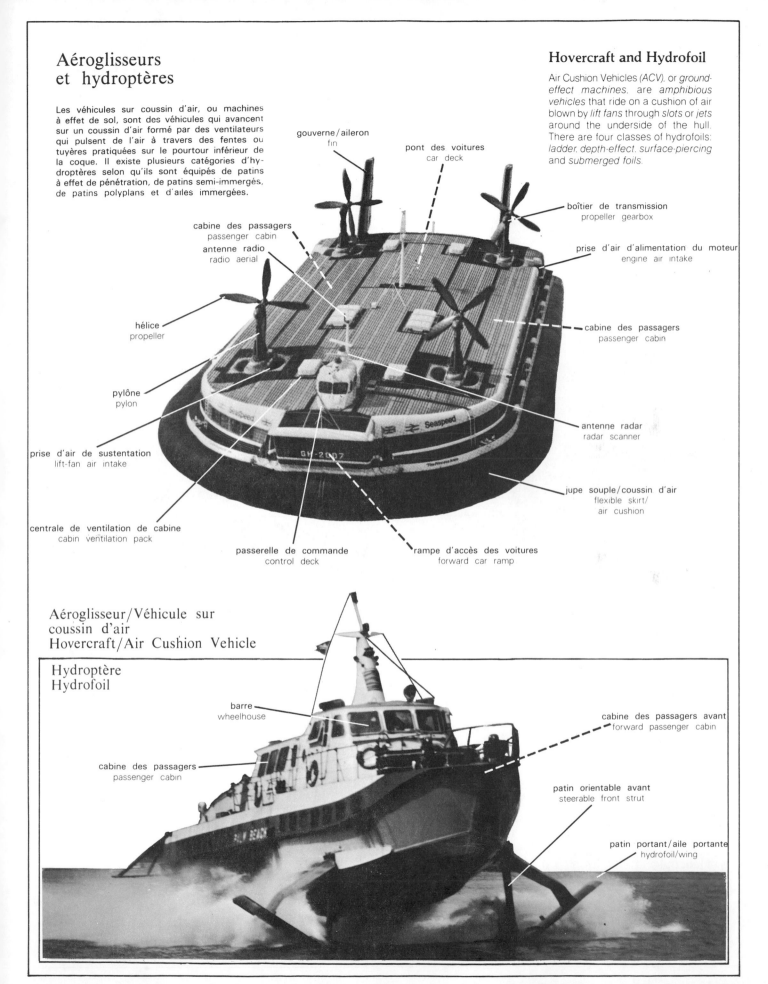

gouverne/aileron
fin

pont des voitures
car deck

boîtier de transmission
propeller gearbox

prise d'air d'alimentation du moteur
engine air intake

cabine des passagers
passenger cabin

antenne radio
radio aerial

cabine des passagers
passenger cabin

hélice
propeller

antenne radar
radar scanner

pylône
pylon

prise d'air de sustentation
lift-fan air intake

jupe souple/coussin d'air
flexible skirt/
air cushion

centrale de ventilation de cabine
cabin ventilation pack

passerelle de commande
control deck

rampe d'accès des voitures
forward car ramp

Aéroglisseur/Véhicule sur coussin d'air
Hovercraft/Air Cushion Vehicle

Hydroptère
Hydrofoil

barre
wheelhouse

cabine des passagers avant
forward passenger cabin

cabine des passagers
passenger cabin

patin orientable avant
steerable front strut

patin portant/aile portante
hydrofoil/wing

Hélicoptère

L'hélicoptère est un *giravion* dont la ou les voilures tournantes assurent à la fois la sustentation et la translation pendant toute la durée du vol. L'hélicoptère ordinaire est construit autour d'un fuselage. Dans le cas de l'hélicoptère de sauvetage illustré ci-dessous, le fuselage est adapté pour former une coque amphibie. L'hélicoptère, armé de mitrailleuses, de lance-grenades et de missiles, est devenu un instrument essentiel de toutes les armées.

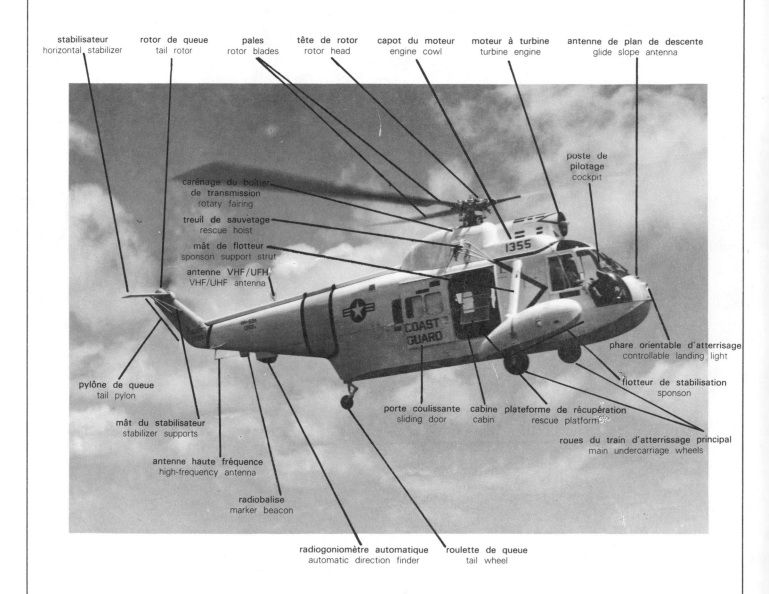

stabilisateur
horizontal stabilizer

rotor de queue
tail rotor

pales
rotor blades

tête de rotor
rotor head

capot du moteur
engine cowl

moteur à turbine
turbine engine

antenne de plan de descente
glide slope antenna

carénage du boîtier de transmission
rotary fairing

treuil de sauvetage
rescue hoist

mât de flotteur
sponson support strut

antenne VHF/UFH
VHF/UHF antenna

poste de pilotage
cockpit

pylône de queue
tail pylon

mât du stabilisateur
stabilizer supports

antenne haute fréquence
high-frequency antenna

radiobalise
marker beacon

radiogoniomètre automatique
automatic direction finder

roulette de queue
tail wheel

porte coulissante
sliding door

cabine
cabin

plateforme de récupération
rescue platform

phare orientable d'atterrisage
controllable landing light

flotteur de stabilisation
sponson

roues du train d'atterrissage principal
main undercarriage wheels

Helicopter

The main body of a helicopter, *chopper*, *whirlybird*, or *eggbeater*, is called the *fuselage*. The rescue helicopter shown here has an *amphibious hull*. Armed military helicopters are called *gunships*.

Avion léger

La partie centrale d'un avion est appelée le fuselage. Pour se poser sur l'eau, un avion utilise des flotteurs. Pour s'assurer une portance suffisante et s'élever, le planeur est tiré par un avion à moteur ou par une voiture, grâce à un câble fixé à un crochet de remorque. Le planeur se pose soit sur une roue, soit sur un patin d'atterrissage.

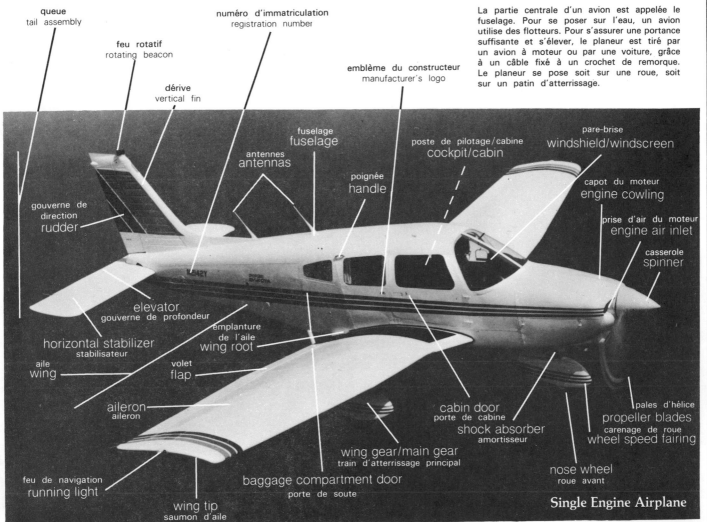

queue
tail assembly

feu rotatif
rotating beacon

dérive
vertical fin

numéro d'immatriculation
registration number

emblème du constructeur
manufacturer's logo

fuselage
fuselage

antennes
antennas

poignée
handle

poste de pilotage/cabine
cockpit/cabin

pare-brise
windshield/windscreen

capot du moteur
engine cowling

prise d'air du moteur
engine air inlet

casserole
spinner

gouverne de direction
rudder

elevator
gouverne de profondeur

emplanture de l'aile
wing root

horizontal stabilizer
stabilisateur

aile
wing

volet
flap

aileron
aileron

cabin door
porte de cabine

shock absorber
amortisseur

pales d'hélice
propeller blades

carenage de roue
wheel speed fairing

wing gear/main gear
train d'atterrissage principal

nose wheel
roue avant

feu de navigation
running light

baggage compartment door
porte de soute

wing tip
saumon d'aile

Single Engine Airplane

Monomoteur

Planeur

Glider/Sailplane

verrière
cockpit canopy

dérive
vertical fin

gouverne de direction
rudder

gouverne de profondeur
elevator

stabilisateur
stabilizer

aileron
aileron

nez
nose cone

dive break/spoiler/airbrake paddle
aérofrein

Private Aircraft

A aircraft's central body portion is called the *fuselage*. To land on water, an airplane uses *pontoons*. To become airborne and begin *soaring*, a glider is pulled behind a motor-driven airplane or car by a cable attached to a *tow hook*. A glider lands on either a *landing wheel* or a *skid*.

Aéronefs

Avion de transport civil

Sur la partie arrière de l'aile du gros-porteur, sont disposées des déperditeurs statiques qui servent à limiter la formation d'électricité statique. Les passagers placent leur bagage à main dans les porte-bagages dans les compartiments de rangement et dans des casiers. Sur de nombreux avions, les coussins de fauteuils peuvent se démonter pour servir d'éléments de flottaison. Les canots de sauvetage sont rangés dans des compartiments du plafond, situés au-dessus des portes et les toboggans d'évacuation rapide, sont repliés à l'intérieur des portes.

Civil Aircraft

The *trailing edge* of the wings on a *jumbo jet*, such as the one shown here, has small *static discharge wicks* to reduce electrical-charge buildup. Passengers store carry-on belongings in *overhead bins*, or *stowage compartments*, or in front *closets*. Aboard many aircraft, seat cushions double as *flotation devices*. *Life rafts* are stored in overhead ceiling compartments above the doors, and *emergency escape chutes* are folded inside the doors.

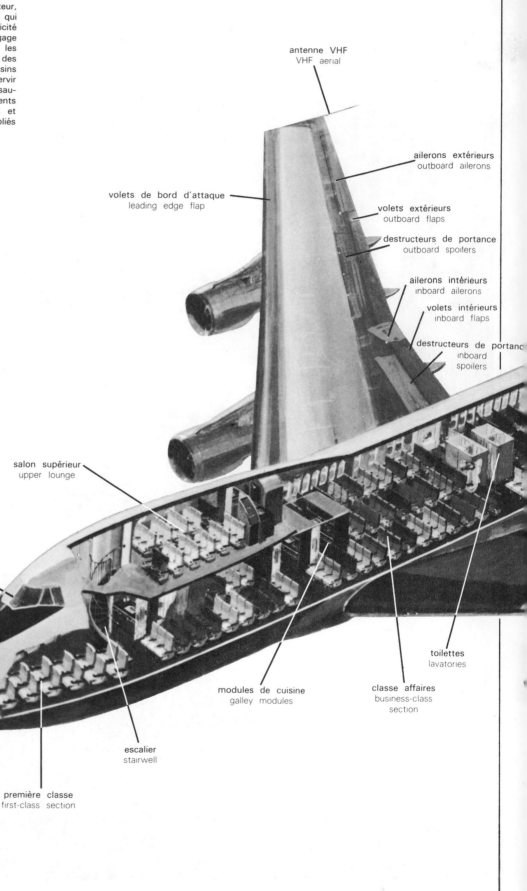

antenne VHF
VHF aerial

ailerons extérieurs
outboard ailerons

volets de bord d'attaque
leading edge flap

volets extérieurs
outboard flaps

destructeurs de portance
outboard spoilers

ailerons intérieurs
inboard ailerons

volets intérieurs
inboard flaps

destructeurs de portance
inboard spoilers

salon supérieur
upper lounge

poste de pilotage
flight deck

radar de nez
radar cone

modules de cuisine
galley modules

toilettes
lavatories

classe affaires
business-class
section

escalier
stairwell

première classe
first-class section

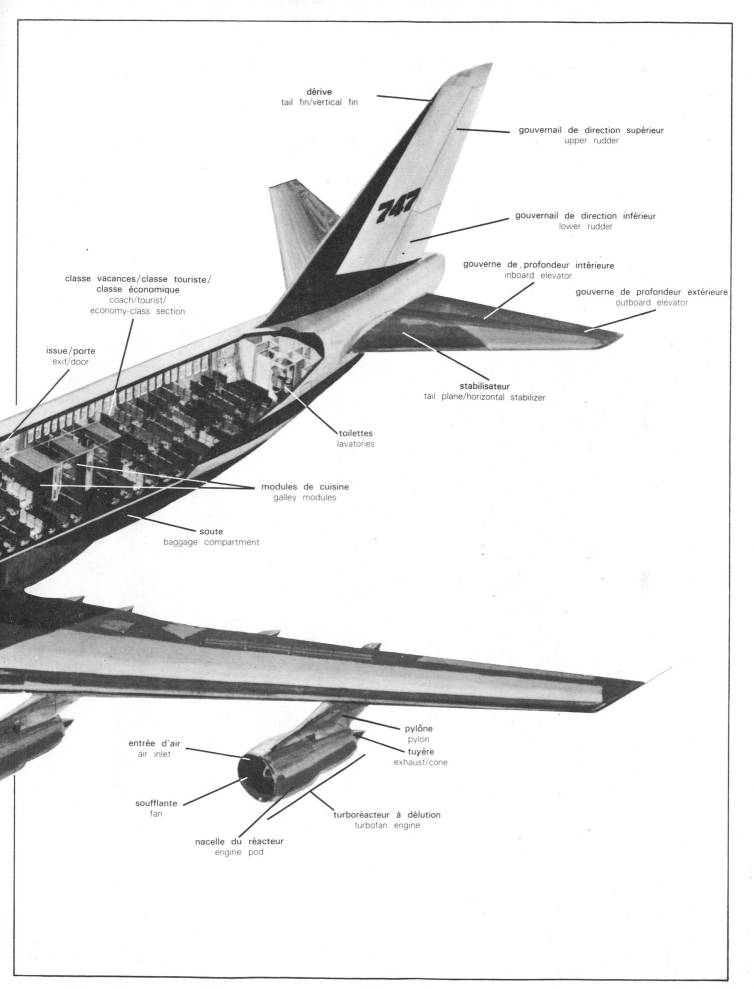

dérive
tail fin/vertical fin

gouvernail de direction supérieur
upper rudder

gouvernail de direction inférieur
lower rudder

gouverne de profondeur intérieure
inboard elevator

gouverne de profondeur extérieure
outboard elevator

classe vacances/classe touriste/
classe économique
coach/tourist/
economy-class section

issue/porte
exit/door

stabilisateur
tail plane/horizontal stabilizer

toilettes
lavatories

modules de cuisine
galley modules

soute
baggage compartment

pylône
pylon

tuyère
exhaust/cone

entrée d'air
air inlet

soufflante
fan

turboréacteur à délution
turbofan engine

nacelle du réacteur
engine pod

Poste de pilotage du 747

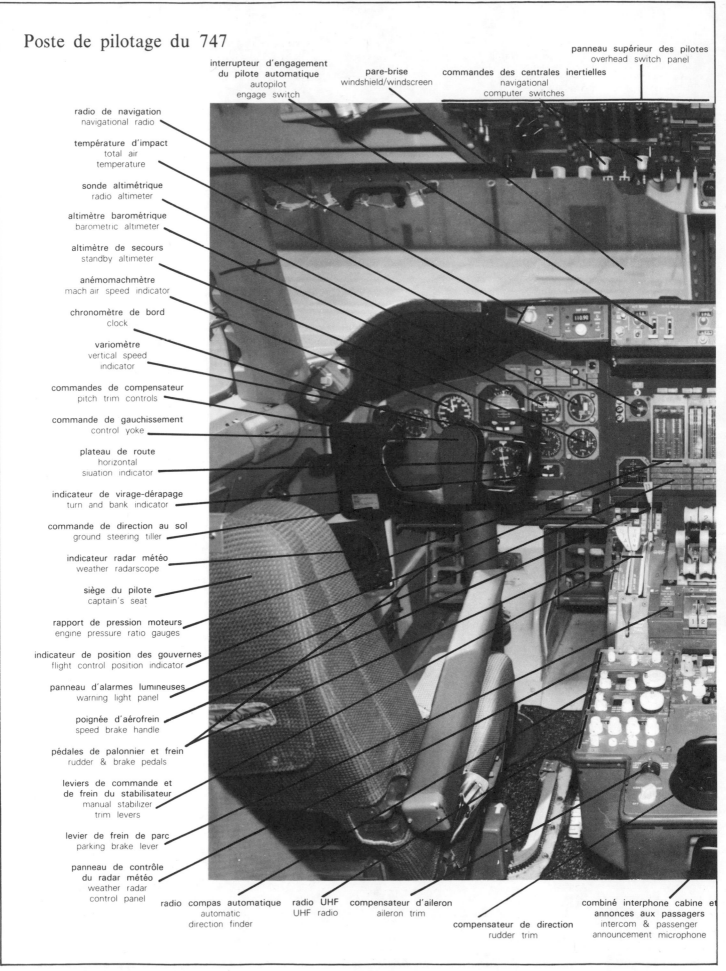

interrupteur d'engagement
du pilote automatique
autopilot
engage switch

pare-brise
windshield/windscreen

commandes des centrales inertielles
navigational
computer switches

panneau supérieur des pilotes
overhead switch panel

radio de navigation
navigational radio

température d'impact
total air
temperature

sonde altimétrique
radio altimeter

altimètre barométrique
barometric altimeter

altimètre de secours
standby altimeter

anémomachmètre
mach air speed indicator

chronomètre de bord
clock

variomètre
vertical speed
indicator

commandes de compensateur
pitch trim controls

commande de gauchissement
control yoke

plateau de route
horizontal
siuation indicator

indicateur de virage-dérapage
turn and bank indicator

commande de direction au sol
ground steering tiller

indicateur radar météo
weather radarscope

siège du pilote
captain's seat

rapport de pression moteurs
engine pressure ratio gauges

indicateur de position des gouvernes
flight control position indicator

panneau d'alarmes lumineuses
warning light panel

poignée d'aérofrein
speed brake handle

pédales de palonnier et frein
rudder & brake pedals

leviers de commande et
de frein du stabilisateur
manual stabilizer
trim levers

levier de frein de parc
parking brake lever

panneau de contrôle
du radar météo
weather radar
control panel

radio compas automatique
automatic
direction finder

radio UHF
UHF radio

compensateur d'aileron
aileron trim

compensateur de direction
rudder trim

combiné interphone cabine et
annonces aux passagers
intercom & passenger
announcement microphone

compas de secours
standby compass

sélecteur de mode navigation
navigational
mode selector

instruments moteur
engine instrumentation

sélecteur de mode de vitesse/
sélecteur d'allures
speed mode selector

lampes de signalisation
du train d'atterrissage
landing gear
indicator lights

alarme centrale instruments
central instrument
warning lights

horizon artificiel
horizon indicator

commutateur du microphone
microphone switch

déclenchement du pilote automatique
automatic pilot disengage

siège du copilote
first officer's seat

indicateur de position des volets
flap position
indicator

sélecteur des directeurs de vol
computer
selector switch

indicateur de vitesse vraie
true air
speed indicator

poignée de commande du train
landing gear control handle

CDU
computer display unit

manettes des gaz
thrust levers

commandes de remise des gaz
go around switches

commande de volets
flap lever

compensation de profondeur
pitch trim

transpondeur
air traffic
control transponder

commande de mise en route
des moteurs
engine start levers

radio VHF
VHF radio

isolement du servomoteur
du stabilisateur
stabilizer trim
cutout switches

Aéronefs

Avion de combat

Un chasseur, tel que celui qui figure sur la photo ci-dessous, possède une structure utilisant des techniques avancées et des ailes à flèche variable ainsi qu'un système d'armement à longue portée. Il vole à des vitesses qui dépassent la vitesse du son, ou vitesses mach.

Combat Aircraft

A fighter, such as the one shown here, has an advanced *airframe* with a *variable sweep wing* and a *long-range weapon system*. It is flown at speeds in excess of the speed of sound, or *mach speeds*.

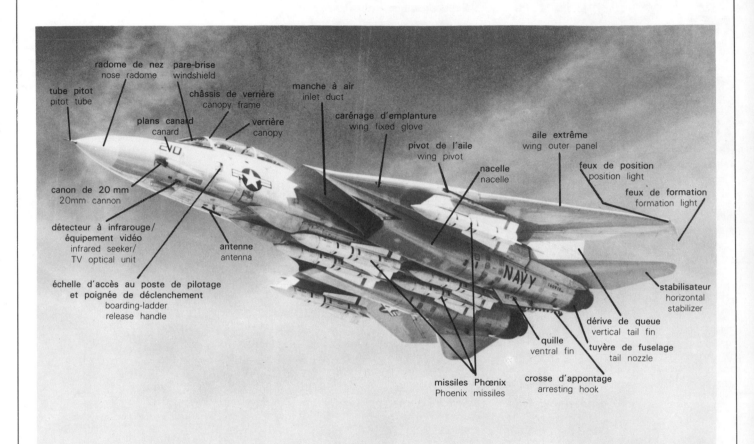

tube pitot
pitot tube

radome de nez
nose radome

pare-brise
windshield

châssis de verrière
canopy frame

plans canard
canard

verrière
canopy

manche à air
inlet duct

carénage d'emplanture
wing fixed glove

pivot de l'aile
wing pivot

nacelle
nacelle

aile extrême
wing outer panel

feux de position
position light

feux de formation
formation light

canon de 20 mm
20mm cannon

détecteur à infrarouge/
équipement vidéo
infrared seeker/
TV optical unit

antenne
antenna

échelle d'accès au poste de pilotage
et poignée de déclenchement
boarding-ladder
release handle

missiles Phœnix
Phoenix missiles

quille
ventral fin

crosse d'appontage
arresting hook

dérive de queue
vertical tail fin

tuyère de fuselage
tail nozzle

stabilisateur
horizontal stabilizer

Chasseur à réaction
Jet Fighter

Système d'armes
Weaponry

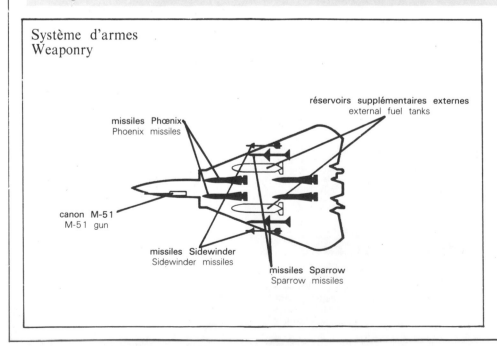

missiles Phœnix
Phoenix missiles

réservoirs supplémentaires externes
external fuel tanks

canon M-51
M-51 gun

missiles Sidewinder
Sidewinder missiles

missiles Sparrow
Sparrow missiles

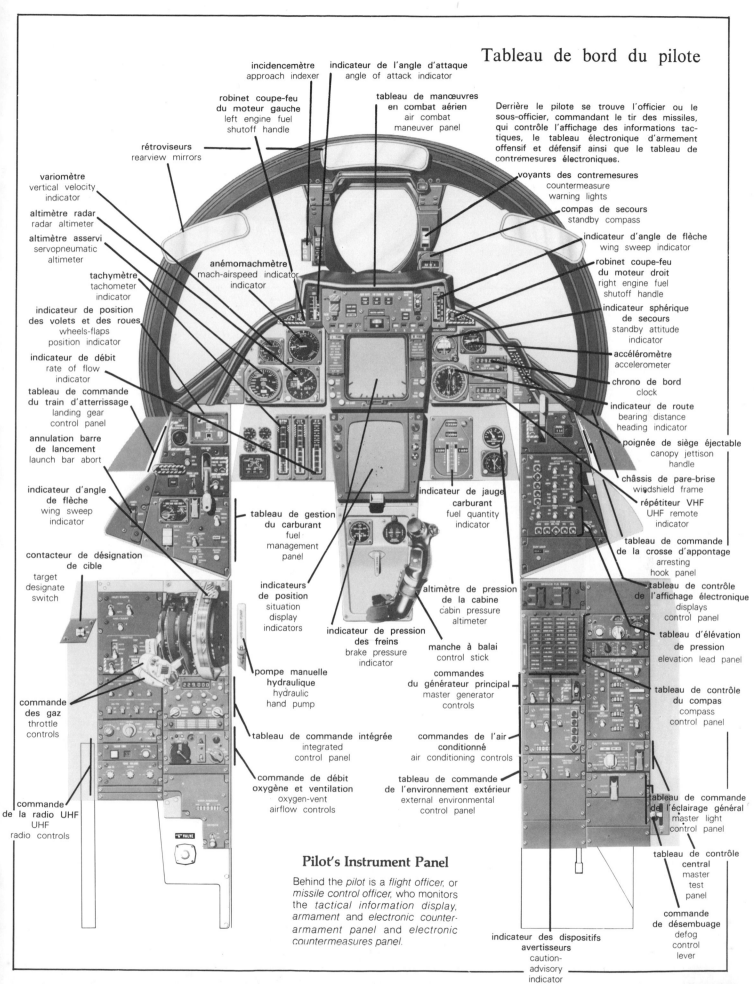

Tableau de bord du pilote

incidencemètre
approach indexer

indicateur de l'angle d'attaque
angle of attack indicator

robinet coupe-feu
du moteur gauche
left engine fuel
shutoff handle

tableau de manœuvres
en combat aérien
air combat
maneuver panel

Derrière le pilote se trouve l'officier ou le
sous-officier, commandant le tir des missiles,
qui contrôle l'affichage des informations tac-
tiques, le tableau électronique d'armement
offensif et défensif ainsi que le tableau de
contremesures électroniques.

rétroviseurs
rearview mirrors

voyants des contremesures
countermeasure
warning lights

variomètre
vertical velocity
indicator

compas de secours
standby compass

altimètre radar
radar altimeter

indicateur d'angle de flèche
wing sweep indicator

altimètre asservi
servopneumatic
altimeter

robinet coupe-feu
du moteur droit
right engine fuel
shutoff handle

anémomachmètre
mach-airspeed indicator
indicator

tachymètre
tachometer
indicator

indicateur sphérique
de secours
standby attitude
indicator

indicateur de position
des volets et des roues
wheels-flaps
position indicator

accéléromètre
accelerometer

indicateur de débit
rate of flow
indicator

chrono de bord
clock

tableau de commande
du train d'atterrissage
landing gear
control panel

indicateur de route
bearing distance
heading indicator

annulation barre
de lancement
launch bar abort

poignée de siège éjectable
canopy jettison
handle

indicateur d'angle
de flèche
wing sweep
indicator

châssis de pare-brise
windshield frame

répétiteur VHF
UHF remote
indicator

contacteur de désignation
de cible
target
designate
switch

tableau de gestion
du carburant
fuel
management
panel

indicateur de jauge
carburant
fuel quantity
indicator

tableau de commande
de la crosse d'appontage
arresting
hook panel

indicateurs
de position
situation
display
indicators

tableau de contrôle
de l'affichage électronique
displays
control panel

altimètre de pression
de la cabine
cabin pressure
altimeter

tableau d'élévation
de pression
elevation lead panel

indicateur de pression
des freins
brake pressure
indicator

manche à balai
control stick

commande des gaz
throttle
controls

pompe manuelle
hydraulique
hydraulic
hand pump

commandes
du générateur principal
master generator
controls

tableau de contrôle
du compas
compass
control panel

commande
de la radio UHF
UHF
radio controls

tableau de commande intégrée
integrated
control panel

commandes de l'air
conditionné
air conditioning controls

tableau de commande
de l'éclairage général
master light
control panel

commande de débit
oxygène et ventilation
oxygen-vent
airflow controls

tableau de commande
de l'environnement extérieur
external environmental
control panel

tableau de contrôle
central
master
test
panel

Pilot's Instrument Panel

Behind the *pilot* is a *flight officer*, or
missile control officer, who monitors
the *tactical information display*,
armament and *electronic counter-
armament panel* and *electronic
countermeasures panel*.

indicateur des dispositifs
avertisseurs
caution-
advisory
indicator

commande
de désembuage
defog
control
lever

Navette spatiale et plateforme de lancement

La navette spatiale est composée de trois parties principales : un véhicule orbital ou orbiteur, un réservoir externe et deux accélérateurs à poudre. La plupart des aires de lancement comportent des *déflecteurs* qui servent à détourner de la plateforme les flammes et les gaz. Le portique de lancement est une structure mobile utilisée pour l'assemblage de la fusée et la mise au point avant le lancement.

Space Shuttle and Launch Pad

A shuttle has three main components: an orbiter, external tank and two solid-rocket boosters. Many launch pads have *flame buckets* designed to direct *fireballs* and steam away from the pad itself. A gantry is a movable structure used for erecting and servicing a rocket prior to launch.

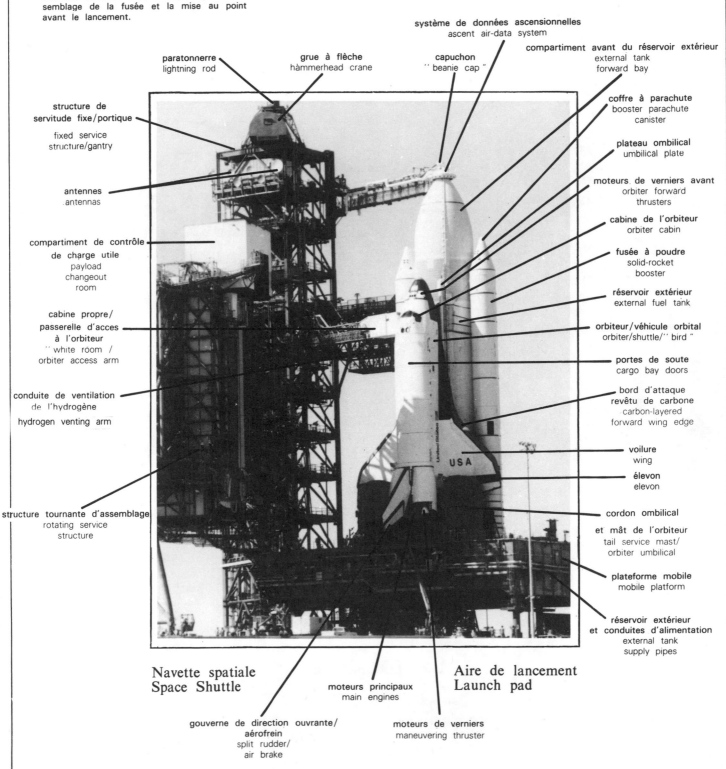

système de données ascensionnelles
ascent air-data system

paratonnerre
lightning rod

grue à flèche
hàmmerhead crane

capuchon
" beanie cap "

compartiment avant du réservoir extérieur
external tank
forward bay

structure de
servitude fixe/portique
fixed service
structure/gantry

coffre à parachute
booster parachute
canister

plateau ombilical
umbilical plate

antennes
antennas

moteurs de verniers avant
orbiter forward
thrusters

compartiment de contrôle
de charge utile
payload
changeout
room

cabine de l'orbiteur
orbiter cabin

fusée à poudre
solid-rocket
booster

cabine propre/
passerelle d'acces
à l'orbiteur
" white room /
orbiter access arm "

réservoir extérieur
external fuel tank

orbiteur/véhicule orbital
orbiter/shuttle/" bird "

portes de soute
cargo bay doors

conduite de ventilation
de l'hydrogène
hydrogen venting arm

bord d'attaque
revêtu de carbone
carbon-layered
forward wing edge

voilure
wing

élevon
elevon

cordon ombilical
et mât de l'orbiteur
tail service mast/
orbiter umbilical

structure tournante d'assemblage
rotating service
structure

plateforme mobile
mobile platform

réservoir extérieur
et conduites d'alimentation
external tank
supply pipes

USA

Navette spatiale
Space Shuttle

Aire de lancement
Launch pad

moteurs principaux
main engines

gouverne de direction ouvrante/
aérofrein
split rudder/
air brake

moteurs de verniers
maneuvering thruster

Space Shuttle Flight Deck

Overhead controls include *circuit breakers*, *environmental monitors* and *fuel cell monitors*. The *orbiter* has work and living quarters for as many as seven people, including two pilots, *mission specialists* and *payload specialists*. It also features a *quad-redundant computer system*, including a fifth computer to arbitrate disputes among the first four.

Poste de pilotage de la navette spatiale

Les commandes du tableau supérieur comprennent des coupe-circuits, des écrans de contrôle de l'environnement et des écrans de contrôle d'alimentation. Le véhicule orbital dispose d'un atelier et d'un logement pouvant recevoir jusqu'à sept personnes : deux pilotes, des spécialistes de mission et ceux de la charge utile. Il est également pourvu de quatre ordinateurs redondants dont les calculs éventuellement contradictoires sont traitées par un cinquième.

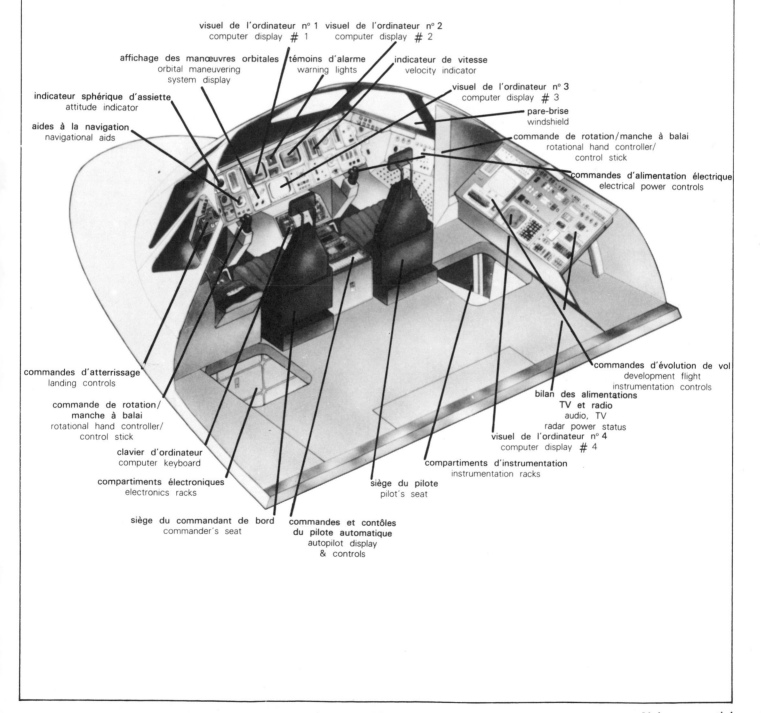

visuel de l'ordinateur nº 1
computer display # 1

visuel de l'ordinateur nº 2
computer display # 2

affichage des manœuvres orbitales
orbital maneuvering system display

témoins d'alarme
warning lights

indicateur de vitesse
velocity indicator

visuel de l'ordinateur nº 3
computer display # 3

indicateur sphérique d'assiette
attitude indicator

pare-brise
windshield

aides à la navigation
navigational aids

commande de rotation/manche à balai
rotational hand controller/control stick

commandes d'alimentation électrique
electrical power controls

commandes d'atterrissage
landing controls

commande de rotation/manche à balai
rotational hand controller/control stick

clavier d'ordinateur
computer keyboard

compartiments électroniques
electronics racks

siège du commandant de bord
commander's seat

commandes et contôles du pilote automatique
autopilot display & controls

siège du pilote
pilot's seat

compartiments d'instrumentation
instrumentation racks

visuel de l'ordinateur nº 4
computer display # 4

bilan des alimentations TV et radio
audio, TV radar power status

commandes d'évolution de vol
development flight instrumentation controls

Module lunaire

Le module lunaire est composé d'un élément de *basse altitude* où sont logés le moteur d'atterrissage, l'équipement d'exploration, les *réservoirs secondaires* et le train d'atterrissage. La partie "*remontée*" comprend le compartiment réservé à l'équipage avec ses commandes, les réservoirs et le moteur de *décollage* utilisés pour rejoindre le *module principal*.

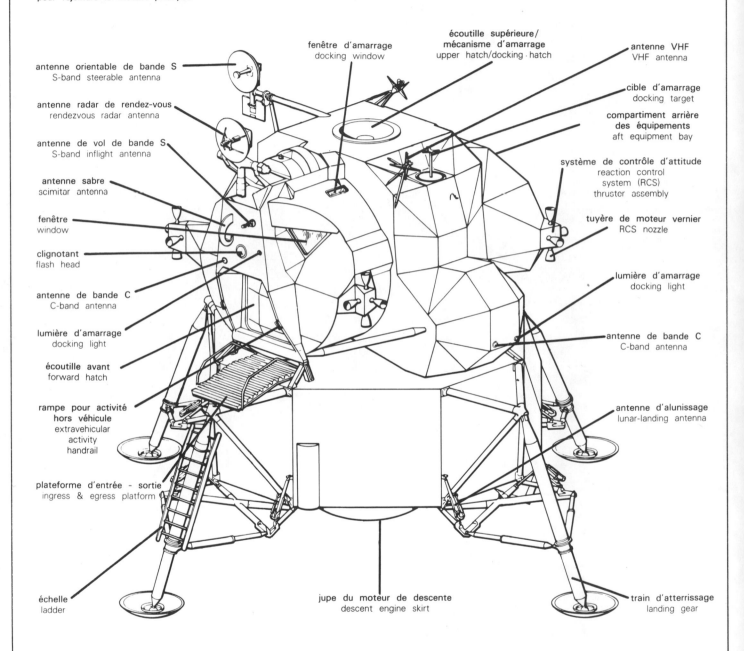

antenne orientable de bande S
S-band steerable antenna

antenne radar de rendez-vous
rendezvous radar antenna

antenne de vol de bande S
S-band inflight antenna

antenne sabre
scimitar antenna

fenêtre
window

clignotant
flash head

antenne de bande C
C-band antenna

lumière d'amarrage
docking light

écoutille avant
forward hatch

rampe pour activité
hors véhicule
extravehicular
activity
handrail

plateforme d'entrée - sortie
ingress & egress platform

échelle
ladder

fenêtre d'amarrage
docking window

écoutille supérieure/
mécanisme d'amarrage
upper hatch/docking hatch

antenne VHF
VHF antenna

cible d'amarrage
docking target

compartiment arrière
des équipements
aft equipment bay

système de contrôle d'attitude
reaction control
system (RCS)
thruster assembly

tuyère de moteur vernier
RCS nozzle

lumière d'amarrage
docking light

antenne de bande C
C-band antenna

antenne d'alunissage
lunar-landing antenna

train d'atterrissage
landing gear

jupe du moteur de descente
descent engine skirt

Lunar Lander

The *lunar module* consists of a lower *descent stage* which houses the *landing engine, exploration equipment, secondary tanks* and landing gear. The *ascent stage* contains *crew compartment* and *controls, equipment compartment, tanks* and *take-off engine*, used to rejoin the *command module*.

Voiture lunaire

Dénommé officiellement *Jeep Lunaire,* le véhicule tout-terrain d'exploration est replié dans le module lunaire et déployé pour servir au transport des astronautes et de l'équipement à la surface de la Lune. La *combinaison spatiale* ou combinaison à *régulation thermique intégrée antimétéorite* est faite d'éléments *multicouches* (*nylon* et *néoprène,* ainsi qu'une série de *pellicules perforées* recouvertes d'aluminium) ; elle est lacée sur une combinaison composée d'une doublure intérieure de confort, d'une vessie, et d'un tissu de retenue.

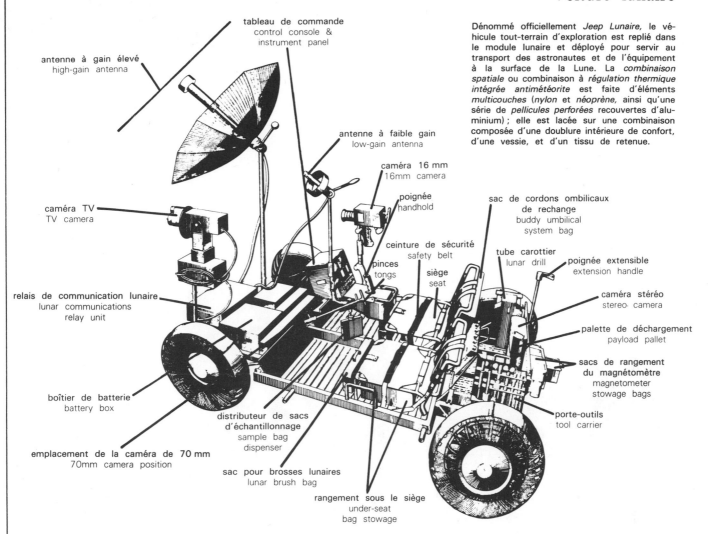

tableau de commande
control console &
instrument panel

antenne à gain élevé
high-gain antenna

antenne à faible gain
low-gain antenna

caméra 16 mm
16mm camera

poignée
handhold

sac de cordons ombilicaux
de rechange
buddy umbilical
system bag

caméra TV
TV camera

ceinture de sécurité
safety belt

tube carottier
lunar drill

poignée extensible
extension handle

pinces
tongs

siège
seat

caméra stéréo
stereo camera

relais de communication lunaire
lunar communications
relay unit

palette de déchargement
payload pallet

sacs de rangement
du magnétomètre
magnetometer
stowage bags

boîtier de batterie
battery box

distributeur de sacs
d'échantillonnage
sample bag
dispenser

porte-outils
tool carrier

emplacement de la caméra de 70 mm
70mm camera position

sac pour brosses lunaires
lunar brush bag

rangement sous le siège
under-seat
bag stowage

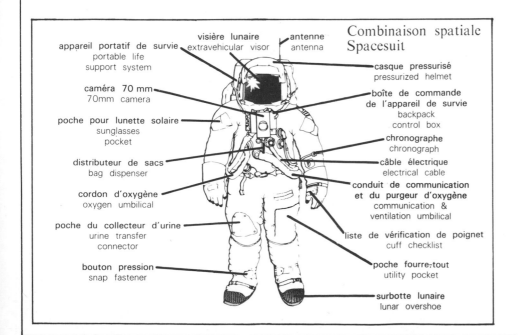

Combinaison spatiale
Spacesuit

appareil portatif de survie
portable life
support system

visière lunaire
extravehicular visor

antenne
antenna

casque pressurisé
pressurized helmet

caméra 70 mm
70mm camera

boîte de commande
de l'appareil de survie
backpack
control box

poche pour lunette solaire
sunglasses
pocket

chronographe
chronograph

distributeur de sacs
bag dispenser

câble électrique
electrical cable

cordon d'oxygène
oxygen umbilical

conduit de communication
et du purgeur d'oxygène
communication &
ventilation umbilical

poche du collecteur d'urine
urine transfer
connector

bouton pression
snap fastener

liste de vérification de poignet
cuff checklist

poche fourre-tout
utility pocket

surbotte lunaire
lunar overshoe

Lunar Rover

Officially called the *Lunar Roving Vehicle,* the *moon buggy* is folded in the Lunar Lander and deployed to transport astronauts and equipment on the lunar surface. The spacesuit, or *integrated thermal meteoroid garment,* is a many-layered structure laced to a *torso limb suit* which consists of an inner cloth *comfort lining,* a *bladder,* and a *restraint layer.*

Véhicules plus légers que l'air

Mûs par des moteurs, les dirigeables, ces engins plus légers que l'air, sont pour cette raison appelés ballons dirigeables. Ils peuvent être flexibles ou semi-rigides, et être composés de compartiments intérieurs ou réservoirs à air. Les aéronefs rigides de ce type sont appelés zeppelins, du nom de l'inventeur de l'armature métallique à l'intérieur de leur enveloppe. A l'arrêt, ces aéronefs sont amarrés à un pylône.

Lighter-than-air Craft

Engine-driven, steerable lighter-than-air craft are called blimps, or dirigibles. They can be *nonrigid* or *semi-rigid*, dependent on interior *ballonets*, or *air bags*, to maintain their shapes. *Rigid airships*, with metal *frame-works* within their *envelopes*, are referred to as *Zeppelins*. Airships are tethered to *mooring masts* when not aloft.

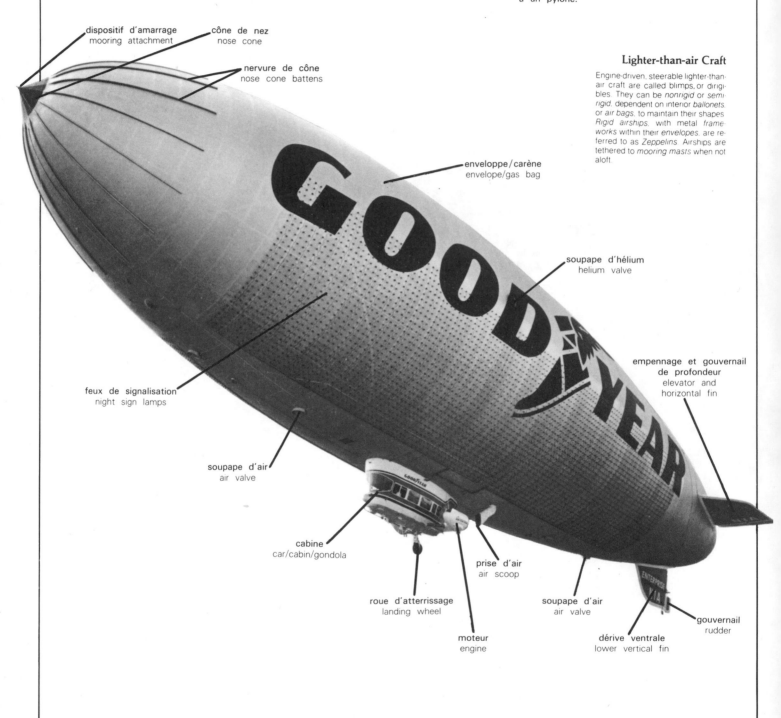

dispositif d'amarrage
mooring attachment

cône de nez
nose cone

nervure de cône
nose cone battens

enveloppe/carène
envelope/gas bag

soupape d'hélium
helium valve

empennage et gouvernail
de profondeur
elevator and
horizontal fin

feux de signalisation
night sign lamps

soupape d'air
air valve

cabine
car/cabin/gondola

prise d'air
air scoop

roue d'atterrissage
landing wheel

soupape d'air
air valve

gouvernail
rudder

moteur
engine

dérive ventrale
lower vertical fin

Ballon dirigeable
Blimp/Dirigible

Les communications

Les communications appartiennent à un domaine de la technologie où les progrès sont extrêmement rapides. Cependant, comme ce livre tend à le démontrer en associant le texte et les mots, les textes imprimés demeureront dans l'avenir une partie vitale dans l'univers de la communication. Aussi avons-nous choisi d'examiner en détail les techniques de l'imprimerie, en nous attachant particulièrement à l'analyse des quotidiens, et même aux détails des couvertures et des enveloppes d'expédition des magazines diffusés à des milliers d'exemplaires.

Étant limités par le manque de place, nous ne présenterons pas des systèmes tels que les stations d'émission, les antennes micro-ondes, les studios d'enregistrement et de télédiffusion, et les équipements des laboratoires cinématographiques.

Les équipements qui interviennent dans toutes les formes de communication — qu'il s'agisse de communication visuelle, orale ou audiovisuelle — sont représentés par des objets que l'on trouve couramment dans une maison. La seule exception que nous ayons faite est la description des éléments du satellite, que l'on trouvera à la fin du présent chapitre. Nous avons choisi d'inclure cet appareil en raison de son importance vitale dans les communications de toute nature à l'époque actuelle.

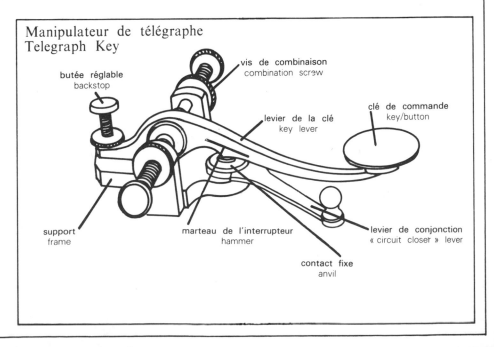

Manipulateur de télégraphe
Telegraph Key

vis de combinaison
combination screw

butée réglable
backstop

clé de commande
key/button

levier de la clé
key lever

support
frame

marteau de l'interrupteur
hammer

levier de conjonction
« circuit closer » lever

contact fixe
anvil

Stylo et Crayon

Dans les porte-mine rechargeables, on tourne le capuchon pour renouveler la mine. La plupart des stylos à plume sont rechargés à l'aide de cartouches d'encre, mais dans des modèles plus anciens on trouve une partie creuse servant de réservoir d'encre et un dispositif de remplissage. La pointe des plumes métalliques reçoit un traitement spécial qui favorise le glissement et la force de l'écriture en éliminant l'usure prématurée des plumes d'oie de jadis.

Correspondence ➡

A note appended to a completed letter is called a *postscript*, abbreviated as *P.S.* When items are enclosed with a letter they are indicated by the word *enclosure(s)* or *encl*. The back portion of an envelope which is glued down after a letter has been inserted is the *flap*. Postage stamps can be purchased in *books*, *strips*, *blocks*, *coils* and *sheets*, or *panes*.

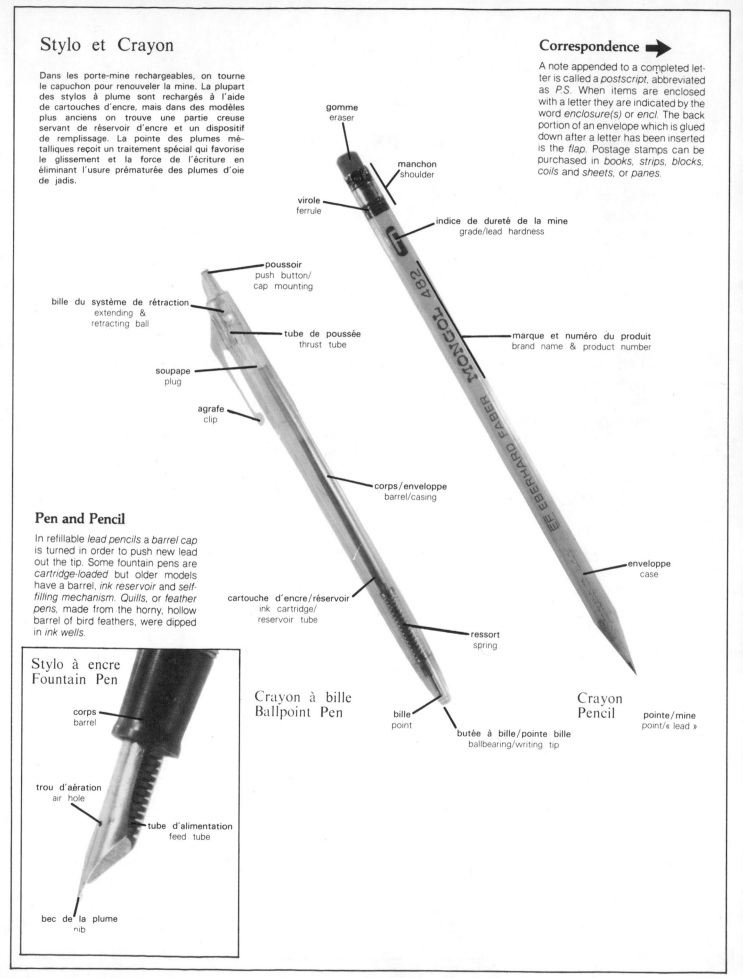

gomme
eraser

manchon
shoulder

virole
ferrule

indice de dureté de la mine
grade/lead hardness

poussoir
push button/
cap mounting

bille du système de rétraction
extending &
retracting ball

tube de poussée
thrust tube

marque et numéro du produit
brand name & product number

soupape
plug

agrafe
clip

corps/enveloppe
barrel/casing

Pen and Pencil

In refillable *lead pencils* a *barrel cap* is turned in order to push new lead out the tip. Some fountain pens are *cartridge-loaded* but older models have a barrel, *ink reservoir* and *self-filling mechanism. Quills*, or *feather pens*, made from the horny, hollow barrel of bird feathers, were dipped in *ink wells*.

cartouche d'encre/réservoir
ink cartridge/
reservoir tube

enveloppe
case

ressort
spring

Stylo à encre
Fountain Pen

corps
barrel

trou d'aération
air hole

tube d'alimentation
feed tube

bec de la plume
nib

Crayon à bille
Ballpoint Pen

bille
point

butée à bille/pointe bille
ballbearing/writing tip

Crayon
Pencil

pointe/mine
point/« lead »

Correspondance

Sur une lettre, quelques lignes complémentaires faisant suite à la signature s'appellent un post-scriptum ; ces lignes sont précédées par l'abréviation P.-S. Si l'on doit joindre des documents à une lettre, on indique leur présence par la mention pièce(s) jointe(s) dont l'abréviation est P.J. La partie triangulaire d'une enveloppe qui est munie d'un bord enduit d'un produit adhésif, s'appelle le rabat. Les timbres sont vendus à l'unité, à la pièce, en carnets, à la feuille, en bandes.

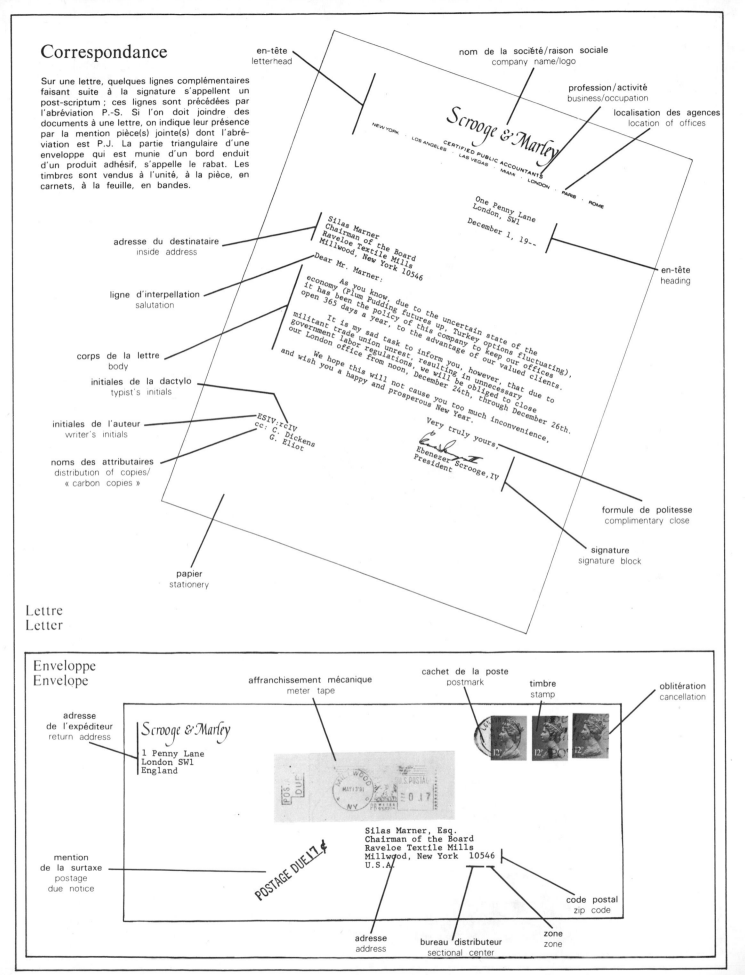

en-tête
letterhead

nom de la société/raison sociale
company name/logo

profession/activité
business/occupation

localisation des agences
location of offices

en-tête
heading

adresse du destinataire
inside address

ligne d'interpellation
salutation

corps de la lettre
body

initiales de la dactylo
typist's initials

initiales de l'auteur
writer's initials

noms des attributaires
distribution of copies/
« carbon copies »

papier
stationery

formule de politesse
complimentary close

signature
signature block

Scrooge & Marley
CERTIFIED PUBLIC ACCOUNTANTS
NEW YORK · LOS ANGELES · LAS VEGAS · MIAMI · LONDON · PARIS · ROME

One Penny Lane
London, SW1
December 1, 19--

Silas Marner
Chairman of the Board
Raveloe Textile Mills
Millwood, New York 10546

Dear Mr. Marner:

As you know, due to the uncertain state of the economy (Plum Pudding futures up, Turkey options fluctuating), it has been the policy of this company to keep our offices open 365 days a year, to the advantage of our valued clients.

It is my sad task to inform you, however, that due to militant trade union unrest, resulting in unnecessary government labor regulations, we will be obliged to close our London office from noon, December 24th, through December 26th.

We hope this will not cause you too much inconvenience, and wish you a happy and prosperous New Year.

Very truly yours,

Ebenezer Scrooge, IV
President

ESIV:rcIV
cc: C. Dickens
    G. Eliot

Lettre
Letter

Enveloppe
Envelope

affranchissement mécanique
meter tape

cachet de la poste
postmark

timbre
stamp

oblitération
cancellation

adresse de l'expéditeur
return address

mention de la surtaxe
postage due notice

Scrooge & Marley
1 Penny Lane
London SW1
England

POSTAGE DUE 17¢

Silas Marner, Esq.
Chairman of the Board
Raveloe Textile Mills
Millwood, New York 10546
U.S.A.

adresse
address

bureau distributeur
sectional center

zone
zone

code postal
zip code

Communications écrites

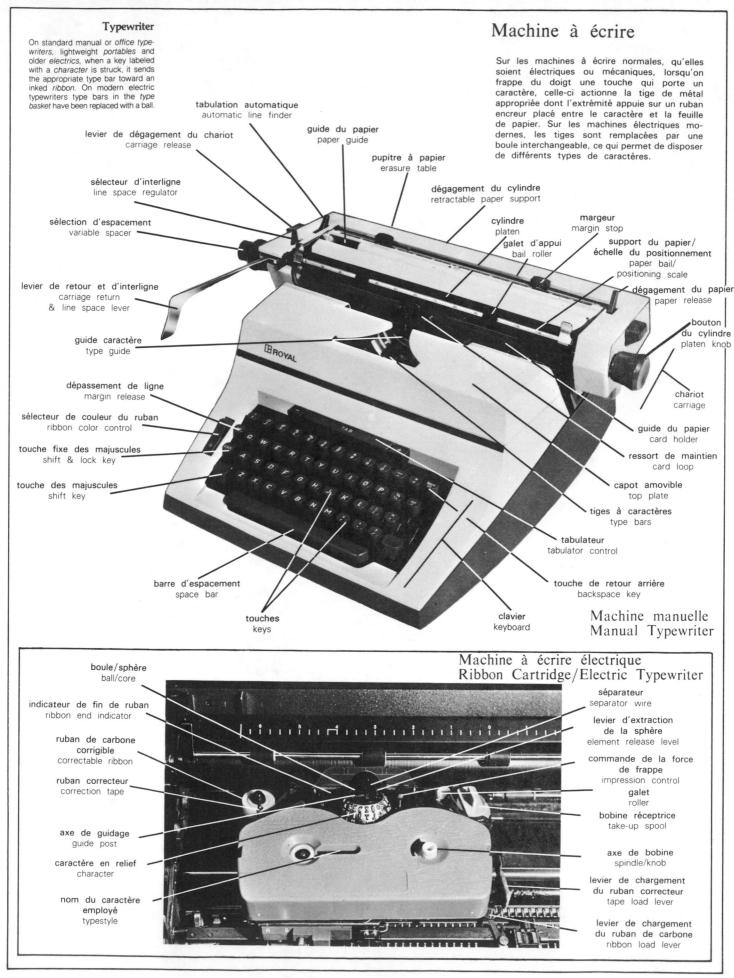

Typewriter

On standard manual or *office type-writers*, lightweight *portables* and older *electrics*, when a key labeled with a *character* is struck, it sends the appropriate type bar toward an inked *ribbon*. On modern electric typewriters type bars in the *type basket* have been replaced with a ball.

Machine à écrire

Sur les machines à écrire normales, qu'elles soient électriques ou mécaniques, lorsqu'on frappe du doigt une touche qui porte un caractère, celle-ci actionne la tige de métal appropriée dont l'extrémité appuie sur un ruban encreur placé entre le caractère et la feuille de papier. Sur les machines électriques modernes, les tiges sont remplacées par une boule interchangeable, ce qui permet de disposer de différents types de caractères.

tabulation automatique
automatic line finder

levier de dégagement du chariot
carriage release

guide du papier
paper guide

pupitre à papier
erasure table

sélecteur d'interligne
line space regulator

dégagement du cylindre
retractable paper support

cylindre
platen

margeur
margin stop

sélection d'espacement
variable spacer

galet d'appui
bail roller

support du papier/
échelle du positionnement
paper bail/
positioning scale

levier de retour et d'interligne
carriage return
& line space lever

dégagement du papier
paper release

bouton
du cylindre
platen knob

guide caractère
type guide

dépassement de ligne
margin release

chariot
carriage

sélecteur de couleur du ruban
ribbon color control

guide du papier
card holder

touche fixe des majuscules
shift & lock key

ressort de maintien
card loop

touche des majuscules
shift key

capot amovible
top plate

tiges à caractères
type bars

barre d'espacement
space bar

tabulateur
tabulator control

touche de retour arrière
backspace key

touches
keys

clavier
keyboard

Machine manuelle
Manual Typewriter

Machine à écrire électrique
Ribbon Cartridge/Electric Typewriter

boule/sphère
ball/core

séparateur
separator wire

indicateur de fin de ruban
ribbon end indicator

levier d'extraction
de la sphère
element release level

ruban de carbone
corrigible
correctable ribbon

commande de la force
de frappe
impression control

ruban correcteur
correction tape

galet
roller

axe de guidage
guide post

bobine réceptrice
take-up spool

caractère en relief
character

axe de bobine
spindle/knob

nom du caractère
employé
typestyle

levier de chargement
du ruban correcteur
tape load lever

levier de chargement
du ruban de carbone
ribbon load lever

Typographie

Le caractère avec empattement est très utilisé pour la composition des textes, mais on trouve également le caractère sans empattement qui appartient au style des linéales.

Typography

Type with serifs is called *book type*.
Type without serifs is *sans serif*.

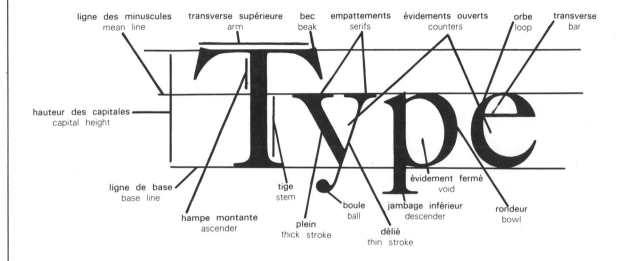

ligne des minuscules / mean line — transverse supérieure / arm — bec / beak — empattements / serifs — évidements ouverts / counters — orbe / loop — transverse / bar

hauteur des capitales / capital height

ligne de base / base line — hampe montante / ascender — tige / stem — plein / thick stroke — boule / ball — délié / thin stroke — jambage inférieur / descender — évidement fermé / void — rondeur / bowl

Composition du caractère
Typeface Composition

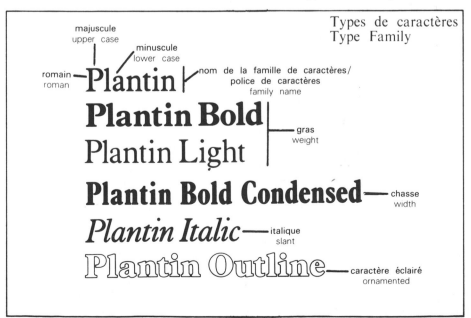

Types de caractères
Type Family

majuscule / upper case — minuscule / lower case — romain / roman — **Plantin** — nom de la famille de caractères / police de caractères / family name

Plantin Bold
Plantin Light — gras / weight

Plantin Bold Condensed — chasse / width

Plantin Italic — italique / slant

Plantin Outline — caractère éclairé / ornamented

163

Communications écrites

All *metal type* is known collectively as *hot metal*, in contrast to *cold type*, which is produced photographically. The letterpress method of printing uses a raised surface, or *relief*, while gravure uses a depressed surface, or *intaglio*, and lithography uses a *plane*, or *flat surface*. Printing is done on sheets of paper on *sheet-fed presses* or on rolls of paper on *web-fed presses*.

Procédés d'impression

La multiplication des caractères réalisée par fusion est appelée fonte chaude ; il est maintenant fait appel à la photographie : c'est la fonte froide. En fonction de leur aspect, les formes d'impression peuvent être classées en éléments d'impression en relief (la typographie), éléments d'impression en creux (héliographie et taille douce), éléments d'impression plans (lithographie et offset). L'impression s'effectue, pour le papier en feuilles, sur des presses à feuilles, pour le papier en bobines, sur des rotatives.

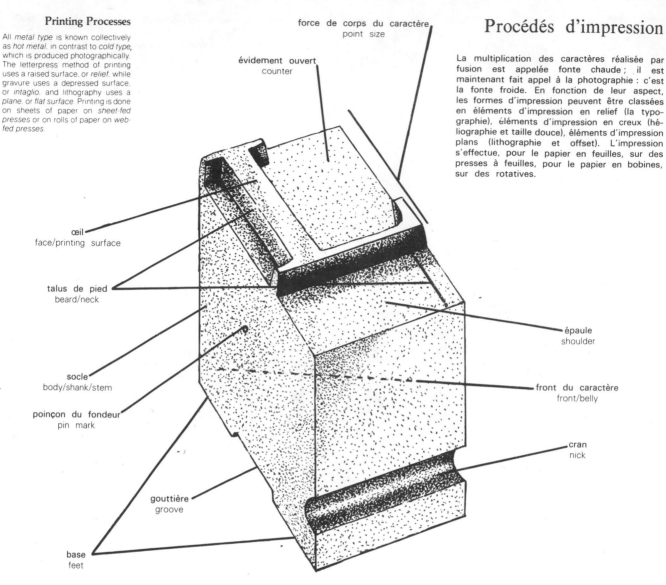

force de corps du caractère
point size

évidement ouvert
counter

œil
face/printing surface

talus de pied
beard/neck

socle
body/shank/stem

poinçon du fondeur
pin mark

gouttière
groove

base
feet

épaule
shoulder

front du caractère
front/belly

cran
nick

Caractère
Type

Presse rotative
Letterpress/Rotary Press

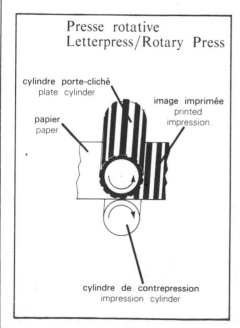

cylindre porte-cliché
plate cylinder

papier
paper

image imprimée
printed impression

cylindre de contrepression
impression cylinder

Presse d'héliogravure
Rotogravure

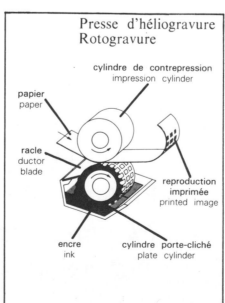

cylindre de contrepression
impression cylinder

papier
paper

racle
ductor blade

reproduction imprimée
printed image

encre
ink

cylindre porte-cliché
plate cylinder

Offset
Offset-Lithography

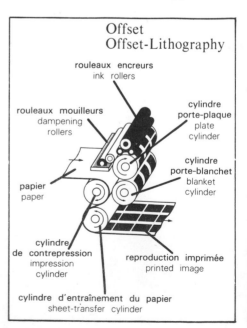

rouleaux encreurs
ink rollers

rouleaux mouilleurs
dampening rollers

cylindre porte-plaque
plate cylinder

cylindre porte-blanchet
blanket cylinder

papier
paper

cylindre de contrepression
impression cylinder

reproduction imprimée
printed image

cylindre d'entraînement du papier
sheet-transfer cylinder

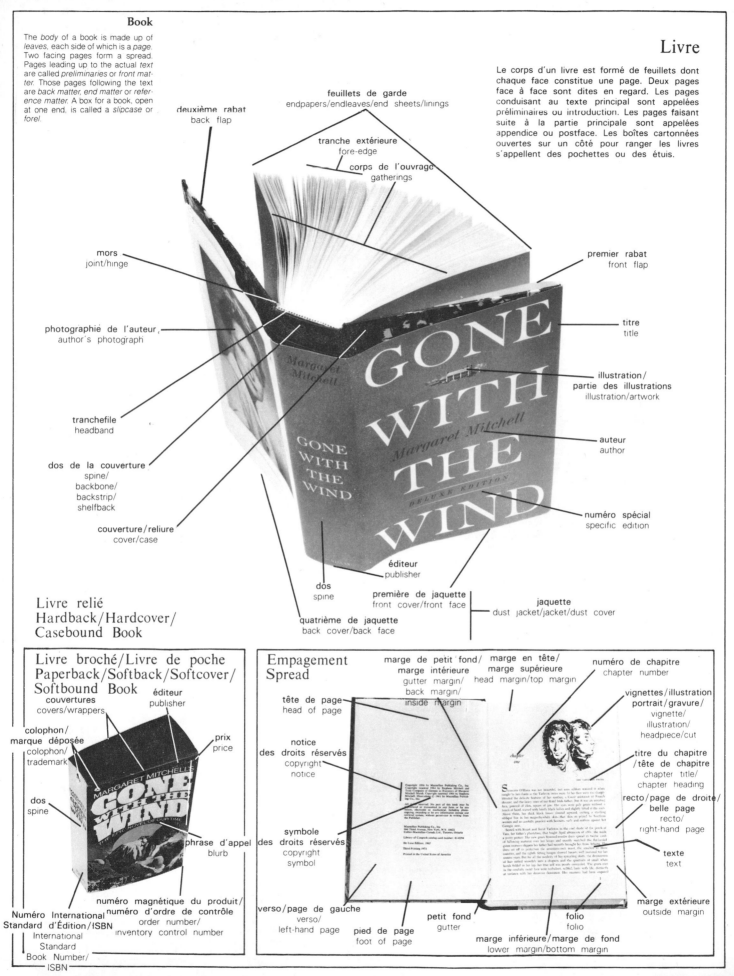

Book

The *body* of a book is made up of *leaves*, each side of which is a *page*. Two facing pages form a *spread*. Pages leading up to the actual *text* are called *preliminaries* or *front matter*. Those pages following the text are *back matter*, *end matter* or *reference matter*. A box for a book, open at one end, is called a *slipcase* or *forel*.

Livre

Le corps d'un livre est formé de feuillets dont chaque face constitue une page. Deux pages face à face sont dites en regard. Les pages conduisant au texte principal sont appelées préliminaires ou introduction. Les pages faisant suite à la partie principale sont appelées appendice ou postface. Les boîtes cartonnées ouvertes sur un côté pour ranger les livres s'appellent des pochettes ou des étuis.

deuxième rabat
back flap

feuillets de garde
endpapers/endleaves/end sheets/linings

tranche extérieure
fore-edge

corps de l'ouvrage
gatherings

mors
joint/hinge

premier rabat
front flap

titre
title

photographié de l'auteur
author's photograph

illustration/
partie des illustrations
illustration/artwork

tranchefile
headband

auteur
author

dos de la couverture
spine/
backbone/
backstrip/
shelfback

numéro spécial
specific edition

couverture/reliure
cover/case

éditeur
publisher

dos
spine

première de jaquette
front cover/front face

jaquette
dust jacket/jacket/dust cover

quatrième de jaquette
back cover/back face

Livre relié
Hardback/Hardcover/
Casebound Book

Livre broché/Livre de poche
Paperback/Softback/Softcover/
Softbound Book

couvertures
covers/wrappers

éditeur
publisher

colophon/
marque déposée
colophon/
trademark

prix
price

dos
spine

phrase d'appel
blurb

numéro magnétique du produit/
numéro d'ordre de contrôle
order number/
inventory control number

Numéro International
Standard d'Édition/ISBN
International
Standard
Book Number/
ISBN

Empagement
Spread

marge de petit fond/
marge intérieure
gutter margin/
back margin/
inside margin

marge en tête/
marge supérieure
head margin/top margin

numéro de chapitre
chapter number

tête de page
head of page

vignettes/illustration
portrait/gravure/
vignette/
illustration/
headpiece/cut

notice
des droits réservés
copyright
notice

titre du chapitre
/tête de chapitre
chapter title/
chapter heading

recto/page de droite/
belle page
recto/
right-hand page

symbole
des droits réservés
copyright
symbol

texte
text

verso/page de gauche
verso/
left-hand page

pied de page
foot of page

petit fond
gutter

folio
folio

marge extérieure
outside margin

marge inférieure/marge de fond
lower margin/bottom margin

Communications écrites

Journal

Les termes peuvent varier d'un journal à un autre. Ceux qui sont indiqués ici sont ceux du New York Times. Les journaux de petite taille sont appelés tabloïdes.

droits réservés
copyright

drapeau
nameplate/flag/logo

date de parution
issue date

surtitre
skyline

prix à l'étranger
out-of-town prices

oreille de la météo
weather ear

oreille de gauche
left ear

numéro de l'édition
volume number

folio
folio line

manchette
banner headline

titre de départ
head

exergue
deck/bank

ligne d'intervalle
bar line

ligne du nom d'auteur
byline

ligne de la date
dateline

chapeau de tête d'article
lead/lede

références en italiques
italic refer

corps de l'article
body of story

intertitre
subhead

ligne de renvoi
jump line

photographie/illustration
art

prix
price

filet
dingbat

condensé
readout dash

caractère de corps
agate line

colonnes
twinned stories

crédit photographique
credit line

légende
caption/cut line

index
index

filet maigre
hairline rule

Newspaper

Terms vary from newspaper to newspaper. Those shown here are used at *The New York Times*. Small-size newspapers are called *tabloids*.

TODAY: SIX PAGES OF BICENTENNIAL ARTICLES AND PICTURES

"All the News That's Fit to Print"

The New York Times

LATE CITY EDITION

VOL. CXXV...No. 43,262

NEW YORK, MONDAY, JULY 5, 1976

20 CENTS

Nation and Millions in City Joyously Hail Bicentennial

ISRAELIS RETURN WITH 103 RESCUED IN UGANDA RAID

Toll is Put at 3 Hostages, 7 Hijackers, Army Officer and 20 of Amin's Men

FORD LAUDS OPERATION

Freed Captives Are Received Joyously at Airport After Their 7-Day Ordeal

By TERENCE SMITH

PRESIDENT TALKS | PANOPLY OF SAILS

Philadelphia Throngs Told U.S. Is Leader— Liberty Bell Rings

By JAMES T. WOOTEN

Harbor Armada Led by Tall Ships in Salute to Fourth

By RICHARD F. SHEPARD

French Officials See Signs Amin, Hijackers Colluded

CARTER TO BEGIN TALKS ON TICKET

Will See Muskie Today and Other Possible Running Mates Soon After

By CHARLES MOHR

A Day of Picnics, Pomp, Pageantry and Protest

By JOHN L. HESS

Preceded by a fireboat, the Coast Guard training ship Eagle leads the armada of ships past the Battery up the Hudson for the naval review

Ethnic Diversity Adds Spice to the Holiday

By FRED FERRETTI

City Hall is the scene of street dancing and music in July 4th in Old New York Festival

President Ford waves to the crowd at Valley Forge, Pa., where he signed a bill making it a national historical site.

O, Say, It Was a Glorious Patchwork-Quilt of a Fourth

By McCANDLISH PHILLIPS

NEWS INDEX

Communications écrites

166

Magazine Cover and Contents Page

Periodicals may be consumer magazines, intended for the general public; *trade* or *technical magazines*, intended for particular industries and businesses; or *journals*, published for people engaged in professions. *House organs* are distributed within a specific company. Covers may have *cover blurbs* with *selling copy*, describing inside stories, and *cover captions*.

Couverture de magazine et page de sommaire

Les publications périodiques peuvent être des magazines destinés au grand public ; des magazines commerciaux ou techniques portant sur des domaines d'activité très particuliers ; ou encore des revues ou des bulletins professionnels, des journaux d'entreprise diffusés à l'intérieur d'une même société. Sur la couverture d'un magazine, on trouve souvent des phrases d'appel qui annoncent les rubriques principales.

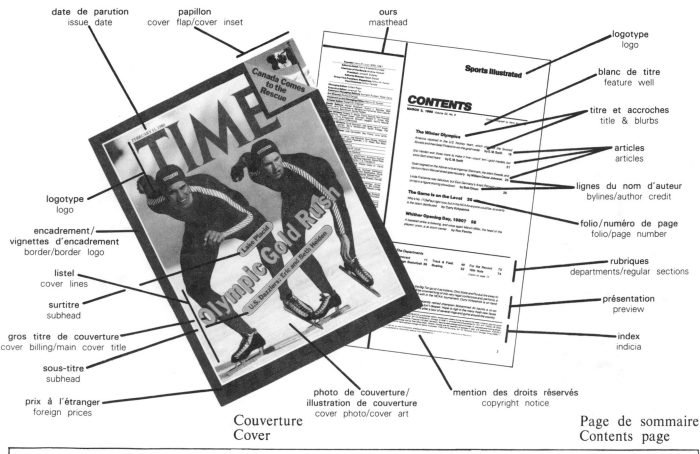

date de parution
issue date

papillon
cover flap/cover inset

ours
masthead

logotype
logo

blanc de titre
feature well

titre et accroches
title & blurbs

articles
articles

lignes du nom d'auteur
bylines/author credit

folio/numéro de page
folio/page number

rubriques
departments/regular sections

présentation
preview

index
indicia

logotype
logo

encadrement/
vignettes d'encadrement
border/border logo

listel
cover lines

surtitre
subhead

gros titre de couverture
cover billing/main cover title

sous-titre
subhead

prix à l'étranger
foreign prices

photo de couverture/
illustration de couverture
cover photo/cover art

mention des droits réservés
copyright notice

Couverture
Cover

Page de sommaire
Contents page

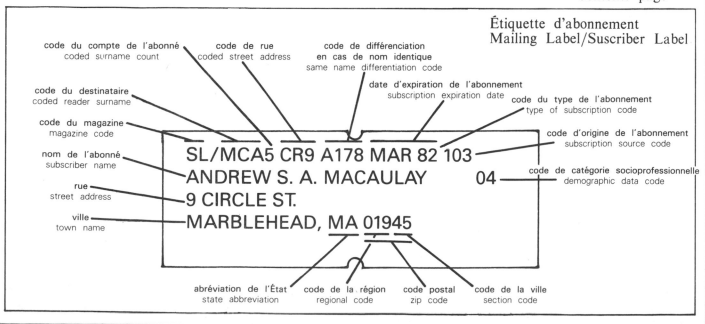

Étiquette d'abonnement
Mailing Label/Suscriber Label

code du compte de l'abonné
coded surname count

code de rue
coded street address

code de différenciation
en cas de nom identique
same name differentiation code

date d'expiration de l'abonnement
subscription expiration date

code du type de l'abonnement
type of subscription code

code d'origine de l'abonnement
subscription source code

code de catégorie socioprofessionnelle
demographic data code

code du destinataire
coded reader surname

code du magazine
magazine code

nom de l'abonné
subscriber name

rue
street address

ville
town name

SL/MCA5 CR9 A178 MAR 82 103
ANDREW S. A. MACAULAY   04
9 CIRCLE ST.
MARBLEHEAD, MA 01945

abréviation de l'État
state abbreviation

code de la région
regional code

code postal
zip code

code de la ville
section code

Article de magazine

Le dessin d'une page de magazine est appelé la maquette. Sur cette page, les caractères de la maquette ont été remplacés par le texte de la copie. Deux pages face à face constituent une double page. Un article est souvent précédé de quelques lignes placées dans un cartouche pour mettre en évidence les lignes directrices du sujet.

frontispice
frontispiece/half-title logo

titre
head/headline/title

sous-titre/accroche/phrases d'appel
subhead/pullquote/deck/blurb

ligne du nom d'auteur
byline

lettrine
dropped initial/set-in cap/
inset initial/descending initial

encart du début
lead/lede

photographie/cliché/
illustration
photo/cut/art

texte
body copy/texte

folio
folio

Magazine Feature

The design of a magazine page is called the *layout*. In the feature shown here *dummy type* has been substituted for *text* or *copy*. Two facing pages are called a spread, *double spread*, or *double-truck*. A *sidebar* is a self-contained, boxed *article* bearing on the main feature.

crédit photographique
photo credit

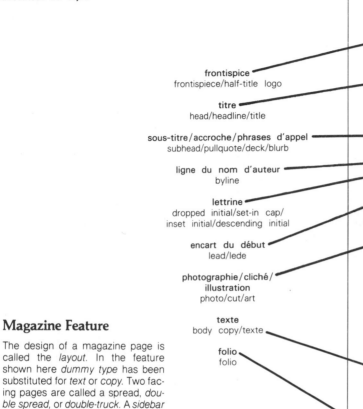

New York

Open City

"…'You can't be worrying about getting caught,' says Chino. 'You think about getting money. You got to think positive'…"

By Nicholas Pileggi

DEVELOPERS PLAY THEIR PART. ONE TACTIC IS to start off with a fright plan. This shows the dreadful building the developer could put up under existing rules if he was of a mind to. Since almost any other plan would be better, the planners are in the happy position of being able to suggest changes that are bound to be improvements. In the process, they come to identify with the project, sometimes even becoming fierce partisans of it. If community-board people go up in smoke. The developer will leave town. Construction will be lost. Thus the inviolability of the brutal design for the sides of the Portman Hotel, proposed for the Times Square area. Beneath the great blank slabs of masonry, there would be only a token amount of the retail activity our zoning normally calls for. The walls are, indeed, a virtual declaration of war against the New York street. And the planners went along, ardently.

The anticipation of variances makes them self-fulfilling. The extra bulk, for one thing, gets built into the price of allowing developers, on a case-by-case basis, to put up big-

Raised expectations can do their worst mischief on existing buildings—most particularly, the kind that so enhance their surroundings: Bergdorf-Goodman for example, or the late Bonwit Teller. The problem is the extra bulk that could be built in their place. As rising floor-area ratios increase the bulk, the old building becomes all the more vulnerable. At length, it is decreed obsolete, worth more dead than alive. It is not the impartial workings of the marketplace that have endangered such buildings; it is the New York City Planning... found that even at them would have presone reason: no place mental findings, the Commission drew up hese were adopted as incipal provisions in lationship to the sidewalk, more trees, food facilities, and stores on building frontage. Similar standards for residential plazas were adopted in 1977.

By then, however, plazas were old-hat. Planners were pushing *internal* spaces, such as arcades and through-block areas and atriums. These were to be substitute streets. Planners had developed an overriding concern with pedestrian congestion in midtown, and they saw in these spaces the way to relief. They would save people from the crowded streets by enticing them off the sidewalks.

land. The developer can now plead that he should get the

54 NEW YORK/MARCH 9, 1981

Photographs: top, Cliff Watts; center, Brian Hagiwara

Informations pratiques
Service Articles

Critiques
Reviews

filets de séparation
scotch rule

illustration
art/illustration

filet de cadre
oxford rule

titre
head

filet de colonne
column rule

document spécial
special-feature photo treatment

signature
sign-off

demi cadratin
« nuts and bolts »

caractère aligné sur marge gauche
flush-left type

composition en drapeau
ragged-right type

titre courant
running title

surtitre
subhead

lettrine
decorated initial

introduction
introduction

coupe
breaker

caractère gras/caractère demi-gras
boldface/highlight

colonne
column

Magazine d'information

Une feuille intérieure qui se déploye au double de la surface d'une page normale est un *dépliant*. Une ligne de renvoi, placée au bas d'une page, invite le lecteur à se reporter à la suite de l'article à l'intérieur du journal. Un titre court et descriptif, situé sous le titre principal dans le but de retenir l'attention du lecteur est une *accroche*. Les cartes d'abonnement ajoutées à l'intérieur des publications sont des *encarts* : si elles ne sont pas reliées avec l'ouvrage dans lequel elles sont insérées, elles constituent alors des *encarts libres*.

Magazine Feature

A page that folds out to twice the size of a regular page is called a *gatefold*. A *jump line*, or *continued line*, at the end of a page refers the reader to the remaining text of a story appearing elsewhere in the magazine. A brief descriptive headline above the main head, designed to attract the reader's attention, is a *kicker, teaser, eyebrow,* or *highline.* Subscription cards bound into a magazine are called *inserts.* Those not physically connected are called *blow-ins.*

petit fond/marge de petit fond
gutter/gutter margin

italiques
italics

marge
margin

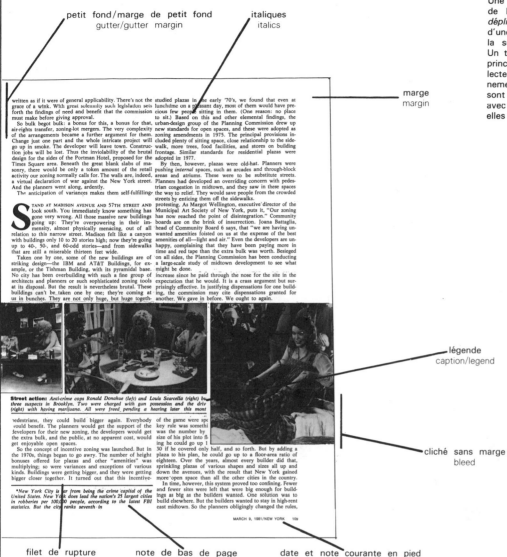

légende
caption/legend

cliché sans marge
bleed

filet de rupture
cutoff rule

note de bas de page
footnote

date et note courante en pied
date & running foot

Rubrique
Column

Dernière page
Back of the Book

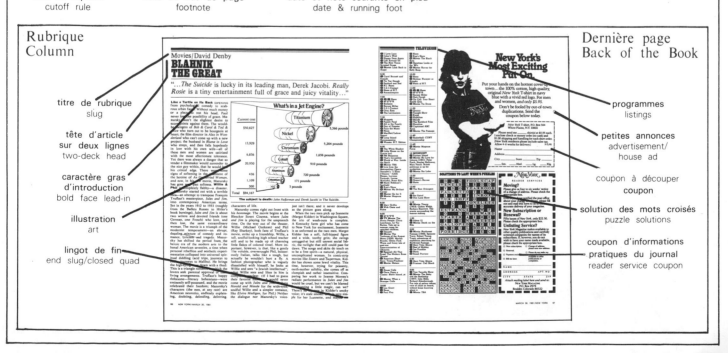

titre de rubrique
slug

tête d'article
sur deux lignes
two-deck head

caractère gras
d'introduction
bold face lead-in

illustration
art

lingot de fin
end slug/closed quad

programmes
listings

petites annonces
advertisement/
house ad

coupon à découper
coupon

solution des mots croisés
puzzle solutions

coupon d'informations
pratiques du journal
reader service coupon

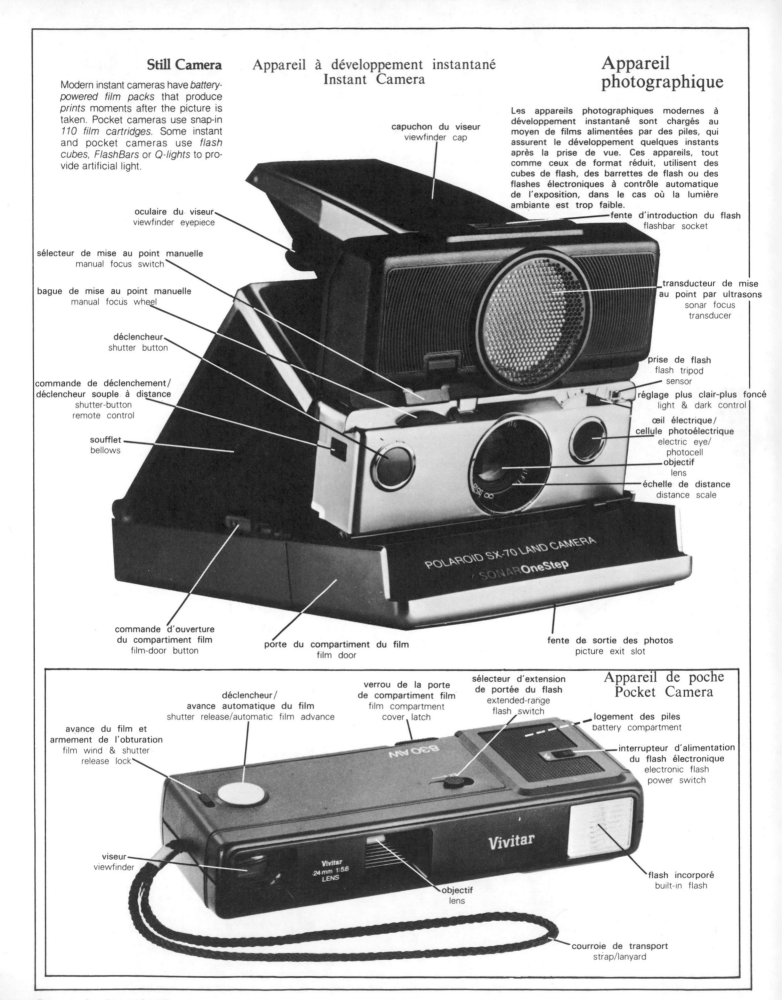

Still Camera

Modern instant cameras have *battery-powered film packs* that produce *prints* moments after the picture is taken. Pocket cameras use snap-in *110 film cartridges*. Some instant and pocket cameras use *flash cubes, FlashBars* or *Q-lights* to provide artificial light.

Appareil à développement instantané
Instant Camera

Appareil photographique

Les appareils photographiques modernes à développement instantané sont chargés au moyen de films alimentées par des piles, qui assurent le développement quelques instants après la prise de vue. Ces appareils, tout comme ceux de format réduit, utilisent des cubes de flash, des barrettes de flash ou des flashes électroniques à contrôle automatique de l'exposition, dans le cas où la lumière ambiante est trop faible.

capuchon du viseur
viewfinder cap

fente d'introduction du flash
flashbar socket

oculaire du viseur
viewfinder eyepiece

transducteur de mise au point par ultrasons
sonar focus transducer

sélecteur de mise au point manuelle
manual focus switch

bague de mise au point manuelle
manual focus wheel

prise de flash
flash tripod
sensor

déclencheur
shutter button

réglage plus clair-plus foncé
light & dark control

commande de déclenchement/
déclencheur souple à distance
shutter-button remote control

œil électrique/
cellule photoélectrique
electric eye/
photocell

soufflet
bellows

objectif
lens

échelle de distance
distance scale

POLAROID SX-70 LAND CAMERA
SONAR OneStep

commande d'ouverture du compartiment film
film-door button

porte du compartiment du film
film door

fente de sortie des photos
picture exit slot

Appareil de poche
Pocket Camera

déclencheur/
avance automatique du film
shutter release/automatic film advance

verrou de la porte de compartiment film
film compartment cover latch

sélecteur d'extension de portée du flash
extended-range flash switch

logement des piles
battery compartment

avance du film et armement de l'obturation
film wind & shutter release lock

interrupteur d'alimentation du flash électronique
electronic flash power switch

830 AW

Vivitar

viseur
viewfinder

Vivitar
24 mm 1:5.6
LENS

flash incorporé
built-in flash

objectif
lens

courroie de transport
strap/lanyard

Appareil photographique et film

Pour faire la mise au point d'une image, le photographe utilise le viseur situé au dos de l'appareil. En dehors du moteur, visible sur ce modèle, on peut munir l'appareil d'accessoires supplémentaires tels que des objectifs grand angle, des téléobjectifs, des zooms ou objectifs à focal variable, des filtres et des caches, des pare-soleil, des étuis et des courroies de transport.

Still Camera and Film

To focus on an *image*, a *photographer* looks through the *viewfinder* on the back of the camera. In addition to the motor drive, or *power winder*, shown on this model, camera accessories include *interchangeable lenses* — *telephoto, wide-angle, zoom* and *special-purpose* — *lens caps* and *hoods, shutter-release cables, filters, focusing screens, eyecups, chest pods* and *action straps*.

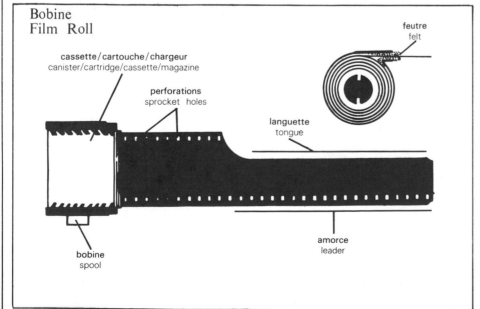

griffe du flash
hot shoe/flash attachment

levier de réarmement
film advance lever

fenêtre d'éclairage du viseur
scale illumination window

sélecteur d'automatismes
mode selector

déblocage du sélecteur
selector release

déclencheur
shutter release

commande d'ouverture du boîtier
back-cover release knob

rembobineur
rewind crank

sélecteur de vitesse
shutter-speed selector

réglage d'exposition
exposure adjustment

décompteur de vues
frame-counter window

indicateur de sensibilité du film
film-speed selector

ergot de couplage du moteur
motor drive coupler lug

attache de la courroie de transport
neckstrap eyelet

bague diaphragme
aperture scale/aperture ring

échelle de profondeur de champ
depth-of-field scale

attache de la courroie de transport
strap lug

échelle de distance
distance scale

boîtier
camera body

bague de mise au point
focusing ring

retardateur
self-timer

objectif
lens

moteur d'entraînement
motor drive

Appareil réflex à simple objectif
Single Lens Reflex Camera

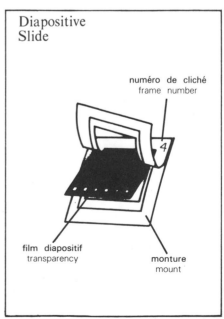

Bobine
Film Roll

cassette/cartouche/chargeur
canister/cartridge/cassette/magazine

feutre
felt

perforations
sprocket holes

languette
tongue

amorce
leader

bobine
spool

Diapositive
Slide

numéro de cliché
frame number

film diapositif
transparency

monture
mount

Caméra

Les caméras pour amateurs telles que celle-ci utilisent des films placés dans des cartouches. Le film introduit dans l'appareil passe de la bobine débitrice à la bobine réceptrice après exposition. Ces bobines de film sont souvent placées dans des dispositifs d'insonorisation. Les caméras sonores enregistrent le son pendant la prise de vue.

Movie Camera

Home-movie cameras, such as the one shown here, use film contained in *drop-in cartridges*. In large commercial models, *unexposed film* moves through the body from the *supply reel* to the *take-up reel*. The reels in these cameras are often housed in a *blimp*, a soundproof device that fits on top of the body. *Single-system sound cameras* record both *image* and *sound* on the same film. Sound tracks on film may be either *optical* or *magnetic*.

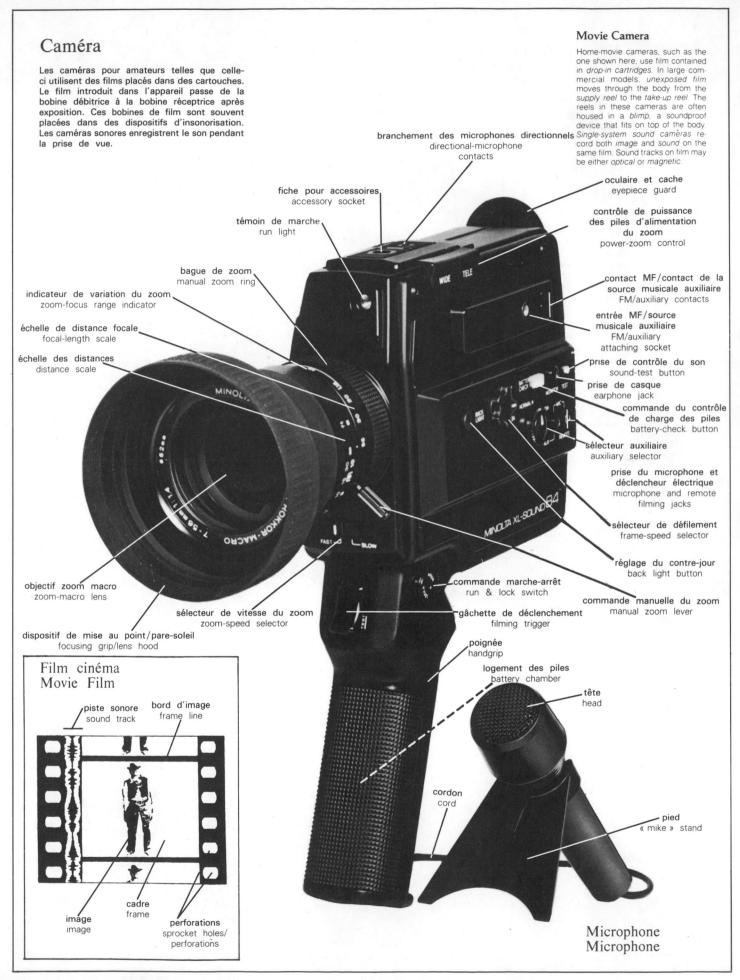

branchement des microphones directionnels
directional-microphone contacts

fiche pour accessoires
accessory socket

témoin de marche
run light

bague de zoom
manual zoom ring

indicateur de variation du zoom
zoom-focus range indicator

échelle de distance focale
focal-length scale

échelle des distances
distance scale

oculaire et cache
eyepiece guard

contrôle de puissance des piles d'alimentation du zoom
power-zoom control

contact MF/contact de la source musicale auxiliaire
FM/auxiliary contacts

entrée MF/source musicale auxiliaire
FM/auxiliary attaching socket

prise de contrôle du son
sound-test button

prise de casque
earphone jack

commande du contrôle de charge des piles
battery-check button

sélecteur auxiliaire
auxiliary selector

prise du microphone et déclencheur électrique
microphone and remote filming jacks

sélecteur de défilement
frame-speed selector

réglage du contre-jour
back light button

commande manuelle du zoom
manual zoom lever

objectif zoom macro
zoom-macro lens

commande marche-arrêt
run & lock switch

sélecteur de vitesse du zoom
zoom-speed selector

gâchette de déclenchement
filming trigger

dispositif de mise au point/pare-soleil
focusing grip/lens hood

poignée
handgrip

logement des piles
battery chamber

tête
head

cordon
cord

pied
« mike » stand

Film cinéma
Movie Film

piste sonore
sound track

bord d'image
frame line

image
image

cadre
frame

perforations
sprocket holes/perforations

Microphone
Microphone

Projectors

The film projector shown here is a *self-threading, reel-to-reel model* with a built-in *speaker*. Slide projectors may have circular, or *carousel*, trays, *slide cubes* or *straight trays*.

Projecteurs

Le projecteur de films sonores présenté ici est un système à chargement automatique, muni d'un haut-parleur incorporé. Les projecteurs de diapositives peuvent recevoir des paniers qui sont soit circulaires, — les carrousels, — soit des chargeurs droits.

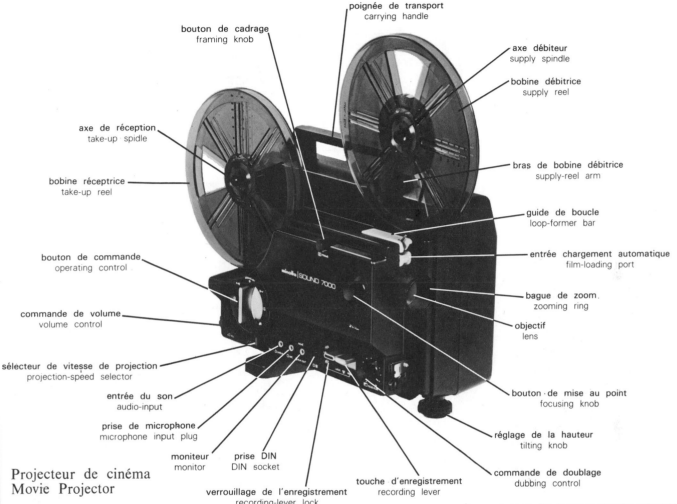

poignée de transport
carrying handle

bouton de cadrage
framing knob

axe débiteur
supply spindle

bobine débitrice
supply reel

axe de réception
take-up spidle

bobine réceptrice
take-up reel

bras de bobine débitrice
supply-reel arm

guide de boucle
loop-former bar

entrée chargement automatique
film-loading port

bouton de commande
operating control

bague de zoom
zooming ring

objectif
lens

commande de volume
volume control

sélecteur de vitesse de projection
projection-speed selector

bouton de mise au point
focusing knob

entrée du son
audio-input

réglage de la hauteur
tilting knob

prise de microphone
microphone input plug

commande de doublage
dubbing control

moniteur
monitor

prise DIN
DIN socket

verrouillage de l'enregistrement
recording-lever lock

touche d'enregistrement
recording lever

Projecteur de cinéma
Movie Projector

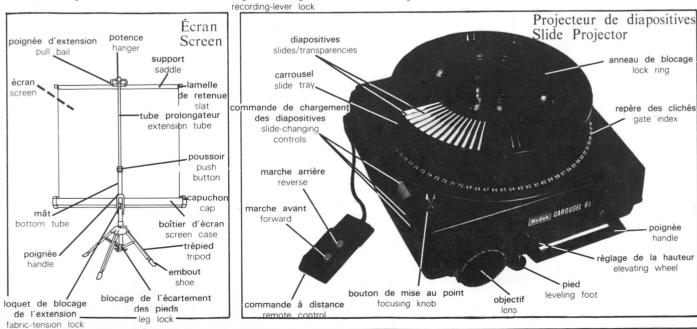

Écran
Screen

poignée d'extension
pull bail

potence
hanger

support
saddle

écran
screen

lamelle
de retenue
slat

tube prolongateur
extension tube

poussoir
push button

mât
bottom tube

capuchon
cap

poignée
handle

boîtier d'écran
screen case

trépied
tripod

embout
shoe

loquet de blocage
de l'extension
fabric-tension lock

blocage de l'écartement
des pieds
leg lock

Projecteur de diapositives
Slide Projector

diapositives
slides/transparencies

carrousel
slide tray

anneau de blocage
lock ring

commande de chargement
des diapositives
slide-changing controls

repère des clichés
gate index

marche arrière
reverse

marche avant
forward

poignée
handle

réglage de la hauteur
elevating wheel

commande à distance
remote control

bouton de mise au point
focusing knob

objectif
lens

pied
leveling foot

173

Communications Audiovisuelles

Accessoires photographiques

Il faut ajouter aux accessoires présentés ici les courroies de transport et également des accessoires tels que les pinceaux et les chiffons spéciaux utilisés pour le nettoyage des objectifs, de même que les agents nettoyants étudiés pour les objectifs.

Photographic Accessories

In addition to the accessories shown here, *carrying straps*, *gadget bags*, and *cleaning supplies* such as *brushes*, *lens tissue* and *cleaning fluid* are used.

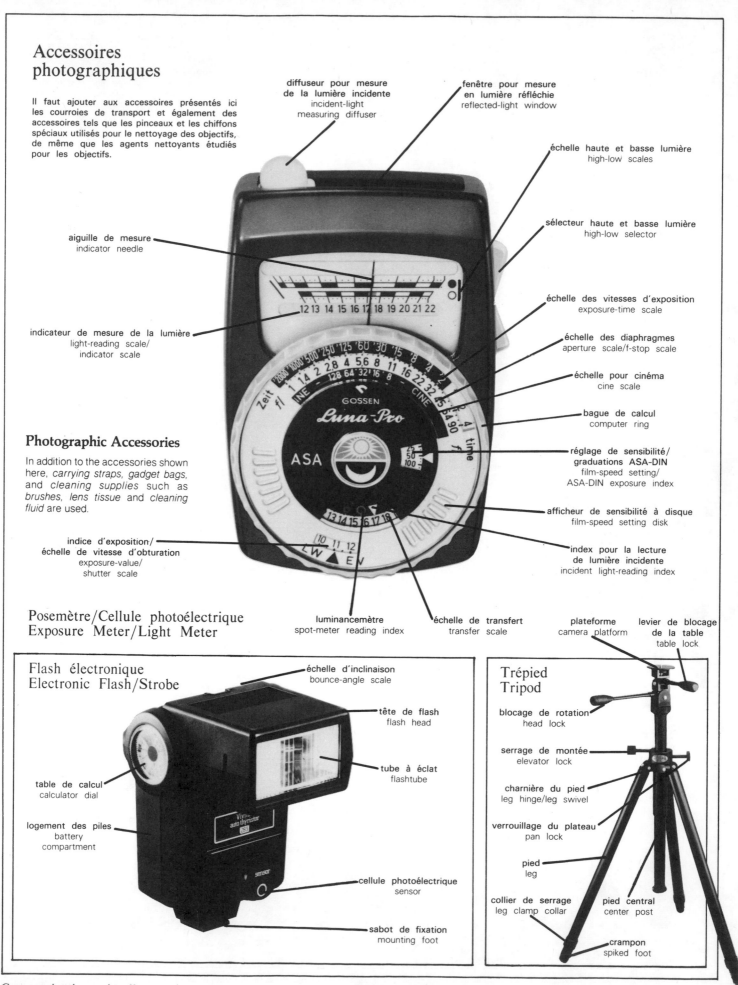

diffuseur pour mesure de la lumière incidente
incident-light measuring diffuser

fenêtre pour mesure en lumière réfléchie
reflected-light window

échelle haute et basse lumière
high-low scales

sélecteur haute et basse lumière
high-low selector

aiguille de mesure
indicator needle

échelle des vitesses d'exposition
exposure-time scale

échelle des diaphragmes
aperture scale/f-stop scale

échelle pour cinéma
cine scale

indicateur de mesure de la lumière
light-reading scale/ indicator scale

bague de calcul
computer ring

réglage de sensibilité/ graduations ASA-DIN
film-speed setting/ ASA-DIN exposure index

afficheur de sensibilité à disque
film-speed setting disk

indice d'exposition/ échelle de vitesse d'obturation
exposure-value/ shutter scale

index pour la lecture de lumière incidente
incident light-reading index

Posemètre/Cellule photoélectrique
Exposure Meter/Light Meter

luminancemètre
spot-meter reading index

échelle de transfert
transfer scale

plateforme
camera platform

levier de blocage de la table
table lock

Flash électronique
Electronic Flash/Strobe

échelle d'inclinaison
bounce-angle scale

tête de flash
flash head

tube à éclat
flashtube

table de calcul
calculator dial

logement des piles
battery compartment

cellule photoélectrique
sensor

sabot de fixation
mounting foot

Trépied
Tripod

blocage de rotation
head lock

serrage de montée
elevator lock

charnière du pied
leg hinge/leg swivel

verrouillage du plateau
pan lock

pied
leg

collier de serrage
leg clamp collar

pied central
center post

crampon
spiked foot

Tape Recorders

Sound is recorded on *magnetic tape* by passing the tape over a *recording head*. Most cassette recorders have *built-in microphones* but are designed to work with *external mikes* as well. They are *battery-powered*, have *rechargeable battery packs* or *AC power cords*.

Magnétophones

Le son s'inscrit sur une bande magnétique qui défile au contact d'une tête enregistreuse. La plupart des magnétophones à cassette ont des microphones incorporés, mais peuvent utiliser des microphones indépendants. Ils sont alimentés par des piles, ou des accumulateurs rechargeables ou encore, directement par le secteur.

commande d'égaliseur
equalizing switch

commande de prémagnétisation
bias switch

commande de monitorage
monitor switch

commande de vitesse
speed switch

commande de mode d'enregistrement
recording-mode buttons

indicateur voie droite
right-channel volume unit meter

face avant
front panel

commande marche-arrêt
power button

agrafe de blocage
reel lock/keeper

bobine débitrice
supply reel

bobine réceptrice
take-up reel

indicateur d'enregistrement
record indicator

indicateurs de direction
direction indicators

indicateur de voie gauche
left-channel volume unit meter

commande de pause
pause button

commande d'enregistrement
record button

indicateur de pause
pause indicator

prise de casque
headphone jack

commande de lecture
play button

prises de microphones
microphone jacks

commande d'arrêt
stop button

commande de niveau d'enregistrement du microphone
microphone-recording level control

galet
pinch roller

compteur
tape counter

commande de remise à zéro
reset button

commande d'avance rapide
fast-forward button

commande de niveau d'enregistrement auxiliaire
line-recording level control

commande de répétition
repeat button

cabestan
capstan

galet
pinch roller

commande de retour rapide
fast-rewind button

réglage fin de vitesse
pitch-control dial

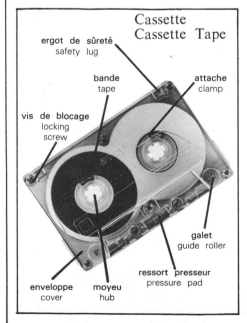

Cassette
Cassette Tape

ergot de sûreté
safety lug

bande
tape

attache
clamp

vis de blocage
locking screw

galet
guide roller

enveloppe
cover

moyeu
hub

ressort presseur
pressure pad

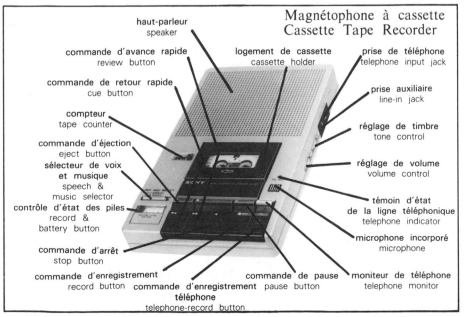

haut-parleur
speaker

Magnétophone à cassette
Cassette Tape Recorder

commande d'avance rapide
review button

logement de cassette
cassette holder

prise de téléphone
telephone input jack

commande de retour rapide
cue button

prise auxiliaire
line-in jack

compteur
tape counter

réglage de timbre
tone control

commande d'éjection
eject button

réglage de volume
volume control

sélecteur de voix et musique
speech & music selector

témoin d'état de la ligne téléphonique
telephone indicator

contrôle d'état des piles
record & battery button

microphone incorporé
microphone

commande d'arrêt
stop button

moniteur de téléphone
telephone monitor

commande d'enregistrement
record button

commande d'enregistrement téléphone
telephone-record button

commande de pause
pause button

Communications orales

Stéréophonie

Un *disque 30 cm* contient plusieurs *enregistrements* sur chacune de ses *faces*. Un *disque stéréophonique* possède *deux pistes sonores* gravées dans le même sillon, tandis qu'un *disque mono* n'en possède qu'une et qu'un *disque en quadriphonie* peut en avoir quatre. Les disques sont conservés en *pochettes de protection* glissées dans des *pochettes de présentation*. Le jukebox est un phonographe public qui joue automatiquement un disque choisi.

Phonographic Equipment

A *long-playing record*, or *LP*, contains several *recordings* on both the front and *flip sides*. A *stereo record* has *twin soundtracks* in a single groove, whereas a *monaural record* has one and a *quadraphonic record* has four. Records are protected by a *sleeve* which is slipped into an *album cover*, or *jacket*. A *jukebox* is a coin-operated phonograph that plays selected music.

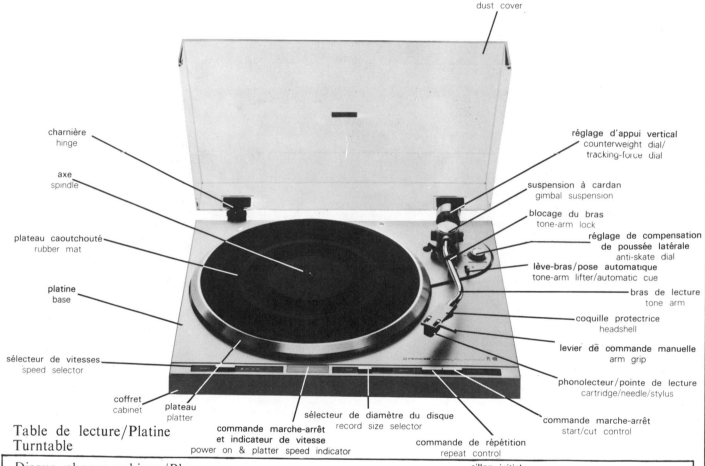

capot protecteur
dust cover

charnière
hinge

axe
spindle

plateau caoutchouté
rubber mat

platine
base

sélecteur de vitesses
speed selector

coffret
cabinet

plateau
platter

réglage d'appui vertical
counterweight dial/
tracking-force dial

suspension à cardan
gimbal suspension

blocage du bras
tone-arm lock

réglage de compensation
de poussée latérale
anti-skate dial

lève-bras/pose automatique
tone-arm lifter/automatic cue

bras de lecture
tone arm

coquille protectrice
headshell

levier de commande manuelle
arm grip

phonolecteur/pointe de lecture
cartridge/needle/stylus

commande marche-arrêt
start/cut control

sélecteur de diamètre du disque
record size selector

commande marche-arrêt
et indicateur de vitesse
power on & platter speed indicator

commande de répétition
repeat control

Table de lecture/Platine
Turntable

Disque phonographique/Phonogramme
Record/Platter/Disc

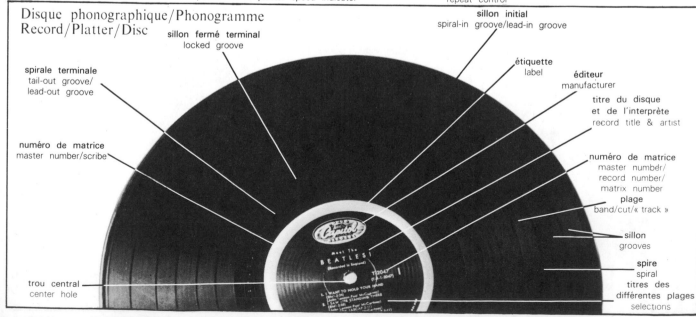

sillon initial
spiral-in groove/lead-in groove

sillon fermé terminal
locked groove

spirale terminale
tail-out groove/
lead-out groove

numéro de matrice
master number/scribe

étiquette
label

éditeur
manufacturer

titre du disque
et de l'interprète
record title & artist

numéro de matrice
master number/
record number/
matrix number

plage
band/cut/« track »

sillon
grooves

spire
spiral

titres des
différentes plages
selections

trou central
center hole

Phonographic Equipment

A phonographic system produces minimally distorted sound, or *high fidelity*. It is usually comprised of a *tuner*, a *pre-amp*, an amplifier and speakers. Its power output is measured in *watts*.

Équipement phonographique

Un ensemble de restitution phonographique est dit *haute fidélité*, si son niveau de distorsion est suffisamment faible. Il se compose habituellement d'un *récepteur* ou *syntoniseur*, d'un *préamplificateur* et d'un amplificateur de puissance et se complète souvent d'un récepteur MF (éventuellement MA). Le son est diffusé par des haut-parleurs. La puissance électrique de sortie s'évalue en *watts*.

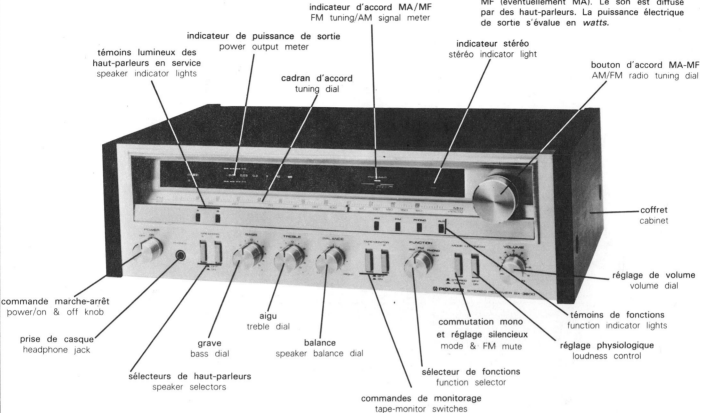

indicateur d'accord MA/MF
FM tuning/AM signal meter

indicateur de puissance de sortie
power output meter

témoins lumineux des haut-parleurs en service
speaker indicator lights

cadran d'accord
tuning dial

indicateur stéréo
stéréo indicator light

bouton d'accord MA-MF
AM/FM radio tuning dial

coffret
cabinet

réglage de volume
volume dial

témoins de fonctions
function indicator lights

réglage physiologique
loudness control

commutation mono et réglage silencieux
mode & FM mute

sélecteur de fonctions
function selector

commandes de monitorage
tape-monitor switches

commande marche-arrêt
power/on & off knob

prise de casque
headphone jack

aigu
treble dial

grave
bass dial

balance
speaker balance dial

sélecteurs de haut-parleurs
speaker selectors

Amplirécepteur
Receiver/Amplifier

Casque d'écoute
Headphones

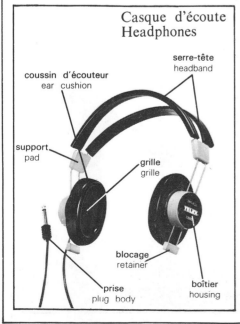

serre-tête
headband

coussin d'écouteur
ear cushion

support
pad

grille
grille

blocage
retainer

prise
plug body

boîtier
housing

Haut-parleurs /Enceintes acoustiques Speakers

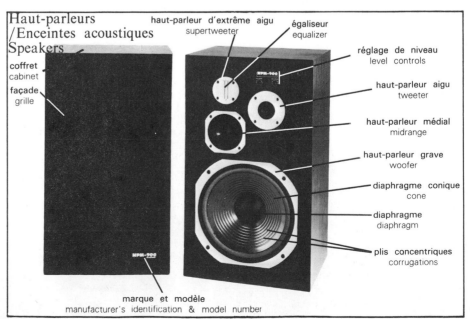

haut-parleur d'extrême aigu
supertweeter

égaliseur
equalizer

coffret
cabinet

façade
grille

réglage de niveau
level controls

haut-parleur aigu
tweeter

haut-parleur médial
midrange

haut-parleur grave
woofer

diaphragme conique
cone

diaphragme
diaphragm

plis concentriques
corrugations

marque et modèle
manufacturer's identification & model number

Communications orales

Téléphone

L'enveloppe colorée d'un téléphone s'appelle le boîtier. On repose le combiné dans un logement où il provoque l'enfoncement du crochet commutateur. Un espace creux ménagé sur la partie arrière du poste téléphonique sert de prise pour soulever l'appareil.

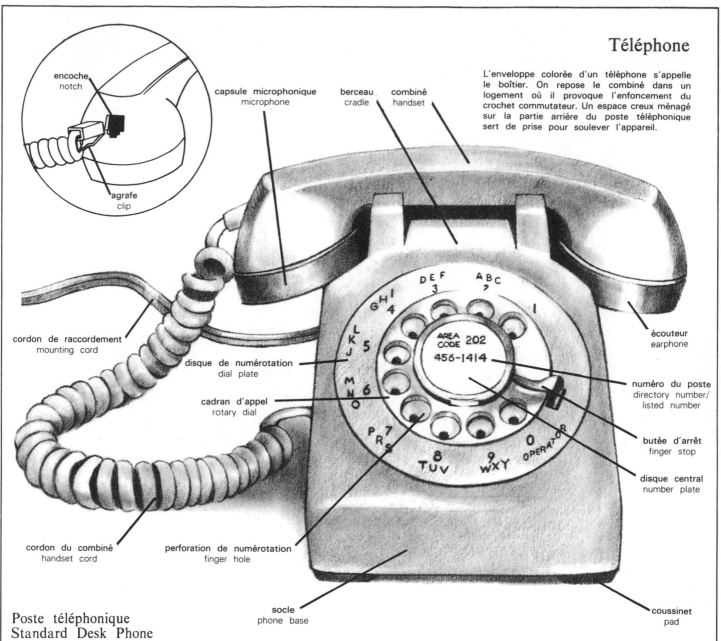

encoche
notch

agrafe
clip

capsule microphonique
microphone

berceau
cradle

combiné
handset

écouteur
earphone

cordon de raccordement
mounting cord

disque de numérotation
dial plate

cadran d'appel
rotary dial

AREA CODE 202
456-1414

numéro du poste
directory number/
listed number

butée d'arrêt
finger stop

disque central
number plate

cordon du combiné
handset cord

perforation de numérotation
finger hole

socle
phone base

coussinet
pad

Poste téléphonique
Standard Desk Phone

Téléphone public/Publiphone

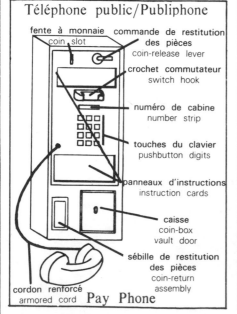

fente à monnaie
coin slot

commande de restitution
des pièces
coin-release lever

crochet commutateur
switch hook

numéro de cabine
number strip

touches du clavier
pushbutton digits

panneaux d'instructions
instruction cards

caisse
coin-box
vault door

sébille de restitution
des pièces
coin-return
assembly

cordon renforcé
armored cord

Pay Phone

Téléphone chandelier
Candlestick Phone

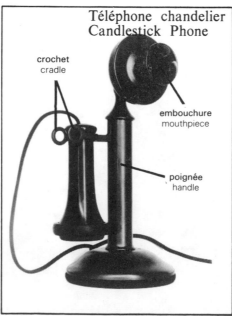

crochet
cradle

embouchure
mouthpiece

poignée
handle

Combiné téléphonique à cadran incorporé
Trimline phone

interrupteur
plunger

socle
base

régulateur de la sonnerie
bell adjuster

Transceiver

A *walkie-talkie* is a hand-held transceiver used to transmit and receive over short distances. *CBs,* or Citizens Band radios, like the one shown here, have greater but still limited range. *Amateur radio operators,* or *"hams,"* use transceivers capable of communicating over vast distances.

Émetteur récepteur

Un talkie-walkie est un émetteur récepteur manuel transportable utilisé pour émettre sur de faibles distances. Les émetteurs de bandes CB, tel que celui que nous présentons ci-dessous ont une portée plus étendue, mais limitée elle aussi. Les radioamateurs utilisent des appareils capables de communiquer à des milliers de kilomètres.

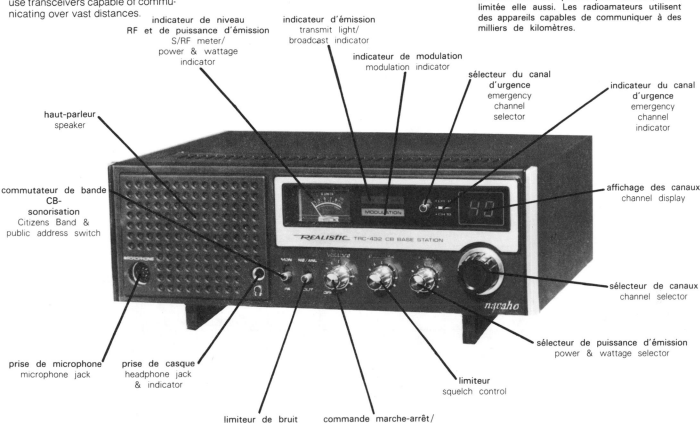

indicateur de niveau
RF et de puissance d'émission
S/RF meter/
power & wattage
indicator

indicateur d'émission
transmit light/
broadcast indicator

indicateur de modulation
modulation indicator

sélecteur du canal
d'urgence
emergency
channel
selector

indicateur du canal
d'urgence
emergency
channel
indicator

haut-parleur
speaker

commutateur de bande
CB-
sonorisation
Citizens Band &
public address switch

affichage des canaux
channel display

sélecteur de canaux
channel selector

prise de microphone
microphone jack

prise de casque
headphone jack
& indicator

sélecteur de puissance d'émission
power & wattage selector

limiteur
squelch control

limiteur de bruit
automatic noise limiter

commande marche-arrêt/
réglage de volume
on-off switch/
volume control

Telephone

The colored shell of a telephone is the *casing.* The *handset* rests in the *cradle* on *plungers.* The recessed area in the back of the casing, by which the phone is lifted, is the *grasper.*

Station de base

Microphone
Microphone

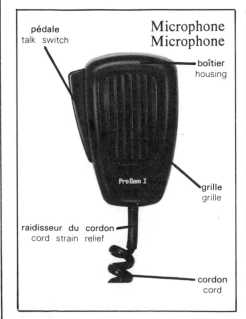

pédale
talk switch

boîtier
housing

grille
grille

raidisseur du cordon
cord strain relief

cordon
cord

Antenne
Antenna/Aerial

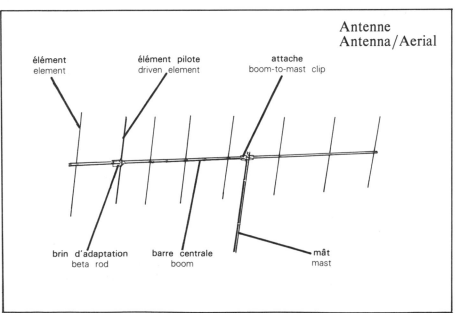

élément
element

élément pilote
driven element

attache
boom-to-mast clip

brin d'adaptation
beta rod

barre centrale
boom

mât
mast

Communications orales

Magnétoscope

Les magnétoscopes sont utilisés en association avec un appareil de télévision ou une caméra vidéo. Ils peuvent être commandés à distance. Il en existe deux types : ceux utilisant les disques lisses, et ceux qui utilisent les bandes d'enregistrement vidéo.

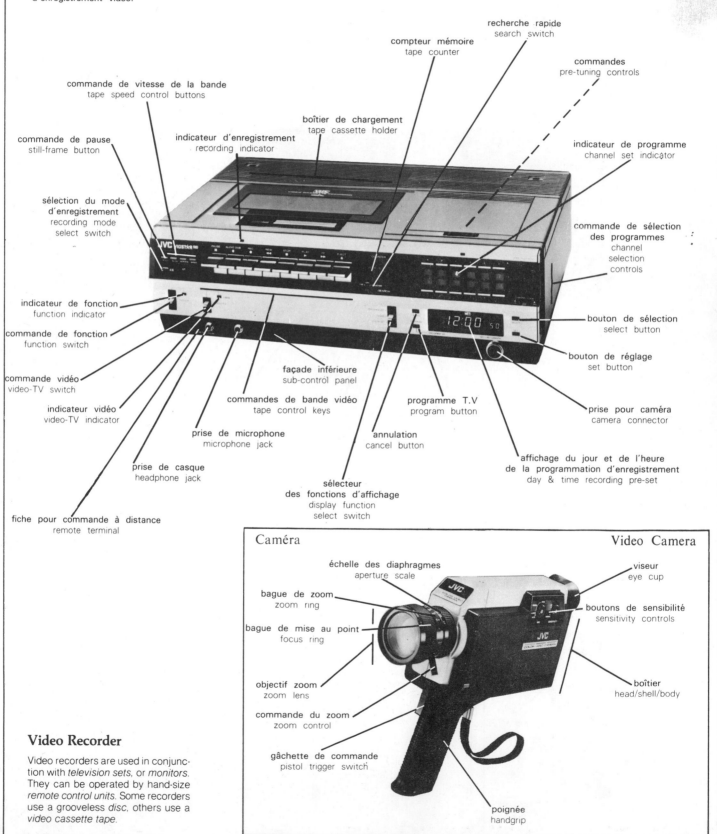

recherche rapide
search switch

compteur mémoire
tape counter

commandes
pre-tuning controls

commande de vitesse de la bande
tape speed control buttons

boîtier de chargement
tape cassette holder

indicateur de programme
channel set indicator

commande de pause
still-frame button

indicateur d'enregistrement
recording indicator

sélection du mode
d'enregistrement
recording mode
select switch

commande de sélection
des programmes
channel
selection
controls

indicateur de fonction
function indicator

bouton de sélection
select button

commande de fonction
function switch

bouton de réglage
set button

commande vidéo
video-TV switch

façade inférieure
sub-control panel

prise pour caméra
camera connector

indicateur vidéo
video-TV indicator

commandes de bande vidéo
tape control keys

programme T.V
program button

prise de microphone
microphone jack

annulation
cancel button

affichage du jour et de l'heure
de la programmation d'enregistrement
day & time recording pre-set

prise de casque
headphone jack

fiche pour commande à distance
remote terminal

sélecteur
des fonctions d'affichage
display function
select switch

Caméra / Video Camera

échelle des diaphragmes
aperture scale

viseur
eye cup

bague de zoom
zoom ring

boutons de sensibilité
sensitivity controls

bague de mise au point
focus ring

objectif zoom
zoom lens

boîtier
head/shell/body

commande du zoom
zoom control

gâchette de commande
pistol trigger switch

poignée
handgrip

Video Recorder

Video recorders are used in conjunction with *television sets*, or *monitors*. They can be operated by hand-size *remote control units*. Some recorders use a grooveless *disc*, others use a *video cassette tape*.

Television

The picture tube, or *"gun,"* is the largest single component in a television set's *chassis*. Today's sets are capable of receiving 105 channels including *ultra-high frequency, very-high frequency, midband* and *superband signals*. A low-power *laser beam* located in the player's *cabinet* translates 54,000 circular *tracks*, or *"frames,"* into pictures.

Television

Le tube image est le plus grand composant simple constituant le châssis d'un poste de télévision. Aujourd'hui, les récepteurs sont capables de recevoir jusqu'à 105 chaînes, comprenant celles de très haute et très basse fréquence de bande moyenne et supérieure. Un rayon laser de faible puissance situé dans le boîtier du récepteur transforme 54 000 faisceaux en images.

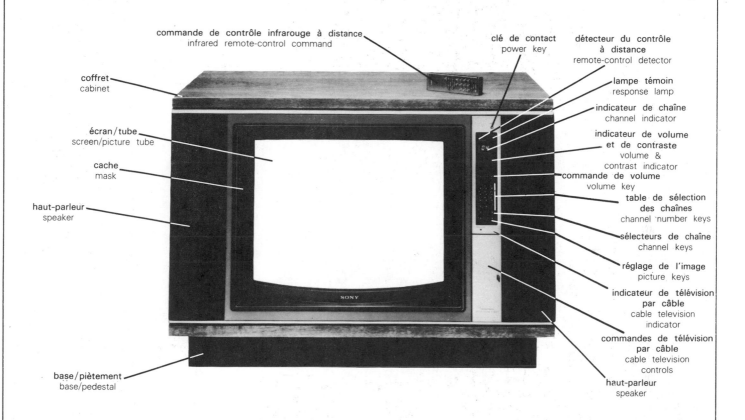

commande de contrôle infrarouge à distance
infrared remote-control command

clé de contact
power key

détecteur du contrôle à distance
remote-control detector

coffret
cabinet

lampe témoin
response lamp

indicateur de chaîne
channel indicator

écran/tube
screen/picture tube

indicateur de volume et de contraste
volume & contrast indicator

cache
mask

commande de volume
volume key

haut-parleur
speaker

table de sélection des chaînes
channel number keys

sélecteurs de chaîne
channel keys

réglage de l'image
picture keys

indicateur de télévision par câble
cable television indicator

commandes de télévision par câble
cable television controls

haut-parleur
speaker

base/piètement
base/pedestal

Téléviseur
Television Set/Monitor

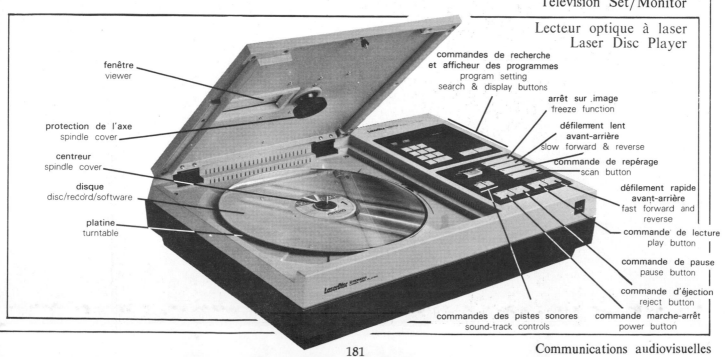

Lecteur optique à laser
Laser Disc Player

fenêtre
viewer

commandes de recherche et afficheur des programmes
program setting search & display buttons

arrêt sur image
freeze function

protection de l'axe
spindle cover

défilement lent avant-arrière
slow forward & reverse

centreur
spindle cover

commande de repérage
scan button

disque
disc/record/software

défilement rapide avant-arrière
fast forward and reverse

platine
turntable

commande de lecture
play button

commande de pause
pause button

commande d'éjection
reject button

commandes des pistes sonores
sound-track controls

commande marche-arrêt
power button

Communications audiovisuelles

Satellite

Les satellites actifs à répéteur sont des satellites de communication qui amplifient les signaux qui leur sont envoyés pour être par la suite retransmis. Les satellites passifs ou réflecteurs réfléchissent les signaux sans les amplifier. Les satellites utilisés pour l'exploration de l'espace, tel que celui-ci, effectuent des mesures scientifiques et retransmettent leurs informations sur la terre.

Satellite

Active repeater satellites are communications satellites that amplify signals beamed to them for retransmission *Passive* or *reflector satellites* mirror signals without amplifying them. Satellites used for space exploration, such as the one shown here, make scientific measurements and transmit the information back to earth.

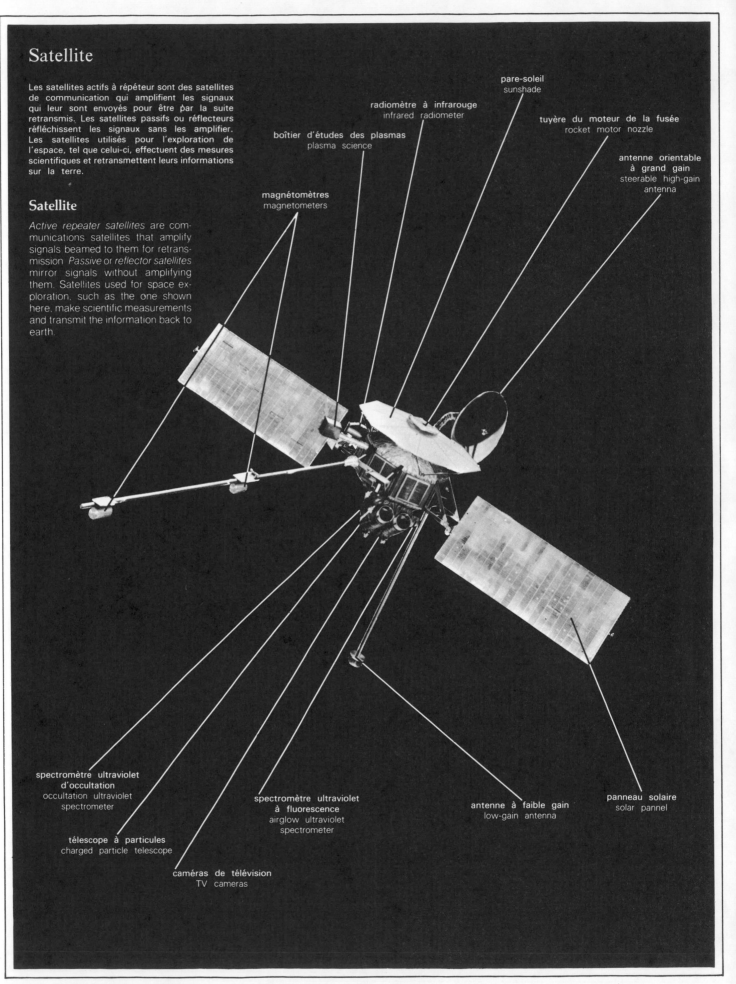

radiomètre à infrarouge
infrared radiometer

pare-soleil
sunshade

boîtier d'études des plasmas
plasma science

tuyère du moteur de la fusée
rocket motor nozzle

antenne orientable
à grand gain
steerable high-gain
antenna

magnétomètres
magnetometers

spectromètre ultraviolet
d'occultation
occultation ultraviolet
spectrometer

télescope à particules
charged particle telescope

spectromètre ultraviolet
à fluorescence
airglow ultraviolet
spectrometer

caméras de télévision
TV cameras

antenne à faible gain
low-gain antenna

panneau solaire
solar pannel

Les effets personnels

Cette section présente tous les articles que les gens sont susceptibles de porter, transporter et utiliser dans la vie quotidienne, notamment les vêtements, les chapeaux, les chaussures, les bijoux et l'argent.

En cas de différences notables entre articles pour hommes et pour femmes, on en a donné des présentations séparées ; par contre, pour les articles tels que les pulls, ou les imperméables, qui sont portés indifféremment par l'un et l'autre sexe, une seule version a suffi. Il arrive qu'un article existe en plusieurs modèles : on a pris alors quelques licences de présentation pour faire figurer sur un seul modèle les diverses variantes possibles. Pour ce qui est des vêtements et des coiffures, si leur style varie d'une mode à l'autre, ils ont toutefois en commun des points de base et certains détails, illustrés dans les planches qui suivent.

Les cosmétiques, produits de soin, bijoux et coiffures jouent un rôle important dans la vie quotidienne, d'où l'intérêt de les faire figurer dans ce chapitre. Il en va de même pour les lunettes, les sacs à main, les portefeuilles, les montres ainsi que les articles du fumeur. Enfin, puisque par précaution il est toujours bon d'avoir un parapluie avec soi, il semblait bien normal d'en parler ici.

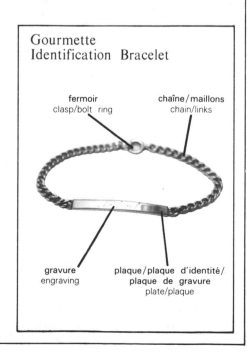

Gourmette
Identification Bracelet

fermoir
clasp/bolt ring

chaîne/maillons
chain/links

gravure
engraving

plaque/plaque d'identité/
plaque de gravure
plate/plaque

Veston et gilet

Les vestons, peuvent être, tout comme les manteaux, soit droits, soit croisés. On trouve généralement une poche poitrine sur la partie supérieure du demi-devant gauche. Souvent, une petite poche destinée à recevoir des pièces de monnaie est aménagée dans l'une des poches de côté. La plupart des vestes ont soit une fente médiane, ou ouverture au milieu du dos, soit deux fentes latérales dans le prolongement des coutures. Les gilets comportent des tirants de réglage au dos.

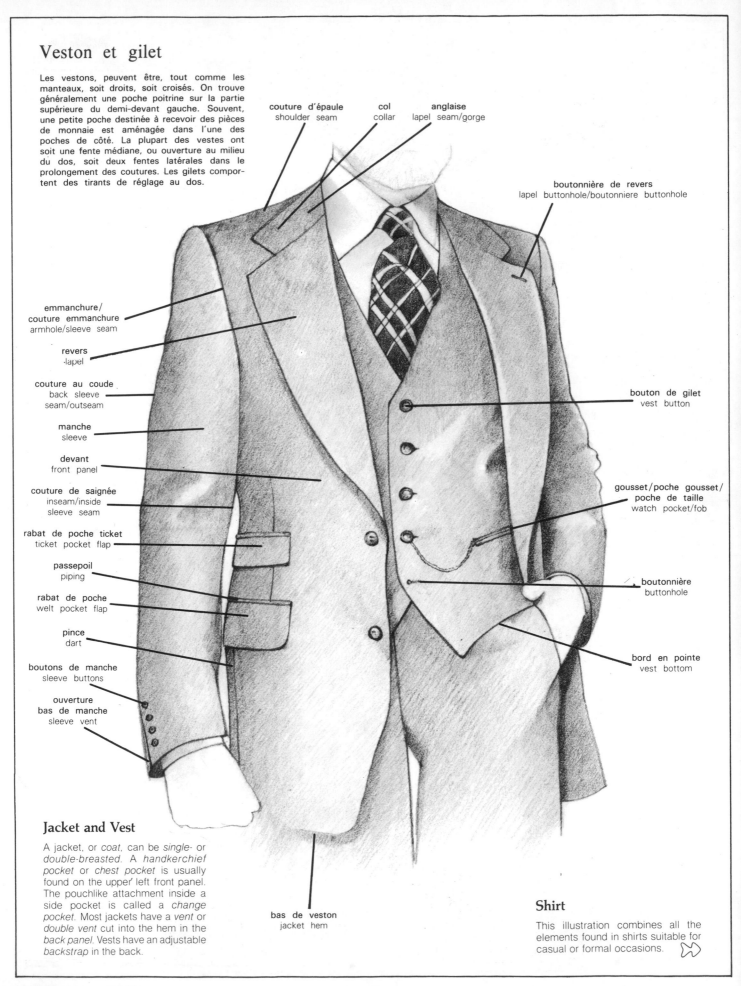

couture d'épaule
shoulder seam

col
collar

anglaise
lapel seam/gorge

boutonnière de revers
lapel buttonhole/boutonniere buttonhole

emmanchure/
couture emmanchure
armhole/sleeve seam

revers
lapel

couture au coude
back sleeve
seam/outseam

manche
sleeve

devant
front panel

couture de saignée
inseam/inside
sleeve seam

rabat de poche ticket
ticket pocket flap

passepoil
piping

rabat de poche
welt pocket flap

pince
dart

boutons de manche
sleeve buttons

ouverture
bas de manche
sleeve vent

bouton de gilet
vest button

gousset/poche gousset/
poche de taille
watch pocket/fob

boutonnière
buttonhole

bord en pointe
vest bottom

bas de veston
jacket hem

Jacket and Vest

A jacket, or *coat*, can be *single-* or *double-breasted*. A *handkerchief pocket* or *chest pocket* is usually found on the upper left front panel. The pouchlike attachment inside a side pocket is called a *change pocket*. Most jackets have a *vent* or *double vent* cut into the hem in the *back panel*. Vests have an adjustable *backstrap* in the back.

Shirt

This illustration combines all the elements found in shirts suitable for casual or formal occasions.

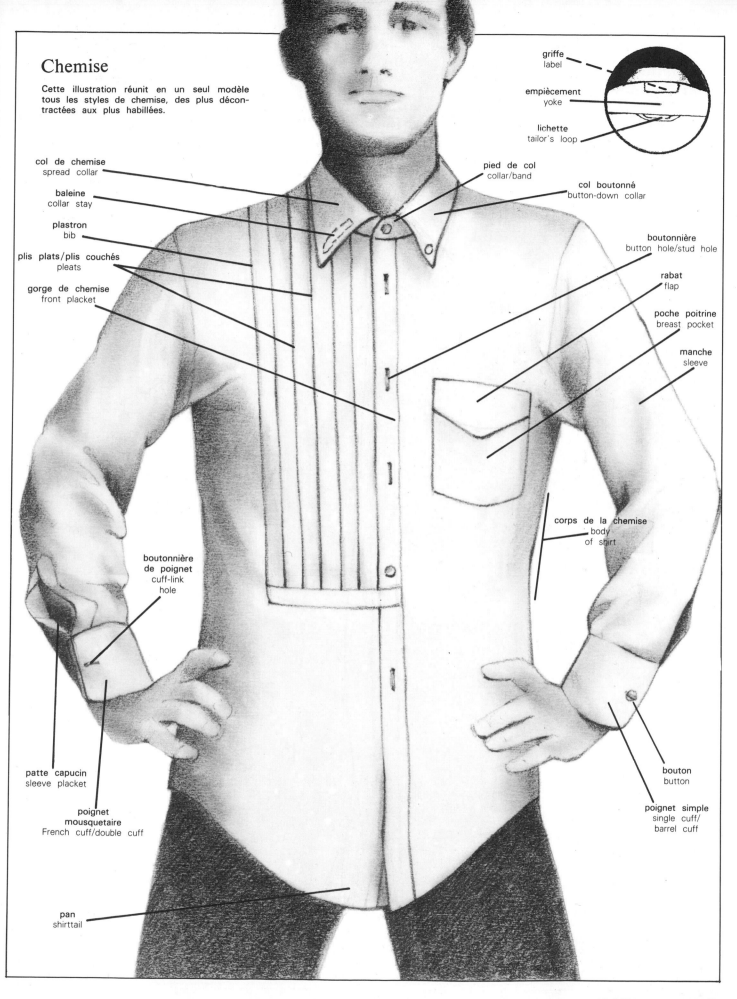

Chemise

Cette illustration réunit en un seul modèle tous les styles de chemise, des plus décontractées aux plus habillées.

griffe
label

empiècement
yoke

lichette
tailor's loop

col de chemise
spread collar

baleine
collar stay

plastron
bib

plis plats/plis couchés
pleats

gorge de chemise
front placket

pied de col
collar/band

col boutonné
button-down collar

boutonnière
button hole/stud hole

rabat
flap

poche poitrine
breast pocket

manche
sleeve

corps de la chemise
body
of shirt

boutonnière
de poignet
cuff-link
hole

patte capucin
sleeve placket

poignet
mousquetaire
French cuff/double cuff

pan
shirttail

bouton
button

poignet simple
single cuff/
barrel cuff

Habillement masculin

Ceinture et bretelles

Certaines boucles de grande taille sont ornées de décorations gravées à même le métal. Les sangles, ou ceintures militaires, se règlent et se ferment au moyen d'une petite barre de tension logée à l'intérieur de la boucle. Quelquefois, les ceintures comportent des œillets servant à renforcer les trous. Il existe essentiellement deux sortes de bretelles : celles dont les bandes se croisent dans le dos, et celles qui, comme sur cette planche, se terminent par un ruban de toile élastique dans le dos.

Belt and Suspenders

Large, often elaborately engraved buckles are called *plaque buckles*. *Military buckles*, or *ratchet buckles*, are adjusted by pushing a *tension rod* inside the *frame*. Some belts come with reinforcing *eyelets* in the punch holes. The composite pair of suspenders shown here are *fireman's*, *policeman's*, or *working man's suspenders*. They all have a single elastic band at the back, whereas *dress suspenders* have crossed bands.

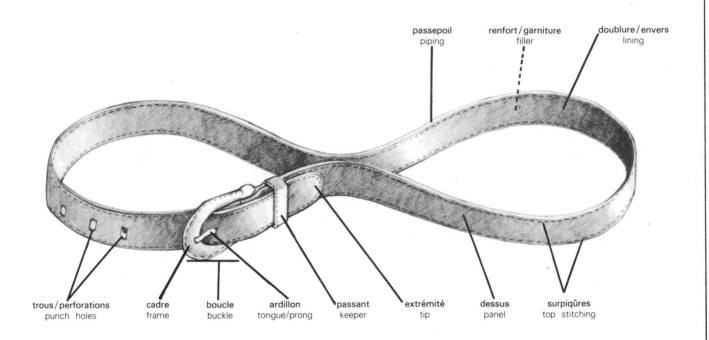

passepoil
piping

renfort / garniture
filler

doublure / envers
lining

trous / perforations
punch holes

cadre
frame

boucle
buckle

ardillon
tongue/prong

passant
keeper

extrémité
tip

dessus
panel

surpiqûres
top stitching

Ceinture
Belt

Bretelles
Suspenders/Braces/
Galluses

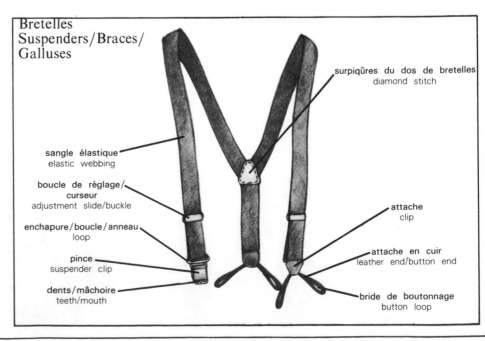

surpiqûres du dos de bretelles
diamond stitch

sangle élastique
elastic webbing

boucle de réglage/
curseur
adjustment slide/buckle

enchapure/boucle/anneau
loop

pince
suspender clip

dents/mâchoire
teeth/mouth

attache
clip

attache en cuir
leather end/button end

bride de boutonnage
button loop

Pants

The back of a *pair of pants* is called the *seat*. Mid-thigh or knee length pants are *shorts*. *Jeans* often have pockets and seams reinforced with *rivets*. *Waistband closures* on pants are secured with *button tab closings* or metal *hook and eye closings*.

Pantalon

La partie postérieure d'un pantalon s'appelle un fond. Le short est, comme son nom l'indique, une culotte courte qui s'arrête en haut de la cuisse ; le bermuda ressemble au short, mais les jambes sont plus serrées et descendent à peu près jusqu'au niveau des genoux. Les poches et les coutures d'un jean sont souvent renforcées par des rivets. La fermeture des ceintures montées des pantalons est assurée soit par une patte boutonnée, soit par une agrafe et une porte.

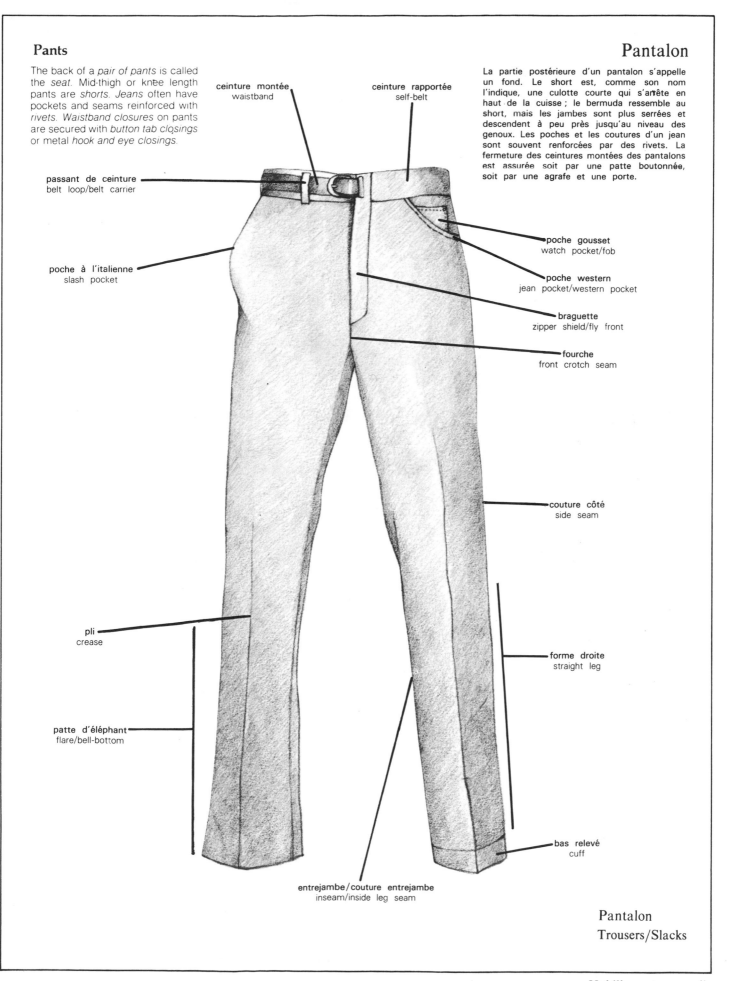

ceinture montée
waistband

ceinture rapportée
self-belt

passant de ceinture
belt loop/belt carrier

poche à l'italienne
slash pocket

poche gousset
watch pocket/fob

poche western
jean pocket/western pocket

braguette
zipper shield/fly front

fourche
front crotch seam

couture côté
side seam

pli
crease

forme droite
straight leg

patte d'éléphant
flare/bell-bottom

bas relevé
cuff

entrejambe/couture entrejambe
inseam/inside leg seam

Pantalon
Trousers/Slacks

Habillement masculin

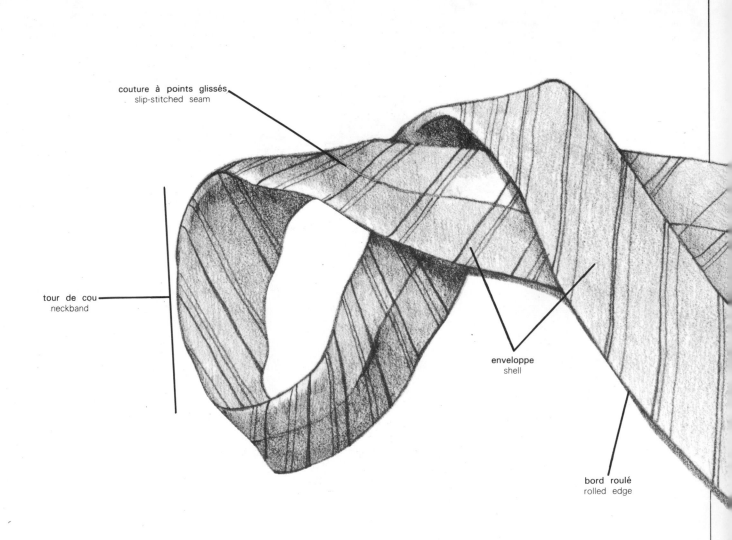

couture à points glissés
slip-stitched seam

tour de cou
neckband

enveloppe
shell

bord roulé
rolled edge

Cravate
Necktie/Four-in-Hand

Nœud papillon
Bow Tie/Butterfly Tie

ruban/nœud de serrage
crosspiece/crossknob

coques
wings

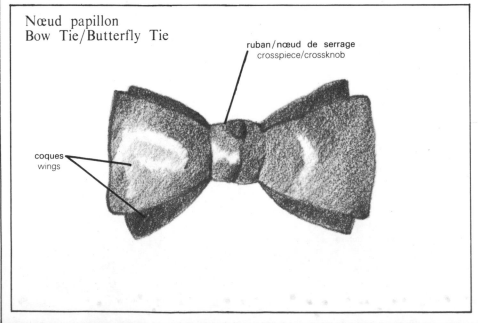

Cordelière
String Tie/Bolo Tie

curseur
slide

corde
string/cord

glands
aglets

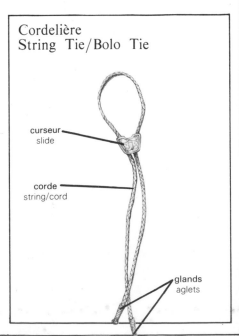

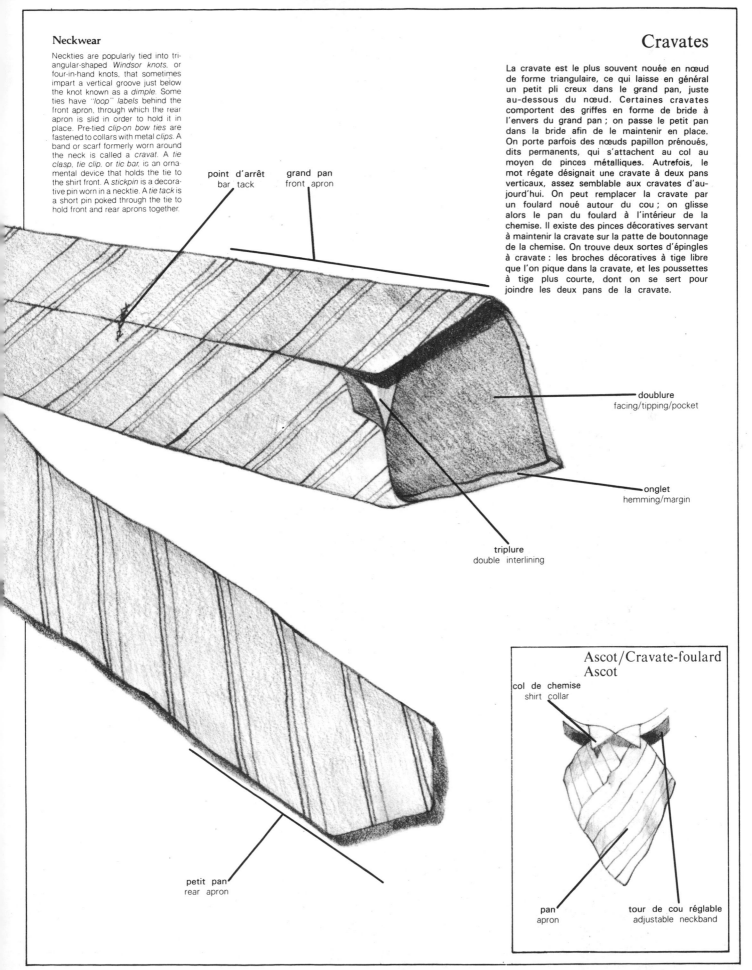

Neckwear

Neckties are popularly tied into triangular-shaped *Windsor knots*, or four-in-hand knots, that sometimes impart a vertical groove just below the knot known as a *dimple*. Some ties have *"loop" labels* behind the front apron, through which the rear apron is slid in order to hold it in place. Pre-tied *clip-on bow ties* are fastened to collars with metal *clips*. A band or scarf formerly worn around the neck is called a *cravat*. A *tie clasp*, *tie clip*, or *tie bar*, is an ornamental device that holds the tie to the shirt front. A *stickpin* is a decorative pin worn in a necktie. A *tie tack* is a short pin poked through the tie to hold front and rear aprons together.

Cravates

La cravate est le plus souvent nouée en nœud de forme triangulaire, ce qui laisse en général un petit pli creux dans le grand pan, juste au-dessous du nœud. Certaines cravates comportent des griffes en forme de bride à l'envers du grand pan ; on passe le petit pan dans la bride afin de le maintenir en place. On porte parfois des nœuds papillon prénoués, dits permanents, qui s'attachent au col au moyen de pinces métalliques. Autrefois, le mot régate désignait une cravate à deux pans verticaux, assez semblable aux cravates d'aujourd'hui. On peut remplacer la cravate par un foulard noué autour du cou ; on glisse alors le pan du foulard à l'intérieur de la chemise. Il existe des pinces décoratives servant à maintenir la cravate sur la patte de boutonnage de la chemise. On trouve deux sortes d'épingles à cravate : les broches décoratives à tige libre que l'on pique dans la cravate, et les poussettes à tige plus courte, dont on se sert pour joindre les deux pans de la cravate.

point d'arrêt
bar tack

grand pan
front apron

doublure
facing/tipping/pocket

onglet
hemming/margin

triplure
double interlining

petit pan
rear apron

Ascot/Cravate-foulard
Ascot

col de chemise
shirt collar

pan
apron

tour de cou réglable
adjustable neckband

Habillement masculin

Sous-vêtements masculins

Le tee-shirt est un maillot de corps à manches courtes. Le caleçon boxeur, ou caleçon américain, est de forme assez ample, et descend environ à mi-cuisse. Les suspensoirs comportent quelquefois une poche aménagée sur le devant, où l'on peut insérer un protecteur recouvert de caoutchouc.

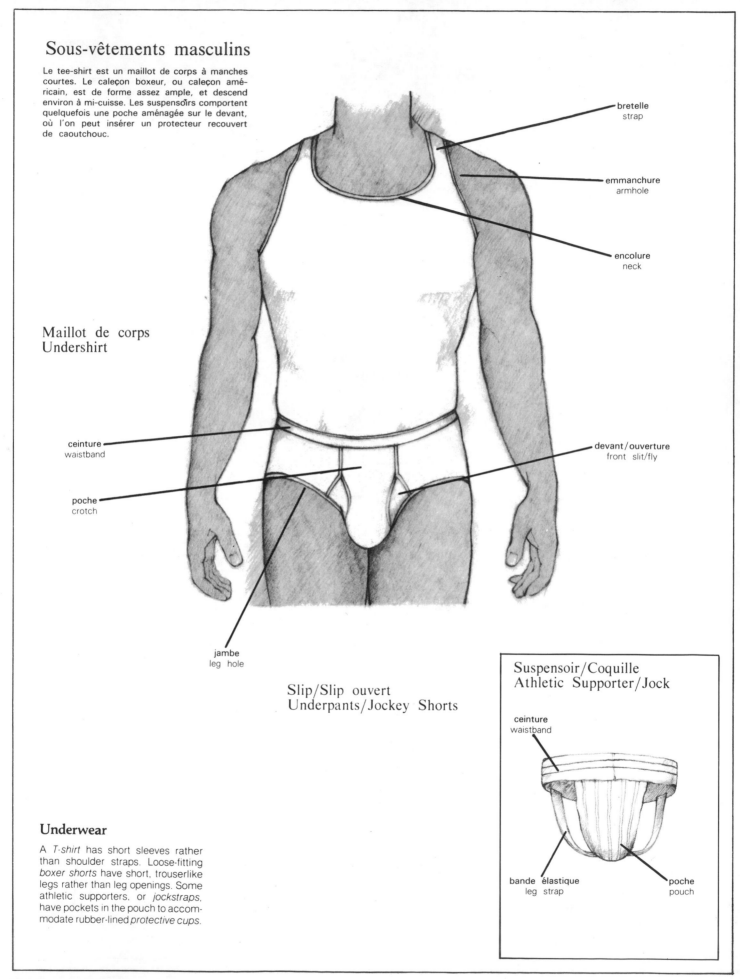

bretelle
strap

emmanchure
armhole

encolure
neck

Maillot de corps
Undershirt

ceinture
waistband

devant / ouverture
front slit / fly

poche
crotch

jambe
leg hole

Slip/Slip ouvert
Underpants/Jockey Shorts

Suspensoir/Coquille
Athletic Supporter/Jock

ceinture
waistband

bande élastique
leg strap

poche
pouch

Underwear

A *T-shirt* has short sleeves rather than shoulder straps. Loose-fitting *boxer shorts* have short, trouserlike legs rather than leg openings. Some athletic supporters, or *jockstraps*, have pockets in the pouch to accommodate rubber-lined *protective cups*.

Sous-vêtements féminins

La plupart des soutiens-gorge s'agrafent soit dans le dos, soit devant entre les deux bonnets. Ils sont le plus souvent renforcés par des armatures ou des baleines latérales, quelquefois même par les deux. Dans d'autres soutiens-gorge, les bonnets sont renforcés : ce sont, ce qu'on appelle des soutiens-gorge ampliformes. Les gaines sont parfois renforcées au moyen de baleines, de nervures ou de renforts. Les corsets sont des sous-vêtements féminins assez semblables aux gaines.

Foundation Garments

Most *bras* are secured with *hook-and-eye closures* either on a *back-strap* or in the front of the garment. Many have *underwiring* and/or *side-bones* for added support. *Cup padding* is another optional element. Girdles are sometimes stiffened with *spiral bones* or *stays. Corsets* are similar to girdles.

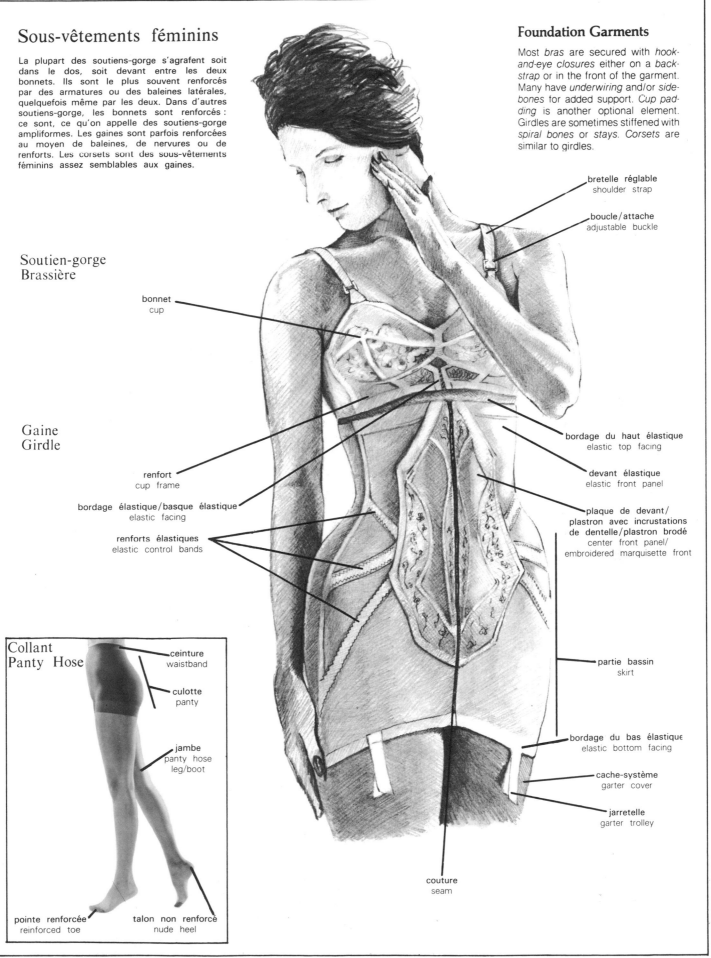

Soutien-gorge
Brassière

Gaine
Girdle

bonnet
cup

renfort
cup frame

bordage élastique/basque élastique
elastic facing

renforts élastiques
elastic control bands

bretelle réglable
shoulder strap

boucle/attache
adjustable buckle

bordage du haut élastique
elastic top facing

devant élastique
elastic front panel

plaque de devant/
plastron avec incrustations
de dentelle/plastron brodé
center front panel/
embroidered marquisette front

partie bassin
skirt

bordage du bas élastique
elastic bottom facing

cache-système
garter cover

jarretelle
garter trolley

couture
seam

Collant
Panty Hose

ceinture
waistband

culotte
panty

jambe
panty hose
leg/boot

pointe renforcée
reinforced toe

talon non renforcé
nude heel

Habillement féminin

Veste et pantalon

La face extérieure du revers est formée par la garniture ou parmenture. La doublure fixée à l'intérieur d'un vêtement sert à dissimuler les coutures et à soutenir le vêtement. Un pantalon entièrement doublé a de la doublure de la taille jusqu'à l'ourlet du bas de la jambe, tandis que d'autres pantalons ne sont doublés que jusqu'au genou. Les coutures des vêtements non doublés sont souvent finies par un galon en biais, ou biais, afin d'éviter leur déformation tout en les empêchant de s'effilocher.

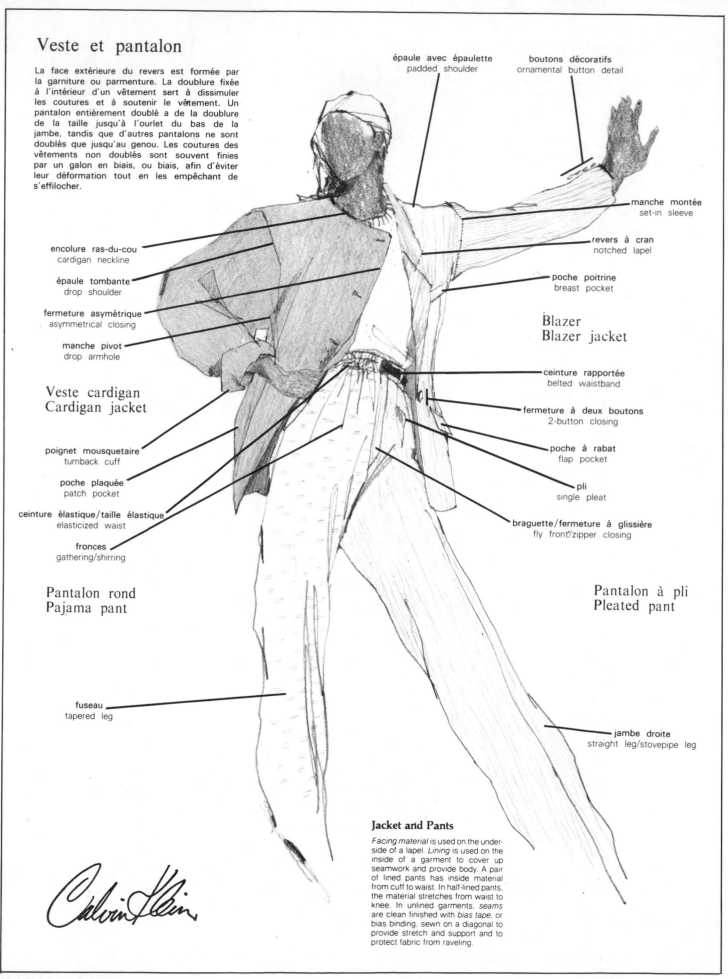

épaule avec épaulette
padded shoulder

boutons décoratifs
ornamental button detail

manche montée
set-in sleeve

encolure ras-du-cou
cardigan neckline

épaule tombante
drop shoulder

fermeture asymétrique
asymmetrical closing

manche pivot
drop armhole

revers à cran
notched lapel

poche poitrine
breast pocket

Blazer
Blazer jacket

Veste cardigan
Cardigan jacket

ceinture rapportée
belted waistband

fermeture à deux boutons
2-button closing

poche à rabat
flap pocket

poignet mousquetaire
turnback cuff

poche plaquée
patch pocket

ceinture élastique/taille élastique
elasticized waist

fronces
gathering/shirring

pli
single pleat

braguette/fermeture à glissière
fly front/zipper closing

Pantalon rond
Pajama pant

Pantalon à pli
Pleated pant

fuseau
tapered leg

jambe droite
straight leg/stovepipe leg

Jacket and Pants

Facing material is used on the underside of a lapel. *Lining* is used on the inside of a garment to cover up seamwork and provide body. A pair of lined pants has inside material from cuff to waist. In half-lined pants, the material stretches from waist to knee. In unlined garments, *seams* are clean finished with *bias tape*, or bias binding, sewn on a diagonal to provide stretch and support and to protect fabric from raveling.

Blouse and Skirt

The blouse and the skirt shown here are composites. Skirts can be secured at the waist with a *belt, tie, zipper, hook* and *eye,* or *buttons.*

Chemisier et jupe

Le chemisier et la jupe montrés ci-contre sont des schémas composites. La jupe est fixée à la taille par une ceinture, une ceinture à nouer, une fermeture à glissière, des boutons, des agrafes ou des boutons-pressions.

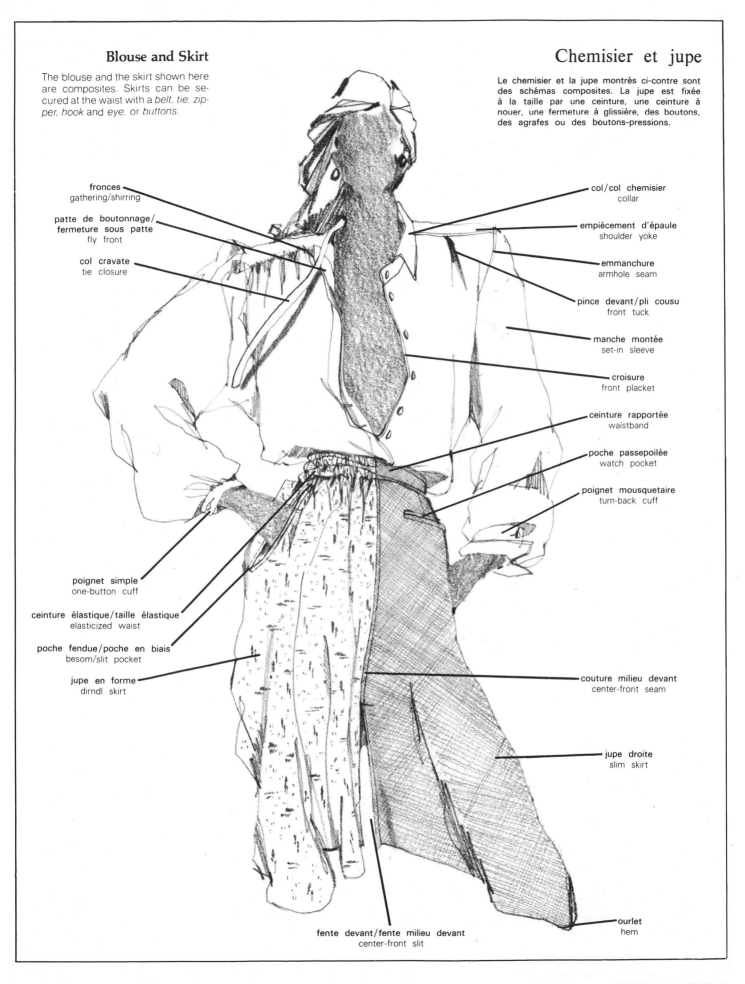

fronces
gathering/shirring

patte de boutonnage/
fermeture sous patte
fly front

col cravate
tie closure

col/col chemisier
collar

empiècement d'épaule
shoulder yoke

emmanchure
armhole seam

pince devant/pli cousu
front tuck

manche montée
set-in sleeve

croisure
front placket

ceinture rapportée
waistband

poche passepoilée
watch pocket

poignet mousquetaire
turn-back cuff

poignet simple
one-button cuff

ceinture élastique/taille élastique
elasticized waist

poche fendue/poche en biais
besom/slit pocket

jupe en forme
dirndl skirt

couture milieu devant
center-front seam

jupe droite
slim skirt

ourlet
hem

fente devant/fente milieu devant
center-front slit

Robe

Le haut de cette robe composite est en forme de bustier. Une robe droite se caractérise par une ligne qui tombe perpendiculairement aux épaules. Certaines robes ont une pièce ajustée dans le haut du vêtement à partir des épaules, que l'on appelle empiècement. Les bretelles sont des bandes étroites qui passent sur les épaules. Les robes se suspendent à des cintres au moyen de brides ou de tirettes.

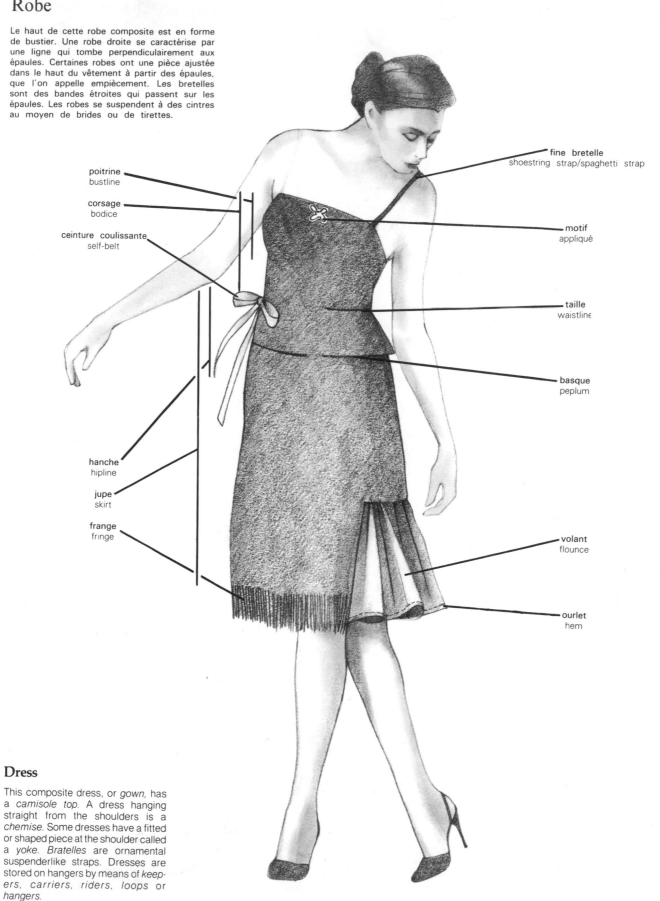

poitrine
bustline

corsage
bodice

ceinture coulissante
self-belt

hanche
hipline

jupe
skirt

frange
fringe

fine bretelle
shoestring strap/spaghetti strap

motif
appliqué

taille
waistline

basque
peplum

volant
flounce

ourlet
hem

Dress

This composite dress, or *gown*, has a *camisole top*. A dress hanging straight from the shoulders is a *chemise*. Some dresses have a fitted or shaped piece at the shoulder called a *yoke*. *Bratelles* are ornamental suspenderlike straps. Dresses are stored on hangers by means of *keepers*, *carriers*, *riders*, *loops* or *hangers*.

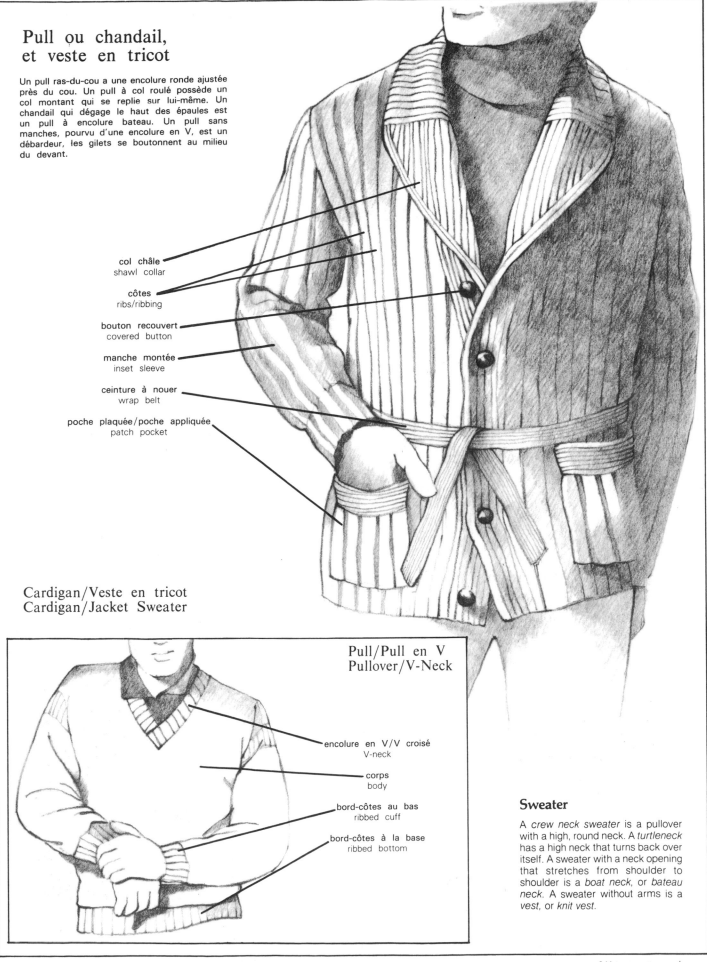

Pull ou chandail,
et veste en tricot

Un pull ras-du-cou a une encolure ronde ajustée près du cou. Un pull à col roulé possède un col montant qui se replie sur lui-même. Un chandail qui dégage le haut des épaules est un pull à encolure bateau. Un pull sans manches, pourvu d'une encolure en V, est un débardeur, les gilets se boutonnent au milieu du devant.

col châle
shawl collar

côtes
ribs/ribbing

bouton recouvert
covered button

manche montée
inset sleeve

ceinture à nouer
wrap belt

poche plaquée/poche appliquée
patch pocket

Cardigan/Veste en tricot
Cardigan/Jacket Sweater

Pull/Pull en V
Pullover/V-Neck

encolure en V/V croisé
V-neck

corps
body

bord-côtes au bas
ribbed cuff

bord-côtes à la base
ribbed bottom

Sweater

A *crew neck sweater* is a pullover with a high, round neck. A *turtleneck* has a high neck that turns back over itself. A sweater with a neck opening that stretches from shoulder to shoulder is a *boat neck*, or *bateau neck*. A sweater without arms is a *vest*, or *knit vest*.

195

Vêtements unisexes

Vêtements de dessus

Ce dessin réunit les caractéristiques du pardessus et de l'imperméable. Ces vêtements sont souvent munis d'une doublure amovible boutonnée ou à glissière. Ils comportent également un bavolet au dos, des anneaux en forme de D, accrochés à la ceinture, dans le dos, et parfois une patte de serrage pour attacher les deux extrémités de l'encolure.

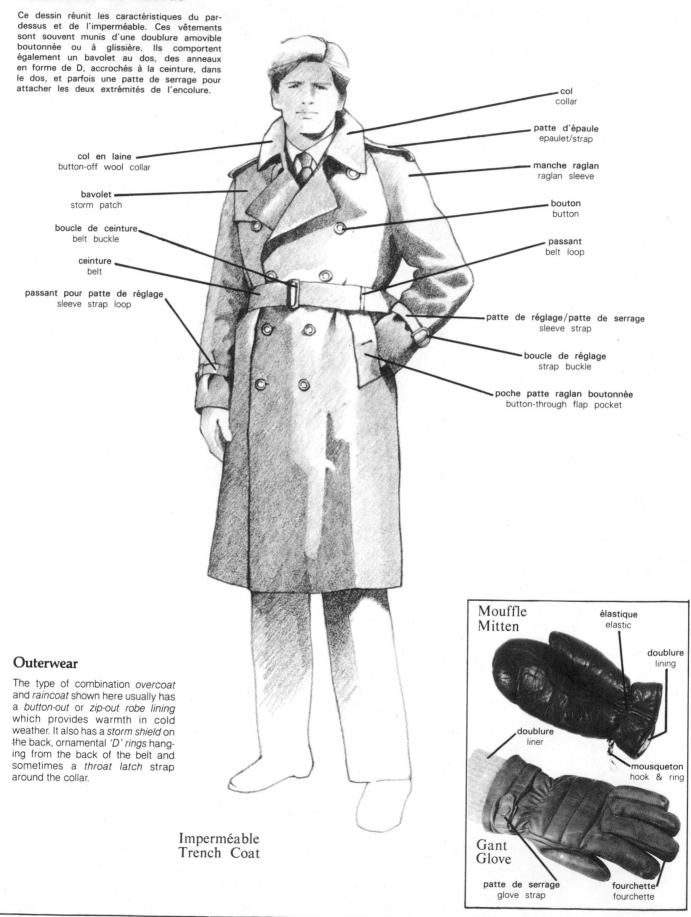

col
collar

patte d'épaule
epaulet/strap

manche raglan
raglan sleeve

bouton
button

passant
belt loop

patte de réglage/patte de serrage
sleeve strap

boucle de réglage
strap buckle

poche patte raglan boutonnée
button-through flap pocket

col en laine
button-off wool collar

bavolet
storm patch

boucle de ceinture
belt buckle

ceinture
belt

passant pour patte de réglage
sleeve strap loop

Outerwear

The type of combination *overcoat* and *raincoat* shown here usually has a *button-out* or *zip-out robe lining* which provides warmth in cold weather. It also has a *storm shield* on the back, ornamental *'D' rings* hanging from the back of the belt and sometimes a *throat latch* strap around the collar.

Imperméable
Trench Coat

Mouffle
Mitten

élastique
elastic

doublure
lining

doublure
liner

mousqueton
hook & ring

Gant
Glove

patte de serrage
glove strap

fourchette
fourchette

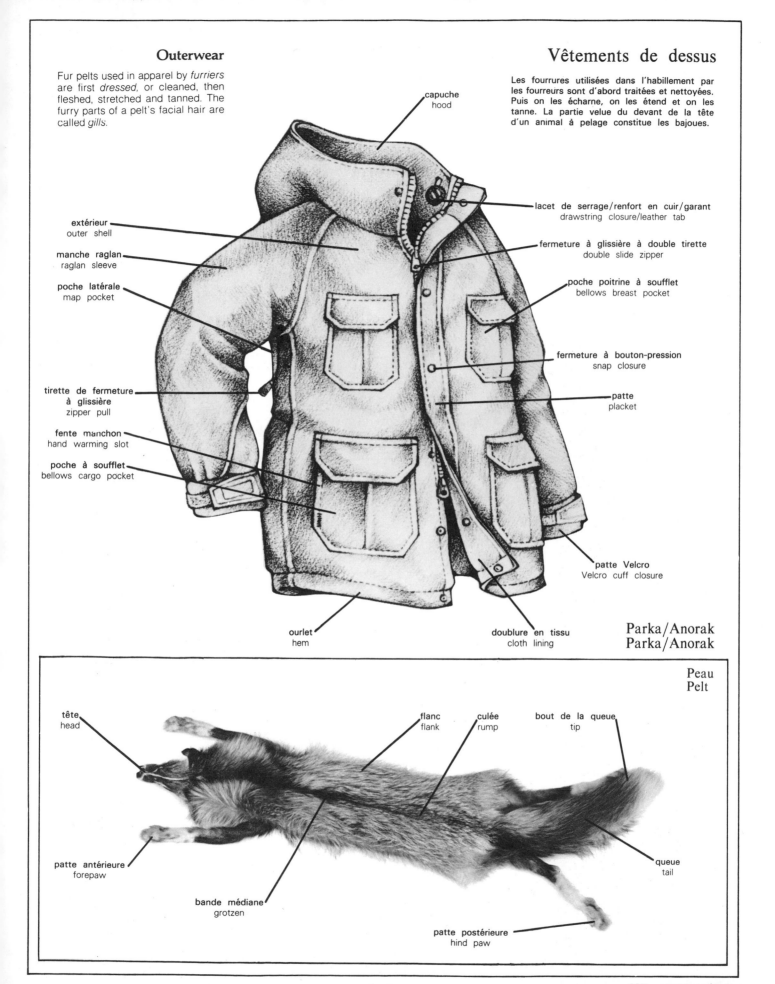

Outerwear

Fur pelts used in apparel by *furriers* are first *dressed*, or cleaned, then fleshed, stretched and tanned. The furry parts of a pelt's facial hair are called *gills*.

Vêtements de dessus

Les fourrures utilisées dans l'habillement par les fourreurs sont d'abord traitées et nettoyées. Puis on les écharne, on les étend et on les tanne. La partie velue du devant de la tête d'un animal à pelage constitue les bajoues.

capuche
hood

lacet de serrage/renfort en cuir/garant
drawstring closure/leather tab

extérieur
outer shell

fermeture à glissière à double tirette
double slide zipper

manche raglan
raglan sleeve

poche poitrine à soufflet
bellows breast pocket

poche latérale
map pocket

fermeture à bouton-pression
snap closure

tirette de fermeture à glissière
zipper pull

patte
placket

fente manchon
hand warming slot

poche à soufflet
bellows cargo pocket

patte Velcro
Velcro cuff closure

ourlet
hem

doublure en tissu
cloth lining

Parka/Anorak
Parka/Anorak

Peau
Pelt

tête
head

flanc
flank

culée
rump

bout de la queue
tip

patte antérieure
forepaw

queue
tail

bande médiane
grotzen

patte postérieure
hind paw

Vêtements unisexes

Chapeaux pour homme

Les chapeaux sont mis en forme ou enformés par le chapelier. Les chapeaux dont le fond n'est pas fendu peuvent avoir une calotte ronde. Certains chapeaux ont des doublures en plastique.

Men's Hats

Hats are *styled,* or *blocked,* by a *hat-maker* or *hatter.* Hats that have not been creased have an *open crown.* Some hats have *plastic linings.*

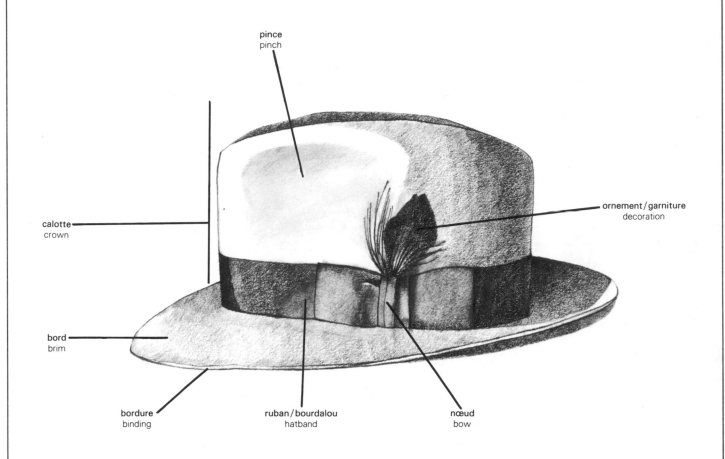

pince
pinch

ornement / garniture
decoration

calotte
crown

bord
brim

bordure
binding

ruban / bourdalou
hatband

nœud
bow

Chapeau de cowboy
Cowboy Hat/Ten-Gallon Hat

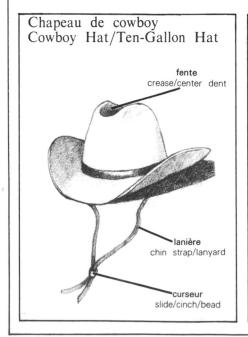

fente
crease/center dent

lanière
chin strap/lanyard

curseur
slide/cinch/bead

Béret
Beret

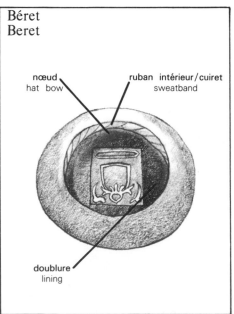

nœud
hat bow

ruban intérieur / cuiret
sweatband

doublure
lining

Casquette
Cap

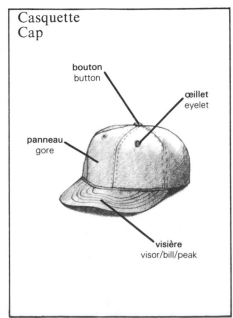

bouton
button

œillet
eyelet

panneau
gore

visière
visor/bill/peak

Chapeaux de femme

Les chapeaux de femme sont conçus, fabriqués et vendus par des modistes. Le mot maline désigne une fine dentelle à fleurs brodées ; le tulle est un tissu léger en maille qui sert souvent à la fabrication des voilettes. Parmi les ornements servant à garnir les chapeaux figurent les boucles, les paillettes, les fruits en plastique, les fleurs en tissu, les boutons, les pampilles et les galons. Les toques, les chapeaux cloches et les turbans sont des chapeaux sans bord qui enveloppent la tête. Le chapeau Gainsborough a un bord large et souple ; il est souvent garni d'éléments décoratifs. Un tambourin est un chapeau de forme cylindrique sans bord et à calotte plate, qui ressemble à la toque. Une résille est un petit filet décoratif qui enserre ou enveloppe une partie de la chevelure féminine.

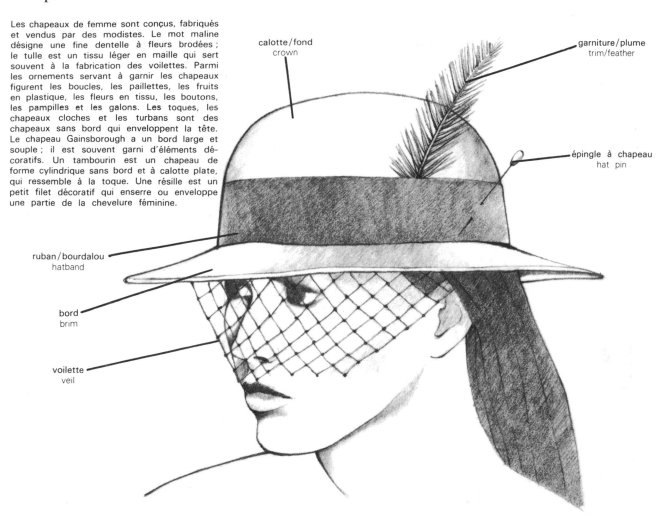

calotte/fond
crown

garniture/plume
trim/feather

épingle à chapeau
hat pin

ruban/bourdalou
hatband

bord
brim

voilette
veil

Women's Hats

Women's hats are designed, made and sold by *milliners. Malines,* or stiff, fine *netting,* is often used as a veil. *Buckles, sequins, plastic fruit, fabric flowers, buttons, tassels* and *braids* are among the many items used as decorative *trimming.* Brimless, close-fitting hats include a *toque,* a *cloche,* and a *turban.* A *picture hat* has a broad flexible brim and is often decorated with trimming. A shallow, round hat with vertical sides is a *pillbox.* A netlike hat or part of a hat or the fabric that holds or covers the back of a woman's hair is a *snood.*

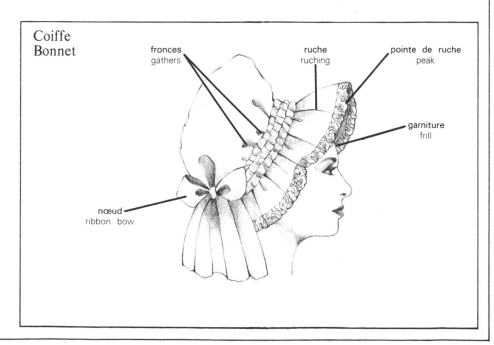

Coiffe
Bonnet

fronces
gathers

ruche
ruching

pointe de ruche
peak

garniture
frill

nœud
ribbon bow

Chaussures pour homme

Une chaussure est constituée d'un dessous, ou semelage pouvant comporter le talon, la semelle, l'intercalaire, et le dessus. Les chaussures, telles que celles qui figurent ci-dessous, et dont les oreilles des quartiers restent libres au-dessus de la languette, sont des Derby. Celles dont la partie inférieure des oreilles des quartiers est attachée sur toute la largeur à l'empeigne sont des Richelieu. En général, une chaussure sans lacet est un mocassin, mais le véritable mocassin n'a ni lacet ni talon. Les languettes de certaines chaussures se prolongent par un rabat frangé qui recouvre les lacets.

Man's Shoe

A shoe consists of a *bottom*, or heel and sole, an *inner sole*, or *insole*, and an *upper*. Shoes like the one shown here, in which the flaps fold over the tongue or vamp, are *bluchers*. Shoes without this construction are *barrels*. A step-in shoe without laces is a *loafer*, whereas a *moccasin* has neither laces nor a heel. The fringed leather decoration on some shoes that covers the laces is the *kiltie*.

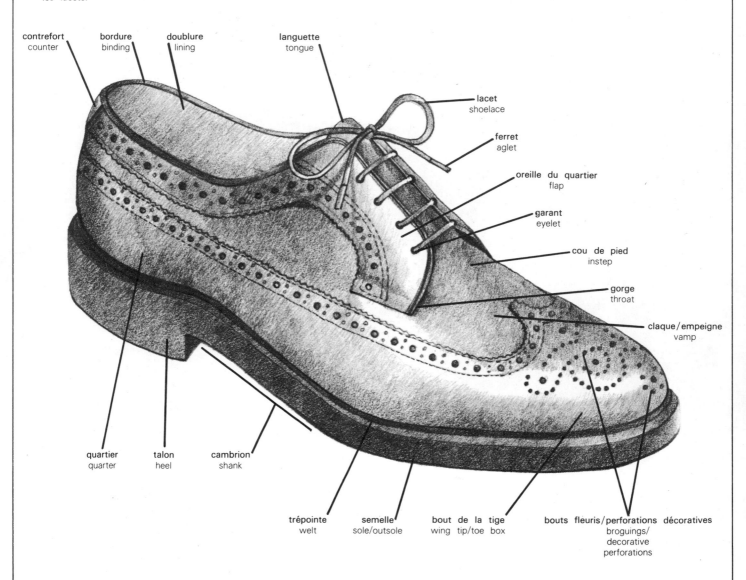

contrefort
counter

bordure
binding

doublure
lining

languette
tongue

lacet
shoelace

ferret
aglet

oreille du quartier
flap

garant
eyelet

cou de pied
instep

gorge
throat

claque / empeigne
vamp

quartier
quarter

talon
heel

cambrion
shank

trépointe
welt

semelle
sole/outsole

bout de la tige
wing tip/toe box

bouts fleuris / perforations décoratives
broguings/
decorative
perforations

Woman's Shoe

A shoe with an open front is an *open-toed shoe*, whereas a shoe with an open back, held on by a strap, is a *slingback*, or *sling shoe*. The *high-heel shoe* seen here is similar to a *pump* in that it grips both the toe and the heel. A high, thin heel is a *spiked*, or *stiletto*, *heel*. A shoe with a thick layer between the *inner sole* and the outsole is a *platform*.

Chaussures pour femme

On dit que les chaussures qui laissent les doigts de pied découverts ont un bout ouvert ; celles qui sont ouvertes au talon et retenues par une bride ou lanière sont des sandales. La chaussure à haut talon qui figure ci-dessous, ressemble à l'escarpin, en ce qu'elle enserre à la fois le bout de pied et le talon. Un haut talon fin s'appelle un talon aiguille. Une chaussure ayant une épaisse couche intercalaire est une chaussure compensée.

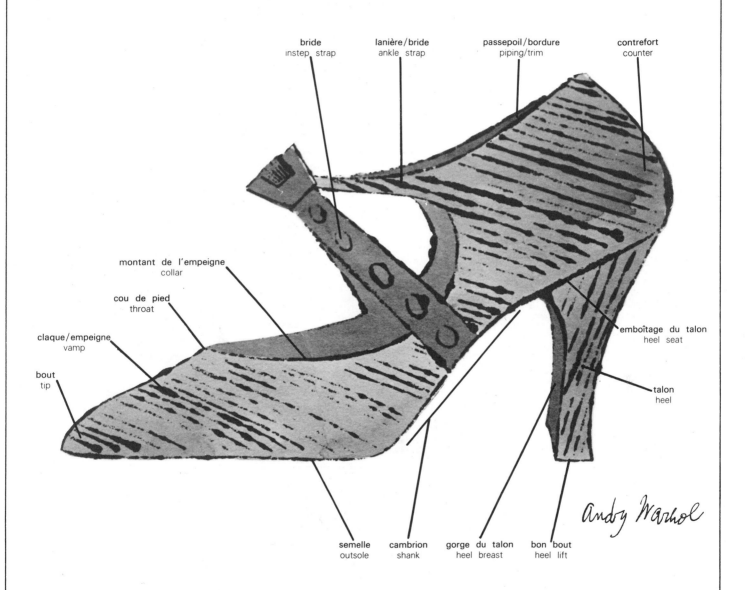

bride
instep strap

lanière/bride
ankle strap

passepoil/bordure
piping/trim

contrefort
counter

montant de l'empeigne
collar

cou de pied
throat

claque/empeigne
vamp

bout
tip

emboîtage du talon
heel seat

talon
heel

semelle
outsole

cambrion
shank

gorge du talon
heel breast

bon bout
heel lift

Andy Warhol

Chaussures et articles chaussants

Botte et sandale

La partie de la botte qui va de la cheville au genou s'appelle le haut de la tige. De nombreuses bottes ont un cambrion en acier adapté à la forme de la cambrure et monté entre la semelle et la première, afin de maintenir la voûte plantaire. Les tongs sont des chaussures découvertes dont la lanière passe entre le gros orteil et les autres doigts de pied.

Boot and Sandal

The upper section of a boot, called the *shaft,* may extend from ankle to knee. The lower section is called the *foot.* Many boots have a contoured steel *shank,* located between outsole and *insole,* to provide support for the arch area. A *thong* is a type of sandal in which the strap comes up between the big toe and the toe next to it.

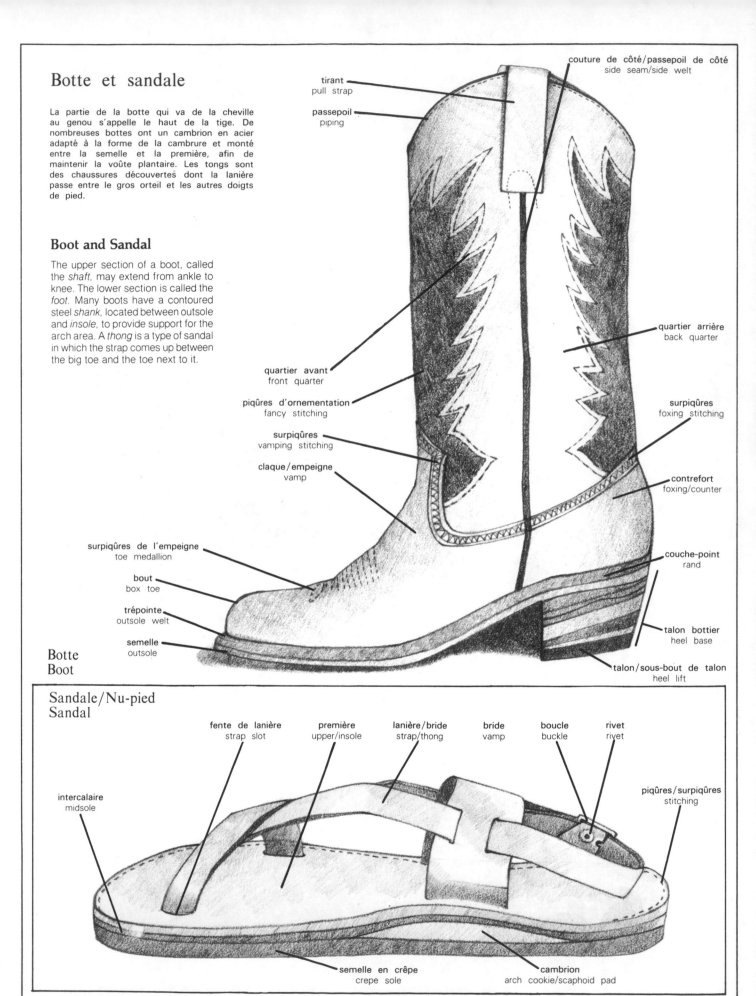

couture de côté/passepoil de côté
side seam/side welt

tirant
pull strap

passepoil
piping

quartier arrière
back quarter

quartier avant
front quarter

piqûres d'ornementation
fancy stitching

surpiqûres
foxing stitching

surpiqûres
vamping stitching

claque/empeigne
vamp

contrefort
foxing/counter

surpiqûres de l'empeigne
toe medallion

couche-point
rand

bout
box toe

trépointe
outsole welt

semelle
outsole

talon bottier
heel base

talon/sous-bout de talon
heel lift

Botte
Boot

Sandale/Nu-pied
Sandal

fente de lanière
strap slot

première
upper/insole

lanière/bride
strap/thong

bride
vamp

boucle
buckle

rivet
rivet

intercalaire
midsole

piqûres/surpiqûres
stitching

semelle en crêpe
crepe sole

cambrion
arch cookie/scaphoid pad

Accessoires de la chaussure

Les chaussures peuvent être protégées des intempéries par des caoutchoucs. Les soquettes montent jusqu'à la cheville ; les mi-chaussettes, jusqu'au genou. Les articles chaussants de maintien possèdent un nombre de deniers plus élevés, c'est-à-dire qu'ils ont une maille moins ouverte, ce qui assure davantage de maintien au pied et à la jambe. Les protège-bas recouvrent le pied et en font le tour, sans toutefois remonter ni à la cheville, ni au cou de pied. Il existe deux sortes de tire-bottes, ceux en forme de crochet que l'on passe dans les brides formées par les tirants des bottes servant à se chausser, ainsi que les tire-bottes en forme de V ou de U où l'on emboîte le talon pour se déchausser. Les chaussettes de sport absorbent la transpiration. Les chaussettes tubulaires, sans talon, s'adaptent à tous les pieds.

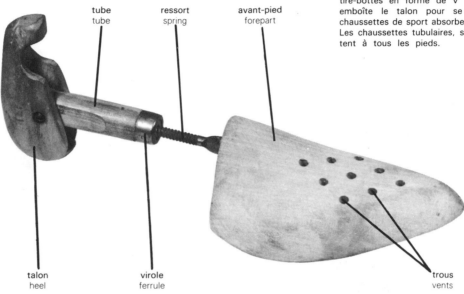

tube
tube

ressort
spring

avant-pied
forepart

talon
heel

virole
ferrule

trous
vents

Embauchoir
Shoe Tree

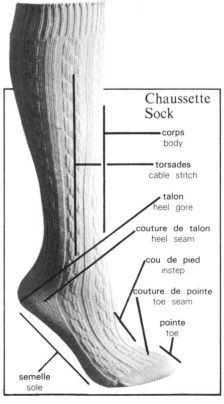

Chaussette
Sock

corps
body

torsades
cable stitch

talon
heel gore

couture de talon
heel seam

cou de pied
instep

couture de pointe
toe seam

pointe
toe

semelle
sole

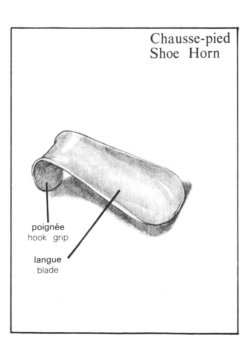

Chausse-pied
Shoe Horn

poignée
hook grip

langue
blade

Shoe Accessories

Shoes can be protected in wet weather by *rubbers, rain boots* or *galoshes.* Socks, or *hose,* which extend to the ankle are *ankle socks,* whereas *knee socks* reach to the knee. *Support* hose have a higher *denier,* or mesh count, than regular hose, which provides additional support for the foot and leg. *Peds* are liners that cover the toes, sole and heel. *Boot hooks,* which fit into *boot loops,* help pull boots on, while V-shaped *bootjacks* hold the boot heel for easier removal. *Athletic socks,* or *sweat socks,* absorb perspiration. Shapeless *tube socks* mold to any foot shape.

Chaussures et articles chaussants

Attaches

Dans les agrafes très résistantes, la porte est parfois remplacée par une boucle, voire une barre. Les sangles, comme les sous-ventrières, comportent deux anneaux ; on passe l'extrémité de la courroie au travers de ceux-ci, puis on la repasse dans le deuxième anneau. Un brandebourg est une pièce de passementerie faite normalement en galon ou en fils noués, bordant une boutonnière ou formant une bride de boutonnage.

Fasteners

Heavy-duty hook-and-eye closures are called *hook and bars*. In a *cinch fastener*, a *strap* is pulled through two *rings* then back through the second ring to fasten. A *frog* consists of an intricately knotted *cord loop* through which a button is hooked.

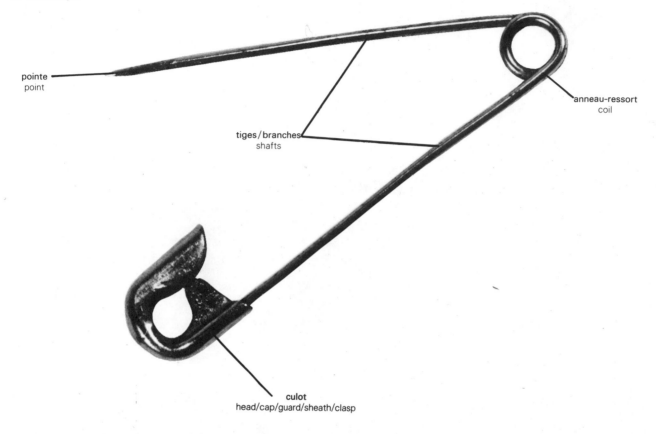

pointe
point

tiges/branches
shafts

anneau-ressort
coil

culot
head/cap/guard/sheath/clasp

Épingle de sûreté
Safety Pin

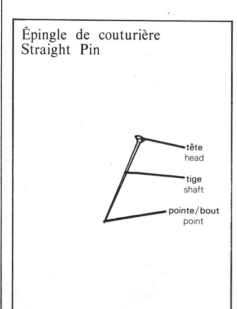

Épingle de couturière
Straight Pin

tête
head

tige
shaft

pointe/bout
point

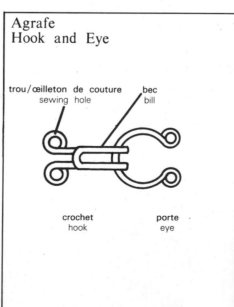

Agrafe
Hook and Eye

trou/œilleton de couture
sewing hole

bec
bill

crochet
hook

porte
eye

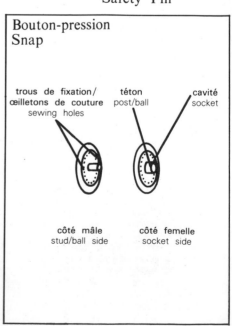

Bouton-pression
Snap

trous de fixation/
œilletons de couture
sewing holes

téton
post/ball

cavité
socket

côté mâle
stud/ball side

côté femelle
socket side

Le curseur d'une fermeture à glissière est muni d'un répartiteur qui sépare les dents lorsqu'on abaisse le curseur. Certaines fermetures à glissière ont des spirales en matière synthétique au lieu de dents. Le curseur est parfois garni d'une tirette en forme d'anneau, à fonction décorative. Une fermeture à glissière à double tirette peut s'ouvrir aux deux extrémités, tandis que la fermeture à· glissière invisible, une fois fermée, est dissimulée par le tissu qui prend la forme d'une couture.

Closures

A *divider* within the zipper slide separates teeth when it is moved downward. Some zippers have a *synthetic coil* rather than teeth. A *pull ring* is occasionally attached to the slide for decorative purposes. A *two-way zipper* can be opened from either end, while an *invisible zipper* is concealed when closed and appears to be a *seam*.

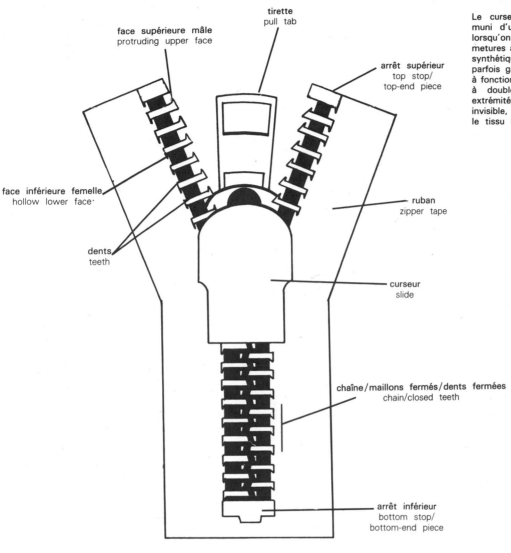

face supérieure mâle
protruding upper face

tirette
pull tab

arrêt supérieur
top stop/
top-end piece

face inférieure femelle
hollow lower face·

ruban
zipper tape

dents
teeth

curseur
slide

chaîne/maillons fermés/dents fermées
chain/closed teeth

arrêt inférieur
bottom stop/
bottom-end piece

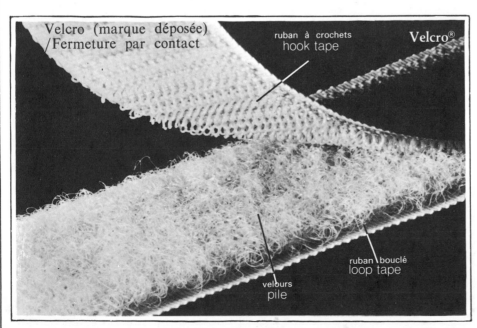

Velcro (marque déposée)
/Fermeture par contact

ruban à crochets
hook tape

Velcro®

ruban bouclé
loop tape

velours
pile

Boutons à trous
Sew-Through Button/
Mannish Button

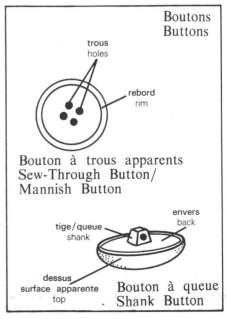

Boutons
Buttons

trous
holes

rebord
rim

Bouton à trous apparents
Sew-Through Button/
Mannish Button

envers
back

tige/queue
shank

dessus
surface apparente
top

Bouton à queue
Shank Button

Rasoirs

Le rasoir à manche, dit aussi rasoir sabre, ou rasoir à main, comporte une longue lame qui se replie dans le manche. On l'affûte sur un affiloir ou une longue lanière de cuir. Parmi les autres accessoires nécessaires au rasage, citons le blaireau et le bol. La tête d'un rasoir de sûreté ou rasoir mécanique comporte deux battants que l'on ouvre en tournant la vis située à l'extrémité du manche. Si on se coupe en se rasant, on peut arrêter le saignement en utilisant une pierre d'alun.

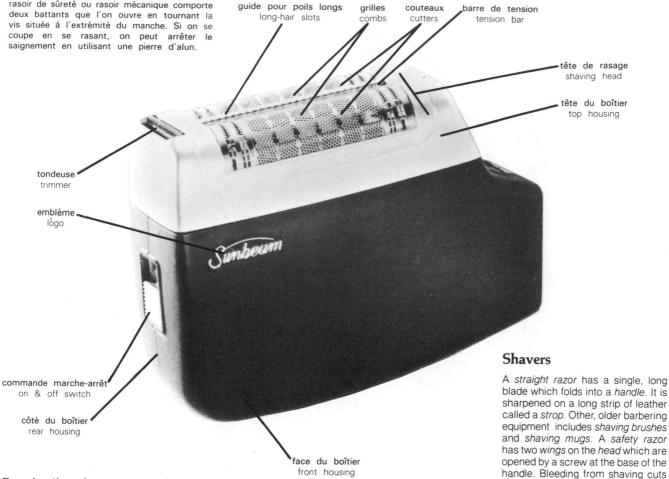

guide pour poils longs
long-hair slots

grilles
combs

couteaux
cutters

barre de tension
tension bar

tête de rasage
shaving head

tête du boîtier
top housing

tondeuse
trimmer

emblème
logo

commande marche-arrêt
on & off switch

côté du boîtier
rear housing

face du boîtier
front housing

Rasoir électrique
Electric Razor

Shavers

A *straight razor* has a single, long blade which folds into a *handle*. It is sharpened on a long strip of leather called a *strop*. Other, older barbering equipment includes *shaving brushes* and *shaving mugs*. A *safety razor* has two *wings* on the *head* which are opened by a screw at the base of the handle. Bleeding from shaving cuts or nicks can be stopped with a *styptic pencil*.

Lame de rasoir
Razor Blade/Double-Edged

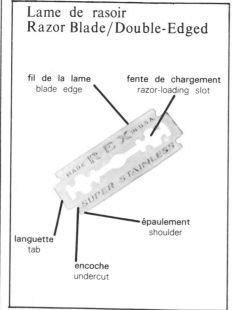

fil de la lame
blade edge

fente de chargement
razor-loading slot

languette
tab

encoche
undercut

épaulement
shoulder

Injecteur de lames
Blade Injector

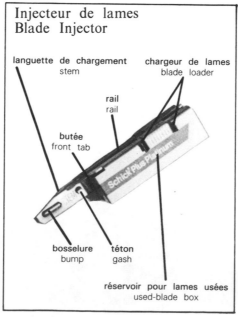

languette de chargement
stem

chargeur de lames
blade loader

rail
rail

butée
front tab

bosselure
bump

téton
gash

réservoir pour lames usées
used-blade box

Rasoir jetable
Disposable Razor

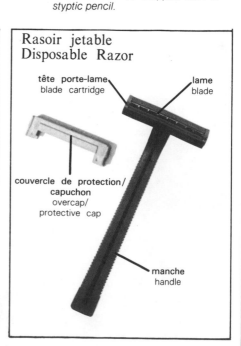

tête porte-lame
blade cartridge

lame
blade

couvercle de protection/
capuchon
overcap/
protective cap

manche
handle

Coiffure masculine

La chevelure est l'ensemble des cheveux. On dit qu'un homme est chauve s'il n'a plus, ou presque plus de cheveux. Pour cacher une petite tonsure ou une partie dégarnie de cheveux, on peut utiliser une perruque, un toupet, ou un postiche. La pogonotrophie est l'activité qui consiste à faire pousser la barbe ; la pogonotomie est celle qui consiste à la tailler ou à la raser. Une barbe de quelques jours laisse apparaître des poils hérissés. Une barbiche, ou bouc, est une petite barbe qu'on laisse pousser au menton. Une barbe en pointe est une barbe à la Henri IV. Une moustache en guidon de vélo a de longues extrémités recourbées.

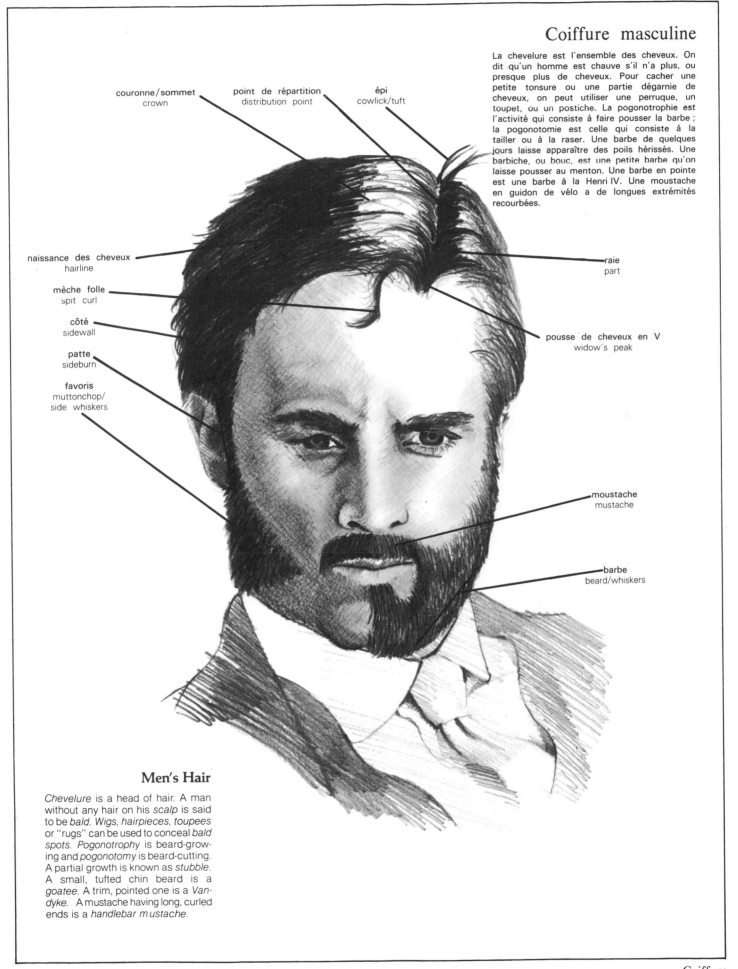

couronne/sommet
crown

point de répartition
distribution point

épi
cowlick/tuft

naissance des cheveux
hairline

mèche folle
spit curl

côté
sidewall

patte
sideburn

favoris
muttonchop/
side whiskers

raie
part

pousse de cheveux en V
widow's peak

moustache
mustache

barbe
beard/whiskers

Men's Hair

Chevelure is a head of hair. A man without any hair on his *scalp* is said to be *bald*. *Wigs, hairpieces, toupees* or "rugs" can be used to conceal *bald spots. Pogonotrophy* is beard-growing and *pogonotomy* is beard-cutting. A partial growth is known as *stubble.* A small, tufted chin beard is a *goatee.* A trim, pointed one is a *Van-dyke.* A mustache having long, curled ends is a *handlebar mustache.*

Soins des cheveux

Parmi les accessoires disponibles adaptables à un sèche-cheveux professionnel, on trouve des peignes, des brosses, et un embout séchoir permettant de régler la quantité d'air chaud.

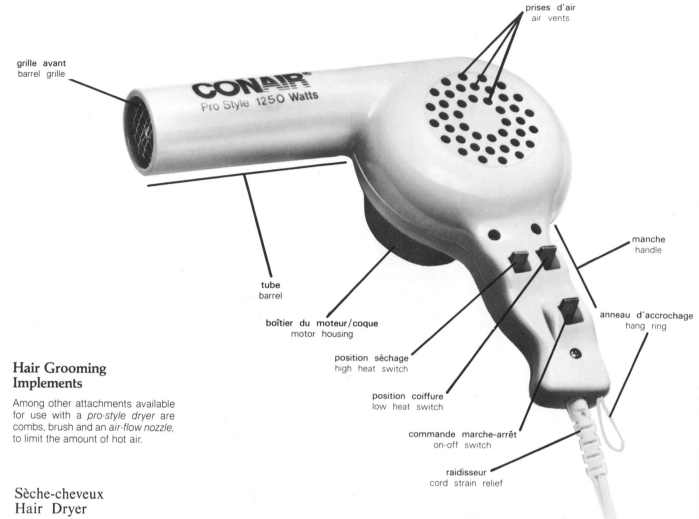

prises d'air
air vents

grille avant
barrel grille

CONAIR®
Pro Style 1250 Watts

manche
handle

tube
barrel

boîtier du moteur/coque
motor housing

position séchage
high heat switch

position coiffure
low heat switch

commande marche-arrêt
on-off switch

anneau d'accrochage
hang ring

raidisseur
cord strain relief

Hair Grooming Implements

Among other attachments available for use with a *pro-style dryer* are combs, brush and an *air-flow nozzle*, to limit the amount of hot air.

Sèche-cheveux
Hair Dryer

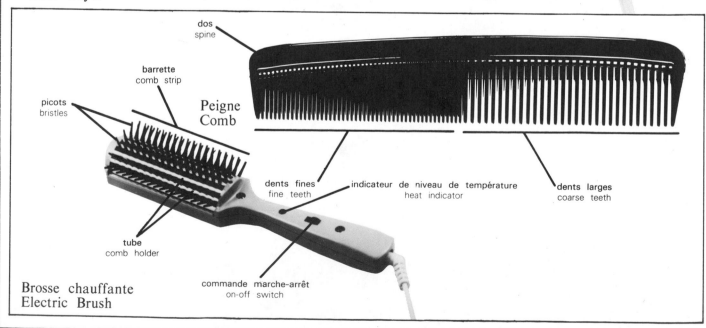

dos
spine

barrette
comb strip

picots
bristles

Peigne
Comb

tube
comb holder

dents fines
fine teeth

indicateur de niveau de température
heat indicator

dents larges
coarse teeth

commande marche-arrêt
on-off switch

Brosse chauffante
Electric Brush

Coiffure féminine

Quelques cheveux de la coiffure d'une femme constituent une mèche ou une boucle. On peut se coiffer de façon que les cheveux aient du gonflant. Pour crêper les cheveux, il faut les rebrousser avec un peigne afin de les faire gonfler. Les cheveux tressés en une seule natte au milieu de la tête forment une queue de cheval. Une coiffure de page se caractérise par des cheveux dont les extrémités sont rentrées vers l'intérieur. Une longue mèche de cheveux vendue dans le commerce, et que l'on ajoute à ses propres cheveux, est un postiche.

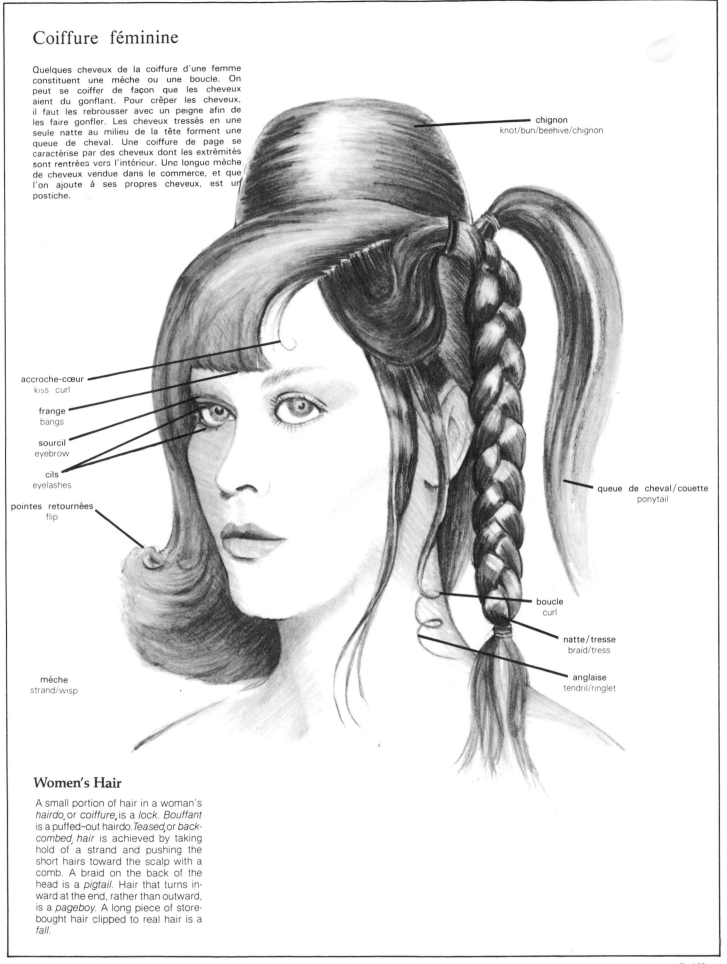

chignon
knot/bun/beehive/chignon

accroche-cœur
kiss curl

frange
bangs

sourcil
eyebrow

cils
eyelashes

pointes retournées
flip

mèche
strand/wisp

queue de cheval/couette
ponytail

boucle
curl

natte/tresse
braid/tress

anglaise
tendril/ringlet

Women's Hair

A small portion of hair in a woman's *hairdo*, or *coiffure*, is a *lock*. *Bouffant* is a puffed–out hairdo. *Teased*, or *back-combed*, hair is achieved by taking hold of a strand and pushing the short hairs toward the scalp with a comb. A braid on the back of the head is a *pigtail*. Hair that turns inward at the end, rather than outward, is a *pageboy*. A long piece of store-bought hair clipped to real hair is a *fall*.

Le fer à friser sert à la fois à friser et à défriser les mèches de cheveux. Des pinces à mise en plis et des pinces à cheveux de différentes longueurs peuvent servir à maintenir les bigoudis en place, lors de la mise en plis. Le bigoudi présenté ci-dessous, quant à lui, possède un système d'autofermeture. Des barrettes, peignes, rubans et bandeaux maintiennent les cheveux en place, ou bien servent d'ornements décoratifs pour les cheveux. Les coiffeurs professionnels utilisent des rouleaux à permanente, des papiers, des flacons-applicateurs contenant des lotions à permanente ou à mise en plis, des produits de rinçage, des colorants, des bonnets en plastique, des séchoirs et des lampes à infrarouge, pour traiter et coiffer les cheveux.

cordon d'alimentation
power cord

commande marche-arrêt
on-off switch

raidisseur
strain relief

poussoir
thumb press

témoin de température
thermal dot

levier
tongue

embout isolant
safety cool tip

boîtier
main housing

support
stand

tube
barrel

Hairstyling Implements

A curling iron is used to curl a *strand* of hair or to straighten it. Hair clips and bobby pins, which may be long or short, can be used to secure a roller while hair is being set. The roller shown here, however, is *self-clasping*. *Barrettes*, *combs*, *hair ribbons*, *headbands* and *hair bands* hold hair in place or serve as decorative *hair ornaments*. Professional *hairdressers* use *permanent rods* and *papers*, *applicator bottles* filled with *permanent lotion*, *setting lotion*, *rinse* or *dye*, plastic *caps*, *dryers* and *infrared lamps* to treat and style *hairdos*.

Fer à coiffer/Fer à friser
Curling Iron

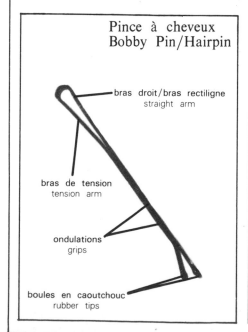

Pince à cheveux
Bobby Pin/Hairpin

bras droit/bras rectiligne
straight arm

bras de tension
tension arm

ondulations
grips

boules en caoutchouc
rubber tips

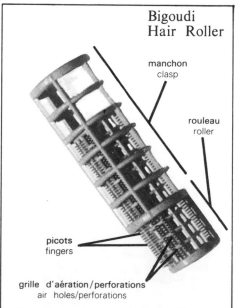

Bigoudi
Hair Roller

manchon
clasp

rouleau
roller

picots
fingers

grille d'aération/perforations
air holes/perforations

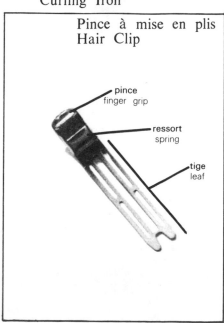

Pince à mise en plis
Hair Clip

pince
finger grip

ressort
spring

tige
leaf

Brosse à dents

Le bout massant d'une brosse à dents s'emboîte dans le trou de suspension. On peut aussi se nettoyer les dents avec du fil dentaire, fil qui est généralement recouvert de cire, ou avec un hydropulseur. Pour se limer les ongles, on peut se servir d'une lime émeri, bande de carton recouverte de poudre d'émeri, ou bien d'une lime à ongles métallique.

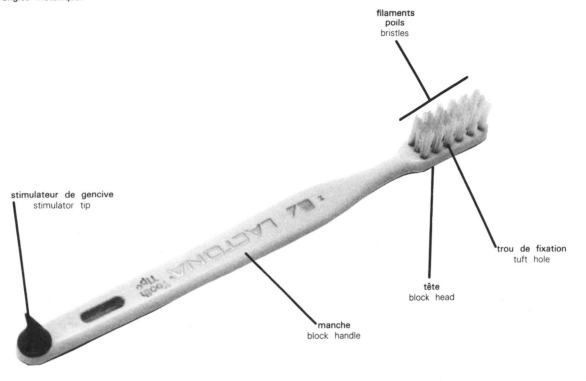

filaments
poils
bristles

stimulateur de gencive
stimulator tip

trou de fixation
tuft hole

tête
block head

manche
block handle

Brosse à dents
Toothbrush

Toothbrush

The stimulator tip on a toothbrush fits in what is called a *hang-up hole*. Teeth can also be cleaned with *dental floss*, a waxed string, and *high-pressure water-spray units*. Nails can be smoothed with an *emery board*, a cardboard strip covered with *powdered emery*, or a *nail file*.

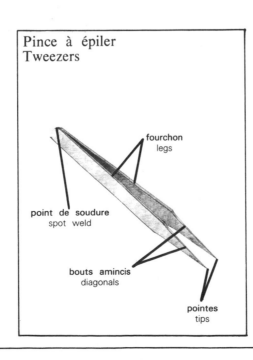

Pince à épiler
Tweezers

fourchon
legs

point de soudure
spot weld

bouts amincis
diagonals

pointes
tips

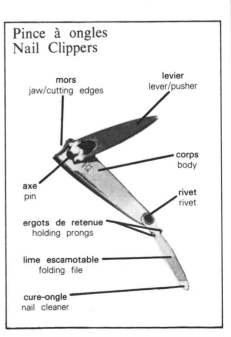

Pince à ongles
Nail Clippers

mors
jaw/cutting edges

levier
lever/pusher

corps
body

axe
pin

rivet
rivet

ergots de retenue
holding prongs

lime escamotable
folding file

cure-ongle
nail cleaner

Hygiène

Maquillage

Une crème couvrante ou un produit anticernes peuvent être utilisés pour couvrir des marques et des cernes sous les yeux. Un maquillage compact est une poudre solide pour le visage qu'utilisent les comédiens comme fond de teint. Le maquillage peut être enlevé avec une crème démaquillante ou un lait spécial.

Makeup

A skin-colored *concealer*, or *coverup*, can be used to cover blemishes or undesirable shadows under the eyes. *Pancake makeup* is a thick face powder used by actors and actresses as a foundation. Makeup can be removed with a *cleansing cream* or *cold cream*.

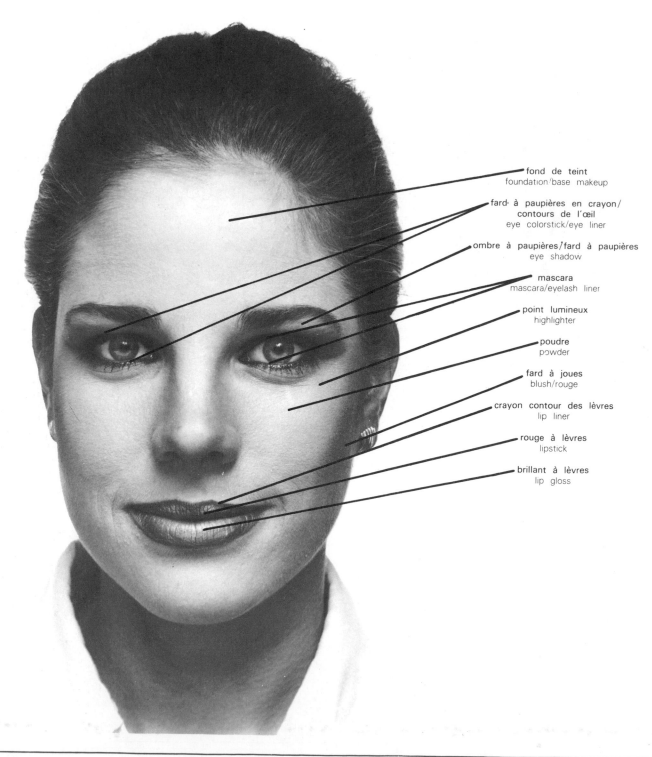

fond de teint
foundation/base makeup

fard à paupières en crayon/
contours de l'œil
eye colorstick/eye liner

ombre à paupières/fard à paupières
eye shadow

mascara
mascara/eyelash liner

point lumineux
highlighter

poudre
powder

fard à joues
blush/rouge

crayon contour des lèvres
lip liner

rouge à lèvres
lipstick

brillant à lèvres
lip gloss

Beauty Products

Colored *nail polish* is often used to "paint" fingernails and toenails. In addition to those beauty products shown here, there are *scents*, such as *perfume*, applied by women to *pulse points; bath oils; body oils; moisturizers* and *lotions*. Men use *colognes* or *after-shave lotions*.

Produits de beauté

On utilise souvent le vernis à ongles coloré pour se peindre les ongles des mains et des pieds. Outre les produits de beauté figurant ci-dessous, il existe des parfums, des eaux de toilette que les femmes s'appliquent au cou et aux poignets, des huiles de bain, des huiles corporelles, des produits hydratants et des lotions. Les hommes utilisent des eaux de toilette et des lotions après-rasage.

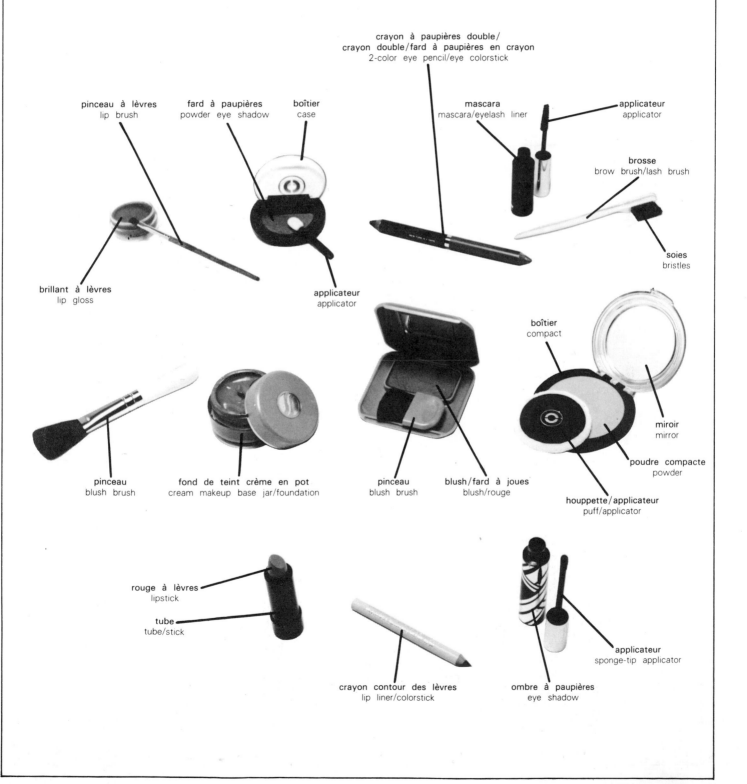

crayon à paupières double/
crayon double/fard à paupières en crayon
2-color eye pencil/eye colorstick

pinceau à lèvres
lip brush

fard à paupières
powder eye shadow

boîtier
case

mascara
mascara/eyelash liner

applicateur
applicator

brosse
brow brush/lash brush

brillant à lèvres
lip gloss

applicateur
applicator

soies
bristles

pinceau
blush brush

fond de teint crème en pot
cream makeup base jar/foundation

pinceau
blush brush

blush/fard à joues
blush/rouge

boîtier
compact

miroir
mirror

poudre compacte
powder

houppette/applicateur
puff/applicator

rouge à lèvres
lipstick

tube
tube/stick

crayon contour des lèvres
lip liner/colorstick

ombre à paupières
eye shadow

applicateur
sponge-tip applicator

213

Pierres précieuses

Les dégradés de couleur que produit une pierre précieuse constituent son éclat. Une parure, c'est-à-dire un ensemble de bijoux assortis, comporte souvent un collier, des boucles d'oreille et une broche. Un camée est un pierre sur laquelle on a pratiqué une sculpture en relief. La bijouterie fantaisie imite les bijoux de grande valeur. L'extrémité d'un bouton de manchette que l'on rabat pour maintenir en place le bouton dans la boutonnière, s'appelle une patte.

Gemstone

The shades of color a gemstone gives off are called *fire*. A matched set of jewelry, or *parure*, often includes a necklace, earrings and a *brooch*. A *cameo* is a gem on which a relief carving has been made. Nonprecious *costume jewelry* is made to simulate its precious counterparts. The end of a *cuff link* that is passed through the buttonhole and fastened is called a *wing-back*, or *airplane-back*.

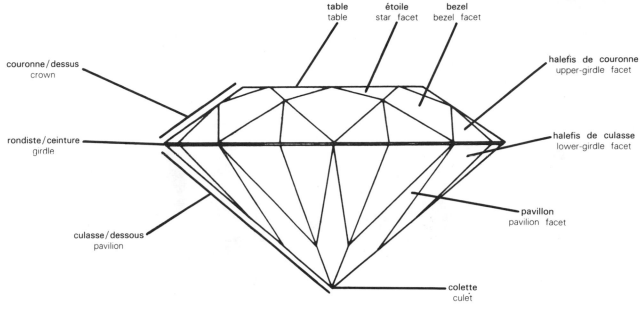

table / table

étoile / star facet

bezel / bezel facet

couronne/dessus / crown

halefis de couronne / upper-girdle facet

rondiste/ceinture / girdle

halefis de culasse / lower-girdle facet

culasse/dessous / pavilion

pavillon / pavilion facet

colette / culet

Pierre taillée
Cut Gemstone

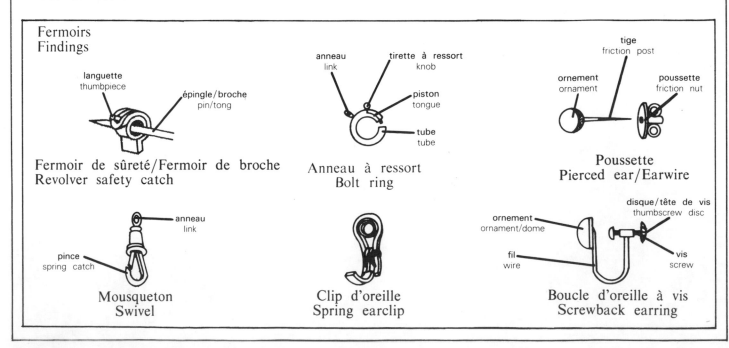

Fermoirs
Findings

languette / thumbpiece

épingle/broche / pin/tong

Fermoir de sûreté/Fermoir de broche
Revolver safety catch

anneau / link

tirette à ressort / knob

piston / tongue

tube / tube

Anneau à ressort
Bolt ring

tige / friction post

ornement / ornament

poussette / friction nut

Poussette
Pierced ear/Earwire

anneau / link

pince / spring catch

Mousqueton
Swivel

Clip d'oreille
Spring earclip

disque/tête de vis / thumbscrew disc

ornement / ornament/dome

fil / wire

vis / screw

Boucle d'oreille à vis
Screwback earring

Ring

Bague

A *lavaliere* is a pendant worn on a chain as a necklace. A *charm* is a trinket worn on a bracelet or necklace, often having personal or symbolic meaning. An *ouch* is a brooch or a setting for a precious stone. *Spangles* are glittering pieces of metal used on clothing for decoration. A *riviere* is a multi-stringed necklace containing many precious stones.

Certains colliers sont faits d'un pendentif attaché à une chaîne. Les breloques sont des petits bijoux fantaisie, qui ont une valeur sentimentale ou symbolique, et que l'on attache à un bracelet ou à une chaîne. Une simple monture peut être décorative et servir de broche par exemple, ou bien être sertie de pierres précieuses. Les paillettes sont des lamelles de métal brillant que l'on peut coudre sur des vêtements à des fins décoratives. La rivière est un collier à plusieurs rangs qui comporte un grand nombre de pierres précieuses.

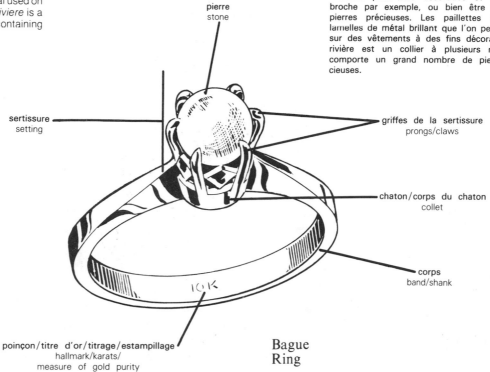

pierre
stone

sertissure
setting

griffes de la sertissure
prongs/claws

chaton / corps du chaton
collet

corps
band/shank

poinçon / titre d'or / titrage / estampillage
hallmark/karats/
measure of gold purity

Bague
Ring

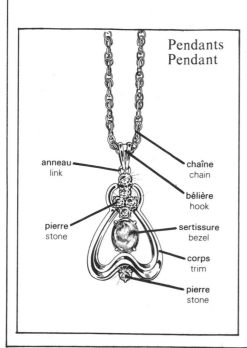

Pendants
Pendant

anneau
link

chaîne
chain

bélière
hook

pierre
stone

sertissure
bezel

corps
trim

pierre
stone

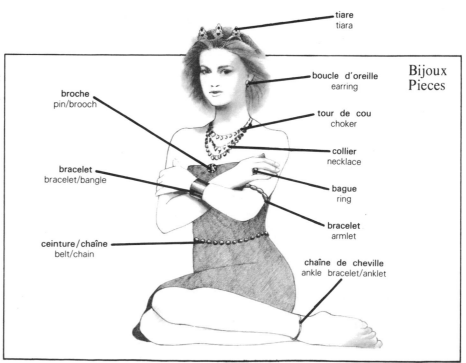

Bijoux
Pieces

tiare
tiara

broche
pin/brooch

boucle d'oreille
earring

tour de cou
choker

collier
necklace

bracelet
bracelet/bangle

bague
ring

bracelet
armlet

ceinture / chaîne
belt/chain

chaîne de cheville
ankle bracelet/anklet

Joaillerie

Montres

L'affichage numérique de cette montre peut indiquer la date, les secondes, l'heure locale d'un autre fuseau horaire, et assurer des fonctions de chronographe. Le mot chronomètre désigne certaines montres de grande précision, dont la précision a été individuellement contrôlée dans un des bureaux ou observatoires officiels, reconnus par la Commission internationale des contrôles chronométriques. On attache le bracelet au boîtier au moyen de deux barrettes à ressort.

maillon
link

bracelet
watchband/bracelet

boîtier
case

aiguille des minutes
minute hand

protection de la couronne
protective shoulder

couronne
crown

poussoir de l'affichage
à cristaux liquides du deuxième
fuseau horaire
LCD second
time zone
display control

lunette tournante
elapsed time bezel

point de repère
zero mark

cadran
dial/face

aiguille des heures
hour hand

affichage à cristaux liquides LCD
Liquid Crystal Display (LCD)

poussoir de l'affichage à cristaux liquides
LCD second and date display control

repères lumineux
luminous indices/markers

Chronosport
U D T

SEA QUARTZ

Montre-bracelet
Wristwatch

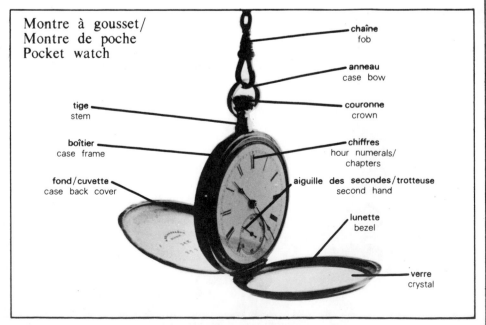

Montre à gousset/
Montre de poche
Pocket watch

chaîne
fob

anneau
case bow

couronne
crown

chiffres
hour numerals/
chapters

aiguille des secondes/trotteuse
second hand

lunette
bezel

verre
crystal

tige
stem

boîtier
case frame

fond/cuvette
case back cover

Watches

The digital display on this watch can indicate date, seconds, time in a different time zone, and it can perform *stopwatch* functions. An extremely accurate timepiece is called a *chronometer*. A watchband, or *strap*, is attached to the case by *push-pins*, or *spring-bars*.

Eyeglasses

This is a composite pair of eyeglasses, or *spectacles*. The *frame* consists of a *front* and two *temples*. The front is formed by two *eyewires* which hold the lenses and are connected by a bridge.

Voici une paire de lunettes composite. La monture comporte une face et deux branches. La face est composée de deux cercles qui sertissent les verres, et qui sont reliés entre eux par une barre ou pont.

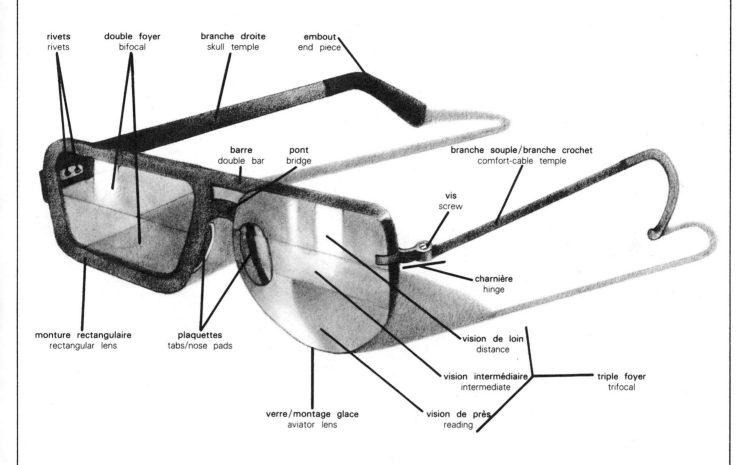

rivets
rivets

double foyer
bifocal

branche droite
skull temple

embout
end piece

barre
double bar

pont
bridge

branche souple/branche crochet
comfort-cable temple

vis
screw

charnière
hinge

monture rectangulaire
rectangular lens

plaquettes
tabs/nose pads

vision de loin
distance

vision intermédiaire
intermediate

triple foyer
trifocal

verre/montage glace
aviator lens

vision de près
reading

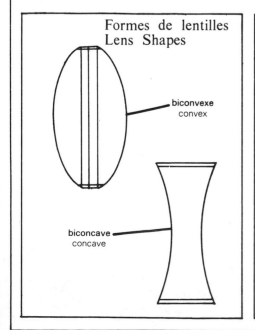

Formes de lentilles
Lens Shapes

biconvexe
convex

biconcave
concave

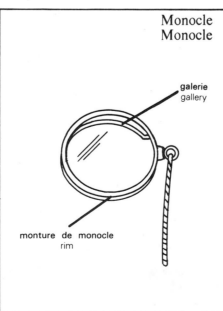

Monocle
Monocle

galerie
gallery

monture de monocle
rim

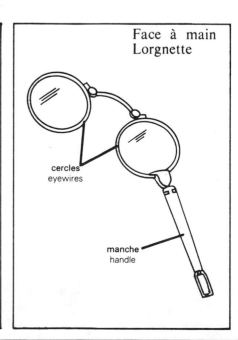

Face à main
Lorgnette

cercles
eyewires

manche
handle

Sac à main

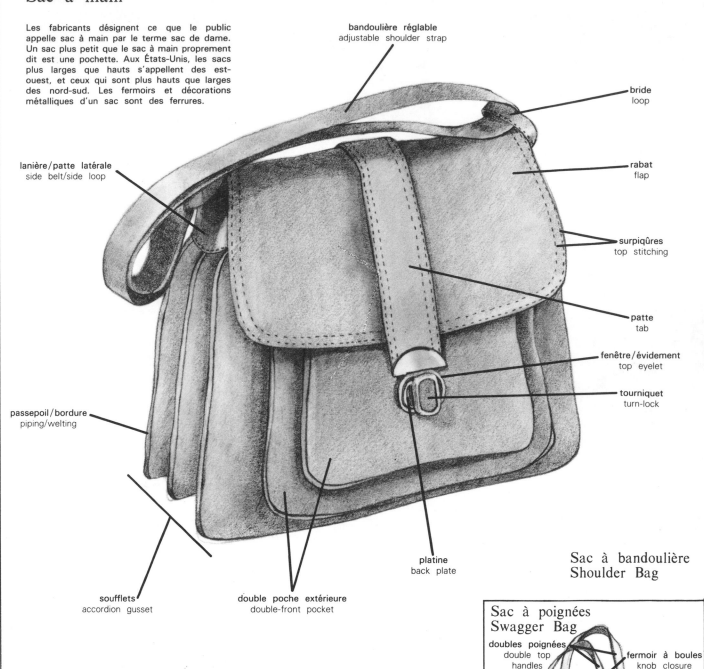

Les fabricants désignent ce que le public appelle sac à main par le terme sac de dame. Un sac plus petit que le sac à main proprement dit est une pochette. Aux États-Unis, les sacs plus larges que hauts s'appellent des est-ouest, et ceux qui sont plus hauts que larges des nord-sud. Les fermoirs et décorations métalliques d'un sac sont des ferrures.

bandoulière réglable
adjustable shoulder strap

bride
loop

rabat
flap

surpiqûres
top stitching

patte
tab

fenêtre / évidement
top eyelet

tourniquet
turn-lock

lanière / patte latérale
side belt / side loop

passepoil / bordure
piping / welting

soufflets
accordion gusset

double poche extérieure
double-front pocket

platine
back plate

Sac à bandoulière
Shoulder Bag

Sac à poignées
Swagger Bag

doubles poignées
double top
handles

fermoir à boules
knob closure

cadre
frame

poche extérieure
outside flap pocket /
open outside pocket

pied
foot

attache-poignée
handle attachment
tabs / handle hodlers

côté
gusset

Handbag

A handbag can also be referred to as a *pocketbook* or *purse*. A bag with no handles is a *clutch*. *East-west* describes a handbag which is wider than it is long. A *north-south* bag has a long, narrow shape. The metal ornaments and closures on bags are collectively called *hardware* or *fittings*.

Portefeuille/Porte-carte

L'enveloppe extérieure d'un portefeuille s'appelle le dessous. Les portefeuilles pour dames comportent souvent un compartiment porte-monnaie à l'intérieur, ainsi qu'une patte de fermeture à l'extérieur. Comme les porte-cartes, les porte-photos ont des fenêtres qui se déplient en accordéon.

Wallet/Billfold

A wallet's exterior covering is called the *cover*. Women's wallets often have a *coin purse* within and a *tab closing* on the outside. *Photo holders* that unfold and become a long strip are called *accordion windows*.

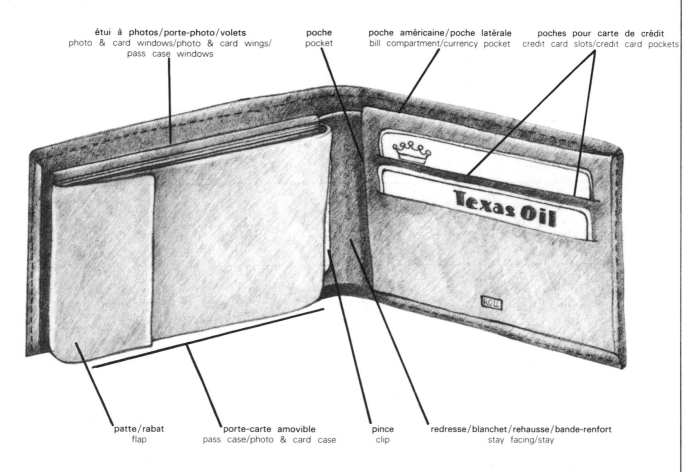

étui à photos/porte-photo/volets
photo & card windows/photo & card wings/ pass case windows

poche
pocket

poche américaine/poche latérale
bill compartment/currency pocket

poches pour carte de crédit
credit card slots/credit card pockets

patte/rabat
flap

porte-carte amovible
pass case/photo & card case

pince
clip

redresse/blanchet/rehausse/bande-renfort
stay facing/stay

Porte-chéquier/Etui chéquier
Checkbook Clutch

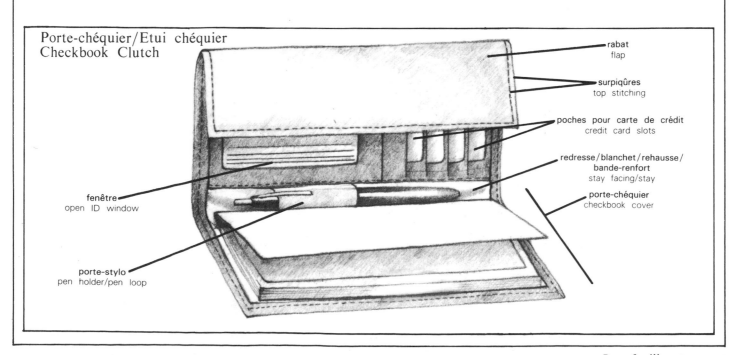

rabat
flap

surpiqûres
top stitching

poches pour carte de crédit
credit card slots

redresse/blanchet/rehausse/ bande-renfort
stay facing/stay

porte-chéquier
checkbook cover

fenêtre
open ID window

porte-stylo
pen holder/pen loop

Portefeuille et argent

Papier monnaie

Trois types de billets ont cours aux États-Unis : les billets verts de la Federal Reserve Bank (greenbacks) ; les billets rouges, ou '' United States notes '', et les billets bleus ou '' silver certificates ''. On imprime les billets sur des planches gravées, avec papier contenant des fibres colorées. Les billets endommagés au cours de l'impression sont remplacés par des '' star notes ''. La contrefaçon des billets de banque autorisés par la loi, ainsi que l'usage de ces billets contrefaits ou falsifiés, sont sévèrement punis.

Money

There are three types of U.S. paper currency in circulation: green *Federal Reserve Notes*, or *"greenbacks,"* red *United States notes*, and blue *Silver Certificates*. *Bills* are printed from *engraved plates* on paper containing colored *fibers*. Notes damaged during printing are replaced with *star notes*. Money printed illegally and passed off as *legal tender* is called *counterfeit money*.

dénomination/valeur
dénomination/face value

type de billet
type of note

portrait
portrait

THIS NOTE IS LEGAL TENDER FOR ALL DEBTS, PUBLIC AND PRIVATE

numéro de position du billet/lettre repère
note position number/check letter

lettre repère de position du billet
note position letter

numéro de quadrant
quadrant number

sceau de la Federal Reserve Bank
Federal Reserve Bandk seal

Banque émettrice
issuing bank

lettre code de la banque
bank code letter

légende/inscription
legend/inscription

Verso du Billet
Reverse Side

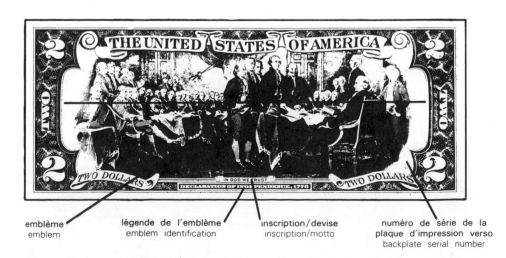

emblème
emblem

légende de l'emblème
emblem identification

inscription/devise
inscription/motto

numéro de série de la plaque d'impression verso
backplate serial number

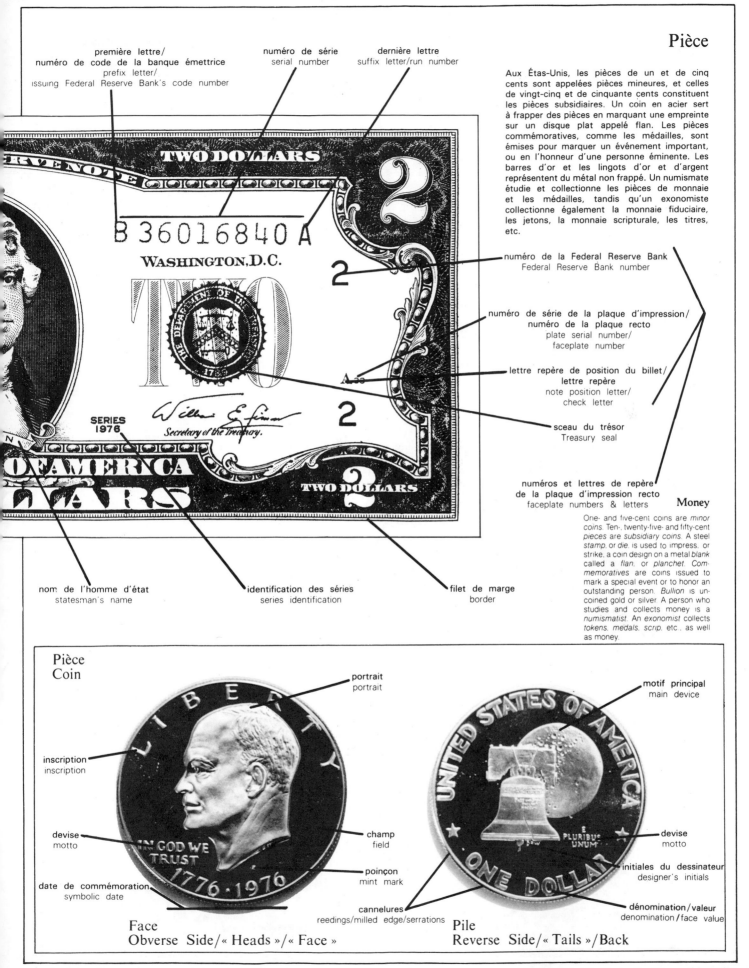

première lettre/
numéro de code de la banque émettrice
prefix letter/
issuing Federal Reserve Bank's code number

numéro de série
serial number

dernière lettre
suffix letter/run number

Aux États-Unis, les pièces de un et de cinq cents sont appelées pièces mineures, et celles de vingt-cinq et de cinquante cents constituent les pièces subsidiaires. Un coin en acier sert à frapper des pièces en marquant une empreinte sur un disque plat appelé flan. Les pièces commémoratives, comme les médailles, sont émises pour marquer un événement important, ou en l'honneur d'une personne éminente. Les barres d'or et les lingots d'or et d'argent représentent du métal non frappé. Un numismate étudie et collectionne les pièces de monnaie et les médailles, tandis qu'un exonomiste collectionne également la monnaie fiduciaire, les jetons, la monnaie scripturale, les titres, etc.

numéro de la Federal Reserve Bank
Federal Reserve Bank number

numéro de série de la plaque d'impression/
numéro de la plaque recto
plate serial number/
faceplate number

lettre repère de position du billet/
lettre repère
note position letter/
check letter

sceau du trésor
Treasury seal

numéros et lettres de repère
de la plaque d'impression recto
faceplate numbers & letters

Money

One- and five-cent coins are *minor coins*. Ten-, twenty-five- and fifty-cent *pieces* are *subsidiary coins*. A steel *stamp*, or *die*, is used to impress, or strike, a coin design on a metal *blank* called a *flan*, or *planchet*. *Commemoratives* are coins issued to mark a special event or to honor an outstanding person. *Bullion* is un-coined gold or silver. A person who studies and collects money is a *numismatist*. An *exonomist* collects *tokens*, *medals*, *scrip*, etc., as well as money.

nom de l'homme d'état
statesman's name

identification des séries
series identification

filet de marge
border

Pièce
Coin

portrait
portrait

motif principal
main device

inscription
inscription

devise
motto

champ
field

poinçon
mint mark

cannelures
reedings/milled edge/serrations

devise
motto

initiales du dessinateur
designer's initials

dénomination/valeur
denomination/face value

date de commémoration
symbolic date

Face
Obverse Side/« Heads »/« Face »

Pile
Reverse Side/« Tails »/Back

Chèque et carte de crédit

Pour être validé, un chèque doit être signé au dos ou endossé par le bénéficiaire. Au verso d'une carte de crédit figurent un emplacement pour la signature du titulaire, ainsi qu'une bande magnétique où sont enregistrés le numéro de compte, la date d'expiration, le nom et l'adresse du titulaire, le numéro d'identification de la personne, ainsi que le code du service. Certaines cartes de crédit renferment un numéro de sécurité, dit code secret, afin de limiter les risques de fraude.

Check and Credit Card

A check must be signed by the payee. or endorsed. on the back to be valid. The back of a credit card contains a *signature panel* and a *magnetic strip* which contains account number, expiration date, name, address, personal identification number and *service code*. Some credit cards have a *card security number* hidden within the plastic to help prevent fraud.

nom et adresse du tireur
maker's name & address

date de création du chèque
check issue date

numéro de la banque/ numéro de routage ABA
American Bankers Association routing nomber/ABA number

numéro du chèque
check nomber

recto
check face

bénéficiaire
payee

somme à payer en chiffres
amount in numbers

somme à payer en lettres
amount in words

nom et adresse de la banque tirée
bank name & address

aide-mémoire
memo

bord
border

code de routage
routing information

numéro du compte
account number

numéro du chèque
check number

signature du tireur
maker's signature

JAMES R. BRADLEY
100 SIXTH AVENUE
ANYWHERE, U. S. A. 01234

101

12-345/678

Sept. 2 19 82

PAY TO THE ORDER OF _The Little Bookstore_ $ 30 00

thirty and 00/100 DOLLARS

RUDCO NATIONAL
ANYWHERE, U.S.A.

J. R. Bradley

FOR _gift book_

⑆067803457⑆ 123⑈456⑈789⑈ 0101

Chèque bancaire
Check

Carte de crédit
Credit Card

numéro d'identification
industry identification digit

numéro de compte primaire
primary account number

nom du titulaire
cardholder

numéro de la banque
bank identification number/BIN number

numéro du compte individuel
individual account number

marque déposée/logotype
trademark/logo

numéro de vérification
check digit

date d'expiration
expiration date

VISA

4000 123 456 789

GOOD THRU LAST DAY OF ▶ 01/81 VISA

J. DOE

Money Order and Traveler's Check

A money order has a tear-off *customer's receipt* and *department voucher*. On the reverse side of the money order is an *endorsement block*, a *validation statement* and a *warning* to the cashing agency. Telegraph company money orders permit an individual to authorize payment to a specified individual at a distant location without the recipient having the original document.

Mandat postal et chèque de voyage

Un mandat postal comporte un reçu détachable qui est remis à l'expéditeur, ainsi qu'un talon réservé à l'administration. Au verso du mandat, il y a un emplacement pour l'endossement, une confirmation de validation et un avertissement à l'établissement payeur. Les mandats télégraphiques permettent d'autoriser la remise d'argent à un bénéficiaire habitant un endroit éloigné sans que celui-ci ait besoin d'être en possession du mandat du bureau d'émission.

emplacement du cachet
validation space

numéro du mandat
sequential serial number

date d'émission
year, month and day of purchase

code postal du bureau d'émission
issuing office zip code

montant
amount/denomination

montant maximum
limitation plate

bénéficiaire
payee

expéditeur
purchaser

logotype
du service des postes
des États-Unis
d'Amérique
postal service logo

numéro de banque
bank number

numéro du mandat
serial number

Mandat postal
Postal Money Order

emblème de la banque
bank logo

émetteur/banque émettrice
issuer/issuing bank

date d'achat
date of purchase

numéro du chèque
check number

signature à l'achat
on-purchase signature

numéro de routage
routing number

bénéficiaire
payee

montant
amount/denomination

établissement payeur
paying agent

contresignature
countersignature

établissement émetteur
issuing agent

emblème du chèque de voyage
credit card
traveler's check logo

code à lecture optique
machine-readable code line

logotype de la carte de crédit
credit card logo

signature du président de l'institution financière
authorized signature

Chèque de voyage
Traveler's Check

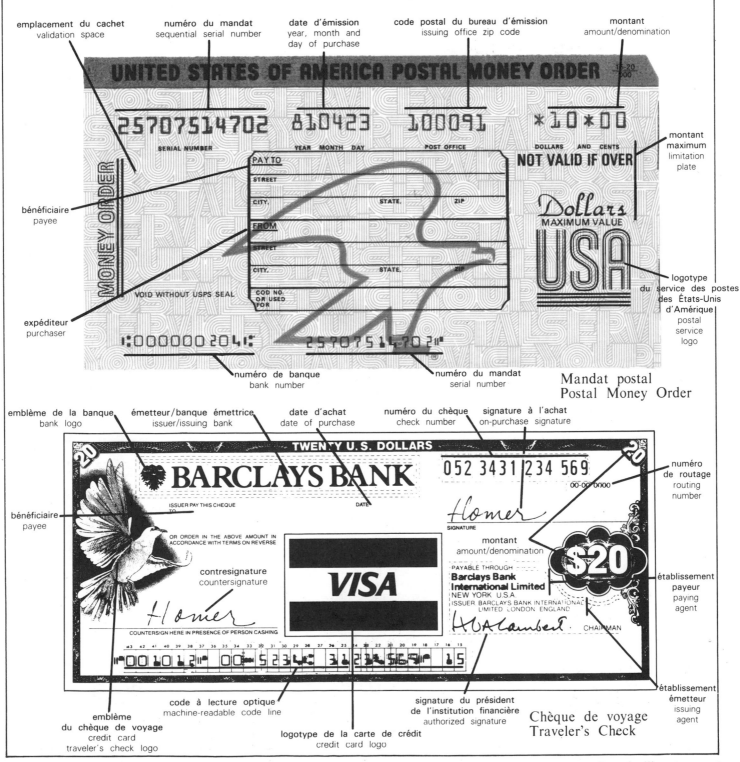

223

Cigar and Cigarette

The cigar wrapper, as well as the interior *binder*, is a spirally-rolled *leaf*. Cigars, or *"stogies,"* are stored in *humidors* to insure freshness. The residue of smoked tobacco is *ash*. The remains of a smoked cigar or cigarette is the *butt*. The abrasive striking surface or *friction strip* on which matches are struck is on the *back cover* of a matchbook.

Cigare et cigarette

L'enveloppe extérieure d'un cigare, nommée cape ou robe, est constituée d'une feuille enroulée en spirale. L'intérieur et la sous-cape forment ensemble la poupée. On conserve les cigares dans des boîtes à cigares pour qu'ils gardent leur fraîcheur. Lorsque l'on a fumé du tabac, il ne reste plus que des cendres. Le bout de cigare ou de la cigarette que l'on jette après avoir fumé s'appelle un mégot. La surface abrasive ou frottoir, contre laquelle on frotte l'allumette pour faire du feu, se trouve tantôt sur un petit rabat, tantôt au verso de la pochette.

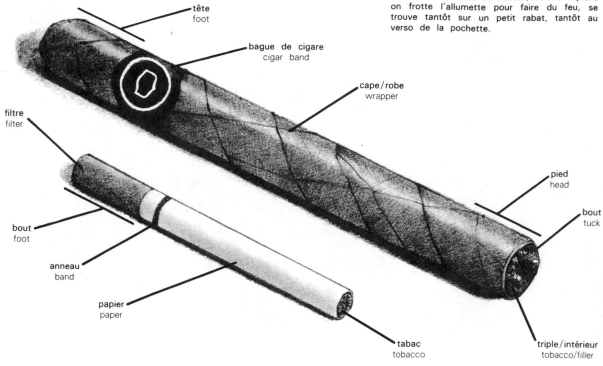

tête / foot

bague de cigare / cigar band

cape/robe / wrapper

filtre / filter

pied / head

bout / tuck

bout / foot

anneau / band

papier / paper

tabac / tobacco

triple/intérieur / tobacco/filler

Cigarette
Cigarette

Cigare
Cigar

Coupe-cigare / Cigar Cutter

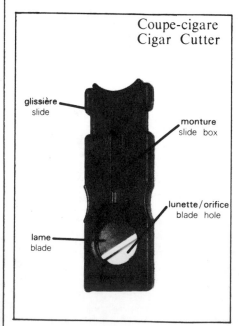

glissière / slide

monture / slide box

lunette/orifice / blade hole

lame / blade

Pochette d'allumettes / Matchbook

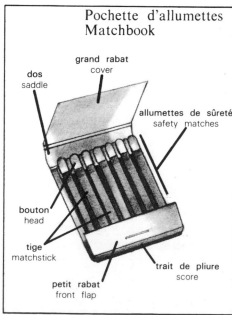

grand rabat / cover

dos / saddle

allumettes de sûreté / safety matches

bouton / head

tige / matchstick

petit rabat / front flap

trait de pliure / score

Briquet à gaz / Gas Lighter

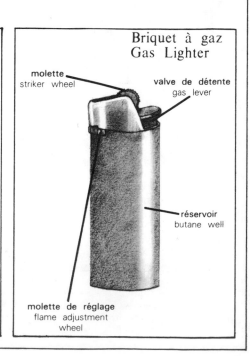

molette / striker wheel

valve de détente / gas lever

réservoir / butane well

molette de réglage / flame adjustment wheel

Articles pour fumeurs

Pipe

Lorsqu'on fume la pipe, le résidu de tabac qui reste au fond du foyer s'appelle le culot. Le nettoie-pipe ou chenille, tige souple recouverte de touffes de fibres, sert à ramoner l'intérieur du tuyau. Les blagues servent à conserver le tabac à pipes. Certaines pipes sont pourvues d'un couvercle. La pipe à eau, munie d'un tuyau souple, permettant de rafraîchir la fumée du tabac en la faisant passer au travers d'un récipient d'eau, s'appelle Hooka (Inde), Kalian (Iran), ou Narghileh (Proche-Orient, Afrique du Nord).

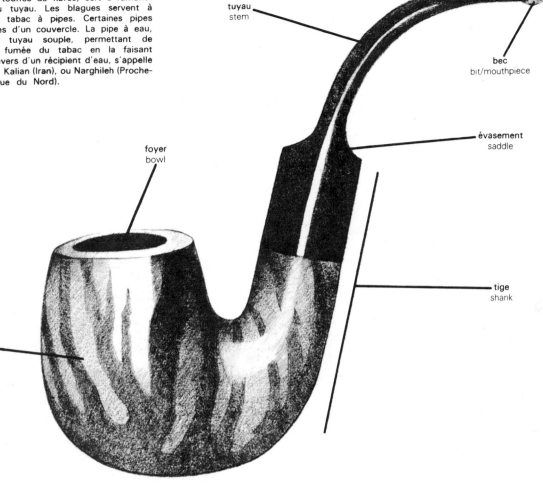

tuyau
stem

bec
bit/mouthpiece

évasement
saddle

tige
shank

foyer
bowl

fourneau/tête
shape

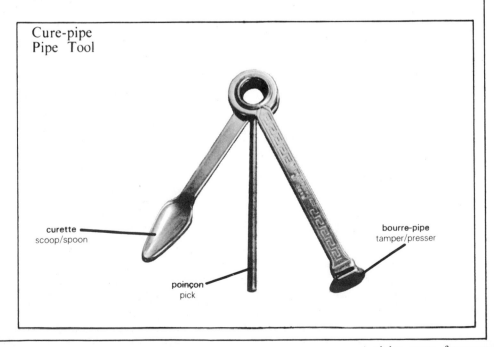

Cure-pipe
Pipe Tool

curette
scoop/spoon

poinçon
pick

bourre-pipe
tamper/presser

Pipe

Pipe smoke is also called *lunt,* and unsmoked tobacco in the bottom of the bowl after smoking is called *dottle.* The pliable, tufted rod used to clean the inside of a pipe's stem is a *pipe cleaner.* Pipe tobacco is kept in a *pouch.* Some bowls are covered with a *pipe umbrella* or *bowl lid.* An Eastern pipe with a long, flexible tube by which the smoke is drawn through a jar of water and thus cooled is a *water pipe, hookah,* or *hubble-bubble.*

Articles pour fumeurs

Umbrella

An umbrella's water-repellent *fabric* is attached to a *frame*, or *skeleton*. The specific points where the fabric is sewn to the skeleton are called *tacks*.

Parapluie

La couverture d'un parapluie, en tissu imperméabilisé, est posée sur la carcasse de la monture. Des points de couture maintiennent les baleines et le tissu sur la carcasse.

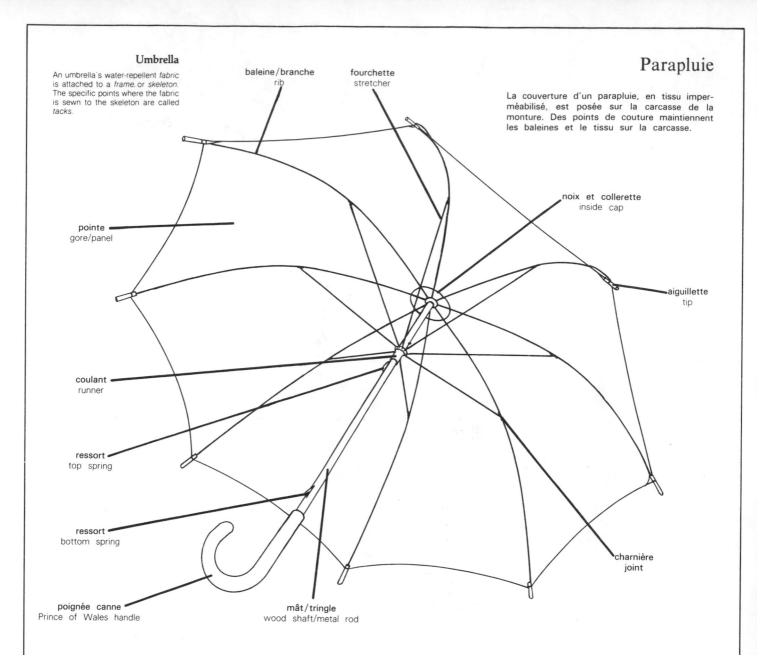

baleine/branche
rib

fourchette
stretcher

noix et collerette
inside cap

pointe
gore/panel

aiguillette
tip

coulant
runner

ressort
top spring

ressort
bottom spring

charnière
joint

poignée canne
Prince of Wales handle

mât/tringle
wood shaft/metal rod

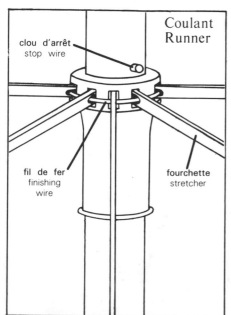

Coulant
Runner

clou d'arrêt
stop wire

fil de fer
finishing wire

fourchette
stretcher

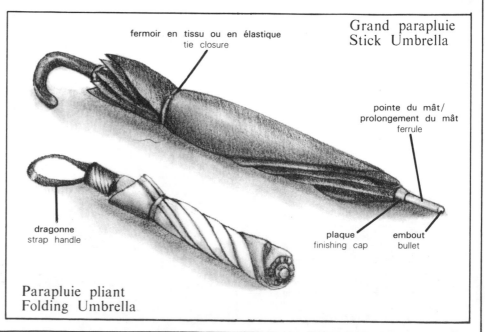

Grand parapluie
Stick Umbrella

fermoir en tissu ou en élastique
tie closure

pointe du mât/
prolongement du mât
ferrule

dragonne
strap handle

plaque
finishing cap

embout
bullet

Parapluie pliant
Folding Umbrella

La Maison

Afin de faciliter la recherche des affaires que l'on trouve dans une maison, ce chapitre regroupe les objets selon la pièce où l'on risque le plus souvent de les trouver : le salon, la salle à manger, la cuisine, la chambre à coucher, la salle de bain, la salle de jeux, le bureau, la lingerie et le jardin. La section qui traite de la cuisine, par exemple, comprend les ustensiles de cuisine et les appareils ménagers qui servent à la préparation des repas. Outre l'identification des parties des sacs qui servent à transporter les provisions jusque dans la cuisine, le texte couvre également tous les termes employés pour la conception et l'emballage de la nourriture, de la vaisselle et des ustensiles de cuisine.

De même, la terminologie de l'équipement de bureau se trouve dans la sous-section Salle de Jeux/Bureaux — elle comprend jusqu'aux sept parties d'un trombone — car cette terminologie est intéressante, que le trombone se trouve dans un bureau ou une maison particulière.

Bien qu'aucune section ne soit consacrée à la chambre d'enfants, les objets utilisés en relation avec la puériculture, ou par les enfants eux-mêmes, comme la poussette, le siège-auto, le parc ou les balançoires, figurent dans la rubrique '' Jardin ''.

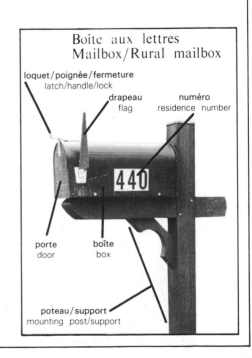

Boîte aux lettres
Mailbox/Rural mailbox

loquet/poignée/fermeture
latch/handle/lock

drapeau
flag

numéro
residence number

440

porte
door

boîte
box

poteau/support
mounting post/support

Cheminée

De nombreuses cheminées sont munies d'écrans pare-feu en verre ou en métal afin de réduire les pertes de chaleur et pour éviter que les étincelles ne se précipitent dans la pièce. D'autres sont équipées d'un garde-feu métallique placé devant la cheminée. Le couvre-feu est une une sorte d'écran métallique que l'on pose autour d'un feu mourant ou feu couvert pour l'empêcher de s'éteindre. Parmi les accessoires de la cheminée figurent le soufflet qui sert à activer le feu, les seaux à charbon et à bois, et les grilles ou échangeurs de chaleur qui peuvent remplacer les chenets. Un tison est un morceau de bois ardent qui se consume.

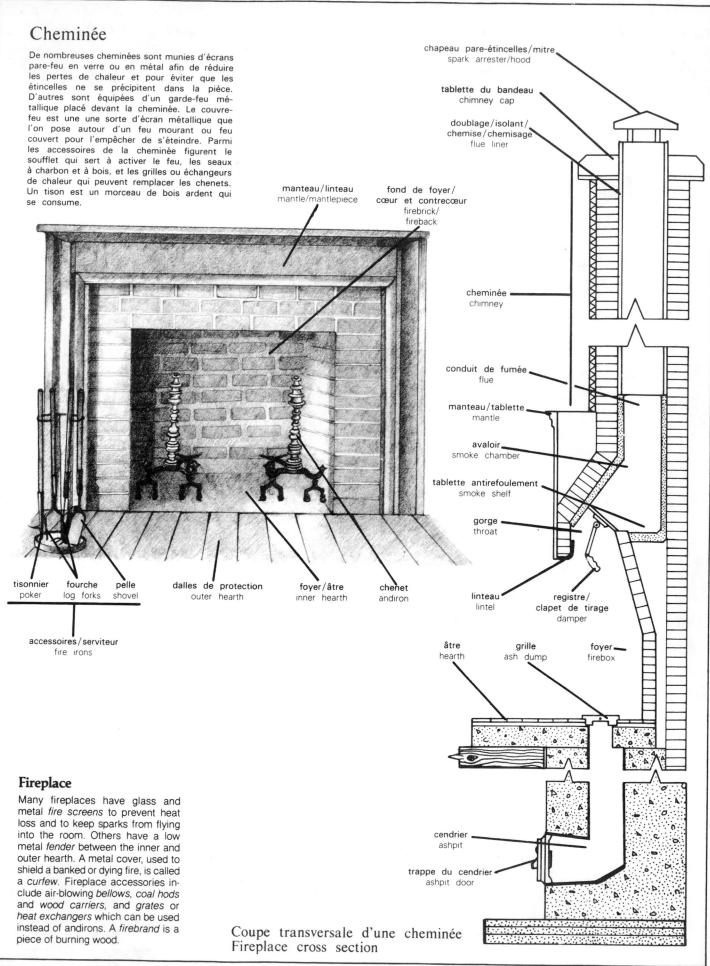

chapeau pare-étincelles/mitre
spark arrester/hood

tablette du bandeau
chimney cap

doublage/isolant/
chemise/chemisage
flue liner

manteau/linteau
mantle/mantlepiece

fond de foyer/
cœur et contrecœur
firebrick/
fireback

cheminée
chimney

conduit de fumée
flue

manteau/tablette
mantle

avaloir
smoke chamber

tablette antirefoulement
smoke shelf

gorge
throat

linteau
lintel

registre/
clapet de tirage
damper

tisonnier   fourche   pelle
poker   log forks   shovel

dalles de protection
outer hearth

foyer/âtre
inner hearth

chenet
andiron

accessoires/serviteur
fire irons

âtre
hearth

grille
ash dump

foyer
firebox

cendrier
ashpit

trappe du cendrier
ashpit door

Fireplace

Many fireplaces have glass and metal *fire screens* to prevent heat loss and to keep sparks from flying into the room. Others have a low metal *fender* between the inner and outer hearth. A metal cover, used to shield a banked or dying fire, is called a *curfew*. Fireplace accessories include air-blowing *bellows, coal hods* and *wood carriers*, and *grates* or *heat exchangers* which can be used instead of andirons. A *firebrand* is a piece of burning wood.

Coupe transversale d'une cheminée
Fireplace cross section

Pendule/Horloge

Une horloge à balancier assez grande pour être mise sur pied comme les horloges comtoises, ou les horloges de parquet petits modèles, s'appelle également une pendule à gaine. Le mécanisme ou le rouage interne est le mouvement d'horlogerie. La durée de l'arc du pendule peut être mise au point à l'aide d'un écrou de réglage qui se situe normalement sous la lentille.

Clock

A *pendulum clock* tall enough to stand on the floor, either a grandfather or the shorter *grandmother clock*, is called a *tall-case clock*. The machinery or *movement* within is called the *clockworks*. A *rating*, the length of a pendulum swing, can be adjusted by a *rating nut*, usually found beneath the bob.

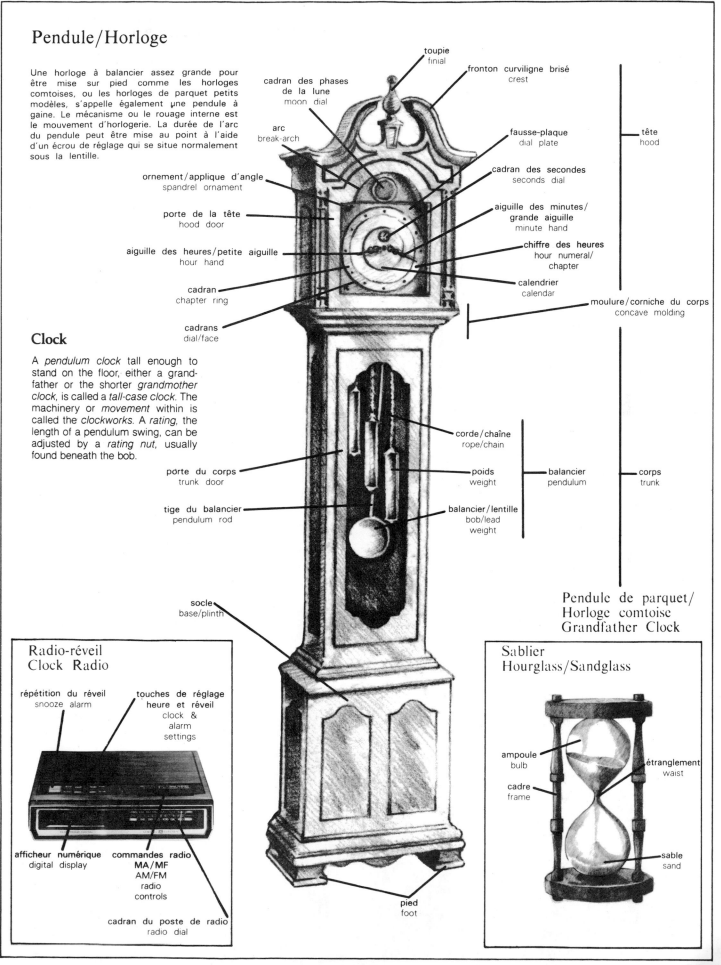

toupie
finial

cadran des phases de la lune
moon dial

fronton curviligne brisé
crest

arc
break-arch

fausse-plaque
dial plate

tête
hood

ornement/applique d'angle
spandrel ornament

cadran des secondes
seconds dial

porte de la tête
hood door

aiguille des minutes/
grande aiguille
minute hand

aiguille des heures/petite aiguille
hour hand

chiffre des heures
hour numeral/
chapter

cadran
chapter ring

calendrier
calendar

cadrans
dial/face

moulure/corniche du corps
concave molding

corde/chaîne
rope/chain

poids
weight

balancier
pendulum

corps
trunk

porte du corps
trunk door

tige du balancier
pendulum rod

balancier/lentille
bob/lead
weight

socle
base/plinth

pied
foot

Pendule de parquet/ Horloge comtoise Grandfather Clock

Radio-réveil Clock Radio

répétition du réveil
snooze alarm

touches de réglage heure et réveil
clock &
alarm
settings

afficheur numérique
digital display

commandes radio
MA/MF
AM/FM
radio
controls

cadran du poste de radio
radio dial

Sablier Hourglass/Sandglass

ampoule
bulb

étranglement
waist

cadre
frame

sable
sand

Fauteuil

Sur certaines chaises, les barreaux du dossier sont remplacés par une seule planche verticale. Les traverses horizontales, parallèles au dossier, sont des échelons. Les dossiers à chevrons comportent parfois des barres transversales qui supportent les barres en V. Le haut du dossier peut avoir la forme d'une poignée, d'un rouleau ou d'un repose-tête. Le mot galette désigne un siège amovible adapté au cadre, et que l'on peut enlever pour le tapisser. On appelle écritoire la tablette apposée à l'accoudoir.

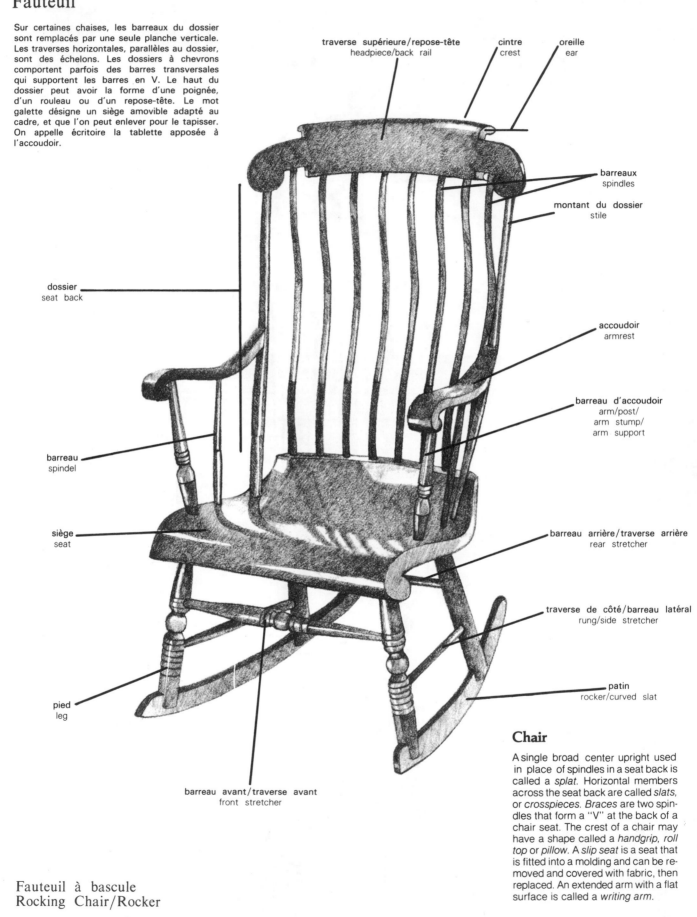

traverse supérieure/repose-tête
headpiece/back rail

cintre
crest

oreille
ear

barreaux
spindles

montant du dossier
stile

dossier
seat back

accoudoir
armrest

barreau d'accoudoir
arm/post/
arm stump/
arm support

barreau
spindel

siège
seat

barreau arrière/traverse arrière
rear stretcher

traverse de côté/barreau latéral
rung/side stretcher

patin
rocker/curved slat

pied
leg

barreau avant/traverse avant
front stretcher

Fauteuil à bascule
Rocking Chair/Rocker

Chair

A single broad center upright used in place of spindles in a seat back is called a *splat*. Horizontal members across the seat back are called *slats*, or *crosspieces*. *Braces* are two spindles that form a "V" at the back of a chair seat. The crest of a chair may have a shape called a *handgrip, roll top* or *pillow*. A *slip seat* is a seat that is fitted into a molding and can be removed and covered with fabric, then replaced. An extended arm with a flat surface is called a *writing arm*.

Fauteuil de relaxation

Lorsque l'on fait incliner vers l'arrière le dossier de ce fauteuil de relaxation, le repose-pied remonte jusqu'au niveau du siège. Le mot pouf ou ottoman désigne un repose-pieds rembourré. L'accoudoir d'un fauteuil de relaxation s'appelle aussi une manchette.

Lounger

When the backrest of this *recliner,* or *Barcalounger,* is pushed back, the *footrest* rises to seat level. The term *ottoman,* or *pouf,* is often used to refer to an overstuffed *footstool.* An *arm pad* on an *easy chair* is also called a *manchette.*

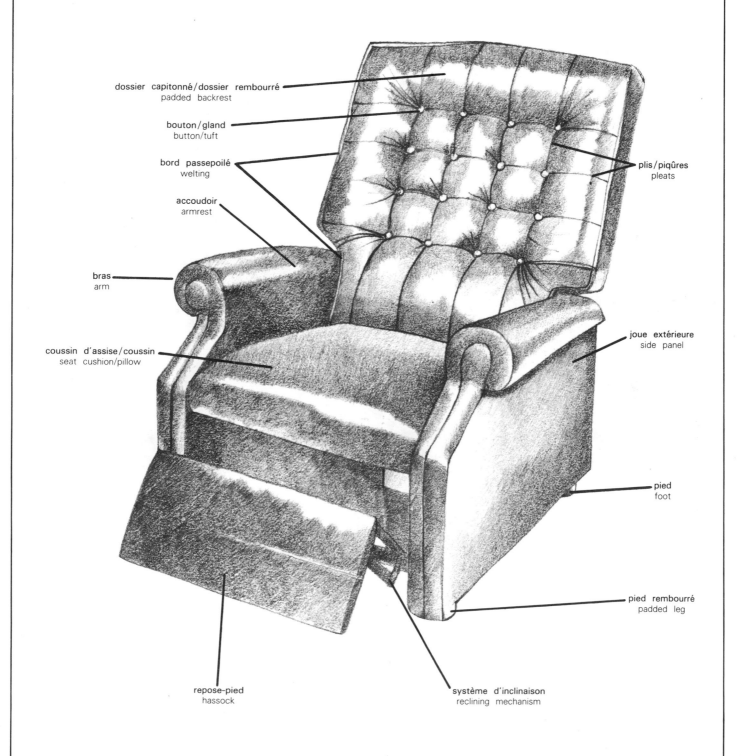

dossier capitonné/dossier rembourré
padded backrest

bouton/gland
button/tuft

bord passepoilé
welting

accoudoir
armrest

bras
arm

coussin d'assise/coussin
seat cushion/pillow

plis/piqûres
pleats

joue extérieure
side panel

pied
foot

pied rembourré
padded leg

repose-pied
hassock

système d'inclinaison
reclining mechanism

Salon

Canapé/Divan
Sofa

Un canapé est un lit de repos tapissé qui comporte trois appuis, c'est-à-dire un dossier et deux accoudoirs. S'il est constitué de plusieurs éléments indépendants (canapés, chauffeuses, sièges d'angle, etc.) qui peuvent être agencés de diverses manières on dit qu'il s'agit d'un salon panoramique. Un canapé convertible ou canapé-lit, encore appelé banquette-lit, se transforme en lit pour assurer le couchage, tandis que le divan est un long siège sans dossier, ni bras, qui sert souvent de lit. Les canapés comportent souvent des coussins cylindriques en forme de traversin, qui servent soit de manchettes, soit de calereins, de même que des coussins d'assise et des coussins de dossier adaptés au meuble.

Sofa

A sofa is an upholstered *couch* with a back and two arms or raised ends. If it is composed of several independent sections that can be arranged individually or in various combinations, it is a *sectional*. A *davenport* or *convertible* can be converted into a bed for nighttime use, whereas a *divan* is a large couch without back or arms that is often used as a bed. A sofa for two is a *loveseat*, or *courting seat*. Cylindrical pillows, or *bolsters*, and *fitted* or *tailored pillows* or *cushions* are often used on sofas.

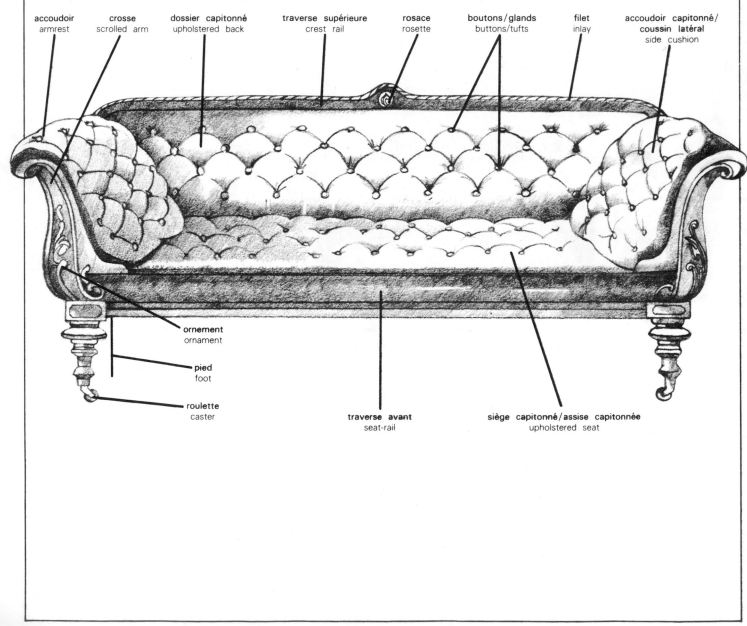

accoudoir
armrest

crosse
scrolled arm

dossier capitonné
upholstered back

traverse supérieure
crest rail

rosace
rosette

boutons/glands
buttons/tufts

filet
inlay

accoudoir capitonné/
coussin latéral
side cushion

ornement
ornament

pied
foot

roulette
caster

traverse avant
seat-rail

siège capitonné/assise capitonnée
upholstered seat

Bougie et bougeoir

Les bougies ou cierges sont faits en suif, en cire ou en paraffine. L'anneau que l'on peut poser autour du col d'une bougie est une couronne ou bobèche. La partie à moitié consumée de la mèche ou mouchure s'appelle un lumignon, autrefois nommé morve. De nombreux bougeoirs possèdent un pique sur lequel vient se planter la bougie, au lieu d'un creux. Les cierges sont des bougies utilisées dans un but religieux.

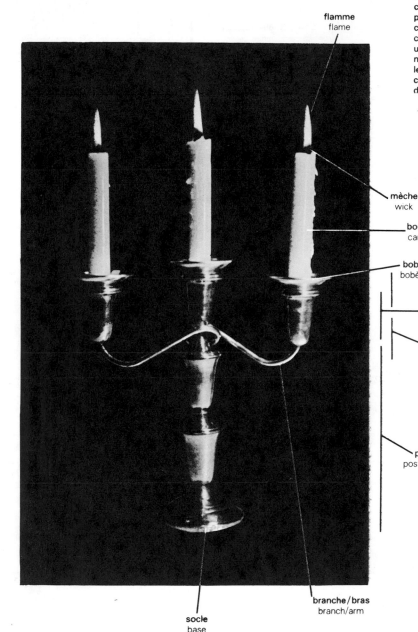

flamme
flame

mèche
wick

bougie
candle

bobèche/rebord
bobèche/drip pan

bobèche
socket

bougeoir
candlestick

pied
post/stem

branche/bras
branch/arm

socle
base

Candle and Candelabrum

Candles, or *tapers*, are made of *tallow*, *wax* or *paraffin*. Most are *dripless*. A collar placed at the top of a candle is a *burner*. The charred or partly consumed portion of a candlewick, or *snaste*, is the *snuff*, formerly referred to as the *snot*. The remains of a used candle is the *stub*. Many candlesticks have a pointed *pricket* on which a candle is impaled, rather than a socket. Small candles used for religious purposes are called *devotionals*.

Éteignoir
Candle Snuffer/Extinguisher

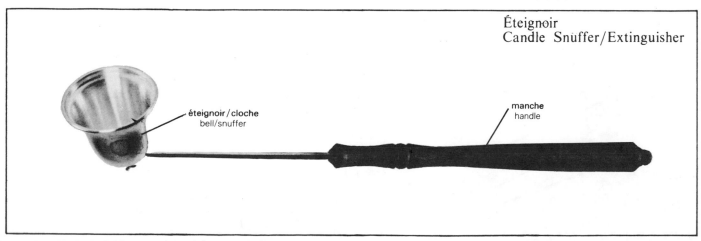

éteignoir/cloche
bell/snuffer

manche
handle

Salon

Lampes et éclairage

La lumière est exprimée en *lumens*. La luminosité est fonction de la quantité d'électricité consommée par la lampe (tube ou ampoule). Les ampoules de longue durée sont munies de filaments plus épais que ceux des ampoules courantes. Les ampoules à intensité variable sont fabriquées avec deux filaments : ceux-ci peuvent être utilisés séparément, chacun ayant son intensité propre ; ensemble, ils créent tous les deux une troisième intensité. On peut diviser les verres des ampoules en deux grandes catégories : les verres oxydriques et les verres résistant à la chaleur. Parmi les formes d'abat-jour, on note le cylindre, la forme empire et la cloche. Les lampes suspendues au plafond sont des lustres ou des plafonniers. Le cache décoratif qui recouvre, et le domino et la fixation de la lampe au plafond, est un cache piton, ou pavillon.

Lamps and Lighting

Light output, measured in *lumens*, depends on the amount of electricity used by a bulb. *Long-life bulbs* have heavier filaments. *Three-way bulbs* have two filaments, used separately for two of the light levels and together for the third. Two general types of bulb glass are soft, or *lime glass*, and hard, or *heat-resistant glass*. Lamp shades come in *drum, empire* and *bell* shapes. Lighting fixtures suspended from the ceiling are called *chandeliers*. The ceiling cap that covers the *junction box* for hanging lighting fixtures is the *canopy*.

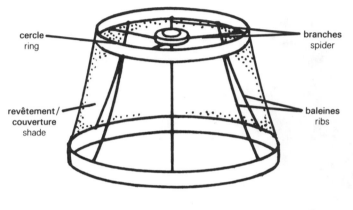

cercle
ring

branches
spider

revêtement/
couverture
shade

baleines
ribs

Abat-jour
Lampshade

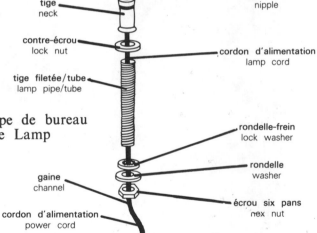

gland
finial

lyre
harp

culot
socket cap

interrupteur
switch

manchon
harp sleeve

papillon
harp wing

tige
neck

contre-écrou
lock nut

tige filetée/tube
lamp pipe/tube

fourreau de la douille
socket shell

tige filetée
nipple

cordon d'alimentation
lamp cord

Lampe de bureau
Table Lamp

rondelle-frein
lock washer

rondelle
washer

gaine
channel

écrou six pans
hex nut

cordon d'alimentation
power cord

Lampe à incandescence
Incandescent Bulb

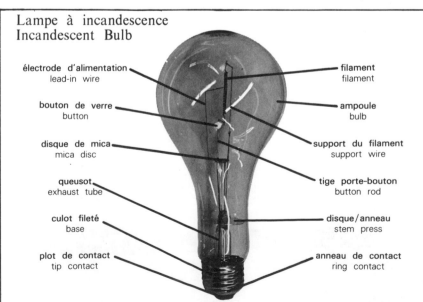

électrode d'alimentation
lead-in wire

bouton de verre
button

disque de mica
mica disc

queusot
exhaust tube

culot fileté
base

plot de contact
tip contact

filament
filament

ampoule
bulb

support du filament
support wire

tige porte-bouton
button rod

disque/anneau
stem press

anneau de contact
ring contact

Lampe fluorescente
Fluorescent Bulb

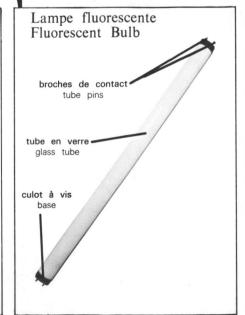

broches de contact
tube pins

tube en verre
glass tube

culot à vis
base

Lampes et éclairage

Les lampes orientables comme celle que l'on voit ici, ont un réflecteur à l'intérieur de l'abat-jour qui renvoit la lumière et la chaleur dégagée par l'ampoule. Les projecteurs orientables ou spots sont destinés à la décoration lumineuse. Les lampes à col de cygne ont des tiges souples qui permettent d'orienter la lumière dans tous les sens. Les lampes à haute intensité produisent un faisceau très lumineux qui n'éclaire qu'une zone restreinte.

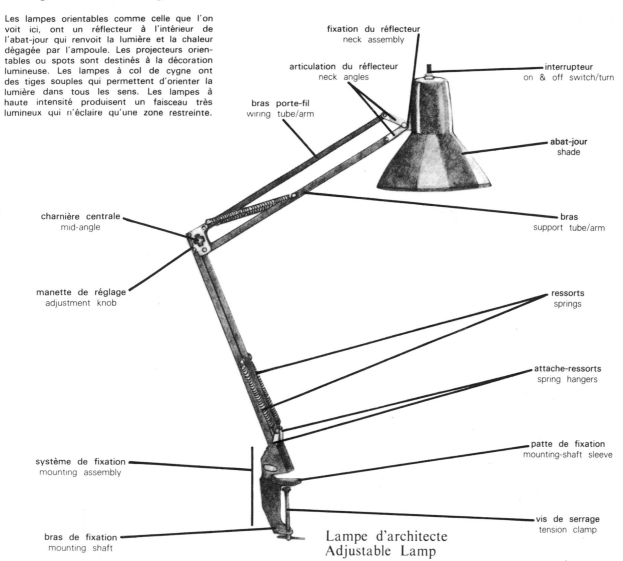

fixation du réflecteur
neck assembly

articulation du réflecteur
neck angles

bras porte-fil
wiring tube/arm

interrupteur
on & off switch/turn

abat-jour
shade

bras
support tube/arm

charnière centrale
mid-angle

ressorts
springs

manette de réglage
adjustment knob

attache-ressorts
spring hangers

système de fixation
mounting assembly

patte de fixation
mounting-shaft sleeve

vis de serrage
tension clamp

bras de fixation
mounting shaft

Lampe d'architecte
Adjustable Lamp

Lamps and Lighting

Adjustable lamps, such as the one seen here, have an *inner reflector* around the bulb to help ventilate the shade. *Gooseneck lamps* have flexible shafts which permit the shade to be turned in any direction. *High-intensity* lamps produce a strong beam of light that illuminates only a small area.

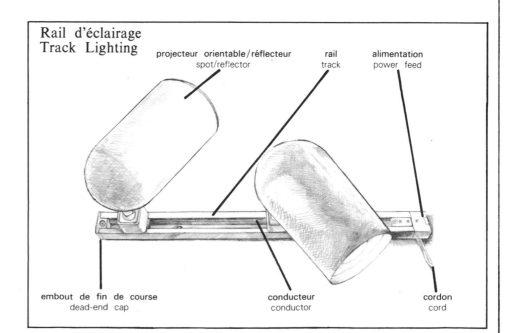

Rail d'éclairage
Track Lighting

projecteur orientable/réflecteur
spot/reflector

rail
track

alimentation
power feed

embout de fin de course
dead-end cap

conducteur
conductor

cordon
cord

Rideaux et voilages

Dans le haut des rideaux, les fronces de l'étoffe dissimulés par la cantonnière sur ce dessin, forment la tête. Le mot tringle désigne une simple barre métallique ou en bois à laquelle sont suspendus des rideaux que l'on manœuvre directement sans utiliser de mécanisme à poulies. Un panneau de rideau est un élément vertical de l'étoffe. Les brise-bise sont des rideaux suspendus par des anneaux qui ne recouvrent qu'une partie de la fenêtre.

Window Coverings

The gathering of material at the top of draperies, hidden by the valance in this illustration, is called the *heading*. A *curtain rod* is a simple metal or wooden rod on which curtains are hung and moved by hand, without aid of pulley mechanisms. A curtain *panel* is a vertical section of fabric. *Cafe curtains* are suspended from rings and cover only part of a window.

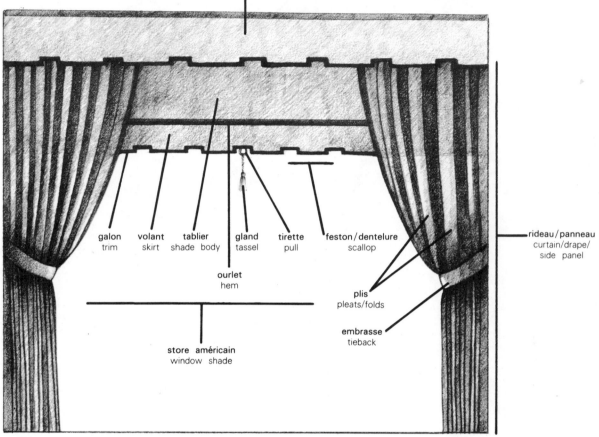

cantonnière/bandeau
valance/cornice

galon
trim

volant
skirt

tablier
shade body

gland
tassel

tirette
pull

feston/dentelure
scallop

ourlet
hem

rideau/panneau
curtain/drape/
side panel

plis
pleats/folds

embrasse
tieback

store américain
window shade

Rideaux/Double-rideaux et store
Curtains
Draperies and shade

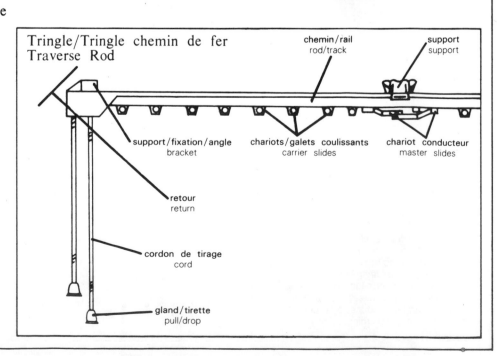

Tringle/Tringle chemin de fer
Traverse Rod

chemin/rail
rod/track

support
support

support/fixation/angle
bracket

chariots/galets coulissants
carrier slides

chariot conducteur
master slides

retour
return

cordon de tirage
cord

gland/tirette
pull/drop

Window Coverings

Braided ladders are used in place of ladder tapes on some venetian blinds, and tubular *wands* are sometimes used instead of tilt cords. In *roll-up blinds*, slat tilt cannot be adjusted. A shutter consists of *panels*, each one of which contains louvers within a frame.

Stores et volets

On trouve des échelles en corde tressées au lieu d'échelles en galon sur certains stores vénitiens ; des baguettes remplacent parfois les cordons d'orientation. Les stores en forme de rideaux, à enroulement supérieur, ne permettent pas de régler l'inclinaison des lamelles. Un volet peut comporter des vantaux dont chacun est constitué de lames agencées à l'intérieur d'un cadre.

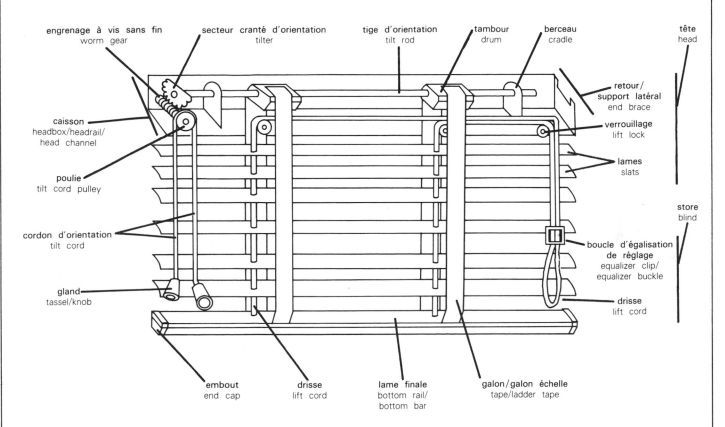

engrenage à vis sans fin
worm gear

secteur cranté d'orientation
tilter

tige d'orientation
tilt rod

tambour
drum

berceau
cradle

tête
head

retour/
support latéral
end brace

caisson
headbox/headrail/
head channel

verrouillage
lift lock

lames
slats

poulie
tilt cord pulley

store
blind

cordon d'orientation
tilt cord

boucle d'égalisation
de réglage
equalizer clip/
equalizer buckle

gland
tassel/knob

drisse
lift cord

embout
end cap

drisse
lift cord

lame finale
bottom rail/
bottom bar

galon/galon échelle
tape/ladder tape

Store vénitien
Venetian Blinds

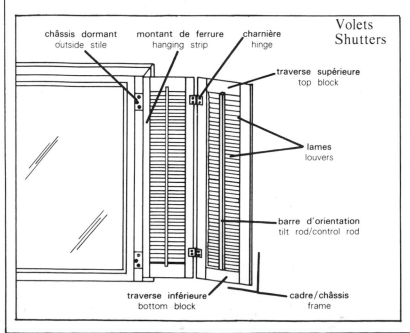

Volets
Shutters

châssis dormant
outside stile

montant de ferrure
hanging strip

charnière
hinge

traverse supérieure
top block

lames
louvers

barre d'orientation
tilt rod/control rod

traverse inférieure
bottom block

cadre/châssis
frame

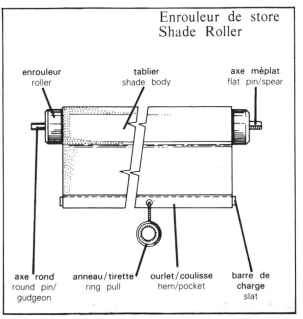

Enrouleur de store
Shade Roller

enrouleur
roller

tablier
shade body

axe méplat
flat pin/spear

axe rond
round pin/
gudgeon

anneau/tirette
ring pull

ourlet/coulisse
hem/pocket

barre de
charge
slat

Salon

Table

Les tables à abattants possèdent des panneaux qui se replient sur les côtés, comme les tables papillons. Les pieds de la table papillon sont arqués ; des pivots, en forme d'ailes, supportent les abattants. Les guéridons reposent sur un piètement unique, plutôt que sur des pieds. Certaines tables sont munies d'un entablement, c'est-à-dire qu'elles possèdent un support en bois ou un cadre, juste en-dessous du plateau. Les tables de jeux ou tables de bridge sont légères, pliantes et faciles à transporter.

Table

A drop-leaf table is any table with a leaf that drops down to the side, such as a *gateleg* or a *butterfly table*. In a butterfly table, which has *splayed legs*, wooden wing-shaped *brackets* support the leaves. *Pedestal tables* rest on a single *base* rather than on legs. Some tables have an *apron*, wooden slats that run along the sides just beneath the top, to provide additional support. *Card tables*, or *bridge tables*, are lightweight, portable tables with folding *frames*.

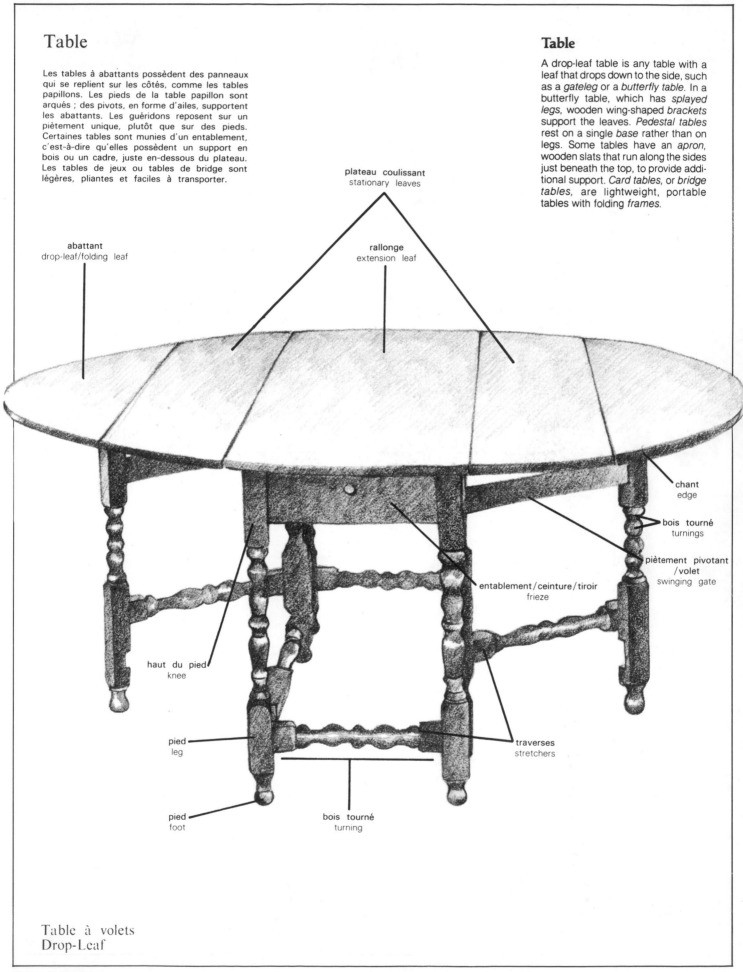

plateau coulissant
stationary leaves

rallonge
extension leaf

abattant
drop-leaf/folding leaf

chant
edge

bois tourné
turnings

piètement pivotant
/volet
swinging gate

entablement/ceinture/tiroir
frieze

haut du pied
knee

traverses
stretchers

pied
leg

pied
foot

bois tourné
turning

Table à volets
Drop-Leaf

Buffets/Vaisseliers

Les placards et les meubles de rangement pour la cuisine sont souvent appelés buffets. Certains d'entre eux possèdent des tirettes, c'est-à-dire des tablettes coulissantes sur lesquelles on posait des bougeoirs. Des boîtes ou écrins à couteaux sont disposés sur le buffet à l'une ou l'autre des deux extrémités. Les meubles à contour brisé, ou à corps avancé, les dressoirs et les fontaines font partie de ces meubles de rangement.

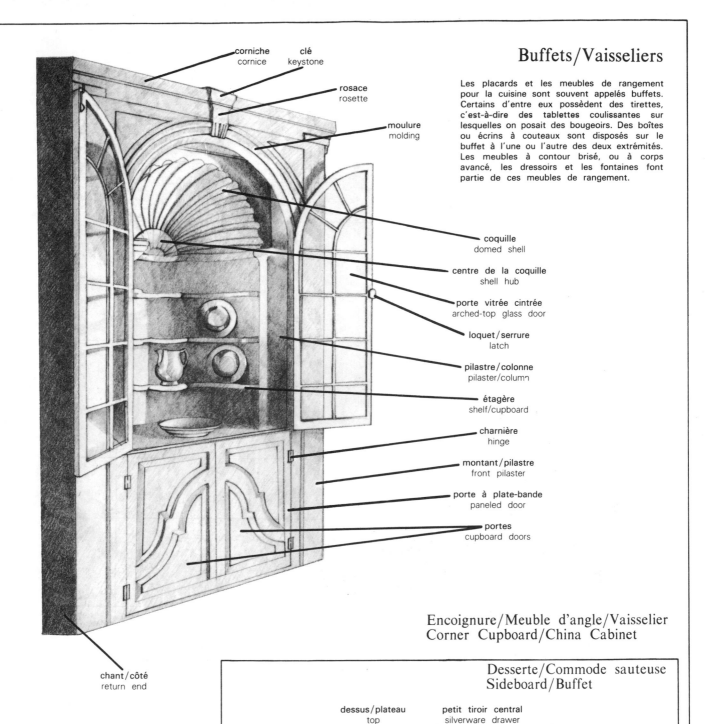

corniche
cornice

clé
keystone

rosace
rosette

moulure
molding

coquille
domed shell

centre de la coquille
shell hub

porte vitrée cintrée
arched-top glass door

loquet/serrure
latch

pilastre/colonne
pilaster/column

étagère
shelf/cupboard

charnière
hinge

montant/pilastre
front pilaster

porte à plate-bande
paneled door

portes
cupboard doors

chant/côté
return end

Encoignure/Meuble d'angle/Vaisselier
Corner Cupboard/China Cabinet

Desserte/Commode sauteuse
Sideboard/Buffet

dessus/plateau
top

petit tiroir central
silverware drawer

placard à vaisselle
china cupboard

placard à bouteilles
wine drawer/wine bin

panneau de côté
side panel

montant
stile

marquetterie
inlay

bronzes/poignées
hardware/
pulls/brasses

pied
leg

sabot
foot

grand tiroir central
serving silverware drawer

Side Pieces

Storage cabinets and receptacles are known as *casework furniture*. Some sideboards have *candle slides*, which are boards that slide out to support candlesticks. *Knife boxes*, or *knife cases*, sit atop the sideboard at either end. Other side pieces include *breakfronts*, *hutches* and *dry sinks*.

239

Salle à manger

Couverts

Il existe beaucoup de façons de mettre la table puisque les éléments et leur position varient selon les pays et les circonstances. La disposition que l'on a ici est inspirée de celle des réceptions données à la Maison Blanche.

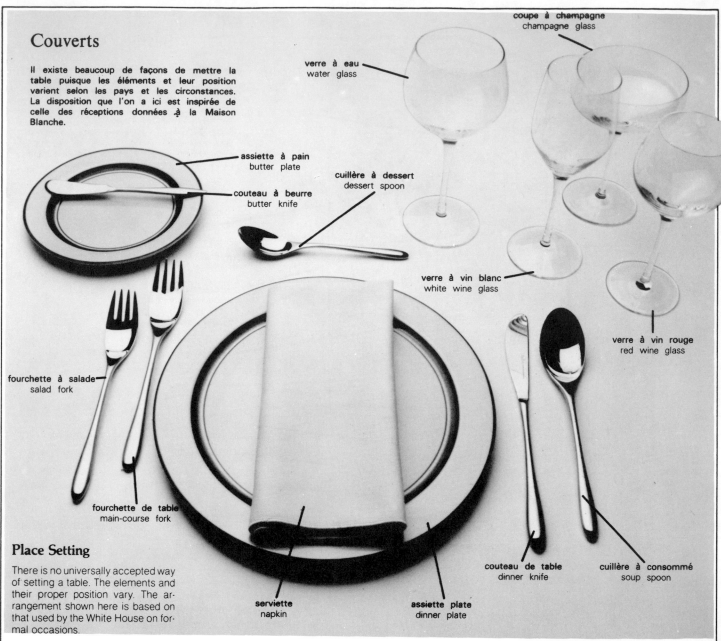

coupe à champagne
champagne glass

verre à eau
water glass

assiette à pain
butter plate

cuillère à dessert
dessert spoon

couteau à beurre
butter knife

verre à vin blanc
white wine glass

verre à vin rouge
red wine glass

fourchette à salade
salad fork

fourchette de table
main-course fork

couteau de table
dinner knife

cuillère à consommé
soup spoon

serviette
napkin

assiette plate
dinner plate

Place Setting

There is no universally accepted way of setting a table. The elements and their proper position vary. The arrangement shown here is based on that used by the White House on formal occasions.

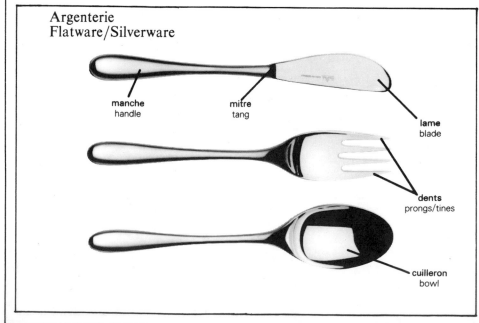

Argenterie
Flatware/Silverware

manche
handle

mitre
tang

lame
blade

dents
prongs/tines

cuilleron
bowl

Verre à pied
Stemware

bord/buvant
rim/lip

calice
head

fond
bowl

tige
stem

pied
foot

Dessert Setting

Among other plates used for serving dessert and sweets are multi-tiered *terrace servers*, *serving trays*, *cake plates*, *fruit bowls* called *centerpieces*, and *compotes*. After-dinner drinks are often poured from ornamental glass bottles called *decanters*.

Couverts à dessert

Parmi les différents plats utilisés pour servir le dessert, on trouve les plateaux à étages, les plateaux de service, les plats à gâteaux, les coupes à fruits, les saladiers et les compotiers. Les digestifs sont souvent servis dans des bouteilles en verre décorées appelées carafes.

verre à liqueur
liqueur glass/cordial glass

verre à dégustation
brandy snifter

fourchette à dessert
dessert fork

motif/bosselure
pattern

sucrier
sugar bowl

crémier
creamer

tasse/tasse à thé
cup/teacup/demitasse

creux
well

soucoupe
saucer

cuillère à dessert
teaspoon

coupelle
salad bowl/dessert bowl/fruit bowl

assiette à dessert
salad plate/dessert plate

Réchaud de table
Chafing Dish

plat
chafing dish/pan

manche isolant
insulated handle

support
stand

réchaud
burner

Service à thé
Tea Set/Tea Service and Kettle

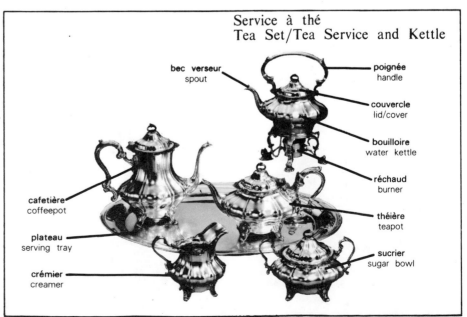

bec verseur
spout

poignée
handle

couvercle
lid/cover

bouilloire
water kettle

réchaud
burner

théière
teapot

sucrier
sugar bowl

cafetière
coffeepot

plateau
serving tray

crémier
creamer

Salle à manger

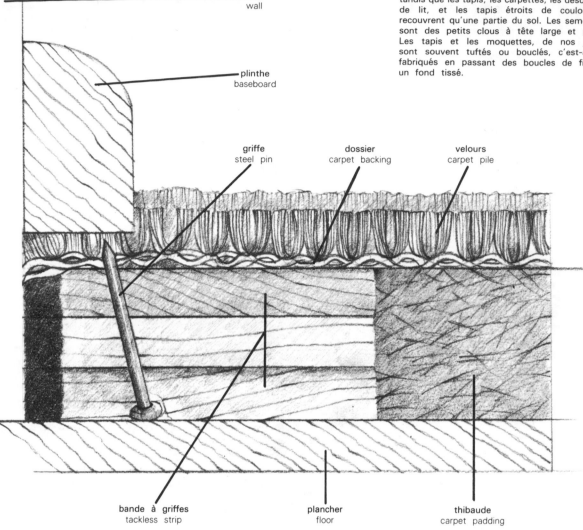

Revêtement de sol

Une moquette revêt tout le sol d'une pièce, tandis que les tapis, les carpettes, les descentes de lit, et les tapis étroits de couloir ne recouvrent qu'une partie du sol. Les semences sont des petits clous à tête large et plate. Les tapis et les moquettes, de nos jours, sont souvent tuftés ou bouclés, c'est-à-dire fabriqués en passant des boucles de fil sur un fond tissé.

mur
wall

plinthe
baseboard

griffe
steel pin

dossier
carpet backing

velours
carpet pile

bande à griffes
tackless strip

plancher
floor

thibaude
carpet padding

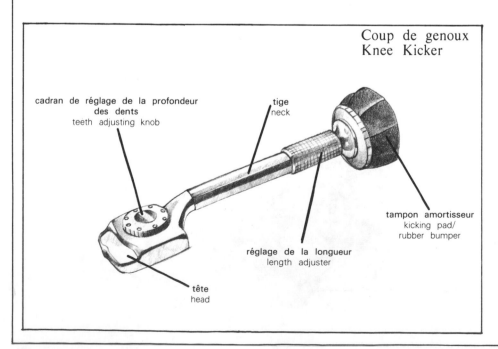

Coup de genoux
Knee Kicker

cadran de réglage de la profondeur des dents
teeth adjusting knob

tige
neck

tampon amortisseur
kicking pad/
rubber bumper

réglage de la longueur
length adjuster

tête
head

Carpet

Carpets, or *wall-to-wall carpets*, cover the entire floor of a room, while *rugs*, *area rugs*, *throw rugs* and narrow *runners* cover only a part, are not tacked down, and often rest on *rug pads*. *Tacks* are short nails with flat, broad heads. Much modern *carpeting* is tufted, made by stitching *yarn loops* into a *woven backing*.

Évier et compresseur à déchets

Le mot robinetterie désigne notamment les éléments de l'évier, tels que les croisillons et le robinet. Le trou d'écoulement est généralement muni d'une crépine, en forme de disque, ou d'un panier amovible, qui retient les déchets tout en laissant passer l'eau. Ce panier est parfois constitué de deux éléments superposés qui font fonction de bouchon ; il suffit alors de tourner le panier du haut pour assurer l'étanchéité. Un dispositif fournissant des petites quantités d'eau chaude à tout moment grâce à un thermoplongeur alimenté en permanence est monté sur le bec de certaines robinetterie d'évier.

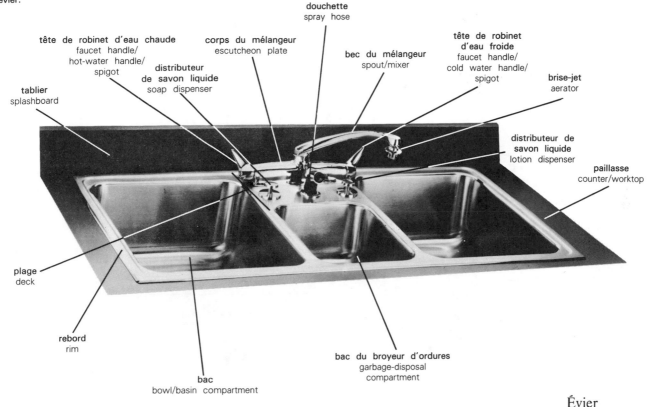

douchette
spray hose

tête de robinet d'eau chaude
faucet handle/
hot-water handle/
spigot

corps du mélangeur
escutcheon plate

distributeur
de savon liquide
soap dispenser

bec du mélangeur
spout/mixer

tête de robinet
d'eau froide
faucet handle/
cold water handle/
spigot

brise-jet
aerator

tablier
splashboard

distributeur de
savon liquide
lotion dispenser

paillasse
counter/worktop

plage
deck

rebord
rim

bac
bowl/basin compartment

bac du broyeur d'ordures
garbage-disposal
compartment

Évier
Kitchen Sink

Sink and Compactor

The hardware in a sink, the faucet handles and spout, are known as *fixtures*. Sink drains usually have perforated *drain baskets* which trap debris but allow water to pass through. Many baskets are two-piece units that form a watertight seal when the *inner basket* is twisted. *Instant hot-water devices* mounted on the spout of some sinks have a constantly heated coil that produces small amounts of hot water on demand.

Compacteur d'ordures/Compresseur à déchets
Garbage Disposal/Trash Compactor

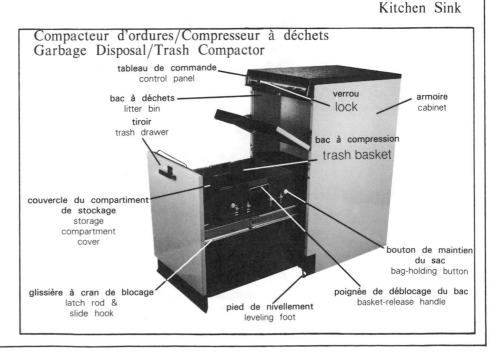

tableau de commande
control panel

bac à déchets
litter bin

tiroir
trash drawer

verrou
lock

armoire
cabinet

bac à compression
trash basket

couvercle du compartiment
de stockage
storage
compartment
cover

bouton de maintien
du sac
bag-holding button

glissière à cran de blocage
latch rod &
slide hook

pied de nivellement
leveling foot

poignée de déblocage du bac
basket-release handle

Cuisine

Cuisinière

Dans une cuisinière électrique, les plaques chauffantes fonctionnent avec des résistances, alors qu'une cuisinière à gaz est munie de brûleurs. La petite flamme continue qui sert à allumer les brûleurs d'une cuisinière à gaz s'appelle la veilleuse, ou veilleuse d'allumage. Certains modèles possèdent un dispositif d'allumage électrique. Les parois d'un four auto-nettoyant sont recouvertes d'une finition émaillée qui se nettoie par pyrolyse.

Stove / Range

On an *electric range*, *heating elements* connected to *terminal blocks* are used in place of burner grates on a gas model. The permanent flame, used to ignite individual burners on a gas stove, is called a *pilot light*. Some models have an *electric pilot*. The walls of a *self-cleaning oven* are covered with a heat-sensitive porcelain enamel finish.

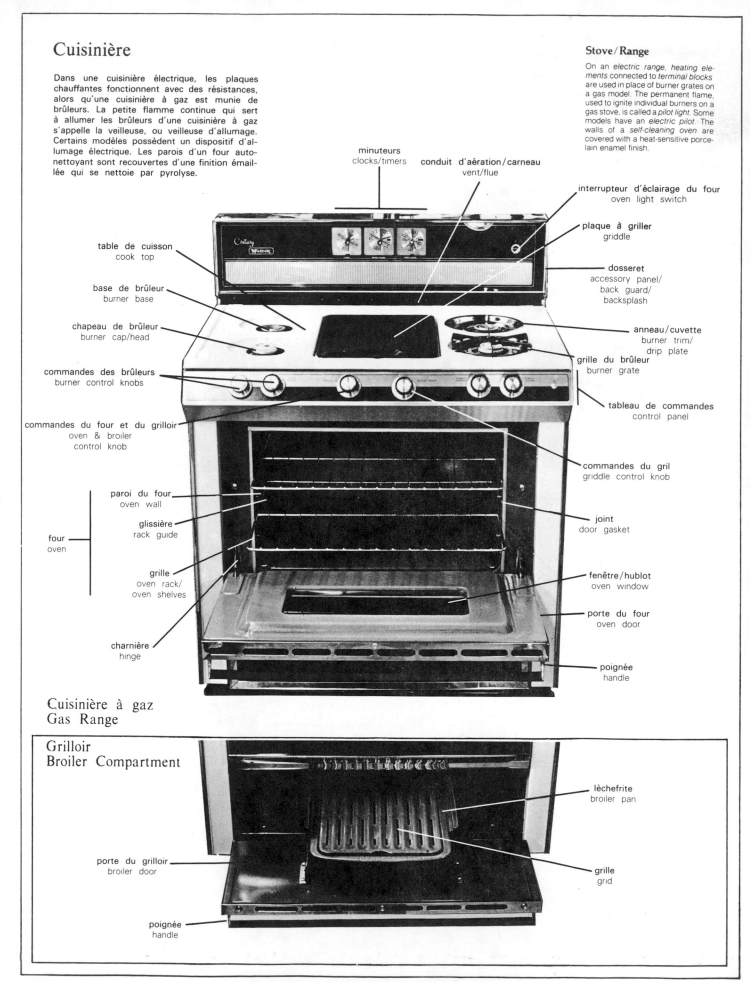

minuteurs
clocks/timers

conduit d'aération/carneau
vent/flue

interrupteur d'éclairage du four
oven light switch

plaque à griller
griddle

table de cuisson
cook top

dosseret
accessory panel/
back guard/
backsplash

base de brûleur
burner base

chapeau de brûleur
burner cap/head

anneau/cuvette
burner trim/
drip plate

grille du brûleur
burner grate

commandes des brûleurs
burner control knobs

tableau de commandes
control panel

commandes du four et du grilloir
oven & broiler
control knob

commandes du gril
griddle control knob

paroi du four
oven wall

glissière
rack guide

joint
door gasket

four
oven

grille
oven rack/
oven shelves

fenêtre/hublot
oven window

porte du four
oven door

charnière
hinge

poignée
handle

Cuisinière à gaz
Gas Range

Grilloir
Broiler Compartment

lèchefrite
broiler pan

porte du grilloir
broiler door

grille
grid

poignée
handle

Refrigerator

Some refrigerators, or *iceboxes*, have an *ice dispenser* in the freezer section. Others have *ice trays*. A *frostfree*, or *no-frost*, model does not require defrosting.

Réfrigérateur

Certains réfrigérateurs ou frigos ont un distributeur à glaçons dans le compartiment à basse température. D'autres sont pourvus de bacs à glaçons. Les modèles *autodégivrants* empêchent la formation de givre, et dispensent de procéder au dégivrage.

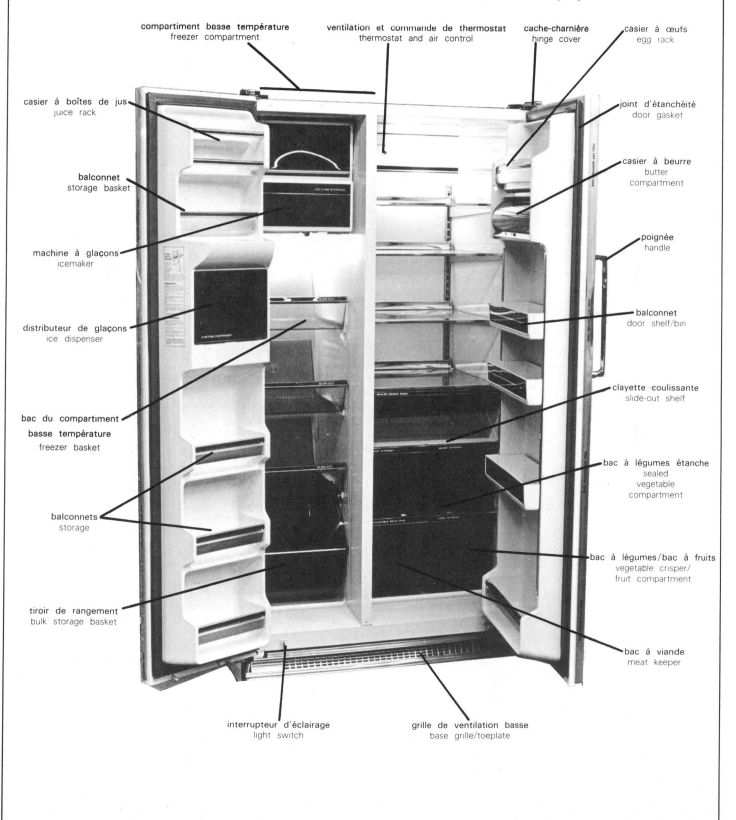

compartiment basse température
freezer compartment

ventilation et commande de thermostat
thermostat and air control

cache-charnière
hinge cover

casier à œufs
egg rack

casier à boîtes de jus
juice rack

joint d'étanchéité
door gasket

balconnet
storage basket

casier à beurre
butter
compartment

machine à glaçons
icemaker

poignée
handle

distributeur de glaçons
ice dispenser

balconnet
door shelf/bin

bac du compartiment
basse température
freezer basket

clayette coulissante
slide-out shelf

bac à légumes étanche
sealed
vegetable
compartment

balconnets
storage

bac à légumes/bac à fruits
vegetable crisper/
fruit compartment

tiroir de rangement
bulk storage basket

bac à viande
meat keeper

interrupteur d'éclairage
light switch

grille de ventilation basse
base grille/toeplate

Lave-vaisselle

Le *tableau de sélection de programme* et *le programmateur* sont situés à l'extérieur de la porte de ce lave-vaisselle encastrable. L'appareil ne fonctionne que lorsque le *dispositif de fermeture*, situé sur la porte, est verrouillé.

Dishwasher

The *cycle-selector control panel* and *timer* are located on the outside of the door of this built-in dishwasher. The machine will operate only when the *external door switch*, or latch, is engaged.

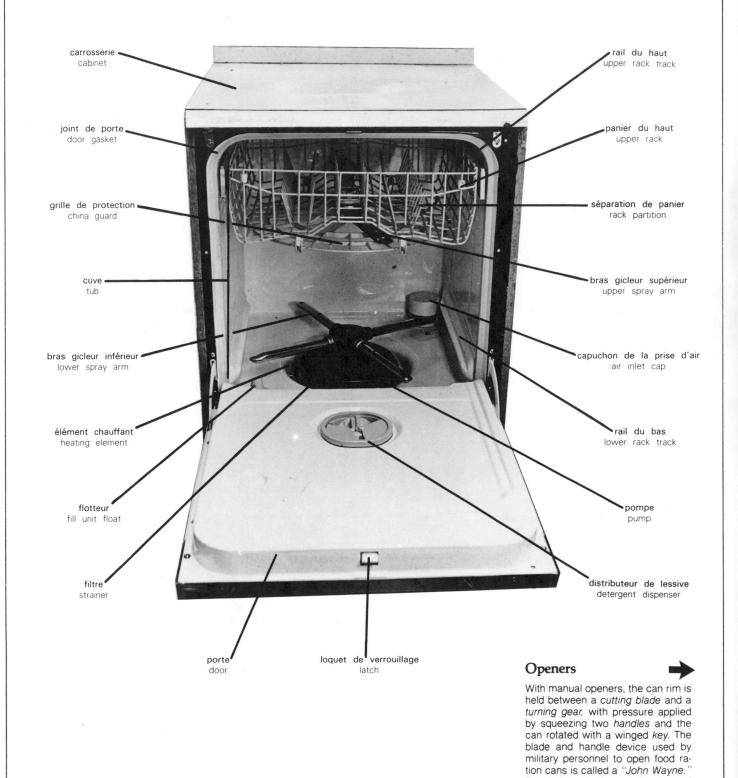

carrosserie
cabinet

joint de porte
door gasket

grille de protection
china guard

cuve
tub

bras gicleur inférieur
lower spray arm

élément chauffant
heating element

flotteur
fill unit float

filtre
strainer

porte
door

loquet de verrouillage
latch

rail du haut
upper rack track

panier du haut
upper rack

séparation de panier
rack partition

bras gicleur supérieur
upper spray arm

capuchon de la prise d'air
air inlet cap

rail du bas
lower rack track

pompe
pump

distributeur de lessive
detergent dispenser

Openers ➡

With manual openers, the can rim is held between a *cutting blade* and a *turning gear*, with pressure applied by squeezing two *handles* and the can rotated with a winged *key*. The blade and handle device used by military personnel to open food ration cans is called a *"John Wayne."* The corkscrew shown below is used by *sommeliers*, or *wine stewards*.

Cuisine

246

Ouvre-boîtes

Les ouvre-boîtes manuels maintiennent le bour-relet de sertissage d'une boîte de conserve entre la *lame* et une *roue dentée* ou *molette* ; on serre les deux manches d'une main et on fait tourner la clé de l'autre. L'objet composé d'un manche et d'une lame, que les militaires utilisent pour ouvrir les boîtes de conserve des rations s'appelle un « John Wayne ». Le tire-bouchon figurant ci-dessous est utilisé par les *sommeliers*, ou les *échansons*.

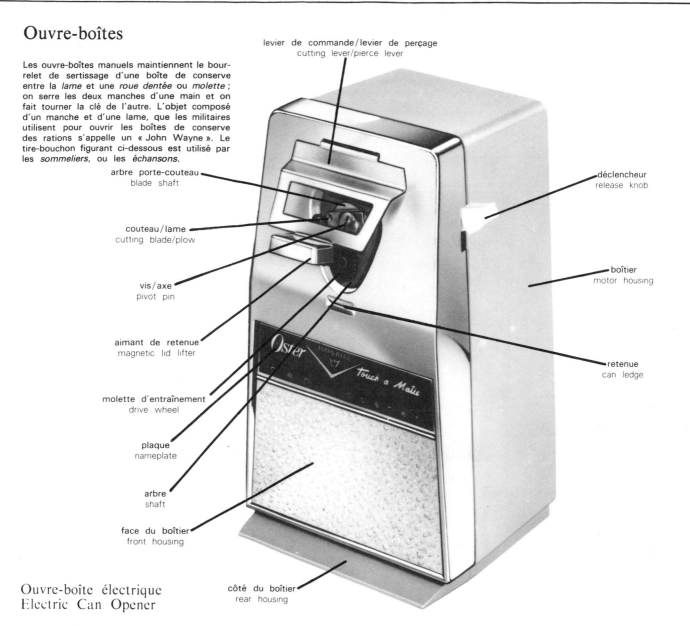

levier de commande/levier de perçage
cutting lever/pierce lever

arbre porte-couteau
blade shaft

couteau/lame
cutting blade/plow

vis/axe
pivot pin

aimant de retenue
magnetic lid lifter

molette d'entraînement
drive wheel

plaque
nameplate

arbre
shaft

face du boîtier
front housing

déclencheur
release knob

boîtier
motor housing

retenue
can ledge

côté du boîtier
rear housing

**Ouvre-boîte électrique
Electric Can Opener**

Couteau limonadier
Corkscrew

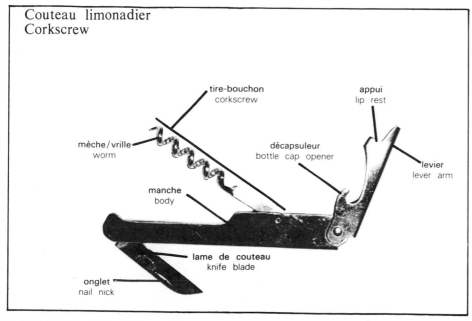

tire-bouchon
corkscrew

appui
lip rest

mèche/vrille
worm

décapsuleur
bottle cap opener

levier
lever arm

manche
body

lame de couteau
knife blade

onglet
nail nick

Décapsuleur/Perce-boîte
« Church Key »/Can Piercer

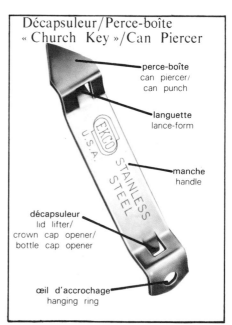

perce-boîte
can piercer/
can punch

languette
lance-form

manche
handle

décapsuleur
lid lifter/
crown cap opener/
bottle cap opener

œil d'accrochage
hanging ring

Cuisine

Cafetières

On fait le café en versant l'eau très chaude sur les grains de café moulus ; l'express se fait en précipitant de la vapeur d'eau sur les grains grillés. Le cappuccino est en fait un expresso avec du lait chauffé à la vapeur.

Coffee Makers

Coffee is *brewed* by passing boiling water through *ground coffee* beans. *Espresso* is brewed by forcing steam through roasted beans. *Cappuccino* consists of espresso and steamed milk.

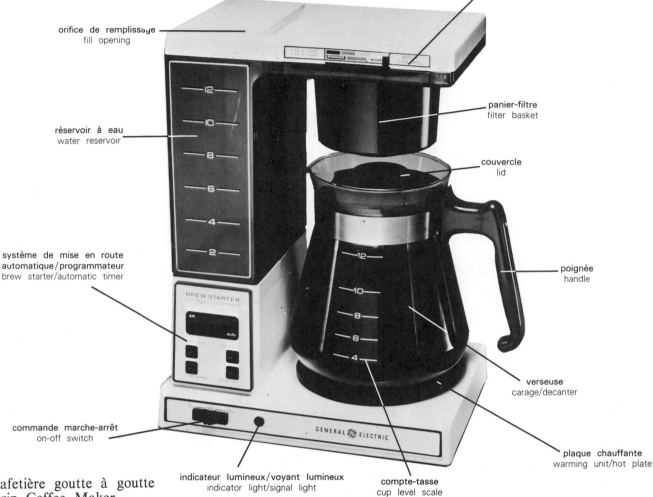

régulateur de concentration
brew control

orifice de remplissage
fill opening

réservoir à eau
water reservoir

système de mise en route automatique/programmateur
brew starter/automatic timer

commande marche-arrêt
on-off switch

panier-filtre
filter basket

couvercle
lid

poignée
handle

verseuse
carage/decanter

plaque chauffante
warming unit/hot plate

indicateur lumineux/voyant lumineux
indicator light/signal light

compte-tasse
cup level scale

Cafetière goutte à goutte
Drip Coffee Maker

Cafetière à percolation
Percolator

dôme
dôme

bec verseur
spout

couvercle
lid

récipient/corps
pot/body

prise cordon
plug outlet

élément chauffant/résistance
brewing & warming element

sélecteur de concentration
brew selector

Panier-filtre
Brewing Basket

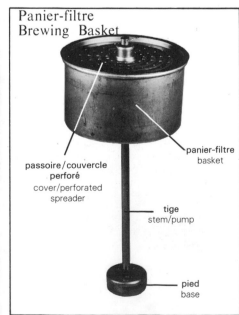

passoire/couvercle perforé
cover/perforated spreader

panier-filtre
basket

tige
stem/pump

pied
base

Cafetière à infusion
Infusion Maker

bec verseur
lip/spout

bouton/pressoir
knob/plunger

tige
rod

cadre
frame

verseuse
beaker/carafe/jug

porte-filtre
filter assembly

De nombreux grille-pains sont munis de ramasse-miettes amovibles. Les éléments chauffants des grille-pains sont des résistances plates. Les grille-pains ont soit un système d'éjection par ressort et d'amortisseur cylindrique, soit un simple système de ressort qui éjecte la tranche de pain une fois grillée.

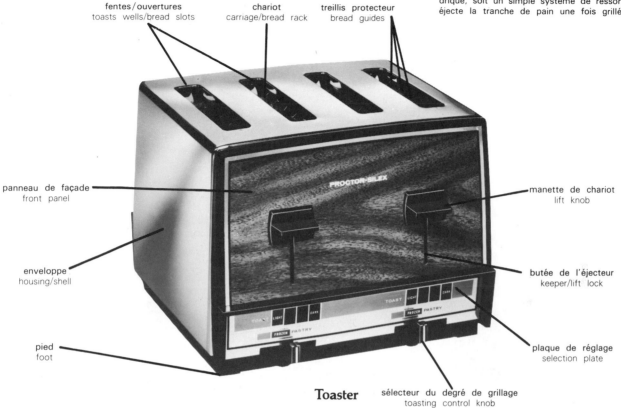

fentes / ouvertures
toasts wells/bread slots

chariot
carriage/bread rack

treillis protecteur
bread guides

panneau de façade
front panel

enveloppe
housing/shell

pied
foot

manette de chariot
lift knob

butée de l'éjecteur
keeper/lift lock

plaque de réglage
selection plate

sélecteur du degré de grillage
toasting control knob

Toaster

Many toasters have removable *crumb trays*. The heating elements in toasters are flat *nichrome wires*. Toasters have either a spring-and-cylinder *dash-pot* or a simple spring device to pop toast up once it is browned. Toaster ovens have removable *baking trays*.

Grille-pain/Tosteur
Toaster

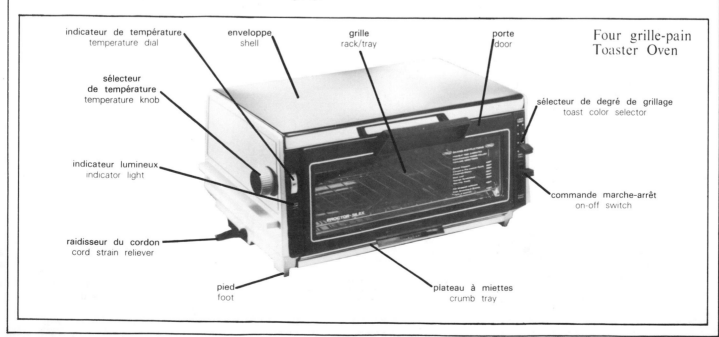

indicateur de température
temperature dial

enveloppe
shell

grille
rack/tray

porte
door

Four grille-pain
Toaster Oven

sélecteur
de température
temperature knob

sélecteur de degré de grillage
toast color selector

indicateur lumineux
indicator light

commande marche-arrêt
on-off switch

raidisseur du cordon
cord strain reliever

pied
foot

plateau à miettes
crumb tray

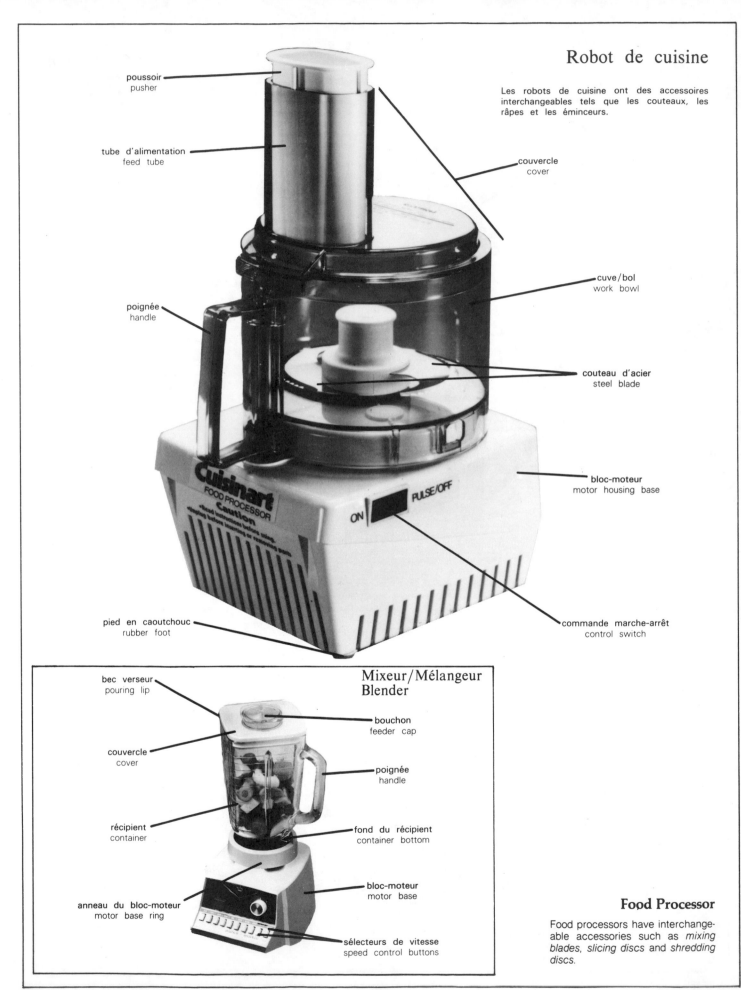

Robot de cuisine

Les robots de cuisine ont des accessoires interchangeables tels que les couteaux, les râpes et les éminceurs.

poussoir
pusher

tube d'alimentation
feed tube

couvercle
cover

poignée
handle

cuve/bol
work bowl

couteau d'acier
steel blade

bloc-moteur
motor housing base

pied en caoutchouc
rubber foot

commande marche-arrêt
control switch

Mixeur/Mélangeur
Blender

bec verseur
pouring lip

bouchon
feeder cap

couvercle
cover

poignée
handle

récipient
container

fond du récipient
container bottom

bloc-moteur
motor base

anneau du bloc-moteur
motor base ring

sélecteurs de vitesse
speed control buttons

Food Processor

Food processors have interchangeable accessories such as *mixing blades*, *slicing discs* and *shredding discs*.

Juicers

The soft mass of *tissue* remaining after the *juice*, or *liquid*, has been extracted from a piece of fruit or vegetable is called the *pulp*.

Presse-agrume

Ce qui reste après que le jus ou le liquide a été extrait des fruits ou des légumes s'appelle la pulpe.

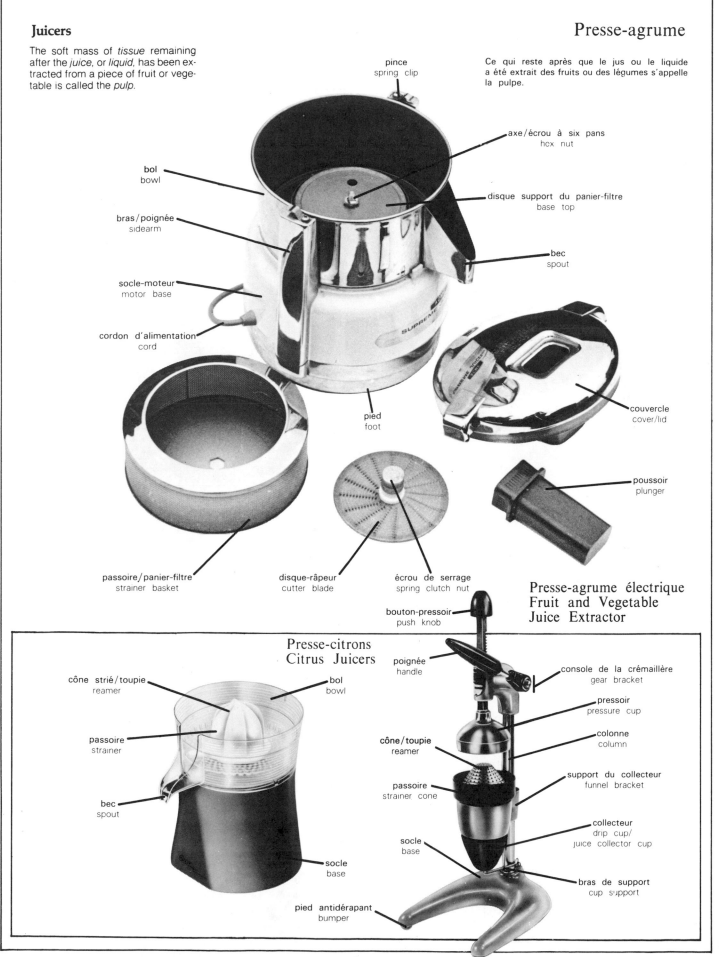

pince
spring clip

axe/écrou à six pans
hex nut

disque support du panier-filtre
base top

bol
bowl

bras/poignée
sidearm

bec
spout

socle-moteur
motor base

cordon d'alimentation
cord

couvercle
cover/lid

pied
foot

poussoir
plunger

passoire/panier-filtre
strainer basket

disque-râpeur
cutter blade

écrou de serrage
spring clutch nut

bouton-pressoir
push knob

Presse-agrume électrique
Fruit and Vegetable
Juice Extractor

Presse-citrons
Citrus Juicers

poignée
handle

console de la crémaillère
gear bracket

cône strié/toupie
reamer

bol
bowl

pressoir
pressure cup

passoire
strainer

colonne
column

cône/toupie
reamer

support du collecteur
funnel bracket

passoire
strainer cone

bec
spout

collecteur
drip cup/
juice collector cup

socle
base

socle
base

bras de support
cup support

pied antidérapant
bumper

251

Cuisine

Couteau
Knife

La partie d'une lame de couteau qui se prolonge dans le manche se nomme la soie. La forme du tranchant de la lame s'appelle l'aiguisage ou l'émouture. Avec une émouture normale, les deux côtés de la lame sont plats. Avec une émouture évidée, les deux côtés sont évidés sur toute la longueur de la lame.

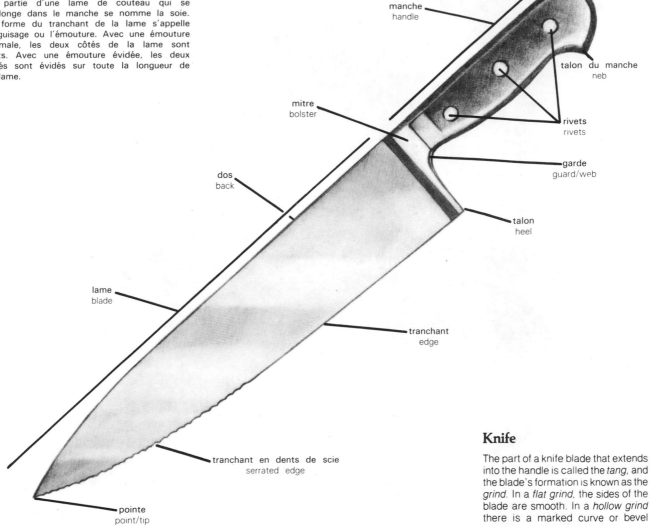

manche
handle

talon du manche
neb

mitre
bolster

rivets
rivets

dos
back

garde
guard/web

talon
heel

lame
blade

tranchant
edge

tranchant en dents de scie
serrated edge

pointe
point/tip

Knife

The part of a knife blade that extends into the handle is called the *tang*, and the blade's formation is known as the *grind*. In a *flat grind*, the sides of the blade are smooth. In a *hollow grind* there is a marked curve or bevel along the length of the blade.

Épluche-légume
Peeler

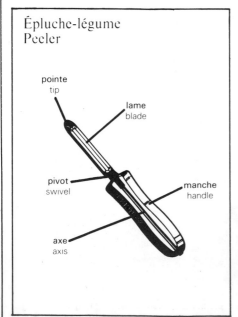

pointe
tip

lame
blade

pivot
swivel

manche
handle

axe
axis

Fusil à aiguiser
Sharpening Steel

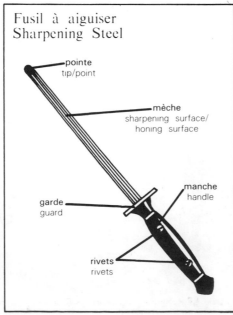

pointe
tip/point

mèche
sharpening surface/
honing surface

garde
guard

manche
handle

rivets
rivets

Tranche-fromage
Cheese Plane/Cheese Slicer

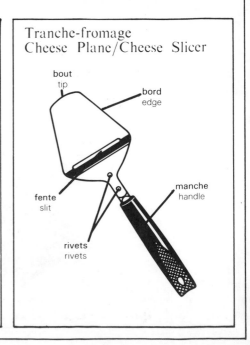

bout
tip

bord
edge

fente
slit

manche
handle

rivets
rivets

Pots and Pans

Pots and pans are often described by their function—for example, a *boiler* or *steamer*. *Crockpots* are pots made of earthenware. *Casseroles* are earthenware, glass or cast-iron pots in which food can be both baked and served. A *pipkin* is a small saucepan with a long handle used to melt butter.

Casseroles et cocottes

Les casseroles, les cocottes et les poêles ont souvent le nom de leur fonction, comme par exemple, les couscoussiers et les marmites à vapeur. Les cocottes en verre ou en porcelaine à cuire sont faites en grès flambé ou en faïence. Les plats à four sont en grès, en verre ou en fonte et permettent de faire cuire les aliments et de les servir à table. Une capucine ou huguenotte est un petit poêlon à long manche utilisé pour faire fondre le beurre.

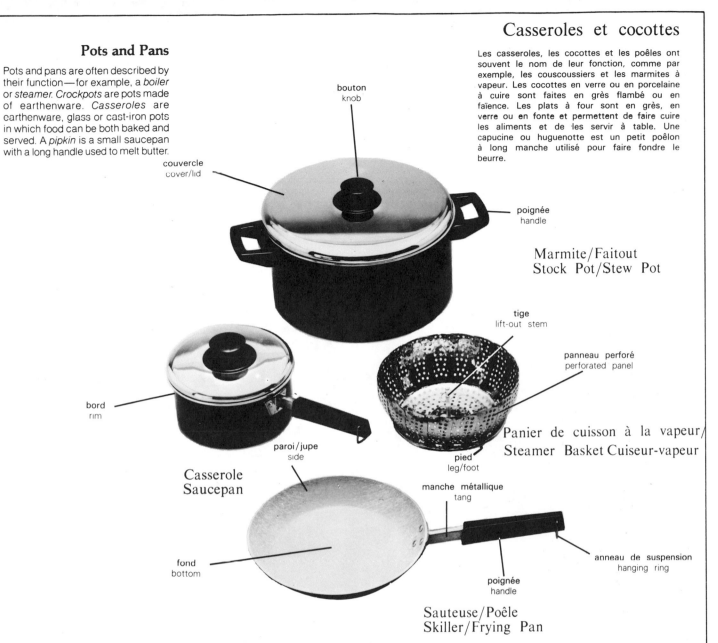

bouton
knob

couvercle
cover/lid

poignée
handle

Marmite/Faitout
Stock Pot/Stew Pot

tige
lift-out stem

panneau perforé
perforated panel

bord
rim

paroi/jupe
side

pied
leg/foot

Panier de cuisson à la vapeur/
Steamer Basket Cuiseur-vapeur

Casserole
Saucepan

manche métallique
tang

fond
bottom

anneau de suspension
hanging ring

poignée
handle

Sauteuse/Poêle
Skiller/Frying Pan

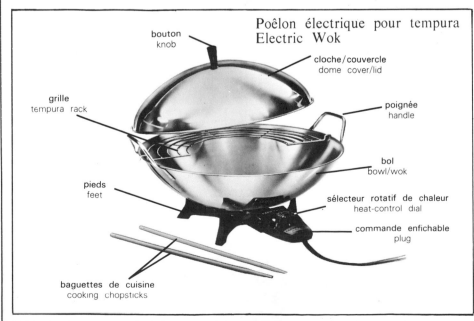

Poêlon électrique pour tempura
Electric Wok

bouton
knob

cloche/couvercle
dome cover/lid

grille
tempura rack

poignée
handle

bol
bowl/wok

pieds
feet

sélecteur rotatif de chaleur
heat-control dial

commande enfichable
plug

baguettes de cuisine
cooking chopsticks

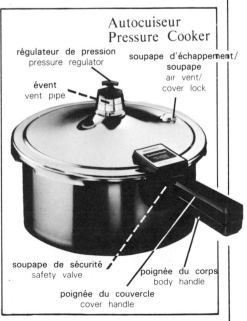

Autocuiseur
Pressure Cooker

régulateur de pression
pressure regulator

soupape d'échappement/
soupape
air vent/
cover lock

évent
vent pipe

soupape de sécurité
safety valve

poignée du corps
body handle

poignée du couvercle
cover handle

Instruments de mesure et batteurs à main

En plus du thermomètre à viande, ou thermomètre à montée rapide, montré ci-dessous, les cuisines bien équipées possèdent des thermomètres à four, à congélateur, et à friture, des balances et des entonnoirs.

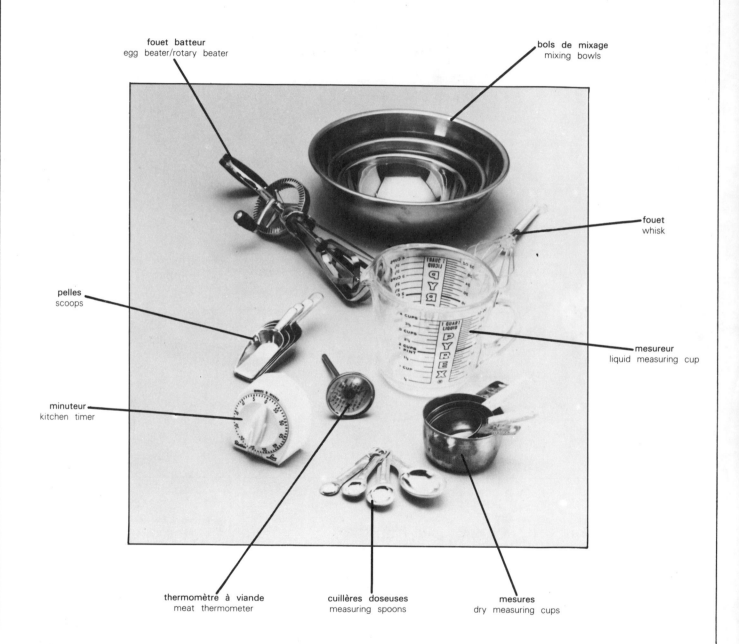

fouet batteur
egg beater/rotary beater

bols de mixage
mixing bowls

fouet
whisk

pelles
scoops

mesureur
liquid measuring cup

minuteur
kitchen timer

thermomètre à viande
meat thermometer

cuillères doseuses
measuring spoons

mesures
dry measuring cups

Mixing and Measuring Tools

In addition to the *meat*, or *rapid-response thermometer*, seen here, well-equipped kitchens have *oven* and *freezer thermometers*, *deep-frying thermometers*, *scales* and *funnels*.

Ustensiles de cuisine

Il existe d'autres ustensiles de cuisine comme par exemple des moules, des broches à spaghetti, munies de longues piques pour mieux saisir les pâtes et les enrouler pour les sortir de l'eau bouillante ; des louches à sauce de forme oblongue pour faciliter l'arrosage des viandes, et des rouleaux à pâtisserie sans manche.

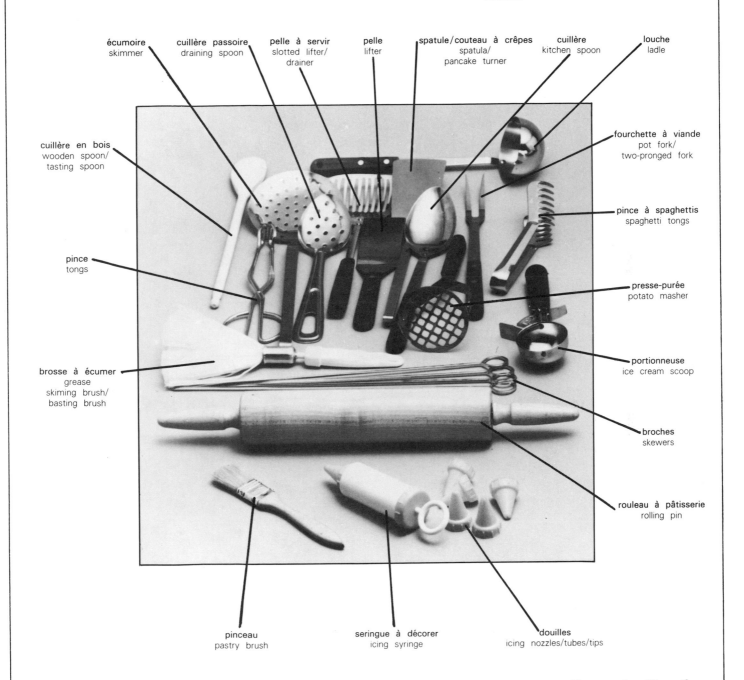

écumoire
skimmer

cuillère passoire
draining spoon

pelle à servir
slotted lifter/
drainer

pelle
lifter

spatule/couteau à crêpes
spatula/
pancake turner

cuillère
kitchen spoon

louche
ladle

cuillère en bois
wooden spoon/
tasting spoon

fourchette à viande
pot fork/
two-pronged fork

pince à spaghettis
spaghetti tongs

pince
tongs

presse-purée
potato masher

brosse à écumer
grease
skiming brush/
basting brush

portionneuse
ice cream scoop

broches
skewers

rouleau à pâtisserie
rolling pin

pinceau
pastry brush

seringue à décorer
icing syringe

douilles
icing nozzles/tubes/tips

Preparation Utensils

Additional preparation implements include *molding scoops*, for soft foods, wooden *spaghetti spoons* with long *prongs* to wrap pasta and lift it from boiling water, *basting ladles* with an egg-shaped *bowl* for easy pouring, and cylindrical one-piece *pastry pins*.

Passoires et égouttoirs

On peut faire égoutter la vaisselle propre sur des égouttoirs, et les légumes et les fruits dans des passoires. On utilise des grilles à gâteaux pour faire refroidir des pâtisseries. Une passoire possède un fond perforé pour permettre au liquide de s'égoutter. Un moulin à légumes est une sorte de grosse passoire à travers laquelle les aliments sont broyés à l'aide d'une lame rotative reliée à une manivelle.

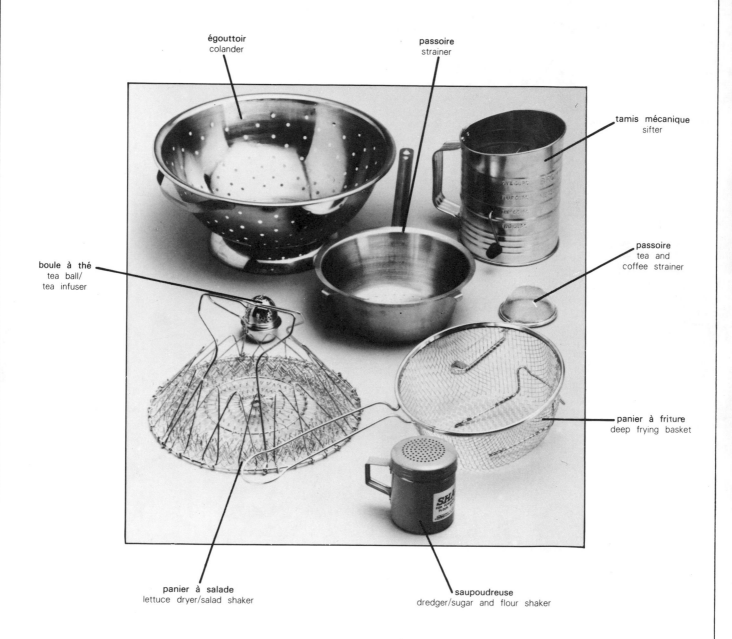

égouttoir
colander

passoire
strainer

tamis mécanique
sifter

boule à thé
tea ball/
tea infuser

passoire
tea and
coffee strainer

panier à friture
deep frying basket

panier à salade
lettuce dryer/salad shaker

saupoudreuse
dredger/sugar and flour shaker

Strainers and Drainers

Clean dishes, vegetables and fruits may be left on a *draining rack*, or *dish rack*, to dry. *Cooling racks* are used in conjunction with baked foods. A *sieve* has a mesh bottom for straining. A *food mill*, or *food foley*, is a heavy colander through which food is pressed by means of a flat *plate* attached to a *rotating handle*.

Un épluche-légume possède une lame pivotante pour suivre les contours du légume et une extrémité pointue pour enlever les yeux. Les hâchoirs à viande munis d'une manivelle, réduisent la viande et d'autres aliments en tout petits morceaux. Il existe aussi des râpes à agrume qui enlèvent le zeste de ces fruits.

tranche-œuf
egg slicer

maillet
meat mallet

vide-pomme
apple corer

casse-noisette/casse-noix
nutcracker/lobster cracker

planche à découper
chopping board/
cutting board

râpe
grater

mélangeur
dough blender/
pastry blender

tranche-légume
vegetable slicer/
mandoline

presse-citron
lemon press/
lemon squeezer

emporte-pièce
cookie cutter

molette/videlle
pastry wheel

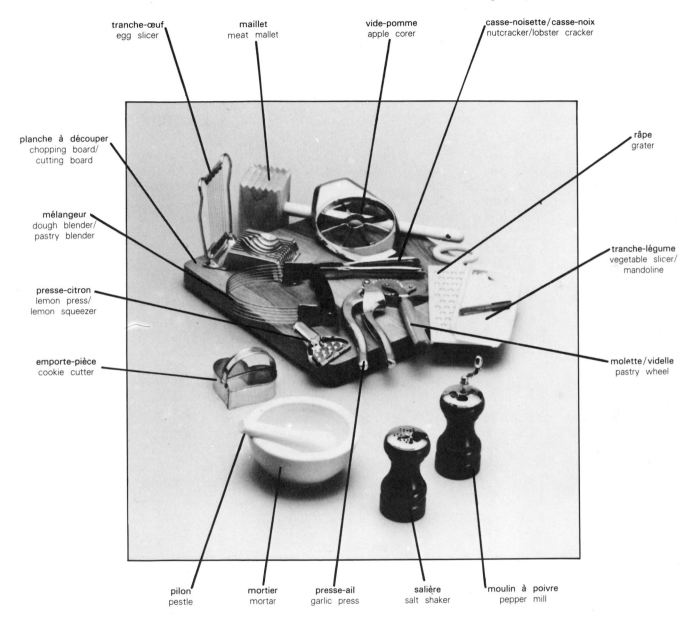

pilon
pestle

mortier
mortar

presse-ail
garlic press

salière
salt shaker

moulin à poivre
pepper mill

Cutters, Grinders and Graters

A *potato peeler* has a swivel blade for following contours and a sharp tip for gouging. Hand-cranked *meat grinders* chop meats and other foods. A *zester* is a tool that shaves the thin surface off fruits.

Aliments crus

Dans une laitue, l'ensemble des feuilles s'appelle la tête, alors que les feuilles du centre constituent le cœur. Une petite tranche de viande est une escalope, lorsqu'il s'agit de veau, ou un bifteck, lorsqu'il s'agit de bœuf. Les grains de poivre peuvent être moulus dans un moulin à poivre.

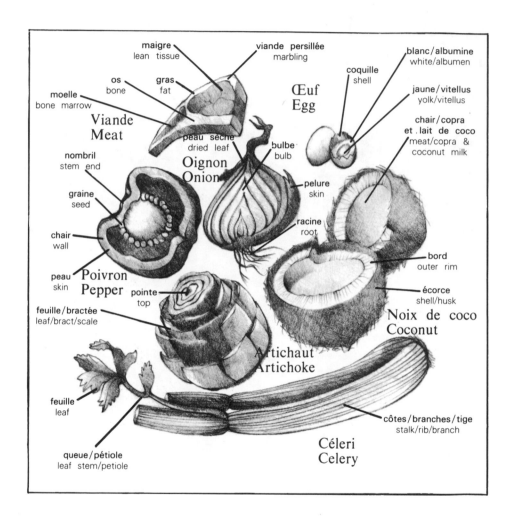

maigre
lean tissue

viande persillée
marbling

blanc / albumine
white / albumen

coquille
shell

Œuf
Egg

jaune / vitellus
yolk / vitellus

os
bone

gras
fat

moelle
bone marrow

Viande
Meat

peau sèche
dried leaf

chair / copra
et . lait de coco
meat / copra &
coconut milk

bulbe
bulb

nombril
stem end

Oignon
Onion

pelure
skin

graine
seed

racine
root

chair
wall

bord
outer rim

peau
skin

Poivron
Pepper

pointe
top

écorce
shell / husk

feuille / bractée
leaf / bract / scale

Noix de coco
Coconut

Artichaut
Artichoke

feuille
leaf

côtes / branches / tige
stalk / rib / branch

queue / pétiole
leaf stem / petiole

Céleri
Celery

Raw Ingredients

On *lettuce*, the entire mass of leaves is called the *head*, while the center leaves are the *heart*. A small slice of meat is a *collop*. A *peppercorn* is a dried berry of black pepper.

Aliments cuisinés

Les amuse-gueules et les hors-d'œuvre sont servis avant le plat principal et même avant les entrées. Les ingrédients comme les condiments, les épices, et les herbes aromatiques qui relèvent le goût de la nourriture, font partie de l'assaisonnement. On fait le fromage en séparant le gelou caillé – partie solide – du petit lait – partie liquide. La mie est la partie molle à l'intérieur du pain et les miettes sont les petites parcelles de pain qui tombent lorsqu'on le coupe.

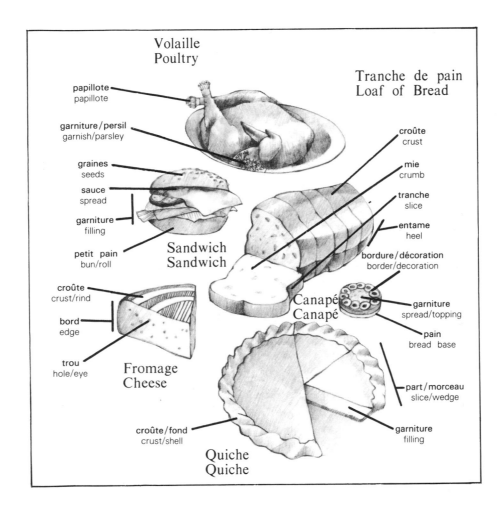

Volaille
Poultry

papillote
papillote

garniture/persil
garnish/parsley

graines
seeds

sauce
spread

garniture
filling

petit pain
bun/roll

Sandwich
Sandwich

Tranche de pain
Loaf of Bread

croûte
crust

mie
crumb

tranche
slice

entame
heel

bordure/décoration
border/decoration

garniture
spread/topping

pain
bread base

Canapé
Canapé

croûte
crust/rind

bord
edge

trou
hole/eye

Fromage
Cheese

part/morceau
slice/wedge

garniture
filling

croûte/fond
crust/shell

Quiche
Quiche

Prepared Foods

Appetizers, or *hors d'oeuvres*, are served before the main *course*, or *entree*. An ingredient, such as a *condiment*, *spice* or *herb*, added to food for the savor it imparts, is *seasoning*. Cheese is made by separating the *curd*, milk solids, from the *whey*, milk liquids. *Crumb* refers to both the soft inner portion of bread and any tiny piece that flakes off the loaf or a slice.

Desserts

Les desserts comportant une pâte cuite au four, comme les tartes, les tartelettes et les chaussons sont des pâtisseries. Le mot parfait désigne une coupe parfois glacée et qui peut comporter des couches de fruits.

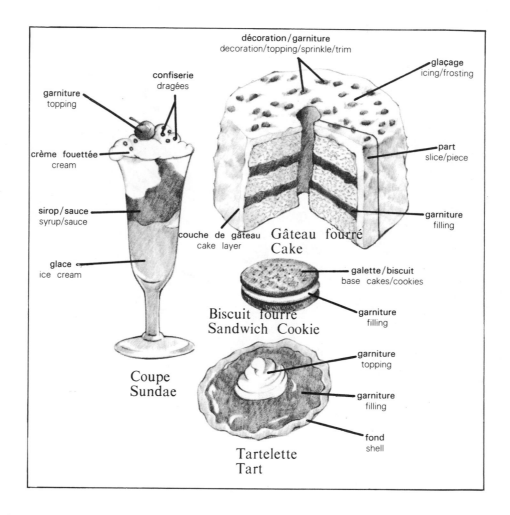

décoration / garniture
decoration/topping/sprinkle/trim

glaçage
icing/frosting

confiserie
dragées

garniture
topping

crème fouettée
cream

sirop/sauce
syrup/sauce

part
slice/piece

garniture
filling

couche de gâteau
cake layer

Gâteau fourré
Cake

glace
ice cream

galette / biscuit
base cakes/cookies

garniture
filling

Biscuit fourré
Sandwich Cookie

Coupe
Sundae

garniture
topping

garniture
filling

fond
shell

Tartelette
Tart

Desserts

Baked desserts, or *sweet goods*, made of dough or having a crust made of enriched dough, such as *pies*, tarts and *turnovers*, are *pastries*. A *parfait* is similar to a sundae but may have layers of fruit and be frozen.

Casse-croûtes

Les boules de glace peuvent également être disposées dans des cornets à fond plat et décorés d'éléments variés comme les noisettes et les cerises. Lorsqu'on fait un hot dog, on ne découpe le pain que le long de l'un des côtés ; celui qui reste attaché constitue une charnière. Les saucisses fumées sont plus grosses que les saucisses de Francfort et contiennent souvent d'autres épices. On peut décorer les pizzas avec, entre autres, des anchois, un supplément de fromage, des pepperoni (petites saucisses pimentées) et des oignons.

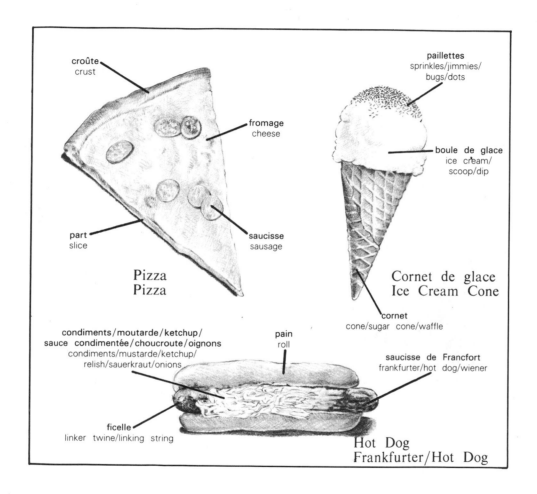

croûte
crust

fromage
cheese

part
slice

saucisse
sausage

Pizza
Pizza

paillettes
sprinkles/jimmies/
bugs/dots

boule de glace
ice cream/
scoop/dip

Cornet de glace
Ice Cream Cone

cornet
cone/sugar cone/waffle

condiments/moutarde/ketchup/
sauce condimentée/choucroute/oignons
condiments/mustarde/ketchup/
relish/sauerkraut/onions

pain
roll

saucisse de Francfort
frankfurter/hot dog/wiener

ficelle
linker twine/linking string

Hot Dog
Frankfurter/Hot Dog

Snack Foods

Ice cream scoops are also put in flat-bottomed *wafer cones* and topped with other *fixings*, including *nuts* and *cherries*. When ice cream melts and drips down the cone, it forms *lickings*. The part of a hot dog roll that remains attached after the roll is sliced is the *hinge*. *Smoked sausages* are larger than franks and often include additional *seasonings*. Among other pizza toppings are *anchovies*, *extra cheese*, *pepperoni* and *onions*.

Conteneurs/Sacs

La plupart des paniers sont tressés en passant d'abord un brin de paille par-dessus les montants d'une trame, puis en le passant au-dessous. Certains paniers ont une bordure, ou piètement, à la base, juste au-dessous du socle, ainsi qu'un couvercle qui repose à l'intérieur sur un petit rebord (emboîture). Il existe des petits paniers rectangulaires ou en éclisses, comme ceux que l'on utilise pour les champignons. On trouve aussi des petits récipients en bois en forme de seaux, nommés gerles, qui possèdent une douve plus longue que les autres et qui sert de poignée.

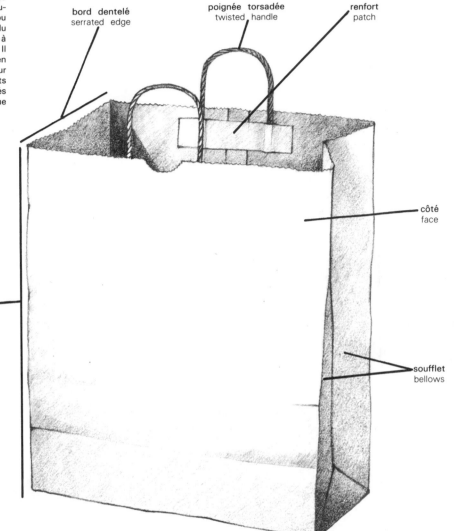

bord dentelé
serrated edge

poignée torsadée
twisted handle

renfort
patch

côté
face

corps
body

soufflet
bellows

Sac en papier
Paper Bag

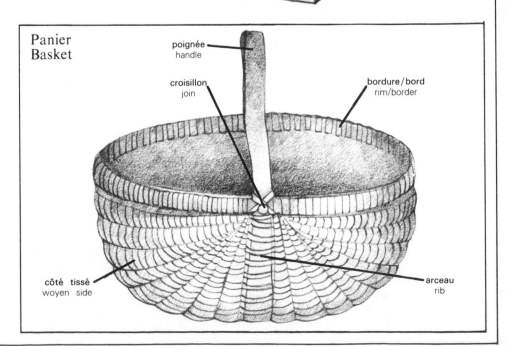

Panier
Basket

poignée
handle

croisillon
join

bordure/bord
rim/border

côté tissé
woyen side

arceau
rib

Containers

Most baskets are made by weaving individual *strands* or *rods* in front of one *stake* of the *frame* and behind the next. Some baskets have a border, or *foot*, on the bottom, just above the *base*, as well as a *cover*, or *lid*, which often rests on an inside *ledge*. A small, oblong veneer basket with rounded ends, the kind used for mushrooms, is a *climax basket*, and a little wooden paillike container with one stave extending up for a handle is a *piggin*.

Récipients

A l'intérieur d'une bouteille, l'espace vide entre le liquide et le bouchon s'appelle le manquant. L'armature en fil métallique qui recouvre le bouchon des bouteilles de Champagne et d'autres vins mousseux s'appelle le muselet. Certains tonneaux et tonnelets ont un trou de fosset dans le fond et un trou de bonde sur le côté, au centre des douelles. Les gros tonneaux s'appellent des barriques ou futailles.

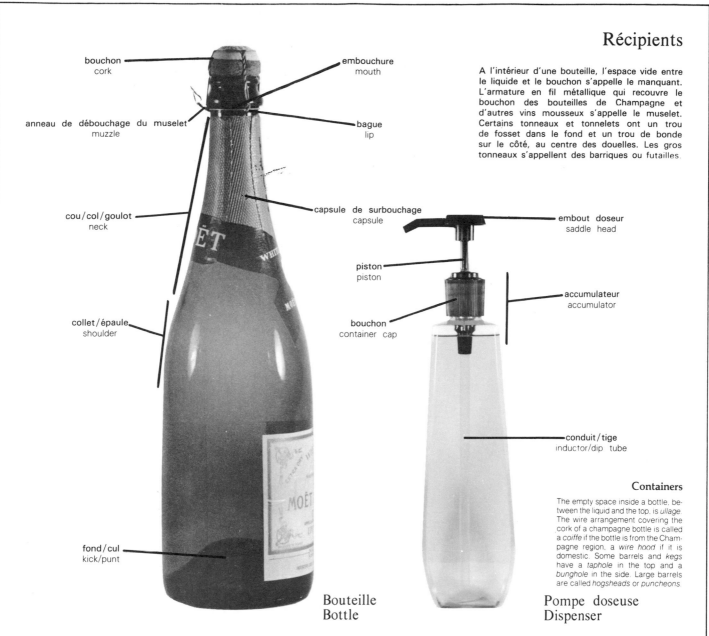

bouchon
cork

embouchure
mouth

anneau de débouchage du muselet
muzzle

bague
lip

cou/col/goulot
neck

capsule de surbouchage
capsule

collet/épaule
shoulder

fond/cul
kick/punt

Bouteille
Bottle

embout doseur
saddle head

piston
piston

accumulateur
accumulator

bouchon
container cap

conduit/tige
inductor/dip tube

Containers

The empty space inside a bottle, between the liquid and the top, is *ullage*. The wire arrangement covering the cork of a champagne bottle is called a *coiffe* if the bottle is from the Champagne region, a *wire hood* if it is domestic. Some barrels and *kegs* have a *taphole* in the top and a *bunghole* in the side. Large barrels are called *hogsheads* or *puncheons*.

Pompe doseuse
Dispenser

Boîte en aluminium
Can

système à ouverture facile
retained cap

bourrelet
double seam

haut
top end

corps
body/
sidewall

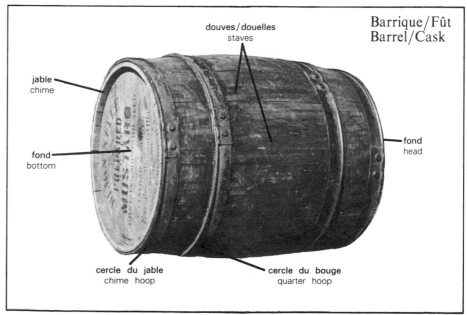

Barrique/Fût
Barrel/Cask

douves/douelles
staves

jable
chime

fond
bottom

fond
head

cercle du jable
chime hoop

cercle du bouge
quarter hoop

Cuisine

Étiquetage et emballage

Les dessins et autres représentations figurant sur les étiquettes constituent la vignette. Les lettres et les vignettes peuvent être imprimées en relief et en creux. L'emballage thermo-rétractable ou film rétractable, épouse la forme du produit. Une étiquette autocollante ou étiquette promotionnelle peut être posée sur l'étiquette normale.

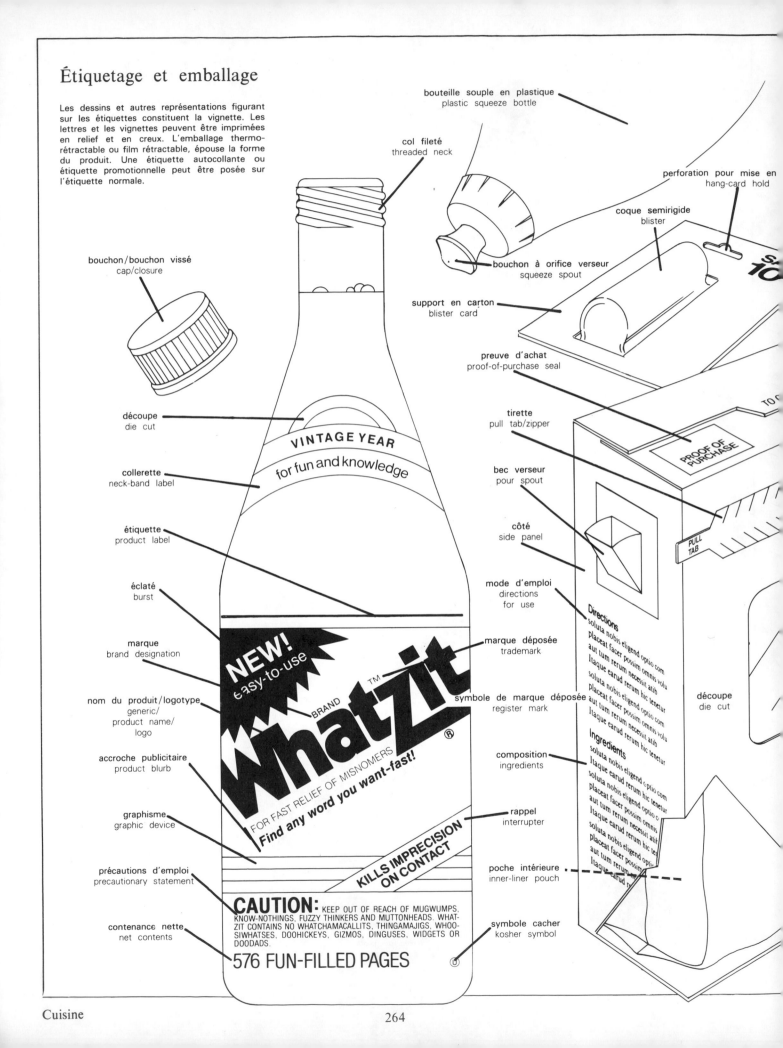

bouteille souple en plastique
plastic squeeze bottle

col fileté
threaded neck

perforation pour mise en
hang-card hold

coque semirigide
blister

bouchon / bouchon vissé
cap/closure

bouchon à orifice verseur
squeeze spout

support en carton
blister card

preuve d'achat
proof-of-purchase seal

découpe
die cut

VINTAGE YEAR
for fun and knowledge

tirette
pull tab/zipper

collerette
neck-band label

bec verseur
pour spout

étiquette
product label

côté
side panel

éclaté
burst

mode d'emploi
directions for use

NEW!
easy-to-use

marque déposée
trademark

marque
brand designation

BRAND
Whatzit ™

symbole de marque déposée
register mark

nom du produit/logotype
generic/
product name/
logo

FOR FAST RELIEF OF MISNOMERS
Find any word you want–fast!

composition
ingredients

accroche publicitaire
product blurb

graphisme
graphic device

rappel
interrupter

KILLS IMPRECISION ON CONTACT

précautions d'emploi
precautionary statement

poche intérieure
inner-liner pouch

CAUTION: KEEP OUT OF REACH OF MUGWUMPS, KNOW-NOTHINGS, FUZZY THINKERS AND MUTTONHEADS. WHAT-ZIT CONTAINS NO WHATCHAMACALLITS, THINGAMAJIGS, WHOO-SIWHATSES, DOOHICKEYS, GIZMOS, DINGUSES, WIDGETS OR DOODADS.

contenance nette
net contents

symbole cacher
kosher symbol

576 FUN-FILLED PAGES

Directions
soluta nobis eligend optio com
placeat facer possim omnis volu
aut tum rerum necessit atib
Itaque earud rerum hic tenetur
soluta nobis eligend optio com
placeat facer possim omnis com
aut tum rerum necessit atib
Itaque earud rerum hic tenetur

Ingredients
soluta nobis eligend optio com
Itaque earud rerum hic tenetur
soluta nobis eligend optio com
placeat facer possim omnis
aut tum rerum necessit atib
Itaque earud rerum hic tenetur
soluta nobis eligend optio
placeat facer possim
aut tum rerum
Itaque earud

PROOF OF PURCHASE

PULL TAB

découpe
die cut

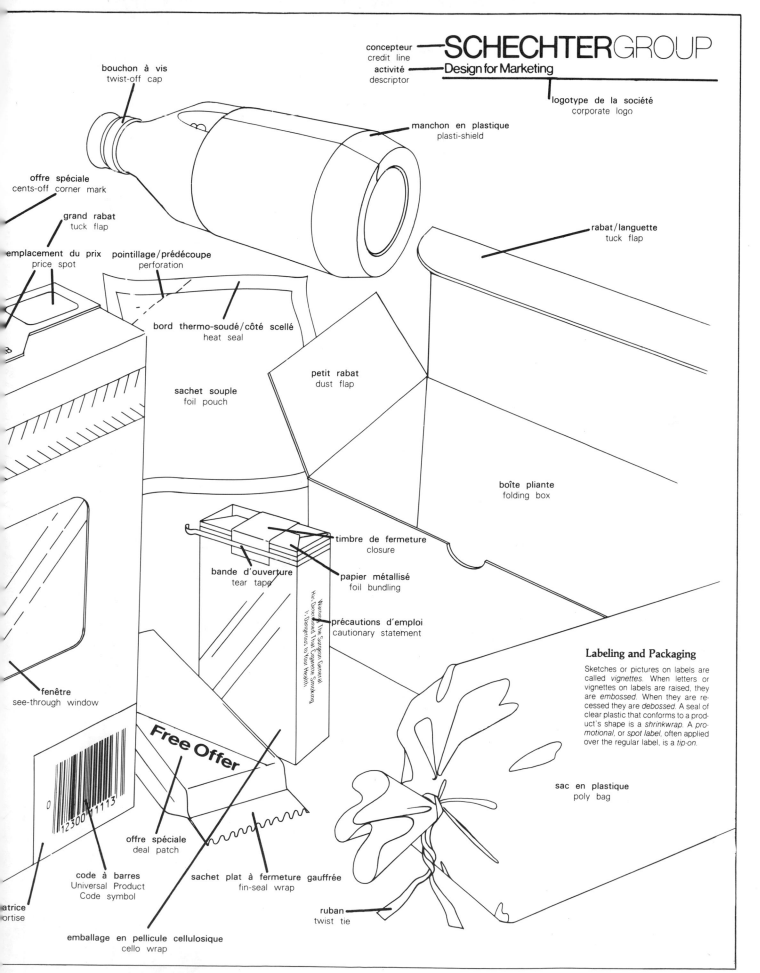

Lit et literie

Dans un cadre de lit, la tête et le pied sont reliés par des planches de bois latérales. Les lits jumeaux et les lits gigognes, sont des lits identiques à une place, alors que les lits à deux places sont assez grands pour que deux adultes puissent y dormir. Un édredon est un gros coussin épais rempli de plumes alors qu'une couette est un couvre-lit sans volant.

Bed and Bedding

A bedstead or *bed frame* consists of *side rails*, or *bedrails*, which connect the headboard to the *footboard*. A *twin bed* is a single bed, or one of a matching pair or beds, while a *double bed* is large enough to sleep two adults. A *comforter* is a small, thick quilt, while a *throw* is a bedspread with a short *side drop* rather than long *skirts*.

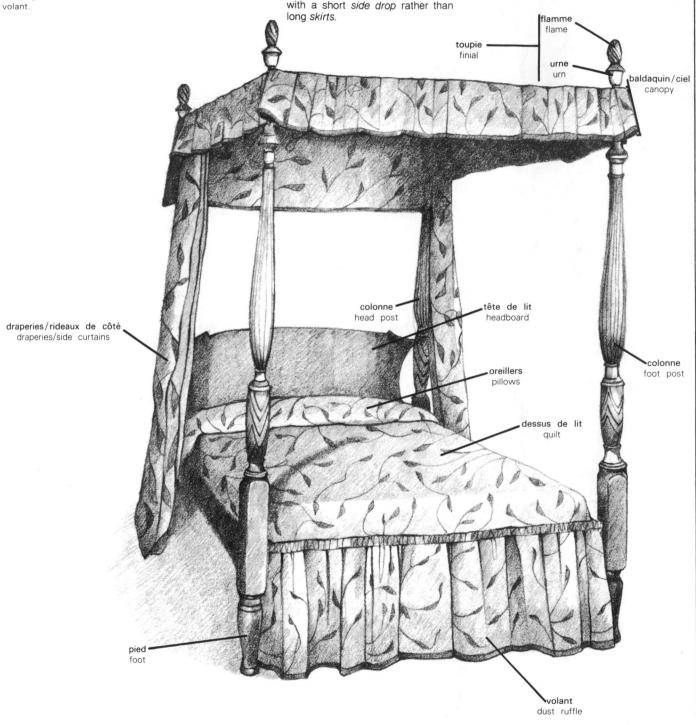

flamme
flame

toupie
finial

urne
urn

baldaquin/ciel
canopy

colonne
head post

tête de lit
headboard

draperies/rideaux de côté
draperies/side curtains

oreillers
pillows

colonne
foot post

dessus de lit
quilt

pied
foot

volant
dust ruffle

Lit à baldaquin
Four-Poster/Canopy Bed

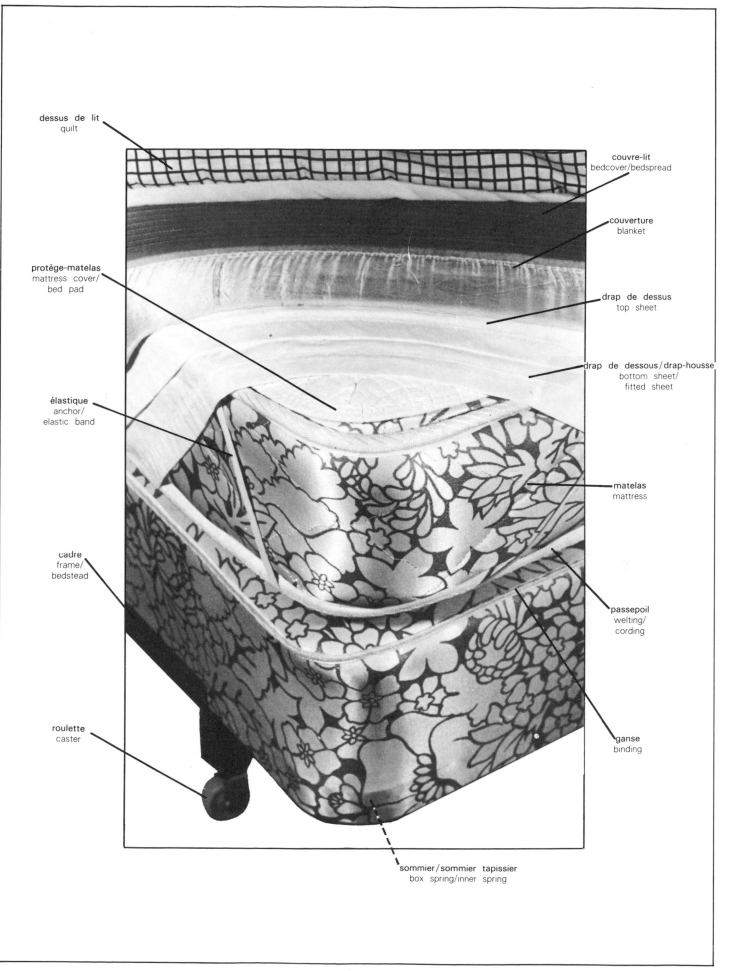

dessus de lit
quilt

couvre-lit
bedcover/bedspread

couverture
blanket

protège-matelas
mattress cover/
bed pad

drap de dessus
top sheet

drap de dessous/drap-housse
bottom sheet/
fitted sheet

élastique
anchor/
elastic band

matelas
mattress

cadre
frame/
bedstead

passepoil
welting/
cording

roulette
caster

ganse
binding

sommier/sommier tapissier
box spring/inner spring

267

Chambre

Coiffeuse et commode

Si on enlève les tiroirs d'une coiffeuse, ce qui reste constitue le bâti. Les minces feuilles de bois qui séparent les tiroirs et qui servent à donner de la rigidité au bâti s'appellent des fonds protège-poussière. Une armoire ou penderie est un grand meuble de rangement dans lequel on pend des vêtements. Un chiffonier est une sorte de commode étroite et haute. La véritable psyché est un grand miroir sur support que l'on peut incliner à volonté.

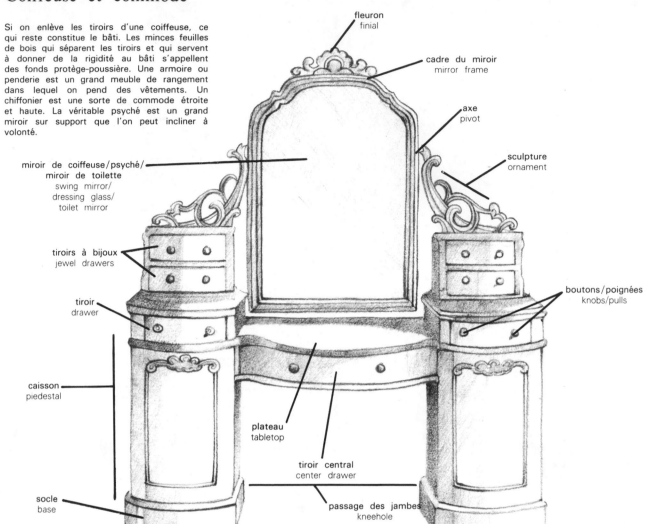

fleuron
finial

cadre du miroir
mirror frame

axe
pivot

sculpture
ornament

miroir de coiffeuse/psyché/
miroir de toilette
swing mirror/
dressing glass/
toilet mirror

tiroirs à bijoux
jewel drawers

tiroir
drawer

boutons/poignées
knobs/pulls

caisson
piedestal

plateau
tabletop

tiroir central
center drawer

socle
base

passage des jambes
kneehole

Coiffeuse
Dressing Table/Vanity

Dressers

A dresser without the drawers in it is called the *main body*, or *carcass*. The thin plywood sheets between drawers, to keep *drawer cases* rigid, are *dust panels*. An *armoire*, or *wardrobe*, is a tall, movable closet in which to hang clothes. A *chiffonier* is a high, narrow chest of drawers.

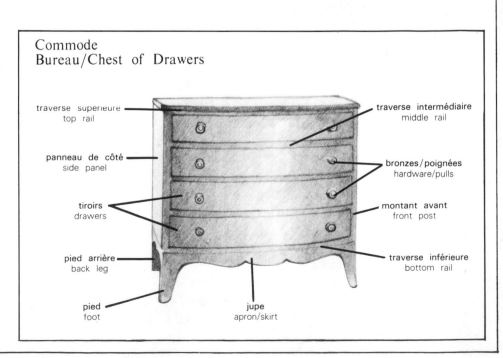

Commode
Bureau/Chest of Drawers

traverse supérieure
top rail

traverse intermédiaire
middle rail

panneau de côté
side panel

bronzes/poignées
hardware/pulls

tiroirs
drawers

montant avant
front post

pied arrière
back leg

traverse inférieure
bottom rail

pied
foot

jupe
apron/skirt

Faucet and Sink

Some basins have *rubber plug* and *chain stoppers* to hold water, and *splash rims* or *lips* to prevent water from overflowing.

Robinetterie et lavabo

Certains lavabos sont munis d'un bouchon en caoutchouc relié à une chaîne pour retenir l'eau. Le rebord ou brise-lame sert à éviter que l'eau ne déborde.

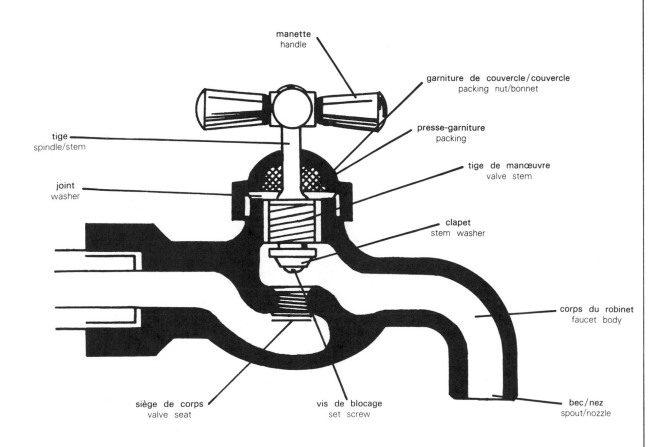

manette
handle

garniture de couvercle / couvercle
packing nut / bonnet

presse-garniture
packing

tige
spindle / stem

tige de manœuvre
valve stem

joint
washer

clapet
stem washer

corps du robinet
faucet body

siège de corps
valve seat

vis de blocage
set screw

bec / nez
spout / nozzle

Robinet
Faucet/Spigot/Tap/Bibcock

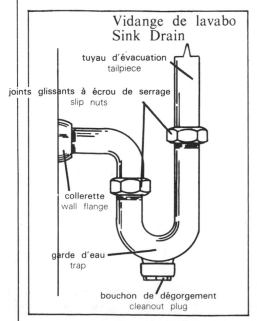

Vidange de lavabo
Sink Drain

tuyau d'évacuation
tailpiece

joints glissants à écrou de serrage
slip nuts

collerette
wall flange

garde d'eau
trap

bouchon de dégorgement
cleanout plug

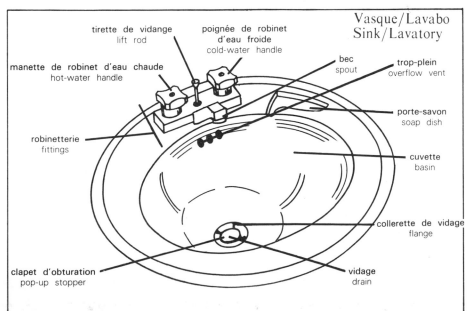

Vasque/Lavabo
Sink/Lavatory

tirette de vidange
lift rod

poignée de robinet d'eau froide
cold-water handle

manette de robinet d'eau chaude
hot-water handle

bec
spout

trop-plein
overflow vent

porte-savon
soap dish

robinetterie
fittings

cuvette
basin

collerette de vidage
flange

clapet d'obturation
pop-up stopper

vidage
drain

Salle de bain

Baignoire et douche

Les baignoires munies d'une douche, ainsi que les *cabines de douche*, peuvent être équipées de *rideaux de douche* en matière imperméable, ou bien de portes coulissantes en verre. Les simples pommes de douche que l'on tient à la main et les *têtes masseuses* figurent parmi les accessoires de douche les plus répandus. Certaines baignoires ont des *gicleurs à tourniquets* qui font circuler l'eau. Le fond d'une baignoire ou d'une douche peut être recouvert d'un tapis de bain ou d'*autocollants antidérapants*.

Bath and Shower

Waterproof *shower curtains* or sliding glass *doors* enclose baths and showers and smaller *shower stalls*. Hand-held shower heads, *massagers*, or *spray heads* are popular shower accessories. Some *tubs* have *whirlpool jets* to circulate water. Floors of tubs and showers may have *non-skid*, or *non-slip,strips*.

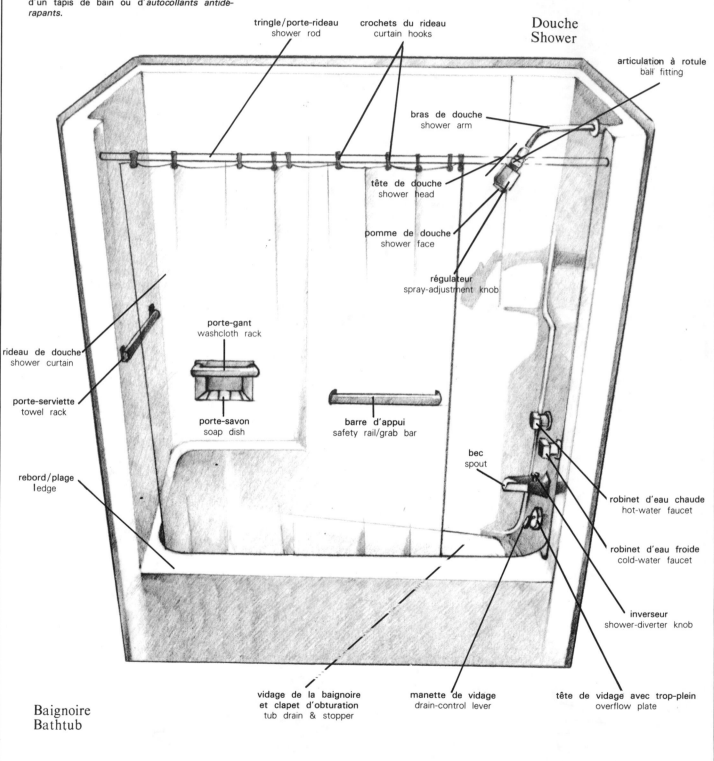

Douche
Shower

tringle/porte-rideau
shower rod

crochets du rideau
curtain hooks

articulation à rotule
ball fitting

bras de douche
shower arm

tête de douche
shower head

pomme de douche
shower face

régulateur
spray-adjustment knob

porte-gant
washcloth rack

rideau de douche
shower curtain

porte-serviette
towel rack

porte-savon
soap dish

barre d'appui
safety rail/grab bar

bec
spout

robinet d'eau chaude
hot-water faucet

robinet d'eau froide
cold-water faucet

rebord/plage
ledge

inverseur
shower-diverter knob

vidage de la baignoire
et clapet d'obturation
tub drain & stopper

manette de vidage
drain-control lever

tête de vidage avec trop-plein
overflow plate

Baignoire
Bathtub

Salle de bain

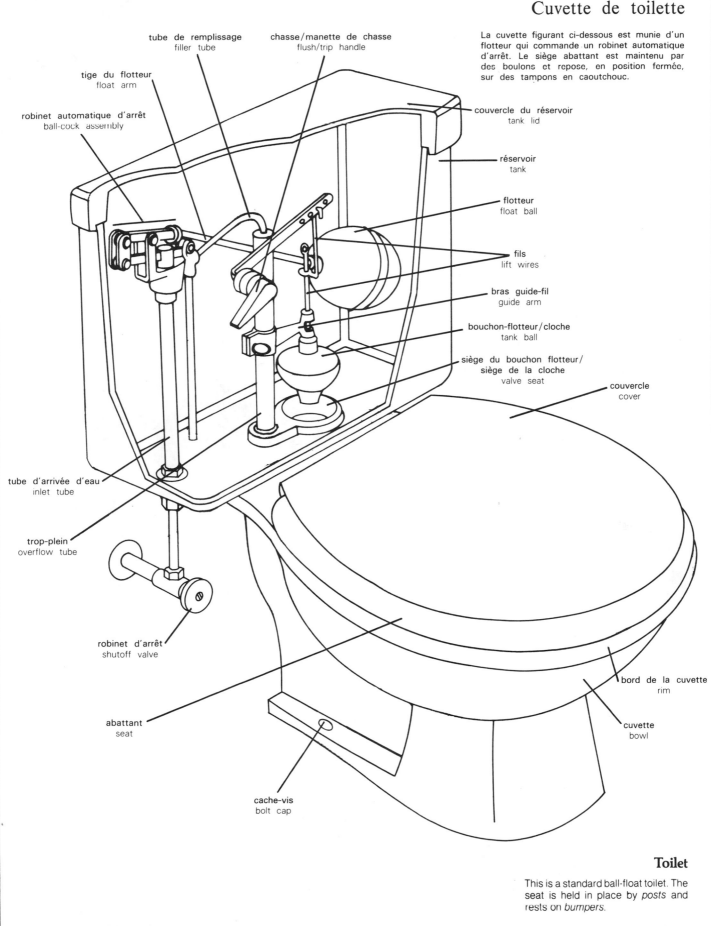

Cuvette de toilette

La cuvette figurant ci-dessous est munie d'un flotteur qui commande un robinet automatique d'arrêt. Le siège abattant est maintenu par des boulons et repose, en position fermée, sur des tampons en caoutchouc.

tube de remplissage
filler tube

chasse/manette de chasse
flush/trip handle

tige du flotteur
float arm

robinet automatique d'arrêt
ball-cock assembly

couvercle du réservoir
tank lid

réservoir
tank

flotteur
float ball

fils
lift wires

bras guide-fil
guide arm

bouchon-flotteur/cloche
tank ball

siège du bouchon flotteur/
siège de la cloche
valve seat

couvercle
cover

tube d'arrivée d'eau
inlet tube

trop-plein
overflow tube

robinet d'arrêt
shutoff valve

bord de la cuvette
rim

cuvette
bowl

abattant
seat

cache-vis
bolt cap

Toilet

This is a standard ball-float toilet. The seat is held in place by *posts* and rests on *bumpers*.

Salle de bain

Bureau

Le bureau à cylindre est muni d'un abattant qui couvre le plan de travail quand on ne s'en sert pas. Dans un secrétaire courant, l'abattant, volet coulissant latéralement, s'abat pour servir de table à écrire ; il est supporté par deux tirettes. Certains bureaux modernes comportent des plateaux de hauteur réglable et facilement escamotables.

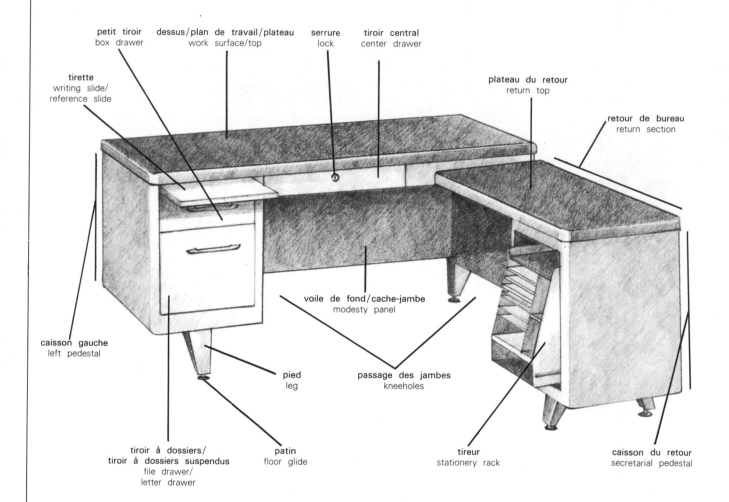

petit tiroir
box drawer

dessus/plan de travail/plateau
work surface/top

serrure
lock

tiroir central
center drawer

tirette
writing slide/
reference slide

plateau du retour
return top

retour de bureau
return section

caisson gauche
left pedestal

voile de fond/cache-jambe
modesty panel

pied
leg

passage des jambes
kneeholes

tireur
stationery rack

caisson du retour
secretarial pedestal

tiroir à dossiers/
tiroir à dossiers suspendus
file drawer/
letter drawer

patin
floor glide

Desk

A *rolltop* or *cylinder desk* has a *sliding cover* that covers the desk's *writing area* when not in use. In *slant-front*, *falling-front* or *drop-lid desks*, the *front* flips down to offer a writing area which is supported by two *slide-out supports*. Some modern office desks have *elevator platforms* that can be raised and locked in place to hold a business machine, or lowered and closed behind a *cabinet door*.

Desktop Equipment

Strips of staples are loaded into a stapler's *channel*. Pencils are sharpened in a *carrier* which holds two grooved cylinders called *cutters*. A paper clip is a piece of bessemer stock wire given three *twists*.

Matériel de bureau

On charge des cartouches d'agrafes dans le chargeur de l'agrafeuse. Pour tailler un crayon, on l'insère dans un boîtier qui comporte deux cylindes filetés, nommés couteaux. Un trombonne est un morceau de fil de fer métallique que l'on replie trois fois sur lui-même et qui sert de pince.

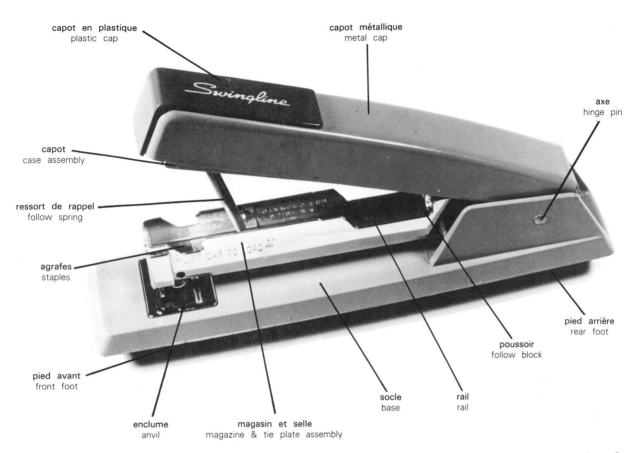

capot en plastique
plastic cap

capot métallique
metal cap

axe
hinge pin

capot
case assembly

ressort de rappel
follow spring

agrafes
staples

pied arrière
rear foot

pied avant
front foot

poussoir
follow block

socle
base

rail
rail

enclume
anvil

magasin et selle
magazine & tie plate assembly

Agrafeuse
Stapler

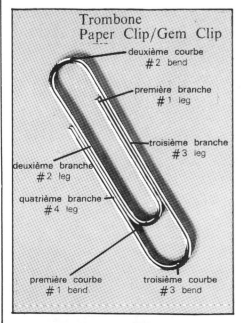

Trombone
Paper Clip/Gem Clip

deuxième courbe
#2 bend

première branche
#1 leg

troisième branche
#3 leg

deuxième branche
#2 leg

quatrième branche
#4 leg

première courbe
#1 bend

troisième courbe
#3 bend

ressort de blocage du guide-crayon
guide spring

manivelle
crank/handle

manette
knob

ouverture
aperture

guide-crayon
guide

réservoir
receptacle

embout
actuating lever knob

socle
stand

levier de fixation par ventouse
actuating lever

base/pied-ventouse
base/vacuum mount

Machine à tailler les crayons
Pencil Sharpener

Salle de jeux/Bureaux

Machine à coudre

Le pied de biche classique peut être remplacé par une variété d'accessoires, parmi lesquels figurent le pied à semelle étroite qu'on emploie pour piquer les fermetures à glissière, le pied ourleur, le pied à galets et le pied presseur roulant. Certaines machines sont munies d'une plaque à glissière, ainsi que d'une plaque à aiguille qui s'ouvre pour permettre d'accéder à la canette.

Sewing Machine

The standard presser foot can be replaced by a variety of special attachments, including a *zipper foot, hemmer foot* and *roller foot*. Some machines have a *slide plate* as well as a needle plate that opens to provide access to the bobbin case.

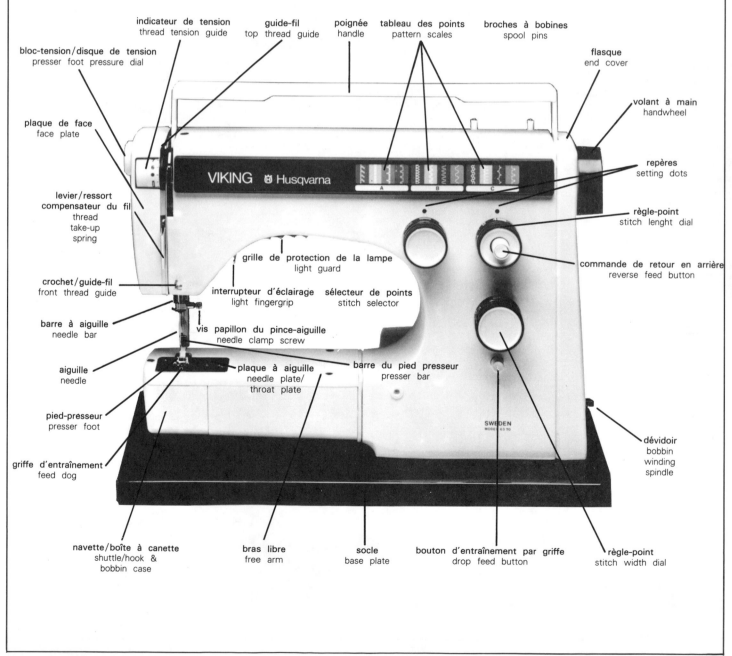

indicateur de tension
thread tension guide

guide-fil
top thread guide

poignée
handle

tableau des points
pattern scales

broches à bobines
spool pins

bloc-tension/disque de tension
presser foot pressure dial

flasque
end cover

plaque de face
face plate

volant à main
handwheel

repères
setting dots

levier/ressort
compensateur du fil
thread
take-up
spring

règle-point
stitch lenght dial

crochet/guide-fil
front thread guide

grille de protection de la lampe
light guard

commande de retour en arrière
reverse feed button

interrupteur d'éclairage
light fingergrip

sélecteur de points
stitch selector

barre à aiguille
needle bar

vis papillon du pince-aiguille
needle clamp screw

aiguille
needle

plaque à aiguille
needle plate/
throat plate

barre du pied presseur
presser bar

pied-presseur
presser foot

griffe d'entraînement
feed dog

dévidoir
bobbin
winding
spindle

navette/boîte à canette
shuttle/hook &
bobbin case

bras libre
free arm

socle
base plate

bouton d'entraînement par griffe
drop feed button

règle-point
stitch width dial

Iron

The *steam-and-dry iron*, or *flatiron*, shown here has *steam vents*, or *steam ports*, in the soleplate. Some irons have *front spray nozzles* as well.

Fer à repasser

Ce fer à vapeur, ou fer à vapeur et à sec, possède une semelle munie d'orifices à vapeurs ou évents à vapeur. Certains fers sont également munis d'un dispositif d'atomisation sur le devant, ou pulvérisateur.

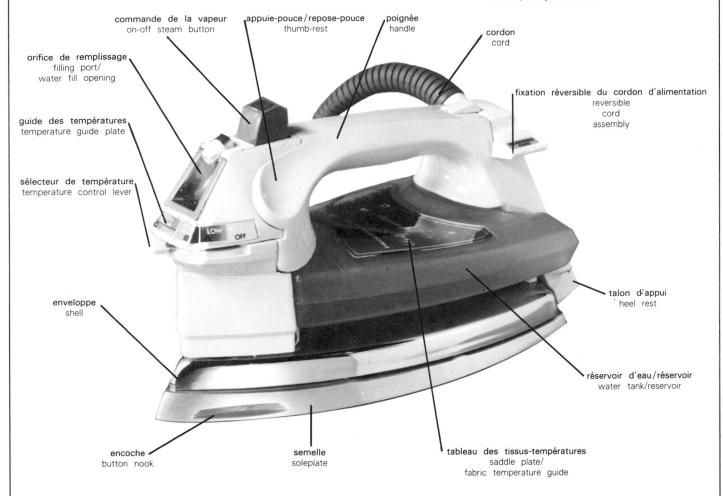

commande de la vapeur
on-off steam button

appuie-pouce/repose-pouce
thumb-rest

poignée
handle

cordon
cord

orifice de remplissage
filling port/
water fill opening

fixation réversible du cordon d'alimentation
reversible
cord
assembly

guide des températures
temperature guide plate

sélecteur de température
temperature control lever

enveloppe
shell

talon d'appui
heel rest

réservoir d'eau/réservoir
water tank/reservoir

encoche
button nook

semelle
soleplate

tableau des tissus-températures
saddle plate/
fabric temperature guide

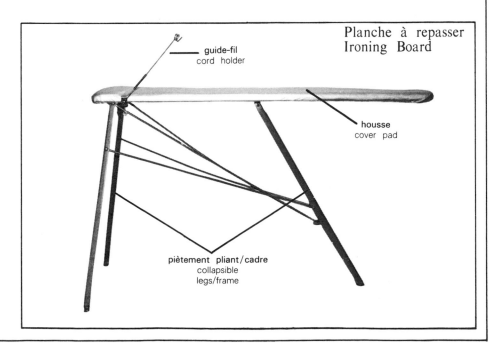

Planche à repasser
Ironing Board

guide-fil
cord holder

housse
cover pad

piètement pliant/cadre
collapsible
legs/frame

Lavage et séchage du linge

Autrefois on lavait le linge à la main dans une cuve en utilisant une planche à laver, et on l'essorait avec une essoreuse à rouleaux avant de l'étendre sur un fil au moyen de pinces à linge. On laisse encore sécher les chemises infroissables ou sans repassage sur un cintre, à l'air libre. Les machines automatiques à chargement vertical ou à chargement frontal comportent à l'intérieur de la cuve, un panier où des trous d'essorage ont été aménagés ; il en va de même pour les machines à tambour. Certaines machines à laver et certains séche-linges possèdent un hublot sur la porte et un éclairage à l'intérieur.

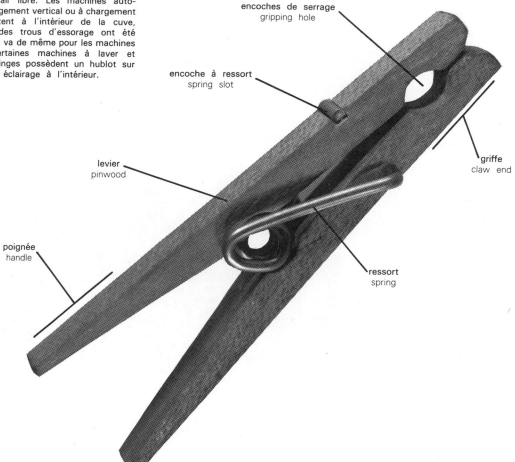

encoches de serrage
gripping hole

encoche à ressort
spring slot

levier
pinwood

griffe
claw end

poignée
handle

ressort
spring

Pince à linge
Clothespin

Washing and Drying

Formerly, clothes were washed in a *washtub* with a *scrubboard* and *wringer* before being hung out to dry on *clotheslines,* or *washlines,* with clothespins. Wash-and-wear shirts are still air-dried on hangers. In automatic *top-loading washing machines* and *front-loading washers,* the basket, which has *drain holes* inside it, is contained within a metal *tub.* Some washers and dryers have a *window* in the *door* and a *tub light.*

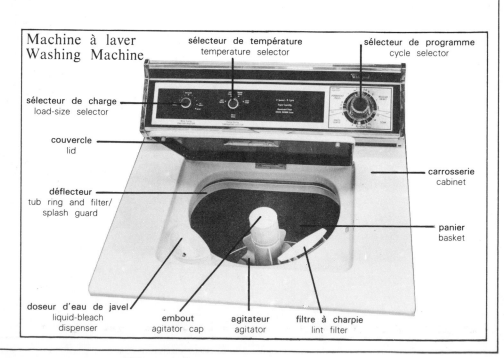

Machine à laver
Washing Machine

sélecteur de température
temperature selector

sélecteur de programme
cycle selector

sélecteur de charge
load-size selector

couvercle
lid

carrosserie
cabinet

déflecteur
tub ring and filter/
splash guard

panier
basket

doseur d'eau de javel
liquid-bleach
dispenser

embout
agitator cap

agitateur
agitator

filtre à charpie
lint filter

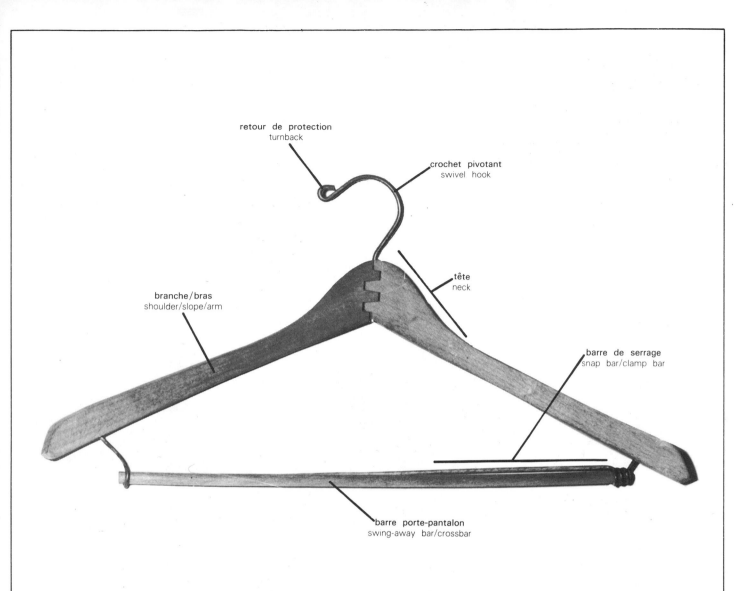

retour de protection
turnback

crochet pivotant
swivel hook

tête
neck

branche/bras
shoulder/slope/arm

barre de serrage
snap bar/clamp bar

barre porte-pantalon
swing-away bar/crossbar

Cintre
Suit Hanger

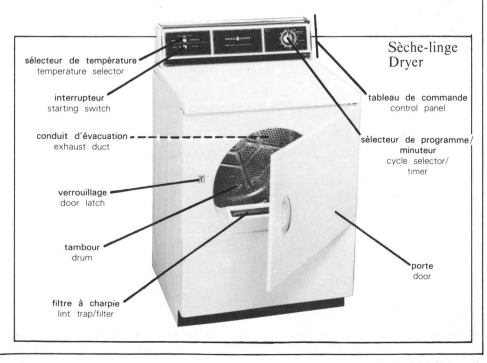

sélecteur de température
temperature selector

interrupteur
starting switch

conduit d'évacuation
exhaust duct

verrouillage
door latch

tambour
drum

filtre à charpie
lint trap/filter

Sèche-linge
Dryer

tableau de commande
control panel

sélecteur de programme/
minuteur
cycle selector/
timer

porte
door

Salle de jeux/Lingerie

Matériel d'entretien de la maison

Une lavette classique comporte des fils en matière absorbante plutôt qu'une éponge. Le balai électrique est un petit aspirateur muni d'un manche. Le coffret du balai mécanique comporte deux brosses cylindriques qui tournent lorsqu'on avance en poussant le manche.

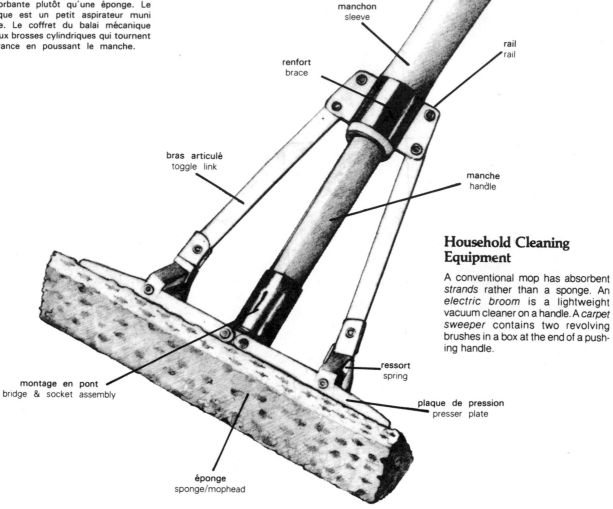

manchon
sleeve

renfort
brace

rail
rail

bras articulé
toggle link

manche
handle

Household Cleaning Equipment

A conventional mop has absorbent *strands* rather than a sponge. An *electric broom* is a lightweight vacuum cleaner on a handle. A *carpet sweeper* contains two revolving brushes in a box at the end of a pushing handle.

montage en pont
bridge & socket assembly

ressort
spring

plaque de pression
presser plate

éponge
sponge/mophead

Balai-éponge
Sponge Mop

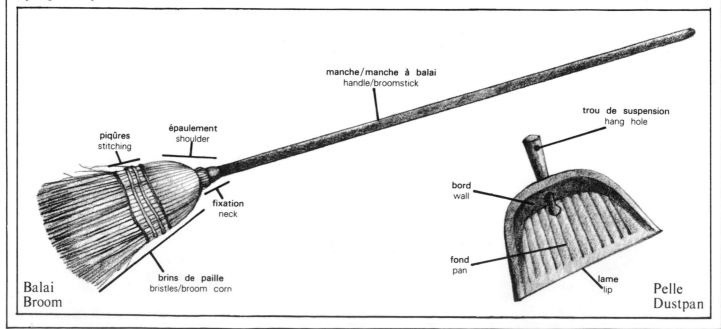

manche/manche à balai
handle/broomstick

trou de suspension
hang hole

piqûres
stitching

épaulement
shoulder

bord
wall

fixation
neck

fond
pan

brins de paille
bristles/broom corn

lame
lip

Balai
Broom

Pelle
Dustpan

Aspirateur

L'aspirateur-batteur, ou aspirobatteur, que l'on voit ici comporte, sous le capot, des brosses cylindriques et des battes qui soulèvent la poussière et les saletés. Un ventilateur les envoie dans un sac à poussière jetable. Dans l'aspirateur-traîneau, tous ces composants sont montés horizontalement. La poussière est aspirée par les suceurs attachés au tube central d'adduction et va directement dans le sac à poussière.

Vacuum Cleaner

In an *upright vacuum cleaner,* shown here, *spiral brushes* under the hood and *beater bars* stir up dust and dirt. A *fan* blows these into a *disposable bag.* In a *cylinder model,* all the cleaning components are mounted horizontally. Dirt is sucked directly from the *intake tube* into a *vacuum bag,* or *dust bag.*

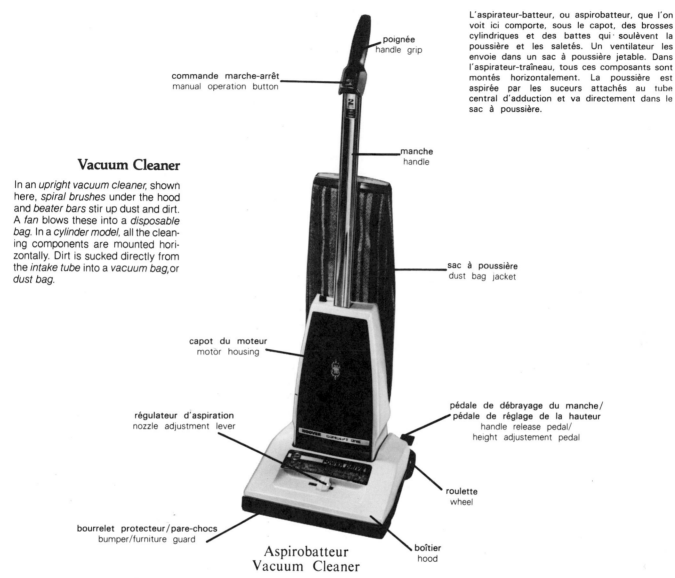

poignée
handle grip

commande marche-arrêt
manual operation button

manche
handle

sac à poussière
dust bag jacket

capot du moteur
motor housing

régulateur d'aspiration
nozzle adjustment lever

pédale de débrayage du manche/
pédale de réglage de la hauteur
handle release pedal/
height adjustement pedal

roulette
wheel

bourrelet protecteur/pare-chocs
bumper/furniture guard

boîtier
hood

Aspirobatteur
Vacuum Cleaner

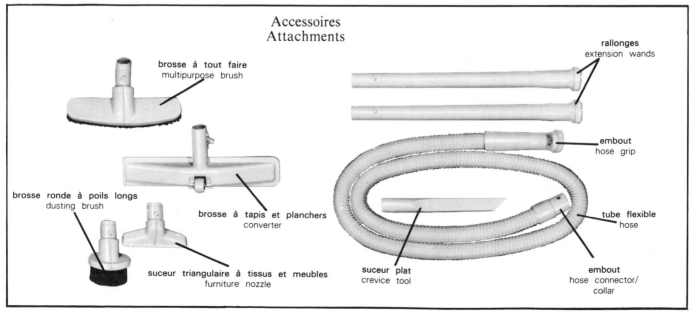

Accessoires
Attachments

brosse à tout faire
multipurpose brush

rallonges
extension wands

brosse ronde à poils longs
dusting brush

brosse à tapis et planchers
converter

embout
hose grip

suceur triangulaire à tissus et meubles
furniture nozzle

suceur plat
crevice tool

tube flexible
hose

embout
hose connector/
collar

Le matériel de lutte contre l'incendie

Pour faire marcher un extincteur à poudre chargé de matières chimiques et de gaz comprimé, on fait tourner la poignée ou on appuie dessus selon les cas. Les extincteurs à neige carbonique que l'on doit retourner pour mélanger les composants produisent une mousse qui étouffe l'incendie.

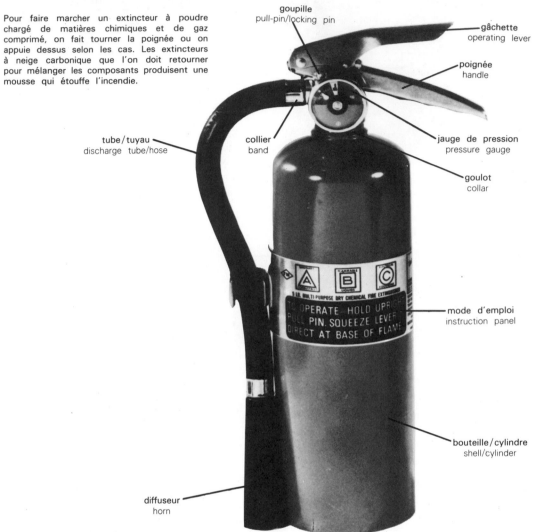

goupille
pull-pin/locking pin

gâchette
operating lever

poignée
handle

tube/tuyau
discharge tube/hose

collier
band

jauge de pression
pressure gauge

goulot
collar

mode d'emploi
instruction panel

bouteille/cylindre
shell/cylinder

diffuseur
horn

Extincteur
Fire Extinguisher

Détecteur de fumée avec alarme
Smoke Alarm/ Smoke Detector

boîtier
cover

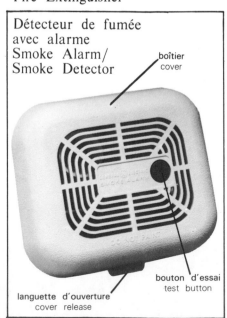

bouton d'essai
test button

languette d'ouverture
cover release

Firefighting Devices

Dry chemical extinguishers, containing chemicals and gas under pressure, are activated by squeezing or twisting the handle. *Soda-acid extinguishers*, inverted to mix the contents, produce a smothering *foam*.

Seau
Pail/Bucket

anse/poignée
bail/handle

oreille
ear

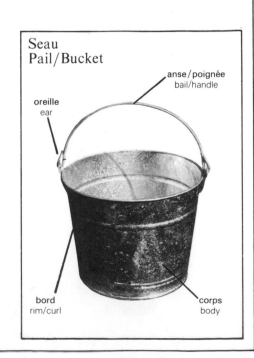

bord
rim/curl

corps
body

Bagages

Les parties extérieures d'une valise sont identiques à celles d'un attaché-case, ou mallette. Une valise qui se déplie et que l'on peut suspendre est un porte-habits. Les serviettes ont parfois des classeurs ou compartiments munis de fermetures à glissière, ainsi que des soufflets à dossiers.

Luggage

The exterior parts of a *suitcase* or *bag* are identical to those of an attaché case. A suitcase that unfolds to be hung up is called a *garment bag*. Briefcases sometimes have zippered *file folders* or *portfolios* as well as paper storage *pockets*.

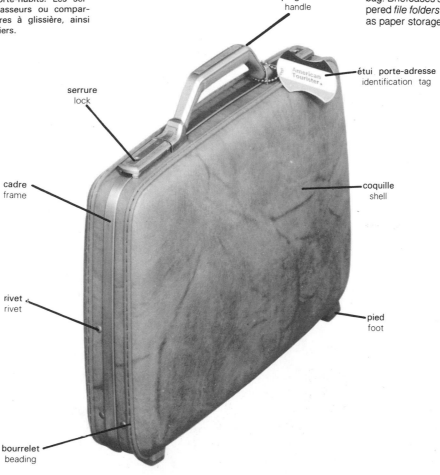

poignée
handle

étui porte-adresse
identification tag

serrure
lock

coquille
shell

cadre
frame

rivet
rivet

pied
foot

bourrelet
beading

Attaché-case/
Mallette porte-document
Attache Case/Briefcase

Valisette
Overnight Bag

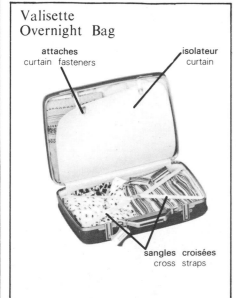

attaches
curtain fasteners

isolateur
curtain

sangles croisées
cross straps

Nécessaire de toilette
Cosmetic Case

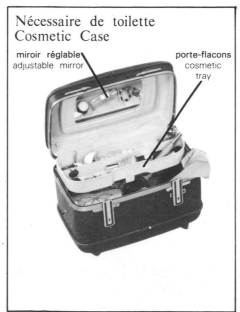

miroir réglable
adjustable mirror

porte-flacons
cosmetic tray

Porte-habit
Two-Suiter

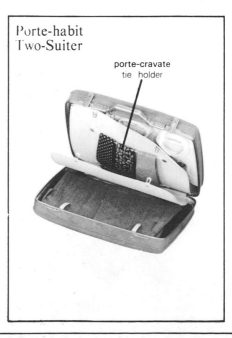

porte-cravate
tie holder

Salle de jeux/Débarras

Les poussettes modernes ont généralement pris la place des landeaux plus élaborés. Un lit d'enfant portatif qui ressemble à un panier et qui comporte une capotte à l'une des deux extrémités, s'appelle un moïse. Les chaises de bébé d'intérieur sont hautes et possèdent un plateau pour manger et un repose-pied.

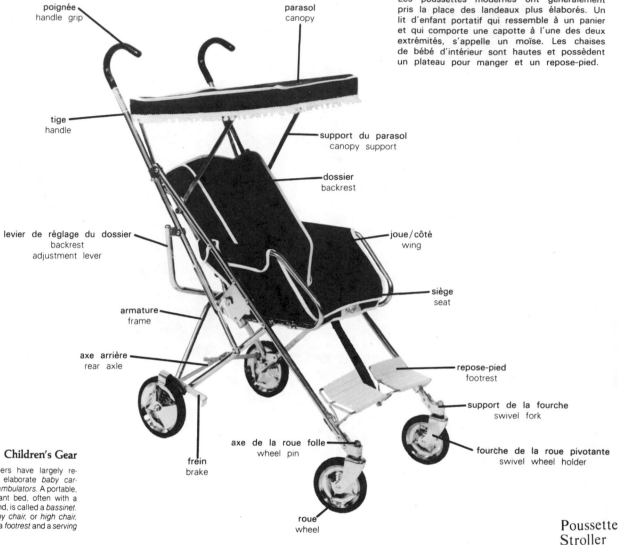

poignée
handle grip

tige
handle

levier de réglage du dossier
backrest
adjustment lever

armature
frame

axe arrière
rear axle

parasol
canopy

support du parasol
canopy support

dossier
backrest

joue/côté
wing

siège
seat

repose-pied
footrest

support de la fourche
swivel fork

axe de la roue folle
wheel pin

fourche de la roue pivotante
swivel wheel holder

frein
brake

roue
wheel

Children's Gear

Modern strollers have largely replaced more elaborate *baby carriages*, or *perambulators*. A portable, basketlike infant bed, often with a *hood* at one end, is called a *bassinet*. An indoor *baby chair*, or *high chair*, has long legs, a *footrest* and a *serving tray*.

Poussette
Stroller

Siège auto
Car Seat

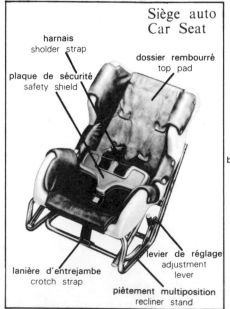

harnais
sholder strap

plaque de sécurité
safety shield

dossier rembourré
top pad

lanière d'entrejambe
crotch strap

levier de réglage
adjustment lever

piètement multiposition
recliner stand

Parc
Playpen

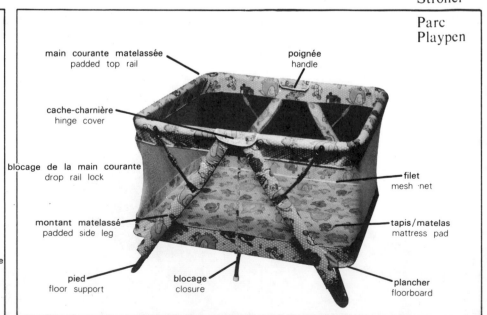

main courante matelassée
padded top rail

poignée
handle

cache-charnière
hinge cover

blocage de la main courante
drop rail lock

filet
mesh net

montant matelassé
padded side leg

tapis/matelas
mattress pad

pied
floor support

blocage
closure

plancher
floorboard

Cour/Jardin

Jeux d'extérieur

Outre les portiques, les jeux d'extérieur comprennent : des balançoires, des cages à poules ou cages à grimper, des filets, des échelles horizontales et des bacs à sable. Ce sont les objets typiques des aires de jeux.

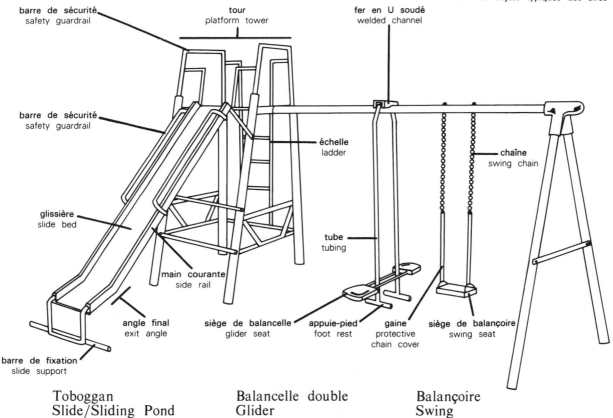

barre de sécurité
safety guardrail

tour
platform tower

fer en U soudé
welded channel

barre de sécurité
safety guardrail

échelle
ladder

chaîne
swing chain

glissière
slide bed

main courante
side rail

tube
tubing

angle final
exit angle

siège de balancelle
glider seat

appuie-pied
foot rest

gaine
protective
chain cover

siège de balançoire
swing seat

barre de fixation
slide support

Toboggan
Slide/Sliding Pond

Balancelle double
Glider

Balançoire
Swing

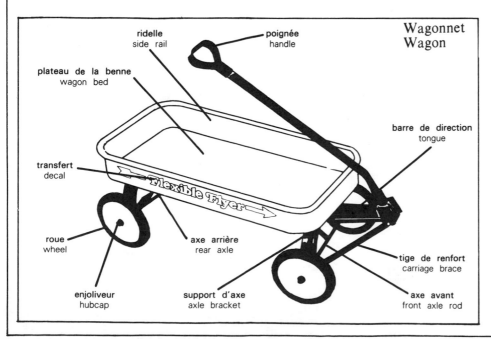

ridelle
side rail

poignée
handle

Wagonnet
Wagon

plateau de la benne
wagon bed

barre de direction
tongue

transfert
decal

roue
wheel

axe arrière
rear axle

tige de renfort
carriage brace

enjoliveur
hubcap

support d'axe
axle bracket

axe avant
front axle rod

Backyard Equipment

Other popular backyard and *playground* equipment includes *seesaws*, or *teeter-totters; jungle gyms*, or *monkey bars; climbing nets; overhead ladders* and *sandboxes.*

Accessoires de jardin

Sur les grils et les barbecues courants, on fait cuire la nourriture sur du charbon de bois placé dans un foyer, alors que sur les modèles électriques et à gaz les aliments sont grillés au-dessus de résistances ou de brûleurs. Il existe d'autres grils commes les hibachis qui sont munis de réglage de tirage, de grilles réglables en hauteur, ainsi que de cendriers. Sur certains fauteuils de jardin et certaines chaises longues, des lames métalliques de suspension sont reliées au cadre au moyen de ressorts hélicoïdaux.

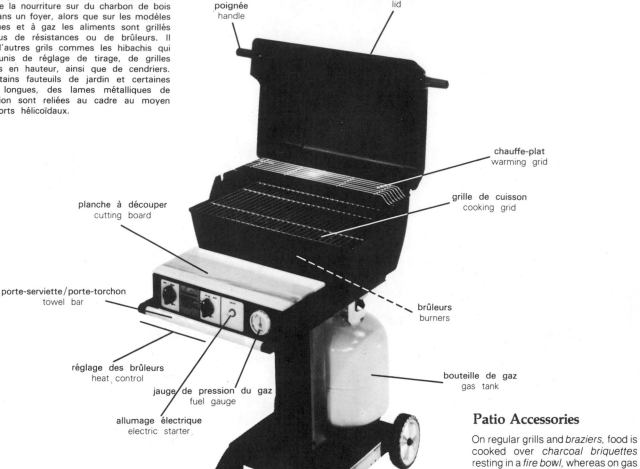

poignée
handle

couvercle
lid

chauffe-plat
warming grid

grille de cuisson
cooking grid

planche à découper
cutting board

porte-serviette/porte-torchon
towel bar

brûleurs
burners

réglage des brûleurs
heat control

jauge de pression du gaz
fuel gauge

allumage électrique
electric starter

bouteille de gaz
gas tank

Barbecue/Barbecue au gaz
Barbecue Grill/Gas Barbecue

Patio Accessories

On regular grills and *braziers*, food is cooked over *charcoal briquettes* resting in a *fire bowl*, whereas on gas and electric models food is grilled over *volcanic rock*. Other grills include *hibachis* and *kettle grills* featuring *damper controls*, *adjustable grills*, and *ash catchers*. On some outdoor lounges and *settees*, small springs, or *helicals*, connect the frame to metal supporting straps.

Chaise longue
Chaise Lounge

dossier
back

accoudoir
arm

crémaillère/crans d'inclinaison
positioning ratchet

rembourrage/coussin
pad/cushion

pied
leg

suspension
strapping

cadre
frame

Hamac
Hammock

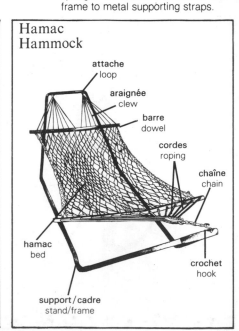

attache
loop

araignée
clew

barre
dowel

cordes
roping

chaîne
chain

hamac
bed

crochet
hook

support/cadre
stand/frame

Les sports et les loisirs

Ce chapitre est consacré essentiellement aux sports majeurs et aux diférentes formes d'activités récréatives comportant un attirail et un équipement. Les jeux picturaux ou littéraires ont été omis en raison de la nomenclature limitée qui s'y rattache.

Dans le but de permettre au lecteur de trouver rapidement certains détails particuliers, les activités récréatives ont été groupées de la façon suivante : sports d'équipe, sports de compétition, sports individuels, sports équestres, courses automobiles, sports de plein air, culture physique, jeux de table et jeux de casino.

Les terrains de jeu faisant partie intégrante des sports d'équipe et de compétition, les terrains, courts et patinoires ont été représentés schématiquement. Toutes les zones, lignes et démarcations essentielles sont identifiées. Pour illustrer les pièces vestimentaires et les équipements utilisés par les joueurs, de préférence à des mannequins, de véritables athlètes ont été photographiés : Baseball : Rod Carew (arrière) — Football : Bruce Harper (arrière) — Basketball : Mike Glenn (garde) — Hockey : Ken Morrow (défenseur) et Billy Smith (gardien).

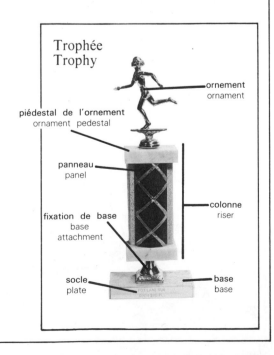

Trophée
Trophy

ornement
ornament

piédestal de l'ornement
ornament pedestal

panneau
panel

colonne
riser

fixation de base
base attachment

socle
plate

base
base

Baseball

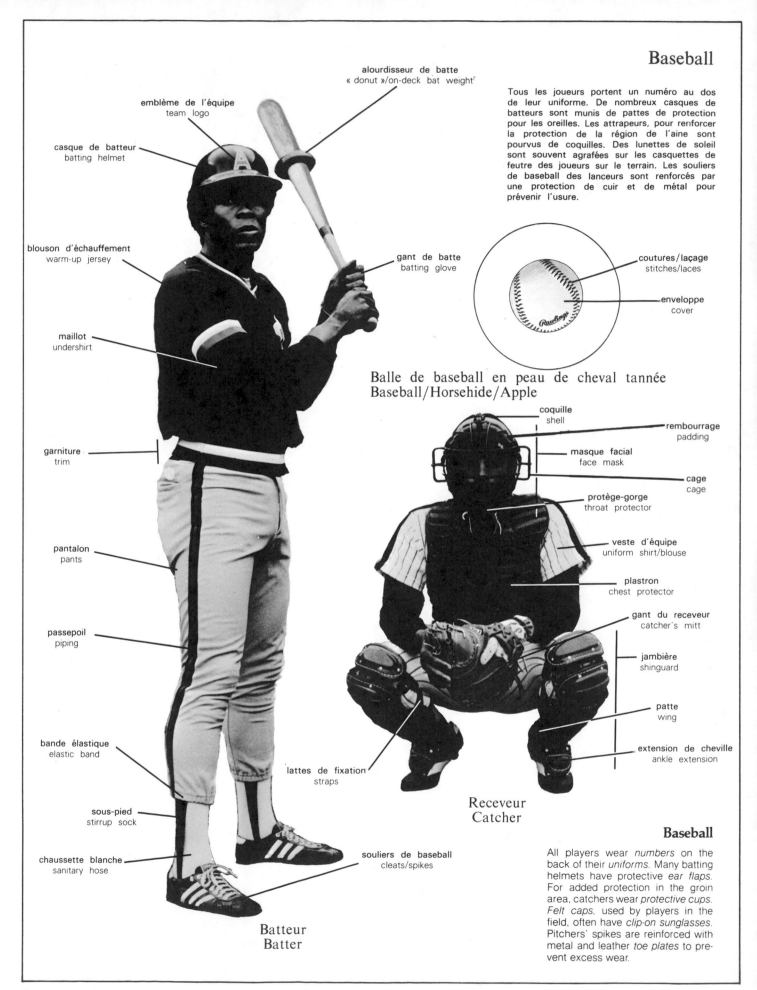

alourdisseur de batte
« donut »/on-deck bat weight

emblème de l'équipe
team logo

casque de batteur
batting helmet

blouson d'échauffement
warm-up jersey

gant de batte
batting glove

maillot
undershirt

garniture
trim

pantalon
pants

passepoil
piping

bande élastique
elastic band

sous-pied
stirrup sock

chaussette blanche
sanitary hose

lattes de fixation
straps

souliers de baseball
cleats/spikes

Batteur
Batter

Tous les joueurs portent un numéro au dos de leur uniforme. De nombreux casques de batteurs sont munis de pattes de protection pour les oreilles. Les attrapeurs, pour renforcer la protection de la région de l'aine sont pourvus de coquilles. Des lunettes de soleil sont souvent agrafées sur les casquettes de feutre des joueurs sur le terrain. Les souliers de baseball des lanceurs sont renforcés par une protection de cuir et de métal pour prévenir l'usure.

coutures/laçage
stitches/laces

enveloppe
cover

Balle de baseball en peau de cheval tannée
Baseball/Horsehide/Apple

coquille
shell

rembourrage
padding

masque facial
face mask

cage
cage

protège-gorge
throat protector

veste d'équipe
uniform shirt/blouse

plastron
chest protector

gant du receveur
catcher's mitt

jambière
shinguard

patte
wing

extension de cheville
ankle extension

Receveur
Catcher

Baseball

All players wear *numbers* on the back of their *uniforms*. Many batting helmets have protective *ear flaps*. For added protection in the groin area, catchers wear *protective cups*. *Felt caps*, used by players in the field, often have *clip-on sunglasses*. Pitchers' spikes are reinforced with metal and leather *toe plates* to prevent excess wear.

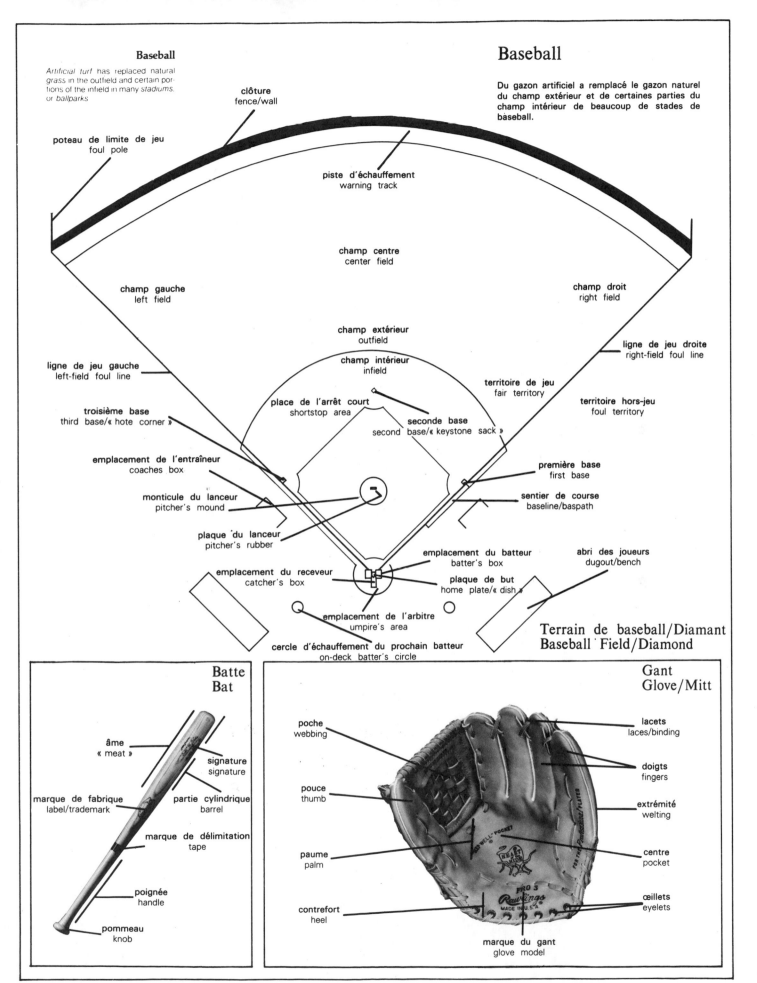

Baseball

Artificial turf has replaced natural grass in the outfield and certain portions of the infield in many stadiums, or ballparks

Baseball

Du gazon artificiel a remplacé le gazon naturel du champ extérieur et de certaines parties du champ intérieur de beaucoup de stades de baseball.

clôture
fence/wall

poteau de limite de jeu
foul pole

piste d'échauffement
warning track

champ centre
center field

champ gauche
left field

champ droit
right field

champ extérieur
outfield

ligne de jeu droite
right-field foul line

champ intérieur
infield

ligne de jeu gauche
left-field foul line

territoire de jeu
fair territory

territoire hors-jeu
foul territory

place de l'arrêt court
shortstop area

troisième base
third base/« hote corner »

seconde base
second base/« keystone sack »

emplacement de l'entraîneur
coaches box

première base
first base

monticule du lanceur
pitcher's mound

sentier de course
baseline/baspath

plaque du lanceur
pitcher's rubber

emplacement du batteur
batter's box

abri des joueurs
dugout/bench

emplacement du receveur
catcher's box

plaque de but
home plate/« dish »

emplacement de l'arbitre
umpire's area

cercle d'échauffement du prochain batteur
on-deck batter's circle

**Terrain de baseball/Diamant
Baseball Field/Diamond**

Batte
Bat

âme
« meat »

signature
signature

marque de fabrique
label/trademark

partie cylindrique
barrel

marque de délimitation
tape

poignée
handle

pommeau
knob

Gant
Glove/Mitt

poche
webbing

lacets
laces/binding

pouce
thumb

doigts
fingers

paume
palm

extrémité
welting

centre
pocket

contrefort
heel

œillets
eyelets

marque du gant
glove model

Sports d'équipe

Football américain

L'équipement de protection de la partie supérieure du corps est recouvert d'un maillot numéroté. L'attache précaire du gilet permet de s'en dégager lorsqu'un adversaire s'y accroche. La fabrication des casques comporte plusieurs systèmes de suspension dont certains sont gonflables. La finition des casques est en gros maroquin, contenant une vessie de rétention d'air introduit en insérant une aiguille de gonflage dans la valve.

Football

Protective equipment worn on the upper body is covered with a *numbered jersey*. A *tear-away jersey* is loosely sewn and meant to rip apart when grabbed by an opponent. Helmets are manufactured with different *suspension systems*, some of which are air-inflated. Football covers have a rough *pebble finish* and an air-retaining *bladder* which is filled by inserting an *inflation needle* in the valve.

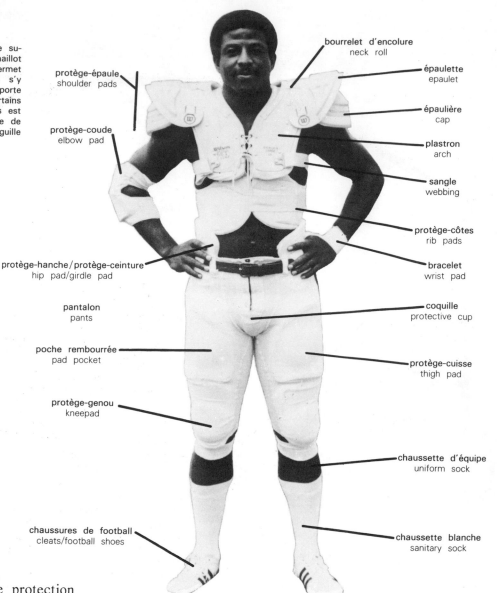

protège-épaule
shoulder pads

protège-coude
elbow pad

protège-hanche / protège-ceinture
hip pad / girdle pad

pantalon
pants

poche rembourrée
pad pocket

protège-genou
kneepad

chaussures de football
cleats / football shoes

bourrelet d'encolure
neck roll

épaulette
epaulet

épaulière
cap

plastron
arch

sangle
webbing

protège-côtes
rib pads

bracelet
wrist pad

coquille
protective cup

protège-cuisse
thigh pad

chaussette d'équipe
uniform sock

chaussette blanche
sanitary sock

Uniforme et rembourrage de protection
Uniform and Protective Padding

Ballon de football américain
Football

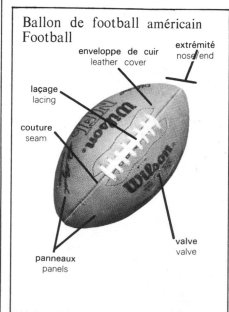

enveloppe de cuir
leather cover

extrémité
nose / end

laçage
lacing

couture
seam

valve
valve

panneaux
panels

Casque
Helmet

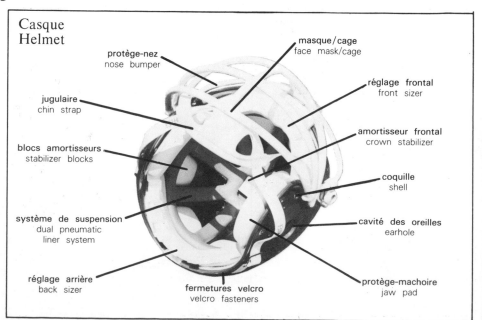

protège-nez
nose bumper

jugulaire
chin strap

blocs amortisseurs
stabilizer blocks

système de suspension
dual pneumatic
liner system

réglage arrière
back sizer

fermetures velcro
velcro fasteners

masque / cage
face mask / cage

réglage frontal
front sizer

amortisseur frontal
crown stabilizer

coquille
shell

cavité des oreilles
earhole

protège-machoire
jaw pad

Football américain

Un tableau d'affichage indique l'endroit exact où se trouve la balle entre les jeux. Dans sa partie supérieure, des panneaux pivotants signalent le prochain jeu à jouer. Dans les rencontres universitaires, les poteaux de but sont différents de ceux des rencontres professionnelles. Des drapeaux sont placés à la croisée des lignes de but et des lignes latérales, délimitant ainsi le terrain. Des jalons en V inversé, petits et en caoutchouc sont placés tous les cinq yards sur les côtés.

Football

A *down marker* is used to mark the exact location of the ball on the field between downs. The *flip chart* at the top of the down marker has *flip panels* to indicate what down is about to be played. The goalpost in college football has two support *standards* instead of a gooseneck, used in professional games. *Flags* are located at the junction of the goal line and sideline to mark in bounds. Small, rubber inverted V-shaped *yard markers* are placed at five-yard intervals along the sidelines.

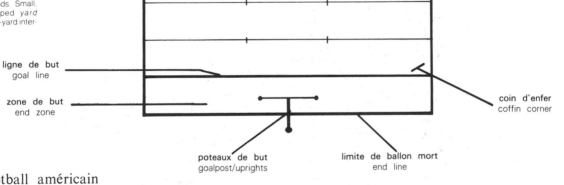

ligne des 3 yards (universitaires)
3-yard line (college)

ligne des 2 yards (professionnels)
2-yard line (pro)

ligne des 10 yards
10-yard lines

lignes hachurées
inbound lines/
hash marks

ligne des 50 yards/milieu de terrain
50-yard line/midfield

lignes des yards
yard lines

banc
bench

ligne de touche
sideline/out-of-bounds line

ligne de but
goal line

zone de but
end zone

coin d'enfer
coffin corner

poteaux de but
goalpost/uprights

limite de ballon mort
end line

Terrain de football américain
Football Field/Gridiron

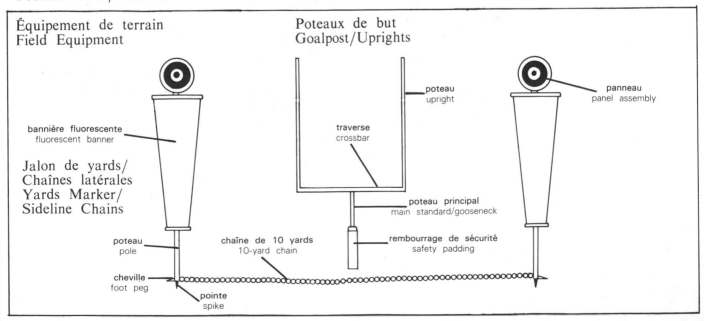

Équipement de terrain
Field Equipment

Poteaux de but
Goalpost/Uprights

bannière fluorescente
fluorescent banner

Jalon de yards/
Chaînes latérales
Yards Marker/
Sideline Chains

poteau
pole

cheville
foot peg

pointe
spike

chaîne de 10 yards
10-yard chain

poteau
upright

traverse
crossbar

poteau principal
main standard/gooseneck

rembourrage de sécurité
safety padding

panneau
panel assembly

Hockey sur glace

Les pantalons des joueurs sont maintenus par des bretelles. Leurs chaussettes sont attachées à des jarretières. L'angle formé par le manche et la crosse de hockey s'appelle la courbure. La partie se joue avec un palet de caoutchouc noir vulcanisé. Un clignotant rouge, au-dessus de la place du juge de but indique les buts marqués.

Ice Hockey

Hockey players' pants are held up by *suspenders*. Socks are attached to a *garter belt*. The angle between the shaft of a hockey stick and the blade is called the *lie*. The game is played with a black vulcanized rubber *puck*. A blinking *red light* atop the goal judge's box indicates a goal.

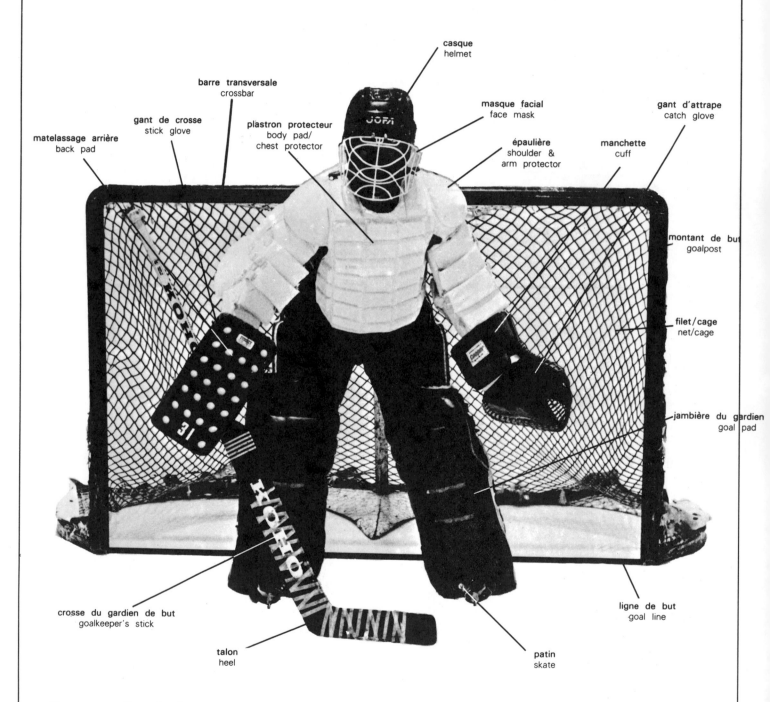

casque
helmet

masque facial
face mask

gant d'attrape
catch glove

barre transversale
crossbar

plastron protecteur
body pad/
chest protector

épaulière
shoulder &
arm protector

manchette
cuff

gant de crosse
stick glove

matelassage arrière
back pad

montant de but
goalpost

filet/cage
net/cage

jambière du gardien
goal pad

crosse du gardien de but
goalkeeper's stick

talon
heel

patin
skate

ligne de but
goal line

But et gardien de but
Goal and Goalie/Goalkeeper/Goaler

Sports d'équipe

290

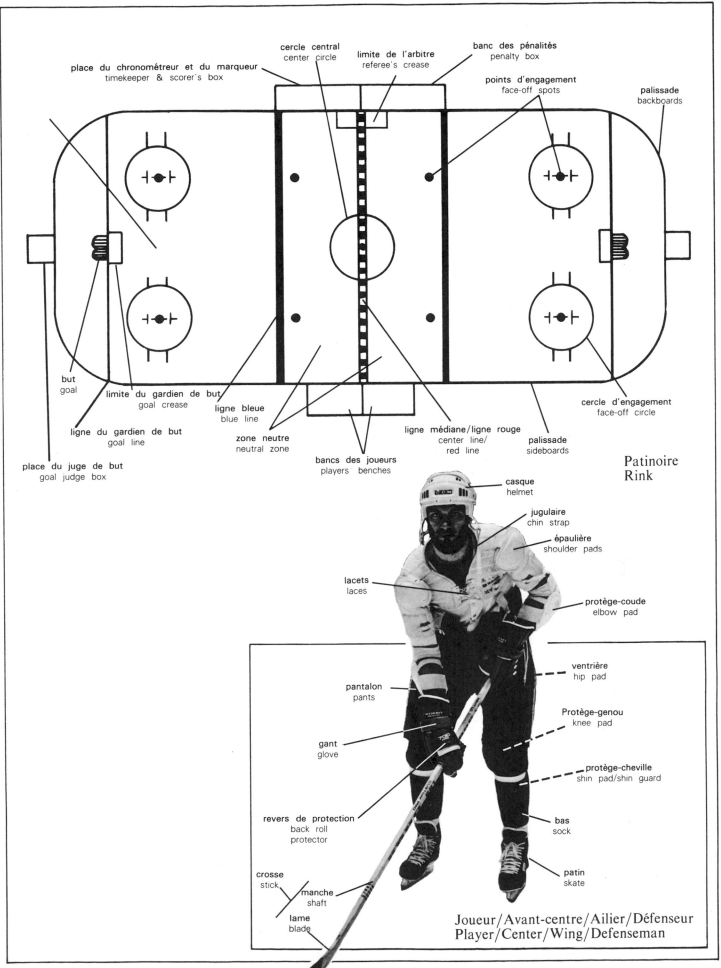

place du chronométreur et du marqueur
timekeeper & scorer's box

cercle central
center circle

limite de l'arbitre
referee's crease

banc des pénalités
penalty box

points d'engagement
face-off spots

palissade
backboards

but
goal

limite du gardien de but
goal crease

ligne bleue
blue line

cercle d'engagement
face-off circle

ligne du gardien de but
goal line

zone neutre
neutral zone

ligne médiane/ligne rouge
center line/
red line

palissade
sideboards

place du juge de but
goal judge box

bancs des joueurs
players' benches

Patinoire
Rink

casque
helmet

jugulaire
chin strap

épaulière
shoulder pads

lacets
laces

protège-coude
elbow pad

ventrière
hip pad

pantalon
pants

Protège-genou
knee pad

gant
glove

protège-cheville
shin pad/shin guard

revers de protection
back roll
protector

bas
sock

crosse
stick

manche
shaft

patin
skate

lame
blade

Joueur/Avant-centre/Ailier/Défenseur
Player/Center/Wing/Defenseman

Sports d'équipe

Basketball

L'équipe qui attaque avance de l'arrière de son propre terrain vers celui de l'adversaire. La surface de jeu à l'extrémité de la ligne de lancer-franc, est appelée le pivot. De nombreux joueurs portent des genouillères, et des protèges-coudes.

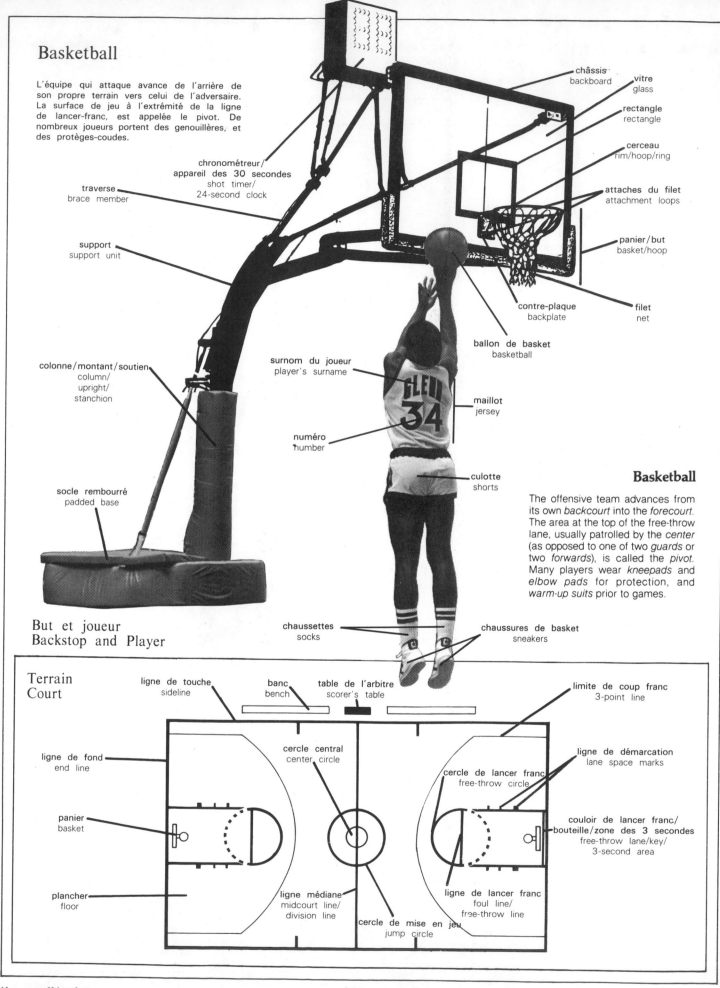

châssis
backboard

vitre
glass

rectangle
rectangle

cerceau
rim/hoop/ring

attaches du filet
attachment loops

panier/but
basket/hoop

filet
net

contre-plaque
backplate

ballon de basket
basketball

chronométreur/
appareil des 30 secondes
shot timer/
24-second clock

traverse
brace member

support
support unit

surnom du joueur
player's surname

maillot
jersey

numéro
number

culotte
shorts

colonne/montant/soutien
column/
upright/
stanchion

socle rembourré
padded base

But et joueur
Backstop and Player

chaussettes
socks

chaussures de basket
sneakers

Basketball

The offensive team advances from its own *backcourt* into the *forecourt*. The area at the top of the free-throw lane, usually patrolled by the *center* (as opposed to one of two *guards* or two *forwards*), is called the *pivot*. Many players wear *kneepads* and *elbow pads* for protection, and *warm-up suits* prior to games.

Terrain
Court

ligne de touche
sideline

banc
bench

table de l'arbitre
scorer's table

limite de coup franc
3-point line

ligne de fond
end line

cercle central
center circle

ligne de démarcation
lane space marks

cercle de lancer franc
free-throw circle

panier
basket

couloir de lancer franc/
bouteille/zone des 3 secondes
free-throw lane/key/
3-second area

plancher
floor

ligne médiane
midcourt line/
division line

cercle de mise en jeu
jump circle

ligne de lancer franc
foul line/
free-throw line

Football et lacrosse

Pour pratiquer le football, les joueurs portent des protège-tibias, et pour le Lacrosse, des masques et des casques de protection.

Soccer and Lacrosse

In soccer, or *association football*, players protect their legs with *shin-guards*. In lacrosse, players wear *helmets* and *face masks* for protection.

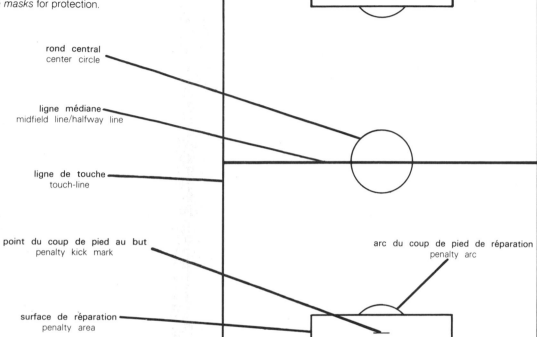

but
goal

filet de but
goal net

drapeau
flag

rond central
center circle

ligne médiane
midfield line/halfway line

ligne de touche
touch-line

point du coup de pied au but
penalty kick mark

arc du coup de pied de réparation
penalty arc

surface de réparation
penalty area

point du coup de pied de coin
corner kick arc

ligne de but
goal line

zone des six mètres
goal area/crease

Terrain de football
Soccer Field

Lacrosse
Lacrosse/Stick/Crosse

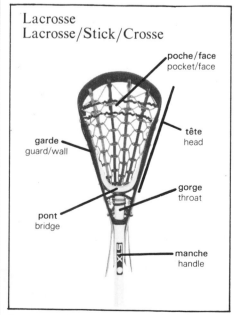

poche/face
pocket/face

tête
head

garde
guard/wall

gorge
throat

pont
bridge

manche
handle

Terrain de Lacrosse
Lacrosse Field

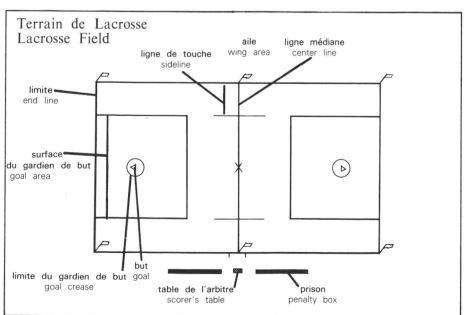

ligne de touche
sideline

aile
wing area

ligne médiane
center line

limite
end line

surface
du gardien de but
goal area

but
goal

limite du gardien de but
goal crease

table de l'arbitre
scorer's table

prison
penalty box

Sports d'équipe

Piste et stade

Les rencontres d'athlétisme se déroulent sur des pistes de stade et comprennent notamment des compétitions de saut, de lancer, de course, de course d'obstacles, de relais, de marathon. Le décathlon comporte dix exercices et l'heptathlon en comprend sept.

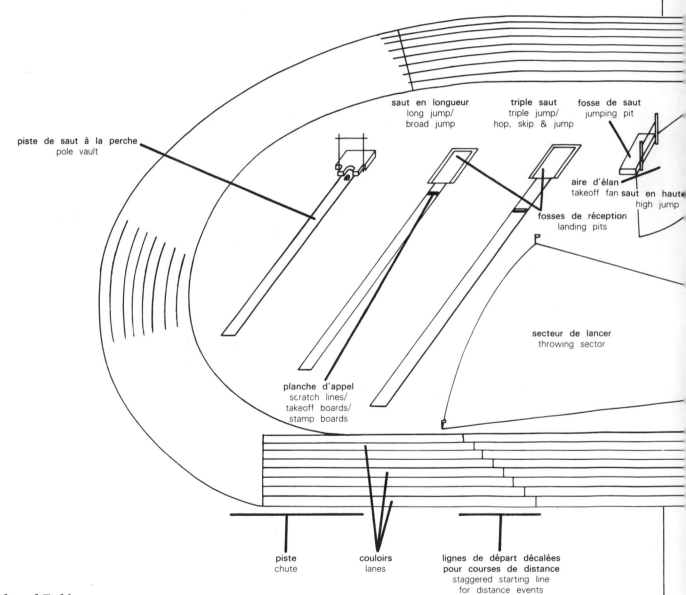

piste de saut à la perche
pole vault

saut en longueur
long jump/
broad jump

triple saut
triple jump/
hop, skip & jump

fosse de saut
jumping pit

aire d'élan
takeoff fan

saut en haute
high jump

fosses de réception
landing pits

secteur de lancer
throwing sector

planche d'appel
scratch lines/
takeoff boards/
stamp boards

piste
chute

couloirs
lanes

lignes de départ décalées
pour courses de distance
staggered starting line
for distance events

Track and Field

Track-and-field events take place on a *running track* and the enclosed *field* within. Besides *jumping events* and *throwing events*, there are *footraces*, including *walking races*, *hurdle races*, *steeplechase*, *relay races*, *medley relays*, *runs* and the *marathon*. The *decathlon* is a ten-event contest, while the *pentathlon* consists of five events.

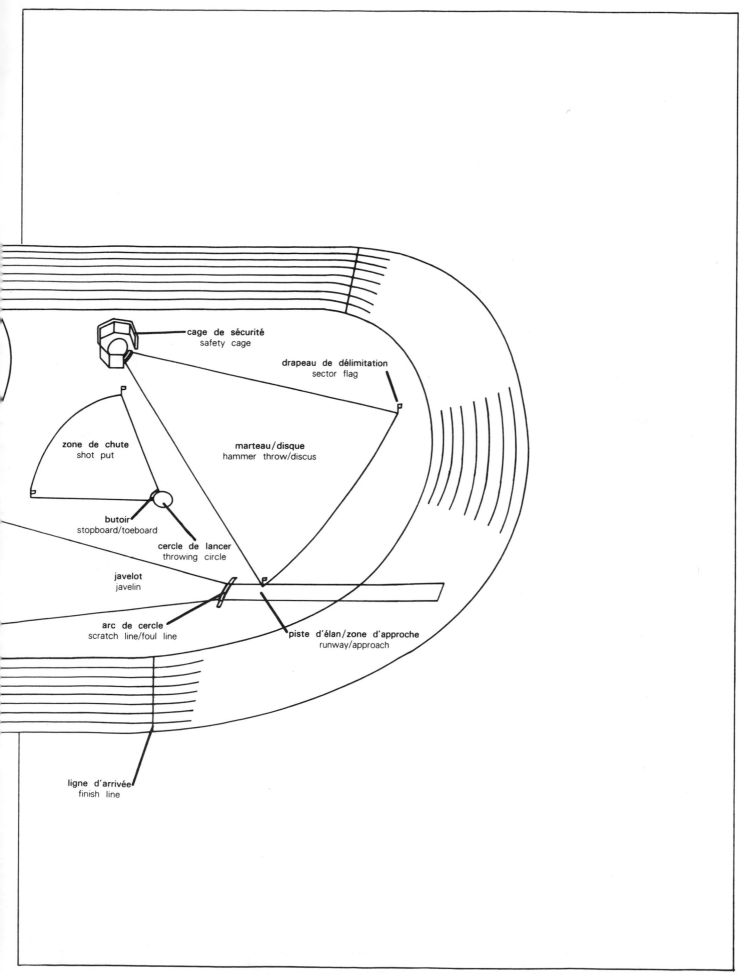

cage de sécurité
safety cage

drapeau de délimitation
sector flag

zone de chute
shot put

marteau/disque
hammer throw/discus

butoir
stopboard/toeboard

cercle de lancer
throwing circle

javelot
javelin

arc de cercle
scratch line/foul line

piste d'élan/zone d'approche
runway/approach

ligne d'arrivée
finish line

Sports de compétition

Chaussure de course

Ces chaussures d'entraînement sont plus résistantes que les chaussures de compétition
plus légères portées par les trotteurs ou les
coureurs, dans les courses de grand fond
telles que le marathon. Les chaussures de
piste telles que les pointes sont utilisées pour
la plupart des compétitions sur piste.

Running Shoe

These *training shoes*, or *trainers*, are
more durable than lighter-weight *racing flats*. Lightweight running shoes
are worn by *joggers* or *distance runners* in long races such as *marathons*.
Track shoes, shoes with *spikes*, are
used for most track-and-field events.

garants
eyelets

languette
tongue

bordure
binding

renfort du talon d'Achille
heel patch/
Achilles' tendon pad

rembourrage
padding

empeigne
vamp

lacets
laces

patte d'œillets
eye stay

bout
toe box

garniture
trim

empeigne
uppers

semelle extérieure
outsole

semelle
sole

ornement du fabricant
manufacturer's ornament

biseau
midsole wedge

bande de renfort
foxing

contrefort
heel counter

pointe
point/tip

tête
head

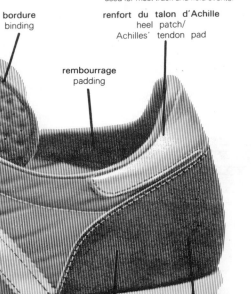

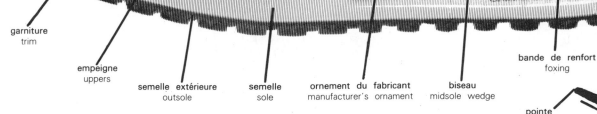

Semelle
Tread

crampons
studs

semelle extérieure
outsole

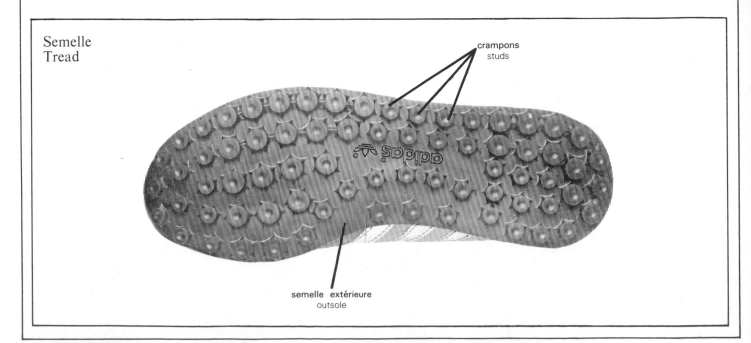

Équipement de stade

Une boule ronde de métal, ou poids peut être également utilisée en addition à l'équipement montré ici, dans les compétitions de stade. Les lanceurs de marteau portent souvent des gants aux paumes rembourrées.

Field Events Equipment

In addition to the equipment shown here, a round metal ball called a *shot put*, or *shot*, is also used in field events. Hammer throwers often wear *gloves* with padded palms.

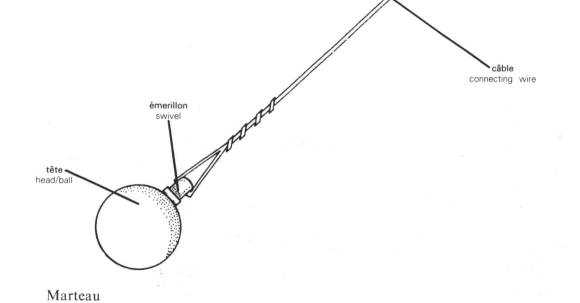

poignée
grip

poignée
handle

câble
connecting wire

émerillon
swivel

tête
head/ball

Marteau
Hammer

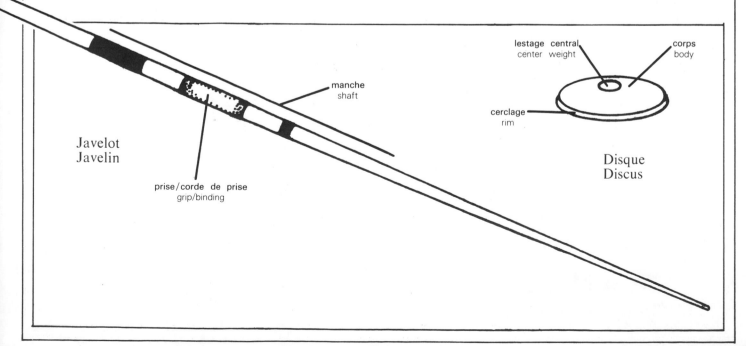

manche
shaft

lestage central
center weight

corps
body

cerclage
rim

Javelot
Javelin

prise/corde de prise
grip/binding

Disque
Discus

Sports de compétition

La course de haies

La hauteur des haies est différente suivant les épreuves. Des contrepoids sont fixés à la base pour obtenir la *résistance au choc* souhaitée. Des *haies fixes* sont utilisées pour les courses de steeple comprenant le passage d'un fossé rempli d'eau. Des *roulettes* permettent aux coureurs d'ajuster l'inclinaison des blocs de départ et une *fixation* leur assure un positionnement approprié de chacune des pédales sur le rail du bloc de départ.

Hurdle

The height of hurdles can be adjusted for use in *high*, *intermediate* and *low hurdle* events. Base weights can also be adjusted to provide the proper *pull-over*, or *flipover*, the force required to knock them over. *Fixed hurdles* are used in a *steeplechase race*, an event that includes *water hazards*. Roller, or notched *lever locks* permit runners to adjust the slant on starting blocks, and a *plunger snap lock* allows them to position the blocks individually on the rail.

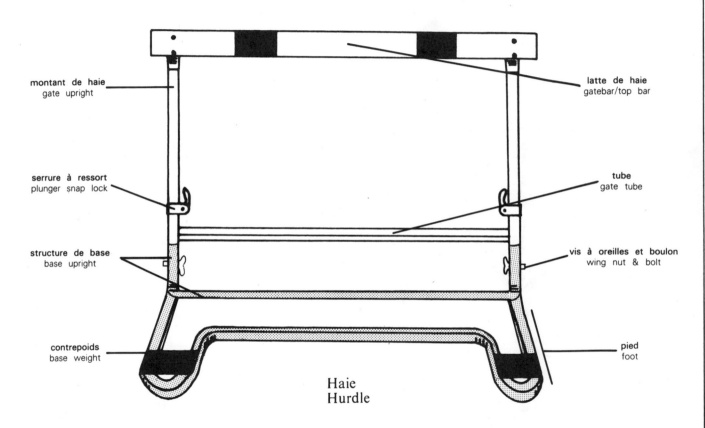

montant de haie
gate upright

latte de haie
gatebar/top bar

serrure à ressort
plunger snap lock

tube
gate tube

structure de base
base upright

vis à oreilles et boulon
wing nut & bolt

contrepoids
base weight

pied
foot

Haie
Hurdle

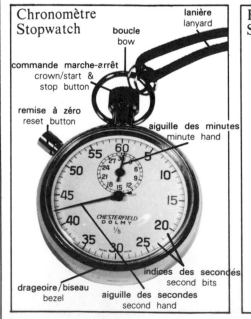

Chronomètre
Stopwatch

lanière
lanyard

boucle
bow

commande marche-arrêt
crown/start & stop button

remise à zéro
reset button

aiguille des minutes
minute hand

drageoire/biseau
bezel

aiguille des secondes
second hand

indices des secondes
second bits

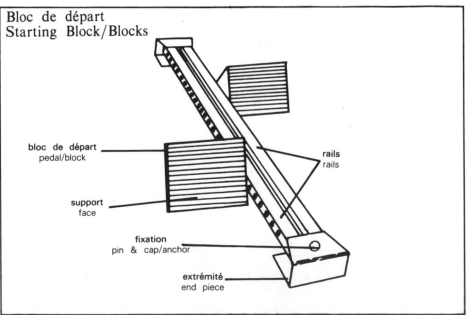

Bloc de départ
Starting Block/Blocks

bloc de départ
pedal/block

rails
rails

support
face

fixation
pin & cap/anchor

extrémité
end piece

Pole Vault

The *fiberglass pole*, which replaced traditional *bamboo* and *metal poles*, enables a *vaulter* to catapult over the *bar*. A *high-jump pit* is similar to the pole vault, but the crossbar is considerably lower and there is no *box* in the *take-off area*.

Saut à la perche

La perche en fibre de verre qui a remplacé la traditionnelle perche en bambou et les perches en métal, permet au sauteur de se propulser par-dessus la barre. La piste d'élan de saut en hauteur est semi-circulaire, mais la barre est considérablement plus basse et il n'existe pas de bac d'appel dans l'aire d'envolée.

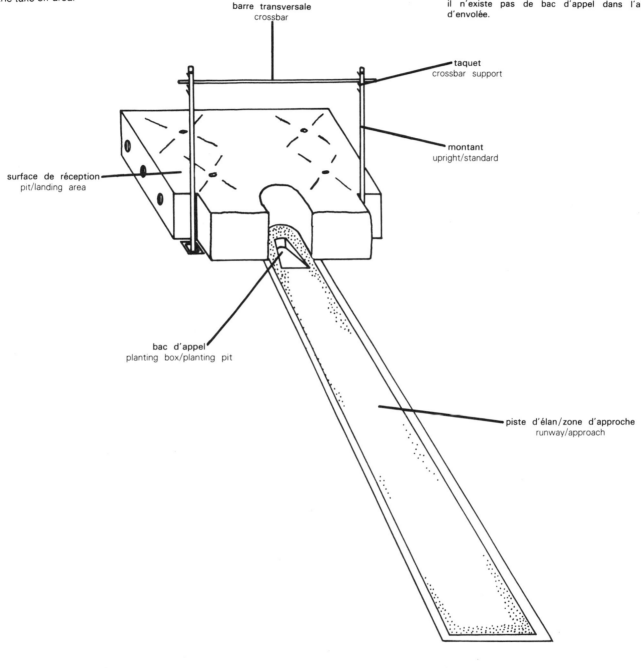

barre transversale
crossbar

taquet
crossbar support

montant
upright/standard

surface de réception
pit/landing area

bac d'appel
planting box/planting pit

piste d'élan/zone d'approche
runway/approach

base
base

prise
handgrip/binding

Perche
Pole

Gymnastique

Des nattes protectrices ou des tapis sont placées autour de chaque appareil de gymnastique pour la réception au sol. De plus, au cours des séances, des assistants viennent en aide aux gymnastes. Les compétitions de gymnastique au sol se déroulent sur des nattes d'exercice entoilées.

Gymnastics

Protective *landing mats* are placed around each piece of gymnastic equipment when it is in use. In addition, during practice sessions, assistants called *spotters* stand by to aid the *gymnast*. Gymnastic competition called *floor exercises* takes place on lined *floor exercise mats*.

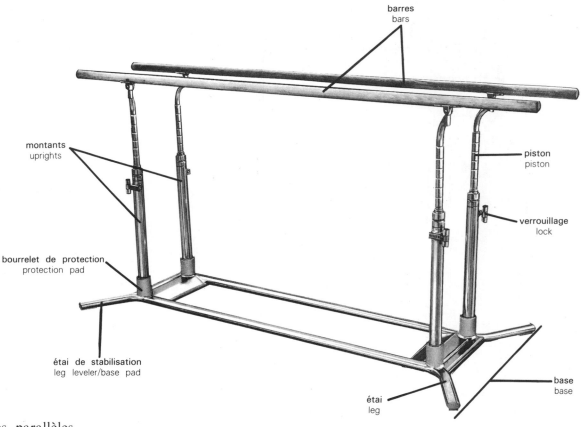

barres
bars

montants
uprights

piston
piston

verrouillage
lock

bourrelet de protection
protection pad

étai de stabilisation
leg leveler/base pad

étai
leg

base
base

Barres parallèles
Parallel Bars

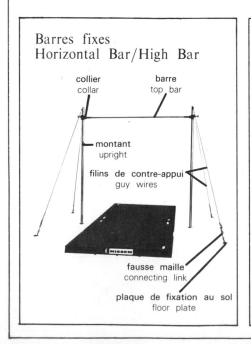

Barres fixes
Horizontal Bar/High Bar

collier
collar

barre
top bar

montant
upright

filins de contre-appui
guy wires

fausse maille
connecting link

plaque de fixation au sol
floor plate

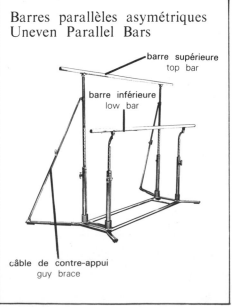

Barres parallèles asymétriques
Uneven Parallel Bars

barre supérieure
top bar

barre inférieure
low bar

câble de contre-appui
guy brace

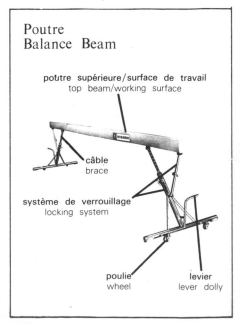

Poutre
Balance Beam

poutre supérieure/surface de travail
top beam/working surface

câble
brace

système de verrouillage
locking system

poulie
wheel

levier
lever dolly

Gymnastics

Some pommel horses, or *side horses,* can be converted into *vaulting,* or *long, horses* by removing the pommels and plugging the holes they fit in. *Vaulting boards,* or *springboards,* are used by *vaulters* to gain height when mounting the apparatus.

Certains chevaux d'arçons peuvent être modifiés pour les exercices de volte en retirant les arçons et en bouchant les orifices dans lesquels ils sont insérés. Les acrobates utilisent des tremplins pour gagner de la hauteur dans le montage des agrès.

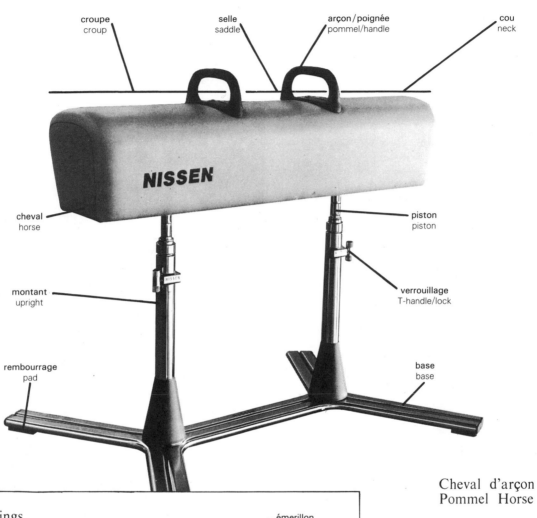

croupe / croup

selle / saddle

arçon/poignée / pommel/handle

cou / neck

cheval / horse

piston / piston

montant / upright

verrouillage / T-handle/lock

rembourrage / pad

base / base

Cheval d'arçon
Pommel Horse

Anneaux
Stationary Rings

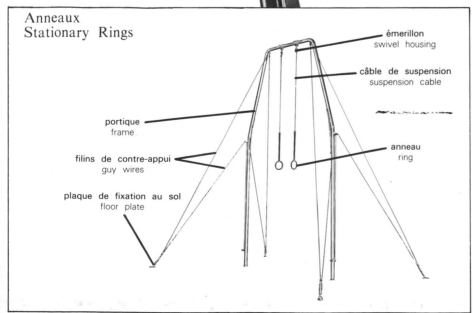

émerillon / swivel housing

câble de suspension / suspension cable

portique / frame

anneau / ring

filins de contre-appui / guy wires

plaque de fixation au sol / floor plate

Trampoline

Le saut sur trampoline ou saut acrobatique s'effectue sur une toile à sangles élastiques. Des tremplins de dimensions plus réduites sont souvent utilisés pour le montage des appareils de gymnastique.

Trampoline

Trampolining, trampoline tumbling, or *rebound tumbling* is performed on the canvas or elastic-webbing bed. Smaller *trampolets* are often used as *springboards* for mounting gymnastic apparatus.

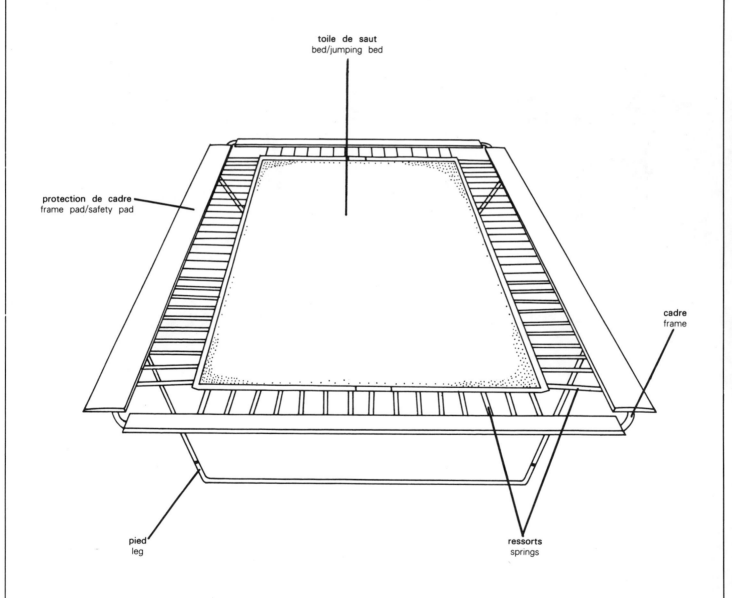

toile de saut
bed/jumping bed

protection de cadre
frame pad/safety pad

cadre
frame

pied
leg

ressorts
springs

Boxe

En plus de l'équipement d'entraînement montré ici, les boxeurs utilisent un protège-dents. Un gong, près du ring indique le début et la fin de chaque round. Les boxeurs se reposent sur des tabourets placés dans leur coin du ring par des assistants ou soigneurs, entre les rounds. Les coins non utilisés par les combattants pendant ces périodes portent le nom de coins neutres.

Boxing

In addition to the *sparring,* or practice, equipment shown here, *boxers* use a *mouthpiece* or *mouthguard* for protection of teeth. A *bell* at *ringside* is used to indicate the beginning and end of each *round.* Boxers rest on *stools* placed in their corners by assistants, or *handlers,* between rounds. Corners not used by fighters during these periods are called *neutral corners.*

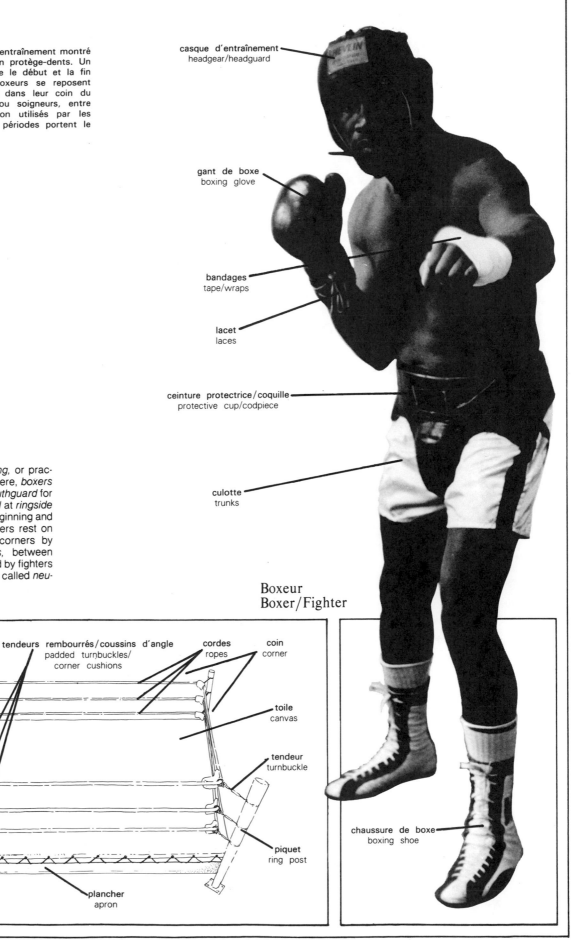

casque d'entraînement
headgear/headguard

gant de boxe
boxing glove

bandages
tape/wraps

lacet
laces

ceinture protectrice/coquille
protective cup/codpiece

culotte
trunks

Boxeur
Boxer/Fighter

chaussure de boxe
boxing shoe

Ring de boxe
Boxing Ring

tendeurs rembourrés/coussins d'angle
padded turnbuckles/
corner cushions

cordes
ropes

coin
corner

toile
canvas

tendeur
turnbuckle

piquet
ring post

plancher
apron

Sports de compétition

Golf

Les cannes sont numérotées par ordre croissant de loft, ou d'angle de la face de la canne par rapport à la verticale. Les bois sont numérotés de un à cinq et les fers de deux à neuf.

Golf

Clubs are numbered in order of increasing *loft*, the angle of the clubface from the vertical, with woods numbered from one to five and the irons numbered two through nine. A *golfer* may also carry a *pitching wedge*, a *sand wedge* and a putter. The spot where the ball lands after being hit is called the *lie*.

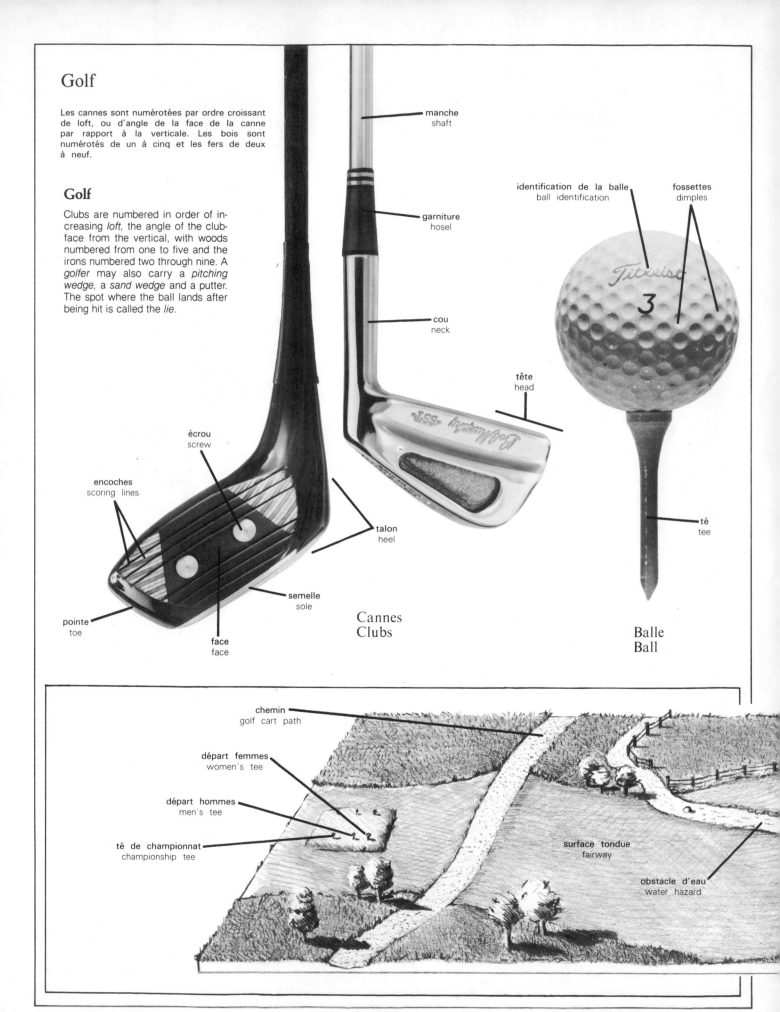

manche
shaft

garniture
hosel

cou
neck

identification de la balle
ball identification

fossettes
dimples

tête
head

écrou
screw

encoches
scoring lines

talon
heel

pointe
toe

semelle
sole

face
face

té
tee

Cannes
Clubs

Balle
Ball

chemin
golf cart path

départ femmes
women's tee

départ hommes
men's tee

té de championnat
championship tee

surface tondue
fairway

obstacle d'eau
water hazard

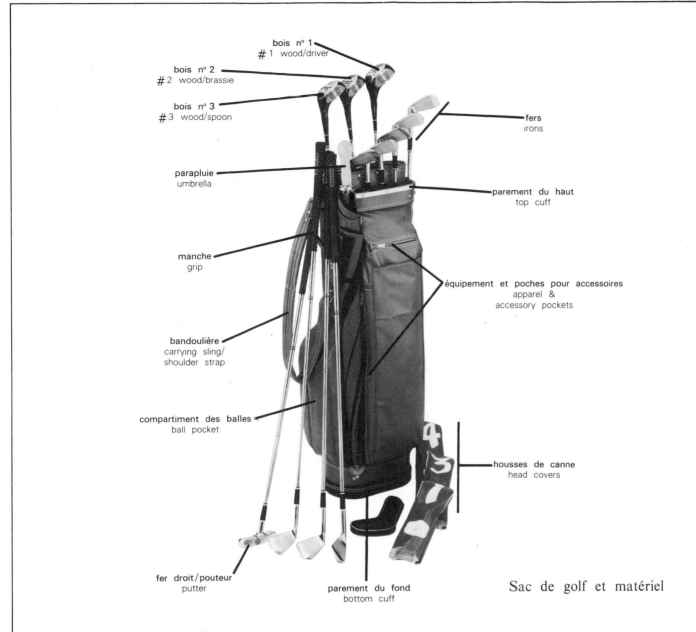

bois n° 1
#1 wood/driver

bois n° 2
#2 wood/brassie

bois n° 3
#3 wood/spoon

parapluie
umbrella

manche
grip

bandoulière
carrying sling/
shoulder strap

compartiment des balles
ball pocket

fer droit/pouteur
putter

parement du fond
bottom cuff

fers
irons

parement du haut
top cuff

équipement et poches pour accessoires
apparel &
accessory pockets

housses de canne
head covers

Sac de golf et matériel

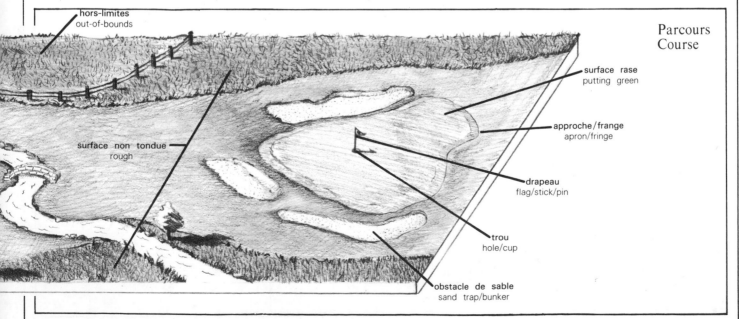

hors-limites
out-of-bounds

surface non tondue
rough

Parcours
Course

surface rase
putting green

approche/frange
apron/fringe

drapeau
flag/stick/pin

trou
hole/cup

obstacle de sable
sand trap/bunker

Sports de compétition

Tennis

Certaines raquettes ont un *manche* ou *plaquette de manche* ainsi qu'un *cœur* ou *entretoise principale* interchangeable. Le « sweet spot » est le *point d'efficacité maximum* d'une raquette. Certains joueurs préfèrent désormais jouer avec un grand ou un moyen *tamis*.

Tennis

Some rackets have an interchangeable *handle*, or *pallet*, and a replaceable *throatpiece*, or *yoke*. The *"sweet spot"* is the prime hitting area of a racket *face*.

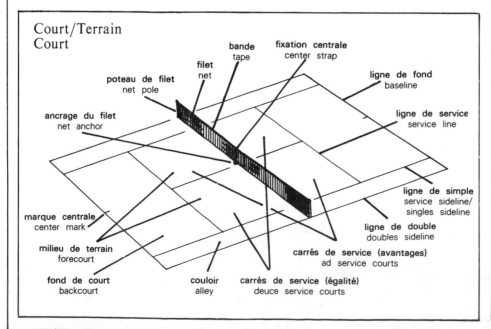

ligature d'attache
trim cord

cadre
crown

montants
main strings

panier/tamis
head

trous des cordes
string holes

point d'efficacité maximum
« sweet spot »

cordes transversales
cross strings

ligature de finition
binding/trim tape

cœur
throat

épaule
shoulder

manche
shaft

manche
handle

plaquette
flake

grippe/cuir
grip

embase de manche
butt cap

talon
heel

Raquette – Racket

Court/Terrain
Court

poteau de filet
net pole

filet
net

bande
tape

fixation centrale
center strap

ligne de fond
baseline

ancrage du filet
net anchor

ligne de service
service line

marque centrale
center mark

ligne de simple
service sideline/
singles sideline

milieu de terrain
forecourt

ligne de double
doubles sideline

fond de court
backcourt

couloir
alley

carrés de service (égalité)
deuce service courts

carrés de service (avantages)
ad service courts

Balle
Ball

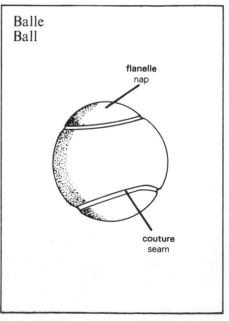

flanelle
nap

couture
seam

Terrains de balle au mur et de squash

Le court composite montré ici comporte des termes de balle au mur et de squash à la fois. Dans chaque cas, le court est abordé par une petite porte du mur du fond. Les joueurs de balle au mur frappent alternativement de leurs mains une balle noire et dure, alors que le squash se joue avec une balle de caoutchouc souple, frappée avec une raquette.

Squash

Balle au mur
Handball

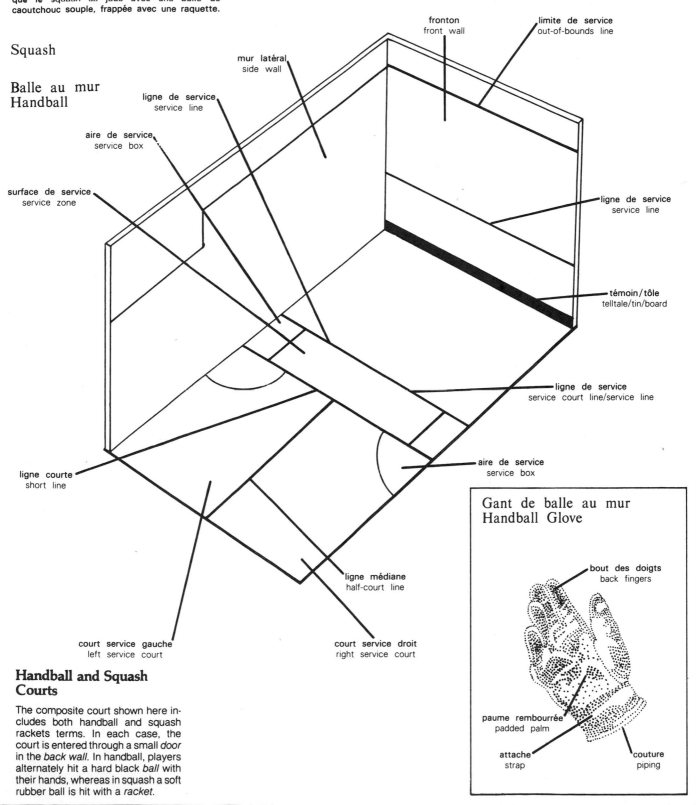

mur latéral
side wall

ligne de service
service line

aire de service
service box

surface de service
service zone

fronton
front wall

limite de service
out-of-bounds line

ligne de service
service line

témoin / tôle
telltale/tin/board

ligne de service
service court line/service line

aire de service
service box

ligne courte
short line

ligne médiane
half-court line

court service gauche
left service court

court service droit
right service court

Gant de balle au mur
Handball Glove

bout des doigts
back fingers

paume rembourrée
padded palm

attache
strap

couture
piping

Handball and Squash Courts

The composite court shown here includes both handball and squash rackets terms. In each case, the court is entered through a small *door* in the *back wall*. In handball, players alternately hit a hard black *ball* with their hands, whereas in squash a soft rubber ball is hit with a *racket*.

Sports de compétition

Jai Alai/Pelota

Jai alai is played in a *fronton*, an auditorium that includes the court, a tiered spectator seating area, and *parimutuel betting* facilities. A clear-vision mesh *screen* separates the spectators from the playing area.

Jai Alai/Pelote basque

La pelote se joue contre un fronton dans un stade qui comporte le terrain, et des sièges en gradin destinés aux spectateurs. Un filet de protection sépare les spectateurs de la surface de jeu.

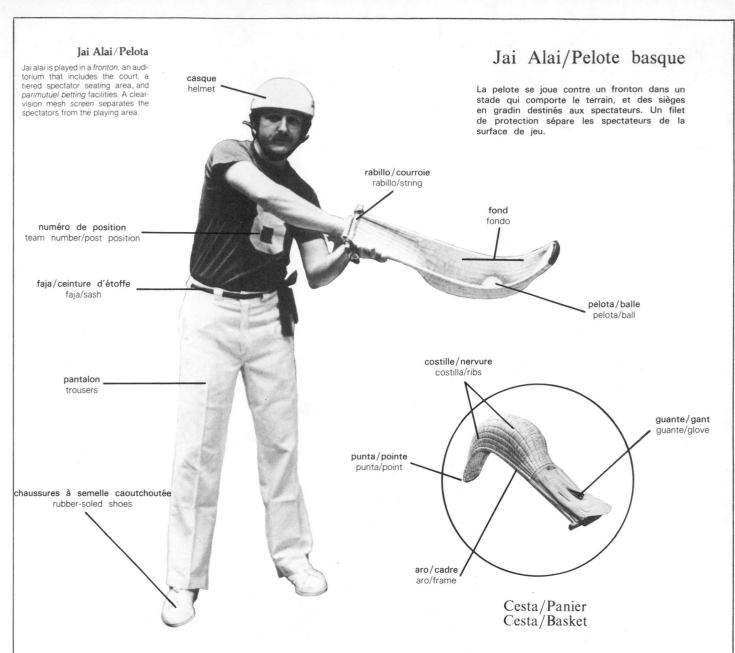

casque
helmet

rabillo/courroie
rabillo/string

fond
fondo

numéro de position
team number/post position

faja/ceinture d'étoffe
faja/sash

pelota/balle
pelota/ball

pantalon
trousers

costille/nervure
costilla/ribs

guante/gant
guante/glove

punta/pointe
punta/point

chaussures à semelle caoutchoutée
rubber-soled shoes

aro/cadre
aro/frame

Cesta/Panier
Cesta/Basket

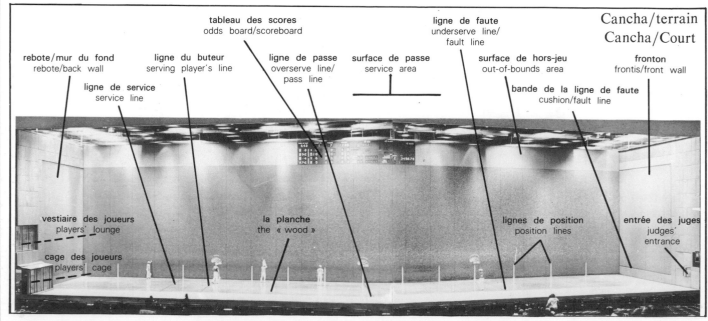

tableau des scores
odds board/scoreboard

ligne de faute
underserve line/
fault line

Cancha/terrain
Cancha/Court

rebote/mur du fond
rebote/back wall

ligne du buteur
serving player's line

ligne de passe
overserve line/
pass line

surface de passe
service area

surface de hors-jeu
out-of-bounds area

fronton
frontis/front wall

ligne de service
service line

bande de la ligne de faute
cushion/fault line

vestiaire des joueurs
players' lounge

la planche
the « wood »

lignes de position
position lines

entrée des juges
judges' entrance

cage des joueurs
players' cage

Escrime

Les fleurets, les sabres ou les épées sont utilisés dans les tournois d'escrime ou assauts. Ils diffèrent légèrement en poids et en forme. Chaque tireur doit porter un plastron de protection sous sa veste. Les femmes sont pourvues d'une protection supplémentaire pour la poitrine. Quatre juges et un président arbitrent les matches avec armes non électriques ; un président et deux assesseurs, ceux avec armes ayant le contrôle électrique.

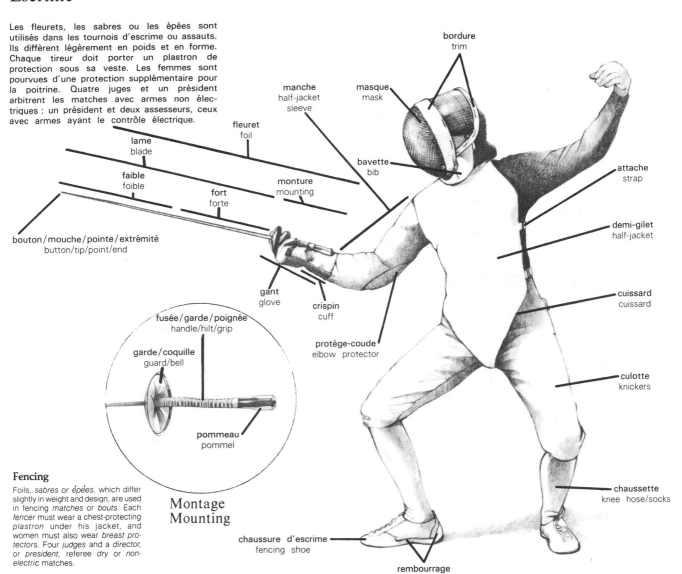

bordure
trim

manche
half-jacket
sleeve

masque
mask

fleuret
foil

bavette
bib

attache
strap

lame
blade

faible
foible

monture
mounting

fort
forte

demi-gilet
half-jacket

bouton / mouche / pointe / extrémité
button/tip/point/end

cuissard
cuissard

gant
glove

crispin
cuff

protège-coude
elbow protector

fusée / garde / poignée
handle/hilt/grip

garde / coquille
guard/bell

pommeau
pommel

culotte
knickers

Fencing

Foils, *sabres* or *épées*, which differ slightly in weight and design, are used in fencing *matches* or *bouts*. Each *fencer* must wear a chest-protecting *plastron* under his jacket, and women must also wear *breast protectors*. Four *judges* and a *director*, or *president*, referee *dry* or *non-electric* matches.

Montage
Mounting

chaussette
knee hose/socks

chaussure d'escrime
fencing shoe

rembourrage
padding

Piste
Strip/Piste

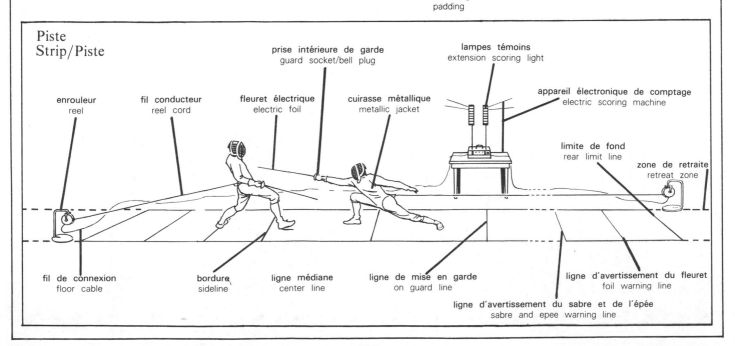

prise intérieure de garde
guard socket/bell plug

lampes témoins
extension scoring light

enrouleur
reel

fil conducteur
reel cord

fleuret électrique
electric foil

cuirasse métallique
metallic jacket

appareil électronique de comptage
electric scoring machine

limite de fond
rear limit line

zone de retraite
retreat zone

fil de connexion
floor cable

bordure
sideline

ligne médiane
center line

ligne de mise en garde
on guard line

ligne d'avertissement du fleuret
foil warning line

ligne d'avertissement du sabre et de l'épée
sabre and epee warning line

Sports de compétition

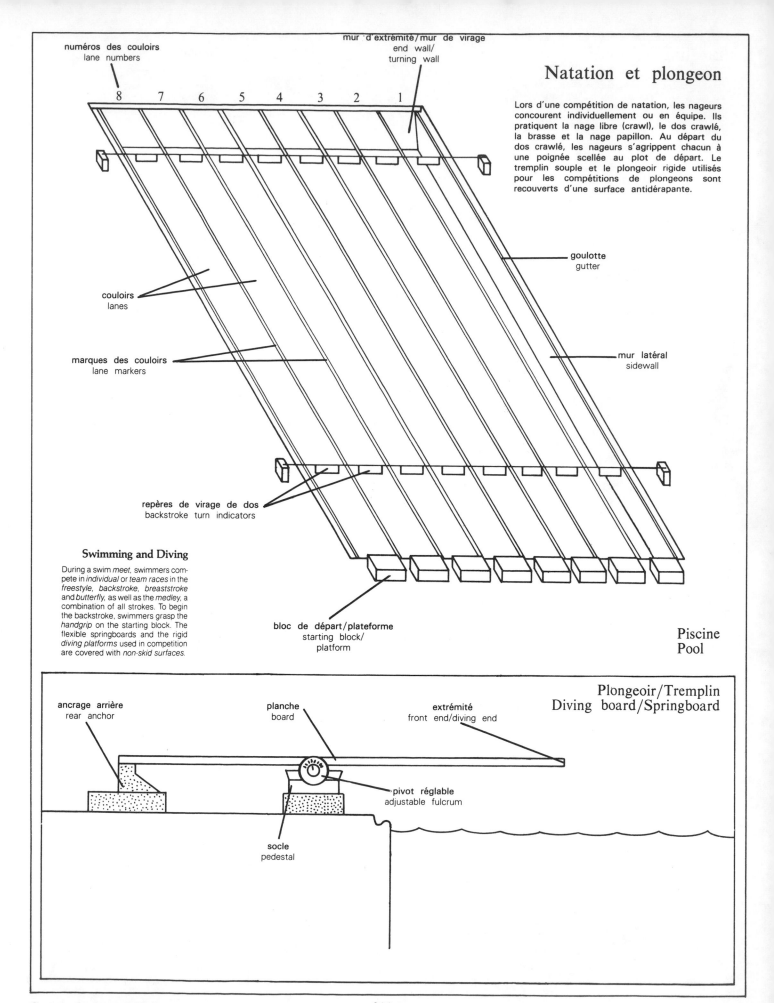

numéros des couloirs
lane numbers

mur d'extrémité/mur de virage
end wall/
turning wall

Natation et plongeon

Lors d'une compétition de natation, les nageurs concourent individuellement ou en équipe. Ils pratiquent la nage libre (crawl), le dos crawlé, la brasse et la nage papillon. Au départ du dos crawlé, les nageurs s'agrippent chacun à une poignée scellée au plot de départ. Le tremplin souple et le plongeoir rigide utilisés pour les compétitions de plongeons sont recouverts d'une surface antidérapante.

goulotte
gutter

couloirs
lanes

marques des couloirs
lane markers

mur latéral
sidewall

repères de virage de dos
backstroke turn indicators

Swimming and Diving

During a swim *meet*, swimmers compete in *individual* or *team races* in the *freestyle, backstroke, breaststroke* and *butterfly*, as well as the *medley*, a combination of all strokes. To begin the backstroke, swimmers grasp the *handgrip* on the starting block. The flexible springboards and the rigid *diving platforms* used in competition are covered with *non-skid surfaces*.

bloc de départ/plateforme
starting block/
platform

Piscine
Pool

Plongeoir/Tremplin
Diving board/Springboard

ancrage arrière
rear anchor

planche
board

extrémité
front end/diving end

pivot réglable
adjustable fulcrum

socle
pedestal

Bowling

Une partie de bowling comprend dix frames ou reprises. A chaque reprise, le joueur doit faire tomber les dix quilles à l'aide d'une boule : cela s'appelle un strike ou abat ; ou à l'aide de deux boules : c'est alors un spare ou réserve ; si, à l'issue de deux lancers, des quilles restent debout, on appelle cela un trou. Les bowlings ou salon de quilles ont tous les mêmes dimensions. Une piste ou allée mesure 24 m, y compris la zone d'élan et 1,06 m de large. Les quilles ont 38 cm de haut et pèsent de 1,3 à 1,6 kg. Les boules ont 22 cm de diamètre et pèsent de 4,5 à 8 kg.

Bowling

The strike pocket opposite to the hand delivering the ball is called the *Brooklyn pocket* or *Jersey pocket.* Pins are reset by a mechanical *pin-setter* or *pinspotter. Duckpins* and *candlepins* are forms of bowling in which differently shaped pins and lighter, smaller balls are used.

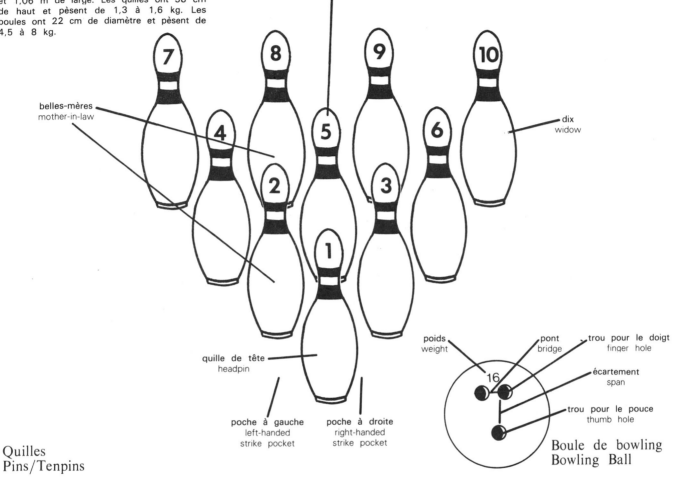

cinq
Kingpin

belles-mères
mother-in-law

dix
widow

quille de tête
headpin

poche à gauche
left-handed
strike pocket

poche à droite
right-handed
strike pocket

poids
weight

pont
bridge

trou pour le doigt
finger hole

écartement
span

trou pour le pouce
thumb hole

Boule de bowling
Bowling Ball

Quilles
Pins/Tenpins

Piste
Lane/Alley

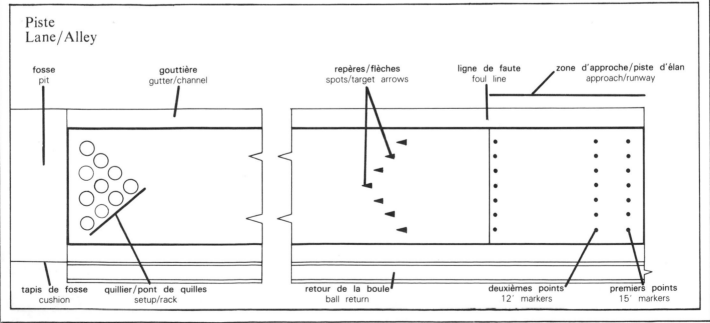

fosse
pit

gouttière
gutter/channel

repères/flèches
spots/target arrows

ligne de faute
foul line

zone d'approche/piste d'élan
approach/runway

tapis de fosse
cushion

quillier/pont de quilles
setup/rack

retour de la boule
ball return

deuxièmes points
12' markers

premiers points
15' markers

Sports de compétition

Jeu de galets
et croquet

Une partie de galets peut commencer à l'une ou à l'autre extrémité du *terrain*. Au commencement du terrain se trouve le piquet de départ ou *fock* ; à son extrémité le piquet d'arrivée ou *besan*. Au croquet, les joueurs partent du *fock* et y reviennent après avoir fait passer leur boule sous des *arceaux et après avoir touché le besan*.

Shuffleboard and Croquet

A shuffleboard game may begin at either end of a *court*. That end is designated the *head*. The opposite end is the *foot*. In croquet, *strikers* start at the *home stake* and return to it after going through wickets and hitting the *turning stake*.

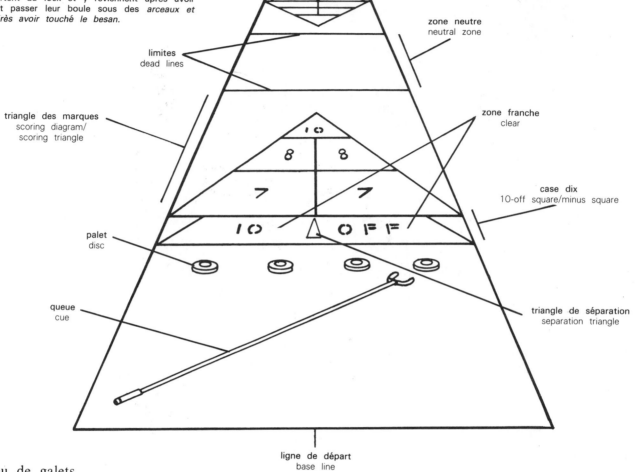

limites
dead lines

zone neutre
neutral zone

triangle des marques
scoring diagram/
scoring triangle

zone franche
clear

case dix
10-off square/minus square

palet
disc

queue
cue

triangle de séparation
separation triangle

ligne de départ
base line

Jeu de galets
Shuffleboard

Croquet
Croquet

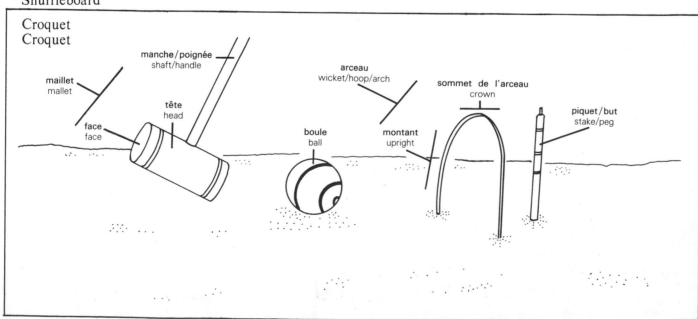

maillet
mallet

manche/poignée
shaft/handle

tête
head

face
face

boule
ball

arceau
wicket/hoop/arch

montant
upright

sommet de l'arceau
crown

piquet/but
stake/peg

Volleyball et badmington

Au volleyball, un coup frappé avec force à la volée s'appelle un smash. Le badmington se joue avec une raquette plus petite que la raquette de tennis. Certains volants de badmington ont un empennage de nylon à la place de plumes.

Volleyball and Badminton

In volleyball, an inflated ball hit sharply is called a *spike* or *kill*. Badminton is played with a *racket* or *bat* whose parts are similar to those of a tennis racket. Some badminton shuttles have nylon *skirts* rather than feathers.

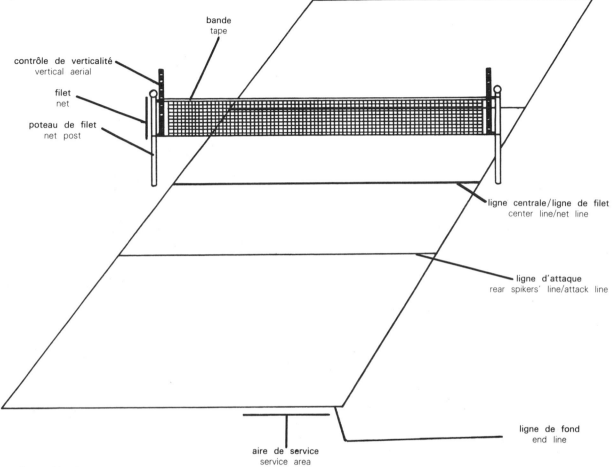

bande
tape

contrôle de verticalité
vertical aerial

filet
net

poteau de filet
net post

ligne centrale/ligne de filet
center line/net line

ligne d'attaque
rear spikers' line/attack line

ligne de fond
end line

aire de service
service area

Terrain de volleyball
Volleyball Court

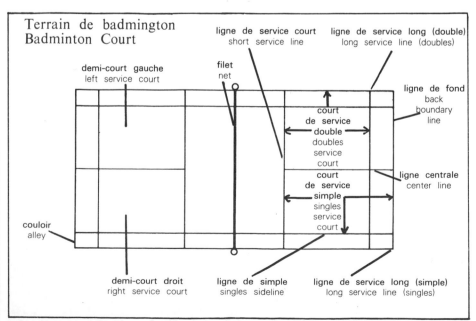

Terrain de badmington
Badminton Court

demi-court gauche
left service court

filet
net

ligne de service court
short service line

ligne de service long (double)
long service line (doubles)

ligne de fond
back boundary line

court de service double
doubles service court

court de service simple
singles service court

ligne centrale
center line

couloir
alley

demi-court droit
right service court

ligne de simple
singles sideline

ligne de service long (simple)
long service line (singles)

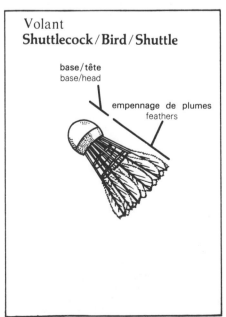

Volant
Shuttlecock/Bird/Shuttle

base/tête
base/head

empennage de plumes
feathers

Sports de compétition

Billard

Les tables de billard sont ordinairement recouvertes d'un tapis vert sombre. On utilise un *triangle de départ* pour placer les billes à viser au commencement d'une partie de billard américain. On met *de la craie* sur les *procédés*. Un point marqué s'appelle au billard un *carambolage*.

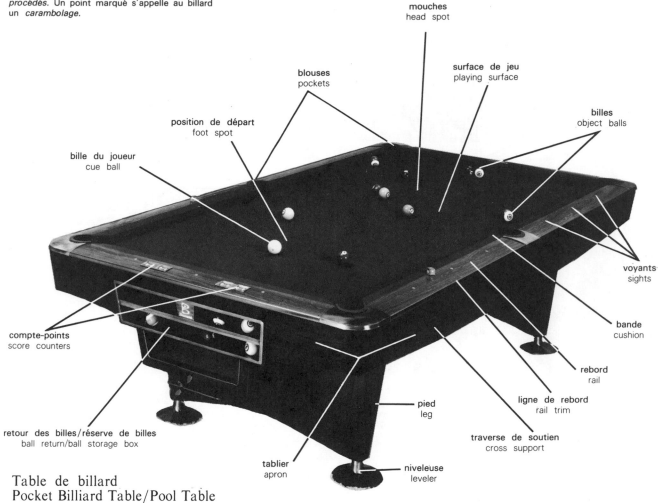

mouches
head spot

surface de jeu
playing surface

blouses
pockets

billes
object balls

position de départ
foot spot

bille du joueur
cue ball

voyants
sights

bande
cushion

compte-points
score counters

rebord
rail

ligne de rebord
rail trim

pied
leg

traverse de soutien
cross support

retour des billes/réserve de billes
ball return/ball storage box

tablier
apron

niveleuse
leveler

Table de billard
Pocket Billiard Table/Pool Table

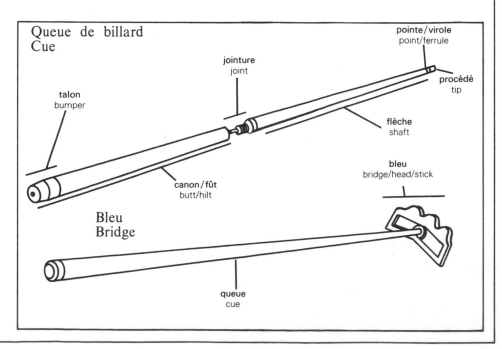

Queue de billard
Cue

pointe/virole
point/ferrule

jointure
joint

procédé
tip

talon
bumper

flèche
shaft

bleu
bridge/head/stick

canon/fût
butt/hilt

Bleu
Bridge

queue
cue

Billiards and Pool

Billiard and pool tables are usually covered with a dark green cloth called *felt*, or *bed cloth*. A triangular *rack* is used to position object balls at the beginning of a pool or *snooker* game. *Chalk* is used on cue tips. A point scored in billiards is called a *carom*.

Ping-Pong/Table Tennis

Paddles have two types of grips, *shake-hands grips* and *penhold grips,* and two types of faces, *rubber* and *sponge.* The game is played with a ping-pong *ball.*

Tennis de table

La prise de la raquette se fait de deux façons : la prise orthodoxe et la prise porte-plume. Elle est recouverte de caoutchouc à picots ou de caoutchouc cellulaire. Le jeu se pratique avec une balle de tennis de table.

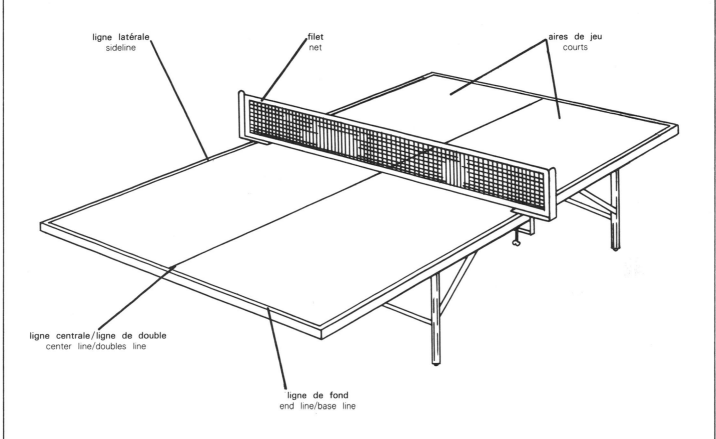

ligne latérale
sideline

filet
net

aires de jeu
courts

ligne centrale/ligne de double
center line/doubles line

ligne de fond
end line/base line

Table de tennis de table
Ping-Pong Table

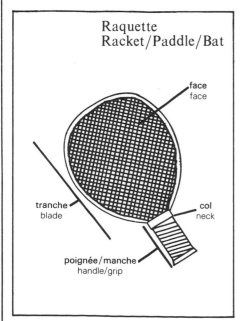

Raquette
Racket/Paddle/Bat

face
face

tranche
blade

col
neck

poignée/manche
handle/grip

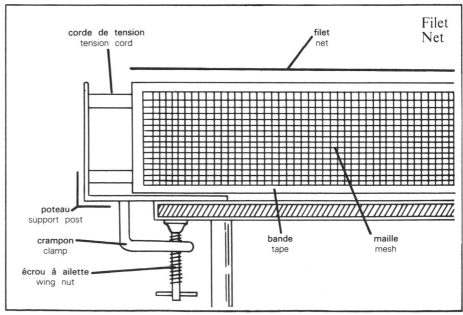

Filet
Net

corde de tension
tension cord

filet
net

poteau
support post

crampon
clamp

écrou à ailette
wing nut

bande
tape

maille
mesh

Jeux de table

Jeu de fléchettes

Le jeu de fléchettes peut être joué par deux joueurs ou deux équipes, de deux à huit joueurs. *Les points* sont indiqués au *tableau d'affichage.* Les *tournois de fléchettes* sont le jeu le plus populaire de ce type. On compte parmi d'autres genres de jeu le *round-the-clock,* le *all-fives,* le *baseball,* le *high score,* le *cricket,* le *51-in-5's,* le *14-stop,* le *killer,* le *Mulligan,* le *301,* le *sudden death* et le *Shangai* ou jeu de lance-pierres.

Darts

Darts, or *darting,* is played by two *dartists* or teams of from two to eight. Darts are scored on *point of entry* on the board *face.* Of the *clock-face games, tournament darts* is the most popular. Other games include *round-the-clock, all-fives, baseball, high score, cricket, 51-in-5's, 14-stop, killer, Mulligan, 301, sudden death,* and *Shanghai.*

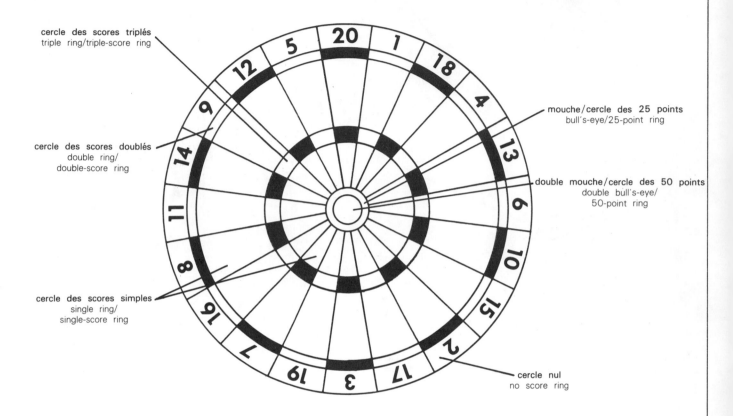

cercle des scores triplés
triple ring/triple-score ring

cercle des scores doublés
double ring/
double-score ring

cercle des scores simples
single ring/
single-score ring

mouche/cercle des 25 points
bull's-eye/25-point ring

double mouche/cercle des 50 points
double bull's-eye/
50-point ring

cercle nul
no score ring

Cible/Cible anglaise
Dart Board/English Clock

Fléchette
Dart

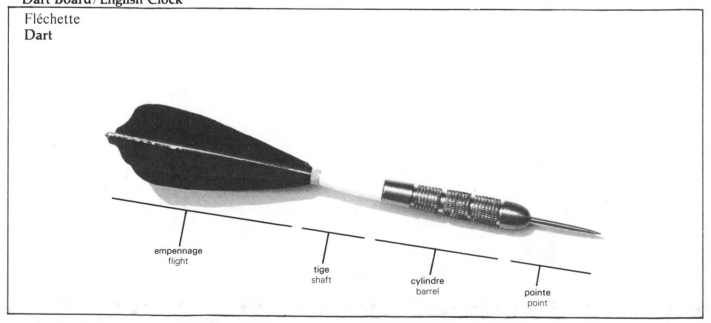

empennage
flight

tige
shaft

cylindre
barrel

pointe
point

Cerfs-volants

Les brides sont fixées à la tige verticale grâce à des encoches situées dans la voilure. Elles sont représentées ici au dos du cerf-volant pour des raisons d'intelligence. Parmi la variété infinie de cerfs-volants, on peut en remarquer six catégories majeures : les *losanges* ; les *cerfs-volants cambrés* ; quelquefois appelés *Eddy* d'après le nom de leur plus fameux exemple ; les boîtes ou *cerfs-volants cellulaires* ; les *cerfs-volants composés* ou *Conyne* ; les *cerfs-volants semi-flexibles* tels que les *deltas* ; et les cerfs-volants flexibles ou *Rogallos*. Les *cerfs-volants de combat* ont deux ficelles de retenue.

Kites

Bridle lines are attached to the spine through holes in the front cover. They are shown here on the rear of the kite only for illustrative purposes. Among the limitless varieties of kites, there are six major categories: flat, *plane*, or *two-stick kites; bowed kites*, sometimes known by their classic example, the *Eddy;* box, or *cellular*, kites; *compound kites*, represented by the *Conyne kite; semiflexible kites*, such as *delta-keels*; and *Rogallos*, or *flexible*, kites. *Fighting kites* have two flying lines.

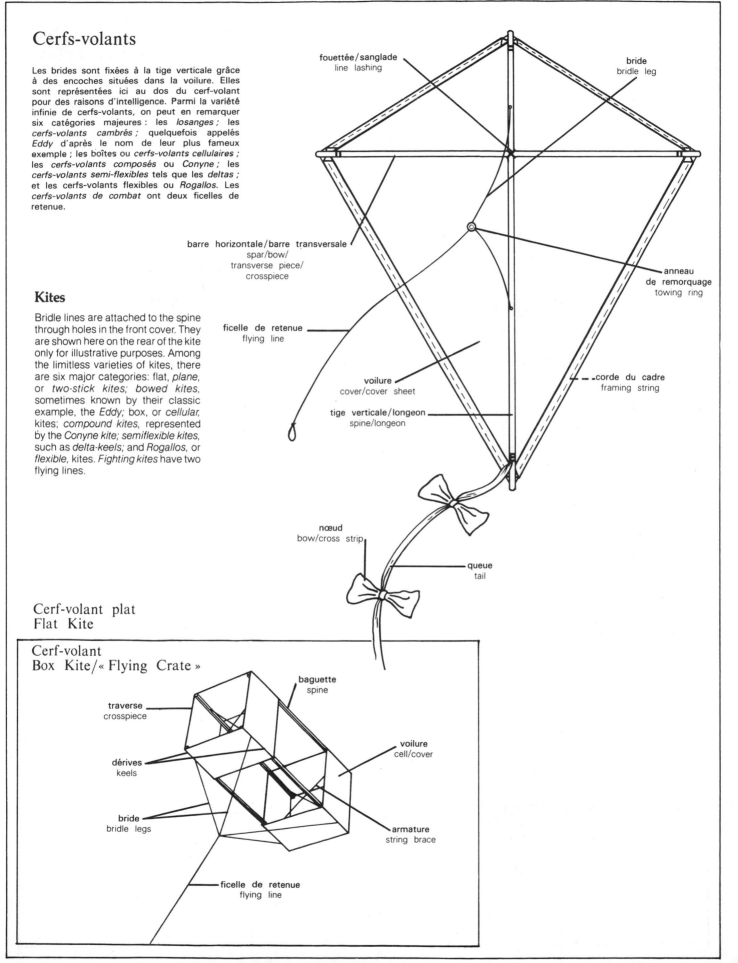

fouettée/sanglade
line lashing

bride
bridle leg

barre horizontale/barre transversale
spar/bow/
transverse piece/
crosspiece

anneau
de remorquage
towing ring

ficelle de retenue
flying line

corde du cadre
framing string

voilure
cover/cover sheet

tige verticale/longeon
spine/longeon

nœud
bow/cross strip

queue
tail

Cerf-volant plat
Flat Kite

Cerf-volant
Box Kite/« Flying Crate »

traverse
crosspiece

baguette
spine

voilure
cell/cover

dérives
keels

bride
bridle legs

armature
string brace

ficelle de retenue
flying line

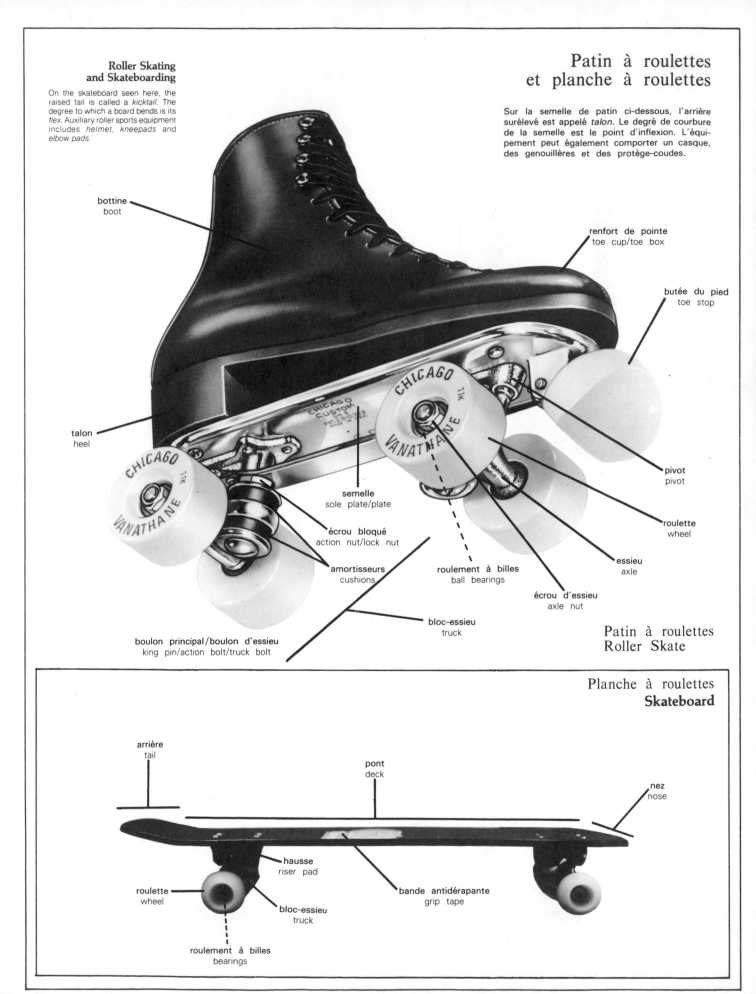

Roller Skating and Skateboarding

On the skateboard seen here, the raised tail is called a *kicktail*. The degree to which a board bends is its *flex*. Auxiliary roller sports equipment includes *helmet*, *kneepads* and *elbow pads*.

Patin à roulettes et planche à roulettes

Sur la semelle de patin ci-dessous, l'arrière surélevé est appelé *talon*. Le degré de courbure de la semelle est le point d'inflexion. L'équipement peut également comporter un casque, des genouillères et des protège-coudes.

bottine
boot

renfort de pointe
toe cup/toe box

butée du pied
toe stop

talon
heel

semelle
sole plate/plate

pivot
pivot

écrou bloqué
action nut/lock nut

roulette
wheel

amortisseurs
cushions

roulement à billes
ball bearings

essieu
axle

écrou d'essieu
axle nut

bloc-essieu
truck

boulon principal/boulon d'essieu
king pin/action bolt/truck bolt

Patin à roulettes
Roller Skate

Planche à roulettes
Skateboard

arrière
tail

pont
deck

nez
nose

hausse
riser pad

bande antidérapante
grip tape

roulette
wheel

bloc-essieu
truck

roulement à billes
bearings

Patins à glace

Les empeignes sont les parties du patin situées au-dessus de la semelle. Des pièces rapportées peuvent être employées pour renforcer les empeignes et le talon. Des renforts supplémentaires protègent les orteils. Des protège-chevilles en forme de L sont souvent intégrés à la bottine des patins de hockey. Des protège-patins ou protège-lames préservent les lames de patins lorsqu'ils ne sont pas utilisés.

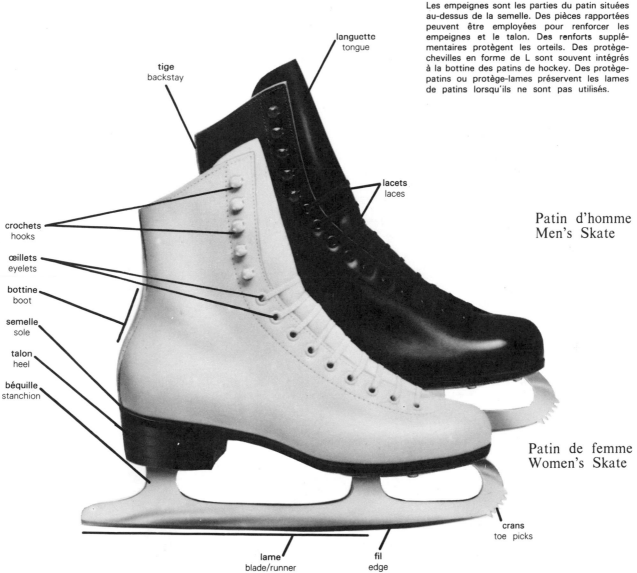

tige
backstay

languette
tongue

lacets
laces

crochets
hooks

œillets
eyelets

bottine
boot

semelle
sole

talon
heel

béquille
stanchion

Patin d'homme
Men's Skate

Patin de femme
Women's Skate

crans
toe picks

lame
blade/runner

fil
edge

Patins de figure
Figure Skates

Ice Skates

Uppers refer to the area of a skate above the sole. *Inserts* can be used to reinforce the uppers and tighten the heel, and *lunge pads* provide extra protection in the toe area. Hockey skates often have L-shaped *ankle guards* built into the boot. *Skate guards* or *blade booties* protect skate blades when not in use.

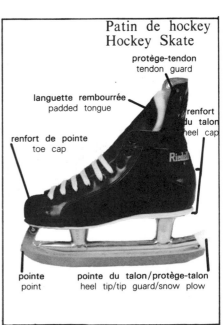

Patin de hockey
Hockey Skate

protège-tendon
tendon guard

languette rembourrée
padded tongue

renfort du talon
heel cap

renfort de pointe
toe cap

pointe
point

pointe du talon/protège-talon
heel tip/tip guard/snow plow

Sports individuels

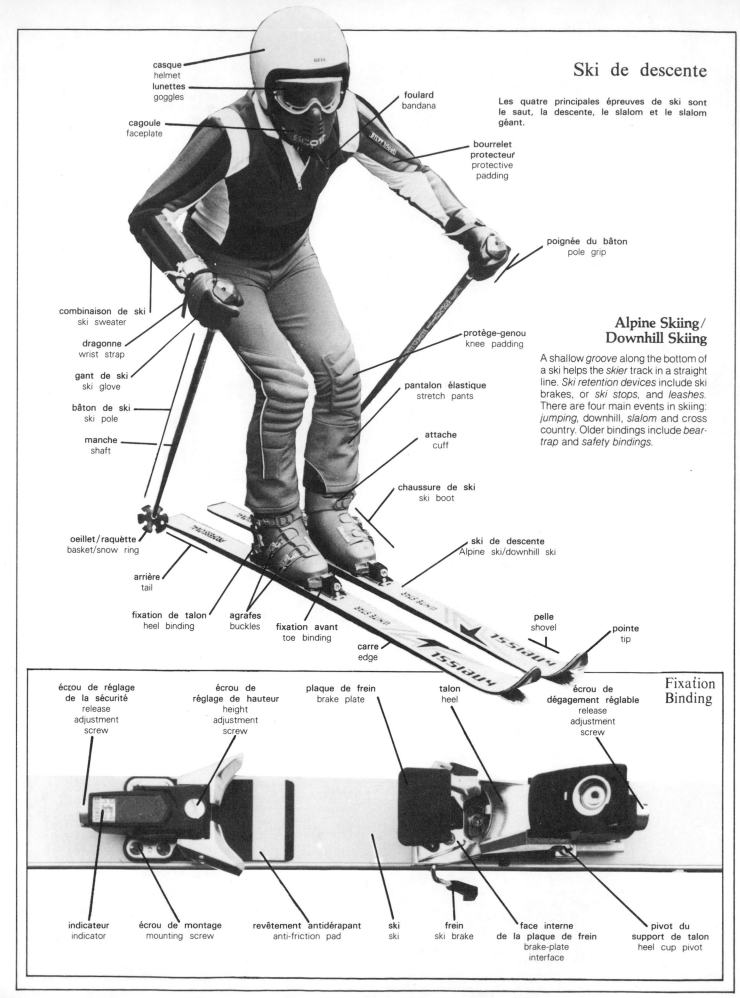

casque
helmet

lunettes
goggles

cagoule
faceplate

foulard
bandana

bourrelet
protecteur
protective
padding

poignée du bâton
pole grip

combinaison de ski
ski sweater

dragonne
wrist strap

gant de ski
ski glove

bâton de ski
ski pole

manche
shaft

protège-genou
knee padding

pantalon élastique
stretch pants

attache
cuff

chaussure de ski
ski boot

ski de descente
Alpine ski/downhill ski

oeillet/raquette
basket/snow ring

arrière
tail

fixation de talon
heel binding

agrafes
buckles

fixation avant
toe binding

carre
edge

pelle
shovel

pointe
tip

Ski de descente

Les quatre principales épreuves de ski sont le saut, la descente, le slalom et le slalom géant.

Alpine Skiing/ Downhill Skiing

A shallow *groove* along the bottom of a ski helps the *skier* track in a straight line. *Ski retention devices* include ski brakes, or *ski stops*, and *leashes*. There are four main events in skiing: *jumping*, downhill, *slalom* and cross country. Older bindings include *bear-trap* and *safety bindings*.

Fixation Binding

écrou de réglage
de la sécurité
release
adjustment
screw

écrou de
réglage de hauteur
height
adjustment
screw

plaque de frein
brake plate

talon
heel

écrou de
dégagement réglable
release
adjustment
screw

indicateur
indicator

écrou de montage
mounting screw

revêtement antidérapant
anti-friction pad

ski
ski

frein
ski brake

face interne
de la plaque de frein
brake-plate
interface

pivot du
support de talon
heel cup pivot

Sports individuels

320

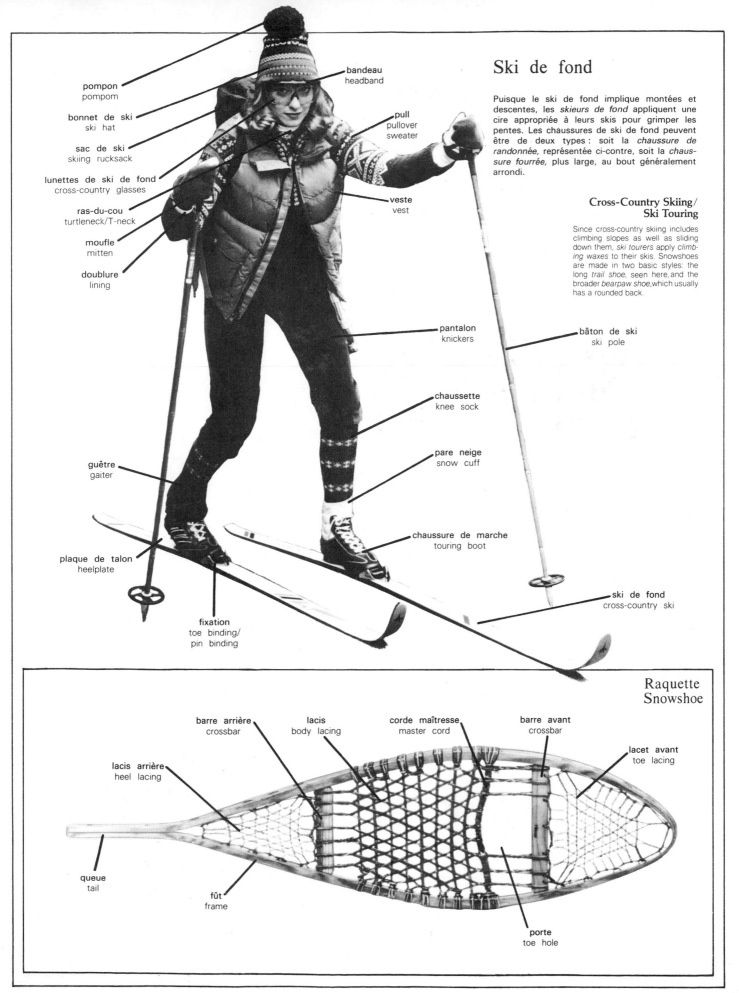

Ski de fond

pompon
pompom

bonnet de ski
ski hat

sac de ski
skiing rucksack

lunettes de ski de fond
cross-country glasses

ras-du-cou
turtleneck/T-neck

moufle
mitten

doublure
lining

bandeau
headband

pull
pullover
sweater

veste
vest

Puisque le ski de fond implique montées et descentes, les *skieurs de fond* appliquent une cire appropriée à leurs skis pour grimper les pentes. Les chaussures de ski de fond peuvent être de deux types : soit la *chaussure de randonnée*, représentée ci-contre, soit la *chaussure fourrée*, plus large, au bout généralement arrondi.

Cross-Country Skiing/ Ski Touring

Since cross-country skiing includes climbing slopes as well as sliding down them, *ski tourers* apply *climbing waxes* to their skis. Snowshoes are made in two basic styles: the long *trail shoe*, seen here, and the broader *bearpaw shoe*, which usually has a rounded back.

pantalon
knickers

bâton de ski
ski pole

chaussette
knee sock

pare neige
snow cuff

guêtre
gaiter

chaussure de marche
touring boot

plaque de talon
heelplate

ski de fond
cross-country ski

fixation
toe binding/
pin binding

Raquette
Snowshoe

barre arrière
crossbar

lacis
body lacing

corde maîtresse
master cord

barre avant
crossbar

lacet avant
toe lacing

lacis arrière
heel lacing

queue
tail

fût
frame

porte
toe hole

Sports individuels

Luge et bobsleigh

Les *bobsleighs,* conduits par des équipes de 2 à 4 hommes, ont un *capot* de course et deux crampons métalliques destinés à freiner le véhicule. Les petits bobs de course que l'on appelle des *luges* sont manœuvrés par des conducteurs allongés, qui utilisent et leurs pieds et leurs *cordes à main.*

Sledding and Tobogganing

Bobsleds, driven by two- or four-man crews, have a racing *cowl* and toothed metal *brake.* Small racing sleds called *luges* are controlled by reclining drivers using their feet and *hand ropes.*

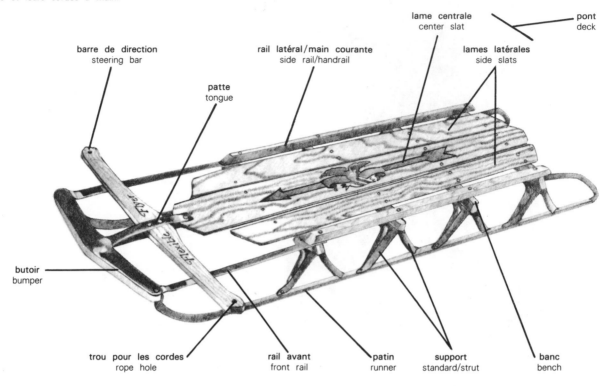

lame centrale
center slat

pont
deck

barre de direction
steering bar

rail latéral/main courante
side rail/handrail

lames latérales
side slats

patte
tongue

butoir
bumper

trou pour les cordes
rope hole

rail avant
front rail

patin
runner

support
standard/strut

banc
bench

Luge
Sled

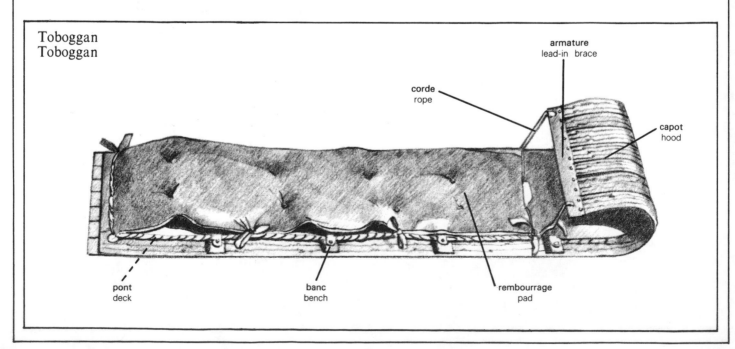

Toboggan
Toboggan

armature
lead-in brace

corde
rope

capot
hood

pont
deck

banc
bench

rembourrage
pad

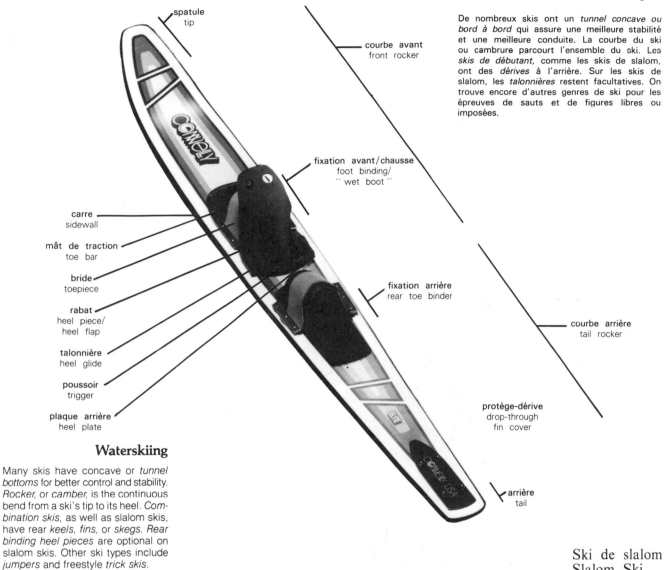

Ski nautique

De nombreux skis ont un *tunnel concave ou bord à bord* qui assure une meilleure stabilité et une meilleure conduite. La courbe du ski ou cambrure parcourt l'ensemble du ski. Les *skis de débutant*, comme les skis de slalom, ont des *dérives* à l'arrière. Sur les skis de slalom, les *talonnières* restent facultatives. On trouve encore d'autres genres de ski pour les épreuves de sauts et de figures libres ou imposées.

spatule
tip

courbe avant
front rocker

fixation avant/chausse
foot binding/
'' wet boot ''

carre
sidewall

mât de traction
toe bar

bride
toepiece

rabat
heel piece/
heel flap

talonnière
heel glide

poussoir
trigger

plaque arrière
heel plate

fixation arrière
rear toe binder

courbe arrière
tail rocker

protège-dérive
drop-through
fin cover

arrière
tail

Waterskiing

Many skis have concave or *tunnel bottoms* for better control and stability. *Rocker,* or *camber,* is the continuous bend from a ski's tip to its heel. *Combination skis,* as well as slalom skis, have rear *keels, fins,* or *skegs. Rear binding heel pieces* are optional on slalom skis. Other ski types include *jumpers* and freestyle *trick skis.*

Ski de slalom
Slalom Ski

Gilet de sauvetage
Ski Vest/Safety Jacket

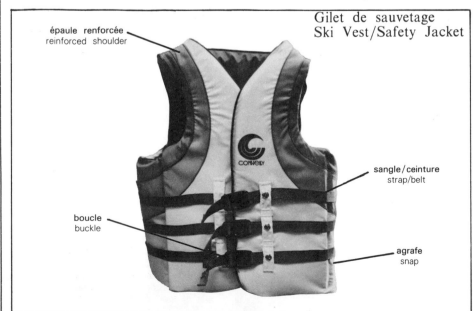

épaule renforcée
reinforced shoulder

sangle/ceinture
strap/belt

boucle
buckle

agrafe
snap

Corde de ski
Ski Rope/Towline

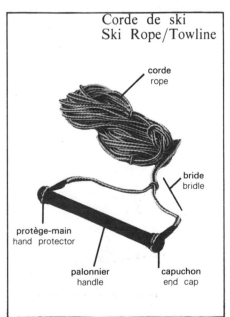

corde
rope

bride
bridle

protège-main
hand protector

palonnier
handle

capuchon
end cap

Sports individuels

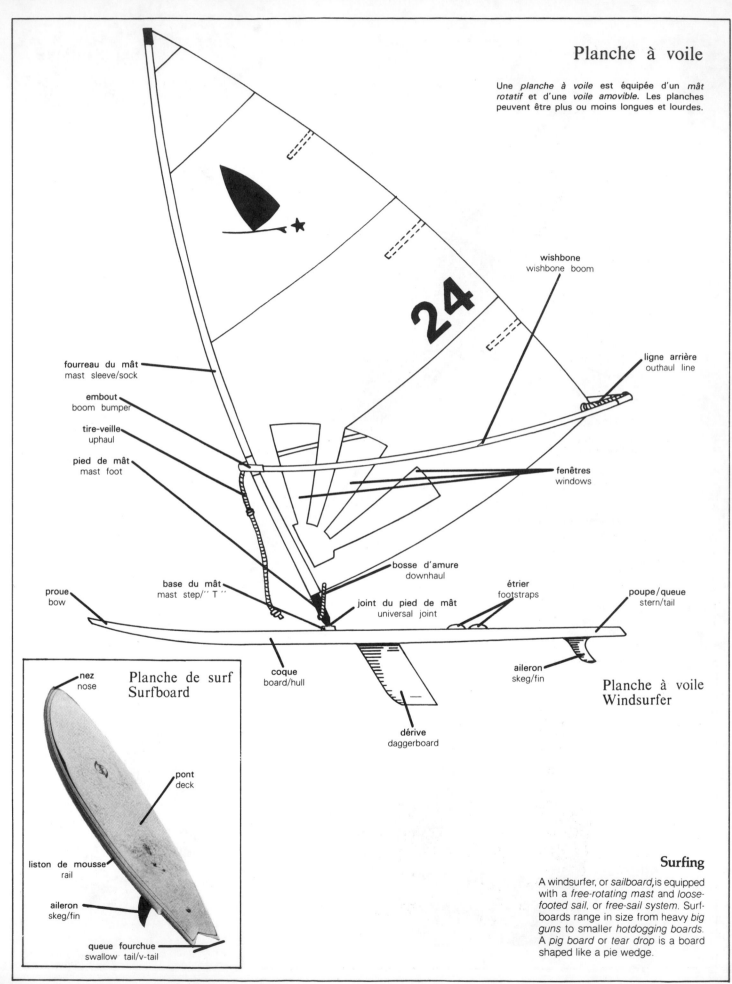

Planche à voile

Une *planche à voile* est équipée d'un *mât rotatif* et d'une *voile amovible*. Les planches peuvent être plus ou moins longues et lourdes.

wishbone
wishbone boom

ligne arrière
outhaul line

fourreau du mât
mast sleeve/sock

embout
boom bumper

tire-veille
uphaul

pied de mât
mast foot

fenêtres
windows

bosse d'amure
downhaul

proue
bow

base du mât
mast step/" T "

étrier
footstraps

poupe/queue
stern/tail

joint du pied de mât
universal joint

aileron
skeg/fin

coque
board/hull

**Planche à voile
Windsurfer**

dérive
daggerboard

Planche de surf
Surfboard

nez
nose

pont
deck

liston de mousse
rail

aileron
skeg/fin

queue fourchue
swallow tail/v-tail

Surfing

A windsurfer, or *sailboard,* is equipped with a *free-rotating mast* and *loose-footed sail*, or *free-sail system*. Surf-boards range in size from heavy *big guns* to smaller *hotdogging boards*. A *pig board* or *tear drop* is a board shaped like a pie wedge.

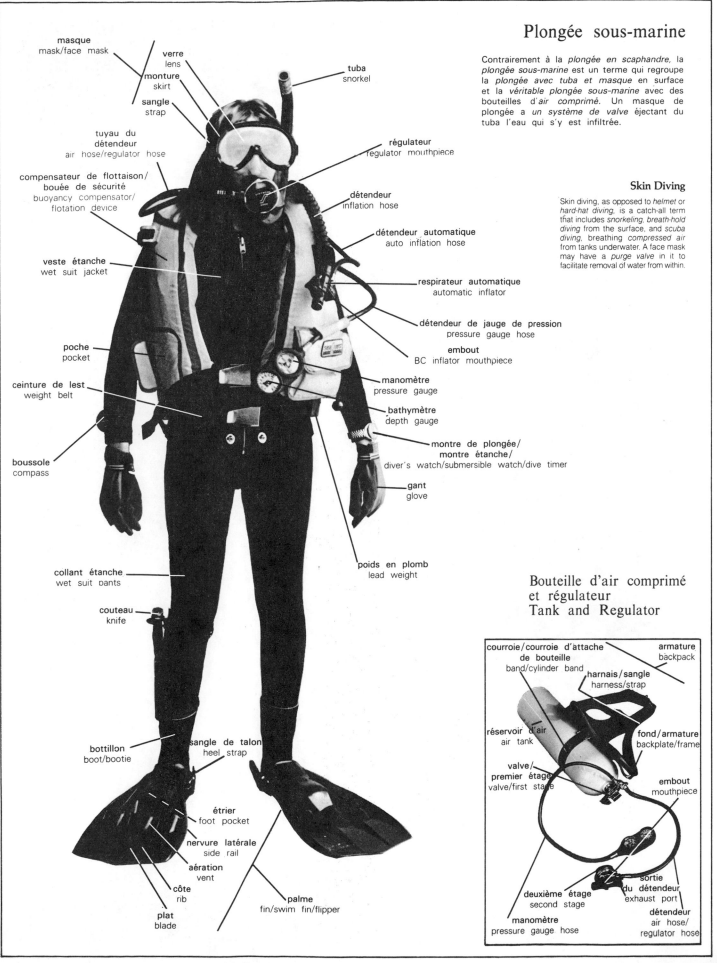

Plongée sous-marine

Contrairement à la *plongée en scaphandre*, la *plongée sous-marine* est un terme qui regroupe la *plongée avec tuba et masque* en surface et la *véritable plongée sous-marine* avec des bouteilles d'air comprimé. Un masque de plongée a *un système de valve* éjectant du tuba l'eau qui s'y est infiltrée.

Skin Diving

Skin diving, as opposed to *helmet* or *hard-hat diving*, is a catch-all term that includes *snorkeling*, *breath-hold diving* from the surface, and *scuba diving*, breathing *compressed air* from tanks underwater. A face mask may have a *purge valve* in it to facilitate removal of water from within.

masque
mask/face mask

verre
lens

monture
skirt

sangle
strap

tuba
snorkel

tuyau du détendeur
air hose/regulator hose

régulateur
regulator mouthpiece

compensateur de flottaison/ bouée de sécurité
buoyancy compensator/ flotation device

détendeur
inflation hose

détendeur automatique
auto inflation hose

veste étanche
wet suit jacket

respirateur automatique
automatic inflator

détendeur de jauge de pression
pressure gauge hose

embout
BC inflator mouthpiece

poche
pocket

manomètre
pressure gauge

ceinture de lest
weight belt

bathymètre
depth gauge

montre de plongée/ montre étanche/
diver's watch/submersible watch/dive timer

boussole
compass

gant
glove

poids en plomb
lead weight

collant étanche
wet suit pants

couteau
knife

bottillon
boot/bootie

sangle de talon
heel strap

étrier
foot pocket

nervure latérale
side rail

aération
vent

côte
rib

palme
fin/swim fin/flipper

plat
blade

Bouteille d'air comprimé et régulateur
Tank and Regulator

courroie/courroie d'attache de bouteille
band/cylinder band

armature
backpack

harnais/sangle
harness/strap

réservoir d'air
air tank

fond/armature
backplate/frame

valve/ premier étage
valve/first stage

embout
mouthpiece

deuxième étage
second stage

sortie du détendeur
exhaust port

manomètre
pressure gauge hose

détendeur
air hose/ regulator hose

Sports individuels

Ballon à air chaud

Un *ballon*, ou une *montgolfière*, s'élève quand on a jeté du *lest*, en général des *sacs de sable* ou d'eau. Un *guide-rope* pend du ballon pour lui donner de la stabilité en vol et pour le ralentir à l'atterrissage. On ouvre près du sommet le *panneau de déchirure* pour dégonfler le ballon.

soupape de parachute
parachute valve/
parachute vent

enveloppe/filet
envelope/bag

numéro d'enregistrement
registration number/
"N" number

dessin
envelope
graphic

coutures de caisson
panel seams

coutures de fuseau
gore seams

cordages de charge
load cords

caissons
panels

ceinture inférieure
bottom girdle

jupe
skirt

bord de jupe
skirt band

brûleur
burner

ouverture
mouth

corde de la soupape
valve line

suspente
suspension rope

cercle de charge
load ring

support de brûleur
burner support

lest
padding

panier/nacelle
basket/carriage

poignée de panier
basket handle

cuir éraflé
scuff leather

corde d'attache
tether line

Hot Air Balloon

A balloon, or *montgolfier*, rises when *ballast*, usually water or sandbags, is jettisoned. A *drag*, or *trail rope*, hangs from the balloon to give it stability in flight and slow it down upon landing. To deflate the balloon a *ripping panel*, or *rip panel*, near the top is opened.

Parachute et vol libre

A moins d'avoir été attaché à la *S.O.A.*, qui ouvre automatiquement un *parachute* dès que le *sauteur* a quitté l'*avion*, l'*homme volant* peut descendre *en chute libre* avant de tirer sur la *poignée d'ouverture*.

Parachuting and Hang Gliding

Unless attached to a *static line*, which automatically opens a *chute* once a *jumper* has cleared the *jump plane*, a *sky diver* can *free-fall* before pulling his *rip cord*.

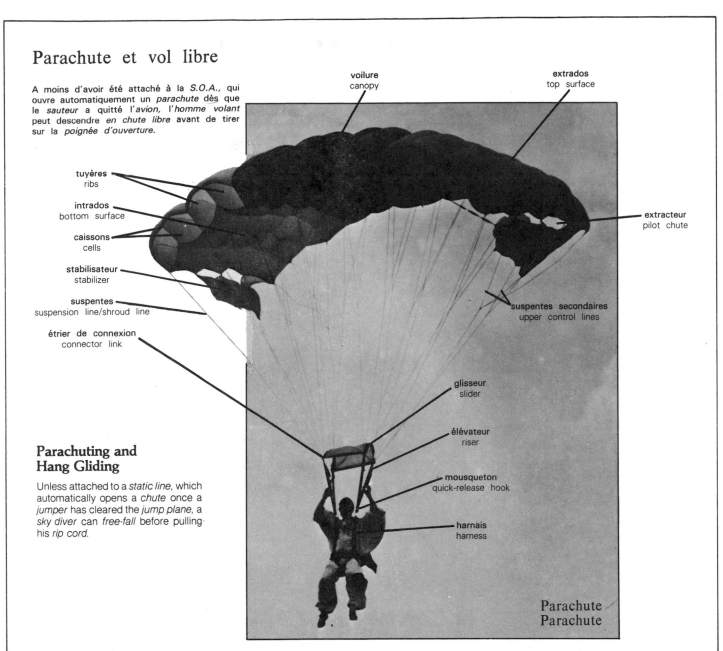

voilure
canopy

extrados
top surface

tuyères
ribs

intrados
bottom surface

caissons
cells

stabilisateur
stabilizer

suspentes
suspension line/shroud line

étrier de connexion
connector link

extracteur
pilot chute

suspentes secondaires
upper control lines

glisseur
slider

élévateur
riser

mousqueton
quick-release hook

harnais
harness

Parachute
Parachute

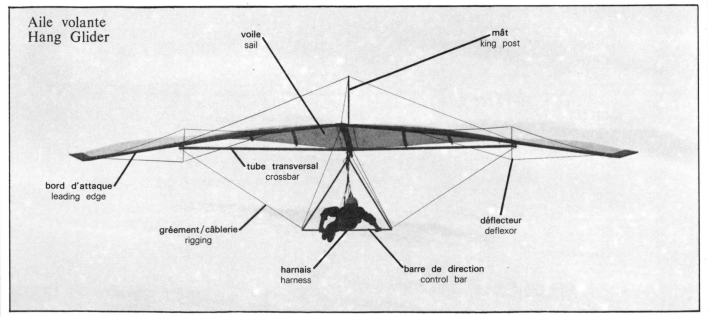

Aile volante
Hang Glider

voile
sail

mât
king post

tube transversal
crossbar

bord d'attaque
leading edge

gréement/câblerie
rigging

harnais
harness

barre de direction
control bar

déflecteur
deflexor

Sports individuels

Alpinisme

Les *alpinistes* utilisent des sangles pour les *baudriers de poitrine* et les *cuissards*. Les mousquetons, de forme ovale ou en D, ont un système de fermeture à ressort permettant d'attacher les divers éléments du matériel d'escalade. Contrairement aux *pitons* qui sont enfoncés à coups de marteau dans les fissures, les coinceurs sont simplement insérés dans les fissures et se retirent facilement. Les *broches à glace* qui sont des tubes filetés, munis d'un anneau au sommet sont effecti-vement vissées dans la glace en guise de protection.

Mountain Climbing

Mountaineers use nylon webbing for *shoulder slings* and *swami belts*. Carabiners, either oval- or D-shaped, have spring-loaded *gates* for connecting various pieces of climbing equipment. Unlike *pitons*, which are hammered into cracks, nuts are wedged into cracks and easily re-moved. *Icescrews*, ring-topped threaded tubes, are actually screwed into the ice for protection.

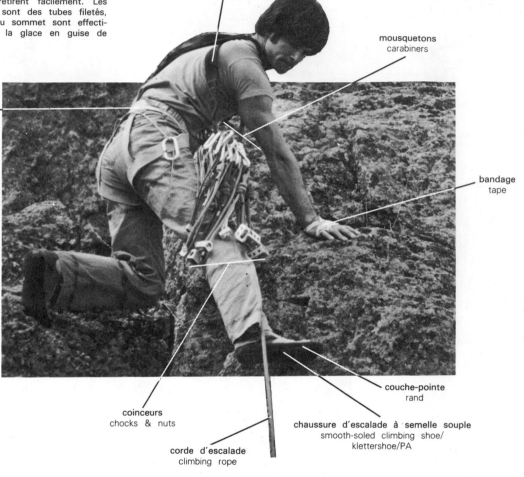

anneau porte-équipement
hardware sling

mousquetons
carabiners

baudrier d'escalade
climbing harness

bandage
tape

couche-pointe
rand

coinceurs
chocks & nuts

corde d'escalade
climbing rope

chaussure d'escalade à semelle souple
smooth-soled climbing shoe/
klettershoe/PA

Soulier d'escalade de glacier
Ice Climbing Boot

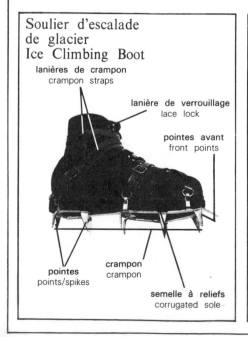

lanières de crampon
crampon straps

lanière de verrouillage
lace lock

pointes avant
front points

pointes
points/spikes

crampon
crampon

semelle à reliefs
corrugated sole

Outils à glace
Ice Tools

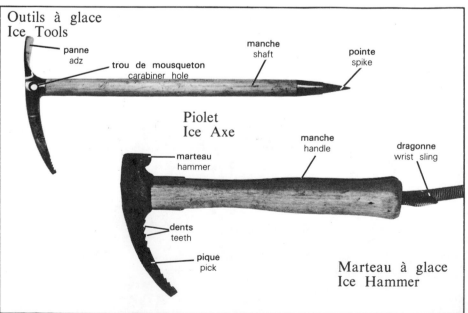

panne
adz

trou de mousqueton
carabiner hole

manche
shaft

pointe
spike

Piolet
Ice Axe

marteau
hammer

manche
handle

dragonne
wrist sling

dents
teeth

pique
pick

Marteau à glace
Ice Hammer

Riding Equipment

A saddle is built on a frame called a *saddle tree*. A *saddle blanket* or *saddle pad* is placed between horse and saddle. Metal stirrups, or *stirrup irons*, are attached to the saddle by *stirrup leathers*. *Saddlebags* fit over the back of the saddle.

Équipement d'équitation

Une selle est façonnée sur une forme appelée bois d'arçon. Une couverture ou tapis de selle, se place entre le cheval et la selle. Des étriers métalliques sont rattachés à la selle par des étrivières de cuir. Des sacoches de selle sont disposées de chaque côté de la selle.

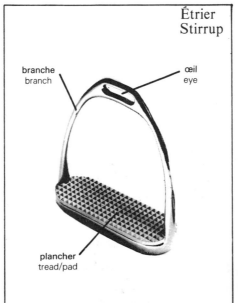

chapeau de corne
horn cap

corne
horn

enfourchure
fork/swell

col de la corne
horn neck

pommeau
pommel

siège
seat

troussequin
cantle/hind bow

goulet
gullet

faux-quartier arrière
rear jockey/
back housing

doublure
lining

jupe
skirt

faux-quartier avant
front jockey

enchapure de courroie
rear rigging ring/dee ring

sangle
rope strap

courroie de selle
saddle string/tie

étrivière
stirrup strap

bride d'abot
hobble strap

quartier
fender

étrier
stirrup

sous-ventrière
rear cinch/
flank billet/
flank cinch

Selle Western
Western Saddle/Stock Saddle

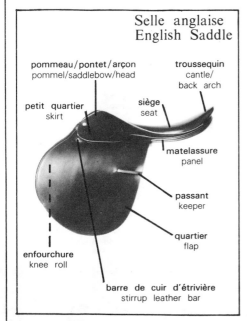

Selle anglaise
English Saddle

pommeau/pontet/arçon
pommel/saddlebow/head

troussequin
cantle/
back arch

petit quartier
skirt

siège
seat

matelassure
panel

passant
keeper

quartier
flap

enfourchure
knee roll

barre de cuir d'étrivière
stirrup leather bar

Étrier
Stirrup

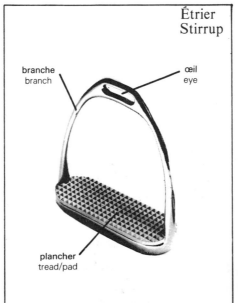

branche
branch

œil
eye

plancher
tread/pad

Éperon
Spur

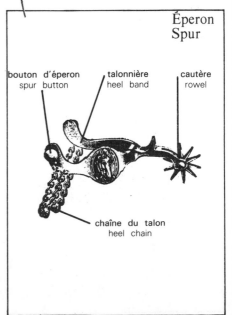

bouton d'éperon
spur button

talonnière
heel band

cautère
rowel

chaîne du talon
heel chain

Sports équestres

Course de plat

Flat Racing

L'équipement utilisé dans une course de chevaux s'appelle le Tack. Les purs-sangs prennent le départ à partir d'une barrière fixe. Les chevaux attelés partent derrière une barrière mobile tractée par une voiture. La position de départ la plus convoitée dans une course est la porte numéro un, le poteau le plus proche de la corde. Les parieurs misent sur des chevaux susceptibles de terminer la course premier, second et troisième, soit gagnant soit placé. Trois gagnants désignés dans l'ordre forment un tiercé.

The equipment used on a racehorse is called the *tack*. *Thoroughbreds* start from a fixed *starting gate*, while harness racers start from a car-pulled *moving gate*. The most desirable *post position* in a race is gate number one, the *pole position* closest to the *rail*. Bettors pick horses to finish first, second and third, or *win*, *place* and *show*. Picking all three finishers in the right order is called a *trifecta*.

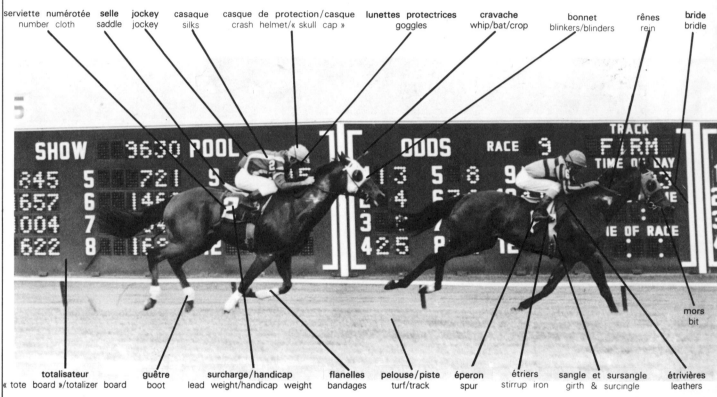

serviette numérotée / number cloth
selle / saddle
jockey / jockey
casaque / silks
casque de protection/casque / crash helmet/« skull cap »
lunettes protectrices / goggles
cravache / whip/bat/crop
bonnet / blinkers/blinders
rênes / rein
bride / bridle
mors / bit

totalisateur / « tote board »/totalizer board
guêtre / boot
surcharge/handicap / lead weight/handicap weight
flanelles / bandages
pelouse/piste / turf/track
éperon / spur
étriers / stirrup iron
sangle et sursangle / girth & surcingle
étrivières / leathers

Programme
Racing Program Entry

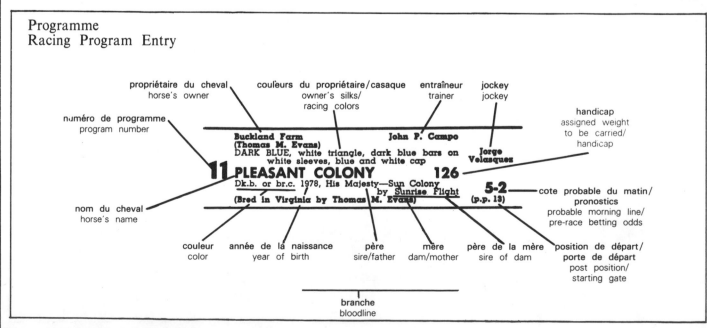

propriétaire du cheval / horse's owner
couleurs du propriétaire/casaque / owner's silks/ racing colors
entraîneur / trainer
jockey / jockey
handicap / assigned weight to be carried/ handicap

numéro de programme / program number

Buckland Farm
(Thomas M. Evans)
DARK BLUE, white triangle, dark blue bars on white sleeves, blue and white cap
John P. Campo
Jorge Velasquez

11 PLEASANT COLONY   126

Dk.b. or br.c. 1978, His Majesty—Sun Colony
by Sunrise Flight
(Bred in Virginia by Thomas M. Evans)

5-2
(p.p. 13)

cote probable du matin/ pronostics / probable morning line/ pre-race betting odds

nom du cheval / horse's name

couleur / color
année de la naissance / year of birth
père / sire/father
mère / dam/mother
père de la mère / sire of dam
position de départ/ porte de départ / post position/ starting gate

branche / bloodline

Course attelée

Les trotteurs et les ambleurs courent dans des harnais. Les trotteurs avancent en levant à l'unisson les pattes antérieures et postérieures opposées. Les ambleurs lèvent les pattes postérieures et antérieures à l'unisson du même côté et se déplacent latéralement.

Harness Racing

Trotters and pacers race in *harness*. Trotters move front and opposing rear legs in unison, *laterally gaited*, while pacers move front and rear legs on the same side in unison, *diagonally gaited*. Horses are assembled, saddled and paraded in the *paddock area*.

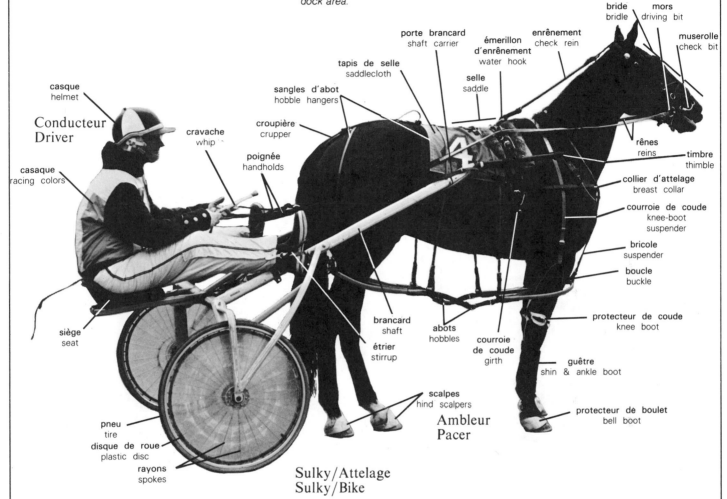

Conducteur
Driver

casque
helmet

casaque
racing colors

cravache
whip

poignée
handholds

croupière
crupper

sangles d'abot
hobble hangers

tapis de selle
saddlecloth

porte brancard
shaft carrier

émerillon
d'enrênement
water hook

enrênement
check rein

selle
saddle

bride
bridle

mors
driving bit

muserolle
check bit

rênes
reins

timbre
thimble

collier d'attelage
breast collar

courroie de coude
knee-boot
suspender

bricole
suspender

boucle
buckle

protecteur de coude
knee boot

guêtre
shin & ankle boot

protecteur de boulet
bell boot

brancard
shaft

étrier
stirrup

abots
hobbles

courroie
de coude
girth

scalpes
hind scalpers

siège
seat

pneu
tire

disque de roue
plastic disc

rayons
spokes

Ambleur
Pacer

Sulky/Attelage
Sulky/Bike

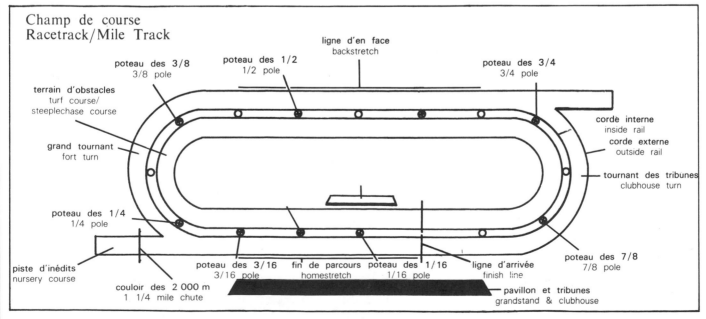

Champ de course
Racetrack/Mile Track

ligne d'en face
backstretch

poteau des 3/8
3/8 pole

poteau des 1/2
1/2 pole

poteau des 3/4
3/4 pole

terrain d'obstacles
turf course/
steeplechase course

grand tournant
fort turn

corde interne
inside rail

corde externe
outside rail

tournant des tribunes
clubhouse turn

poteau des 1/4
1/4 pole

piste d'inédits
nursery course

couloir des 2 000 m
1 1/4 mile chute

poteau des 3/16
3/16 pole

fin de parcours
homestretch

poteau des 1/16
1/16 pole

ligne d'arrivée
finish line

poteau des 7/8
7/8 pole

pavillon et tribunes
grandstand & clubhouse

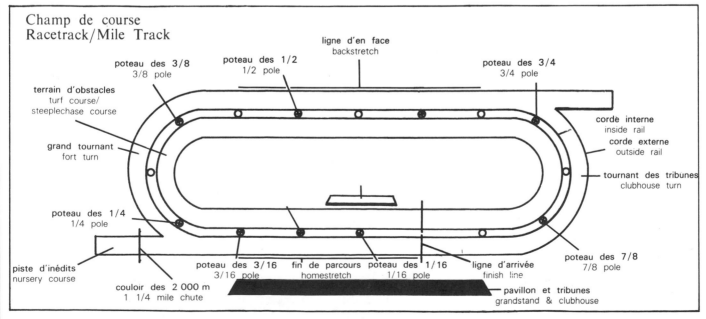

Sports équestres

Grand prix

Le Grand Prix International se déroule en circuit fermé tracé dans la nature, contrairement aux courses de vitesse se pratiquant sur des circuits automobiles.

Drag Racing

Each drag racing *event*, or *acceleration contest*, involves two-car *heats*, the winner of which is deemed the *eliminator*. Vehicles include *slingshot dragsters* and *funny cars* whose mismatched bodies, or *"hulls,"* and *chassis* give them an unusual appearance. The Christmas Tree is situated in the middle of a divided, two-lane *straight-line course, drag strip* or *dragway*. *Elapsed time*, or *"ET,"* is computed from the moment a car breaks a *light beam* at the *starting line* until it breaks a similar beam at the *finish*. A car leaving the starting line prematurely, in either *handicap* or *heads-up racing*, is said to be *"red-lighting."*

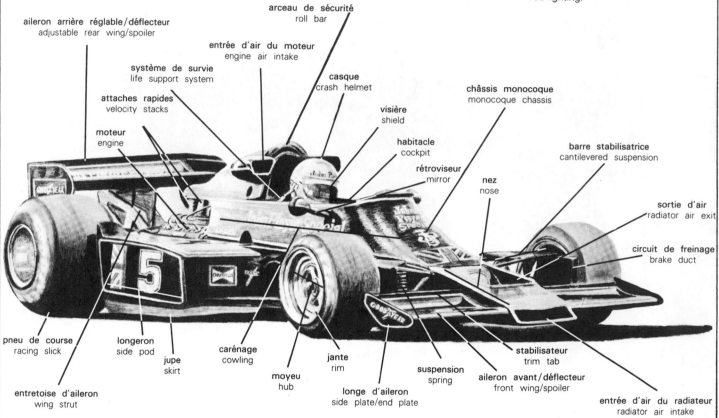

aileron arrière réglable/déflecteur
adjustable rear wing/spoiler

arceau de sécurité
roll bar

entrée d'air du moteur
engine air intake

système de survie
life support system

casque
crash helmet

attaches rapides
velocity stacks

visière
shield

moteur
engine

habitacle
cockpit

châssis monocoque
monocoque chassis

rétroviseur
mirror

barre stabilisatrice
cantilevered suspension

nez
nose

sortie d'air
radiator air exit

circuit de freinage
brake duct

pneu de course
racing slick

longeron
side pod

carénage
cowling

jante
rim

stabilisateur
trim tab

jupe
skirt

suspension
spring

aileron avant/déflecteur
front wing/spoiler

entretoise d'aileron
wing strut

moyeu
hub

longe d'aileron
side plate/end plate

entrée d'air du radiateur
radiator air intake

Voiture de course formule un
Formula One Racing Car

Grand Prix Racing

International *road racing* takes place on *closed-circuit tracks* laid out through the countryside, as opposed to *speedway racing*, which takes place on banked, oval-shaped *race tracks*. *Formulas* primarily limit engine size and car weight, and range from *Super-Vee* to *Formula One*, used in Grand Prix racing.

Course de dragsters

Chaque course de dragster comprend des *épreuves* à deux véhicules ; on appelle le vainqueur de ces épreuves l'*éliminateur*. Les véhicules regroupent des dragsters *slingshot* et des *funny cars* dont les coques et les châssis ont un étrange aspect. L'Arbre de Noël est placé au milieu d'une *drag strip* à deux voies. Le *temps écoulé* qui est calculé représente le moment entre lequel un véhicule a passé le *feu de départ* à la *ligne de départ*, et celui où il a passé le *feu d'arrivée*. On considère qu'un véhicule démarrant avant le signal, qu'il s'agisse de courses d'*endurance* ou de courses à *handicap*, a passé au rouge.

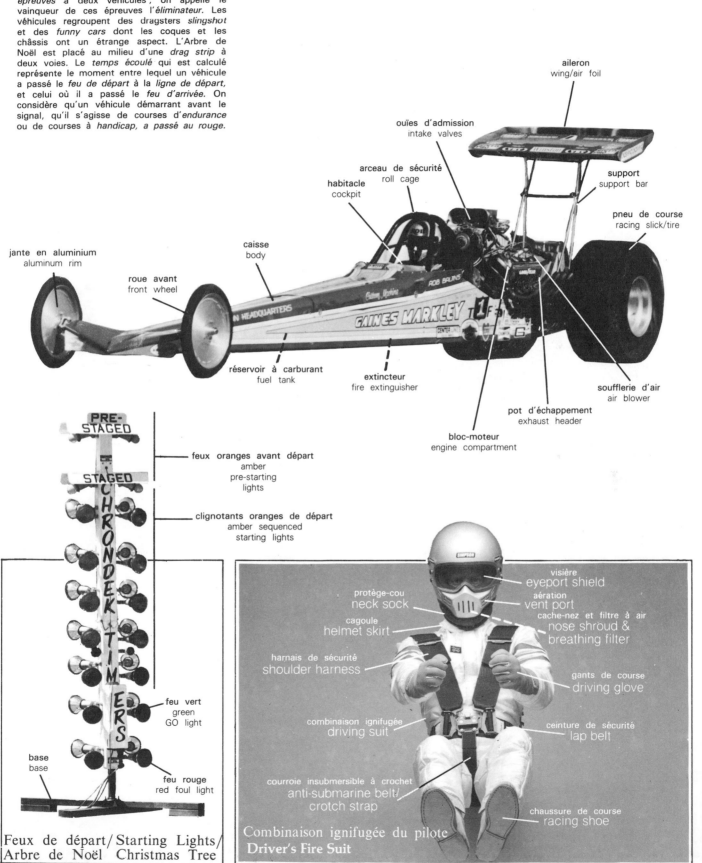

aileron
wing/air foil

ouïes d'admission
intake valves

arceau de sécurité
roll cage

support
support bar

habitacle
cockpit

pneu de course
racing slick/tire

caisse
body

jante en aluminium
aluminum rim

roue avant
front wheel

réservoir à carburant
fuel tank

extincteur
fire extinguisher

soufflerie d'air
air blower

pot d'échappement
exhaust header

bloc-moteur
engine compartment

feux oranges avant départ
amber
pre-starting
lights

clignotants oranges de départ
amber sequenced
starting lights

feu vert
green
GO light

base
base

feu rouge
red foul light

Feux de départ / Starting Lights /
Arbre de Noël Christmas Tree

visière
eyeport shield

aération
vent port

cache-nez et filtre à air
nose shroud &
breathing filter

protège-cou
neck sock

cagoule
helmet skirt

harnais de sécurité
shoulder harness

gants de course
driving glove

combinaison ignifugée
driving suit

ceinture de sécurité
lap belt

courroie insubmersible à crochet
anti-submarine belt/
crotch strap

chaussure de course
racing shoe

Combinaison ignifugée du pilote
Driver's Fire Suit

brimbale
handle

pied
foot/pole mount

anse/prise
bail/pick-up arm

manche de manivelle
crank handle

pied/tige du moulinet
leg/reel stem

carénage du tambour
spool skirt

levier de blocage
anti-reverse lever

détente/chien
trip/dog

tambour
spool

PENN
750SS

3 BALL BEARINGS
SKIRTED SPOOL

support arrière
rear bearing

châssis
gear housing

couvercle du roulement à billes
bearing cover

boîtier du silencieux
silent
anti-reverse
housing

bobine
drag-adjustment knob/
drag knob

guide-ligne
line roller/line guide

Moulinet pour la pêche au lancer
Reel/Spinning Reel

Canne de pêche au lancer
Rod/Spinning Rod

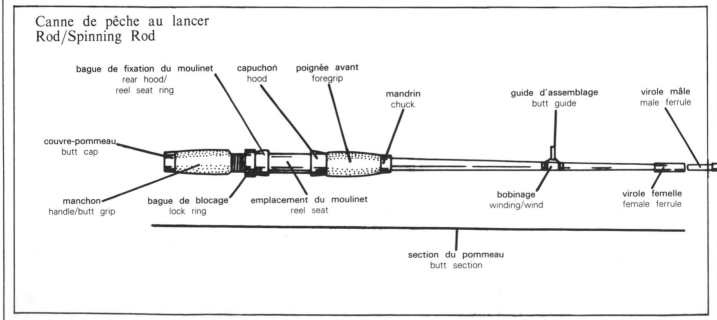

bague de fixation du moulinet
rear hood/
reel seat ring

capuchon
hood

poignée avant
foregrip

mandrin
chuck

guide d'assemblage
butt guide

virole mâle
male ferrule

couvre-pommeau
butt cap

manchon
handle/butt grip

bague de blocage
lock ring

emplacement du moulinet
reel seat

bobinage
winding/wind

virole femelle
female ferrule

section du pommeau
butt section

Pêche

Les pêcheurs utilisent un attirail varié allant de la simple canne à pêche aux cannes à moulinet très perfectionnées et à celles destinées à la pêche à la cuillère. Les plombs permettent d'immerger l'appât, tandis que les flotteurs ou bouchons le maintiennent suspendu à la surface. Le poisson est remonté à l'aide d'un harpon ou d'une épuisette.

Fishing

Fishermen, or *anglers*, use a variety of *tackle*, from simple *cane rods*, or *bank rods*, to sophisticated *fly rods* and *trolling gear*. *Sinkers* hold bait underwater, while *floats*, or *bobbers*, keep it suspended from the surface. A *gaff* or *landing net* is used to land fish.

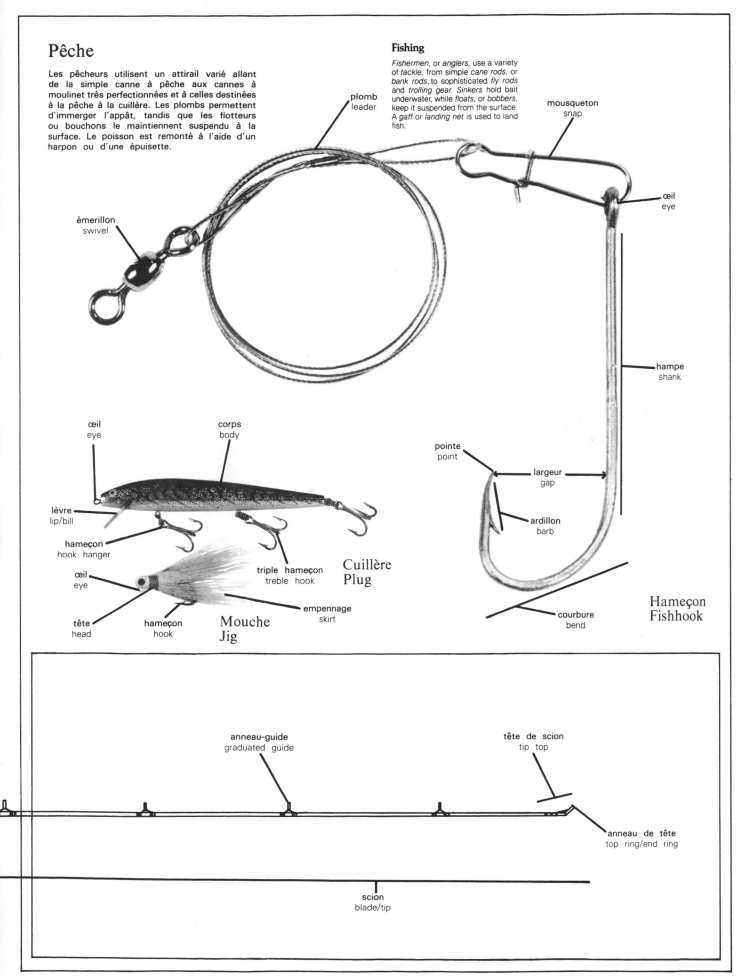

plomb
leader

mousqueton
snap

œil
eye

émerillon
swivel

hampe
shank

pointe
point

largeur
gap

ardillon
barb

courbure
bend

Hameçon
Fishhook

œil
eye

corps
body

lèvre
lip/bill

hameçon
hook hanger

triple hameçon
treble hook

Cuillère
Plug

œil
eye

tête
head

hameçon
hook

empennage
skirt

Mouche
Jig

anneau-guide
graduated guide

tête de scion
tip top

anneau de tête
top ring/end ring

scion
blade/tip

Camping

Wall tents and *pup tents* are held up by tent poles. Many modern tents have *exterior frame* construction. Features in all the above-mentioned tents include *lap-felled* or *French seams*, which provide four layers for keeping out water, *webbed-tape backing* and pressed-on *grommets* or sewn-in *rings* for *ropes* secured to the ground with *pegs* or *stakes*, and sewn-in *flooring*. A lantern is primed by pumping the *pump valve* and lit by a match placed in the *lighting hole*.

Campage

Les *tentes* et les *abris* sont soutenus par des supports. De nombreuses tentes modernes ont un *auvent* à l'extérieur. Les caractéristiques des tentes mentionnées ci-dessus sont les suivantes : *coutures sellier* ou à *clin,* avec quatre épaisseurs de protection imperméable, revêtement-soubassement de toile, *boutons-pressions* ou *anneaux* pour les *cordes* de fixation au sol avec *piquet,* et *plancher.* On allume la lanterne en plongeant une allumette dans la *fenêtre d'éclairage.*

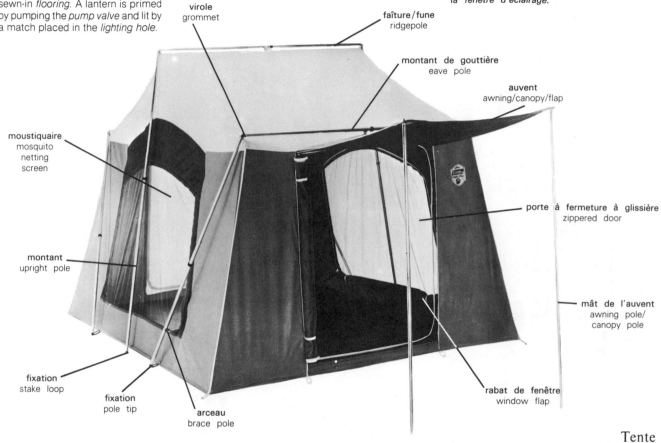

virole
grommet

faîture/fune
ridgepole

montant de gouttière
eave pole

auvent
awning/canopy/flap

moustiquaire
mosquito netting screen

porte à fermeture à glissière
zippered door

montant
upright pole

mât de l'auvent
awning pole/ canopy pole

fixation
stake loop

fixation
pole tip

arceau
brace pole

rabat de fenêtre
window flap

Tente
Tent

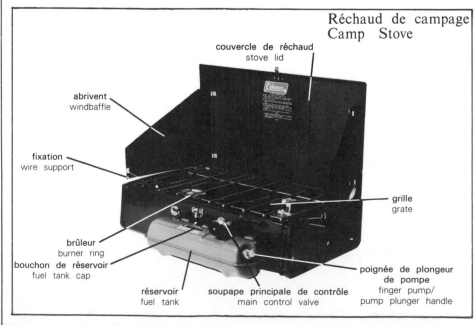

Réchaud de campage
Camp Stove

couvercle de réchaud
stove lid

abrivent
windbaffle

fixation
wire support

grille
grate

brûleur
burner ring

bouchon de réservoir
fuel tank. cap

réservoir
fuel tank

soupape principale de contrôle
main control valve

poignée de plongeur de pompe
finger pump/ pump plunger handle

Lanterne
Lantern

aération
ventilator

anse
bail

manchon
mantle

globe
globe

protection
heat shield

réserve
base rest

soupape
fuel valve

réservoir
tank/fount

bouchon de réservoir
fuel cap

Grâce à l'*isolation ouatée*, on n'a nul besoin de rembourrage et cela réduit les courants d'air froids. Les sacs à dos, les *havresacs* et les *sacs d'alpiniste*, comportent de nombreuses poches. Les petits ustensiles de campage sont mis dans des *pochettes*, disposées ensuite à l'intérieur du *sac d'excursion*.

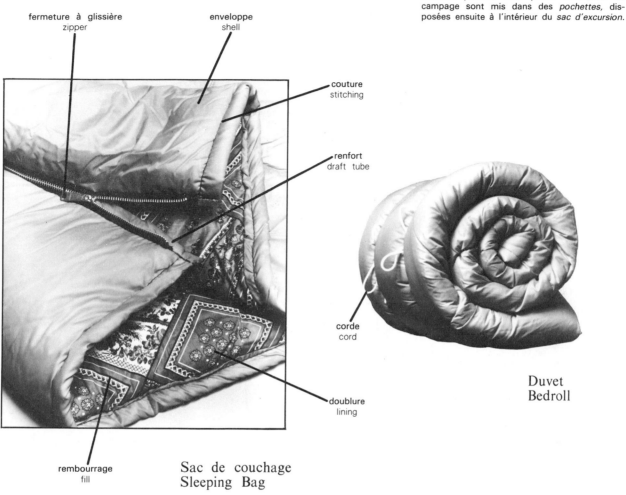

fermeture à glissière
zipper

enveloppe
shell

couture
stitching

renfort
draft tube

corde
cord

doublure
lining

rembourrage
fill

Duvet
Bedroll

Sac de couchage
Sleeping Bag

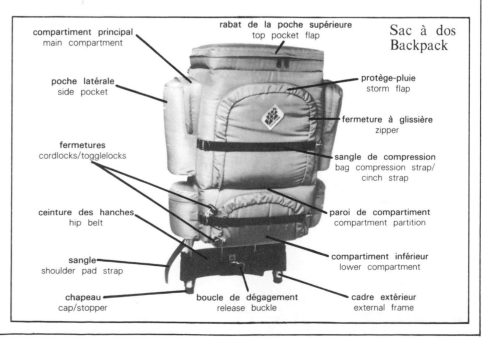

compartiment principal
main compartment

rabat de la poche supérieure
top pocket flap

Sac à dos
Backpack

poche latérale
side pocket

protège-pluie
storm flap

fermeture à glissière
zipper

fermetures
cordlocks/togglelocks

sangle de compression
bag compression strap/
cinch strap

ceinture des hanches
hip belt

paroi de compartiment
compartment partition

sangle
shoulder pad strap

compartiment inférieur
lower compartment

chapeau
cap/stopper

boucle de dégagement
release buckle

cadre extérieur
external frame

Backpacking

Loft is the trade term for fluffiness in sleeping bags. *Bonded insulation filling* eliminates the need for *quilting* and reduces "cold spots." The various pockets of backpacks, *knapsacks* or *rucksacks*, are called *local organizers*. Small camping items are packed in *stuffsacks*, which are then put inside a hiker's *pack*.

Culturisme

Parmi d'autres *appareils* de la gymnastique universelle améliorant le développement musculaire par des *exercices isotoniques*, on peut citer la *bobine à ischio* et les *barres*. L'équipement de musculation comprend : les *haltères*, les *poignées de force*, la *bobine Andrieu*, les *pédaliers*, les *ressorts athlétiques*, les *bicyclettes d'intérieur*, les *muscleurs du cou*, les *charges pour chevilles et poignets*, les *appareils de musculation des triceps et de la taille*.

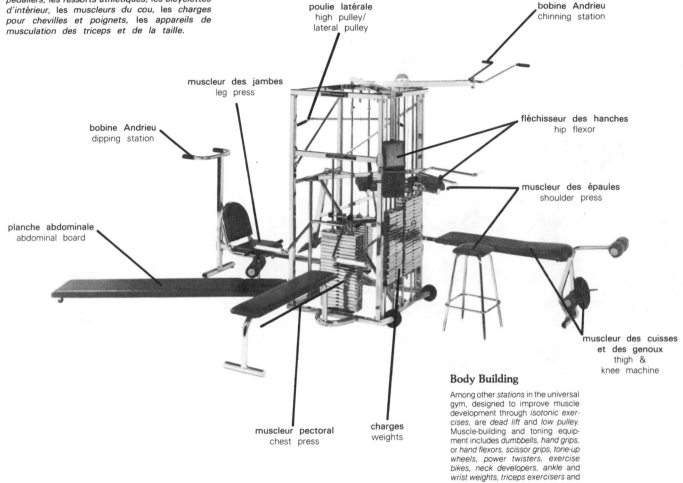

poulie latérale
high pulley/
lateral pulley

bobine Andrieu
chinning station

muscleur des jambes
leg press

fléchisseur des hanches
hip flexor

bobine Andrieu
dipping station

muscleur des épaules
shoulder press

planche abdominale
abdominal board

muscleur des cuisses
et des genoux
thigh &
knee machine

muscleur pectoral
chest press

charges
weights

Body Building

Among other *stations* in the universal gym, designed to improve muscle development through *isotonic exercises*, are *dead lift* and *low pulley*. Muscle-building and toning equipment includes *dumbbells, hand grips,* or *hand flexors, scissor grips, tone-up wheels, power twisters, exercise bikes, neck developers, ankle* and *wrist weights, triceps exercisers* and *waist trimmers*.

Corde à sauter
Jump Rope/Skip Rope

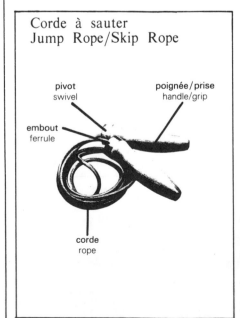

pivot
swivel

poignée/prise
handle/grip

embout
ferrule

corde
rope

Extenseur
Chest Pull

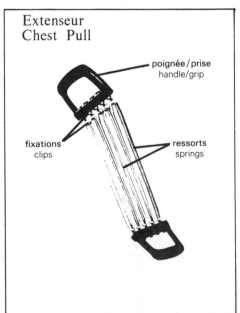

poignée/prise
handle/grip

fixations
clips

ressorts
springs

Haltère
Bàrbell

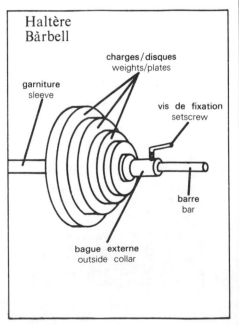

charges/disques
weights/plates

garniture
sleeve

vis de fixation
setscrew

barre
bar

bague externe
outside collar

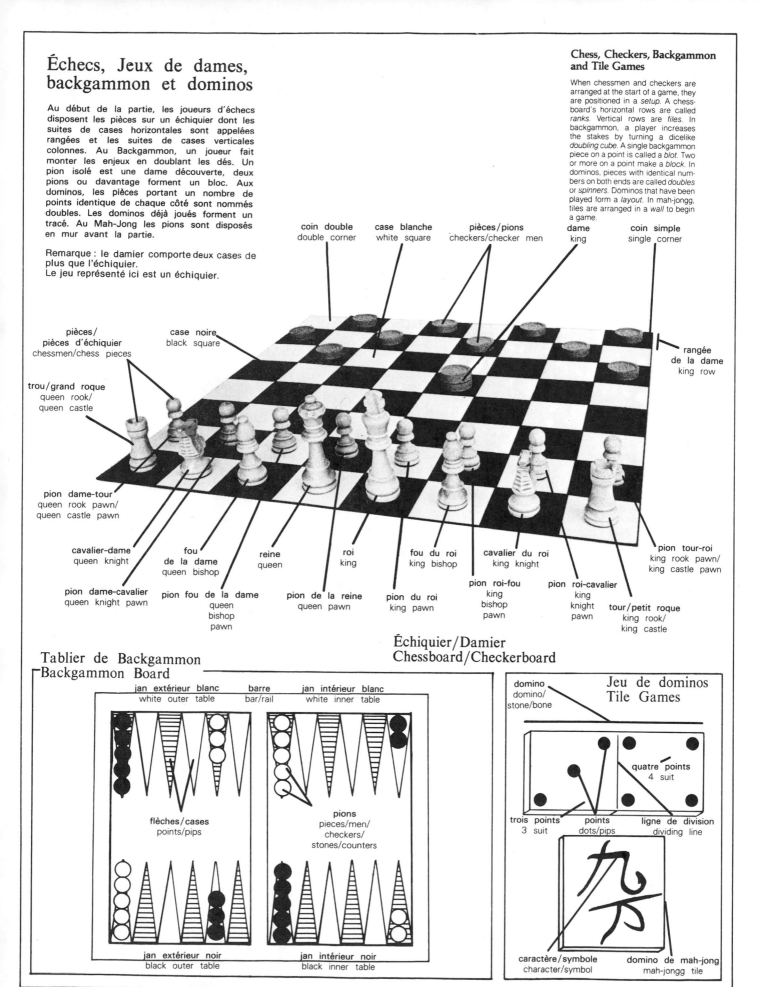

Échecs, Jeux de dames, backgammon et dominos

Au début de la partie, les joueurs d'échecs disposent les pièces sur un échiquier dont les suites de cases horizontales sont appelées rangées et les suites de cases verticales colonnes. Au Backgammon, un joueur fait monter les enjeux en doublant les dés. Un pion isolé est une dame découverte, deux pions ou davantage forment un bloc. Aux dominos, les pièces portant un nombre de points identique de chaque côté sont nommés doubles. Les dominos déjà joués forment un tracé. Au Mah-Jong les pions sont disposés en mur avant la partie.

Remarque : le damier comporte deux cases de plus que l'échiquier.
Le jeu représenté ici est un échiquier.

Chess, Checkers, Backgammon and Tile Games

When chessmen and checkers are arranged at the start of a game, they are positioned in a *setup*. A chessboard's horizontal rows are called *ranks*. Vertical rows are *files*. In backgammon, a player increases the stakes by turning a dicelike *doubling cube*. A single backgammon piece on a point is called a *blot*. Two or more on a point make a *block*. In dominos, pieces with identical numbers on both ends are called *doubles* or *spinners*. Dominos that have been played form a *layout*. In mah-jongg, tiles are arranged in a *wall* to begin a game.

coin double
double corner

case blanche
white square

pièces/pions
checkers/checker men

dame
king

coin simple
single corner

pièces/
pièces d'échiquier
chessmen/chess pieces

case noire
black square

rangée
de la dame
king row

trou/grand roque
queen rook/
queen castle

pion dame-tour
queen rook pawn/
queen castle pawn

cavalier-dame
queen knight

fou
de la dame
queen bishop

reine
queen

roi
king

fou du roi
king bishop

cavalier du roi
king knight

pion tour-roi
king rook pawn/
king castle pawn

pion dame-cavalier
queen knight pawn

pion fou de la dame
queen
bishop
pawn

pion de la reine
queen pawn

pion du roi
king pawn

pion roi-fou
king
bishop
pawn

pion roi-cavalier
king
knight
pawn

tour/petit roque
king rook/
king castle

Échiquier/Damier
Chessboard/Checkerboard

Tablier de Backgammon
Backgammon Board

jan extérieur blanc
white outer table

barre
bar/rail

jan intérieur blanc
white inner table

flèches/cases
points/pips

pions
pieces/men/
checkers/
stones/counters

jan extérieur noir
black outer table

jan intérieur noir
black inner table

Jeu de dominos
Tile Games

domino
domino/
stone/bone

quatre points
4 suit

trois points
3 suit

points
dots/pips

ligne de division
dividing line

caractère/symbole
character/symbol

domino de mah-jong
mah-jongg tile

Loisirs de l'esprit

Équipements de jeux

La roulette est mise en mouvement par un croupier. Les paris sont placés sur un tapis. Les cases sont rouges et noires pour permettre les paris. Les joueurs de dés parient soit avec la personne jetant les dés, le lanceur, soit avec le casino ou la banque. Au blackjack, le donneur glisse l'argent gagné par le casino dans une urne fermée à double tour, sous la table des paris. Le baccarat, le chemin de fer, la roue de la fortune et le chuck-a-luck qui se joue avec trois dés, sont également des jeux de casino.

Gambling Equipment

A roulette wheel is operated by a *croupier*. Bets are placed on a *layout*. Slots are divided into *red* and *black* for betting purposes. Dice players bet either with the person rolling the dice, the *shooter*, or with the casino, or *house*. The blackjack dealer pushes money won by the house into a double-locked *drop box* below the betting table. Other casino games include *baccarat*, *chemin de fer*, *wheel of fortune*, and *chuck-a-luck*, a game played with three dice.

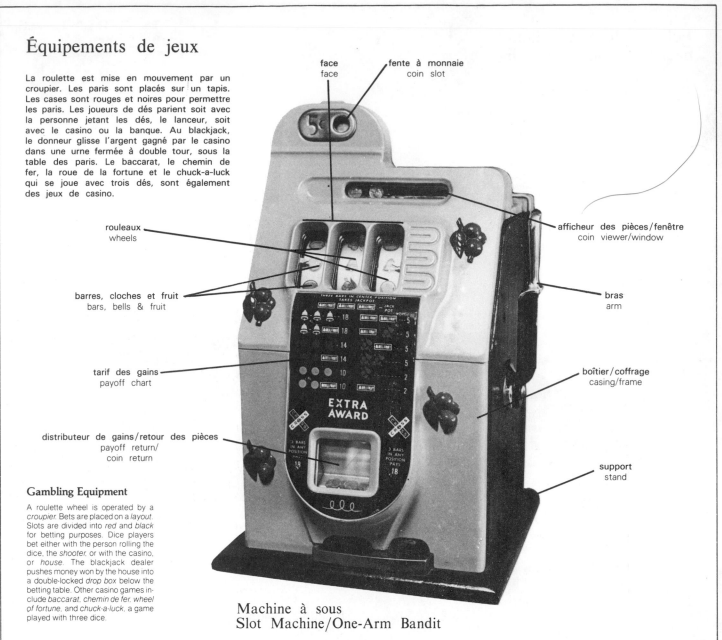

face
face

fente à monnaie
coin slot

rouleaux
wheels

afficheur des pièces / fenêtre
coin viewer/window

barres, cloches et fruit
bars, bells & fruit

bras
arm

tarif des gains
payoff chart

boîtier / coffrage
casing/frame

distributeur de gains / retour des pièces
payoff return/
coin return

support
stand

Machine à sous
Slot Machine/One-Arm Bandit

Roulette
Roulette Wheel

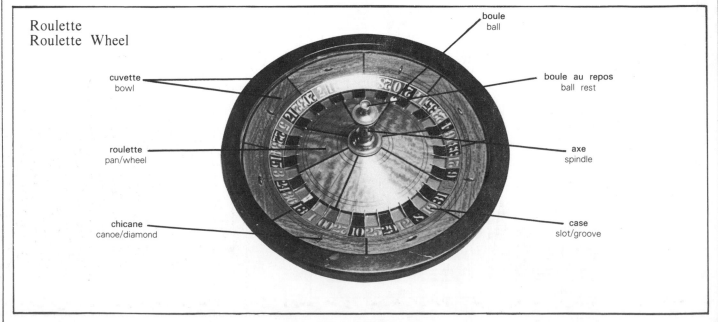

cuvette
bowl

boule
ball

boule au repos
ball rest

roulette
pan/wheel

axe
spindle

chicane
canoe/diamond

case
slot/groove

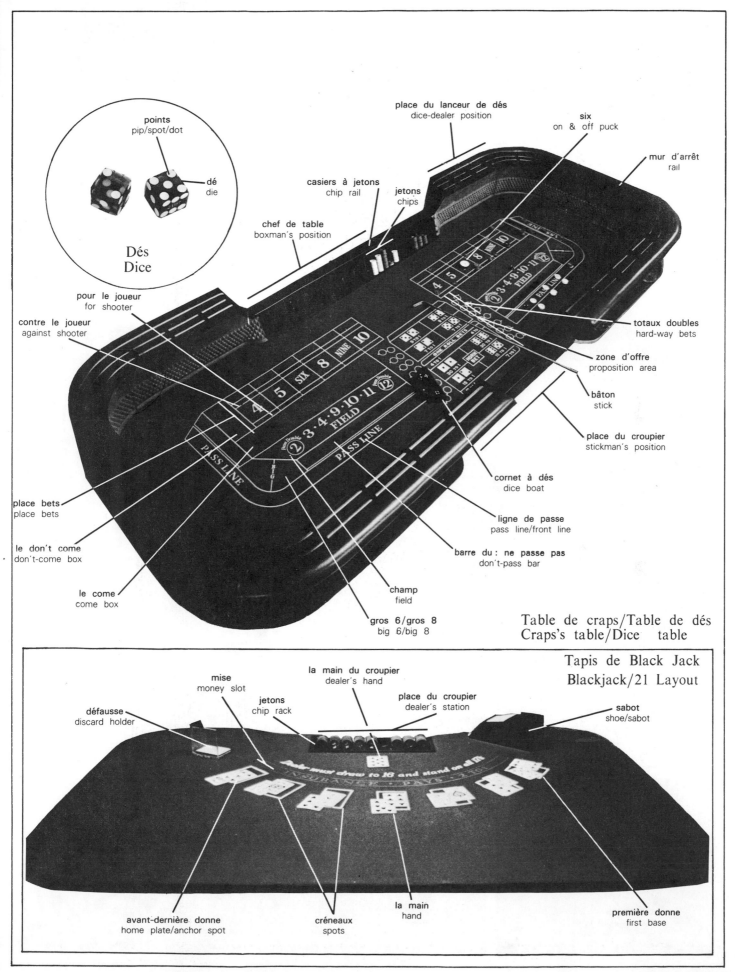

points
pip/spot/dot

dé
die

Dés
Dice

place du lanceur de dés
dice-dealer position

six
on & off puck

mur d'arrêt
rail

caisers à jetons
chip rail

jetons
chips

chef de table
boxman's position

pour le joueur
for shooter

contre le joueur
against shooter

totaux doubles
hard-way bets

zone d'offre
proposition area

bâton
stick

place du croupier
stickman's position

place bets
place bets

le don't come
don't-come box

le come
come box

cornet à dés
dice boat

ligne de passe
pass line/front line

barre du : ne passe pas
don't-pass bar

champ
field

gros 6/gros 8
big 6/big 8

Table de craps/Table de dés
Craps's table/Dice table

Tapis de Black Jack
Blackjack/21 Layout

la main du croupier
dealer's hand

place du croupier
dealer's station

mise
money slot

jetons
chip rack

défausse
discard holder

sabot
shoe/sabot

avant-dernière donne
home plate/anchor spot

créneaux
spots

la main
hand

première donne
first base

Jeux de casino

Cartes à jouer

Un paquet ou un jeu de cartes est composé de 52 cartes. Les as, ci-dessous et les basses cartes numérotées de 2 à 10 sont appelés cartes à points. Un joker est utilisé dans certains jeux de cartes requèrant une carte libre. Lorsque le dos d'une carte a été légèrement altéré pour permettre de lire illégalement sa valeur, le jeu est dit « marqué ».

Playing Cards

There are 52 cards in a *deck* or,*pack*. The *aces*, shown below, and cards numbered two through ten,are called *spot cards* or *pip cards*. An additional card, the *joker*, or *mistigris*, is used in *card games* requiring a *wild card*. A *marked deck* is one in which the card *backs* have been altered slightly to allow a player to read their *values* illegally.

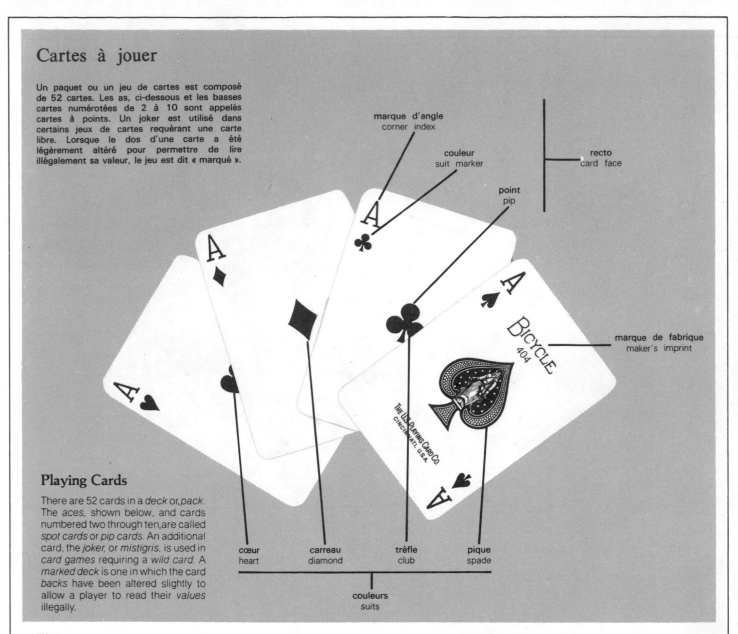

marque d'angle
corner index

couleur
suit marker

point
pip

recto
card face

marque de fabrique
maker's imprint

| cœur
heart | carreau
diamond | trèfle
club | pique
spade |

couleurs
suits

Figures

Valet

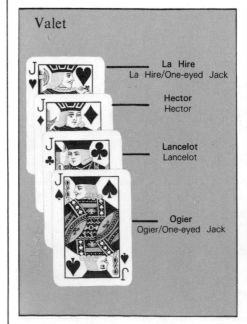

La Hire
La Hire/One-eyed Jack

Hector
Hector

Lancelot
Lancelot

Ogier
Ogier/One-eyed Jack

Reine

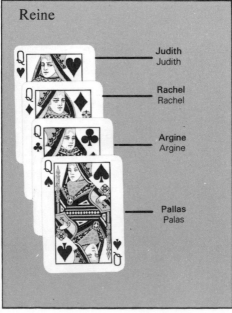

Judith
Judith

Rachel
Rachel

Argine
Argine

Pallas
Palas

Roi

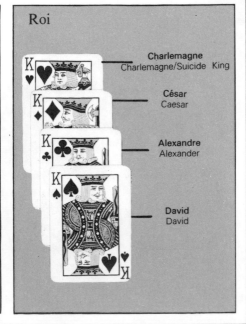

Charlemagne
Charlemagne/Suicide King

César
Caesar

Alexandre
Alexander

David
David

Les arts et l'artisanat

Dans ce chapitre, on trouvera une section consacrée aux arts du spectacle, et plus particulièrement aux salles de théâtre ; une autre consacrée à la musique, depuis les symboles graphiques figurant sur une partition jusqu'aux diverses parties d'un instrument ; enfin une section consacrée aux beaux-arts et à l'artisanat.

Dans la partie beaux-arts, on a examiné les techniques et outils de travail plutôt que les styles artistiques. Tous les arts sont représentés, de la peinture et la sculpture, à la poterie et au vitrail ; chaque instrument est illustré et décrit dans ses moindres détails.

Dans la partie artisanat, on a passé en revue les travaux d'aiguille, notamment la broderie, le tricot, et le tissage. On y trouve également le vocabulaire décrivant un patron de couture.

Enfin, ce chapitre consacre une section entière à la bande dessinée et à sa terminologie. Le lecteur apprendra ainsi à identifier chaque élément d'une bande dessinée, des gouttes de sueur froide sur un personnage en détresse jusqu'aux doubles '' X '' sur l'étiquette d'une bouteille d'alcool. Il apprendra également à établir la distinction entre bulles de paroles, de pensées et d'idées dans une case de bande dessinée.

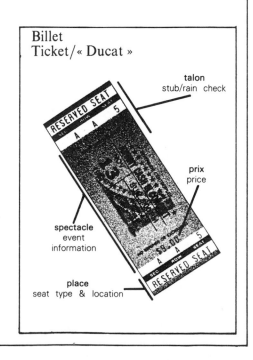

Billet
Ticket/« Ducat »

talon
stub/rain check

prix
price

spectacle
event
information

place
seat type & location

Scène

Habituellement, l'estrade d'un théâtre est flanquée de panneaux de décor amovibles (quelquefois remplacés par des rideaux) servant à dissimuler les coulisses et à délimiter la scène. Une trappe, ou trappe d'apparition, donnant sur le sous-sol, est généralement aménagée dans le plancher ; l'arrière de la scène est tendu d'une toile de fond représentant les derniers plans du décor ; enfin on trouve souvent un monte-charge. On appelle accessoires tous les objets utilisés sur le plateau (au lieu de plateau, on dit quelquefois les planches ou les tréteaux). Dans la mise en scène, les accessoires, décors d'intérieurs et paysages, sont mis en valeur par l'éclairage.

Stage

Also found on many stages are *tormentors*, or *legs*, which frame the stage to narrow the acting area, a *trapdoor*, or *scruto*, an *elevator*, and a fabric backdrop, or *scrim*. Everything used on stages, or *boards*, are *props*, or *properties*. The arrangement of *scenery*, properties and lighting is called a *set*.

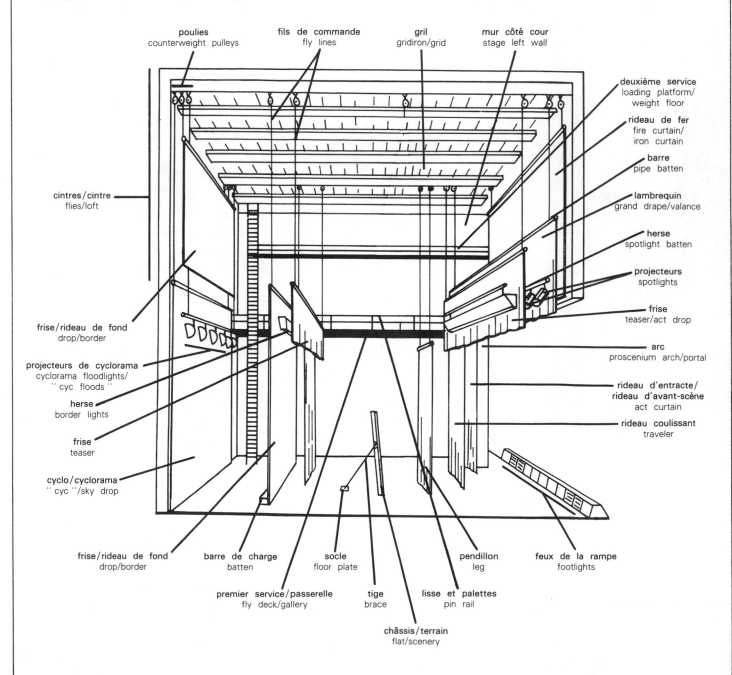

poulies
counterweight pulleys

fils de commande
fly lines

gril
gridiron/grid

mur côté cour
stage left wall

deuxième service
loading platform/
weight floor

rideau de fer
fire curtain/
iron curtain

barre
pipe batten

lambrequin
grand drape/valance

cintres/cintre
flies/loft

herse
spotlight batten

projecteurs
spotlights

frise/rideau de fond
drop/border

frise
teaser/act drop

arc
proscenium arch/portal

projecteurs de cyclorama
cyclorama floodlights/
" cyc floods "

rideau d'entracte/
rideau d'avant-scène
act curtain

herse
border lights

rideau coulissant
traveler

frise
teaser

cyclo/cyclorama
" cyc "/sky drop

frise/rideau de fond
drop/border

barre de charge
batten

socle
floor plate

pendillon
leg

feux de la rampe
footlights

premier service/passerelle
fly deck/gallery

tige
brace

lisse et palettes
pin rail

châssis/terrain
flat/scenery

Coupe
Cross section

Dans une salle de spectacle, l'orchestre est installé dans la fosse d'orchestre entre les spectateurs et la scène. Pour certains spectacles, la scène se prolonge jusque dans l'allée centrale. Au-dessus de l'orchestre se trouve une rangée de places que l'on appelle le balcon. Dans les théâtres comportant plus d'un balcon, celui qui est situé immédiatement au-dessus de l'orchestre s'appelle la corbeille ou première galerie. Les premières loges sont celles situées à l'avant de la corbeille.

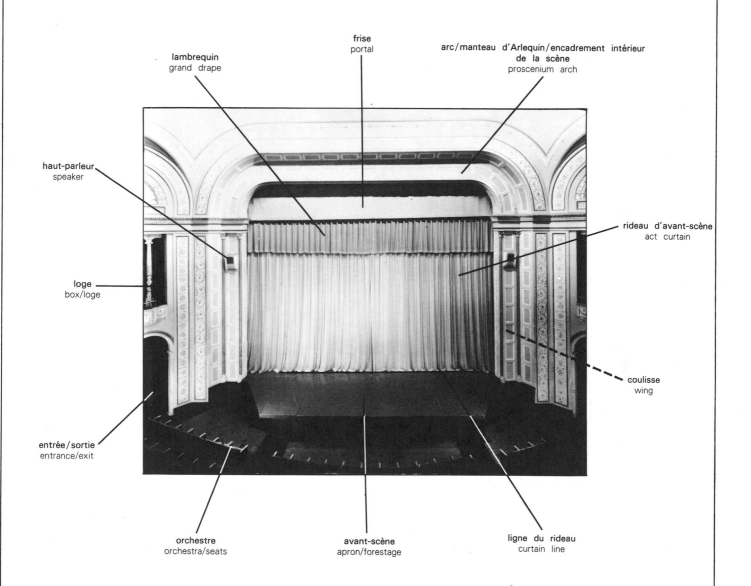

frise
portal

lambrequin
grand drape

arc/manteau d'Arlequin/encadrement intérieur
de la scène
proscenium arch

haut-parleur
speaker

rideau d'avant-scène
act curtain

loge
box/loge

coulisse
wing

entrée/sortie
entrance/exit

orchestre
orchestra/seats

avant-scène
apron/forestage

ligne du rideau
curtain line

Theater

In a *performance hall*, the orchestra sits in a sunken *orchestra pit* between the audience and the stage. For some shows a *runway*, or *ramp*, extends from the stage into the *center aisle*. The seating area above the orchestra is the *balcony*. In theaters with more than one balcony, the lowest one is the *mezzanine*, the front section of which is the *loge*.

Partitions

Dans une partition musicale, les paroles sont inscrites en dessous des portées. Le signe ' indique une respiration, ce qui veut dire que le chanteur ou le musicien doit marquer un bref temps d'arrêt. On appelle accord l'association de plusieurs sons simultanés ayant des rapports de fréquence codifiés par les lois de l'harmonie. Les signes diacritiques (dièse, bémol, bécarre) placés devant certaines notes indiquent une altération dans la partition qui n'est pas à la clé. Une quintuple croche est trente-deux fois plus brève qu'une noire.

Sheet Music Notations

Words to be sung, or *lyrics*, appear below the staff on sheet music. The notation ' is a *breath mark* indicating that the singer or musician should briefly pause. A combination of tones that blend harmoniously is a *chord*. Sharps, flats and naturals appearing directly in front of specific notes are called *accidentals*. A *quasihemidemisemiquaver* is a 128th note.

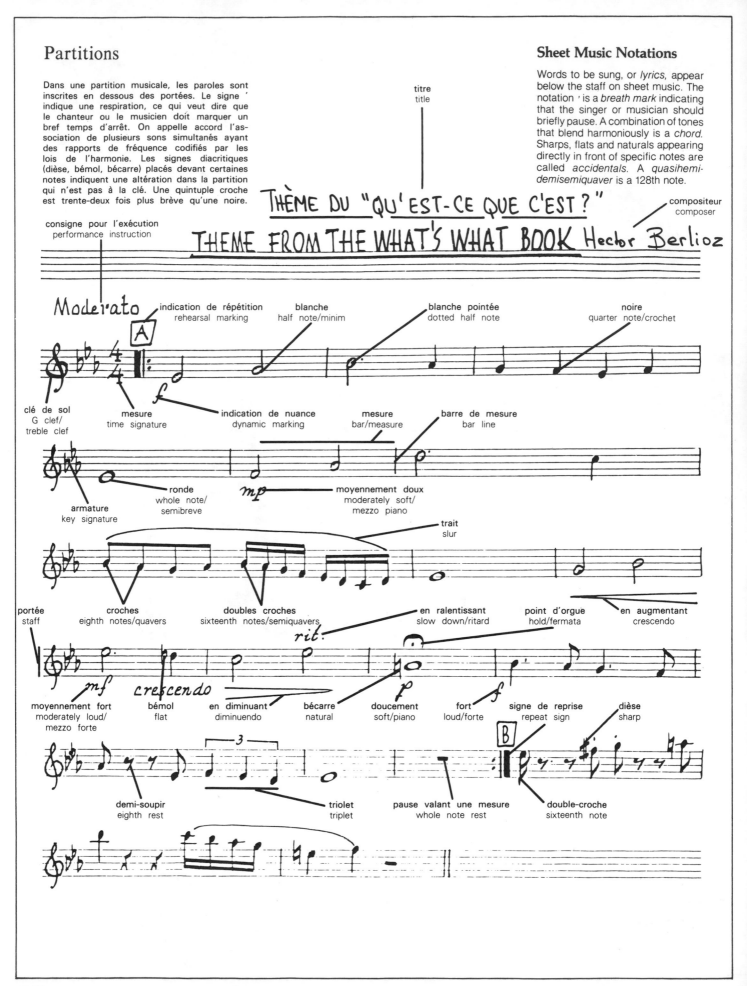

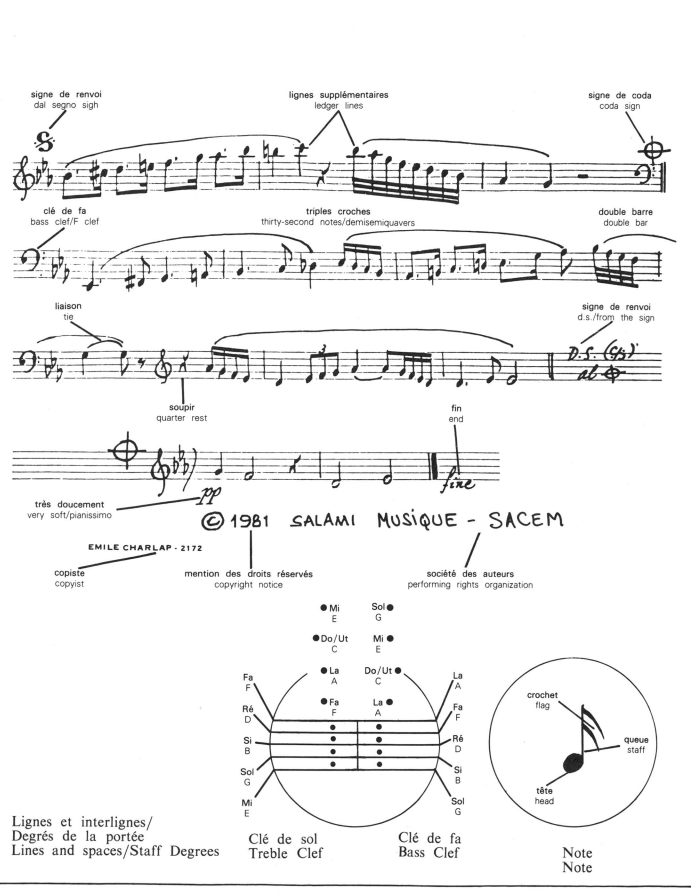

signe de renvoi
dal segno sigh

lignes supplémentaires
ledger lines

signe de coda
coda sign

clé de fa
bass clef/F clef

triples croches
thirty-second notes/demisemiquavers

double barre
double bar

liaison
tie

signe de renvoi
d.s./from the sign

soupir
quarter rest

fin
end

très doucement
very soft/pianissimo

EMILE CHARLAP - 2172

© 1981 SALAMI MUSIQUE - SACEM

copiste
copyist

mention des droits réservés
copyright notice

société des auteurs
performing rights organization

Lignes et interlignes/
Degrés de la portée
Lines and spaces/Staff Degrees

Clé de sol
Treble Clef

Clé de fa
Bass Clef

Note
Note

crochet
flag

queue
staff

tête
head

347

Musique

Orchestre

Dans un orchestre symphonique, les parties orchestrales écrites pour les cordes, les bois et les cuivres sont interprétées chacune par plusieurs musiciens à la fois. Dans les ensembles de musique de chambre, en général, chaque interprète joue une partie différente. Les orchestres dits d'harmonie, appelés parfois simplement harmonies, ne comportent normalement pas d'instruments à cordes. En principe il n'y a pas de hautbois ni de basson dans une fanfare. Les flûtes sont remplacées par des piccolos ou des fifres. En revanche, la composition des orchestres de jazz ou de musique de danse n'est pas soumise à des règles fixes.

Orchestra

In symphony orchestras, string, woodwind and brass parts are performed by many *musicians*. In *chamber music ensembles*, each part is usually played by a single *player*. *Bands* do not normally include stringed instruments. *Marching bands* generally use no oboes or bassoons, and flutes are replaced with piccolos or *fifes*. *Dance bands* and *jazz bands* are loosely structured.

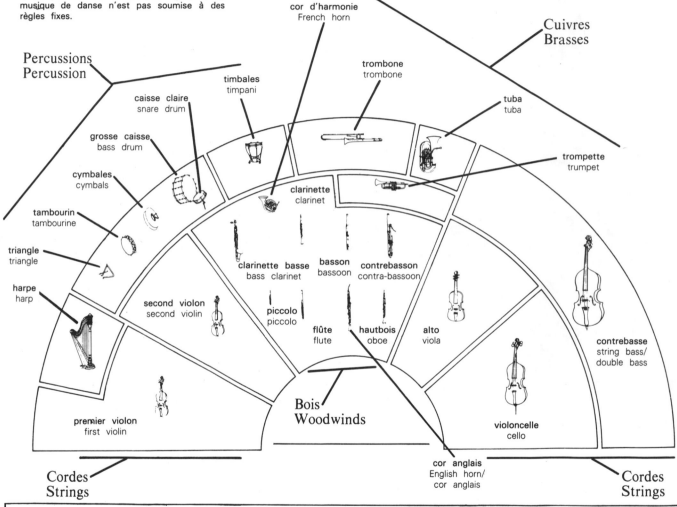

cor d'harmonie
French horn

Cuivres
Brasses

Percussions
Percussion

trombone
trombone

timbales
timpani

caisse claire
snare drum

tuba
tuba

grosse caisse
bass drum

trompette
trumpet

cymbales
cymbals

clarinette
clarinet

tambourin
tambourine

triangle
triangle

clarinette basse
bass clarinet

basson
bassoon

contrebasson
contra-bassoon

harpe
harp

second violon
second violin

piccolo
piccolo

flûte
flute

hautbois
oboe

alto
viola

contrebasse
string bass/
double bass

premier violon
first violin

Bois
Woodwinds

violoncelle
cello

Cordes
Strings

cor anglais
English horn/
cor anglais

Cordes
Strings

Orchestre symphonique
Symphony Orchestra

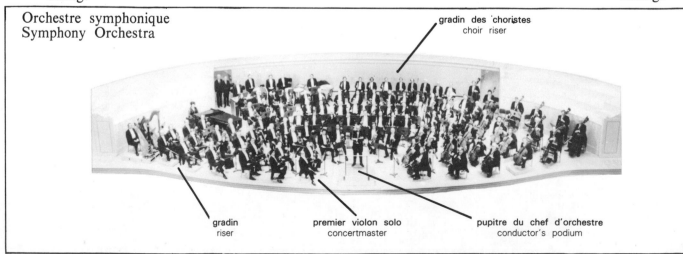

gradin des choristes
choir riser

gradin
riser

premier violon solo
concertmaster

pupitre du chef d'orchestre
conductor's podium

Violon

Les instruments à corde émettent des sons lorsque l'on passe l'archet sur les cordes (arco), ou bien lorsque l'on pince les cordes entre les doigts (pizzicato). La vibration produite entre la table d'harmonie et le fond de l'instrument augmente la richesse et l'intensité du son.

Violin

Stringed instruments produce tones when a bow is drawn across the strings (*arco*) or they are finger-plucked (*pizzicato*). The sympathetic vibration produced between the instrument's belly and *back* adds *resonance* and *volume* to the sound.

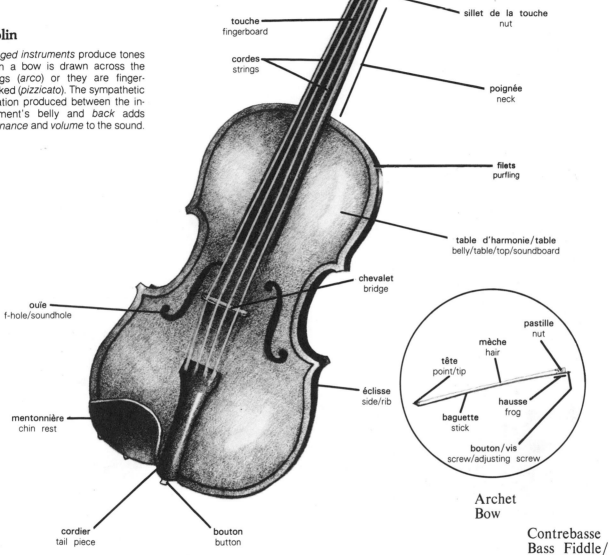

coquille
scroll

cheville
peg/screw

chevillier
pegbox

sillet de la touche
nut

touche
fingerboard

cordes
strings

poignée
neck

filets
purfling

table d'harmonie/table
belly/table/top/soundboard

chevalet
bridge

ouïe
f-hole/soundhole

éclisse
side/rib

mentonnière
chin rest

cordier
tail piece

bouton
button

pastille
nut

mèche
hair

tête
point/tip

hausse
frog

baguette
stick

bouton/vis
screw/adjusting screw

Archet
Bow

Contrebasse
Bass Fiddle/
Double Bass/Bass

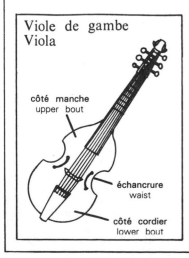

Viole de gambe
Viola

côté manche
upper bout

échancrure
waist

côté cordier
lower bout

Violoncelle
Cello/Violoncello

pique
retractable spike

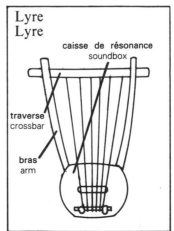

Lyre
Lyre

caisse de résonance
soundbox

traverse
crossbar

bras
arm

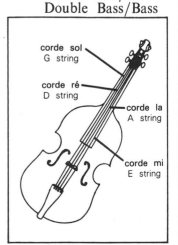

corde sol
G string

corde ré
D string

corde la
A string

corde mi
E string

Bois

Les notes sont produites soit par la vibration d'une anche battante simple ou double (faite en roseau souple), soit par l'émission d'un filet d'air dirigé sur l'arête de l'embouchure.

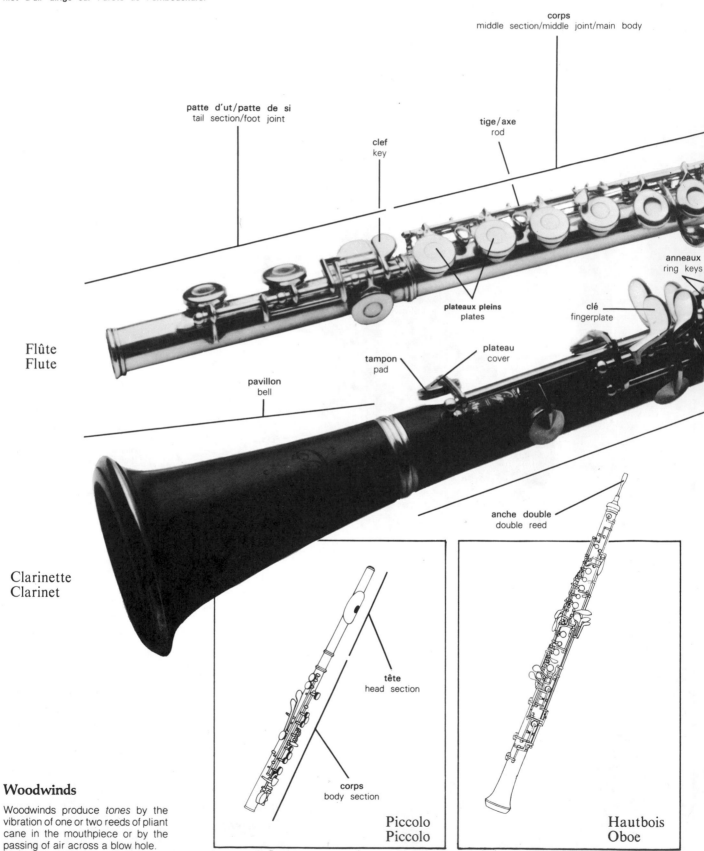

corps
middle section/middle joint/main body

patte d'ut/patte de si
tail section/foot joint

tige/axe
rod

clef
key

plateaux pleins
plates

anneaux
ring keys

clé
fingerplate

Flûte
Flute

plateau
cover

tampon
pad

pavillon
bell

anche double
double reed

Clarinette
Clarinet

tête
head section

corps
body section

Piccolo
Piccolo

Hautbois
Oboe

Woodwinds

Woodwinds produce *tones* by the vibration of one or two reeds of pliant cane in the mouthpiece or by the passing of air across a blow hole.

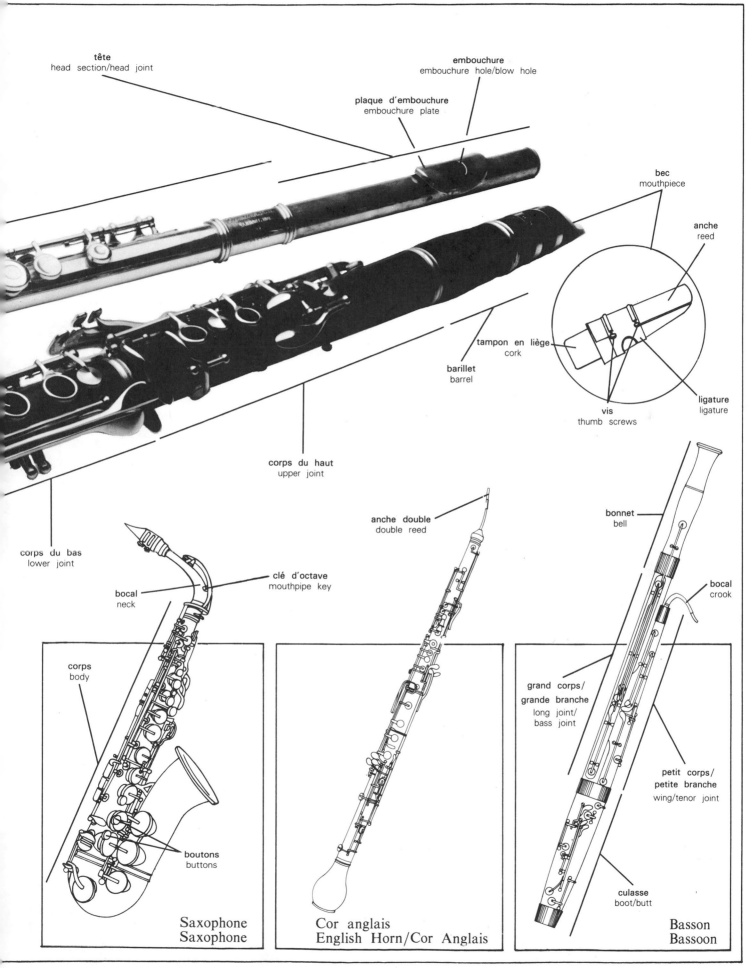

tête
head section/head joint

embouchure
embouchure hole/blow hole

plaque d'embouchure
embouchure plate

bec
mouthpiece

anche
reed

tampon en liège
cork

barillet
barrel

ligature
ligature

vis
thumb screws

corps du haut
upper joint

anche double
double reed

bonnet
bell

corps du bas
lower joint

clé d'octave
mouthpipe key

bocal
crook

bocal
neck

corps
body

grand corps/
grande branche
long joint/
bass joint

boutons
buttons

petit corps/
petite branche
wing/tenor joint

culasse
boot/butt

Saxophone
Saxophone

Cor anglais
English Horn/Cor Anglais

Basson
Bassoon

Cuivres

Les cuivres sont des instruments à vent qui émettent des sons lorsque l'on fait vibrer les lèvres de l'instrument — appelées aussi anches membraneuses ou anches lippales — contre l'embouchure. Pour élargir l'étendue de l'échelle des sons produits par un cuivre, c'est-à-dire son diapason, son registre, ou encore son étendue, on se sert de tuyaux dits corps de rechange ou barillets.

Brasses

Brasses are *wind instruments* that produce *tones* when lips are buzzed against the mouthpiece. The range of brass instruments is increased by added lengths of tubing called *crooks* or *shanks*.

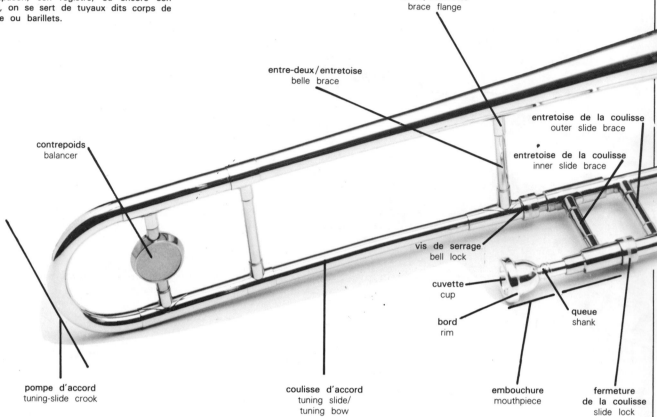

bride/collerette
brace flange

entre-deux/entretoise
belle brace

entretoise de la coulisse
outer slide brace

entretoise de la coulisse
inner slide brace

contrepoids
balancer

vis de serrage
bell lock

cuvette
cup

bord
rim

queue
shank

pompe d'accord
tuning-slide crook

coulisse d'accord
tuning slide/
tuning bow

embouchure
mouthpiece

fermeture
de la coulisse
slide lock

Trombone à coulisse
Trombone

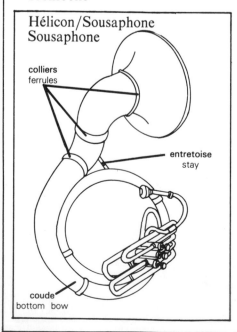

Hélicon/Sousaphone
Sousaphone

colliers
ferrules

entretoise
stay

coude
bottom bow

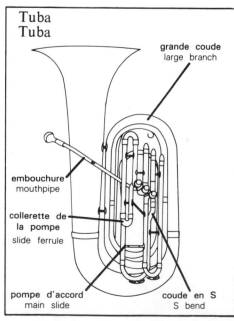

Tuba
Tuba

grande coude
large branch

embouchure
mouthpipe

collerette de
la pompe
slide ferrule

pompe d'accord
main slide

coude en S
S bend

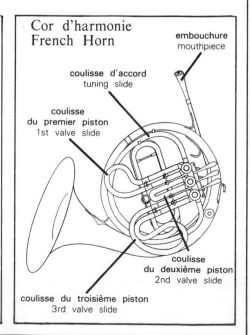

Cor d'harmonie
French Horn

embouchure
mouthpiece

coulisse d'accord
tuning slide

coulisse
du premier piston
1st valve slide

coulisse
du deuxième piston
2nd valve slide

coulisse du troisième piston
3rd valve slide

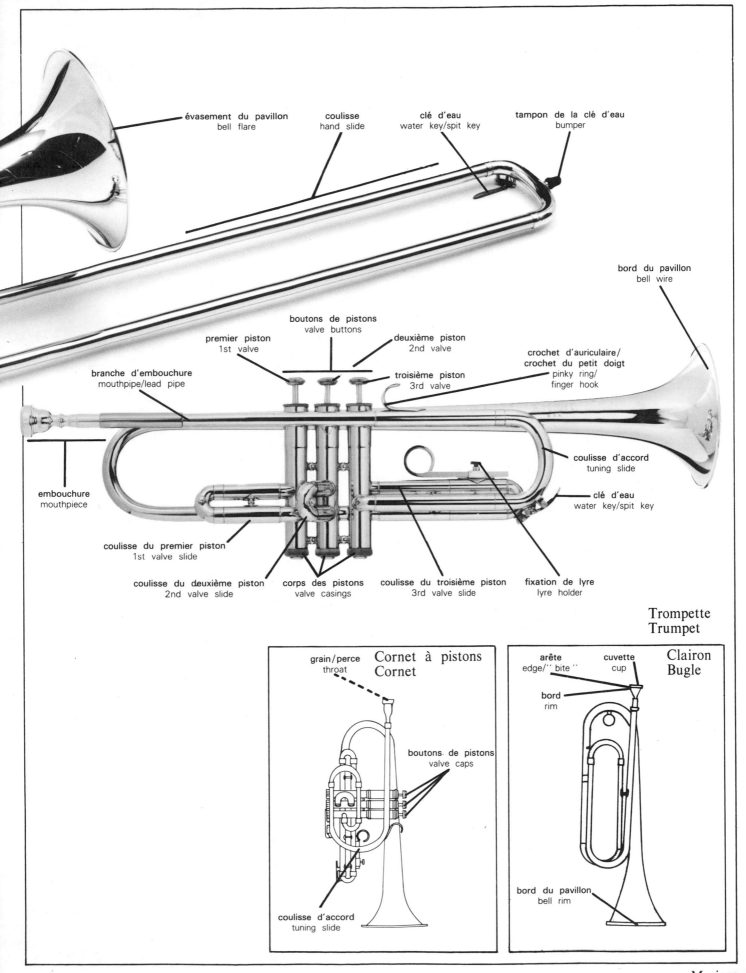

évasement du pavillon
bell flare

coulisse
hand slide

clé d'eau
water key/spit key

tampon de la clé d'eau
bumper

bord du pavillon
bell wire

boutons de pistons
valve buttons

premier piston
1st valve

deuxième piston
2nd valve

troisième piston
3rd valve

crochet d'auriculaire/
crochet du petit doigt
pinky ring/
finger hook

branche d'embouchure
mouthpipe/lead pipe

embouchure
mouthpiece

coulisse d'accord
tuning slide

clé d'eau
water key/spit key

coulisse du premier piston
1st valve slide

coulisse du deuxième piston
2nd valve slide

corps des pistons
valve casings

coulisse du troisième piston
3rd valve slide

fixation de lyre
lyre holder

Trompette
Trumpet

grain/perce
throat

Cornet à pistons
Cornet

arête
edge/"bite"

cuvette
cup

Clairon
Bugle

bord
rim

boutons de pistons
valve caps

coulisse d'accord
tuning slide

bord du pavillon
bell rim

Musique

Orgue

Les claviers, ou claviers manuels, le pédalier et les tuyaux de l'orgue à tuyaux, sont, comme on le voit ci-dessous, incorporés dans le meuble ou console. Le son se produit lorsque l'air dégagé par la soufflerie passe par le sommier pour entrer ensuite dans l'un des tuyaux. Les sons de l'orgue électrique sont produits de façon mécanique. L'orgue électronique fonctionne au moyen de transistors et de tubes à vide.

Organ

The keyboards, or *manuals*, pedal board and *pipes* of a pipe organ, such as the one shown here, are contained in the body, or *console*. Music is produced when air, sent into a *wind chest* from an internal *bellows*, is directed into one of the organ's pipes. An *electric organ* produces tones mechanically. An *electronic organ* uses *transistors* and *tubes* to make sounds.

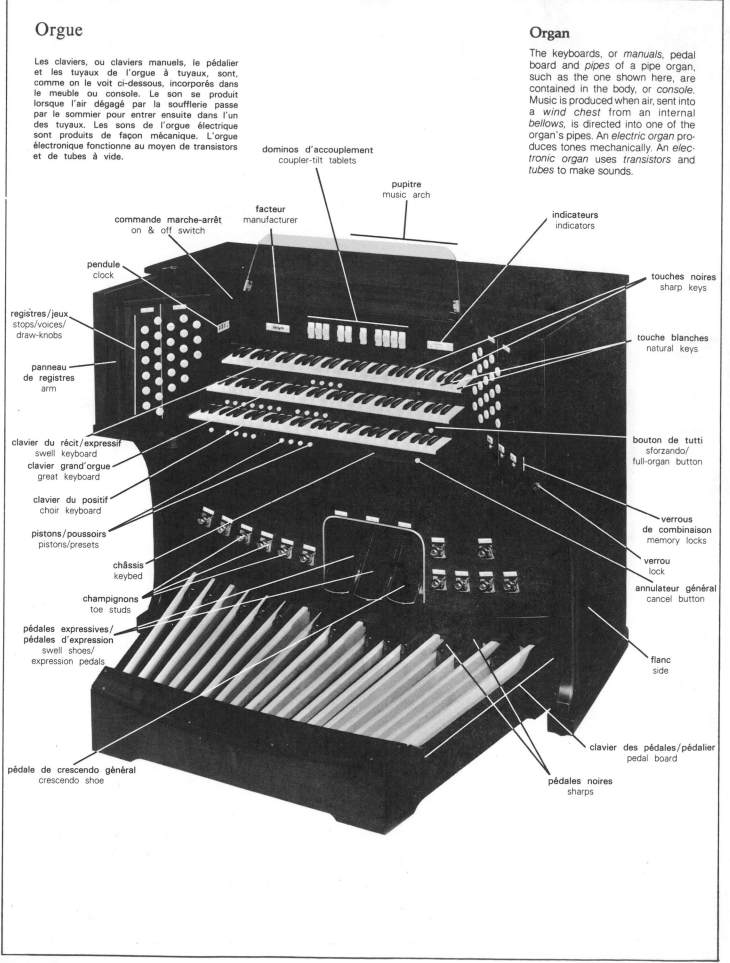

dominos d'accouplement
coupler-tilt tablets

pupitre
music arch

facteur
manufacturer

commande marche-arrêt
on & off switch

indicateurs
indicators

pendule
clock

touches noires
sharp keys

registres/jeux
stops/voices/
draw-knobs

touche blanches
natural keys

panneau
de registres
arm

clavier du récit/expressif
swell keyboard

bouton de tutti
sforzando/
full-organ button

clavier grand'orgue
great keyboard

clavier du positif
choir keyboard

verrous
de combinaison
memory locks

pistons/poussoirs
pistons/presets

verrou
lock

châssis
keybed

annulateur général
cancel button

champignons
toe studs

pédales expressives/
pédales d'expression
swell shoes/
expression pedals

flanc
side

clavier des pédales/pédalier
pedal board

pédale de crescendo général
crescendo shoe

pédales noires
sharps

Piano

Dans un piano on distingue trois aspects : la structure, le mécanisme et la sonorité. Le mécanisme est le suivant : en appuyant sur une touche, on soulève un marteau feutré qui vient frapper une corde dans le cadre du piano. Il existe également des claviers muets permettant aux pianistes de s'entraîner en silence.

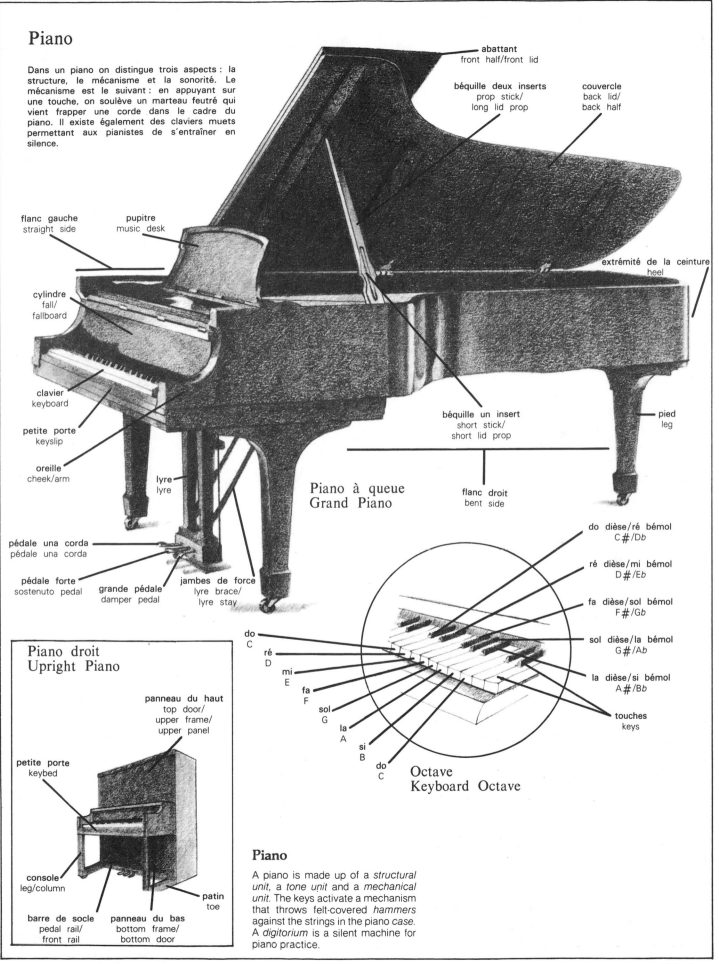

abattant
front half/front lid

béquille deux inserts
prop stick/
long lid prop

couvercle
back lid/
back half

flanc gauche
straight side

pupitre
music desk

extrémité de la ceinture
heel

cylindre
fall/
fallboard

clavier
keyboard

petite porte
keyslip

oreille
cheek/arm

lyre
lyre

béquille un insert
short stick/
short lid prop

pied
leg

Piano à queue
Grand Piano

flanc droit
bent side

pédale una corda
pédale una corda

pédale forte
sostenuto pedal

grande pédale
damper pedal

jambes de force
lyre brace/
lyre stay

do dièse/ré bémol
C#/Db

ré dièse/mi bémol
D#/Eb

fa dièse/sol bémol
F#/Gb

sol dièse/la bémol
G#/Ab

la dièse/si bémol
A#/Bb

do
C

ré
D

mi
E

fa
F

sol
G

la
A

si
B

do
C

touches
keys

Octave
Keyboard Octave

Piano droit
Upright Piano

panneau du haut
top door/
upper frame/
upper panel

petite porte
keybed

console
leg/column

patin
toe

barre de socle
pedal rail/
front rail

panneau du bas
bottom frame/
bottom door

Piano

A piano is made up of a *structural unit*, a *tone unit* and a *mechanical unit*. The keys activate a mechanism that throws felt-covered *hammers* against the strings in the piano *case*. A *digitorium* is a silent machine for piano practice.

Musique

Guitare

Ces cordophones ou instruments à cordes appartiennent à la famille du luth. On en joue en pinçant ou en grattant les cordes avec les doigts ou avec un plectrum rigide. Un capodastre est un instrument qui s'adapte au manche de la guitare et qui permet d'en monter le son, c'est-à-dire de la mettre à un ton plus élevé. A l'intérieur du manche creux d'un sitar, sont placées des cordes dites sympathiques qui vibrent en même temps que le bourdon et les cordes mélodiques.

Guitar

These *chordophones,* or *stringed instruments,* are members of the lute family. They are played by plucking or strumming the strings with the fingers or with a stiff *plectrum* or *pick.* A movable device attached to a guitar neck, used to raise the pitch of the strings, is a *capo.* There are *sympathetic strings* inside the hollow neck of a sitar that vibrate in response to the drone or melody strings.

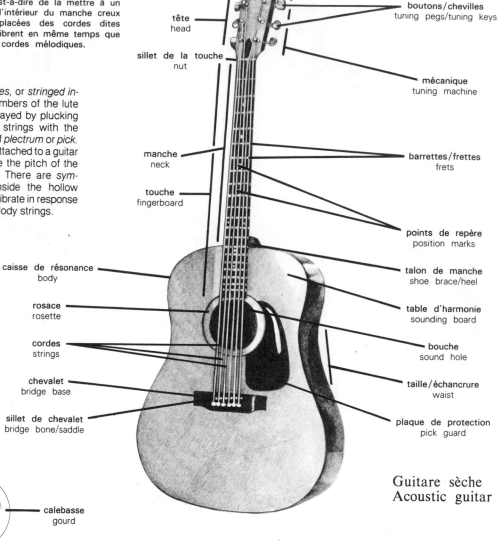

tête
head

sillet de la touche
nut

manche
neck

touche
fingerboard

boutons/chevilles
tuning pegs/tuning keys

mécanique
tuning machine

barrettes/frettes
frets

points de repère
position marks

talon de manche
shoe brace/heel

table d'harmonie
sounding board

bouche
sound hole

taille/échancrure
waist

plaque de protection
pick guard

caisse de résonance
body

rosace
rosette

cordes
strings

chevalet
bridge base

sillet de chevalet
bridge bone/saddle

Guitare sèche
Acoustic guitar

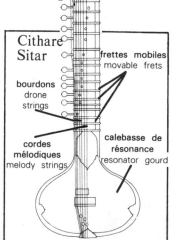

chevilles d'accord
tuning pegs

calebasse
gourd

Cithare
Sitar

frettes mobiles
movable frets

bourdons
drone strings

cordes mélodiques
melody strings

calebasse de résonance
resonator gourd

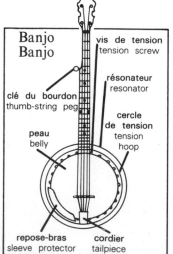

Banjo
Banjo

vis de tension
tension screw

résonateur
resonator

cercle de tension
tension hoop

clé du bourdon
thumb-string peg

peau
belly

repose-bras
sleeve protector

cordier
tailpiece

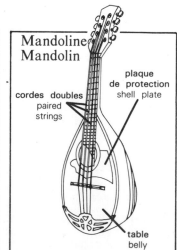

Mandoline
Mandolin

cordes doubles
paired strings

plaque de protection
shell plate

table
belly

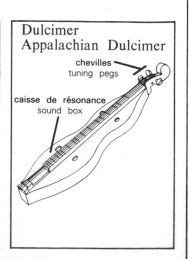

Dulcimer
Appalachian Dulcimer

chevilles
tuning pegs

caisse de résonance
sound box

La guitare électrique

Le corps d'une guitare électrique est en bois massif, contrairement à celui d'une guitare sèche qui est creux ou partiellement creux. Certaines commandes supplémentaires peuvent être reliées à l'amplificateur pour obtenir des effets spéciaux. On peut y relier également des préamplificateurs, qui servent à augmenter les signaux faibles.

Electric Guitar

The electric guitar has a *solid body* rather than the *hollow* or *semi-hollow body* of an acoustic guitar. *Special-effects pedals*, among them *fuzz*, *fuzz-phaser*, *wah-wah* and *distortion*, can be linked to the amplifier. *Pre-amplifiers*, which serve to magnify weak signals, can also be hooked up to the amplifier.

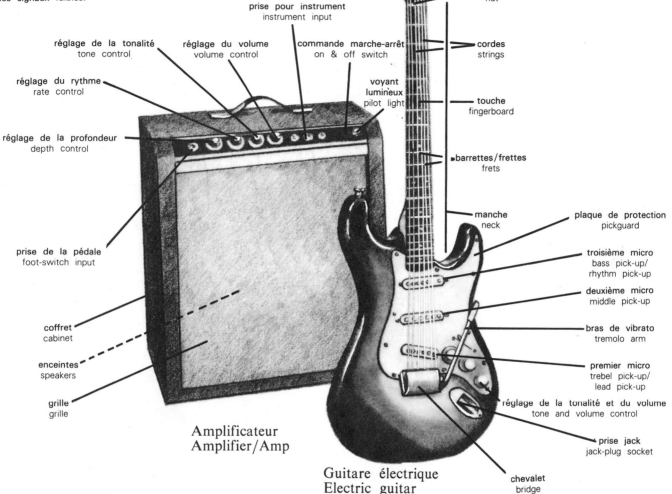

cheville mécanique/bouton de mécanique
key/peg

tête
heat

sillet
nut

prise pour instrument
instrument input

réglage de la tonalité
tone control

réglage du volume
volume control

commande marche-arrêt
on & off switch

cordes
strings

réglage du rythme
rate control

voyant lumineux
pilot light

touche
fingerboard

réglage de la profondeur
depth control

barrettes/frettes
frets

manche
neck

plaque de protection
pickguard

prise de la pédale
foot-switch input

troisième micro
bass pick-up/
rhythm pick-up

deuxième micro
middle pick-up

coffret
cabinet

bras de vibrato
tremolo arm

enceintes
speakers

premier micro
trebel pick-up/
lead pick-up

grille
grille

réglage de la tonalité et du volume
tone and volume control

Amplificateur
Amplifier/Amp

prise jack
jack-plug socket

Guitare électrique
Electric guitar

chevalet
bridge

Basse-guitare double manche
Double-Neck Bass and guitar

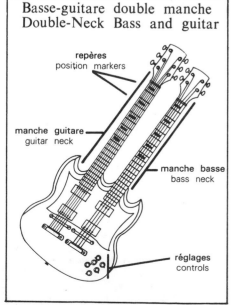

repères
position markers

manche guitare
guitar neck

manche basse
bass neck

réglages
controls

Synthétiseur
Synthesizer

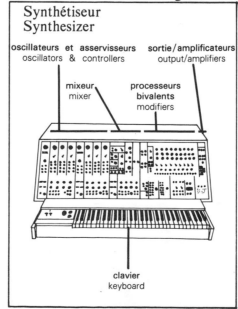

oscillateurs et asservisseurs
oscillators & controllers

sortie/amplificateurs
output/amplifiers

mixeur
mixer

processeurs bivalents
modifiers

clavier
keyboard

Guitare steel pédale
Pedal steel guitar

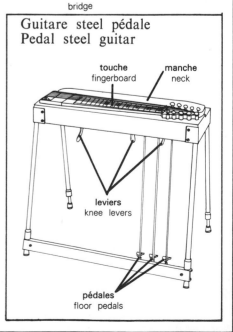

touche
fingerboard

manche
neck

leviers
knee levers

pédales
floor pedals

Batterie

Les tambours, ou membraphones, d'une batterie telle que celle-ci sont percutés à coups de baguettes, de mailloches, ou de balais. Pour les gongs on se sert de baguettes à tampon. Des cordes ajustables en métal, nylon ou boyau, appelées timbres, sont placées sous la tête inférieure ou tête de timbre de la caisse claire. On peut régler le son des timbales au moyen de vis, de tendons ou de pédales.

Drums

Drums, or *membranophones*, in a *drum set* such as the one shown here, are played with *drumsticks*, *mallets* or *brushes*. A gong is struck with a *beater*. Adjustable metal, nylon or gut strings, called *snares*, are stretched across the *bottom head*, or *snare head*, of a *snare drum*. Timpani can be adjusted by screws or pedals to produce sounds of different pitches.

Toms
Aerial Tom-Toms

dôme
bell

frappe
bow

bord
edge

coquilles/attaches
lugs

double attache du tom
tom-tom holder

Cymbale Charleston
Hi-Hat Cymbal

peau de frappe
batter head

Cymbale/Cymbale fixe
Cymbal

pied de cymbale
cymbal stand

clé de tension
tension control knob

blocage
lock

fût
shell

cercle
counterhoop

coquille/attache
lug

fût
shell

batte
beater

peau
head

barre de tension
tension rod

pédale
pedal

cercle
counterhoop

pied de tom
tom-tom leg

embout
foot

pédale
foot pedal

Caisse claire
Snare Drum/Side Drum

Grosse caisse
Bass Drum

Tom médium
Floor Tom-Tom/Tenor Drum

Bongos
Bongos

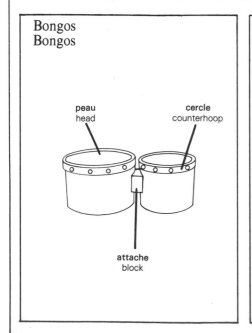

peau
head

cercle
counterhoop

attache
block

Tambourin
Tambourine

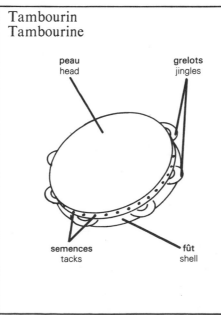

peau
head

grelots
jingles

semences
tacks

fût
shell

Timbale/Timbale à clés
Kettledrum/Timpano

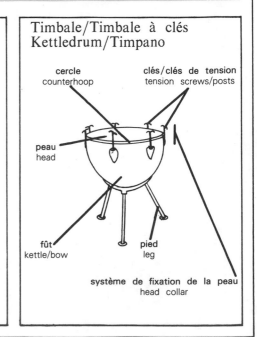

cercle
counterhoop

clés/clés de tension
tension screws/posts

peau
head

fût
kettle/bow

pied
leg

système de fixation de la peau
head collar

Cornemuse

Dans cet instrument, la musique est produite par une anche simple ou double, fixée dans le chalumeau au moyen d'un tenon qui est activé lorsque l'air est insufflé dans les tuyaux soit directement par le souffle du joueur de cornemuse, soit par un soufflet qu'il attache sous son bras. On module les sons de la cornemuse en obstruant alternativement les huit trous du chalumeau. La poche de cuir est généralement recouverte d'une toile dècorative.

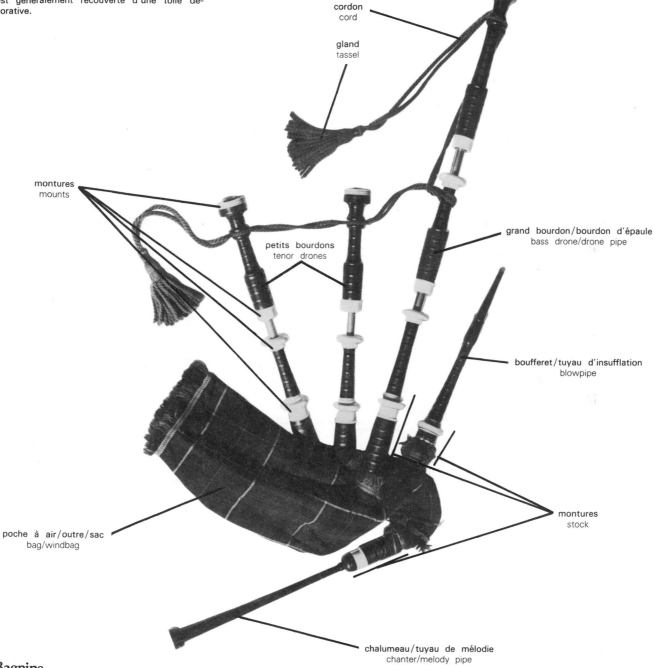

cordon
cord

gland
tassel

montures
mounts

petits bourdons
tenor drones

grand bourdon/bourdon d'épaule
bass drone/drone pipe

boufferet/tuyau d'insufflation
blowpipe

montures
stock

poche à air/outre/sac
bag/windbag

chalumeau/tuyau de mélodie
chanter/melody pipe

Bagpipe

A *drone reed*, or *double-reed*, held inside the chanter by a *tenon*, creates music when air is blown into the *pipes* by a *bagpiper* or by pumping *bellows* strapped to the *piper's* body. The melody is played on the eight *open holes* in the chanter. The *leather bag* is usually covered with a decorative *bag cover*.

Instruments
de musique populaire

A l'instar de l'harmonica, l'accordéon est un instrument à vent, à anche libre. La plupart des accordéons sont équipés d'un registre pour les basses et pour le clavier mélodique, ce qui permet à l'accordéoniste de changer le timbre de son instrument.

Folk Instruments

Like the harmonica, the accordion, or *piano-accordion*, is a *free-reed instrument*. Many accordions have *treble* and *bass register buttons* which allow the *accordionist* to change the tone of the instrument.

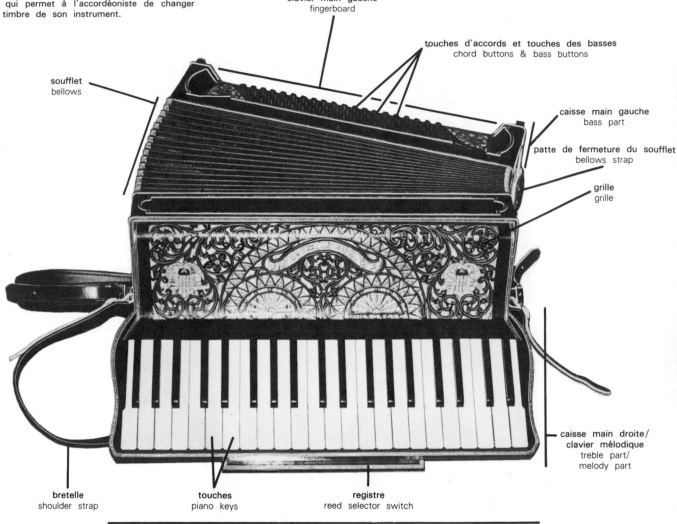

clavier d'accompagnement/
clavier main gauche
fingerboard

touches d'accords et touches des basses
chord buttons & bass buttons

soufflet
bellows

caisse main gauche
bass part

patte de fermeture du soufflet
bellows strap

grille
grille

caisse main droite/
clavier mélodique
treble part/
melody part

bretelle
shoulder strap

touches
piano keys

registre
reed selector switch

clavier chant/clavier main droite
keyboard

Accordéon
Accordion

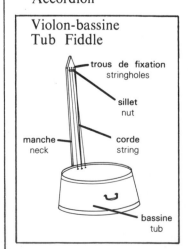

Violon-bassine
Tub Fiddle

trous de fixation
stringholes

sillet
nut

manche
neck

corde
string

bassine
tub

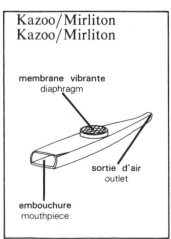

Kazoo/Mirliton
Kazoo/Mirliton

membrane vibrante
diaphragm

sortie d'air
outlet

embouchure
mouthpiece

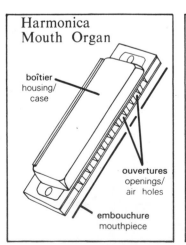

Harmonica
Mouth Organ

boîtier
housing/
case

ouvertures
openings/
air holes

embouchure
mouthpiece

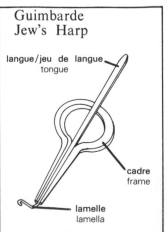

Guimbarde
Jew's Harp

langue/jeu de langue
tongue

cadre
frame

lamelle
lamella

Musical Accessories

A metronome, used to find the correct speed for music in beats per minute, can be spring wound or electric. A tuning fork is constructed and tempered so as to give a pure *tone* when caused to vibrate. It can be used in conjunction with a *resonance box* to amplify its sound.

Le métronome, mécanique ou électrique, sert à marquer la mesure, exprimée en un certain nombre de battements par minute, pour l'exécution d'un morceau de musique. Le diapason est un petit instrument en forme de fourche qui donne le la lorsqu'on le fait vibrer ; il est fabriqué en acier trempé de façon à émettre un son pur, qui peut être amplifié au moyen d'une caisse de résonance.

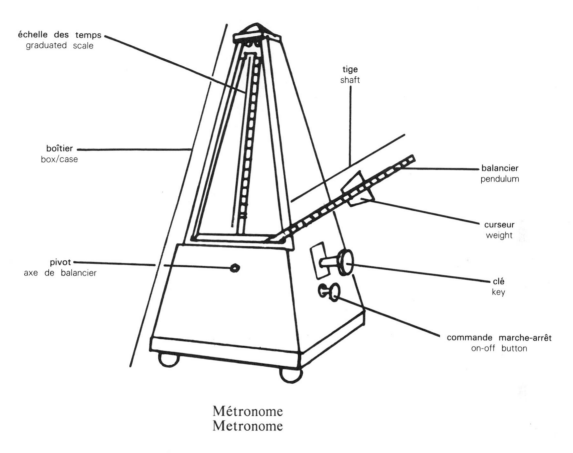

échelle des temps
graduated scale

tige
shaft

boîtier
box/case

balancier
pendulum

curseur
weight

pivot
axe de balancier

clé
key

commande marche-arrêt
on-off button

Métronome
Metronome

Diapason à branches / Tuning Fork

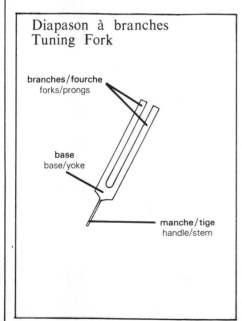

branches/fourche
forks/prongs

base
base/yoke

manche/tige
handle/stem

Diapason chromatique / Pitch Pipe

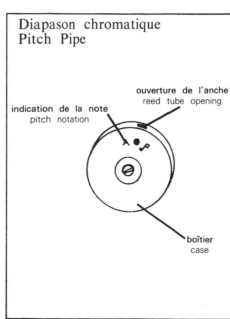

indication de la note
pitch notation

ouverture de l'anche
reed tube opening

boîtier
case

Pupitre pliant / Music Stand

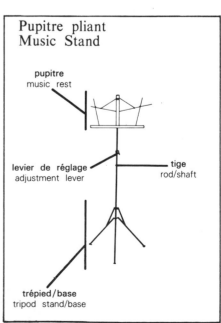

pupitre
music rest

levier de réglage
adjustment lever

tige
rod/shaft

trépied/base
tripod stand/base

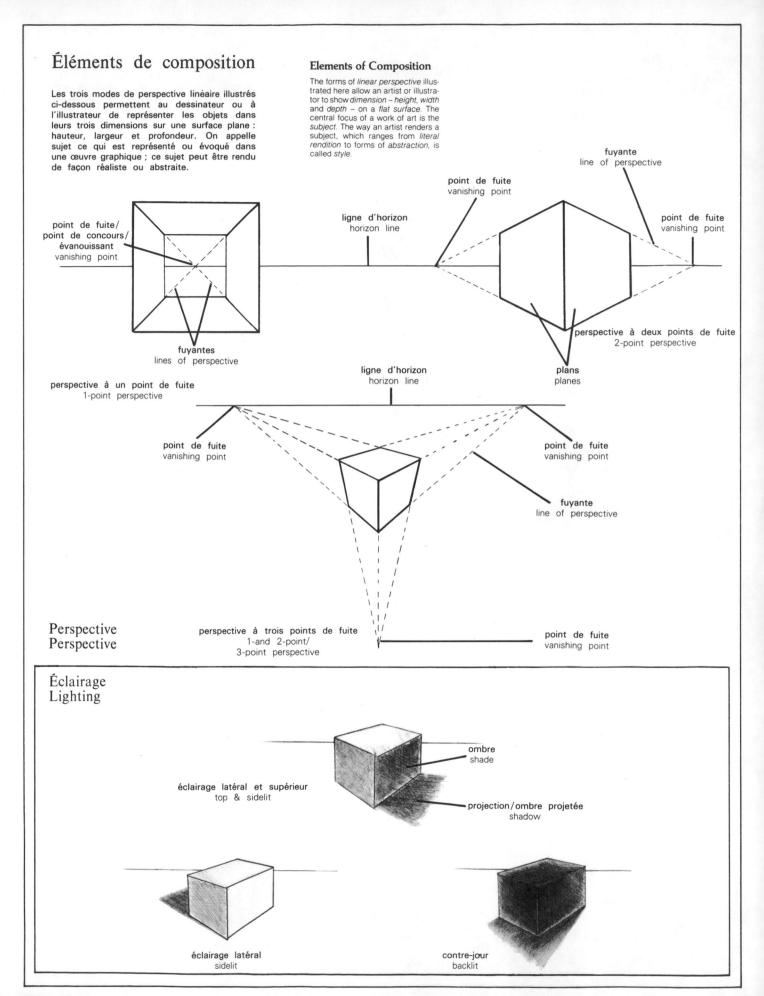

Éléments de composition

Les trois modes de perspective linéaire illustrés ci-dessous permettent au dessinateur ou à l'illustrateur de représenter les objets dans leurs trois dimensions sur une surface plane : hauteur, largeur et profondeur. On appelle sujet ce qui est représenté ou évoqué dans une œuvre graphique ; ce sujet peut être rendu de façon réaliste ou abstraite.

Elements of Composition

The forms of *linear perspective* illustrated here allow an artist or illustrator to show *dimension – height, width* and *depth –* on a *flat surface.* The central focus of a work of art is the *subject.* The way an artist renders a subject, which ranges from *literal rendition* to forms of *abstraction,* is called *style.*

fuyante
line of perspective

point de fuite
vanishing point

ligne d'horizon
horizon line

point de fuite
vanishing point

point de fuite/
point de concours/
évanouissant
vanishing point

fuyantes
lines of perspective

perspective à un point de fuite
1-point perspective

perspective à deux points de fuite
2-point perspective

plans
planes

ligne d'horizon
horizon line

point de fuite
vanishing point

point de fuite
vanishing point

fuyante
line of perspective

Perspective
Perspective

perspective à trois points de fuite
1-and 2-point/
3-point perspective

point de fuite
vanishing point

Éclairage
Lighting

éclairage latéral et supérieur
top & sidelit

ombre
shade

projection/ombre projetée
shadow

éclairage latéral
sidelit

contre-jour
backlit

Composition
Composition

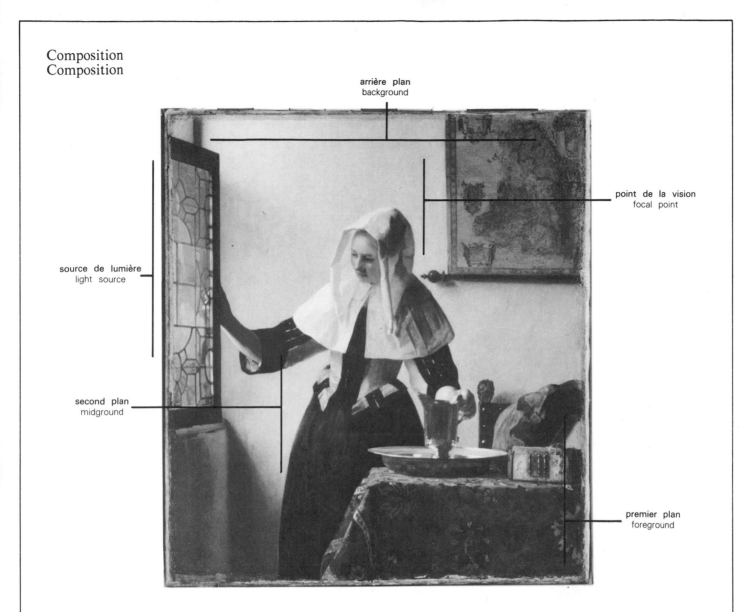

arrière plan
background

point de la vision
focal point

source de lumière
light source

second plan
midground

premier plan
foreground

Représentation des ombres
Texture

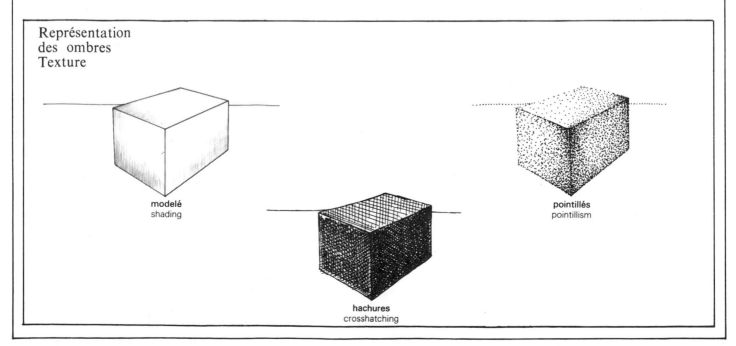

modelé
shading

hachures
crosshatching

pointillés
pointillism

Peinture

Avant d'appliquer la peinture sur la toile, celle-ci est tendue sur le châssis et recouverte d'un enduit qu'on appelle apprêt. L'artiste peintre, ou le peintre, choisit le type de peinture dont il va se servir. On compte principalement trois types de peinture : la peinture à l'huile (de lin, de noix, d'œillette) la peinture à l'essence (minérale, de térébenthine), et la peinture à l'eau (aquarelle, de trempe, gouache, lavis). Pour mélanger les couleurs et les appliquer sur la toile, le peintre se sert d'une fine lame fixée à un manche et connue sous le nom de couteau.

Painting

Before paint is applied to a *canvas* it must be drawn taut on a *stretcher* and the surface coated with *primer*, usually a substance called *gesso*. The *artist*, or *painter*, chooses a type of paint, or *medium*, in which to work, the most common of which are *tempera*, *acrylic* and *oil*. A thin blade set in a handle, used for mixing colors or applying them to a canvas, is a palette knife.

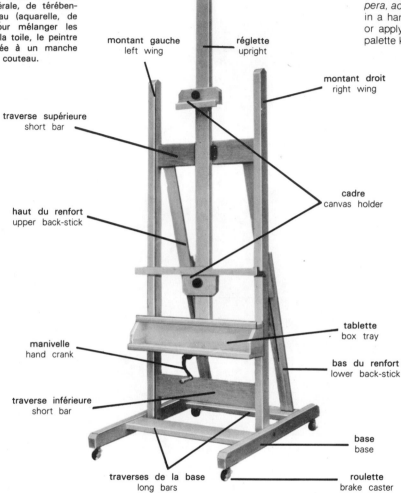

montant gauche
left wing

réglette
upright

montant droit
right wing

traverse supérieure
short bar

cadre
canvas holder

haut du renfort
upper back-stick

tablette
box tray

manivelle
hand crank

bas du renfort
lower back-stick

traverse inférieure
short bar

base
base

traverses de la base
long bars

roulette
brake caster

Chevalet
Easel

Pinceaux
Brushes

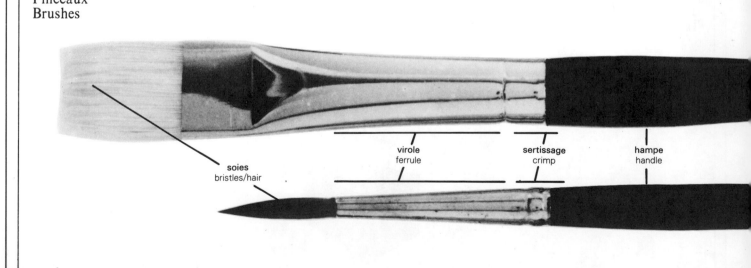

soies
bristles/hair

virole
ferrule

sertissage
crimp

hampe
handle

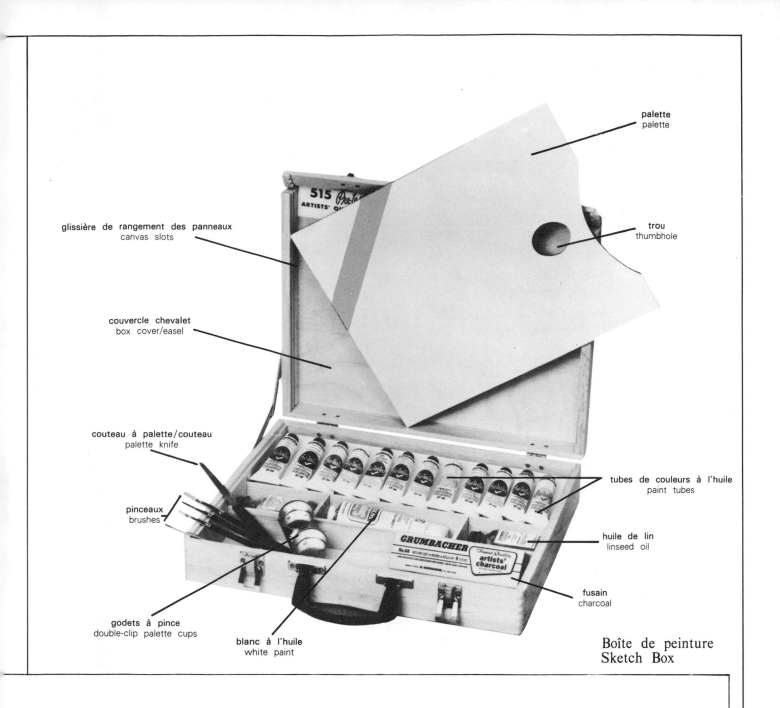

palette
palette

trou
thumbhole

glissière de rangement des panneaux
canvas slots

couvercle chevalet
box cover/easel

couteau à palette/couteau
palette knife

pinceaux
brushes

tubes de couleurs à l'huile
paint tubes

huile de lin
linseed oil

fusain
charcoal

godets à pince
double-clip palette cups

blanc à l'huile
white paint

Boîte de peinture
Sketch Box

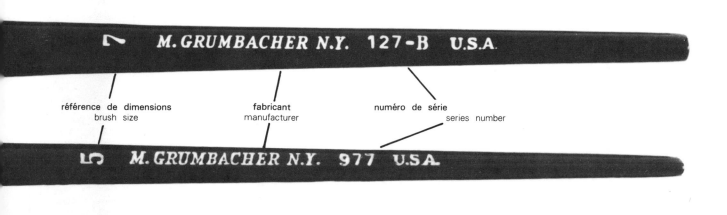

référence de dimensions
brush size

fabricant
manufacturer

numéro de série
series number

Instruments du sculpteur

La sculpture de la pierre est un processus de soustraction puisque l'on taille la pierre pour créer en trois dimensions (ou en relief) des formes et des objets. On peut également modeler des sculptures avec des matières malléables ; celles-ci sont alors renforcées au moyen d'armature métalliques puis cuites au four ou coulées dans un moule, ce qui en assure la solidité.

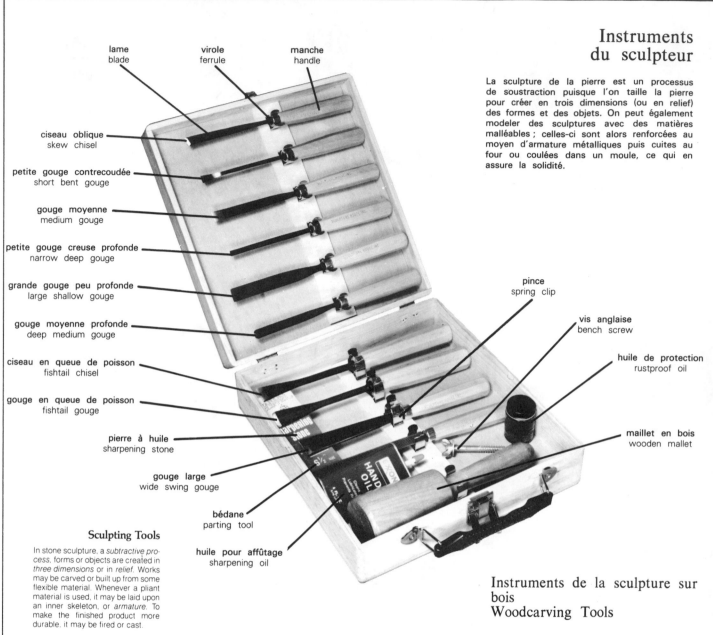

lame
blade

virole
ferrule

manche
handle

ciseau oblique
skew chisel

petite gouge contrecoudée
short bent gouge

gouge moyenne
medium gouge

petite gouge creuse profonde
narrow deep gouge

grande gouge peu profonde
large shallow gouge

gouge moyenne profonde
deep medium gouge

ciseau en queue de poisson
fishtail chisel

gouge en queue de poisson
fishtail gouge

pierre à huile
sharpening stone

gouge large
wide swing gouge

bédane
parting tool

huile pour affûtage
sharpening oil

pince
spring clip

vis anglaise
bench screw

huile de protection
rustproof oil

maillet en bois
wooden mallet

Sculpting Tools

In stone sculpture, a *subtractive process*, forms or objects are created in *three dimensions* or in *relief*. Works may be carved or built up from some flexible material. Whenever a pliant material is used, it may be laid upon an inner skeleton, or *armature*. To make the finished product more durable, it may be fired or cast.

Instruments de la sculpture sur bois
Woodcarving Tools

Instruments de modelage
Clay Modeling Tools

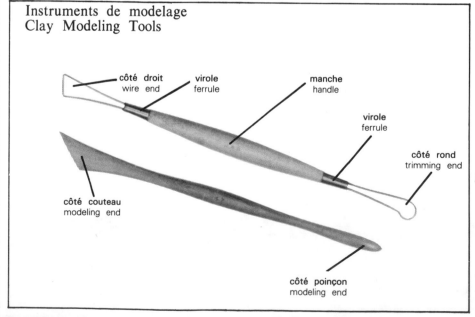

côté droit
wire end

virole
ferrule

manche
handle

virole
ferrule

côté rond
trimming end

côté couteau
modeling end

côté poinçon
modeling end

Instruments de la taille de la pierre
Stonecutting Tools

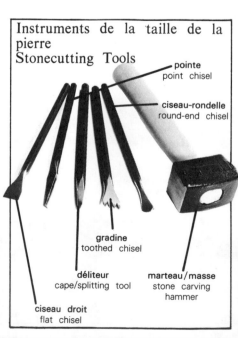

pointe
point chisel

ciseau-rondelle
round-end chisel

gradine
toothed chisel

déliteur
cape/splitting tool

marteau/masse
stone carving hammer

ciseau droit
flat chisel

Potting

An object made on a potter's wheel is *thrown*. The object is then put in a kiln where it is *fired*, or hardened. Its surface is usually covered with a glasslike coating, or *glaze*. A knifelike *fettling tool* is used to cut and shape soft clay, as is a wooden strip called a *paddle*. A manually operated potter's wheel is called a *kick-wheel*.

Poterie

On dit que le potier tourne les objets qu'il façonne sur son tour. Ces objets sont alors placés dans un four pour être durcis à la cuisson ; leur surface est recouverte d'émail. Le potier se sert d'un instrument métallique à lame ou d'une palette en bois pour découper l'argile molle et la mettre en forme. On appelle tournette un tour de potier à fonctionnement manuel.

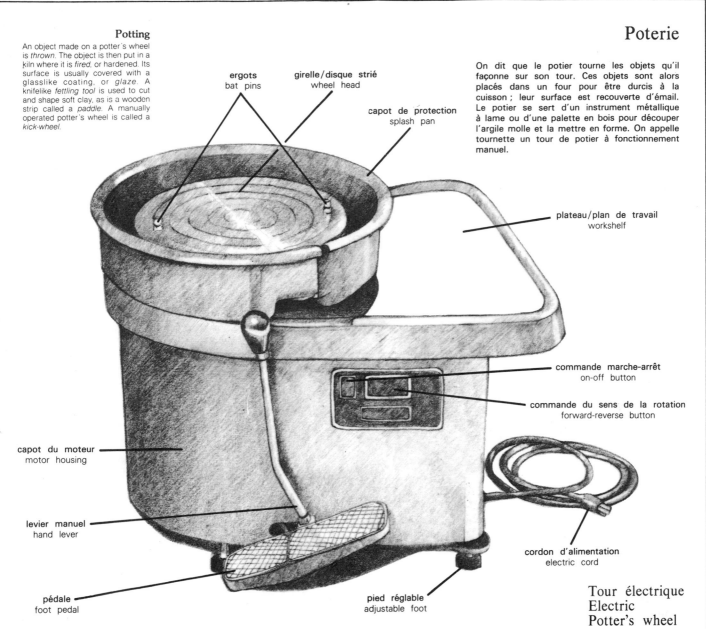

ergots
bat pins

girelle/disque strié
wheel head

capot de protection
splash pan

plateau/plan de travail
workshelf

commande marche-arrêt
on-off button

commande du sens de la rotation
forward-reverse button

capot du moteur
motor housing

levier manuel
hand lever

cordon d'alimentation
electric cord

pédale
foot pedal

pied réglable
adjustable foot

Tour électrique
Electric
Potter's wheel

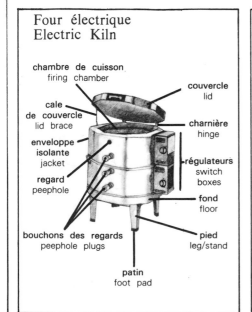

Four électrique
Electric Kiln

chambre de cuisson
firing chamber

cale
de couvercle
lid brace

enveloppe
isolante
jacket

regard
peephole

couvercle
lid

charnière
hinge

régulateurs
switch
boxes

fond
floor

bouchons des regards
peephole plugs

pied
leg/stand

patin
foot pad

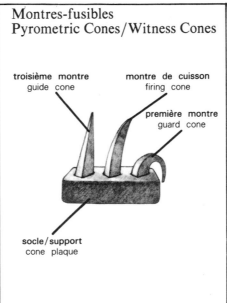

Montres-fusibles
Pyrometric Cones/Witness Cones

troisième montre
guide cone

montre de cuisson
firing cone

première montre
guard cone

socle/support
cone plaque

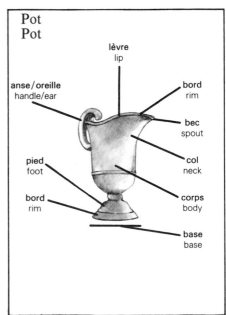

Pot
Pot

lèvre
lip

anse/oreille
handle/ear

bord
rim

bec
spout

col
neck

pied
foot

bord
rim

corps
body

base
base

Gravure sur bois

On appelle xylographie l'art d'imprimer des gravures au moyen de planches de bois gravées en relief ; pour graver ces planches le graveur se sert de burins.

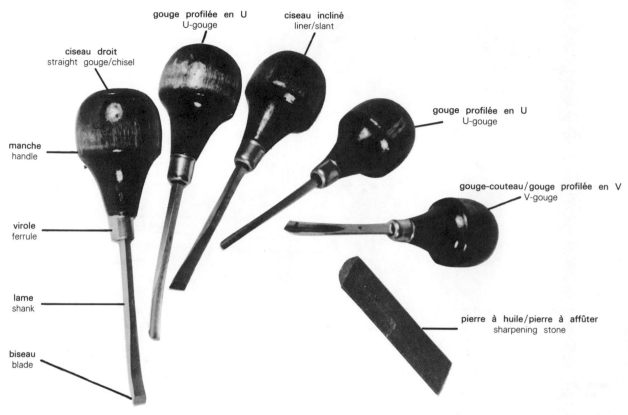

gouge profilée en U
U-gouge

ciseau incliné
liner/slant

ciseau droit
straight gouge/chisel

gouge profilée en U
U-gouge

manche
handle

gouge-couteau/gouge profilée en V
V-gouge

virole
ferrule

lame
shank

pierre à huile/pierre à affûter
sharpening stone

biseau
blade

Woodcut Printing

The art of making *engravings* with wooden blocks is *xylography*, and the tools used to create the designs are called *gravers*.

Gouges
Gouges

Bloc de bois
Wood Block

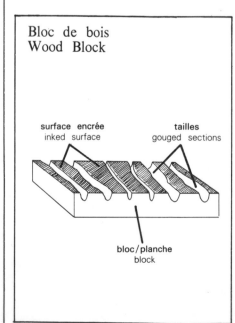

surface encrée
inked surface

tailles
gouged sections

bloc/planche
block

Rouleau/Rouleau encreur
Brayer/Roller

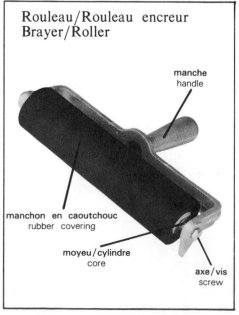

manche
handle

manchon en caoutchouc
rubber covering

moyeu/cylindre
core

axe/vis
screw

Baren
Baren

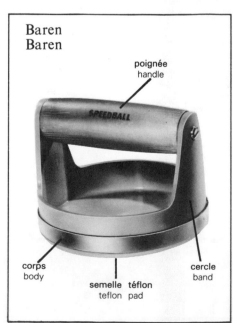

poignée
handle

SPEEDBALL

corps
body

semelle téflon
teflon pad

cercle
band

Sérigraphie et ivoirerie

La sérigraphie est un procédé d'impression s'effectuant à l'aide d'un écran ou d'une trame de soie dont on laisse libres les mailles correspondant à l'image à imprimer, les autres étant obstruées au moyen d'un fluide appelé réserve ; l'encre passe par les mailles libres pour donner l'image. On appelle ivoirier l'artiste ou l'artisan qui sculpte ou grave l'ivoire ou le fanon de baleine (ou pointe de cachalot).

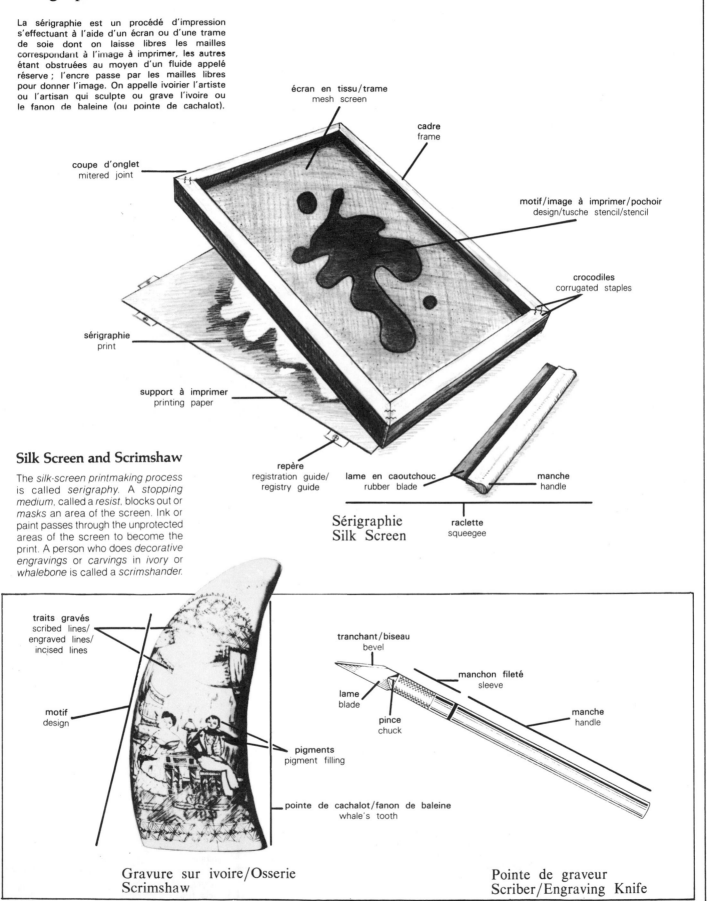

écran en tissu/trame
mesh screen

cadre
frame

coupe d'onglet
mitered joint

motif/image à imprimer/pochoir
design/tusche stencil/stencil

crocodiles
corrugated staples

sérigraphie
print

support à imprimer
printing paper

repère
registration guide/
registry guide

lame en caoutchouc
rubber blade

manche
handle

raclette
squeegee

Sérigraphie
Silk Screen

Silk Screen and Scrimshaw

The *silk-screen printmaking process* is called *serigraphy*. A *stopping medium*, called a *resist*, blocks out or *masks* an area of the screen. Ink or paint passes through the unprotected areas of the screen to become the print. A person who does *decorative engravings* or *carvings* in *ivory* or *whalebone* is called a *scrimshander*.

traits gravés
scribed lines/
engraved lines/
incised lines

motif
design

pigments
pigment filling

pointe de cachalot/fanon de baleine
whale's tooth

tranchant/biseau
bevel

manchon fileté
sleeve

lame
blade

pince
chuck

manche
handle

Gravure sur ivoire/Osserie
Scrimshaw

Pointe de graveur
Scriber/Engraving Knife

Lithographie

La lithographie est un procédé d'impression à plat. Le motif est dessiné directement soit sur une pierre qui aura été, au préalable, préparée ou grainée en faisant tourner le bourriquet sur toute la surface, soit sur une planche en métal. Le dessin s'exécute au crayon lithographique, à l'encre litho, au bistre, ou au bitume de Judée.

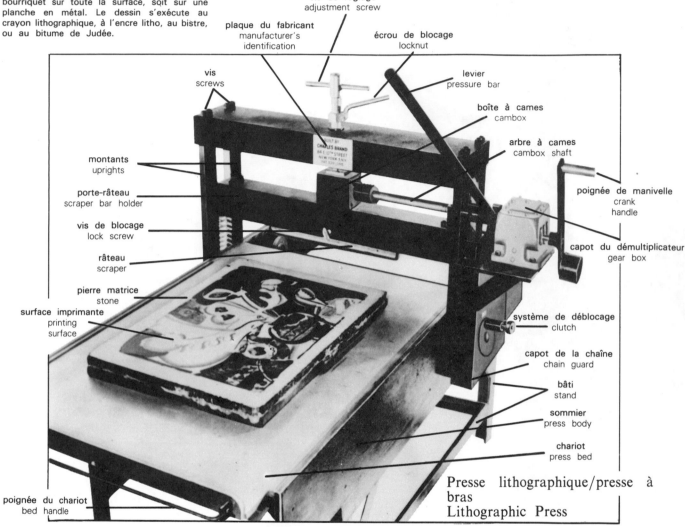

vis de réglage
adjustment screw

plaque du fabricant
manufacturer's
identification

écrou de blocage
locknut

levier
pressure bar

boîte à cames
cambox

arbre à cames
cambox shaft

poignée de manivelle
crank
handle

capot du démultiplicateur
gear box

vis
screws

montants
uprights

porte-râteau
scraper bar holder

vis de blocage
lock screw

râteau
scraper

pierre matrice
stone

surface imprimante
printing
surface

système de déblocage
clutch

capot de la chaîne
chain guard

bâti
stand

sommier
press body

chariot
press bed

poignée du chariot
bed handle

Presse lithographique/presse à bras
Lithographic Press

Bourriquet
Levigator

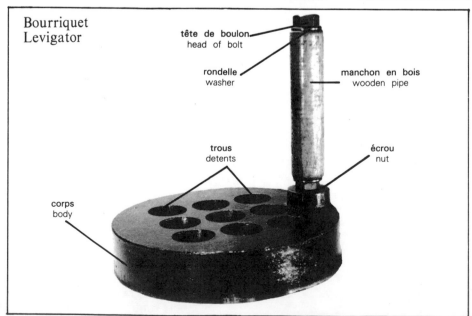

tête de boulon
head of bolt

rondelle
washer

manchon en bois
wooden pipe

trous
detents

écrou
nut

corps
body

Lithography

Lithography is a form of *plano-graphic printing*. The design is made on a stone, prepared, or "grained," by spinning the levigator over its surface, or on a metal *plate* with a *lithographic crayon, lithographic pencil, rubbing ink* or *asphaltum*.

Intaglio and Etching

Intaglio, or *incised printing*, is a type of *printmaking* in which a design is cut into a *plate* by techniques such as etching, *engraving*, *soft ground* or *aquatint*. A person who engraves metal is called a *chaser*.

Taille douce

Le terme taille douce, autrefois réservé au burin, désigne tous les procédés de la gravure en creux, y compris la gravure à l'eau forte, au burin, en taille douce, à la pointe sèche, au vernis mou, ou en manière de lavis (aquatinte).

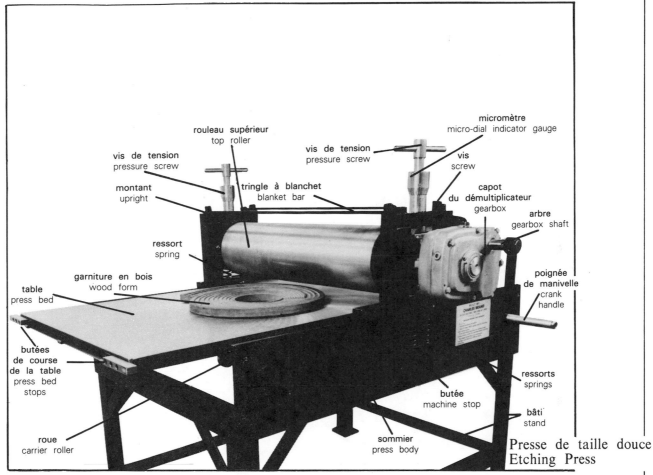

micromètre
micro-dial indicator gauge

rouleau supérieur
top roller

vis de tension
pressure screw

vis de tension
pressure screw

vis
screw

montant
upright

tringle à blanchet
blanket bar

capot
du démultiplicateur
gearbox

arbre
gearbox shaft

ressort
spring

poignée
de manivelle
crank
handle

garniture en bois
wood form

table
press bed

butées
de course
de la table
press bed
stops

ressorts
springs

butée
machine stop

bâti
stand

roue
carrier roller

sommier
press body

Presse de taille douce
Etching Press

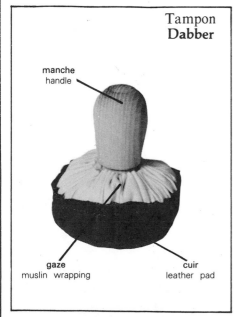

Tampon
Dabber

manche
handle

gaze
muslin wrapping

cuir
leather pad

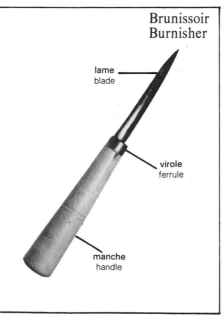

Brunissoir
Burnisher

lame
blade

virole
ferrule

manche
handle

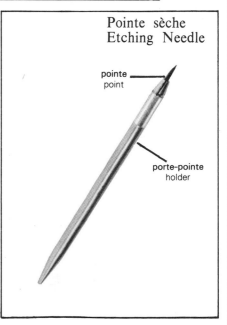

Pointe sèche
Etching Needle

pointe
point

porte-pointe
holder

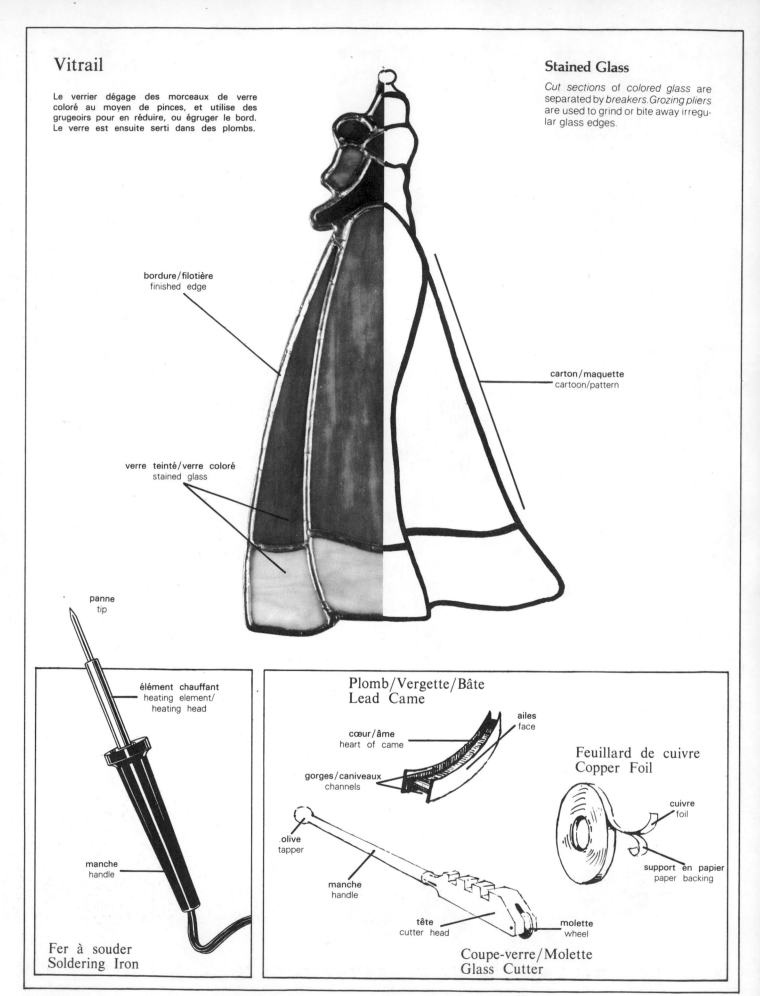

Vitrail

Le verrier dégage des morceaux de verre coloré au moyen de pinces, et utilise des grugeoirs pour en réduire, ou égruger le bord. Le verre est ensuite serti dans des plombs.

Stained Glass

Cut sections of *colored glass* are separated by *breakers*. *Grozing pliers* are used to grind or bite away irregular glass edges.

bordure / filotière
finished edge

carton / maquette
cartoon / pattern

verre teinté / verre coloré
stained glass

panne
tip

élément chauffant
heating element /
heating head

manche
handle

**Fer à souder
Soldering Iron**

Plomb / Vergette / Bâte
Lead Came

cœur / âme
heart of came

ailes
face

gorges / caniveaux
channels

olive
tapper

manche
handle

tête
cutter head

molette
wheel

**Coupe-verre / Molette
Glass Cutter**

Feuillard de cuivre
Copper Foil

cuivre
foil

support en papier
paper backing

Encadrement

Le cadre qui figure ci-dessous permet de conserver les œuvres d'art dans de très bonnes conditions. La fenêtre du passe-partout, qui est pratiquée pour laisser voir le sujet, est taillée en biseau (on dit également : biseau à l'anglaise). Le fil de suspension peut être attaché au cadre au moyen de pitons coudés (dits gonds à vis), de pitons ouverts ou fermés, ou de simples clous. Le montage consiste à monter, à titre plus ou moins définitif, l'œuvre sur un support qui sert de fond. Deux méthodes permettent d'exposer une œuvre sans que le cadre ne soit accroché au mur : d'une part le fond de certains cadres comporte une patte articulée qui maintient l'ensemble sur un bureau, par exemple ; d'autre part, on peut poser le cadre directement sur un chevalet de table. Les encadrements réalisés selon le système du passe-partout sont consolidés au moyen de bandes gommées en tissu, en toile, ou en papier toilé.

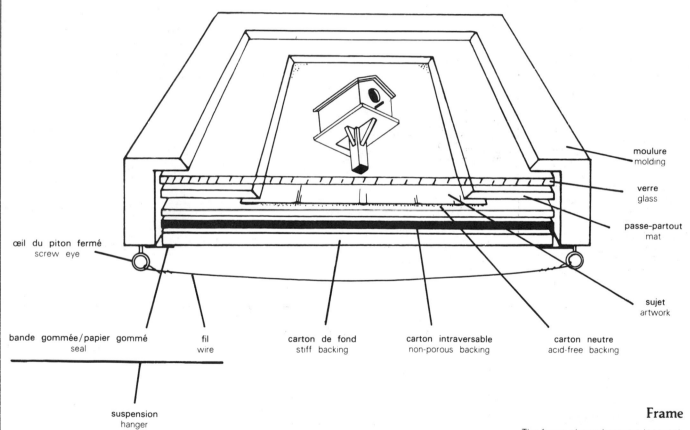

moulure
molding

verre
glass

passe-partout
mat

sujet
artwork

œil du piton fermé
screw eye

bande gommée/papier gommé
seal

fil
wire

carton de fond
stiff backing

carton intraversable
non-porous backing

carton neutre
acid-free backing

suspension
hanger

Frame

The frame shown here is a long-lasting *archival frame*. The area cut out of the mat to reveal the artwork is the *mat window*. A wire hanger can be attached to L-shaped *shoulder hooks*, *picture hooks* or *nails* as well as to screw eyes. The process of permanently affixing artwork to a backing is called *mounting*. A *free-standing easel-back* or *piano frame* consists of an easel, backing and an angled support *stand*. In *passe-partout*, the framing elements are held together by strips of cloth or paper pasted over the edges.

Bande dessinée

Bien des dessins comiques ou satiriques sont complétés par une légende explicative ou dialoguée. Ceux qui figurent sans les pages rédactionnelles d'un journal sont souvent des dessins politiques qui généralement mettent en scène un personnage célèbre sous les traits exagérés de la caricature. Les bandes dessinées, ou B.D., racontent une histoire à l'aide de dessins. Le dessinateur indique les mouvements circulaires, par exemple la course décrite par une canne de golf ou par un coup de poing, au moyen d'un cercle, ou d'une série de traits disposés en cercle.

Cartooning

Many one-panel cartoons use *captions* or *labels* below the *illustration* for dialogue or explanation. Those appearing on the editorial pages of newspapers are called *editorial* or *political cartoons* and usually feature an exaggerated likeness, or *caricature*, of some well-known figure, as the main *character*. *Comics*, or *comic books*, use cartooning throughout. A complete *sphericasia*, or *swalloop* is used by a *cartoonist* to depict a complete swing at an object, be it a golf ball or another person.

briques
brick symbolia

ballon pensée
thought balloon

vibrations
agitrons

onomatopée
onomatopoeia

traits diagonaux
dites

reflet
lucaflect

titubation/sillage
staggeration

traits horizon
hites

nuage de poussière
briffit

traits verticaux
vites

hachures
cross-hatching

signature du dessinateur
artist's signature

Bande dessinée/B.D.
Comic Strip

titre de la B.D.
strip title

auteur/dessinateur
cartoonist

beetle bailey® by/ mort walker

DOES ANYONE KNOW WHERE I LEFT MY...MY, UH...

QUI SAIT OÙ J'AI MIS MON... EUH... MON... HUM...

case/image/vignette
cartoon panel/frame

cadre
border

...WHERE I LEFT MY, UH...

...MON TRUC ?

bulle
speech balloon

...THINGAMAJIG?

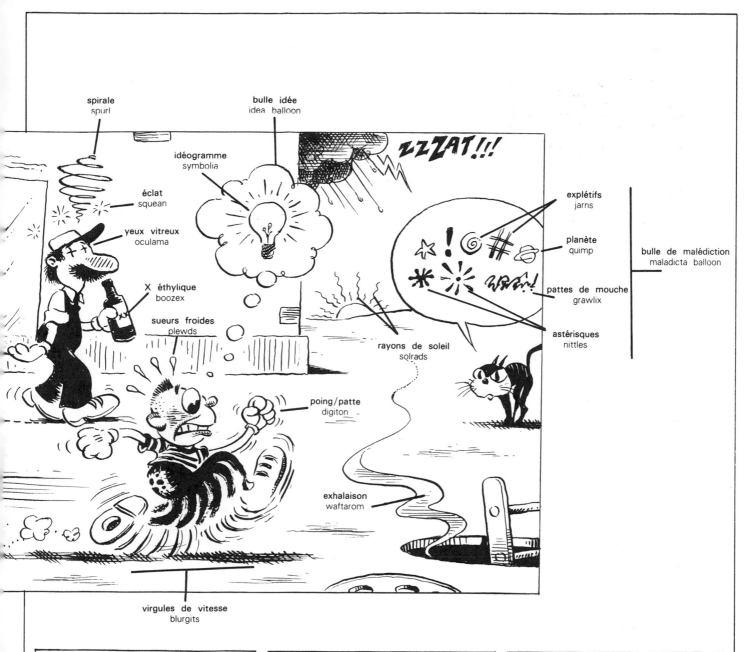

spirale
spurl

idéogramme
symbolia

bulle idée
idea balloon

ZZZAT!!!

éclat
squean

yeux vitreux
oculama

X éthylique
boozex

sueurs froides
plewds

poing/patte
digiton

rayons de soleil
solrads

exhalaison
waftarom

explétifs
jarns

planète
quimp

pattes de mouche
grawlix

astérisques
nittles

bulle de malédiction
maladicta balloon

virgules de vitesse
blurgits

ALORS ?!

queue de la bulle
balloon pointer

WELL?!

JE CROIS QU'IL EST SUR VOTRE MACHIN !

dialogue
dialogue

I THINK I SAW IT ON YOUR WHATCHAMACALLIT

DÉCIDÉMENT, DIFFICILE D'AVOIR UNE RÉPONSE PRÉCISE

chute
punch line

SURE IS TOUGH TO GET AN ANSWER AROUND HERE

Bande dessinée

Couture

Un point est formé par deux piqûres successives faites dans l'étoffe par une aiguille enfilée de coton, de soie, etc. La longueur de coupe correspond à la distance de l'entaille réalisée dans l'étoffe par un seul coup de ciseaux. Le porte-épingle est un coussinet dans lequel on plante temporairement les épingles et les aiguilles que l'on utilise le plus souvent.

Sewing

Each in-and-out movement of a threaded needle produces a *stitch*. A scissor's *bite* is the distance it cuts into a fabric on a single stroke. A small cushion into which pins or most-used needles are stuck until needed is called a *pincushion*.

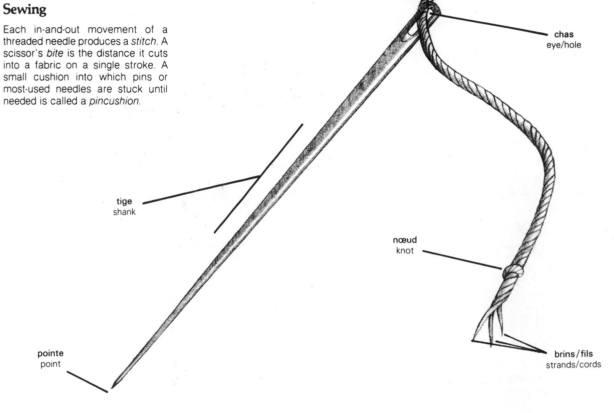

tête
crown

extrêmité
edge

chas
eye/hole

tige
shank

nœud
knot

pointe
point

brins/fils
strands/cords

Aiguille et fil
Needle and Thread

Ciseaux/Ciseaux cranteurs
Scissors/Shears

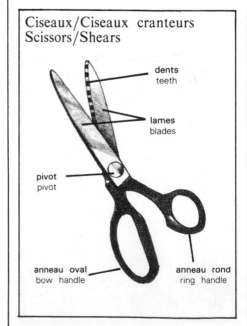

dents
teeth

lames
blades

pivot
pivot

anneau oval
bow handle

anneau rond
ring handle

Dé à coudre
Thimble

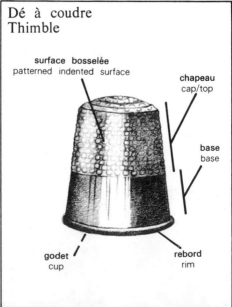

surface bosselée
patterned indented surface

chapeau
cap/top

base
base

godet
cup

rebord
rim

Bobine
Spool/Reel

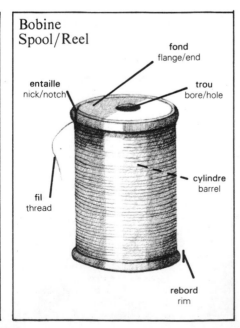

fond
flange/end

trou
bore/hole

entaille
nick/notch

cylindre
barrel

fil
thread

rebord
rim

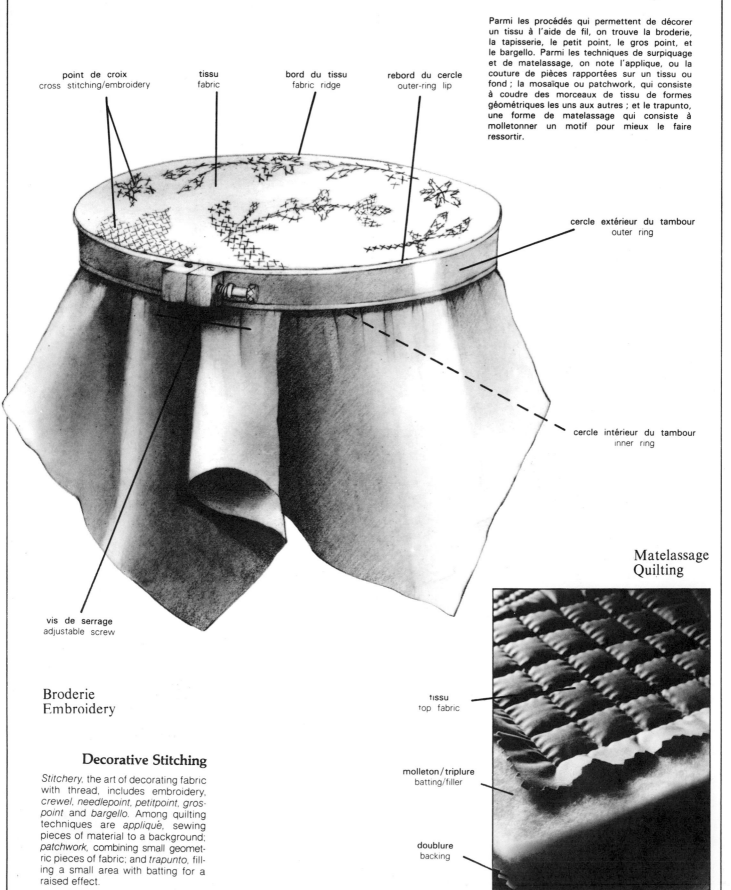

Parmi les procédés qui permettent de décorer un tissu à l'aide de fil, on trouve la broderie, la tapisserie, le petit point, le gros point, et le bargello. Parmi les techniques de surpiquage et de matelassage, on note l'applique, ou la couture de pièces rapportées sur un tissu ou fond ; la mosaïque ou patchwork, qui consiste à coudre des morceaux de tissu de formes géométriques les uns aux autres ; et le trapunto, une forme de matelassage qui consiste à molletonner un motif pour mieux le faire ressortir.

point de croix
cross stitching/embroidery

tissu
fabric

bord du tissu
fabric ridge

rebord du cercle
outer-ring lip

cercle extérieur du tambour
outer ring

cercle intérieur du tambour
inner ring

vis de serrage
adjustable screw

Broderie
Embroidery

Decorative Stitching

Stitchery, the art of decorating fabric with thread, includes embroidery, *crewel, needlepoint, petitpoint, grospoint* and *bargello*. Among quilting techniques are *appliqué*, sewing pieces of material to a background; *patchwork*, combining small geometric pieces of fabric; and *trapunto*, filling a small area with batting for a raised effect.

Matelassage
Quilting

tissu
top fabric

molleton / triplure
batting/filler

doublure
backing

Tricot

Le tricot consiste à entrelacer des mailles à l'aide d'aiguilles. Les deux points principaux sont la maille à l'endroit et la maille à l'envers. Le crochet, comme son nom l'indique, est un travail qui s'effectue à l'aide d'un crochet, tige dont la pointe recourbée retient le fil qui doit passer dans la maille. Le macramé se fait en nouant et en tressant des fils. La navette à frivolité, enfin, permet de réaliser des ouvrages qui ressemblent à de la dentelle, ou au crochet très fin : avec un seul fil en coton, l'on peut faire et des mailles et des nœuds.

Knitting

Knitting is the interlacing of *loops*. The main stitches are the *knit stitch*, or *stitch*, and the *purl stitch*, or *purl*. *Crocheting* is a form of *needlework* done by looping thread with a *crochet needle*. *Macrame* is knotting, and *tatting* is done by looping and knotting with a single cotton thread and a small shuttle.

tête
head

mailles
stitches

aiguille/aiguille à tricoter
needle/knitting needle

laine
fabric

écheveau
skein of yarn/
hank of yarn

rangs
rows

pointe
point

Tricot
Hand Knitting

Aiguilles pour machines à tricoter

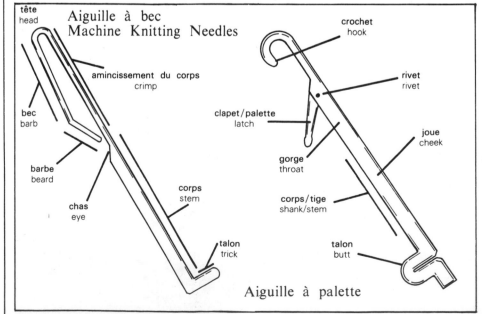

tête
head

Aiguille à bec
Machine Knitting Needles

amincissement du corps
crimp

bec
barb

barbe
beard

chas
eye

corps
stem

talon
trick

crochet
hook

rivet
rivet

clapet/palette
latch

gorge
throat

joue
cheek

corps/tige
shank/stem

talon
butt

Aiguille à palette

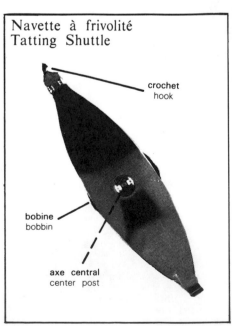

Navette à frivolité
Tatting Shuttle

crochet
hook

bobine
bobbin

axe central
center post

Tissage

L'ensemble des fils tendus sur un métier, dans le sens de la longueur du tissu, c'est-à-dire entre les deux ensouples, constitue la chaîne. Les fils passés au travers des fils de chaîne, dans le sens de la largeur, c'est-à-dire d'une lisière à l'autre, forment la trame. Le terme duite est parfois employé pour signifier les fils de trame, bien que le mot désigne plus particulièrement la longueur des fils de trame, d'une lisière à l'autre, dans une pièce de tissu.

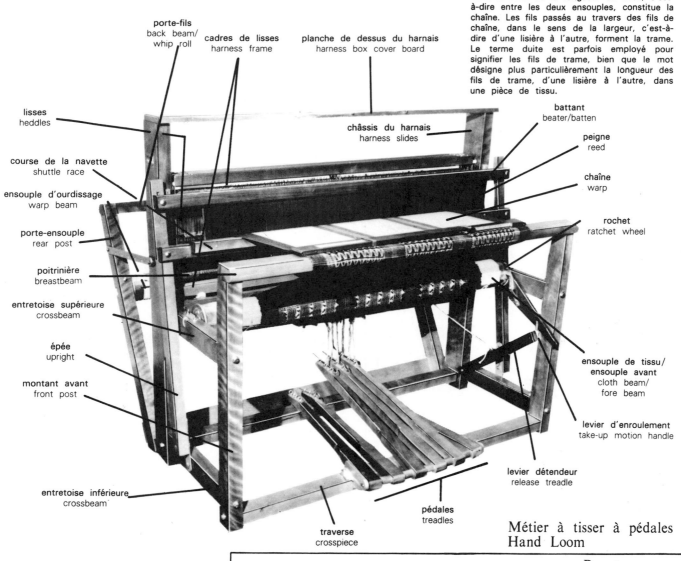

porte-fils
back beam/
whip roll

cadres de lisses
harness frame

planche de dessus du harnais
harness box cover board

lisses
heddles

châssis du harnais
harness slides

battant
beater/batten

peigne
reed

course de la navette
shuttle race

chaîne
warp

ensouple d'ourdissage
warp beam

rochet
ratchet wheel

porte-ensouple
rear post

poitrinière
breastbeam

entretoise supérieure
crossbeam

ensouple de tissu/
ensouple avant
cloth beam/
fore beam

épée
upright

levier d'enroulement
take-up motion handle

montant avant
front post

entretoise inférieure
crossbeam

levier détendeur
release treadle

traverse
crosspiece

pédales
treadles

Métier à tisser à pédales
Hand Loom

Weaving

The lengthwise (front to back) *yarn* or *threads* on a loom are called the warp. Threads taken together which run from side to side, or from *selvage* to selvage, are called the *weft*. The weft is also often called the *woof*, although more correctly, the woof is the same as the *web*, or finished *fabric*.

Rouet
Spinning Wheel

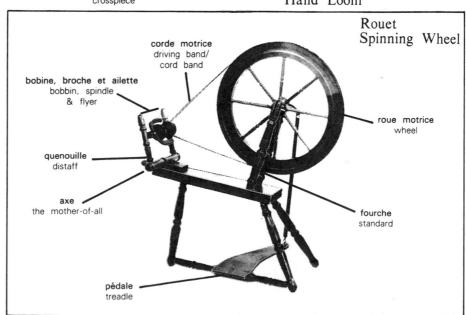

corde motrice
driving band/
cord band

bobine, broche et ailette
bobbin, spindle
& flyer

roue motrice
wheel

quenouille
distaff

axe
the mother-of-all

fourche
standard

pédale
treadle

Patron

L'étoffe se présente en rouleaux de longueurs spécifique. L'échantillon est un petit morceau détaché du tissu qui permet d'en faire une idée plus ou moins exacte. Si le client demande une longueur précise, on dit qu'il achète le tissu au mètre ; le mot coupon désigne à la fois une pièce prédécoupée d'étoffe, et une pièce d'étoffe roulée.

Sewing Pattern

A roll of fabric of a specified length is called a *bolt*. A sample of a fabric is a *swatch*. Fabrics sold at lengths specified by the customer are called *piece goods* or *yard goods*.

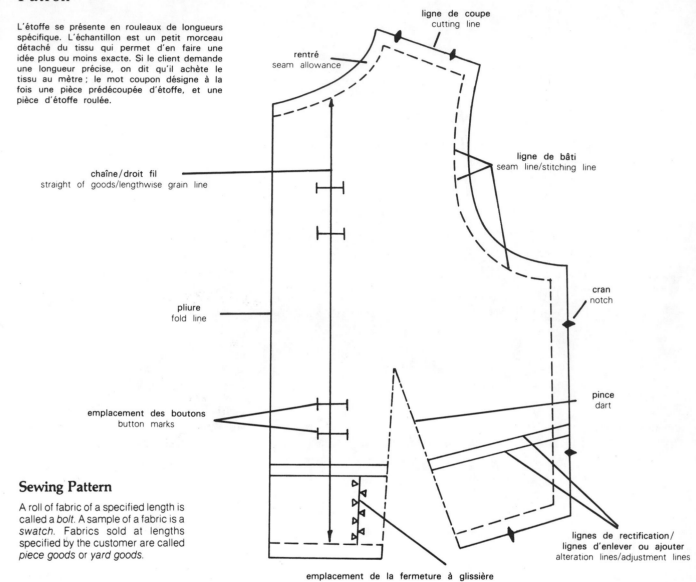

ligne de coupe
cutting line

rentré
seam allowance

ligne de bâti
seam line/stitching line

chaîne/droit fil
straight of goods/lengthwise grain line

cran
notch

pliure
fold line

pince
dart

emplacement des boutons
button marks

lignes de rectification/
lignes d'enlever ou ajouter
alteration lines/adjustment lines

emplacement de la fermeture à glissière
zipper line

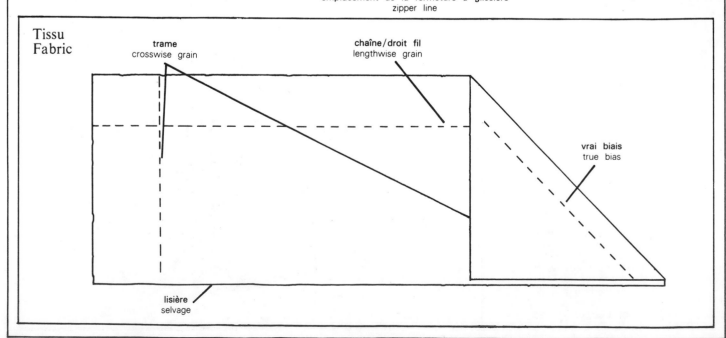

Tissu Fabric

trame
crosswise grain

chaîne/droit fil
lengthwise grain

vrai biais
true bias

lisière
selvage

Les machines, les outils et les armes

Ce chapitre couvre tous les appareils susceptibles de se rencontrer dans la vie quotidienne, à l'exception des matériels de bureau et des machines industrielles. Celui-ci inclut les équipements de base pour la production de l'énergie et leurs dérivés, de la centrale nucléaire à la prise électrique, les appareils utilisés pour la régulation de la température dans la maison et les composants des diverses machines.

Une grande partie de ce chapitre a été consacrée à l'illustration des détails des outils utilisés à la maison et au jardin, sans négliger les équipements de base des métiers des employés de ranchs, des trappeurs, des fermiers, des scientifiques et des médecins. On y a même incorporé les matériels servant aux exécutions capitales.

La section de l'armement donne les noms et les pièces des instruments de guerre, du moyen âge à nos jours. Ainsi donc un étudiant lisant pour la première fois l'histoire du Roi Arthur pourra identifier les parties d'une épée aussi facilement que le lecteur d'un journal pourra le faire d'un missile.

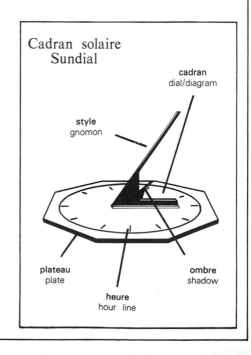

Cadran solaire
Sundial

cadran
dial/diagram

style
gnomon

plateau
plate

heure
hour line

ombre
shadow

Systèmes éoliens

La voile de ce *moulin-tour à chapeau tournant* est *carguée* ou *enroulée*, par opposition aux dispositions *en pointe, longue* ou *demi-longue*. On appelle *ailettes* les voiles ou *volets* sur le gouvernail de direction. Certains moulins sont équipés de *jupes* ou planches verticales entre la tour et le chapeau comme protection.

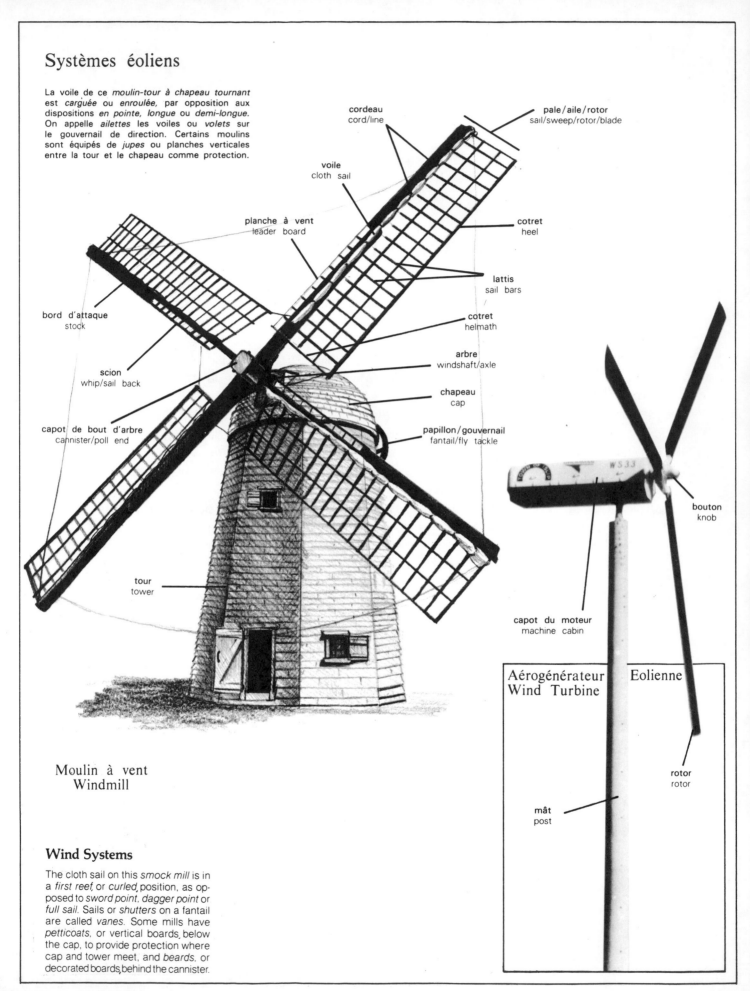

cordeau
cord/line

voile
cloth sail

pale / aile / rotor
sail/sweep/rotor/blade

planche à vent
leader board

cotret
heel

bord d'attaque
stock

lattis
sail bars

scion
whip/sail back

cotret
helmath

arbre
windshaft/axle

capot de bout d'arbre
cannister/poll end

chapeau
cap

papillon / gouvernail
fantail/fly tackle

tour
tower

bouton
knob

capot du moteur
machine cabin

Aérogénérateur Eolienne
Wind Turbine

Moulin à vent
Windmill

rotor
rotor

mât
post

Wind Systems

The cloth sail on this *smock mill* is in a *first reef,* or *curled,* position, as opposed to *sword point, dagger point* or *full sail.* Sails or *shutters* on a fantail are called *vanes.* Some mills have *petticoats,* or vertical boards, below the cap, to provide protection where cap and tower meet, and *beards,* or decorated boards, behind the cannister.

Système à énergie solaire

L'*énergie solaire* peut être captée au moyen de systèmes semblables à celui-ci, et qui fonctionnent comme des *radiateurs,* en sens inverse, pour produire de l'eau chaude. L'énergie solaire peut aussi être convertie directement en *électricité* au moyen de *cellules solaires* ou *photopiles*. Les *capteurs solaires à concentration* utilisent des *lentilles* ou des *miroirs* pour diriger la lumière du soleil sur un capteur parabolique ou *four* pour produire une grande quantité de chaleur susceptible d'être convertie en électricité.

Système de chauffage à l'énergie solaire
Solar Heating System

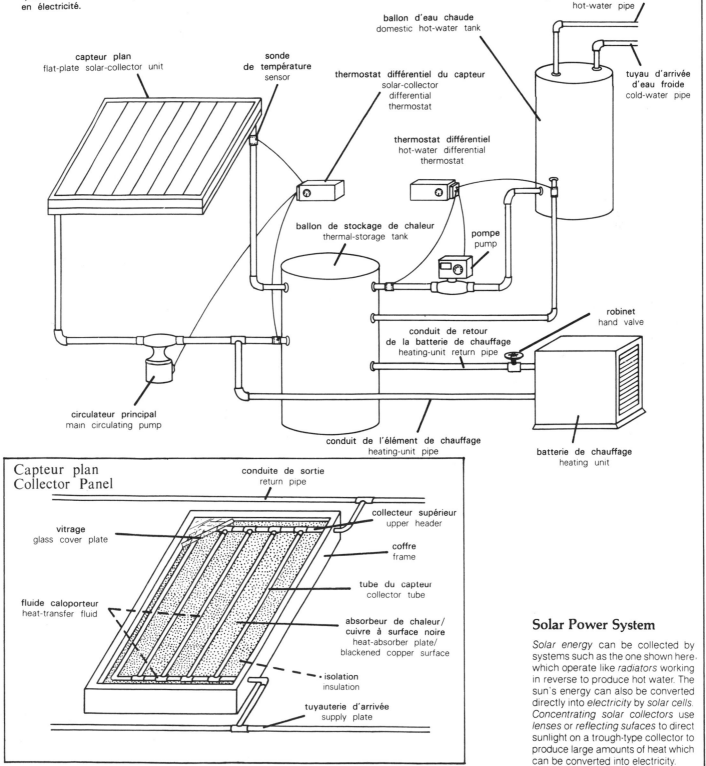

capteur plan
flat-plate solar-collector unit

sonde de température
sensor

thermostat différentiel du capteur
solar-collector differential thermostat

ballon d'eau chaude
domestic hot-water tank

tuyau de sortie d'eau chaude
hot-water pipe

tuyau d'arrivée d'eau froide
cold-water pipe

thermostat différentiel
hot-water differential thermostat

ballon de stockage de chaleur
thermal-storage tank

pompe
pump

robinet
hand valve

circulateur principal
main circulating pump

conduit de retour de la batterie de chauffage
heating-unit return pipe

conduit de l'élément de chauffage
heating-unit pipe

batterie de chauffage
heating unit

Capteur plan
Collector Panel

conduite de sortie
return pipe

collecteur supérieur
upper header

vitrage
glass cover plate

coffre
frame

tube du capteur
collector tube

fluide caloporteur
heat-transfer fluid

absorbeur de chaleur/ cuivre à surface noire
heat-absorber plate/ blackened copper surface

isolation
insulation

tuyauterie d'arrivée
supply plate

Solar Power System

Solar energy can be collected by systems such as the one shown here, which operate like *radiators* working in reverse to produce hot water. The sun's energy can also be converted directly into *electricity* by *solar cells*. *Concentrating solar collectors* use *lenses* or *reflecting sufaces* to direct sunlight on a trough-type collector to produce large amounts of heat which can be converted into electricity.

Systèmes énergétiques

Surgénérateur

Pour produire de l'*électricité* à l'aide de la chaleur créée par la *fission,* il est nécessaire de ralentir et de contrôler la *réaction en chaîne.* Pour contrôler le régime de la réaction à l'intérieur du réacteur, ou *pile,* on introduit ou on sort selon les besoins, des *barres* de matière absorbant les neutrons. On appelle *masse critique* la plus petite quantité de *matière fissible* dans laquelle la fission s'entretient d'elle-même. Un réacteur qui produit plus de matière fissible qu'il n'en consomme s'appelle un *surgénérateur.*

bouclier en béton
et coque intérieure en acier
concrete shield &
steel inner shell

vanne de décharge
relief valve

vanne d'arrêt télécommandée
remote-operated
block valve

générateur de vapeur
steam
generator

conduite de vapeur
steam line

générateur
generator

pompe de refroidissement
d'urgence du cœur
emergency core-cooling
system pump

pressuriseur
pressurizer

turbine
turbine

pompe de transfert
de condensat
condensate
pump

réservoir d'eau boratée
borated-water
storage tank

barres de commande
control rods

réacteur
reactor

cœur du réacteur
reactor core

pompe du puisard
sump pump

vanne d'arrêt
block valve

déminéraliseur
demineralizer

réservoir des déchets radioactifs
radioactive-waste
storage tank

pompe
de refroidissement du réacteur
reactor coolant pump

pompe auxiliaire
auxiliary
feedwater pump

**Bâtiment auxiliaire
Auxiliary Building**

réservoir de purge
drain tank

puisard
sump

pompe principale d'alimentation
main feedwater pump

**Enceinte de confinement
Containment Building**

**Bâtiment de la turbine
Turbine Building**

Nuclear Power Reactor

In order to generate *electricity* by using the heat produced by *fission,* the *chain reaction* must be slowed down and controlled. To control the reaction rate in a reactor, or *pile,* *rods* of neutron-absorbing material are moved in and out as required. The smallest amount of *fissionable material* in which fission is self-sustaining is called the *critical mass.* If more fissionable material is produced than consumed, the reactor is called a *breeder reactor.*

Systèmes énergétiques

384

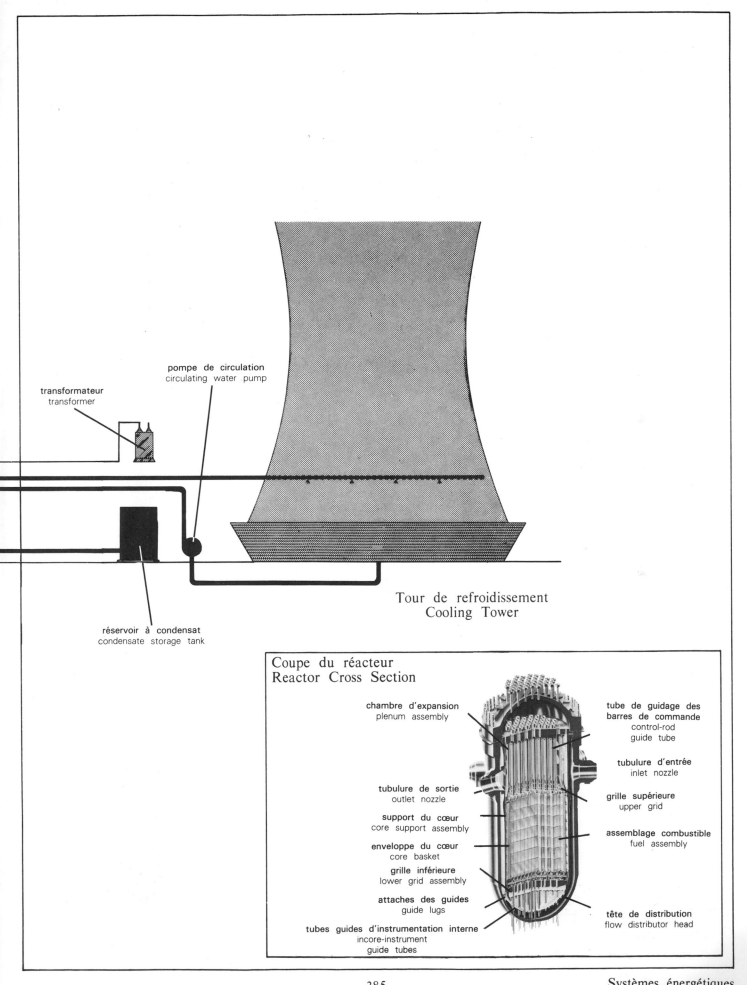

transformateur
transformer

pompe de circulation
circulating water pump

réservoir à condensat
condensate storage tank

Tour de refroidissement
Cooling Tower

Coupe du réacteur
Reactor Cross Section

chambre d'expansion
plenum assembly

tube de guidage des
barres de commande
control-rod
guide tube

tubulure d'entrée
inlet nozzle

tubulure de sortie
outlet nozzle

grille supérieure
upper grid

support du cœur
core support assembly

assemblage combustible
fuel assembly

enveloppe du cœur
core basket

grille inférieure
lower grid assembly

attaches des guides
guide lugs

tubes guides d'instrumentation interne
incore-instrument
guide tubes

tête de distribution
flow distributor head

Systèmes énergétiques

Ligne de puissance, tube à vide et transistor

Un support de ligne aérienne, soit un pylône en treillis, soit un pylône pour ligne double, sert au transport de l'énergie électrique haute tension, de la centrale électrique vers les différents niveaux du réseau de puissance. Un transistor est constitué d'un petit bloc de matériau *semiconducteur* avec au moins trois électrodes.

isolateur/manchon protecteur
strain insulator/protective sleeve

boucle
drip loop

poteau
pole

câble primaire
primary cable

câble secondaire
secondary cable

traverse
crossarm/
traverse arm

pylône
tower

Power Line, Vacuum Tube and Transistor

An overhead line support, lattice-work tower or *double-circuit tower* transmits high-voltage electrical power from *generating plants* to various parts of a *power network*. A transistor consists of a small block of a *semiconductor* with at least three electrodes.

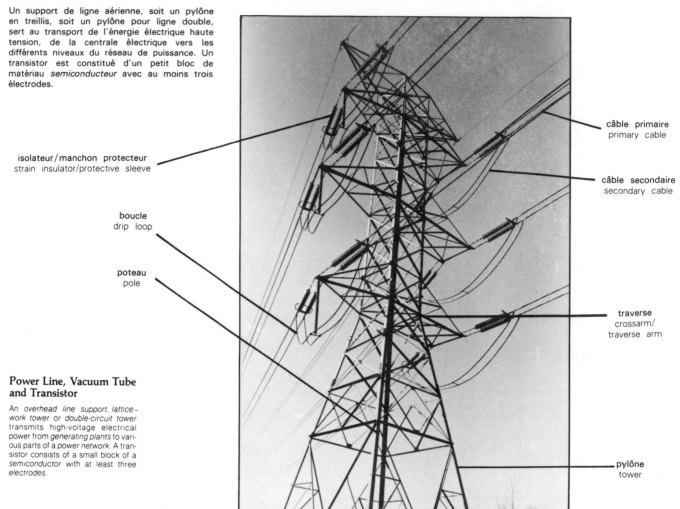

Ligne aérienne de puissance
Overhead Power Line

Transistor
Transistor Chip

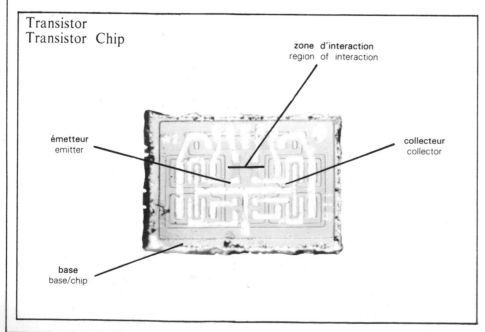

zone d'interaction
region of interaction

émetteur
emitter

collecteur
collector

base
base/chip

Tube à vide/Tube électronique
Vacuum Tube/ Electron Tube

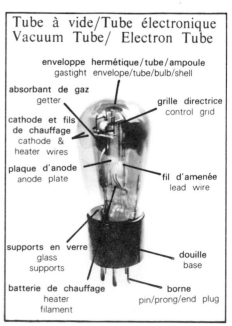

enveloppe hermétique/tube/ampoule
gastight envelope/tube/bulb/shell

absorbant de gaz
getter

grille directrice
control grid

cathode et fils
de chauffage
cathode &
heater wires

plaque d'anode
anode plate

fil d'amenée
lead wire

supports en verre
glass
supports

douille
base

batterie de chauffage
heater
filament

borne
pin/prong/end plug

Battery

Batteries are marked with *polarity symbols.* + identifying the positive terminal, − the negative. *Secondary cells* can be recharged, while *primary cells* cannot.

Sur les batteries, on trouve les *symboles de polarité :* + sur la borne positive, − sur la borne négative. Les *accumulateurs* peuvent se recharger, les *piles* ne le peuvent pas.

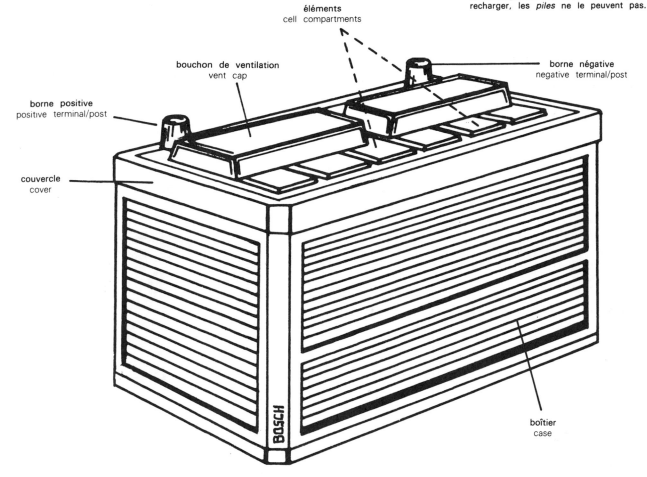

éléments
cell compartments

bouchon de ventilation
vent cap

borne négative
negative terminal/post

borne positive
positive terminal/post

couvercle
cover

boîtier
case

BOSCH

Batteries au plomb et acide
Lead Acid Battery

Pile au mercure
Mercury Battery

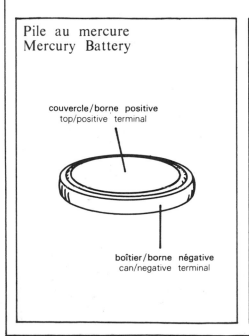

couvercle/borne positive
top/positive terminal

boîtier/borne négative
can/negative terminal

Pile au zinc et carbone
Zinc Carbon Cell/Battery

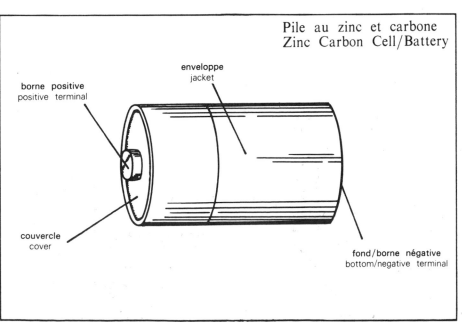

enveloppe
jacket

borne positive
positive terminal

couvercle
cover

fond/borne négative
bottom/negative terminal

Systèmes énergétiques

Interrupteur, prise de courant et fiche

Un interrupteur mural ne conduit le *courant électrique* que lorsqu'il est en position haute ou *position « fermé »* par opposition à la position basse ou *« ouvert »*. Le *câble de mise à la terre* est placé dans la *boîte de raccordement*. Les *fiches intermédiaires* comme celle de la figure ne comportent aucune partie conductrice accessible à l'exception des *broches*. Une *fiche mâle* s'emboîte dans une *prise femelle*.

Switch, Receptacle and Plug

A wall switch conducts *electrical current* only when it is in the up, or *on position*, as opposed to the down, or *off position*. *Ground wires* are located inside the junction box. *Attachment plugs*, or *"dead front" plugs*, such as the one shown here, have no exposed current-carrying parts except prongs, blades or pins. A *male plug* is fitted into a *female receptacle*.

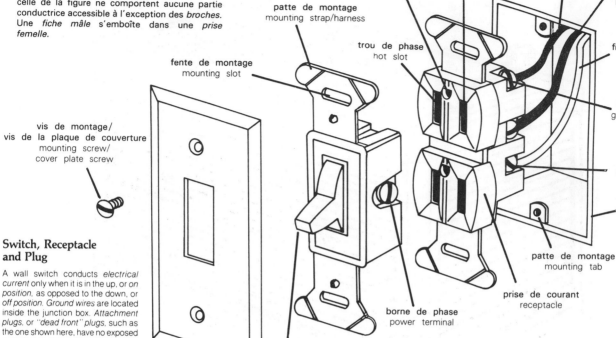

fente de montage
mounting slot

patte de montage
mounting strap/harness

trou de terre
ground slot

trou de phase
hot slot

trou neutre
neutral slot

fil vert/fil de terre
green wire/
grounding wire

fil noir/fil de phase
black wire/
hot wire

fil blanc/fil neutre
white wire/
neutral wire

borne de terre
grounding terminal

borne neutre
neutral terminal

boîtier
junction box/
outlet box

patte de montage
mounting tab

prise de courant
receptacle

vis de montage/
vis de la plaque de couverture
mounting screw/
cover plate screw

borne de phase
power terminal

levier
switch/lever

**Couvercle
Cover Plate/Switch Plate**

**Interrupteur mural
Wall Switch**

**Prise de courant
Receptacle/Outlet/Wall Socket**

Fiche
Plug

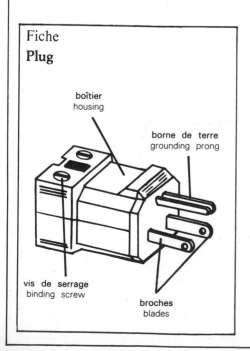

boîtier
housing

borne de terre
grounding prong

vis de serrage
binding screw

broches
blades

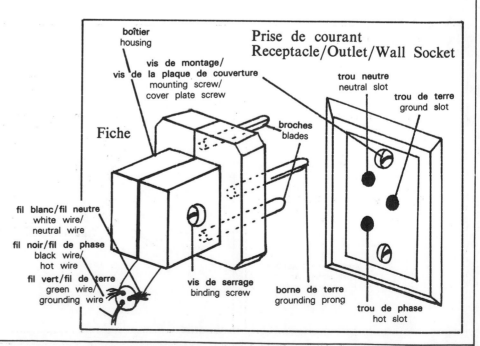

boîtier
housing

vis de montage/
vis de la plaque de couverture
mounting screw/
cover plate screw

**Prise de courant
Receptacle/Outlet/Wall Socket**

Fiche

broches
blades

trou neutre
neutral slot

trou de terre
ground slot

fil blanc/fil neutre
white wire/
neutral wire

fil noir/fil de phase
black wire/
hot wire

fil vert/fil de terre
green wire/
grounding wire

vis de serrage
binding screw

borne de terre
grounding prong

trou de phase
hot slot

Meter and Fuse Box

Fuses "blow" and circuit breakers "trip" when there is too much heat in the wires of a particular *circuit*. The fuse or circuit breaker acts as a safety device to keep fire from starting by heat caused by an *overload* or by a *short circuit*.

Compteur et coffret à fusibles

Les fusibles sautent et les disjoncteurs se déclenchent quand il y se produit une trop grande chaleur dans les câbles d'un *circuit*. Le fusible ou le disjoncteur sont des dispositifs de sécurité pour empêcher un incendie de se déclarer par la chaleur engendrée par une *surcharge* ou un *court-circuit*.

cadrans enregistreurs de consommation
usage registers

axe
shaft

élément primaire
primary cell

vitre
glass casing

KILOWATT HOURS

SINGLE-PHASE WATTHOUR METER TYPE I-30-A
15 AMPERES · 115-120 VOLTS
$K_h=1.5$ · 60 CYCLES 2-WIRE
MODEL AC1

18 690 382

spécifications
specifications

raccordement électrique
electrical connection

LINE   LOAD

Compteur électrique
Electric meter

Fusible à fiche
Plug Fuse

bouchon métallique
metal cap

élément fusible/fil
fusible element/wire

fenêtre
window

pas-de-vis
screw threads

rivet conducteur/
bouton de contact
conducting rivet/
contact button

isolateur/céramique isolante
insulating body/
ceramic shell

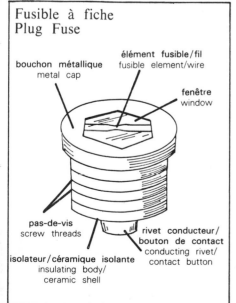

Fusible à cartouche
Cartridge Fuse

enveloppe
casing

plaque métallique
link/metal strip

isolation
insulation

capuchon
end cap

broche conductrice
conducting blade

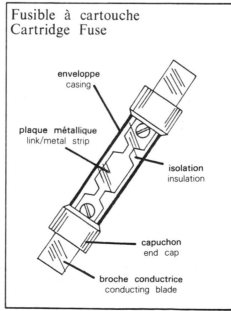

Coffret disjoncteur
Circuit Breaker Box

câble d'arrivée
entrance cable

disjoncteur général
main breaker

fil de terre
ground wire

disjoncteur
circuit breaker

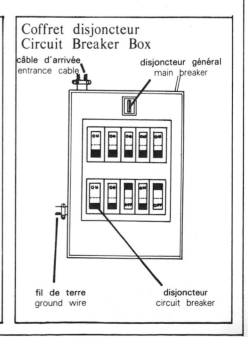

Systèmes énergétiques

Calorifère

Un calorifère comme celui de la figure *chauffe à la vapeur* les radiateurs situés dans les diverses parties du bâtiment.

Furnace

The furnace shown in this schematic illustration provides *steam heat* to radiators located in various parts of a building.

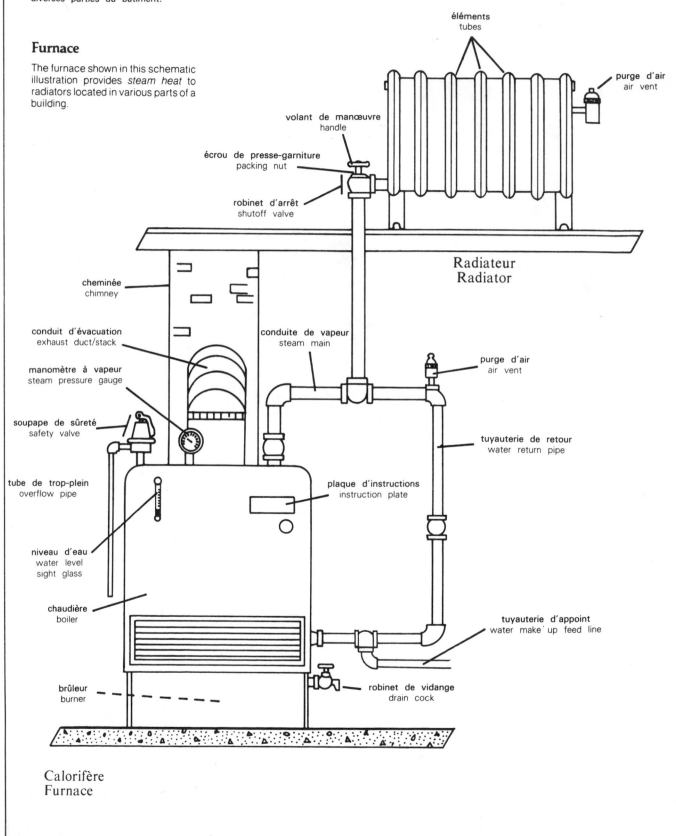

éléments
tubes

purge d'air
air vent

volant de manœuvre
handle

écrou de presse-garniture
packing nut

robinet d'arrêt
shutoff valve

Radiateur
Radiator

cheminée
chimney

conduit d'évacuation
exhaust duct/stack

manomètre à vapeur
steam pressure gauge

soupape de sûreté
safety valve

tube de trop-plein
overflow pipe

niveau d'eau
water level
sight glass

chaudière
boiler

brûleur
burner

conduite de vapeur
steam main

purge d'air
air vent

tuyauterie de retour
water return pipe

plaque d'instructions
instruction plate

tuyauterie d'appoint
water make up feed line

robinet de vidange
drain cock

Calorifère
Furnace

Le modèle présenté ici est un *chauffe-eau à gaz*. Il existe d'autres modèles de *chauffe-eau électrique* et *chauffe-eau au mazout*.

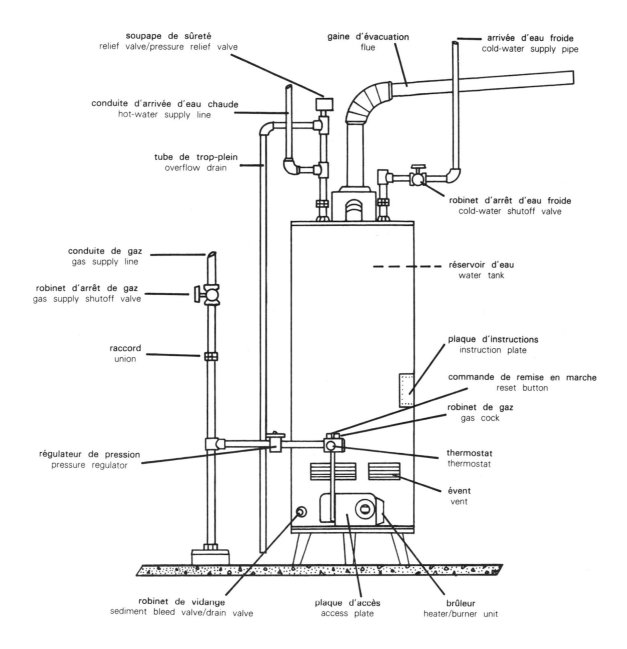

soupape de sûreté
relief valve/pressure relief valve

gaine d'évacuation
flue

arrivée d'eau froide
cold-water supply pipe

conduite d'arrivée d'eau chaude
hot-water supply line

tube de trop-plein
overflow drain

robinet d'arrêt d'eau froide
cold-water shutoff valve

conduite de gaz
gas supply line

réservoir d'eau
water tank

robinet d'arrêt de gaz
gas supply shutoff valve

raccord
union

plaque d'instructions
instruction plate

commande de remise en marche
reset button

robinet de gaz
gas cock

régulateur de pression
pressure regulator

thermostat
thermostat

évent
vent

robinet de vidange
sediment bleed valve/drain valve

plaque d'accès
access plate

brûleur
heater/burner unit

Hot Water Heater

The unit shown here is *gas-fired*. Other models include *electric water heaters* and *oil water heaters*.

Climatisation

La *grille avant* d'un climatiseur est équipée de déflecteurs qui dirigent l'air rafraîchi dans toutes les directions. Des *serpentins de refroidissement* situés à l'arrière de l'appareil évacuent la chaleur à l'extérieur du bâtiment. Les *éventails à main,* les *ventilateurs de plafond* et les *ventilateurs rotatifs* font circuler l'air sans le refroidir vraiment. Un *déshumidificateur* ôte l'humidité de l'air alors qu'un humidificateur en rajoute.

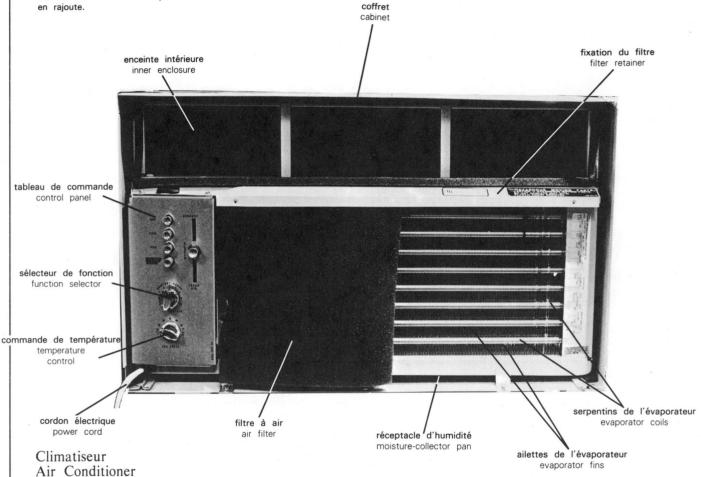

coffret
cabinet

fixation du filtre
filter retainer

enceinte intérieure
inner enclosure

tableau de commande
control panel

sélecteur de fonction
function selector

commande de température
temperature control

cordon électrique
power cord

filtre à air
air filter

réceptacle d'humidité
moisture-collector pan

serpentins de l'évaporateur
evaporator coils

ailettes de l'évaporateur
evaporator fins

Climatiseur
Air Conditioner

Air Conditioning

An air conditioner's *front grille* has *louvers* which allow cooled air to be directed to any part of a room. *Condenser coils* in the rear of the unit discharge heat outdoors. Hand-held *folding fans,* *overhead fans* and *rotary fans* circulate air without actually cooling it. A *dehumidifier* removes moisture from the air, whereas a humidifier adds moisture to it.

Humidificateur
Humidifier

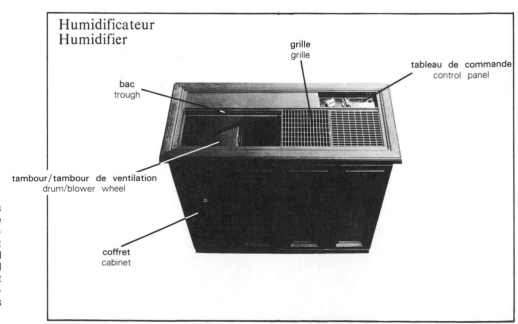

grille
grille

tableau de commande
control panel

bac
trough

tambour/tambour de ventilation
drum/blower wheel

coffret
cabinet

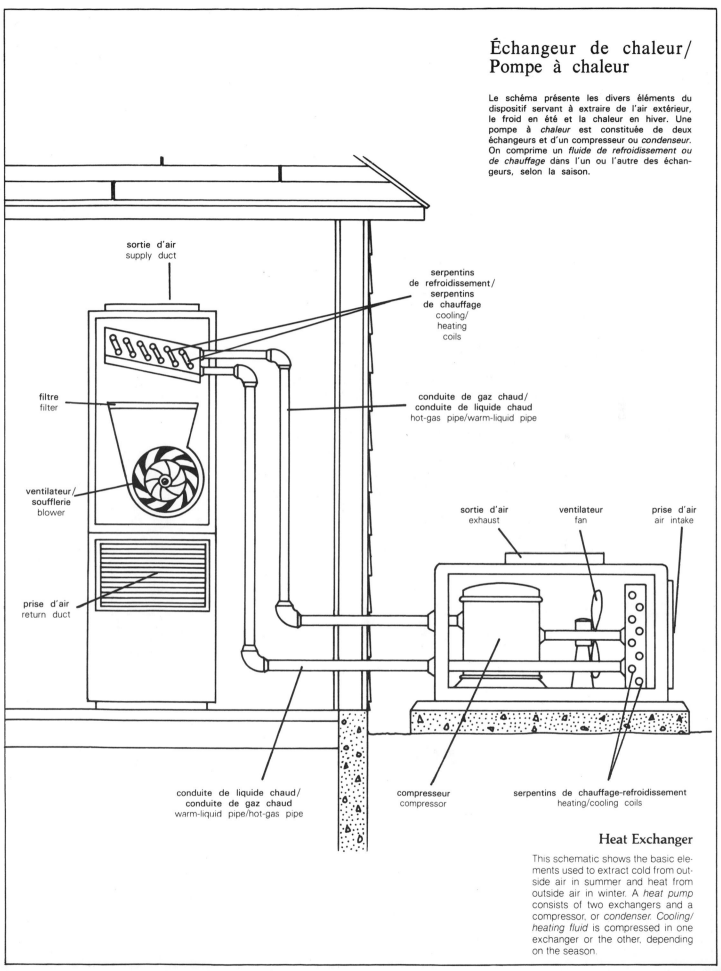

Échangeur de chaleur/ Pompe à chaleur

Le schéma présente les divers éléments du dispositif servant à extraire de l'air extérieur, le froid en été et la chaleur en hiver. Une pompe à *chaleur* est constituée de deux échangeurs et d'un compresseur ou *condenseur.* On comprime un *fluide de refroidissement ou de chauffage* dans l'un ou l'autre des échangeurs, selon la saison.

sortie d'air
supply duct

serpentins
de refroidissement/
serpentins
de chauffage
cooling/
heating
coils

filtre
filter

conduite de gaz chaud/
conduite de liquide chaud
hot-gas pipe/warm-liquid pipe

ventilateur/
soufflerie
blower

sortie d'air
exhaust

ventilateur
fan

prise d'air
air intake

prise d'air
return duct

conduite de liquide chaud/
conduite de gaz chaud
warm-liquid pipe/hot-gas pipe

compresseur
compressor

serpentins de chauffage-refroidissement
heating/cooling coils

Heat Exchanger

This schematic shows the basic elements used to extract cold from outside air in summer and heat from outside air in winter. A *heat pump* consists of two exchangers and a compressor, or *condenser. Cooling/ heating fluid* is compressed in one exchanger or the other, depending on the season.

Moyens de climatisation

Poêle à bois

Lorsqu'on ferme le *registre,* des *chicanes* intérieures conduisent l'air dans la *chambre de combustion secondaire* puis à travers la *boîte à fumée* jusqu'à ce qu'il sorte par le conduit de fumée. Un tuyau de poêle qui passe à travers un mur est fixé à une *bride.* Le *poêle de Franklin* d'origine, était construit dans le mur mais trois côtés se prolongeaient dans la pièce pour irradier la chaleur.

Woodburning Stove

When the *stove damper* is closed, interior *baffles* direct air into the *secondary combustion chamber,* then through the *smoke path* until it exits through the flue collar. A stovepipe led through a wall is attached to a *thimble.* The original *Franklin stove* was built into the wall, but three sides extended into the room to radiate heat.

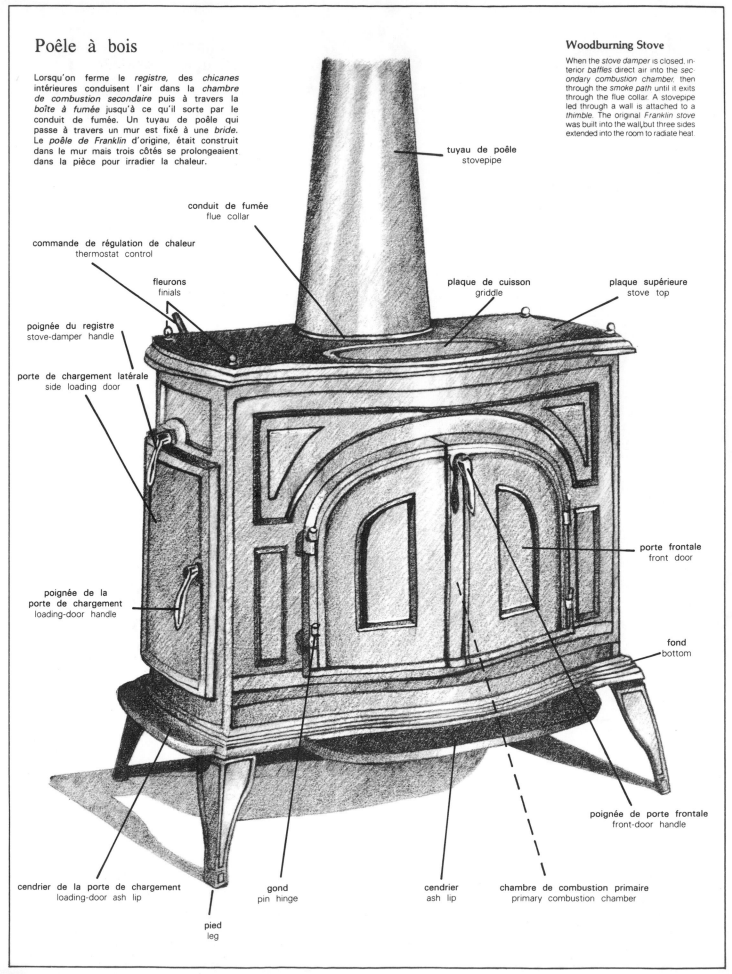

tuyau de poêle
stovepipe

conduit de fumée
flue collar

commande de régulation de chaleur
thermostat control

fleurons
finials

plaque de cuisson
griddle

plaque supérieure
stove top

poignée du registre
stove-damper handle

porte de chargement latérale
side loading door

porte frontale
front door

poignée de la
porte de chargement
loading-door handle

fond
bottom

poignée de porte frontale
front-door handle

cendrier de la porte de chargement
loading-door ash lip

gond
pin hinge

cendrier
ash lip

chambre de combustion primaire
primary combustion chamber

pied
leg

Machine à vapeur

On utilisait la machine à vapeur pour produire une *force mécanique* à partir de l'*énergie thermique*. Un *piston* à l'intérieur du *cylindre* était entraîné par de la *vapeur à haute pression*. Il entraînait le vilebrequin pour produire un *mouvement rotatoire*.

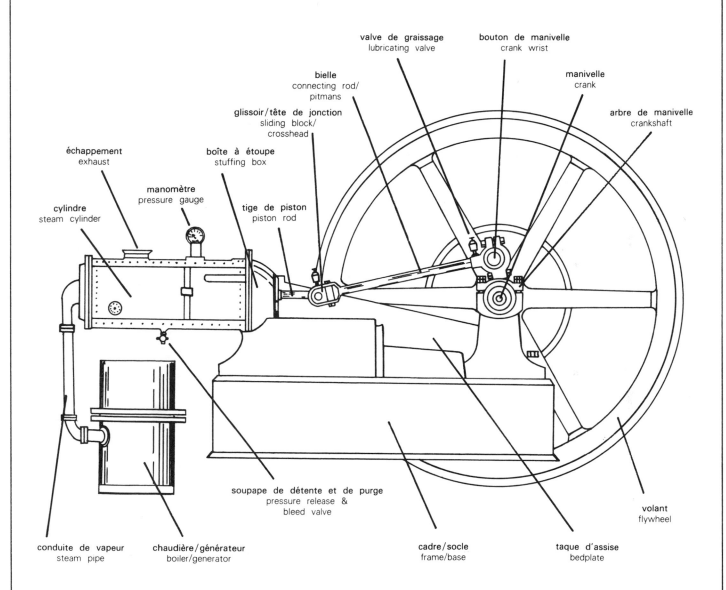

valve de graissage
lubricating valve

bouton de manivelle
crank wrist

manivelle
crank

bielle
connecting rod/
pitmans

arbre de manivelle
crankshaft

glissoir/tête de jonction
sliding block/
crosshead

échappement
exhaust

boîte à étoupe
stuffing box

manomètre
pressure gauge

cylindre
steam cylinder

tige de piston
piston rod

soupape de détente et de purge
pressure release &
bleed valve

volant
flywheel

conduite de vapeur
steam pipe

chaudière/générateur
boiler/generator

cadre/socle
frame/base

taque d'assise
bedplate

Steam Engine

The steam engine was used to generate *mechanical power* from *thermal energy*. A *piston* inside the steam cylinder, or *engine cylinder*, was driven by *high-pressure steam*. It moved the crankshaft to provide *rotational motion*.

Moteurs

Moteur à combustion interne ou à explosion

Le moteur à combustion interne est un moteur dans lequel la combustion du carburant se fait dans un *cylindre* et dont l'énergie produite se calcule en *chevaux-vapeur*. Il y a des moteurs à *deux temps*, à *quatre temps*, des *moteurs à essence* ou des *moteurs diesels*; des *moteurs à refroidissement à air* ou à *liquide*.

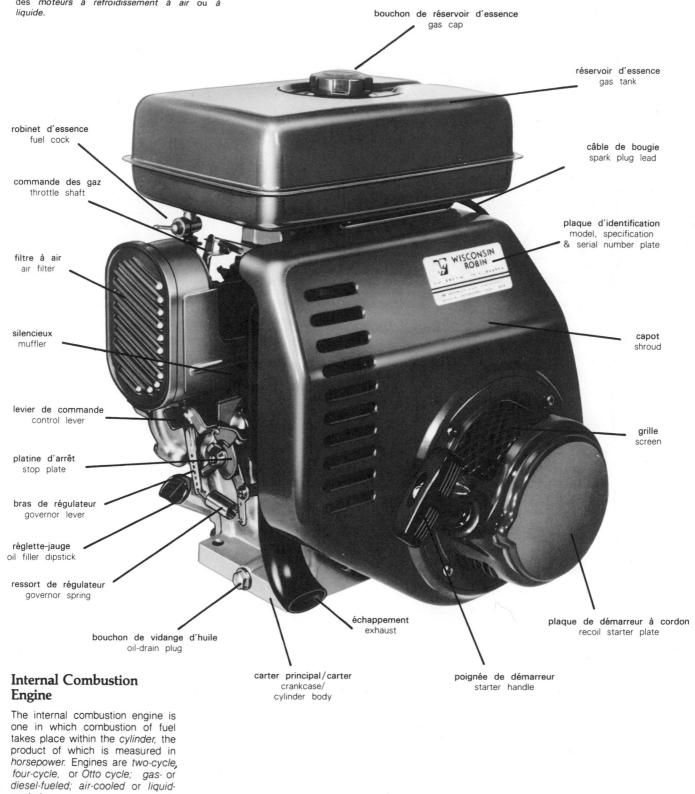

bouchon de réservoir d'essence
gas cap

réservoir d'essence
gas tank

câble de bougie
spark plug lead

plaque d'identification
model, specification
& serial number plate

capot
shroud

grille
screen

plaque de démarreur à cordon
recoil starter plate

poignée de démarreur
starter handle

échappement
exhaust

carter principal / carter
crankcase /
cylinder body

bouchon de vidange d'huile
oil-drain plug

ressort de régulateur
governor spring

réglette-jauge
oil filler dipstick

bras de régulateur
governor lever

platine d'arrêt
stop plate

levier de commande
control lever

silencieux
muffler

filtre à air
air filter

commande des gaz
throttle shaft

robinet d'essence
fuel cock

Internal Combustion Engine

The internal combustion engine is one in which combustion of fuel takes place within the *cylinder*, the product of which is measured in *horsepower*. Engines are *two-cycle, four-cycle,* or *Otto cycle; gas-* or *diesel-fueled; air-cooled* or *liquid-cooled*.

Jet Engines

A *turboprop engine* is like a combustion jet engine or *turbofan jet*, except that its turbine wheel is attached to a *crankshaft* that turns a *propeller*. Unlike a rocket, a *ramjet*, or *flying stovepipe*, combines compressed incoming air with fuel injection and ignition for propulsion.

Moteurs à réaction

Un *turbopropulseur* est semblable à un moteur à réaction ou *turboréacteur* sauf que sa turbine est fixée à une *manivelle* qui entraîne une *hélice*. A la différence de la fusée, un *stato-réacteur* combine pour sa propulsion, l'air comprimé entré, avec le carburant injecté et allumé.

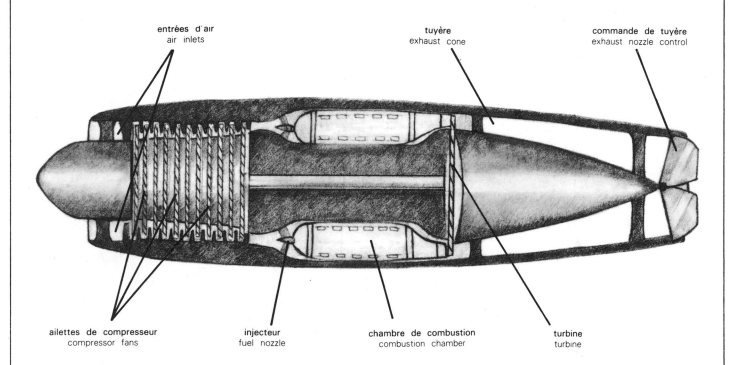

entrées d'air
air inlets

tuyère
exhaust cone

commande de tuyère
exhaust nozzle control

ailettes de compresseur
compressor fans

injecteur
fuel nozzle

chambre de combustion
combustion chamber

turbine
turbine

Turboréacteur
Combustion Jet Engine

Fusée
Rocket

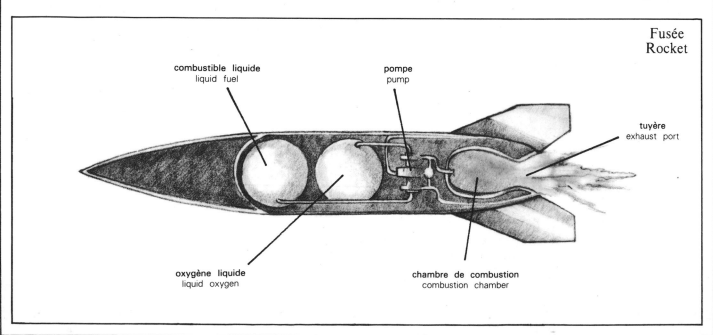

combustible liquide
liquid fuel

pompe
pump

tuyère
exhaust port

oxygène liquide
liquid oxygen

chambre de combustion
combustion chamber

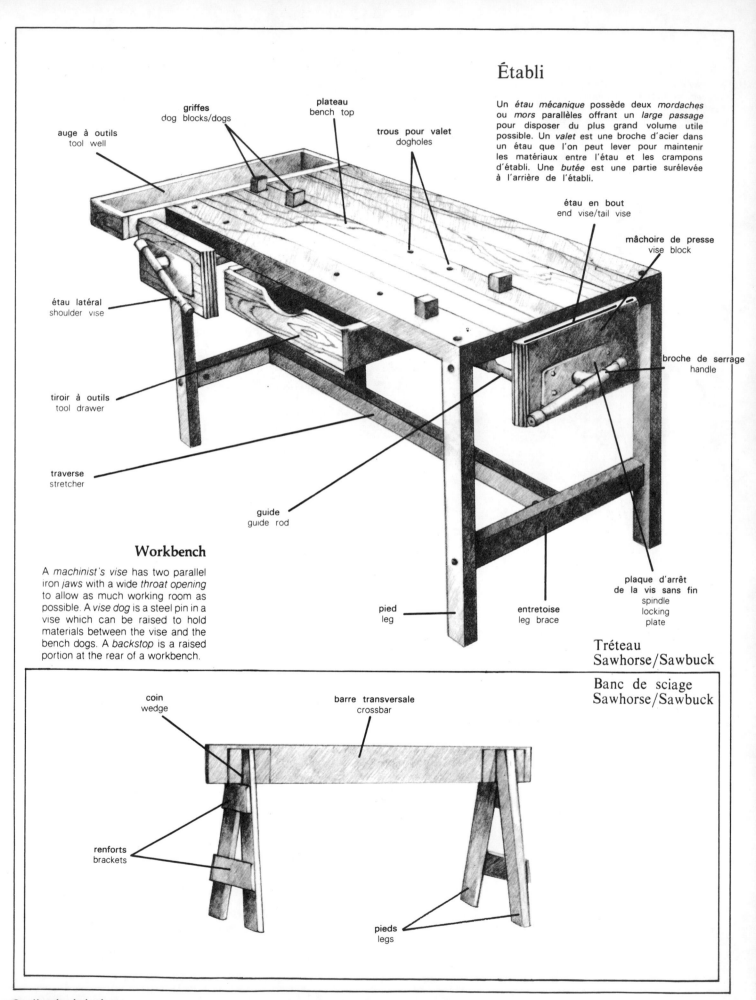

Établi

griffes
dog blocks/dogs

plateau
bench top

auge à outils
tool well

trous pour valet
dogholes

Un *étau mécanique* possède deux *mordaches* ou *mors* parallèles offrant un *large passage* pour disposer du plus grand volume utile possible. Un *valet* est une broche d'acier dans un étau que l'on peut lever pour maintenir les matériaux entre l'étau et les crampons d'établi. Une *butée* est une partie surélevée à l'arrière de l'établi.

étau en bout
end vise/tail vise

mâchoire de presse
vise block

étau latéral
shoulder vise

broche de serrage
handle

tiroir à outils
tool drawer

traverse
stretcher

guide
guide rod

Workbench

A *machinist's vise* has two parallel iron *jaws* with a wide *throat opening* to allow as much working room as possible. A *vise dog* is a steel pin in a vise which can be raised to hold materials between the vise and the bench dogs. A *backstop* is a raised portion at the rear of a workbench.

pied
leg

entretoise
leg brace

plaque d'arrêt de la vis sans fin
spindle locking plate

Tréteau
Sawhorse/Sawbuck

Banc de sciage
Sawhorse/Sawbuck

coin
wedge

barre transversale
crossbar

renforts
brackets

pieds
legs

Clamps

In addition to the *holding tools* shown here, there are *hand screws, bar clamps, miter clamps, band clamps* and *spring clamps*. A *woodworking vise* is similar to a *metalworking vise* except that its jaws are padded in order to hold lumber without marring it. In wood clamps, the steel screws operate through *pivots* so that the jaws can be set at any required angle. *Adjustable C-clamps*, also known as *short bar clamps*, have an adjustable jaw that slides along a flat metal bar to the desired position.

Presses

En plus des *outils de serrage* présentés ici, il existe des *vérins à vis*, des *serre-tubes*, des *presses à onglet*, des *brides* et des *pinces à ressort*. Un *étau de menuisier* ressemble à un *étau mécanique* sauf que ses mordaches sont garnies de matière souple pour tenir les pièces de bois sans les ébrécher. Les vis d'acier des presses à bois sont actionnées à travers des *pivots* pour permettre l'ouverture des mors à l'angle désiré. Les *serre-joints réglables* possèdent un mors réglable qui glisse le long d'une barre plate pour prendre la bonne position.

Étau
Vise/Bench Vise

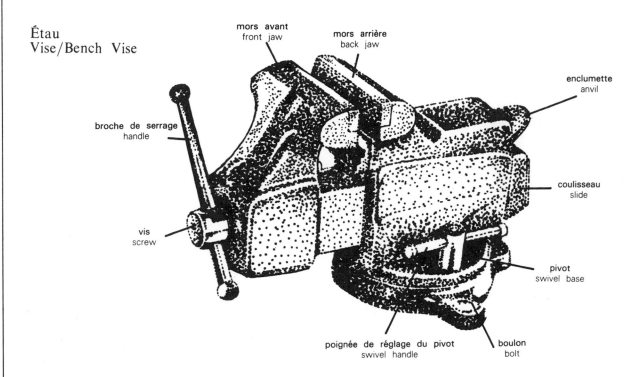

mors avant / front jaw

mors arrière / back jaw

enclumette / anvil

broche de serrage / handle

coulisseau / slide

vis / screw

pivot / swivel base

poignée de réglage du pivot / swivel handle

boulon / bolt

Presse à bois
Hand-Screw clamp/Wood Clamp

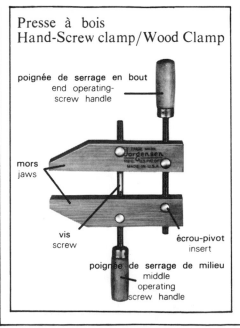

poignée de serrage en bout / end operating-screw handle

mors / jaws

vis / screw

écrou-pivot / insert

poignée de serrage de milieu / middle operating-screw handle

Serre-joint
C – Clamp

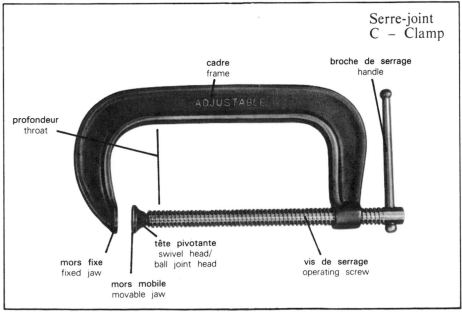

cadre / frame

broche de serrage / handle

profondeur / throat

mors fixe / fixed jaw

tête pivotante / swivel head/ ball joint head

mors mobile / movable jaw

vis de serrage / operating screw

Outils de bricolage

Pointes et vis

Une *pointe à tête perdue* ou *à tête d'homme* est une pointe à tête minuscule utilisée en ébénisterie pour les finitions. Les *clous* sont de grosses pointes lourdes. On appelle *avant-trou* le petit trou percé à la vrille avant d'enfoncer la vis.

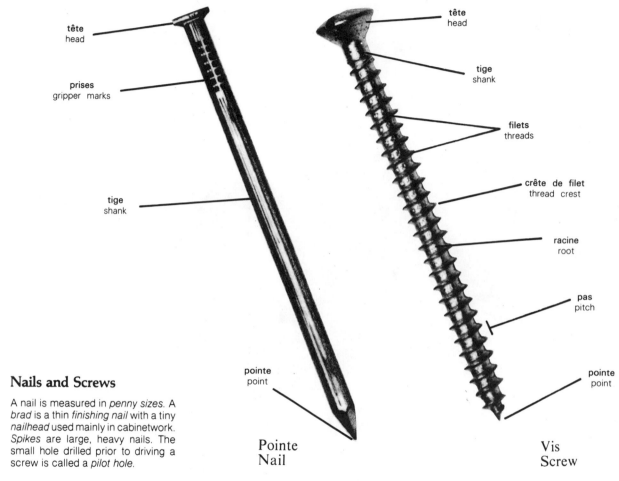

tête
head

prises
gripper marks

tige
shank

pointe
point

Pointe
Nail

tête
head

tige
shank

filets
threads

crête de filet
thread crest

racine
root

pas
pitch

pointe
point

Vis
Screw

Nails and Screws

A nail is measured in *penny sizes*. A *brad* is a thin *finishing nail* with a tiny *nailhead* used mainly in cabinetwork. *Spikes* are large, heavy nails. The small hole drilled prior to driving a screw is called a *pilot hole*.

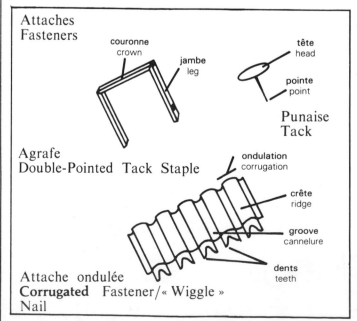

Attaches
Fasteners

couronne
crown

jambe
leg

tête
head

pointe
point

Punaise
Tack

Agrafe
Double-Pointed Tack Staple

ondulation
corrugation

crête
ridge

groove
cannelure

dents
teeth

Attache ondulée
Corrugated Fastener/« Wiggle »
Nail

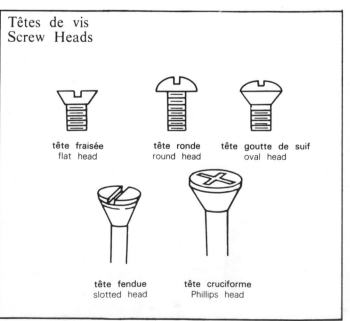

Têtes de vis
Screw Heads

tête fraisée
flat head

tête ronde
round head

tête goutte de suif
oval head

tête fendue
slotted head

tête cruciforme
Phillips head

Boulons

Certains boulons ont une petite *embase* sous la tête pour les empêcher de tourner dans le bois. On utilise des *rondelles,* petits disques plats avec un trou au centre, pour empêcher les écrous et têtes de boulons de creuser les surfaces du bois. Les *boulons à œil* ou *pitons* ont leur extrémité arrondie en boucle pour permettre d'y fixer des fils métalliques ou des cordes.

tête
head

tige
shank

boulon
bolt

filetage
threads

écrou
nut

Nuts and Bolts

Some bolts have small *collars* below the head to prevent them from turning in a piece of wood. *Washers,* flat discs with a hole in the center, are used to prevent nutheads or bolts from digging into wooden surfaces. *Eyebolts* have rounded tops that enable them to anchor string or rope.

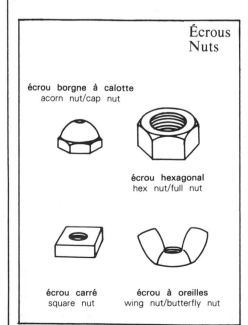

Écrous
Nuts

écrou borgne à calotte
acorn nut/cap nut

écrou hexagonal
hex nut/full nut

écrou carré
square nut

écrou à oreilles
wing nut/butterfly nut

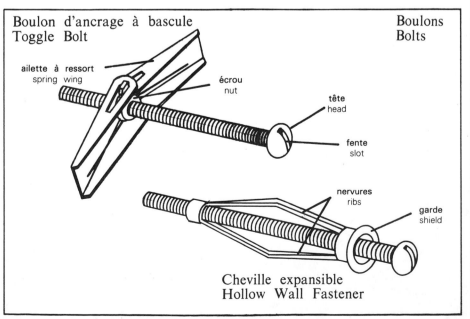

Boulon d'ancrage à bascule
Toggle Bolt

Boulons
Bolts

ailette à ressort
spring wing

écrou
nut

tête
head

fente
slot

nervures
ribs

garde
shield

Cheville expansible
Hollow Wall Fastener

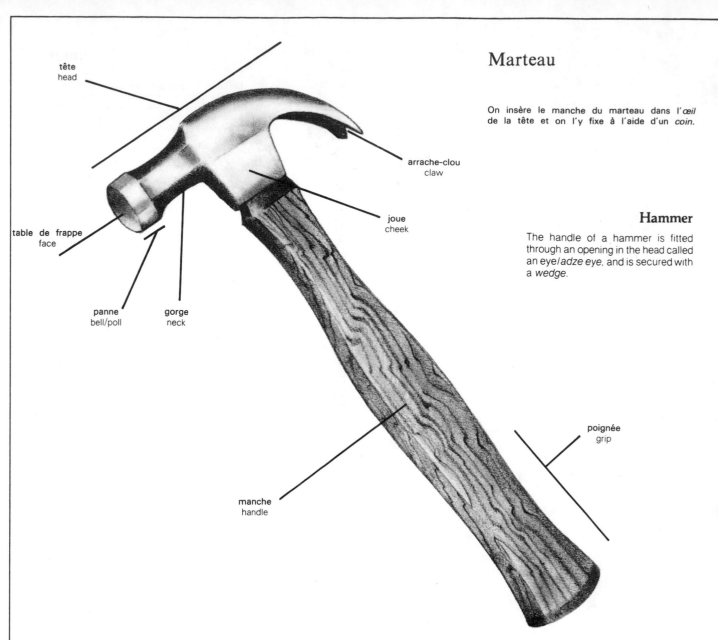

Marteau

On insère le manche du marteau dans l'*œil* de la tête et on l'y fixe à l'aide d'un *coin*.

tête
head

arrache-clou
claw

joue
cheek

table de frappe
face

panne
bell/poll

gorge
neck

Hammer

The handle of a hammer is fitted through an opening in the head called an eye/*adze eye*, and is secured with a *wedge*.

poignée
grip

manche
handle

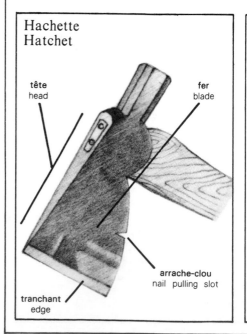

Hachette
Hatchet

tête
head

fer
blade

arrache-clou
nail pulling slot

tranchant
edge

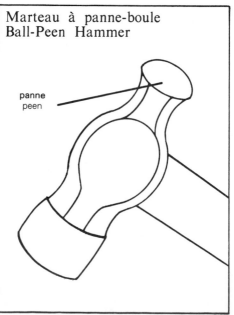

Marteau à panne-boule
Ball-Peen Hammer

panne
peen

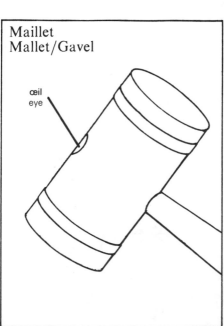

Maillet
Mallet/Gavel

œil
eye

On classe les tournevis selon la longueur de la lame et la largeur de leur pointe. Certains ont une *virole* au point de rencontre de la lame et du manche. On utilise des *tournevis contrecoudés* dans les endroits difficiles d'accès pour un tournevis ordinaire. Le *tournevis à cliquet* ordinaire est le prédécesseur du *tournevis hélicoïdal à cliquet*. Il a un *mécanisme à cliquet* dans le manche.

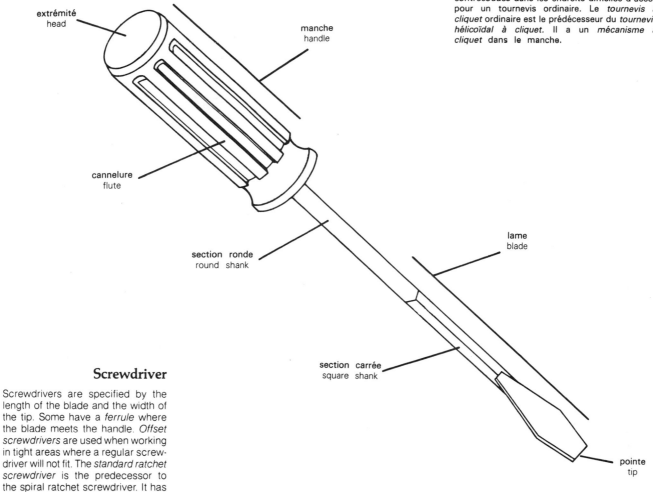

extrémité
head

manche
handle

cannelure
flute

section ronde
round shank

lame
blade

section carrée
square shank

pointe
tip

Screwdriver

Screwdrivers are specified by the length of the blade and the width of the tip. Some have a *ferrule* where the blade meets the handle. *Offset screwdrivers* are used when working in tight areas where a regular screwdriver will not fit. The *standard ratchet screwdriver* is the predecessor to the spiral ratchet screwdriver. It has a *ratcheting mechanism* in the handle.

Tournevis hélicoïdal à cliquet
Spiral Ratchet Screwdriver

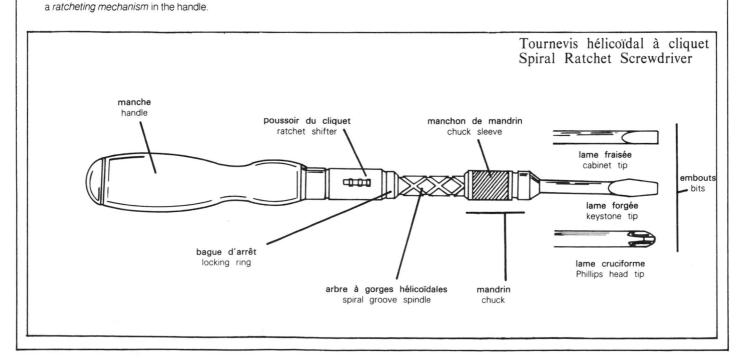

manche
handle

poussoir du cliquet
ratchet shifter

manchon de mandrin
chuck sleeve

lame fraisée
cabinet tip

embouts
bits

lame forgée
keystone tip

bague d'arrêt
locking ring

arbre à gorges hélicoïdales
spiral groove spindle

mandrin
chuck

lame cruciforme
Phillips head tip

Outils de bricolage

Pinces

En plus des pinces présentées ici on trouve des *coupe-boulons* de gros calibre, des *pinces miniatures* et des *pinces à bec fin* que l'on utilise souvent en joaillerie ou en électricité, des *pinces de musicien* pour couper les cordes de piano et les *pinces à bec recourbé* qu'utilisent les ouvriers du téléphone et les tisserands.

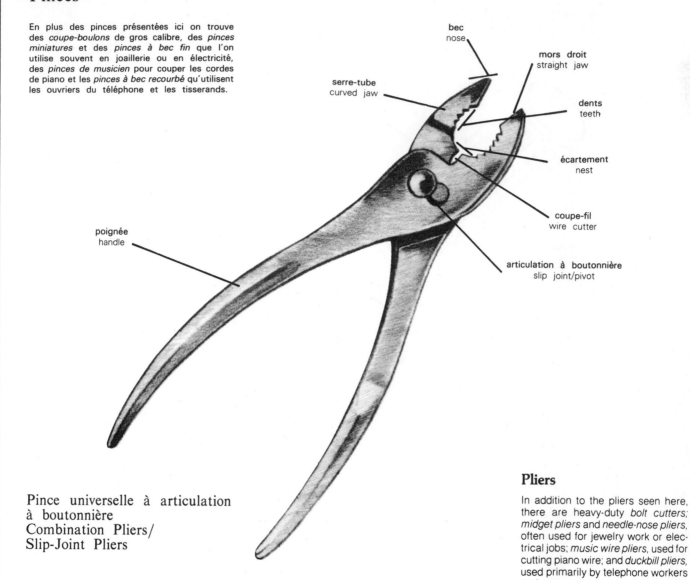

bec
nose

mors droit
straight jaw

serre-tube
curved jaw

dents
teeth

écartement
nest

coupe-fil
wire cutter

articulation à boutonnière
slip joint/pivot

poignée
handle

Pince universelle à articulation
à boutonnière
Combination Pliers/
Slip-Joint Pliers

Pliers

In addition to the pliers seen here, there are heavy-duty *bolt cutters*; *midget pliers* and *needle-nose pliers*, often used for jewelry work or electrical jobs; *music wire pliers*, used for cutting piano wire; and *duckbill pliers*, used primarily by telephone workers and weavers.

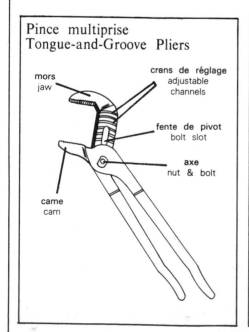

Pince multiprise
Tongue-and-Groove Pliers

mors
jaw

crans de réglage
adjustable channels

fente de pivot
bolt slot

axe
nut & bolt

came
cam

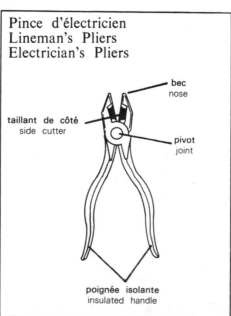

Pince d'électricien
Lineman's Pliers
Electrician's Pliers

bec
nose

taillant de côté
side cutter

pivot
joint

poignée isolante
insulated handle

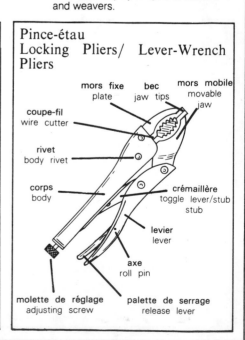

Pince-étau
Locking Pliers/ Lever-Wrench
Pliers

mors fixe
plate

bec
jaw tips

mors mobile
movable jaw

coupe-fil
wire cutter

rivet
body rivet

corps
body

crémaillère
toggle lever/stub
stub

levier
lever

axe
roll pin

molette de réglage
adjusting screw

palette de serrage
release lever

Clés

Les *clés à molette* sont de deux sortes : *avec ou sans verrouillage*. On utilise une *rallonge de poignée* pour augmenter la force du bras de levier. Certaines clés ont des *manches contrecoudés* pour passer par dessus des obstacles. Les *clés à douilles* combinent un manche contrecoudé avec un *pivot mâle* monté sur un *coussinet* à ressort, pour y fixer des *douilles* de différentes grosseurs. Beaucoup de clés à douilles ont aussi un *manche à cliquet* permettant une rotation inversée.

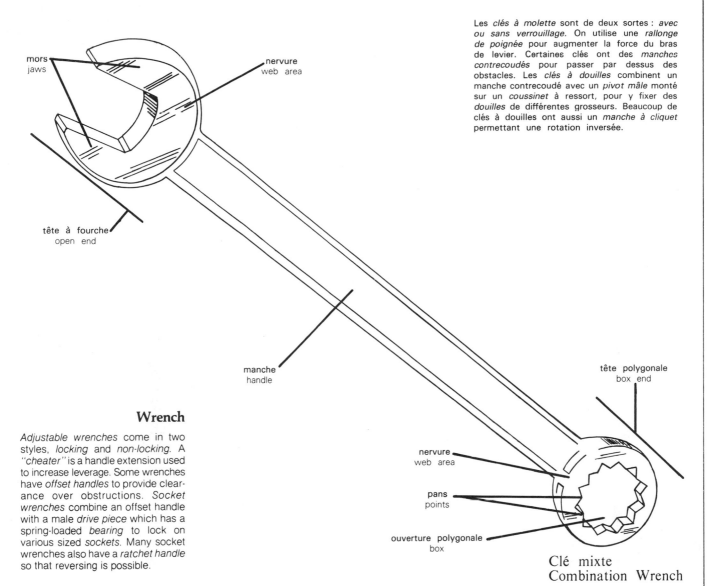

mors
jaws

nervure
web area

tête à fourche
open end

manche
handle

tête polygonale
box end

nervure
web area

pans
points

ouverture polygonale
box

Clé mixte
Combination Wrench

Wrench

Adjustable wrenches come in two styles, *locking* and *non-locking*. A *"cheater"* is a handle extension used to increase leverage. Some wrenches have *offset handles* to provide clearance over obstructions. *Socket wrenches* combine an offset handle with a male *drive piece* which has a spring-loaded *bearing* to lock on various sized *sockets*. Many socket wrenches also have a *ratchet handle* so that reversing is possible.

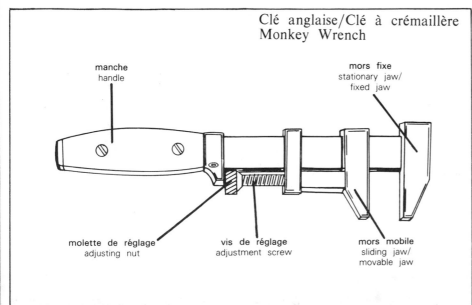

Clé anglaise/Clé à crémaillère
Monkey Wrench

manche
handle

mors fixe
stationary jaw/
fixed jaw

molette de réglage
adjusting nut

vis de réglage
adjustment screw

mors mobile
sliding jaw/
movable jaw

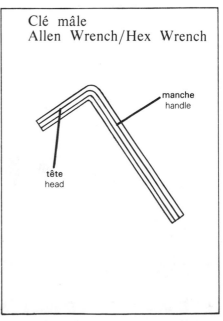

Clé mâle
Allen Wrench/Hex Wrench

manche
handle

tête
head

Outils de bricolage

Scies à main

On appelle *havage* le trait ou l'incision faits par la scie. La scie de charpentier présentée ici ressemble à la *scie égoïne* ou *scie de coupe en travers*. Une *égoïne à dos de cheval* a un dos arrondi. On appelle *dégagement* la distance existant entre la monture et la lame d'une scie à découper.

Handsaws

The cut or incision made by a saw blade is the *kerf*. The carpenter's saw, seen here, is similar to a *ripsaw* or *crosscut saw*. A *skewback hand-saw* has an inwardly curved back. On a coping saw, the distance from the blade to the frame is the *throat*, or *throat clearance*. A coping saw with a particularly long throat is called a *deep throat*.

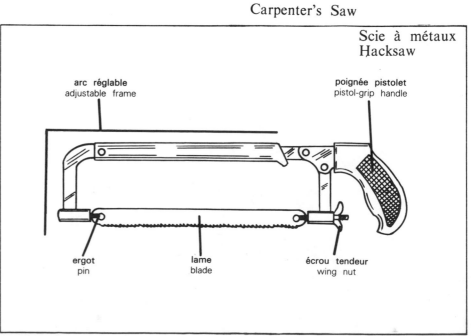

poignée
handle

rivets de fixation
fittings

talon
heel

lame
blade

face de dépouille
back

dents
teeth

pointe
point

Scie de menuisier
Carpenter's Saw

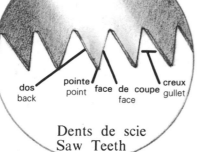

dos
back

pointe
point

face de coupe
face

creux
gullet

Dents de scie
Saw Teeth

Scie égoïne
Carpenter's Saw

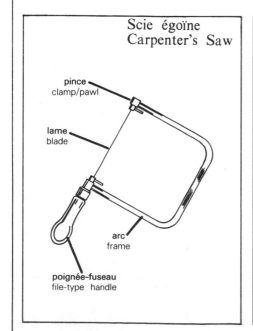

pince
clamp/pawl

lame
blade

arc
frame

poignée-fuseau
file-type handle

Scie à métaux
Hacksaw

arc réglable
adjustable frame

poignée pistolet
pistol-grip handle

ergot
pin

lame
blade

écrou tendeur
wing nut

Outils de bricolage

Power Saw

The round blades used in table and circular saws have either *crosscut teeth* or *rip teeth*. Circular saws can be equipped with a *rip guide* and an *ejector chute*, which routes sawdust to the rear or side. Saber units include *variable-speed controls* and a *roller support* behind the blade. The *band saw* derives its name from the fact that its blade is a continuous band revolving on two wheels.

Scie électrique

Les lames circulaires utilisées sur les scies circulaires ont soit des *dents contournées*, soit des *dents couchées*. On peut équiper les scies circulaires d'un *guide à refendre* et d'un *éjecteur* qui dirige la sciure sur le côté ou vers l'arrière. Des modèles de scie sauteuse comportent un *variateur de vitesse*, et un *support à rouleaux* placé derrière la lame. La *scie à ruban* tire son nom de sa lame en forme de ruban continu qui tourne entre deux roues.

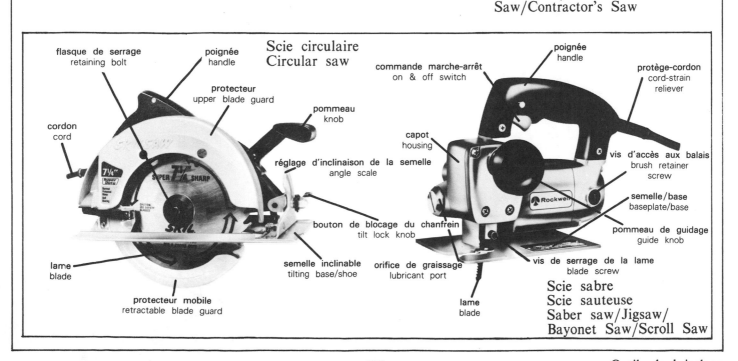

fente
slot

couteau diviseur
anti-kickback pawl

fendeur
splitter/spreader

protecteur
blade guard

table de sciage
table/
cutting surface

fente de guide à onglet
miter-gauge slot

grille-rallonge de table
grid table extension

rail du guide de refente
fence guide bar

guide de refente
rip fence head

guide à onglet
miter gauge

rallonge de table
adjustable
table extension

clef de contact
locking switch key

poignée de blocage du
guide de refente
fence lock handle

commande marche-arrêt
on & off switch

tête de réglage du guide de refente
rip fence head

disjoncteur de surcharge
overload reset button

réglage du guide de refente
fence adjusting knob

volant d'inclinaison
tilting arbor handwheel/
blade-bevel handwheel

socle
saw base

arrêt d'inclinaison
arbor lock/tilt lock

contrôle d'inclinaison
bevel scale

volant de réglage
en hauteur de la lame
blade-elevating
handwheel

pied
stand leg

traverse
stand brace

Scie circulaire électrique sur pieds
Table saw/Bench
Saw/Contractor's Saw

---

flasque de serrage
retaining bolt

poignée
handle

Scie circulaire
Circular saw

poignée
handle

protège-cordon
cord-strain
reliever

protecteur
upper blade guard

commande marche-arrêt
on & off switch

cordon
cord

pommeau
knob

capot
housing

vis d'accès aux balais
brush retainer
screw

réglage d'inclinaison de la semelle
angle scale

semelle/base
baseplate/base

bouton de blocage du chanfrein
tilt lock knob

pommeau de guidage
guide knob

lame
blade

semelle inclinable
tilting base/shoe

orifice de graissage
lubricant port

vis de serrage de la lame
blade screw

protecteur mobile
retractable blade guard

lame
blade

Scie sabre
Scie sauteuse
Saber saw/Jigsaw/
Bayonet Saw/Scroll Saw

Outils de bricolage

Porte-foret

Les accessoires de percement incluent *la jauge pour mèches,* l'*alésoir,* la *mèche à bois hélicoïdale,* la *mèche à goujon,* la *mèche extensible,* le *tournevis,* le *fraisoir,* le *foret hélicoïdal,* le *foret triangulaire* et le *trépan mécanique.* Le cercle décrit par la poignée du vilebrequin s'appelle la *zone de jeu.*

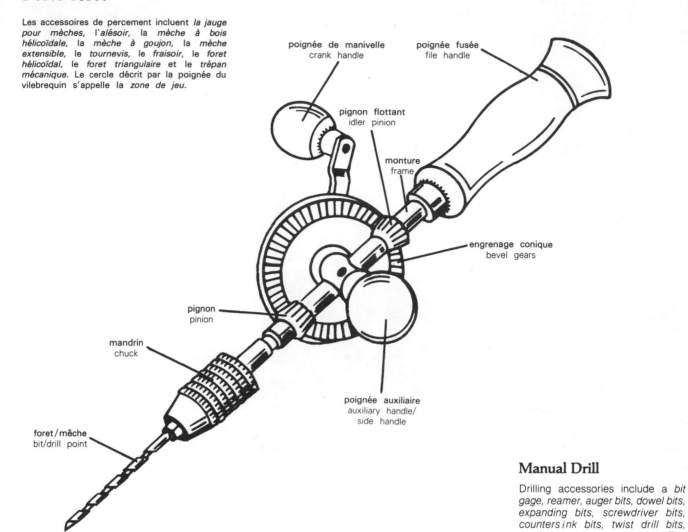

poignée de manivelle
crank handle

poignée fusée
file handle

pignon flottant
idler pinion

monture
frame

engrenage conique
bevel gears

pignon
pinion

mandrin
chuck

poignée auxiliaire
auxiliary handle/
side handle

foret/mèche
bit/drill point

Porte-foret
Hand Drill

Manual Drill

Drilling accessories include a *bit gage, reamer, auger bits, dowel bits, expanding bits, screwdriver bits, countersink bits, twist drill bits, spade bits* and *power bore bits.* The circle described by turning the handle of a brace is called the *sweep.*

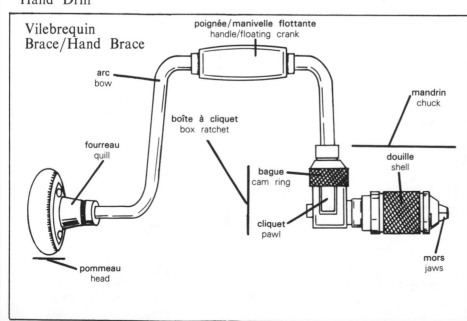

Vilebrequin
Brace/Hand Brace

poignée/manivelle flottante
handle/floating crank

arc
bow

boîte à cliquet
box ratchet

mandrin
chuck

fourreau
quill

bague
cam ring

douille
shell

cliquet
pawl

mors
jaws

pommeau
head

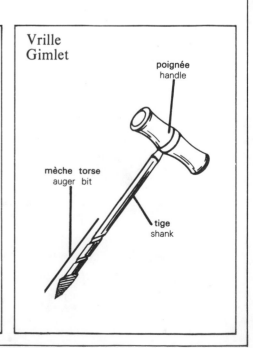

Vrille
Gimlet

poignée
handle

mèche torse
auger bit

tige
shank

Perceuses électriques

Un *foret* ordinaire est constitué d'une *pointe*, d'un *corps* et d'une *tige*. Certains forets ont des soies de forme spéciale au bout de la tige. Si la perceuse possède un *mandrin à clef à engrenage,* le foret est bloqué au moyen d'une clef. On peut percer des trous à une profondeur prédéterminée en fixant un *guide de profondeur réglable* sur la tige du foret. On classe les perceuses selon le diamètre maximum de tige de foret que le mandrin peut accepter. Certaines perceuses ont un *moteur inversable.*

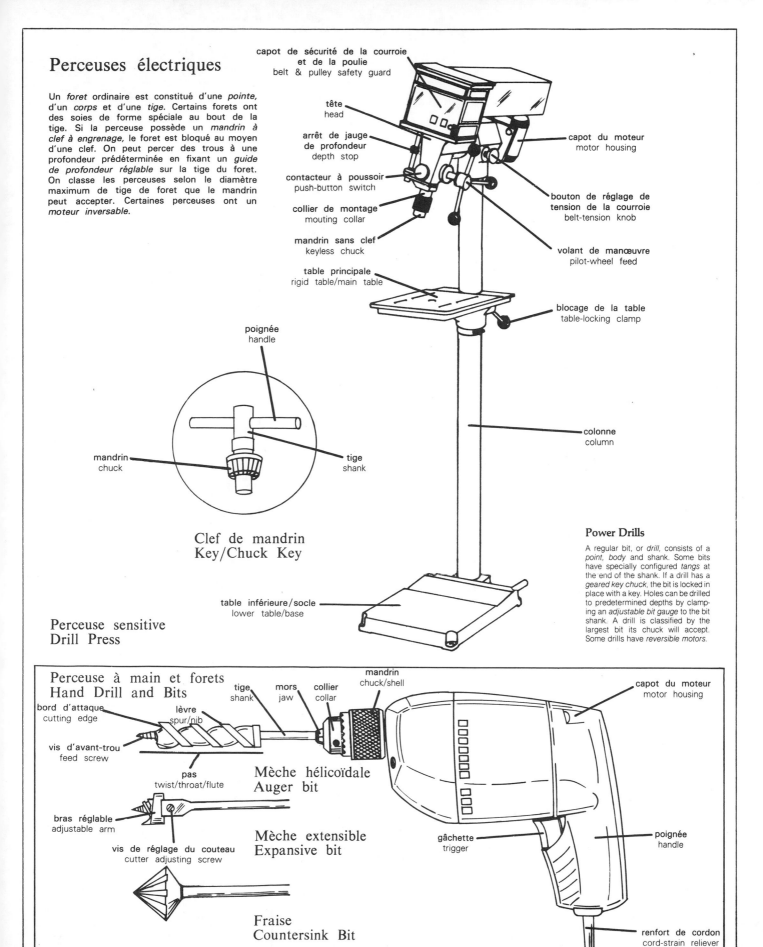

capot de sécurité de la courroie et de la poulie
belt & pulley safety guard

tête
head

arrêt de jauge de profondeur
depth stop

contacteur à poussoir
push-button switch

collier de montage
mouting collar

mandrin sans clef
keyless chuck

table principale
rigid table/main table

capot du moteur
motor housing

bouton de réglage de tension de la courroie
belt-tension knob

volant de manœuvre
pilot-wheel feed

blocage de la table
table-locking clamp

colonne
column

poignée
handle

mandrin
chuck

tige
shank

Clef de mandrin
Key/Chuck Key

table inférieure/socle
lower table/base

Perceuse sensitive
Drill Press

Power Drills

A regular bit, or *drill*, consists of a *point, body* and shank. Some bits have specially configured *tangs* at the end of the shank. If a drill has a *geared key chuck,* the bit is locked in place with a key. Holes can be drilled to predetermined depths by clamping an *adjustable bit gauge* to the bit shank. A drill is classified by the largest bit its chuck will accept. Some drills have *reversible motors.*

Perceuse à main et forets
Hand Drill and Bits

bord d'attaque
cutting edge

vis d'avant-trou
feed screw

lèvre
spur/nib

pas
twist/throat/flute

tige
shank

mors
jaw

collier
collar

mandrin
chuck/shell

capot du moteur
motor housing

Mèche hélicoïdale
Auger bit

bras réglable
adjustable arm

vis de réglage du couteau
cutter adjusting screw

Mèche extensible
Expansive bit

gâchette
trigger

poignée
handle

Fraise
Countersink Bit

renfort de cordon
cord-strain reliever

Rabots et outils de façonnage

Le corps du rabot s'appelle le *cadre*. L'angle de la lame, l'*inclinaison*. La partie plate du ciseau est le *dos*. On appelle *ciseaux à froid* les ciseaux conçus pour couper le métal ; ils n'ont pas de poignée. L'affûtage des gouges peut-être effectué soit sur la partie intérieure, soit sur la partie extérieure. La partie rugueuse de la râpe ou de la lime est la *face*. La partie sans picots est appelée *côté lisse*.

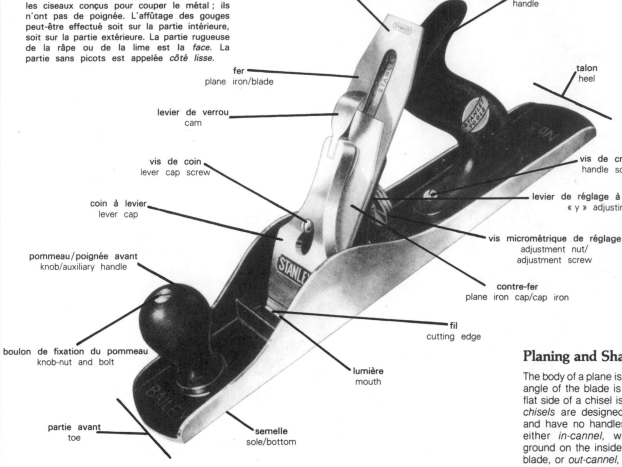

levier de réglage latéral
lateral adjusting lever

crosse
handle

talon
heel

fer
plane iron/blade

levier de verrou
cam

vis de crosse
handle screw

vis de coin
lever cap screw

levier de réglage à lunette mobile
« y » adjusting lever

coin à levier
lever cap

vis micrométrique de réglage
adjustment nut/
adjustment screw

pommeau/poignée avant
knob/auxiliary handle

contre-fer
plane iron cap/cap iron

fil
cutting edge

boulon de fixation du pommeau
knob-nut and bolt

lumière
mouth

partie avant
toe

semelle
sole/bottom

**Rabot
Plane**

Planing and Shaping Tools

The body of a plane is the *frame*. The angle of the blade is the *pitch*. The flat side of a chisel is its *back*. *Cold chisels* are designed to cut metal and have no handles. *Gouges* are either *in-cannel*, with the bevel ground on the inside of the curved blade, or *out-cannel*, with the bevel ground on the outside. The rough side of a rasp or file is the *face*. The smooth side is called the *"safe"* side.

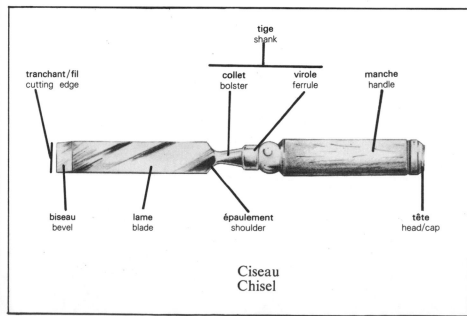

tige
shank

tranchant/fil
cutting edge

collet
bolster

virole
ferrule

manche
handle

biseau
bevel

lame
blade

épaulement
shoulder

tête
head/cap

**Ciseau
Chisel**

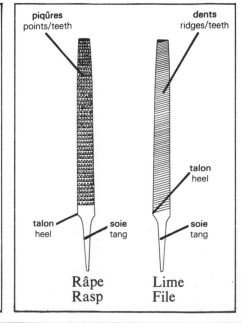

piqûres
points/teeth

dents
ridges/teeth

talon
heel

talon
heel

talon
heel

soie
tang

soie
tang

**Râpe
Rasp**

**Lime
File**

Ponceuse

Contrairement à la *ponceuse tournante* dont le patin tourne sur lui-même, le patin de la *ponceuse vibrante* se déplace en va-et-vient. Les *ponceuses à bande* utilisent des bandes continues de *papier de verre* ou de *toile émeri* et sont parfois équipées de *sacs à poussière*. On dit que le *revêtement abrasif* du papier de verre est *serré* ou *lâche* selon l'espacement de ses *grains*.

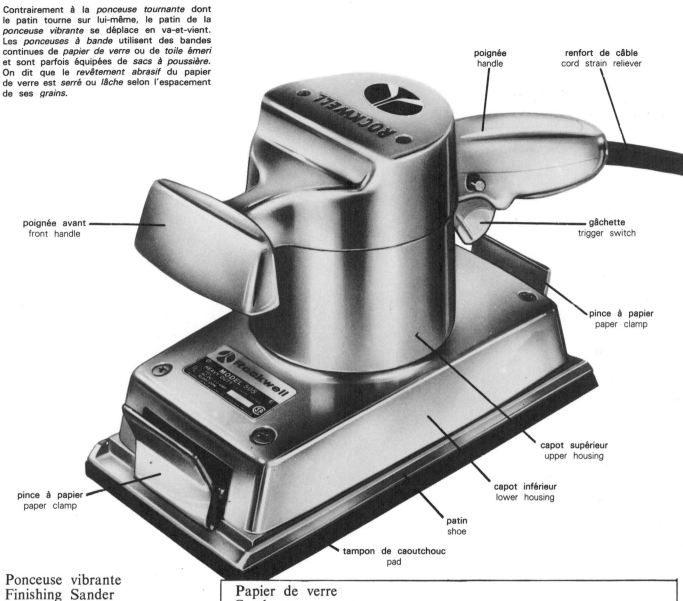

poignée
handle

renfort de câble
cord strain reliever

poignée avant
front handle

gâchette
trigger switch

pince à papier
paper clamp

pince à papier
paper clamp

capot supérieur
upper housing

capot inférieur
lower housing

patin
shoe

tampon de caoutchouc
pad

Ponceuse vibrante
Finishing Sander

Sander

In a finishing, or *straight-line,* sander, the pad moves back and forth, whereas in the similar-looking *orbital sander,* the pad moves in a small orbital pattern. *Belt sanders* use a continuous *belt* of either *natural* or *artificial abrasive material,* and are available with or without *dust bags.* Sandpaper has either an *open* or *closed coat,* depending on spacing between *grains.*

Papier de verre
Sandpaper

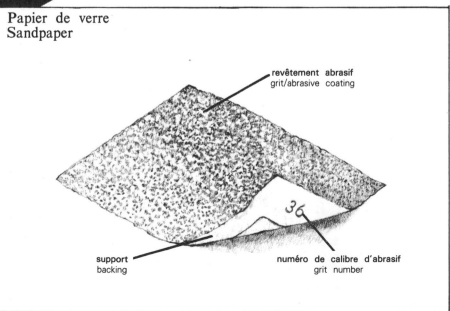

revêtement abrasif
grit/abrasive coating

support
backing

numéro de calibre d'abrasif
grit number

411

Outils de plombier

En plus des outils présentés ici, le plombier utilise les *coupe-tubes,* dont certains sont équipés d'un *adoucisseur* et de *fraises à ébarber* pour débarrasser le tuyau des *barbes ;* il utilise aussi des *outils d'évasement* pour élargir les bouts des *tubes* de cuivre pour les *ajustages par évasement.* Pour *souder à l'étain* on utilise du *fondant* et de la *soudure.* Lorsqu'il s'agit de *fileter* un tuyau on utilise une *taraudeuse* (constituée d'une *filière,* d'un *porte-filière* et d'un *tourne-à-gauche) ;* et un *ruban de chaterton* ou de la *pâte.* Les autres outils de base sont la *scie à métaux* et les *pinces à tubes.*

Plumbing Tools

In addition to the basic plumbing tools shown here, there are *tubing,* or *pipe cutters,* some of which have built-in *polishers; reamers* for removing *burrs* inside cut *pipe;* and *flaring tools,* used to spread the ends of copper *tubing* for *flare fittings.* In *sweat soldering, flux* and *solder* are used. When working with *threaded pipe,* a *pipe threader* (which consists of a *die, diestock* and *handles*) and *joint-sealing tape* or *compound* are used. Other basic plumbing tools are *hacksaws* and *pipe wrenches.*

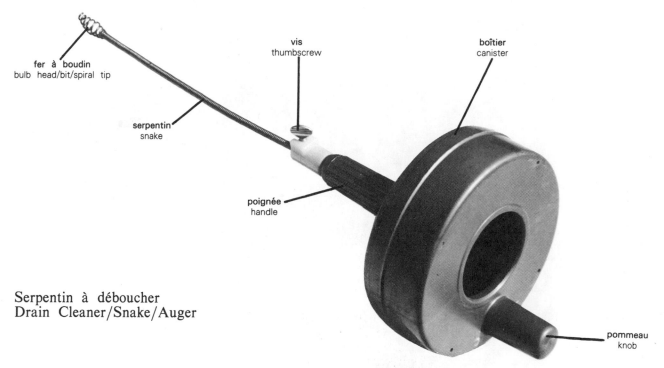

fer à boudin
bulb head/bit/spiral tip

serpentin
snake

vis
thumbscrew

boîtier
canister

poignée
handle

pommeau
knob

Serpentin à déboucher
Drain Cleaner/Snake/Auger

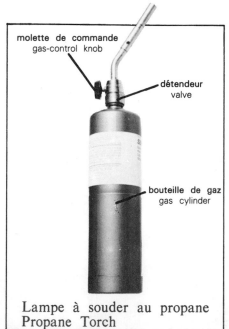

molette de commande
gas-control knob

détendeur
valve

bouteille de gaz
gas cylinder

Lampe à souder au propane
Propane Torch

Ventouse à déboucher
Plunger/« Plumber's Friend »

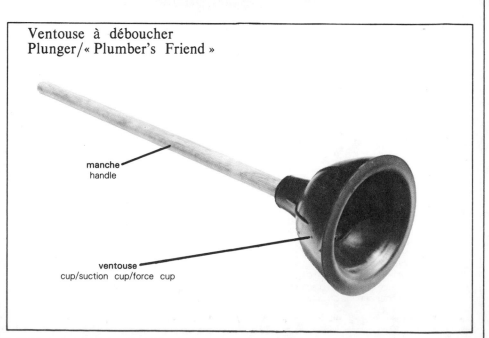

manche
handle

ventouse
cup/suction cup/force cup

Electrician's Tools

A volt-ohm meter, also known as a *multimeter* or *volt-ohm-milliammeter*, is used with test *leads* and *jacks* attached to needle-type *probes* or *alligator clips*. The markings on the sheath of a wire describe *wire size*, number of *conductors*, the existence of a ground wire and cable type.

Outils de l'électricien

Le voltohmmètre appelé aussi *voltohmmilliampèremètre s'utilise avec des cordons tests et des jacks reliés à des pointes de touche ou à des pinces crocodiles. Le marquage de la gaine d'un câble indique la taille de chaque conducteur, le nombre de ces conducteurs, l'existence d'un conducteur de terre et le type du câble.*

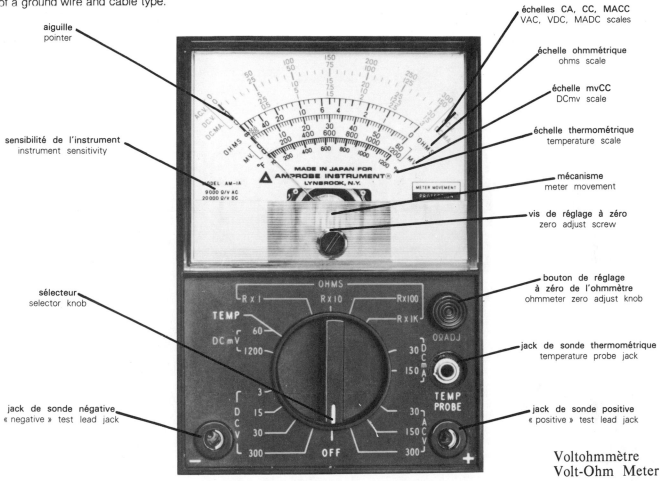

aiguille
pointer

sensibilité de l'instrument
instrument sensitivity

sélecteur
selector knob

jack de sonde négative
« negative » test lead jack

échelles CA, CC, MACC
VAC, VDC, MADC scales

échelle ohmmétrique
ohms scale

échelle mvCC
DCmv scale

échelle thermométrique
temperature scale

mécanisme
meter movement

vis de réglage à zéro
zero adjust screw

bouton de réglage à zéro de l'ohmmètre
ohmmeter zero adjust knob

jack de sonde thermométrique
temperature probe jack

jack de sonde positive
« positive » test lead jack

Voltohmmètre
Volt-Ohm Meter

Pince multifonction d'électricien
Wire Stripper and Crimper/
Multipurpose Top

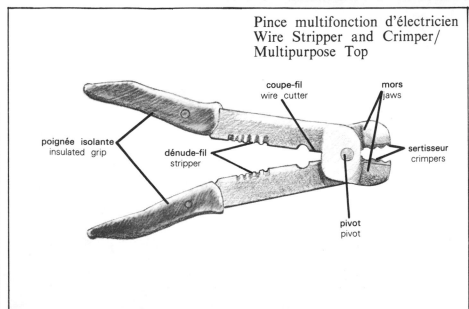

coupe-fil
wire cutter

mors
jaws

poignée isolante
insulated grip

dénude-fil
stripper

sertisseur
crimpers

pivot
pivot

Câble
Wire/Cable/Cord

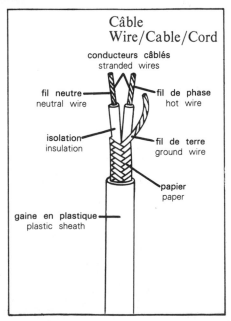

conducteurs câblés
stranded wires

fil neutre
neutral wire

fil de phase
hot wire

isolation
insulation

fil de terre
ground wire

papier
paper

gaine en plastique
plastic sheath

Outils de bricolage

Instruments de mesure

L'instrument de base pour mesurer est la *règle*. Les mètres-rubans sont aussi présentés en *rouleaux* rembobinables à la main. Une *équerre en L* a deux bras à angle droit. Le bras long s'appelle la *lame* et le court est la *languette*. Leur point de jonction est le *talon*. Une *équerre à fonctions multiples* peut remplacer l'*équerre à lame d'acier*, le *calibre de profondeur* et les *trusquins*. Lorsque la *bulle d'air* du tube s'arrête entre les *repères*, cela signifie que le *niveau* voulu est atteint. A la différence — notamment — des Etats Unis d'Amérique, tenants des *pieds* et des *pouces*, (ainsi qu'il est montré sur cette image) la Grande Bretagne s'est récemment ralliée au *système métrique*.

Measuring Tools

The basic measuring tool is the one-piece *bench rule*, or *ruler*. Tape measures also come in *reels* which can be manually rewound. An *L-shaped square* has two *arms* set at right angles. The longer arm is the *blade*, the shorter one is the *tongue*. They meet at the *heel*. A *combination square* substitutes for *try squares*, *depth gauges* and *marking gauges*. When the *air bubble* in a monovial stops between *marks*, the level is on the desired *plane*.

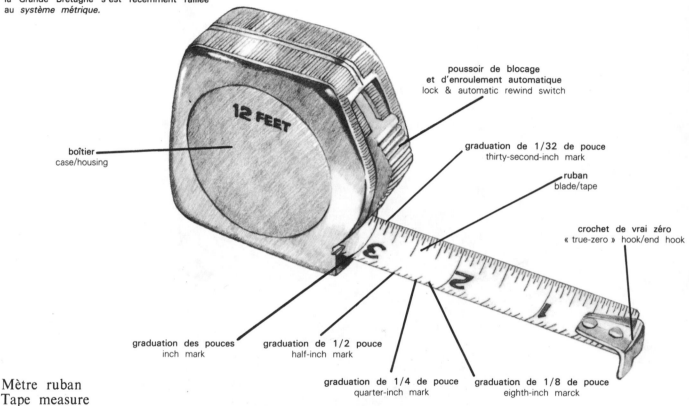

poussoir de blocage et d'enroulement automatique
lock & automatic rewind switch

boîtier
case/housing

graduation de 1/32 de pouce
thirty-second-inch mark

ruban
blade/tape

crochet de vrai zéro
« true-zero » hook/end hook

graduation des pouces
inch mark

graduation de 1/2 pouce
half-inch mark

graduation de 1/4 de pouce
quarter-inch mark

graduation de 1/8 de pouce
eighth-inch marck

Mètre ruban
Tape measure

Équerre à fonctions multiples
Combination square

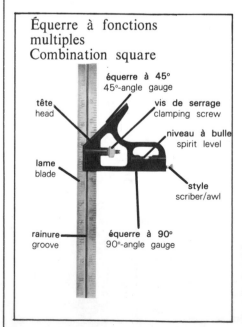

équerre à 45°
45°-angle gauge

tête
head

vis de serrage
clamping screw

niveau à bulle
spirit level

lame
blade

style
scriber/awl

rainure
groove

équerre à 90°
90°-angle gauge

Mètre pliant
Folding Rule/Zigzag Rule

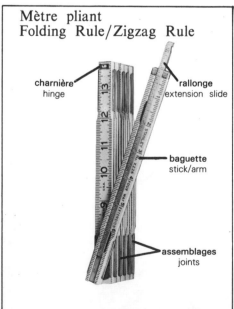

charnière
hinge

rallonge
extension slide

baguette
stick/arm

assemblages
joints

Niveau de maçon
Carpenter's Level

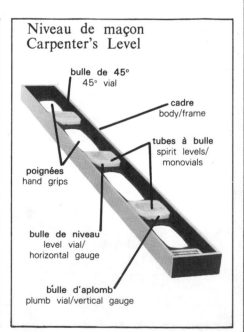

bulle de 45°
45° vial

cadre
body/frame

tubes à bulle
spirit levels/monovials

poignées
hand grips

bulle de niveau
level vial/horizontal gauge

bulle d'aplomb
plumb vial/vertical gauge

Outils de peintre

Un *pinceau* ordinaire a des *poils à bout fendu*. Le *talon* d'un pinceau est le point d'introduction de l'*about des poils* dans la *virole* fixée au manche. Les autres accessoires de peintre sont les *pistolets à peinture* et les *rouleaux à manchons*. Les accessoires comprennent aussi les *pots*, les *porte-pinceaux* et les *mélangeurs*. Les rouleaux à peinture comportent parfois un manche à l'*extrémité filetée* permettant d'y visser une *rallonge*. Pour nettoyer une surface à peindre on utilise un *chiffon*, et des *housses* pour protéger les objets et les surfaces contre les éclaboussures.

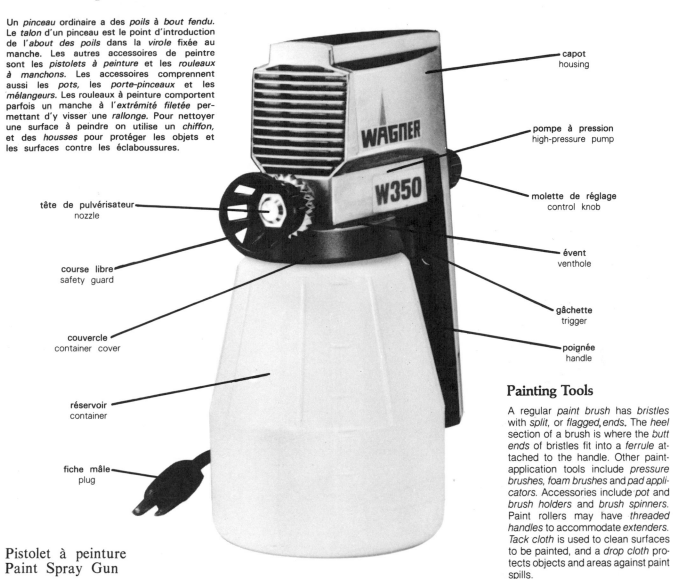

capot
housing

pompe à pression
high-pressure pump

molette de réglage
control knob

évent
venthole

gâchette
trigger

poignée
handle

tête de pulvérisateur
nozzle

course libre
safety guard

couvercle
container cover

réservoir
container

fiche mâle
plug

**Pistolet à peinture
Paint Spray Gun**

Painting Tools

A regular *paint brush* has *bristles* with *split*, or *flagged*, *ends*. The *heel* section of a brush is where the *butt ends* of bristles fit into a *ferrule* attached to the handle. Other paint-application tools include *pressure brushes*, *foam brushes* and *pad applicators*. Accessories include *pot* and *brush holders* and *brush spinners*. Paint rollers may have *threaded handles* to accommodate *extenders*. *Tack cloth* is used to clean surfaces to be painted, and a *drop cloth* protects objects and areas against paint spills.

**Plateau et rouleau
Tray and Roller**

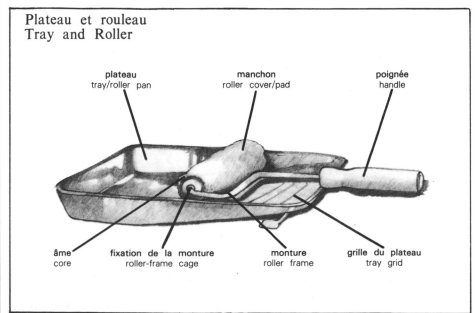

plateau
tray/roller pan

manchon
roller cover/pad

poignée
handle

âme
core

fixation de la monture
roller-frame cage

monture
roller frame

grille du plateau
tray grid

**Échelle/Échelle double
Ladder/Stepladder**

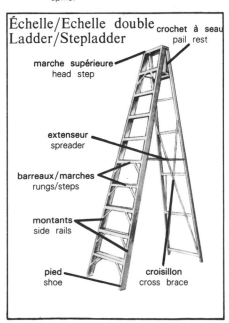

crochet à seau
pail rest

marche supérieure
head step

extenseur
spreader

barreaux/marches
rungs/steps

montants
side rails

pied
shoe

croisillon
cross brace

Outils de bricolage

Couteau de l'armée suisse

Les *séparations* dans le *manche* d'un *couteau de poche* ou *couteau de campeur* ont pour but de séparer les différentes lames ou *outils*.

Swiss Army Knife

The *dividers* in the *handle* of a *jackknife*, pocketknife or *camping knife* keep each blade or *tool* separate.

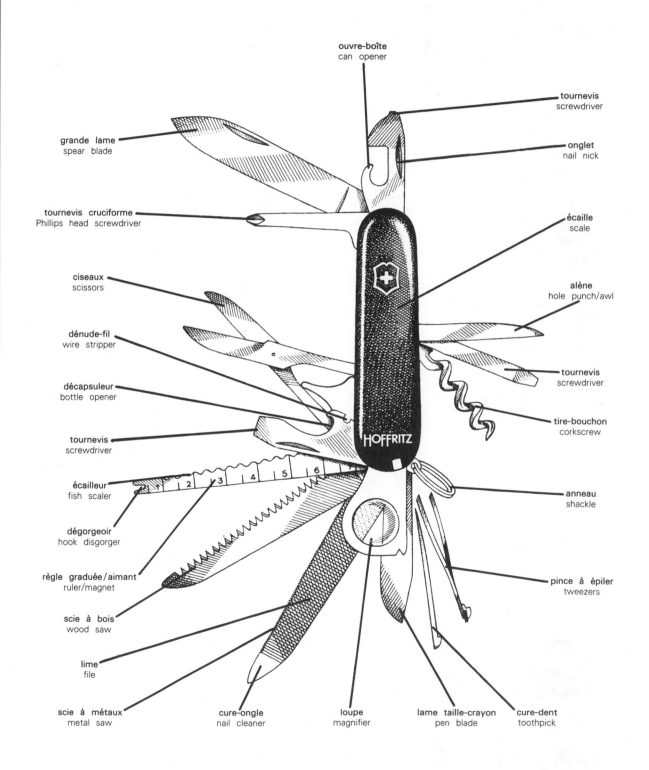

ouvre-boîte
can opener

grande lame
spear blade

tournevis cruciforme
Phillips head screwdriver

ciseaux
scissors

dénude-fil
wire stripper

décapsuleur
bottle opener

tournevis
screwdriver

écailleur
fish scaler

dégorgeoir
hook disgorger

règle graduée/aimant
ruler/magnet

scie à bois
wood saw

lime
file

scie à métaux
metal saw

cure-ongle
nail cleaner

loupe
magnifier

lame taille-crayon
pen blade

cure-dent
toothpick

tournevis
screwdriver

onglet
nail nick

écaille
scale

alène
hole punch/awl

tournevis
screwdriver

tire-bouchon
corkscrew

anneau
shackle

pince à épiler
tweezers

HOFFRITZ

Outils de bricolage

416

Outillage de jardin

On appelle transplantoir l'outil à petite lame en cuillère pour mettre en pot ou transplanter ; on utilise une fourche-bêche pour retourner le sol ; les sécateurs (et outils fonctionnant selon le même principe) sont de deux sortes : ceux qui sont munis d'une enclume sur laquelle vient s'arrêter la lame après avoir coupé la branche, et les systèmes à cisaillement avec contre-lame.

Gardening Implements

A hand tool with a small scooped blade used for potting and planting is a *trowel*. A *spading fork* is used for turning soil. Shears are generally of two types: *anvil*, in which a blade cuts through a branch and stops against an anvil, and *by-pass,* which uses a shearing action to cut.

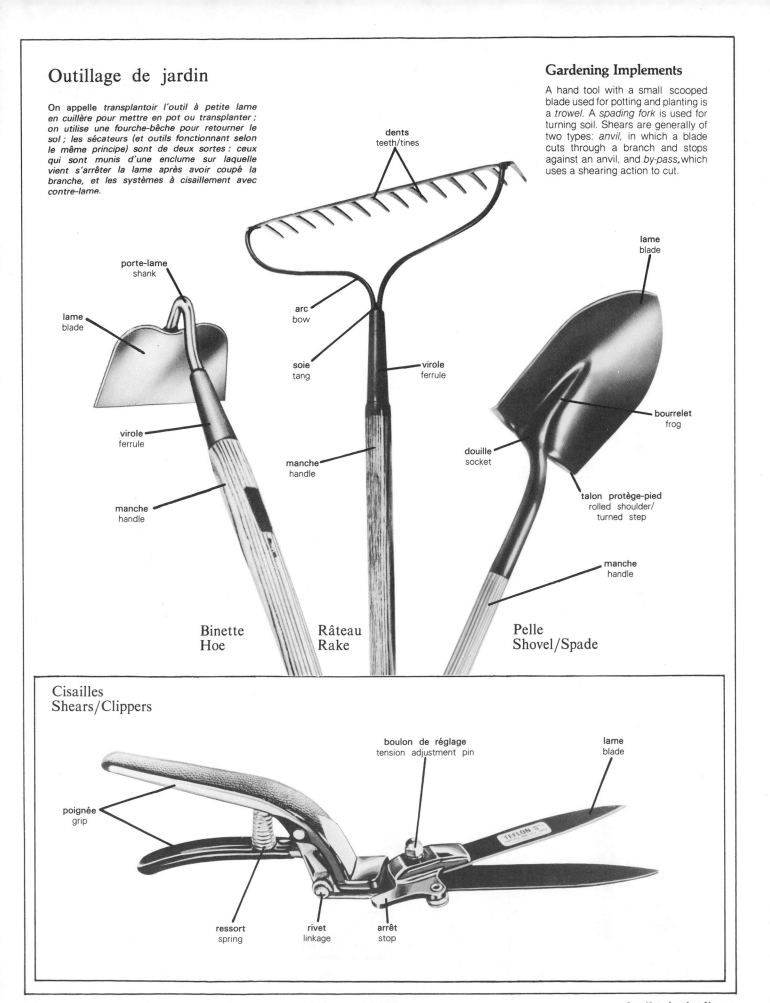

dents
teeth/tines

porte-lame
shank

lame
blade

arc
bow

soie
tang

virole
ferrule

virole
ferrule

manche
handle

manche
handle

lame
blade

bourrelet
frog

douille
socket

talon protège-pied
rolled shoulder/
turned step

manche
handle

Binette
Hoe

Râteau
Rake

Pelle
Shovel/Spade

Cisailles
Shears/Clippers

boulon de réglage
tension adjustment pin

lame
blade

poignée
grip

ressort
spring

rivet
linkage

arrêt
stop

417

Outils de jardinage

Arroseur et lances d'arrosage

Les *arroseurs tournants* ont des *bras* qui tournent et projettent l'eau par des buses à leurs extrémités. Un raccord en Y ou *raccord jumelé* permet de brancher deux *tuyaux* à un même *robinet*. Lors du *raccordement de deux tuyaux* on visse le gros *raccord femelle* sur le *raccord mâle* et on le fait tourner pour le serrer. Les *joints* à l'intérieur des raccords rendent ceux-ci étanches.

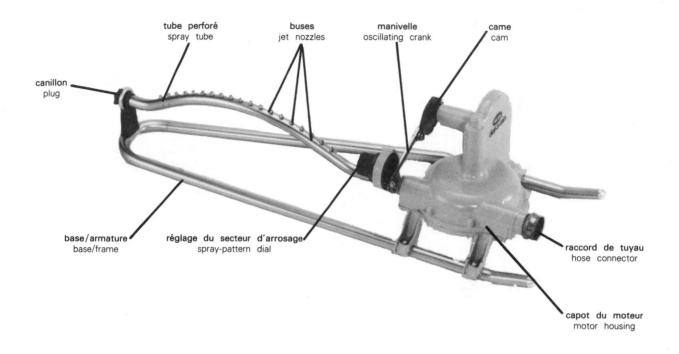

tube perforé
spray tube

buses
jet nozzles

manivelle
oscillating crank

came
cam

canillon
plug

base/armature
base/frame

réglage du secteur d'arrosage
spray-pattern dial

raccord de tuyau
hose connector

capot du moteur
motor housing

Arroseur oscillant
Oscillating Lawn sprinkler

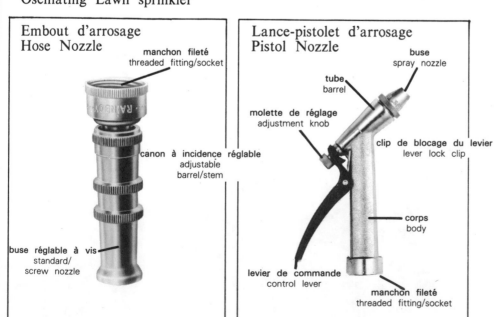

Embout d'arrosage
Hose Nozzle

manchon fileté
threaded fitting/socket

canon à incidence réglable
adjustable barrel/stem

buse réglable à vis
standard/screw nozzle

Lance-pistolet d'arrosage
Pistol Nozzle

buse
spray nozzle

tube
barrel

molette de réglage
adjustment knob

clip de blocage du levier
lever lock clip

corps
body

levier de commande
control lever

manchon fileté
threaded fitting/socket

Sprinkler and Nozzles

Revolving sprinklers have rotating *arms* that spray water through nozzles at each end. An inverted Y-shaped *coupling*, or *siamese*, makes it possible to connect two *hoses* to a single *faucet*. In making a *hose connection*, the larger *female coupling* is fitted over the *male coupling* and turned until the connection is made fast. *Washers* inside couplings make seals watertight.

Tondeuse à gazon

Les tondeuses à axe vertical comme celle présentée ici utilisent une seule *lame* pour couper l'herbe comme une *faux*. Les *tondeuses à lames hélicoïdales* comme la *tondeuse à barre faucheuse* utilisent *des lames multiples appelées tambour* pour pousser l'herbe contre une *contre-lame fixe*. L'herbe coupée est recueillie dans un *collecteur d'herbes*. On n'a pas besoin de sac avec une *tondeuse-broyeuse*. Un *balai à gazon* utilise le mouvement rotatif pour ramasser les herbes coupées et les feuilles. On utilise des *cisailles* ou un *coupe-bordure* pour couper l'herbe dans les zones inaccessibles à la tondeuse.

Lawn Mower

Rotary mowers, such as the one shown here, use a single *blade* to slice off grass, as does a *scythe*. *Reel mowers*, such as the *sickle-bar mower*, use multiple blades, called a *reel*, to push grass against a stationary *bed knife* at the base of the mower. Cut grass is contained in a bag called a *grass-catcher*. With a *mulching mower*, bagging is unnecessary. A *lawn sweeper* uses a rotating sweeping action to pick up cuttings and leaves. *Lawn edgers* and *trimmers* are used to cut grass in areas where mowers cannot.

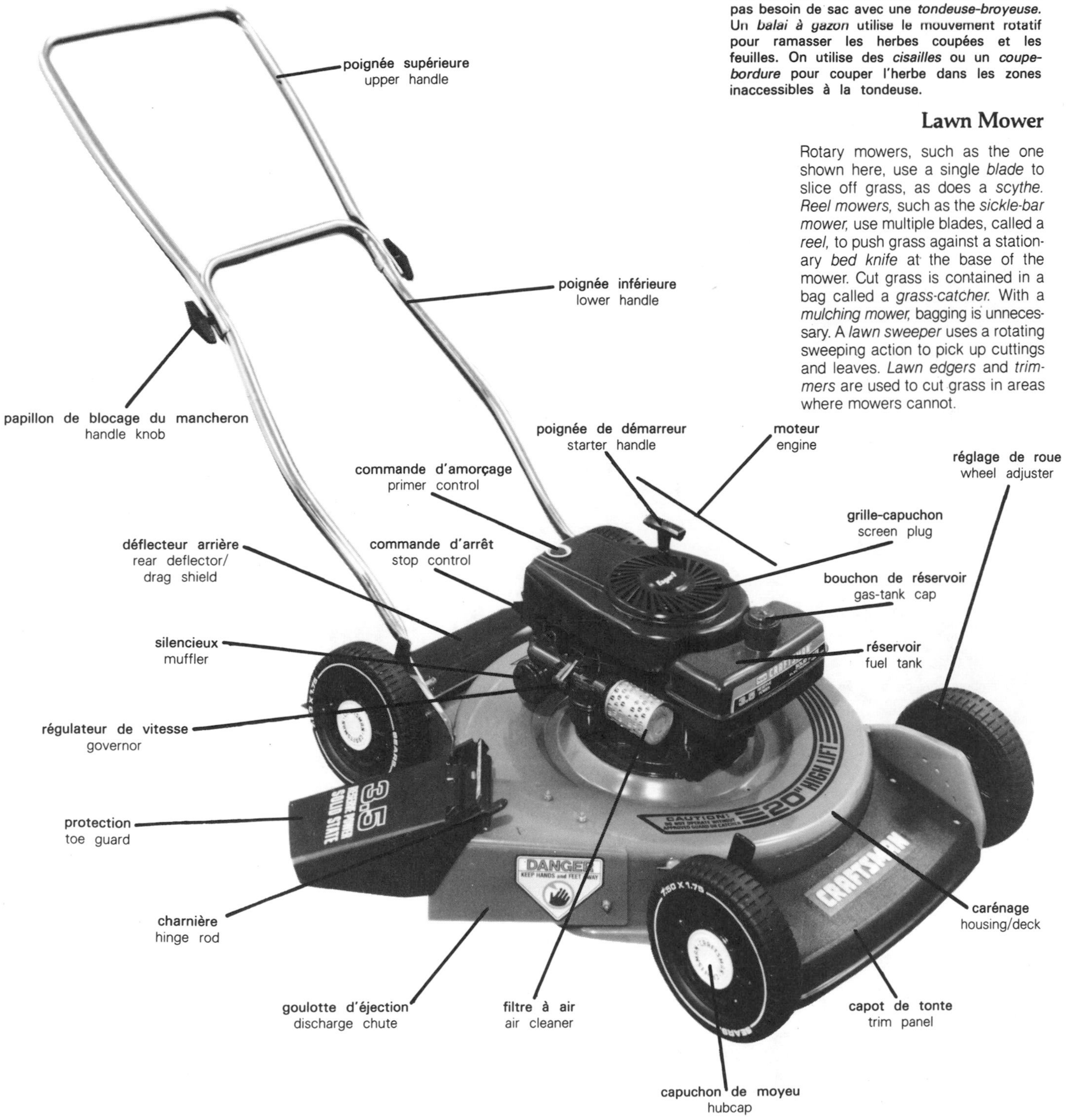

poignée supérieure
upper handle

poignée inférieure
lower handle

papillon de blocage du mancheron
handle knob

poignée de démarreur
starter handle

moteur
engine

réglage de roue
wheel adjuster

commande d'amorçage
primer control

grille-capuchon
screen plug

déflecteur arrière
rear deflector/
drag shield

commande d'arrêt
stop control

bouchon de réservoir
gas-tank cap

silencieux
muffler

réservoir
fuel tank

régulateur de vitesse
governor

protection
toe guard

DANGER
KEEP HANDS and FEET AWAY

carénage
housing/deck

charnière
hinge rod

goulotte d'éjection
discharge chute

filtre à air
air cleaner

capot de tonte
trim panel

capuchon de moyeu
hubcap

Tondeuse
Power Mower

Outils de jardinage

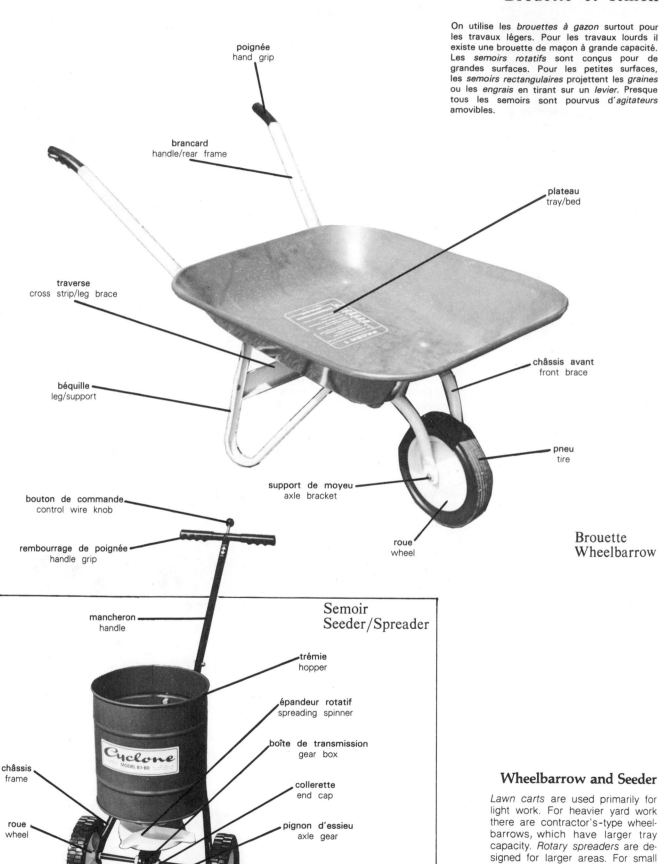

Brouette et semoir

On utilise les *brouettes à gazon* surtout pour les travaux légers. Pour les travaux lourds il existe une brouette de maçon à grande capacité. Les *semoirs rotatifs* sont conçus pour de grandes surfaces. Pour les petites surfaces, les *semoirs rectangulaires* projettent les *graines* ou les *engrais* en tirant sur un *levier*. Presque tous les semoirs sont pourvus d'*agitateurs* amovibles.

poignée
hand grip

brancard
handle/rear frame

plateau
tray/bed

traverse
cross strip/leg brace

béquille
leg/support

châssis avant
front brace

pneu
tire

support de moyeu
axle bracket

roue
wheel

Brouette
Wheelbarrow

bouton de commande
control wire knob

rembourrage de poignée
handle grip

Semoir
Seeder/Spreader

mancheron
handle

trémie
hopper

épandeur rotatif
spreading spinner

boîte de transmission
gear box

châssis
frame

collerette
end cap

roue
wheel

pignon d'essieu
axle gear

pneu
tire

capuchon de moyeu
hubcap

Wheelbarrow and Seeder

Lawn carts are used primarily for light work. For heavier yard work there are contractor's-type wheel-barrows, which have larger tray capacity. *Rotary spreaders* are designed for larger areas. For small areas, *rectangular spreaders* disperse *seed* or *fertilizer* with the pull of a *hand lever.* Most spreaders have removable *agitators.*

Tronçonneuse

Les tronçonneuses marchent soit à l'essence soit à l'électricité. On mesure leur puissance en centimètres cube de *cylindrée* au lieu de chevaux vapeurs. La *tête de coupe* est soit à *entraînement direct* soit à *entraînement par engrenage*. Un *guide de coupe à pignon de galle* accroît la vitesse parce qu'il supprime presque tous les frottements au *bout du guide*. Les dispositifs de sécurité incluent le *frein de chaîne* prévu pour arrêter la chaîne en mouvement lorsque la tronçonneuse commence à faire des rebonds, des blocages de commande d'accélération pour rendre plus sûrs les démarrages, des gâchettes de sécurité pour éviter les accélérations accidentelles, des écrans protecteur d'échappement, et des boucliers conçus pour protéger l'utilisateur en cas de bris ou de déraillement de la chaîne.

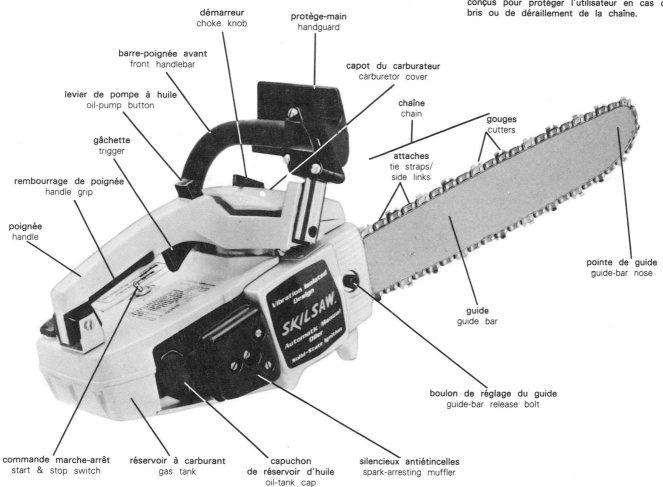

démarreur
choke knob

protège-main
handguard

barre-poignée avant
front handlebar

capot du carburateur
carburetor cover

levier de pompe à huile
oil-pump button

chaîne
chain

gouges
cutters

gâchette
trigger

attaches
tie straps/
side links

rembourrage de poignée
handle grip

poignée
handle

pointe de guide
guide-bar nose

guide
guide bar

boulon de réglage du guide
guide-bar release bolt

commande marche-arrêt
start & stop switch

réservoir à carburant
gas tank

capuchon
de réservoir d'huile
oil-tank cap

silencieux antiétincelles
spark-arresting muffler

Chain Saw

Chain saws are either gasoline- or electric-powered. Power output is measured in cubic inches of *piston displacement* in the *power head* rather than in horsepower. The *cutting head* may be *direct drive* or *gear drive*. A *sprocket-tip cutting bar* increases cutting speed because it eliminates most of the friction around the *bar tip*. Safety devices include a *chain brake* intended to stop the moving chain when the saw begins to kick back, *throttle latches* for safer starting, *safety triggers* to prevent accidental acceleration, *muffler shields*, and *chain catchers* designed to protect the operator from a broken or slipped chain.

Équipement de ranch

À l'époque de l'élevage du bétail des « ketch-hands » attrapaient les *veaux* à l'aide d'une corde, et un « iron-man » les marquait avec un fer rougi au feu et parfois un « knife-man » leur faisait une encoche ou une *marque d'oreille*. Un *pointeur* enregistrait l'opération.

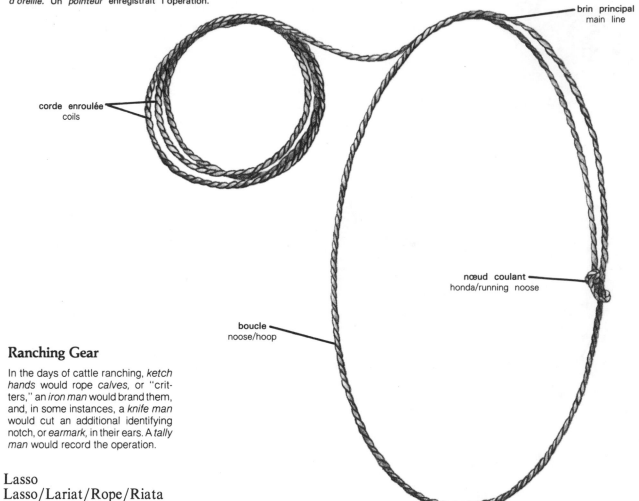

brin principal
main line

corde enroulée
coils

nœud coulant
honda/running noose

boucle
noose/hoop

Ranching Gear

In the days of cattle ranching, *ketch hands* would rope *calves*, or "critters," an *iron man* would brand them, and, in some instances, a *knife man* would cut an additional identifying notch, or *earmark*, in their ears. A *tally man* would record the operation.

Lasso
Lasso/Lariat/Rope/Riata

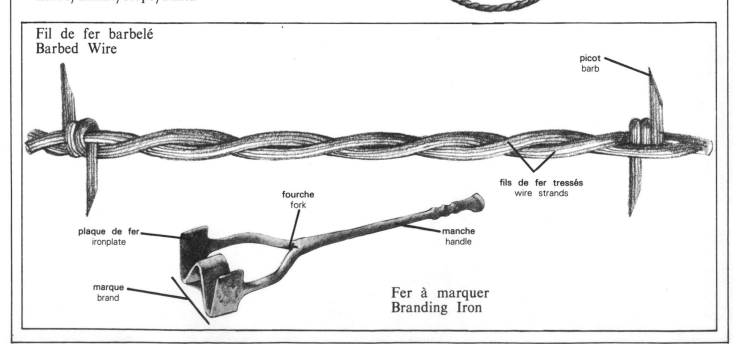

Fil de fer barbelé
Barbed Wire

picot
barb

fils de fer tressés
wire strands

fourche
fork

plaque de fer
ironplate

manche
handle

marque
brand

Fer à marquer
Branding Iron

Traps

Enclosing traps catch animals without hurting them. *Arresting traps*, such as the bear trap shown here, catch and hold animals in their teeth. *Killing traps* destroy animals and rodents.

Pièges

Les *trappes* permettent de capturer les animaux sans leur faire de mal. Les *pièges de capture* comme le piège à ours ci-dessous, attrapent et tiennent les animaux dans leurs mâchoires. Les *pièges à tuer,* détruisent les animaux nuisibles.

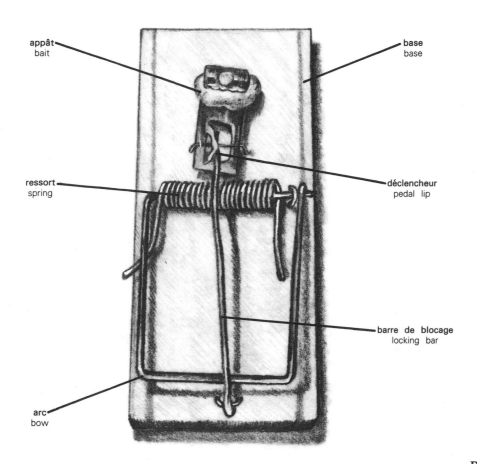

appât
bait

base
base

ressort
spring

déclencheur
pedal lip

barre de blocage
locking bar

arc
bow

Piège à souris
Mousetrap

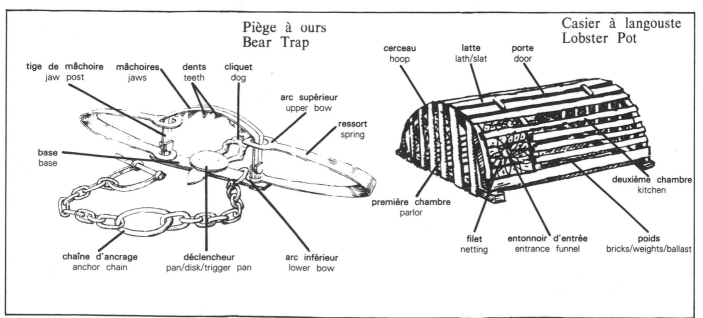

Piège à ours
Bear Trap

Casier à langouste
Lobster Pot

tige de mâchoire
jaw post

mâchoires
jaws

dents
teeth

cliquet
dog

arc supérieur
upper bow

ressort
spring

base
base

chaîne d'ancrage
anchor chain

déclencheur
pan/disk/trigger pan

arc inférieur
lower bow

cerceau
hoop

latte
lath/slat

porte
door

première chambre
parlor

deuxième chambre
kitchen

filet
netting

entonnoir d'entrée
entrance funnel

poids
bricks/weights/ballast

Tracteur

Des charrues, des outils à dents et des cultivateurs comme la herse montrée ici, ainsi que des semoirs de différents types sont attelés au tracteur pour cultiver le sol. La vitesse de travail des outils est souvent commandée par la prise de force. En option, des planétaires extérieurs avec des voies de roulement réglable et des masses d'alourdissement permettent d'augmenter la force de traction.

Tractor

Plows, reapers, cultivators, like the harrow seen here, and various *planting machines* are coupled to a tractor to work the land. The operating speed of attachments is controlled by a *power takeoff.* Optional *outboard planetaries* with *adjustable wheel treads* and *add-on segment weights* help boost traction.

silencieux
muffler

fenêtres avant
front windows

cabine
cab

clignotant
warning light

phare avant
headlamp/
headlight

capot
hood

filtre à air
air filter

grille
grille

garde-boue
fender

masse avant
front-end weights

essieu arrière
rear axle

plaque à accessoires
adapter plate

panneau latéral
side panel

châssis
frame

marchepied
steps

pneu large
wide tire

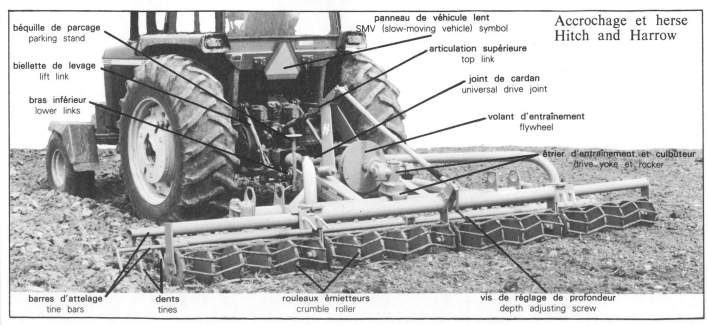

Accrochage et herse
Hitch and Harrow

béquille de parcage
parking stand

panneau de véhicule lent
SMV (slow-moving vehicle) symbol

articulation supérieure
top link

biellette de levage
lift link

joint de cardan
universal drive joint

bras inférieur
lower links

volant d'entraînement
flywheel

étrier d'entraînement et culbuteur
drive yoke et rocker

barres d'attelage
tine bars

dents
tines

rouleaux émietteurs
crumble roller

vis de réglage de profondeur
depth adjusting screw

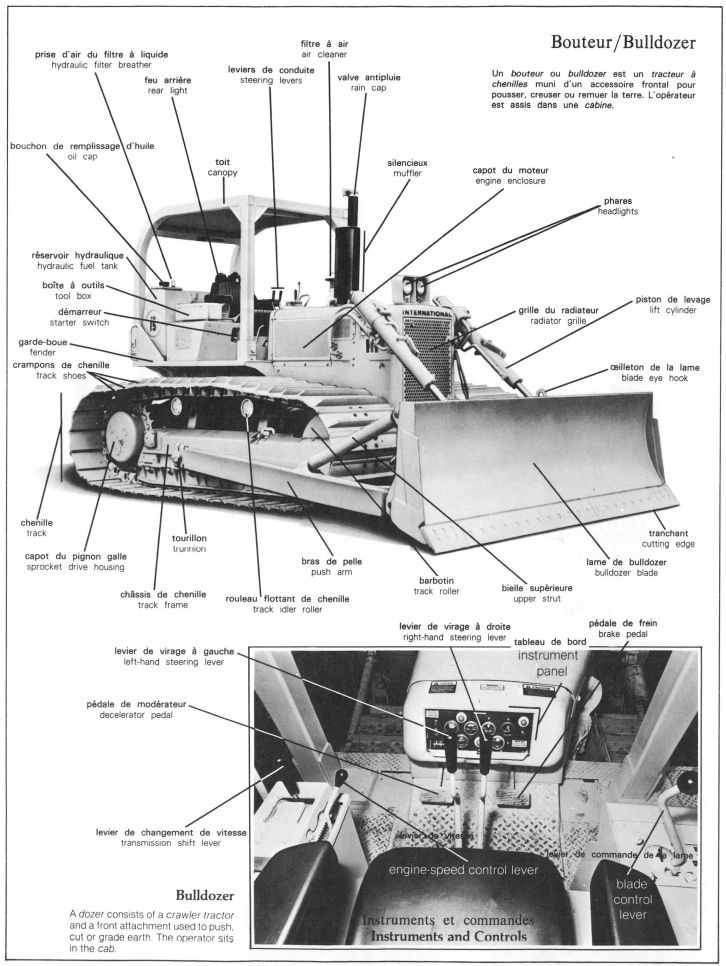

prise d'air du filtre à liquide
hydraulic filter breather

feu arrière
rear light

bouchon de remplissage d'huile
oil cap

leviers de conduite
steering levers

filtre à air
air cleaner

valve antipluie
rain cap

silencieux
muffler

capot du moteur
engine enclosure

Bouteur/Bulldozer

Un *bouteur* ou *bulldozer* est un *tracteur à chenilles* muni d'un accessoire frontal pour pousser, creuser ou remuer la terre. L'opérateur est assis dans une *cabine*.

toit
canopy

phares
headlights

réservoir hydraulique
hydraulic fuel tank

boîte à outils
tool box

démarreur
starter switch

garde-boue
fender

crampons de chenille
track shoes

grille du radiateur
radiator grille

piston de levage
lift cylinder

œilleton de la lame
blade eye hook

chenille
track

tourillon
trunnion

bras de pelle
push arm

barbotin
track roller

bielle supérieure
upper strut

lame de bulldozer
bulldozer blade

tranchant
cutting edge

capot du pignon galle
sprocket drive housing

châssis de chenille
track frame

rouleau flottant de chenille
track idler roller

levier de virage à gauche
left-hand steering lever

pédale de modérateur
decelerator pedal

levier de virage à droite
right-hand steering lever

pédale de frein
brake pedal

tableau de bord
instrument panel

levier de changement de vitesse
transmission shift lever

levier de vitesse
engine-speed control lever

levier de commande de la lame
blade control lever

Bulldozer

A *dozer* consists of a *crawler tractor* and a front attachment used to push, cut or grade earth. The operator sits in the *cab*.

Instruments et commandes
Instruments and Controls

Matériel de chantier

Théodolite et marteau-piqueur

Les *ingénieurs* et les *géomètres* utilisent le théodolite pour déterminer les *angles*, les *gisements* et les *niveaux*. Il est monté sur un *trépied*. On suspend directement sous le télescope un *fil à plomb* pour déterminer la *vraie verticale.*

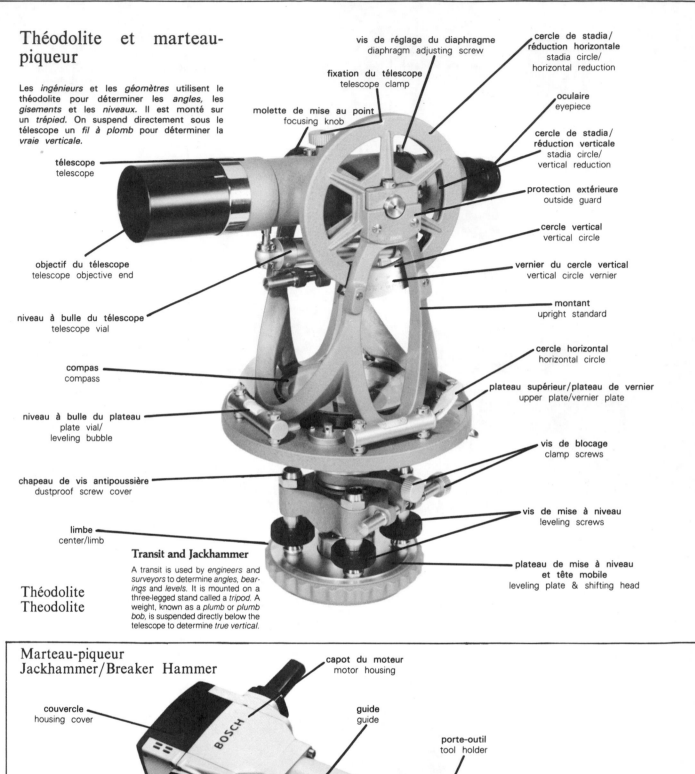

vis de réglage du diaphragme
diaphragm adjusting screw

fixation du télescope
telescope clamp

cercle de stadia/réduction horizontale
stadia circle/horizontal reduction

molette de mise au point
focusing knob

oculaire
eyepiece

cercle de stadia/réduction verticale
stadia circle/vertical reduction

télescope
telescope

protection extérieure
outside guard

cercle vertical
vertical circle

objectif du télescope
telescope objective end

vernier du cercle vertical
vertical circle vernier

montant
upright standard

niveau à bulle du télescope
telescope vial

compas
compass

cercle horizontal
horizontal circle

plateau supérieur/plateau de vernier
upper plate/vernier plate

niveau à bulle du plateau
plate vial/leveling bubble

vis de blocage
clamp screws

chapeau de vis antipoussière
dustproof screw cover

vis de mise à niveau
leveling screws

limbe
center/limb

Transit and Jackhammer

A transit is used by *engineers* and *surveyors* to determine *angles, bearings* and *levels*. It is mounted on a three-legged stand called a *tripod*. A weight, known as a *plumb* or *plumb bob*, is suspended directly below the telescope to determine *true vertical.*

Théodolite
Theodolite

plateau de mise à niveau et tête mobile
leveling plate & shifting head

Marteau-piqueur
Jackhammer/Breaker Hammer

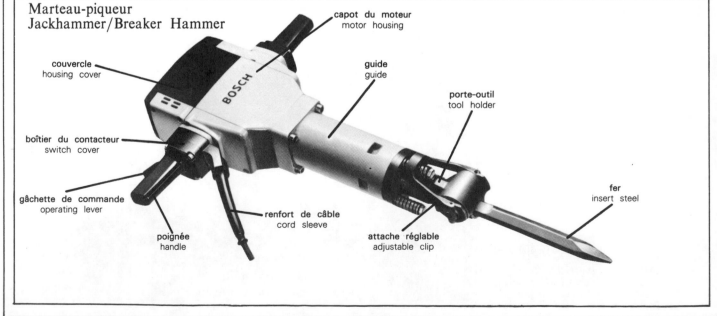

capot du moteur
motor housing

guide
guide

couvercle
housing cover

porte-outil
tool holder

boîtier du contacteur
switch cover

gâchette de commande
operating lever

renfort de câble
cord sleeve

fer
insert steel

poignée
handle

attache réglable
adjustable clip

Isoloir de bureau de vote

Les *isoloirs* ou *machines à voter mécaniques* sont placés dans les *bureaux de vote*. Un X apparaît à côté du nom du candidat lorsqu'on appuie sur le levier correspondant. Lorsque l'électeur appuie sur les leviers de tous les candidats d'un seul parti politique, on dit qu'il vote pour une *liste unique*. Tout autre changement indique un *panachage*.

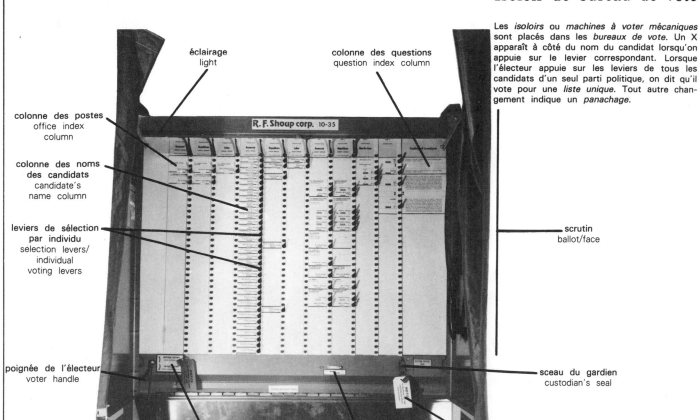

éclairage
light

colonne des questions
question index column

colonne des postes
office index
column

colonne des noms
des candidats
candidate's
name column

leviers de sélection
par individu
selection levers/
individual
voting levers

R. F. Shoup corp. 10-35

scrutin
ballot/face

poignée de l'électeur
voter handle

sceau du gardien
custodian's seal

clef et sceau du fonctionnaire
officer's lock & seal

choix personnel/enregistrement
personal choice/
write-in

indication d'ouverture et
de fermeture du scrutin
poll's open &
closed indicator

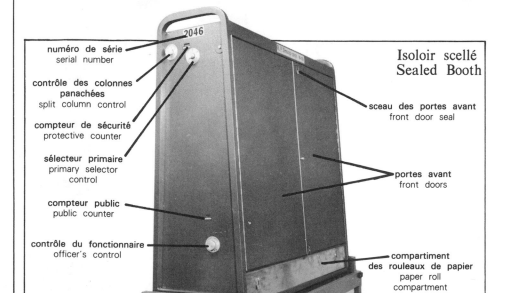

2046

numéro de série
serial number

contrôle des colonnes
panachées
split column control

compteur de sécurité
protective counter

sélecteur primaire
primary selector
control

compteur public
public counter

contrôle du fonctionnaire
officer's control

Isoloir scellé
Sealed Booth

sceau des portes avant
front door seal

portes avant
front doors

compartiment
des rouleaux de papier
paper roll
compartment

Voting Booth

Voting booths, or *mechanized voting machines,* are located at *polling places,* or *polls.* An *x-indication* appears next to a candidate's name when a lever is pressed. When a *voter* presses levers for every candidate of a single political party, it is called voting a *straight ticket.* Any variation is a *split ballot.*

Système à cartes perforées

Un système à *cartes perforées* consiste à coder des données par perçage de trous dans des cartes dans un ordre d'instructions conçu par un *programmeur*.

Key Punch

A key punch or *card punch* codes data by punching holes in cards in a sequence of instructions designed by a *programmer*.

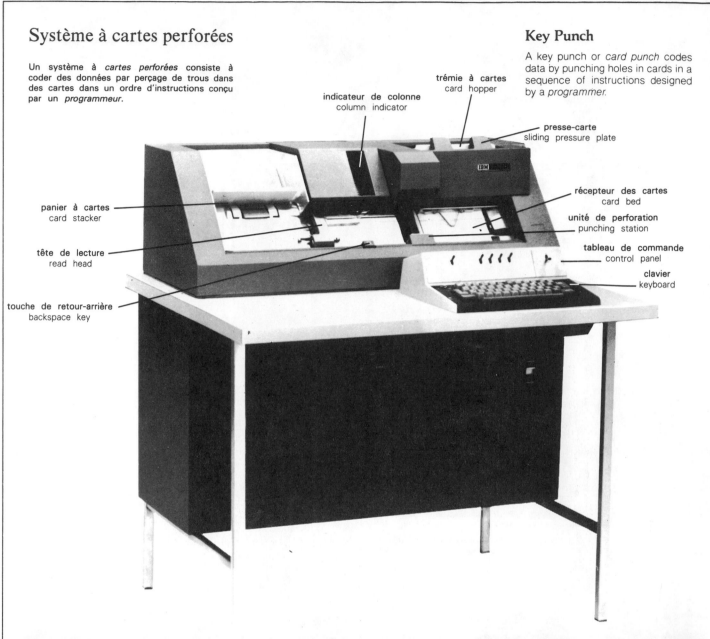

indicateur de colonne
column indicator

trémie à cartes
card hopper

presse-carte
sliding pressure plate

panier à cartes
card stacker

récepteur des cartes
card bed

unité de perforation
punching station

tête de lecture
read head

tableau de commande
control panel

clavier
keyboard

touche de retour-arrière
backspace key

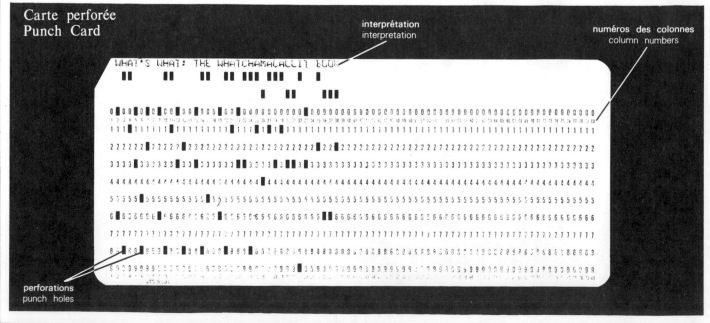

Carte perforée
Punch Card

interprétation
interpretation

numéros des colonnes
column numbers

perforations
punch holes

Matériels de traitement automatique des données

428

Le cœur du matériel est l'unité de traitement comprenant une unité arithmétique et logique, et une mémoire. Le logiciel est l'ensemble des programmes, procédés ou règles permettant l'exploitation de ces matériels ; ces informations sont mises en mémoire sur des bandes magnétiques ou sur disquettes, tambours, cartes, cellules de données ou photodisques.

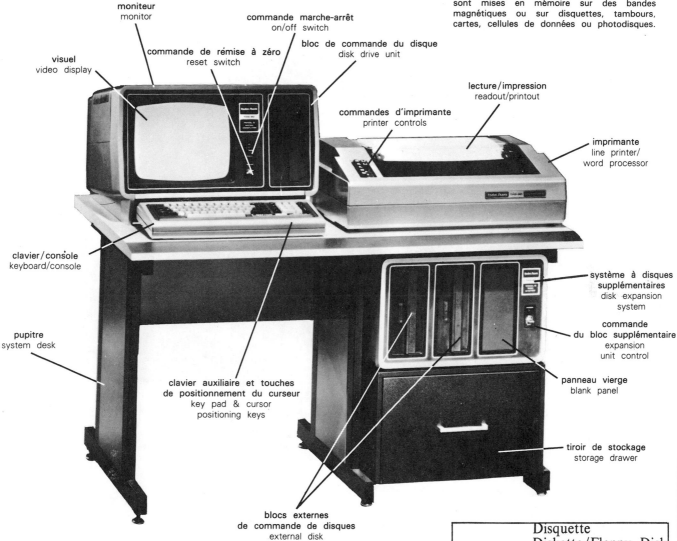

moniteur
monitor

commande marche-arrêt
on/off switch

visuel
video display

commande de rémise à zéro
reset switch

bloc de commande du disque
disk drive unit

lecture/impression
readout/printout

commandes d'imprimante
printer controls

imprimante
line printer/
word processor

clavier/console
keyboard/console

système à disques
supplémentaires
disk expansion
system

commande
du bloc supplémentaire
expansion
unit control

pupitre
system desk

clavier auxiliaire et touches
de positionnement du curseur
key pad & cursor
positioning keys

panneau vierge
blank panel

tiroir de stockage
storage drawer

blocs externes
de commande de disques
external disk
drive units

Ordinateur domestique/Machine
de traitement de texte
Home Computer/
Word Processor

Computer

The heart of computer *hardware* is a *processing unit* containing an *arithmetic and logic unit* and a *memory unit. Software* consists of *procedures* or *programs* and information contained on *magnetic tape* or *disks, drums, cards, data cells* or *photodisks.*

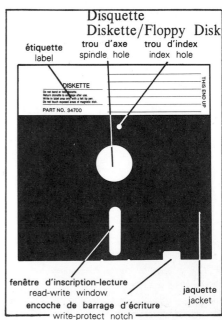

Disquette
Diskette/Floppy Disk

étiquette
label

trou d'axe
spindle hole

trou d'index
index hole

DISKETTE

Do not bend or fold diskette.
Return diskette to envelope after use.
Write in label area only with a felt tip pen.
Do not touch exposed areas of magnetic disk.

PART NO. 34700

THIS END UP

fenêtre d'inscription-lecture
read-write window

encoche de barrage d'écriture
write-protect notch

jaquette
jacket

Matériels de traitement automatique des données

Caisse enregistreuse

bande de papier
paper tape

imprimante de la bande de contrôle
journal printer

molette d'avancement du papier
advance control

touches de fonction
function keys

imprimante du reçu
receipt printer

Le tiroir où l'on met la monnaie s'appelle le *tiroir-caisse*. Les pièces roulées ensemble dans un papier constituent un *rouleau*. Un *central de contrôle* comme celui de la photo est parfois muni d'un *lecteur optique* qui traduit les informations du *Code universel de Produit* en une *quittance de caisse enregistreuse* ou *une bande produit par produit*. Il peut également transmettre l'information à un *bloc central de contrôle d'inventaire*.

imprimante de la fiche
slip printer

afficheur
display panel

support du clavier et du visuel
keyboard & display module

commande marche-arrêt
on/off control

plaque d'alimentation
power supply module

touches numériques
numeric pad

serrure du tiroir
drawer lock

plateau d'imprimante et clavier
printer & keyboard tray

tiroir-caisse
cash drawer

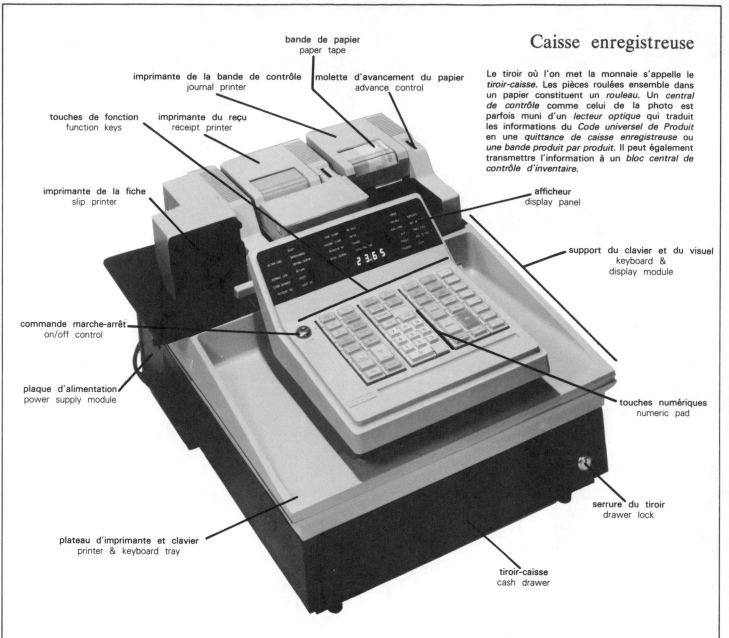

Code universel de produit
Universal Product Code

barre de contrôle
check bar

barres de garde
guard bars

barres de code binaire
binary code bars

barres de garde
guard bars

catégorie générale de produit
general product category

Cash Register

The money drawer of a cash register is the *cash box*, or *till*. A roll of coins put up in paper is a *rouleau*. A *check-out center*, such as the one shown here, is sometimes equipped with a penlike optical *scanner* that translates information on the Universal Product Code, or *UPC label*, into a *cash register receipt* or *item-by-item tape*. It can also feed data to a *central inventory control unit*.

27100 06012

code du fabricant
manufacturer code

code spécifique du produit
specific product code

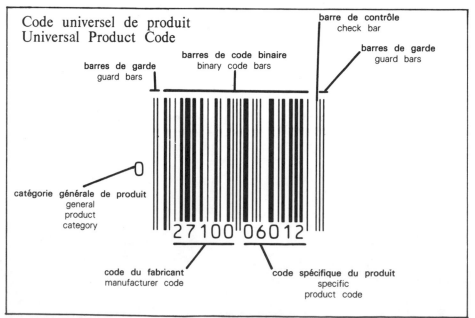

Instruments de calcul

Les calculatrices électroniques ont remplacé presque partout les *machines à calculer*. Les règles à calcul de l'illustration ont des graduations sur les deux faces. L'usage d'une *règle à calcul cylindrique* est limité aux *multiplications* et aux *divisions*. Une *règle à calcul circulaire* est constituée de longues graduations autour d'un cylindre comme un pas de vis. Le *boulier* est un instrument à calcul très ancien utilisé autrefois pour les *additions* et les *soustractions* par le déplacement de boules.

Calculators

The electronic calculator has generally replaced the *adding machine* today. The linear slide rule seen here often has scales on both sides. A *cylindrical slide rule* can only be used for *multiplication* and *division*. A *circular slide rule* is a series of long scales wound around a cylinder like a screw thread. The abacus is an ancient calculator used for solving problems of *addition* and *subtraction* by the movement of beads. Other early devices include *counting rods*, or "*bones*."

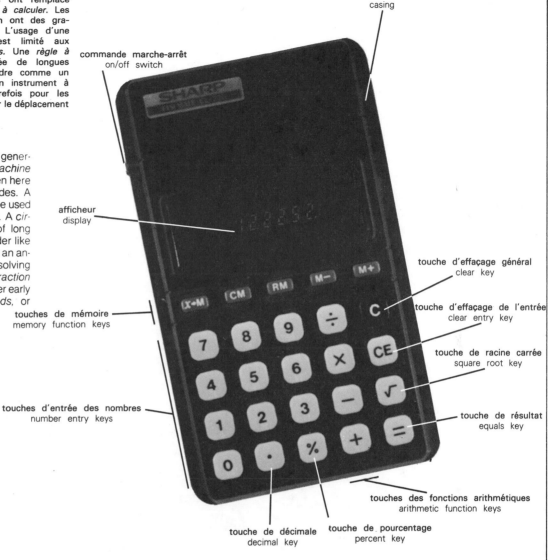

boîtier
casing

commande marche-arrêt
on/off switch

afficheur
display

touche d'effaçage général
clear key

touche d'effaçage de l'entrée
clear entry key

touche de racine carrée
square root key

touche de résultat
equals key

touches de mémoire
memory function keys

touches d'entrée des nombres
number entry keys

touches des fonctions arithmétiques
arithmetic function keys

touche de décimale
decimal key

touche de pourcentage
percent key

Calculette
Electronic calculator

Règle à calcul
Linear slide/Rule

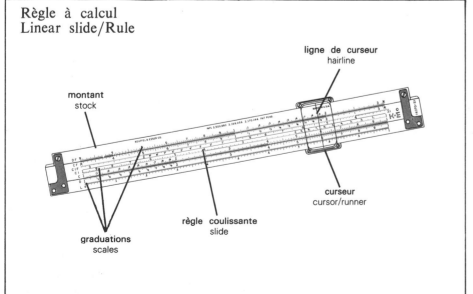

ligne de curseur
hairline

montant
stock

curseur
cursor/runner

règle coulissante
slide

graduations
scales

Boulier
Abacus

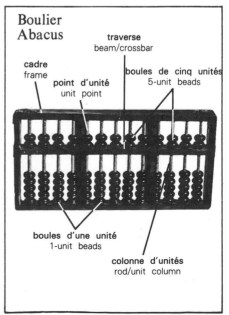

traverse
beam/crossbar

cadre
frame

point d'unité
unit point

boules de cinq unités
5-unit beads

boules d'une unité
1-unit beads

colonne d'unités
rod/unit column

Matériels de traitement automatique des données

Microscope

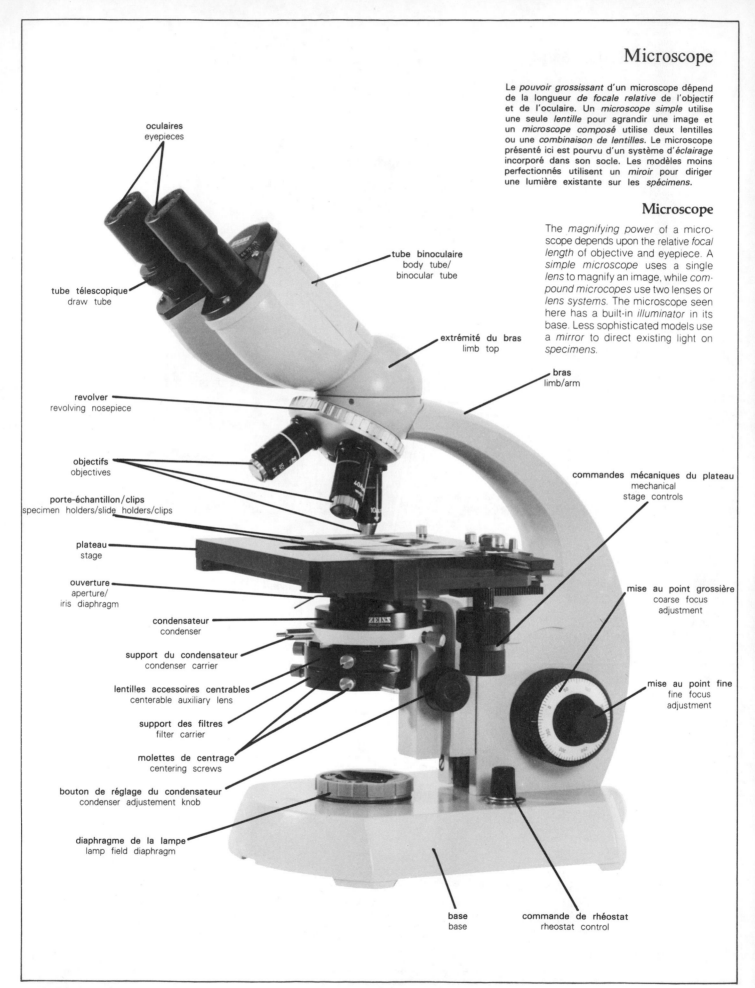

Le *pouvoir grossissant* d'un microscope dépend de la longueur *de focale relative* de l'objectif et de l'oculaire. Un *microscope simple* utilise une seule *lentille* pour agrandir une image et un *microscope composé* utilise deux lentilles ou une *combinaison de lentilles*. Le microscope présenté ici est pourvu d'un système d'*éclairage* incorporé dans son socle. Les modèles moins perfectionnés utilisent un *miroir* pour diriger une lumière existante sur les *spécimens*.

Microscope

The *magnifying power* of a microscope depends upon the relative *focal length* of objective and eyepiece. A *simple microscope* uses a single *lens* to magnify an image, while *compound microcopes* use two lenses or *lens systems*. The microscope seen here has a built-in *illuminator* in its base. Less sophisticated models use a *mirror* to direct existing light on *specimens*.

oculaires
eyepieces

tube binoculaire
body tube/
binocular tube

tube télescopique
draw tube

extrémité du bras
limb top

revolver
revolving nosepiece

bras
limb/arm

objectifs
objectives

commandes mécaniques du plateau
mechanical
stage controls

porte-échantillon/clips
specimen holders/slide holders/clips

plateau
stage

ouverture
aperture/
iris diaphragm

mise au point grossière
coarse focus
adjustment

condensateur
condenser

support du condensateur
condenser carrier

mise au point fine
fine focus
adjustment

lentilles accessoires centrables
centerable auxiliary lens

support des filtres
filter carrier

molettes de centrage
centering screws

bouton de réglage du condensateur
condenser adjustement knob

diaphragme de la lampe
lamp field diaphragm

base
base

commande de rhéostat
rheostat control

Télescope et jumelles

Une *longue-vue* comme celle présentée ici fait appel à la lentille de l'objectif pour concentrer la lumière. Un *télescope à réflexion* emploie un *miroir concave* à cet effet. Les binoculaires sont constitués de deux télescopes similaires, un pour chaque œil. Les *jumelles* sont des binoculaires légers qui utilisent des *télescopes du type lunette d'approche,* et les *jumelles de théâtre* conçues pour un usage à l'intérieur utilisent des télescopes de Galilée.

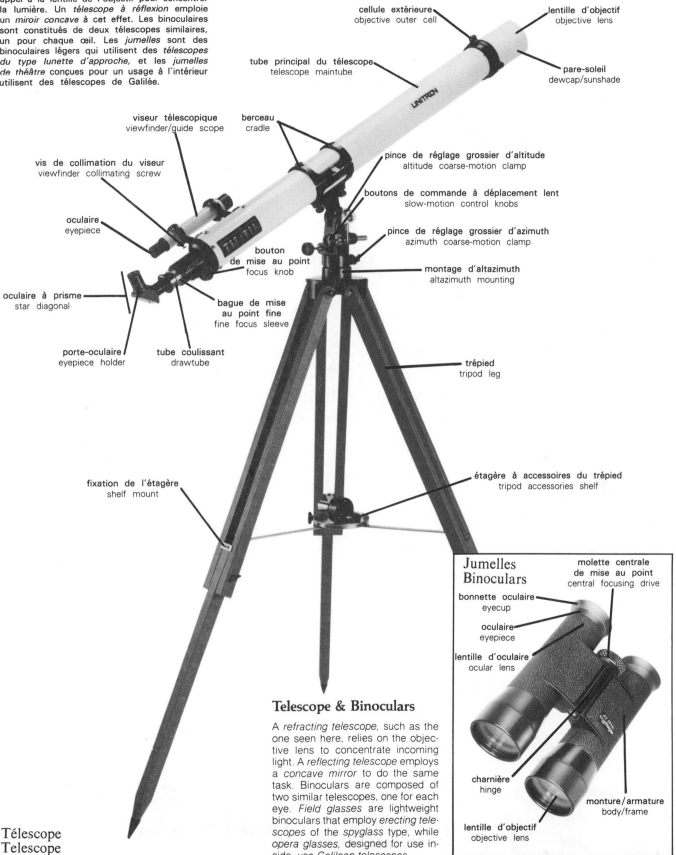

cellule extérieure
objective outer cell

lentille d'objectif
objective lens

tube principal du télescope
telescope maintube

pare-soleil
dewcap/sunshade

viseur télescopique
viewfinder/guide scope

berceau
cradle

vis de collimation du viseur
viewfinder collimating screw

pince de réglage grossier d'altitude
altitude coarse-motion clamp

boutons de commande à déplacement lent
slow-motion control knobs

oculaire
eyepiece

pince de réglage grossier d'azimuth
azimuth coarse-motion clamp

bouton de mise au point
focus knob

montage d'altazimuth
altazimuth mounting

oculaire à prisme
star diagonal

bague de mise au point fine
fine focus sleeve

porte-oculaire
eyepiece holder

tube coulissant
drawtube

trépied
tripod leg

fixation de l'étagère
shelf mount

étagère à accessoires du trépied
tripod accessories shelf

Télescope
Telescope

Jumelles Binoculars

molette centrale de mise au point
central focusing drive

bonnette oculaire
eyecup

oculaire
eyepiece

lentille d'oculaire
ocular lens

charnière
hinge

monture/armature
body/frame

lentille d'objectif
objective lens

Telescope & Binoculars

A *refracting telescope,* such as the one seen here, relies on the objective lens to concentrate incoming light. A *reflecting telescope* employs a *concave mirror* to do the same task. Binoculars are composed of two similar telescopes, one for each eye. *Field glasses* are lightweight binoculars that employ *erecting telescopes* of the *spyglass* type, while *opera glasses,* designed for use inside, use *Galilean telescopes.*

433

Radar et sonar

On emploie le curseur de l'écran radar pour déterminer le *gisement relatif* des *cibles*. Presque tous les postes sont équipés d'un *abat-jour* et de *lentilles grossissantes*. Le sonar, appelé autrefois *asdic*, utilise un *transducteur* orientable logé dans un *bulbe* sous la quille du navire.

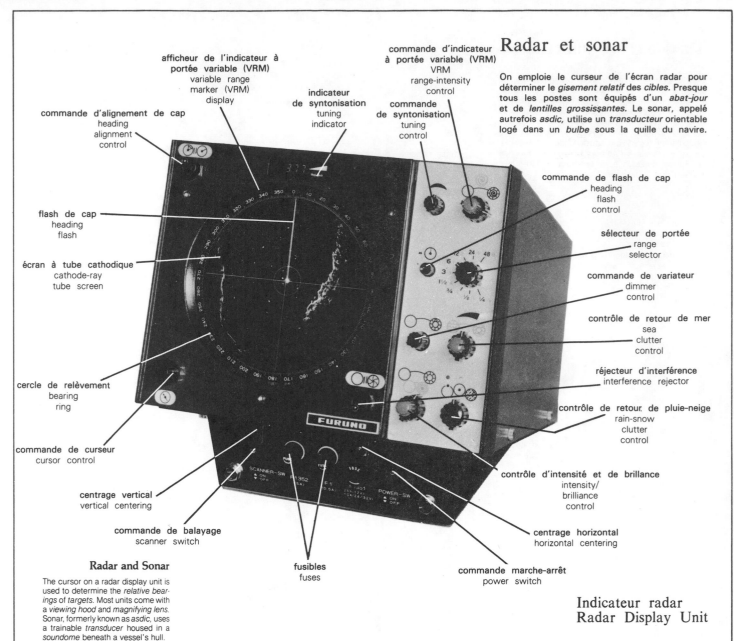

commande d'alignement de cap
heading alignment control

afficheur de l'indicateur à portée variable (VRM)
variable range marker (VRM) display

indicateur de syntonisation
tuning indicator

commande d'indicateur à portée variable (VRM)
VRM range-intensity control

commande de syntonisation
tuning control

commande de flash de cap
heading flash control

flash de cap
heading flash

sélecteur de portée
range selector

écran à tube cathodique
cathode-ray tube screen

commande de variateur
dimmer control

contrôle de retour de mer
sea clutter control

cercle de relèvement
bearing ring

réjecteur d'interférence
interference rejector

contrôle de retour de pluie-neige
rain-snow clutter control

commande de curseur
cursor control

centrage vertical
vertical centering

contrôle d'intensité et de brillance
intensity/ brilliance control

commande de balayage
scanner switch

fusibles
fuses

centrage horizontal
horizontal centering

commande marche-arrêt
power switch

Radar and Sonar

The cursor on a radar display unit is used to determine the *relative bearings* of *targets*. Most units come with a *viewing hood* and *magnifying lens*. Sonar, formerly known as *asdic*, uses a trainable *transducer* housed in a *soundome* beneath a vessel's hull.

Indicateur radar
Radar Display Unit

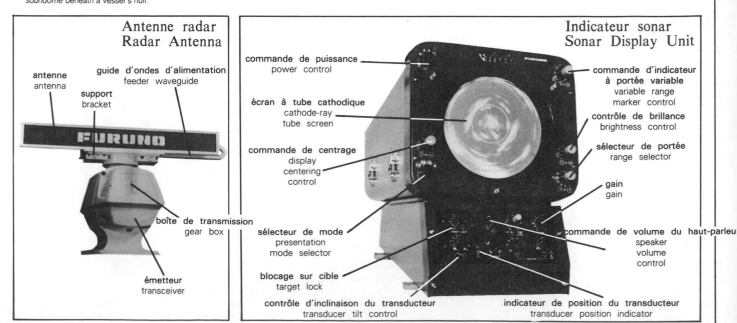

Antenne radar
Radar Antenna

antenne
antenna

guide d'ondes d'alimentation
feeder waveguide

support
bracket

boîte de transmission
gear box

émetteur
transceiver

Indicateur sonar
Sonar Display Unit

commande de puissance
power control

commande d'indicateur à portée variable
variable range marker control

écran à tube cathodique
cathode-ray tube screen

contrôle de brillance
brightness control

commande de centrage
display centering control

sélecteur de portée
range selector

gain
gain

sélecteur de mode
presentation mode selector

commande de volume du haut-parleur
speaker volume control

blocage sur cible
target lock

contrôle d'inclinaison du transducteur
transducer tilt control

indicateur de position du transducteur
transducer position indicator

Matériel de détection

434

Un *détecteur à métaux* fonctionne par soustraction d'une fréquence produite par un *oscillateur*, d'une fréquence produite par un circuit interne. Quand la *bobine chercheuse* se trouve à proximité d'un objet métallique, il se produit une fréquence acoustique dans le haut-parleur ou l'écouteur.

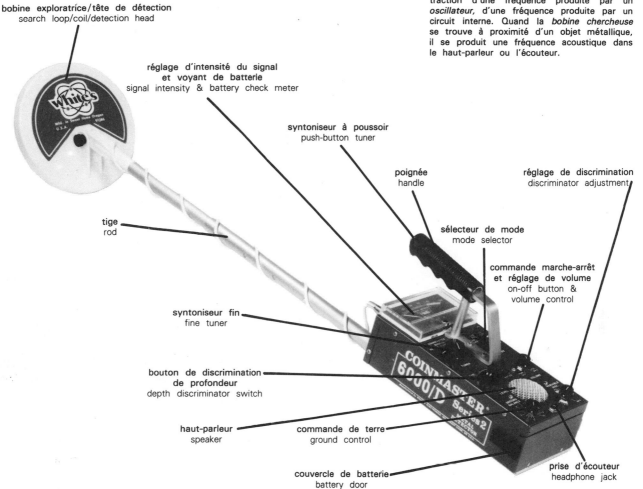

bobine exploratrice/tête de détection
search loop/coil/detection head

réglage d'intensité du signal
et voyant de batterie
signal intensity & battery check meter

syntoniseur à poussoir
push-button tuner

poignée
handle

réglage de discrimination
discriminator adjustment

sélecteur de mode
mode selector

commande marche-arrêt
et réglage de volume
on-off button &
volume control

tige
rod

syntoniseur fin
fine tuner

bouton de discrimination
de profondeur
depth discriminator switch

haut-parleur
speaker

commande de terre
ground control

prise d'écouteur
headphone jack

couvercle de batterie
battery door

Détecteur de métaux
et de minerais
Metal and Mineral Detector

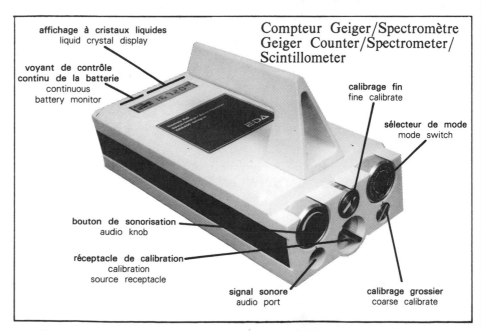

affichage à cristaux liquides
liquid crystal display

voyant de contrôle
continu de la batterie
continuous
battery monitor

Compteur Geiger/Spectromètre
Geiger Counter/Spectrometer/
Scintillometer

calibrage fin
fine calibrate

sélecteur de mode
mode switch

bouton de sonorisation
audio knob

réceptacle de calibration
calibration
source receptacle

signal sonore
audio port

calibrage grossier
coarse calibrate

Detectors

A *metal locator* works by subtracting a frequency produced by an *oscillator* from a frequency produced by internal circuitry. When the *search coil* is near a metal object, this produces an audio frequency in the speaker or headphones.

Matériel de détection

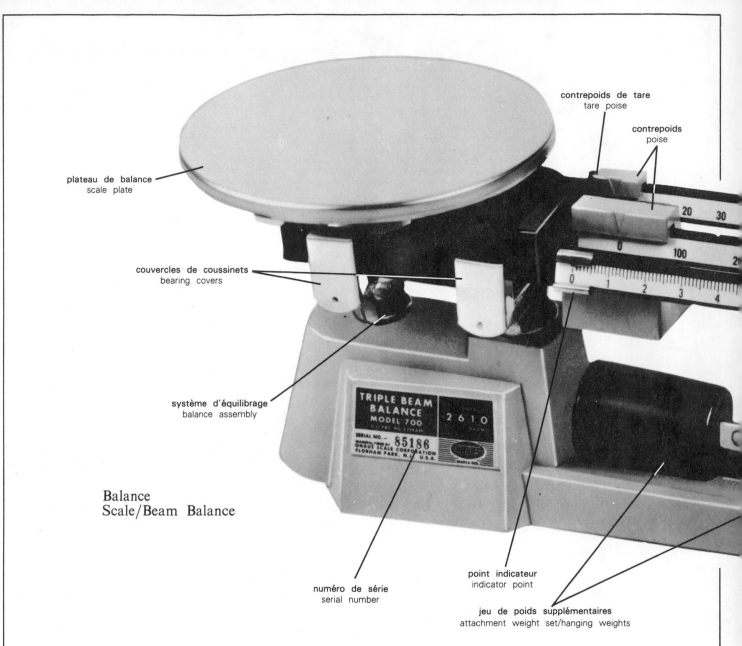

plateau de balance
scale plate

contrepoids de tare
tare poise

contrepoids
poise

couvercles de coussinets
bearing covers

système d'équilibrage
balance assembly

TRIPLE BEAM
BALANCE
MODEL 700

2610

SERIAL NO. — 85186
MANUFACTURED BY
OHAUS SCALE CORPORATION
FLORHAM PARK, N.J. U.S.A.

Balance
Scale/Beam Balance

numéro de série
serial number

point indicateur
indicator point

jeu de poids supplémentaires
attachment weight set/hanging weights

Pince
Clamp/Holder

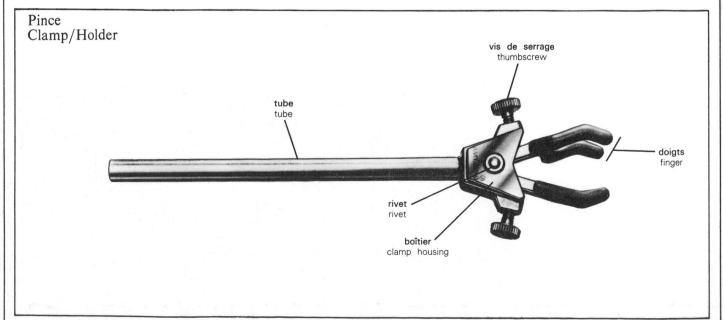

vis de serrage
thumbscrew

tube
tube

doigts
finger

rivet
rivet

boîtier
clamp housing

Matériel de laboratoire

Parmi les autres matériels de laboratoire on trouve le *baguier* pour tenir les divers cylindres, les *flacons*, les *thermomètres de laboratoire*, les *burettes* pour mesurer le volume des liquides, les *hydromètres*, les *verres à vide*, les *microscopes* et leurs *porte-échantillons*, les *supports réglables* et le *matériel de distillation*.

Laboratory Equipment

Other laboratory equipment includes *ring stands*, to hold various cylinders, *flasks*, *laboratory thermometers*, *burettes*, for measuring the volume of liquids, *hydrometers*, *vacuum jars*, *microscopes* and *slides*, *adjustable stands* and *distilling equipment*.

encoche pour contrepoids
poise notch

fléau arrière
rear beam

fléau central/réglage grossier
center beam/coarse-adjustment beam

fléau avant/réglage fin
front beam/fine-adjustment beam

pivot de suspension des poids
suspension pivot

aiguille
pointer

60 70 80 90 100 g

300 400 500 g

7 8 9 10 g

montant avec système de blocage
trig-loop post

anneau d'accrochage
hanger

gorge à poids
weight storage channel

base
base

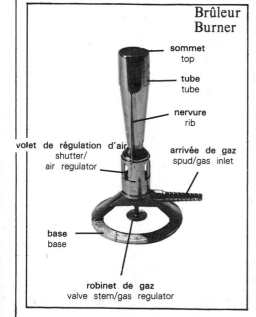

Brûleur
Burner

sommet
top

tube
tube

nervure
rib

volet de régulation d'air
shutter/
air regulator

arrivée de gaz
spud/gas inlet

base
base

robinet de gaz
valve stem/gas regulator

Éprouvette:Test Tube/Culture Tube

capuchon
screw cap

col
neck

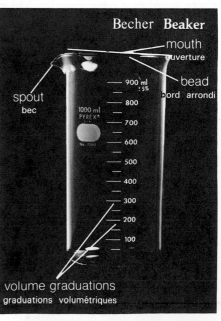

Becher Beaker

mouth
ouverture

bead
bord arrondi

spout
bec

900 ml ±5%
800
700
600
500
400
300
200
100

1000 ml
PYREX®
No. 1660

volume graduations
graduations volumétriques

Matériel d'examen médical

Les appareils présentés ici sont utilisés par les ophtalmologistes et les *otorhinolaryngologistes*. Le spéculum est utilisé par les *gynécologues* et les obstétriciens. Les *lampes frontales* montées sur des serre-têtes procurent une source de lumière aux médecins.

Examination Equipment

The scopes seen below are used by *Eye, Ear, Nose and Throat Doctors*, or *EENT specialists*. The speculum is used by *gynecologists* and *obstetricians*. *Headlights* mounted on head-bands provide a light source for doctors.

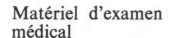

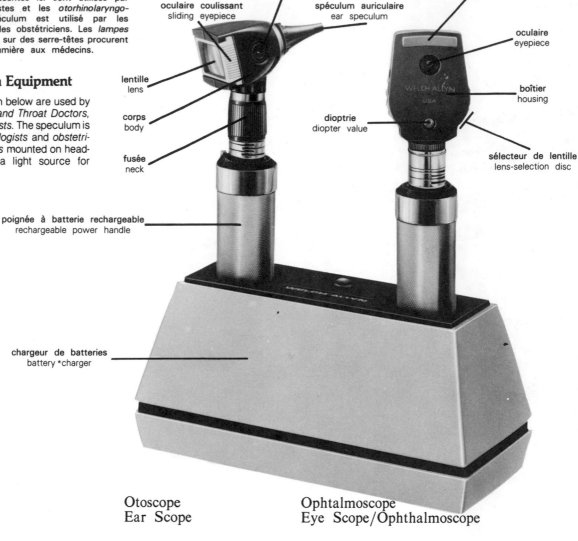

orifice à pneumoscopie
pneumoscopy port

appuie-tête
brow rest

oculaire coulissant
sliding eyepiece

spéculum auriculaire
ear speculum

oculaire
eyepiece

lentille
lens

boîtier
housing

WELCH ALLYN
USA

corps
body

dioptrie
diopter value

fusée
neck

sélecteur de lentille
lens-selection disc

poignée à batterie rechargeable
rechargeable power handle

chargeur de batteries
battery ·charger

Otoscope
Ear Scope

Ophtalmoscope
Eye Scope/Ophthalmoscope

Spéculum
Speculum

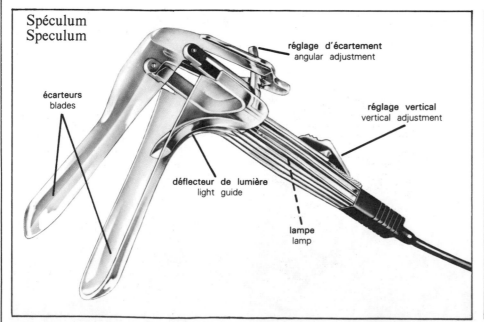

réglage d'écartement
angular adjustment

écarteurs
blades

réglage vertical
vertical adjustment

déflecteur de lumière
light guide

lampe
lamp

Miroir médical
Physician's Mirror

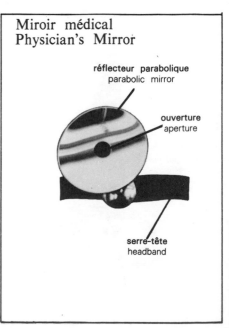

réflecteur parabolique
parabolic mirror

ouverture
aperture

serre-tête
headband

Matériel d'examen médical

En plus du matériel présenté ici, les médecins utilisent des *abaisse-langues*, et un *marteau* pour tester les réflexes. Les thermomètres ont un *fond opaque* et des *graduations* en degrés centigrades et *degrés fahrenheit*.

Examination Equipment

In addition to the examination equipment shown here, doctors use *tongue depressors*, or *tongue blades*, and a *hammer* to test reflexes. Thermometers have *opaque backgrounds* and *centigrade* and *fahrenheit scales*.

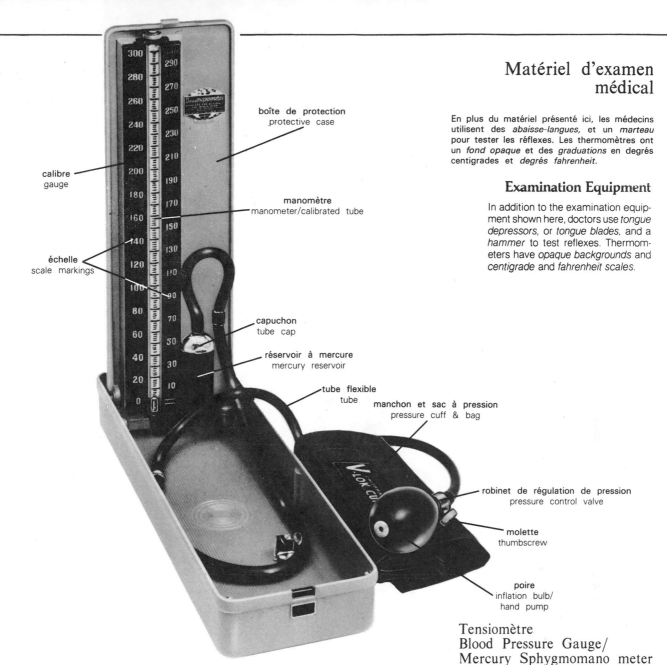

boîte de protection
protective case

calibre
gauge

manomètre
manometer/calibrated tube

échelle
scale markings

capuchon
tube cap

réservoir à mercure
mercury reservoir

tube flexible
tube

manchon et sac à pression
pressure cuff & bag

robinet de régulation de pression
pressure control valve

molette
thumbscrew

poire
inflation bulb/
hand pump

Tensiomètre
Blood Pressure Gauge/
Mercury Sphygmomano meter

Thermomètre
Thermometer

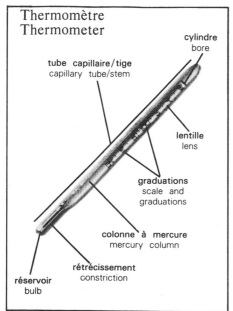

cylindre
bore

tube capillaire/tige
capillary tube/stem

lentille
lens

graduations
scale and
graduations

colonne à mercure
mercury column

rétrécissement
constriction

réservoir
bulb

Stéthoscope
Stethoscope

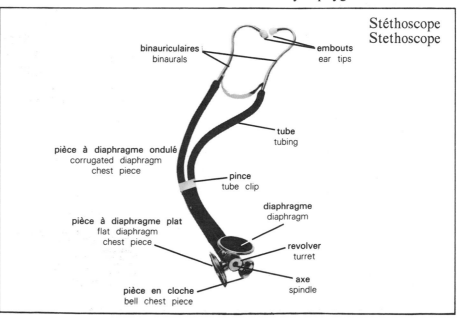

binauriculaires
binaurals

embouts
ear tips

tube
tubing

pièce à diaphragme ondulé
corrugated diaphragm
chest piece

pince
tube clip

pièce à diaphragme plat
flat diaphragm
chest piece

diaphragme
diaphragm

revolver
turret

axe
spindle

pièce en cloche
bell chest piece

Tables médicales

Les *tables chirurgicales* ou de *salle d'opération* ont des *réceptacles à cassettes à rayons X*, incorporés. Parmi les accessoires on trouve le *matériel de perfusion*, des *rallonges, de repose-pied* et de *repose-bras*, des *étriers* pour maintenir les jambes en position et des *sangles à boucle*.

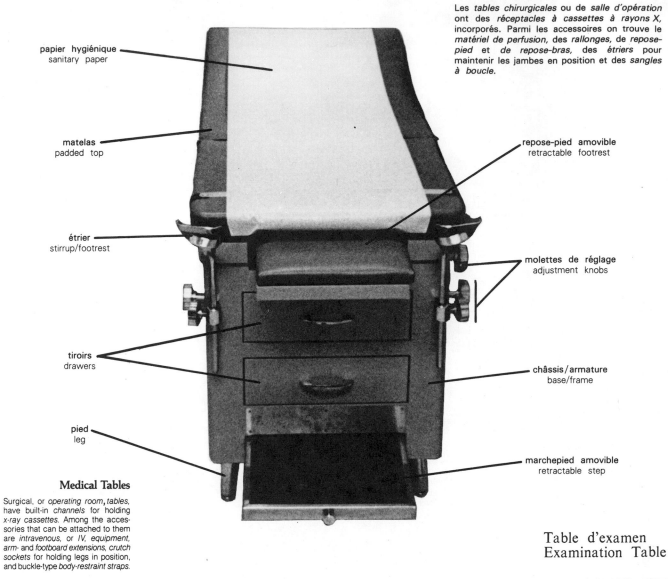

papier hygiénique
sanitary paper

matelas
padded top

étrier
stirrup/footrest

tiroirs
drawers

pied
leg

repose-pied amovible
retractable footrest

molettes de réglage
adjustment knobs

châssis / armature
base/frame

marchepied amovible
retractable step

Medical Tables

Surgical, or *operating room, tables*, have built-in *channels* for holding *x-ray cassettes*. Among the accessories that can be attached to them are *intravenous*, or *IV, equipment, arm-* and *footboard extensions, crutch sockets* for holding legs in position, and buckle-type *body-restraint straps*.

Table d'examen
Examination Table

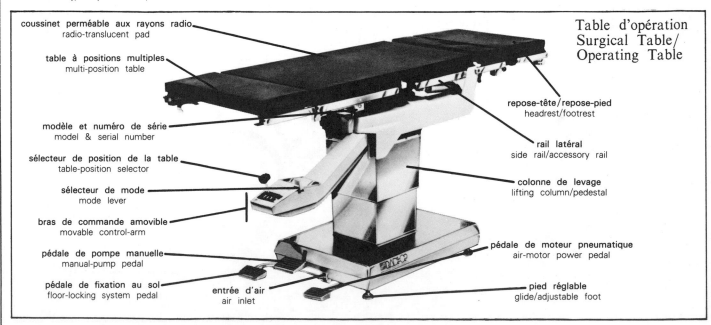

Table d'opération
Surgical Table/
Operating Table

coussinet perméable aux rayons radio
radio-translucent pad

table à positions multiples
multi-position table

modèle et numéro de série
model & serial number

sélecteur de position de la table
table-position selector

sélecteur de mode
mode lever

bras de commande amovible
movable control-arm

pédale de pompe manuelle
manual-pump pedal

pédale de fixation au sol
floor-locking system pedal

entrée d'air
air inlet

repose-tête / repose-pied
headrest/footrest

rail latéral
side rail/accessory rail

colonne de levage
lifting column/pedestal

pédale de moteur pneumatique
air-motor power pedal

pied réglable
glide/adjustable foot

Matériel de premiers soins

Une aiguille calibrée est protégée par un *fourreau* quand elle n'est pas utilisée. Les *piqûres* peuvent être faites sans douleur à l'aide d'une méthode à pulvérisation. Une *bande velpeau* est une bande de tissu élastique utilisée pour bander une blessure ou pour maintenir en place une *compresse*. Une *attelle* désigne tout accessoire rigide utilisé avec un *ruban adhésif* pour tenir solidement un os ou un membre cassé.

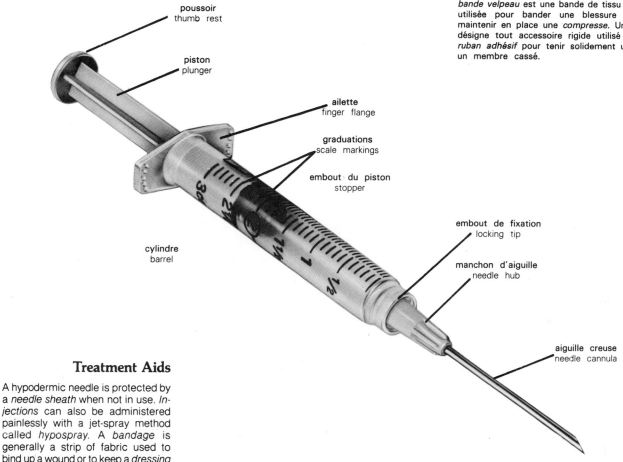

poussoir
thumb rest

piston
plunger

ailette
finger flange

graduations
scale markings

embout du piston
stopper

cylindre
barrel

embout de fixation
locking tip

manchon d'aiguille
needle hub

aiguille creuse
needle cannula

Treatment Aids

A hypodermic needle is protected by a *needle sheath* when not in use. *Injections* can also be administered painlessly with a jet-spray method called *hypospray*. A *bandage* is generally a strip of fabric used to bind up a wound or to keep a *dressing* or *compress* in place. A *splint* is any rigid material used in conjunction with *adhesive tape* to hold a bone or limb in a fixed position.

Seringue hypodermique/Aiguille
Hypodermic Syringe/Needle

Pansement adhésif
Band-Aid®/Adhesive Bandage

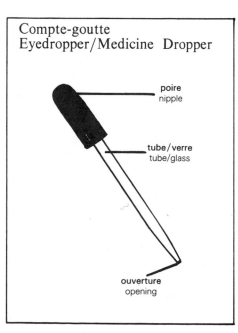

compresse de gaze
gauze pad

trous de ventilation
air vents

bande collante/bande adhésive
tape/adhesive

Compte-goutte
Eyedropper/Medicine Dropper

poire
nipple

tube/verre
tube/glass

ouverture
opening

Comprimé/Cachet et gélule
Pill/Tablet and Capsule

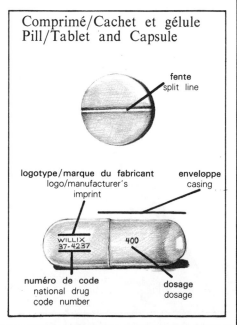

fente
split line

logotype/marque du fabricant
logo/manufacturer's imprint

enveloppe
casing

WILLIX
37-4237

400

numéro de code
national drug code number

dosage
dosage

Instruments médicaux

Supportive Devices

Battery-powered *electric chairs* provide mobility for totally handicapped people. For minor leg and foot injuries, a *cane*, or *walking stick*, is used. Other supportive devices include *dialysis machines*, *iron lungs*, *oxygen tents*, *decompression chambers*, and *braces* of various kinds.

Prothèses et matériel orthopédique

Les *fauteuils roulants à batteries* permettent une certaine mobilité aux handicapés. Pour de légères blessures au pied ou à la jambe on utilise une *canne*. Les autres prothèses incluent les *dialyseurs*, les *poumons d'acier*, les *tentes à oxygène*, les *chambres de décompression*, les *gouttières et appareils orthopédiques* de toutes sortes.

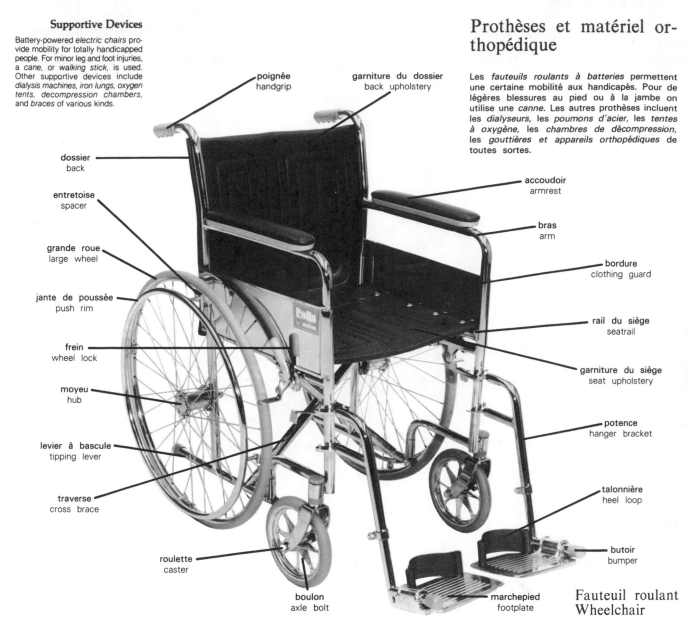

poignée
handgrip

garniture du dossier
back upholstery

dossier
back

entretoise
spacer

grande roue
large wheel

jante de poussée
push rim

frein
wheel lock

moyeu
hub

levier à bascule
tipping lever

traverse
cross brace

roulette
caster

boulon
axle bolt

accoudoir
armrest

bras
arm

bordure
clothing guard

rail du siège
seatrail

garniture du siège
seat upholstery

potence
hanger bracket

talonnière
heel loop

butoir
bumper

marchepied
footplate

Fauteuil roulant
Wheelchair

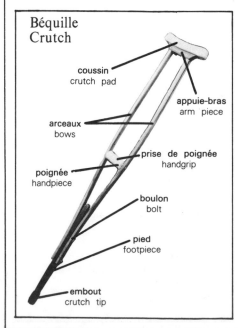

Béquille
Crutch

coussin
crutch pad

appuie-bras
arm piece

arceaux
bows

prise de poignée
handgrip

poignée
handpiece

boulon
bolt

pied
footpiece

embout
crutch tip

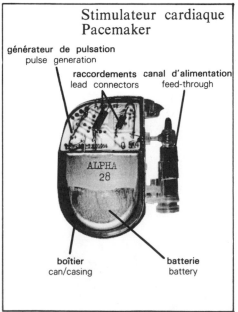

Stimulateur cardiaque
Pacemaker

générateur de pulsation
pulse generation

raccordements
lead connectors

canal d'alimentation
feed-through

ALPHA
28

boîtier
can/casing

batterie
battery

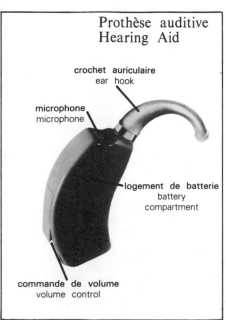

Prothèse auditive
Hearing Aid

crochet auriculaire
ear hook

microphone
microphone

logement de batterie
battery
compartment

commande de volume
volume control

Instruments médicaux

Dental Corrective Devices

A *bridge* consists of one or more false teeth anchored between abutment teeth. The portion of the bridge that actually replaces the missing tooth or teeth is the *pontic*. A *crown* or *jacket crown* covers that part of the tooth normally protected by enamel. In *orthodontia*, the correction of the position of teeth, a *band* or *wire* is inserted in the slot and held in place by *rubber bands* looped over the tie wings.

Prothèses dentaires

Un *pont* communément appelé « bridge » consiste en une ou plusieurs fausses-dents ancrées sur deux ou plusieurs piliers. La partie du pont qui remplace la ou les dents manquantes s'appelle le *pontic*. Une *couronne* couvre la partie de la dent normalement protégée par l'émail.

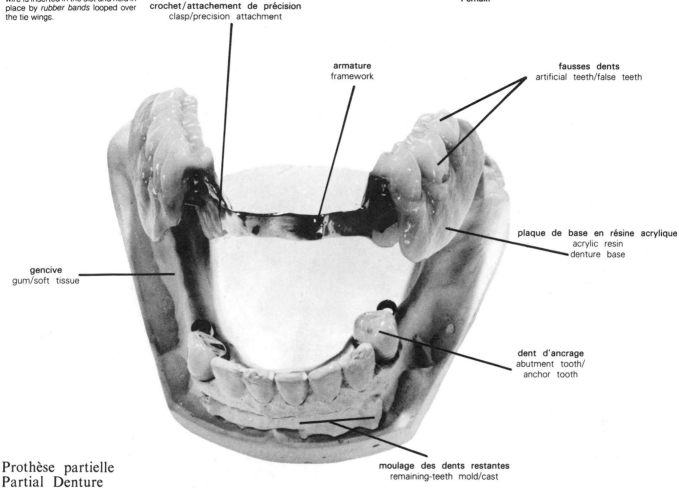

crochet/attachement de précision
clasp/precision attachment

armature
framework

fausses dents
artificial teeth/false teeth

plaque de base en résine acrylique
acrylic resin
denture base

gencive
gum/soft tissue

dent d'ancrage
abutment tooth/
anchor tooth

moulage des dents restantes
remaining-teeth mold/cast

Prothèse partielle
Partial Denture

Prothèse totale
Full Denture

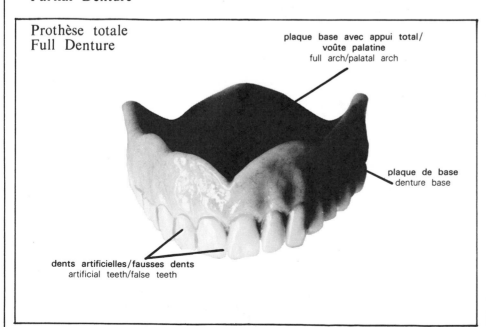

plaque base avec appui total/
voûte palatine
full arch/palatal arch

plaque de base
denture base

dents artificielles/fausses dents
artificial teeth/false teeth

Attache/Crochet d'orthodontie
Braces/Orthodontic Bracket

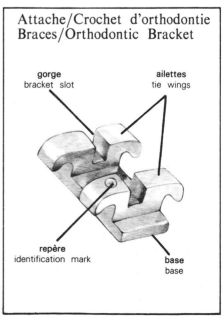

gorge
bracket slot

ailettes
tie wings

repère
identification mark

base
base

Instruments médicaux

Unité dentaire

Un *scialytique* puissant est fixé en général
sur l'unité du dentiste (unit), le porte-instrument
peut être fixé soit à un *bras mobile* comme
sur la photo soit à un *bras monté sur colonne*.

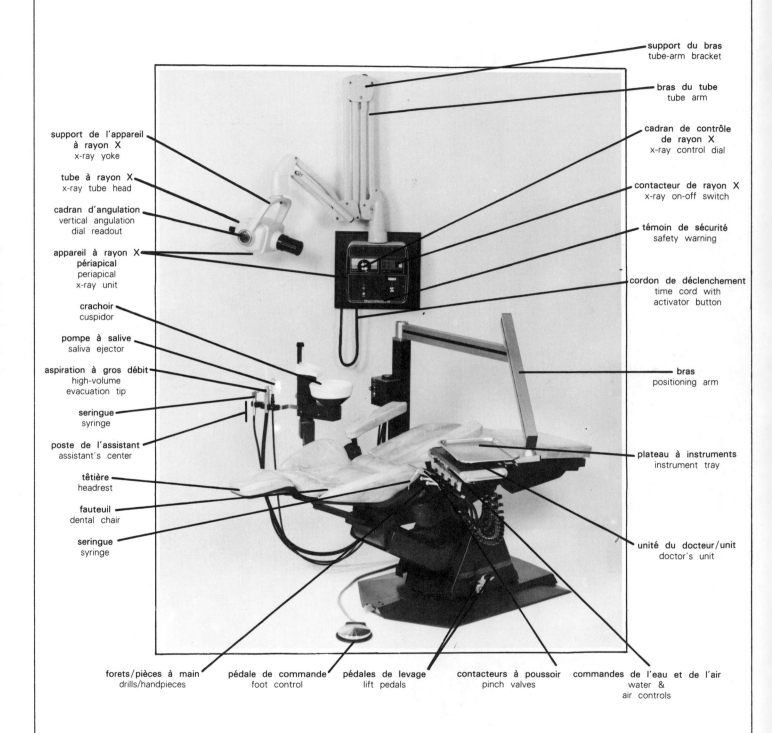

**support de l'appareil
à rayon X**
x-ray yoke

tube à rayon X
x-ray tube head

cadran d'angulation
vertical angulation
dial readout

**appareil à rayon X
périapical**
periapical
x-ray unit

crachoir
cuspidor

pompe à salive
saliva ejector

aspiration à gros débit
high-volume
evacuation tip

seringue
syringe

poste de l'assistant
assistant's center

têtière
headrest

fauteuil
dental chair

seringue
syringe

support du bras
tube-arm bracket

bras du tube
tube arm

**cadran de contrôle
de rayon X**
x-ray control dial

contacteur de rayon X
x-ray on-off switch

témoin de sécurité
safety warning

cordon de déclenchement
time cord with
activator button

bras
positioning arm

plateau à instruments
instrument tray

unité du docteur/unit
doctor's unit

forets/pièces à main
drills/handpieces

pédale de commande
foot control

pédales de levage
lift pedals

contacteurs à poussoir
pinch valves

commandes de l'eau et de l'air
water &
air controls

Dental Unit

A high-intensity *dental light* is usually
attached to a dental unit, or *dental
island*. Instrument trays may be attached to a *drift-free arm*, such as
the one shown here, or to a *post-
mounted arm*.

Matériel dentaire

Les obturations par amalgame d'argent ou les restaurations coulées en or (inlays), la porcelaine synthétique ou les résines acryliques (composites) sont utilisées pour remplir les cavités. Les dents peuvent aussi être équipées de *couronnes* ou *chapes*.

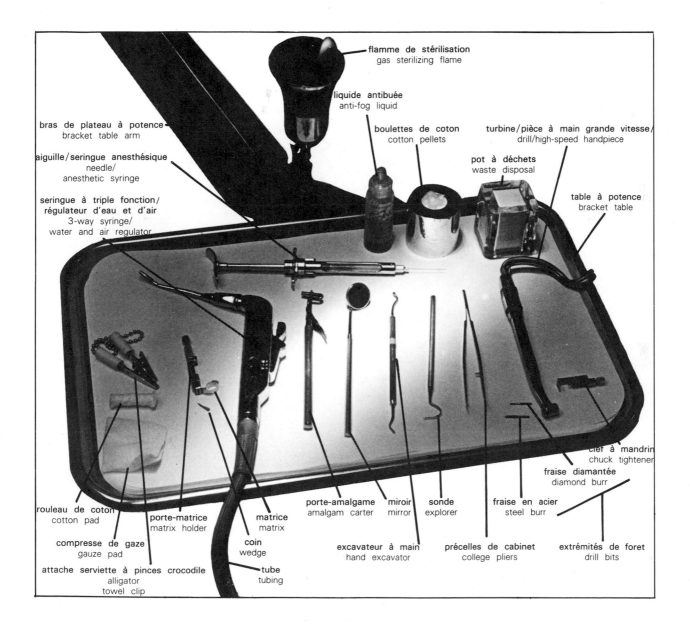

flamme de stérilisation
gas sterilizing flame

liquide antibuée
anti-fog liquid

boulettes de coton
cotton pellets

turbine/pièce à main grande vitesse/
drill/high-speed handpiece

bras de plateau à potence
bracket table arm

pot à déchets
waste disposal

table à potence
bracket table

aiguille/seringue anesthésique
needle/
anesthetic syringe

seringue à triple fonction/
régulateur d'eau et d'air
3-way syringe/
water and air regulator

clef à mandrin
chuck tightener

fraise diamantée
diamond burr

rouleau de coton
cotton pad

porte-matrice
matrix holder

matrice
matrix

porte-amalgame
amalgam carter

miroir
mirror

sonde
explorer

fraise en acier
steel burr

compresse de gaze
gauze pad

coin
wedge

excavateur à main
hand excavator

précelles de cabinet
college pliers

extrémités de foret
drill bits

attache serviette à pinces crocodile
alligator
towel clip

tube
tubing

Dental Equipment

Fillings of *silver amalgam* or *inlays*, *cast restorations* of *gold, synthetic porcelain* or *acrylic resins*, are used to fill *cavities*. Teeth can also be fitted with *crowns* or *caps*.

Instruments médicaux

Dents

Chaque dent a deux *voisines* et une *partenaire* ou *antagoniste d'occlusion* dans la mâchoire opposée. Les dents sont implantées dans des *alvéoles*. Le premier jeu de dents est celui des *dents de lait* remplacées au bout d'un certain temps par les dents définitives.

Teeth

Each tooth has one or two *neighbors* and a biting *partner* in the opposite jaw. Teeth fit into *sockets*. The first set of teeth are *baby teeth*, or *milk teeth*, replaced in time by permanent teeth. A person with a fondness for sugary edibles is said to have a *sweet tooth*.

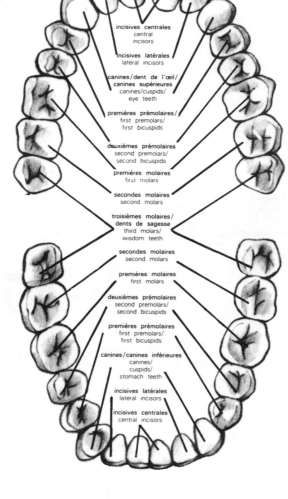

Dents supérieures / Upper Teeth

Dents inférieures / Lower Teeth

incisives centrales
central incisors

incisives latérales
lateral incisors

canines/dent de l'œil/
canines supérieures
canines/cuspids/
eye teeth

premières prémolaires/
first premolars/
first bicuspids

deuxièmes prémolaires
second premolars/
second bicuspids

premières molaires
first molars

secondes molaires
second molars

troisièmes molaires/
dents de sagesse
third molars/
wisdom teeth

secondes molaires
second molars

premières molaires
first molars

deuxièmes prémolaires
second premolars/
second bicuspids

premières prémolaires
first premolars/
first bicuspids

canines/canines inférieures
canines/
cuspids/
stomach teeth

incisives latérales
lateral incisors

incisives centrales
central incisors

Dent (vue latérale) / Tooth (side view)

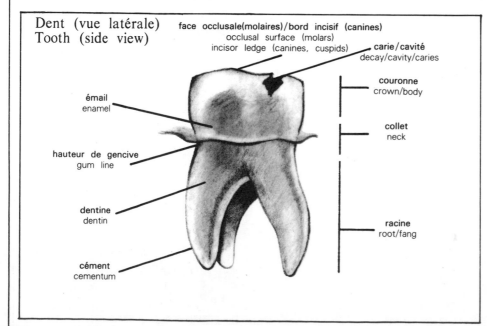

face occlusale(molaires)/bord incisif (canines)
occlusal surface (molars)
incisor ledge (canines, cuspids)

carie/cavité
decay/cavity/caries

couronne
crown/body

collet
neck

racine
root/fang

émail
enamel

hauteur de gencive
gum line

dentine
dentin

cément
cementum

Dent (vue supérieure) / Tooth (top view)

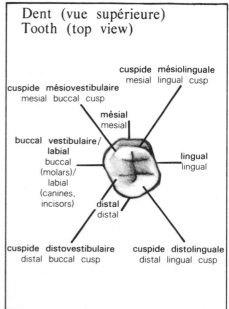

cuspide mésiolinguale
mesial lingual cusp

cuspide mésiovestibulaire
mesial buccal cusp

mésial
mesial

buccal vestibulaire/
labial
buccal
(molars)/
labial
(canines,
incisors)

lingual
lingual

distal
distal

cuspide distovestibulaire
distal buccal cusp

cuspide distolinguale
distal lingual cusp

Chambre-forte et coffre-fort

Les chambres-fortes sont reliées à des *systèmes d'alarme*, qui comprennent des *sonneries* et des *alarmes silencieuses*. Les *serrures à minuterie* ouvrent les coffres ou les chambres-fortes à des heures prédéterminées et empêchent ainsi qu'elles soient ouvertes autrement. Un *coffre-fort* est une boîte ou un meuble solidement construits pour garder des valeurs. Presque tous les coffres-forts sont isolés à la fois contre l'incendie et contre le vol.

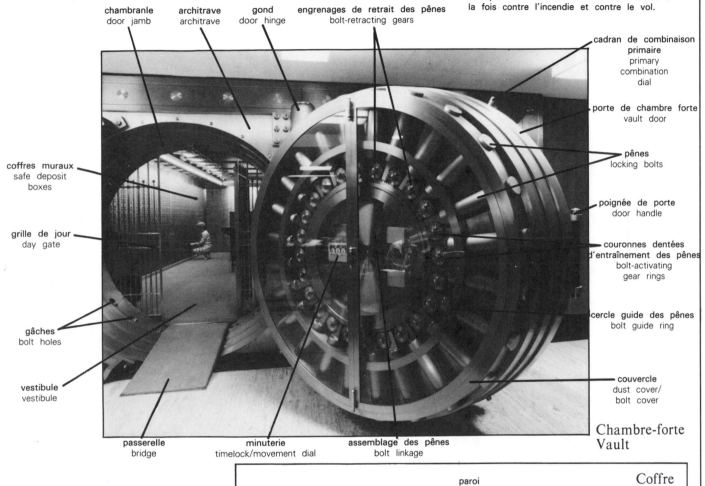

chambranle
door jamb

architrave
architrave

gond
door hinge

engrenages de retrait des pênes
bolt-retracting gears

cadran de combinaison primaire
primary combination dial

porte de chambre forte
vault door

pênes
locking bolts

poignée de porte
door handle

couronnes dentées d'entraînement des pênes
bolt-activating gear rings

cercle guide des pênes
bolt guide ring

couvercle
dust cover/ bolt cover

coffres muraux
safe deposit boxes

grille de jour
day gate

gâches
bolt holes

vestibule
vestibule

passerelle
bridge

minuterie
timelock/movement dial

assemblage des pênes
bolt linkage

Chambre-forte
Vault

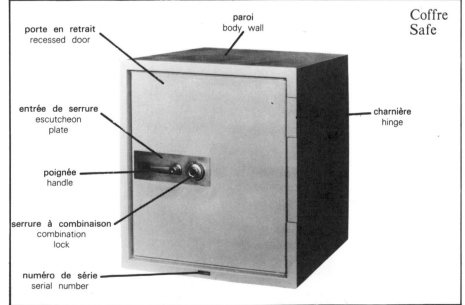

porte en retrait
recessed door

paroi
body wall

entrée de serrure
escutcheon plate

poignée
handle

serrure à combinaison
combination lock

numéro de série
serial number

charnière
hinge

Coffre
Safe

Vault and Safe

Vaults are connected to *alarm systems*, which include *bells* and *silent alarms*. *Time locks* open safes or vaults at a predetermined time and prevent their being opened otherwise. A *strongbox* is a stoutly made box or chest for preserving valuable possessions. Most safes are insulated to protect against fire as well as theft. A home *money box*, *coin bank* or *piggy bank* is opened at the bottom or with a hammer.

Dispositifs de sécurité

Serrures

Beaucoup de serrures encastrées ont *deux boutons* sous le *pêne demi-tour* pour permettre de fermer ou d'ouvrir indépendamment *le bouton extérieur*. Les pênes entrent dans une *gâche* fixée au chambranle de la porte. Un *bec-de-cane* est un dispositif qui maintient une porte fermée sans la fermer à clef. Un *loquet* ferme des portes légères comme celles d'un meuble. Un *verrou* combine les caractéristiques d'une serrure et d'un loquet.

Door Locks

Many mortise locks have two *buttons* below the latch bolt which allow the *outside knob* to be independently locked or unlocked. Bolts fit into a *striker plate*, attached to the door frame. A *latch* is a device which holds a door closed, but cannot be locked. A *catch* holds lightweight doors, such as cabinet doors, closed. A *lockset* has the features of a lock and a catch.

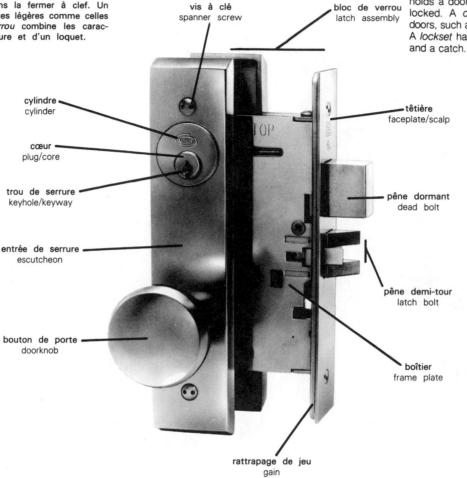

vis à clé
spanner screw

bloc de verrou
latch assembly

cylindre
cylinder

cœur
plug/core

trou de serrure
keyhole/keyway

entrée de serrure
escutcheon

bouton de porte
doorknob

têtière
faceplate/scalp

pêne dormant
dead bolt

pêne demi-tour
latch bolt

boîtier
frame plate

rattrapage de jeu
gain

Chaîne de porte
Chain Lock/Door Bolt

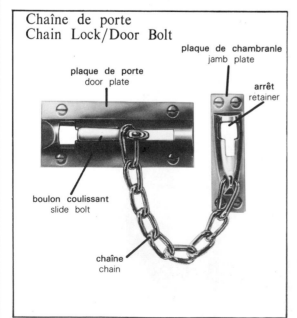

plaque de chambranle
jamb plate

plaque de porte
door plate

arrêt
retainer

boulon coulissant
slide bolt

chaîne
chain

Serrure encloisonnée à griffes
Inter-grip Rim Lock

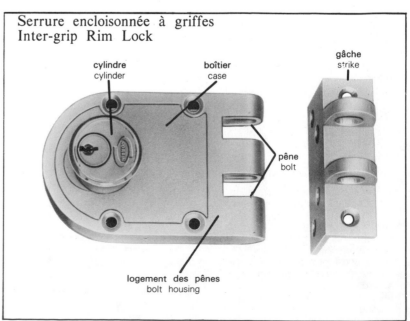

cylindre
cylinder

boîtier
case

gâche
strike

pêne
bolt

logement des pênes
bolt housing

Key and Padlock

A key is inserted into a lock's cylinder via a *keyway*. The angled serrations, or *cuts*, on a key blade correspond to different sized *pin-tumblers*, or *pins*, within the lock cylinder. A key that has not yet been configured to any particular lock is a *blank*. A key used to open many common locks is a *skeleton key*.

On insère la clef dans le *cylindre de la serrure* par le *trou de serrure*. Les encoches biseautées ou *découpes* de la clef correspondent à des *goupilles* ou des *broches* de différentes longueurs dans le cylindre de la serrure. Une clef qui n'a pas encore été façonnée pour une serrure déterminée est un *blanc*. Une clef utilisée pour ouvrir de nombreuses serrures ordinaires s'appelle un *crochet de serrurier*, une *fausse-clef* ou un *passe-partout*.

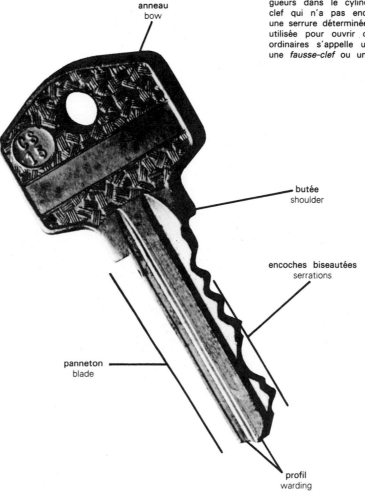

anneau
bow

butée
shoulder

encoches biseautées
serrations

panneton
blade

profil
warding

Key
Clef

cylindre
cylinder/plug

boîtier
case/body

Porte-clef
Keychain

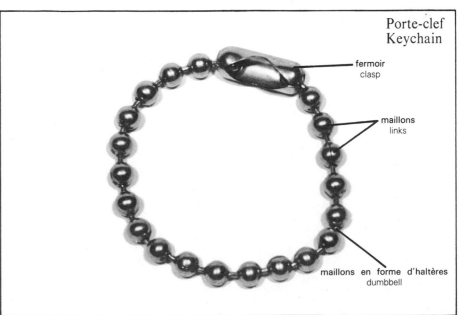

fermoir
clasp

maillons
links

maillons en forme d'haltères
dumbbell

Dispositifs de sécurité

Charnière et fermoir

En plus de la *charnière* présentée ici il existe des *charnières à aiguillon*, des *charnières complètes*, des *demi-charnières*, des *charnières à ressort*, des *paumelles*, des *charnières aux dimensions*. Les *pivots* ou *broches* des charnières plus petites présentent une grande variété de *têtes* et de *fleurons*, comme la tête à boule présentée ici. Un *fermoir de sûreté* peut se fermer avec un cadenas ou une goupille.

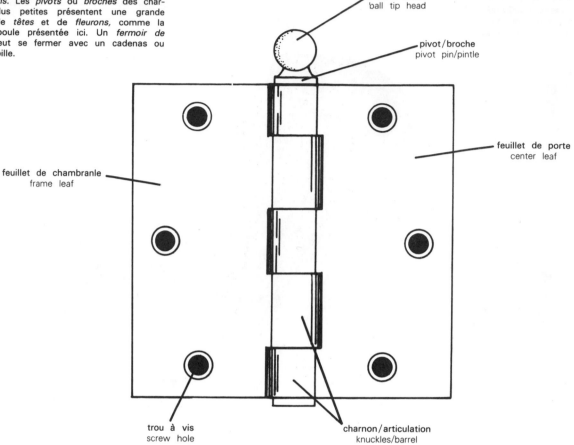

tête à boule
ball tip head

pivot/broche
pivot pin/pintle

feuillet de porte
center leaf

feuillet de chambranle
frame leaf

trou à vis
screw hole

charnon/articulation
knuckles/barrel

Charnière
Hinge

Fermoir
Hasp

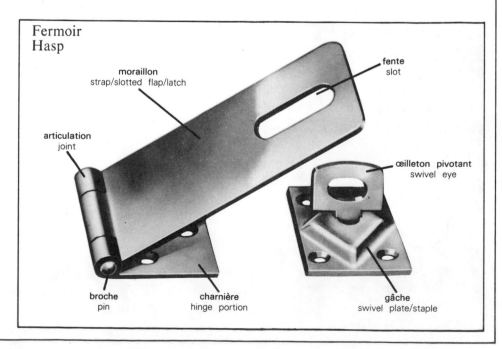

moraillon
strap/slotted flap/latch

fente
slot

articulation
joint

œilleton pivotant
swivel eye

broche
pin

charnière
hinge portion

gâche
swivel plate/staple

Hinge and Hasp

In addition to the *butt hinge,* seen here, there are *pivot hinges*, *full-surface hinges*, *half-surface hinges*, *spring hinges*, *strap hinges* and *continuous hinges*. Hinge pivot pins or *fixed pins*, used on smaller hinges, are available in a variety of ornamental *heads*, or *caps*, such as the ball tip seen here. A *safety hasp* is secured with a padlock or pin.

Chain and Pulley

When a rope is reeved, or passed through the block, it fits into a narrow groove, or *score*, around the circumference of the sheave. That part of the rope used to apply power or hoist is the *fall*. The lower, or *choke,end* of a common wood block is the *arse*.

Lorsqu'une corde est passée dans une poulie, elle se place dans une *gorge* étroite de la poulie. La partie de la corde utilisée pour appliquer la force ou hisser s'appelle le *garant*. La partie inférieure ou *étranglée* d'une poulie s'appelle le *cul*.

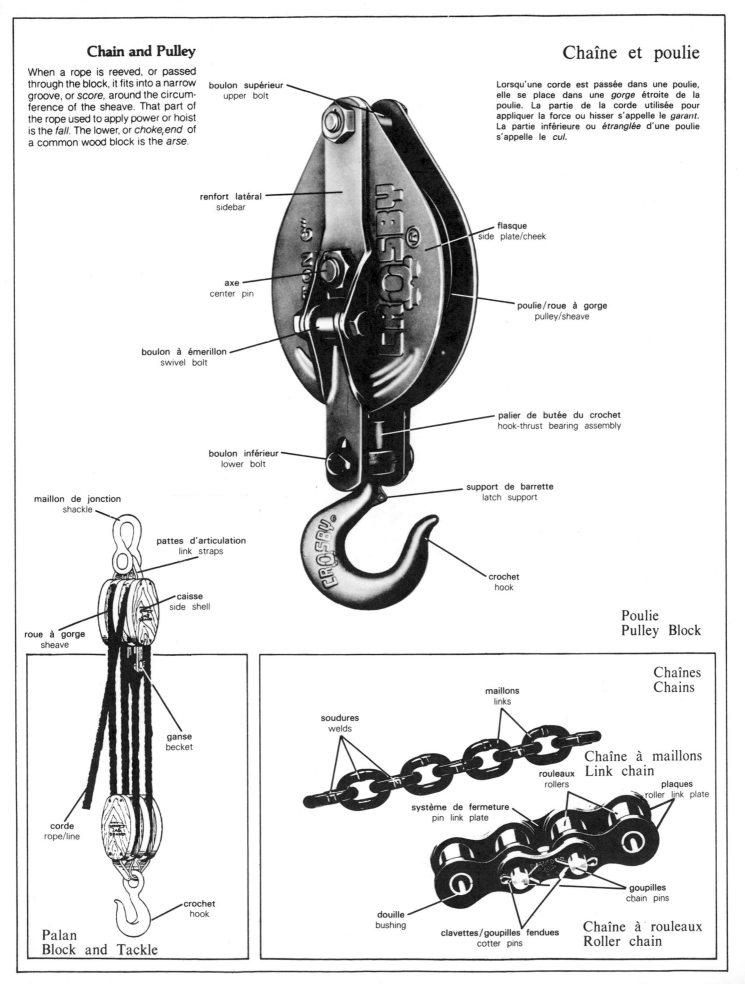

boulon supérieur
upper bolt

renfort latéral
sidebar

axe
center pin

boulon à émerillon
swivel bolt

boulon inférieur
lower bolt

flasque
side plate/cheek

poulie/roue à gorge
pulley/sheave

palier de butée du crochet
hook-thrust bearing assembly

support de barrette
latch support

crochet
hook

Poulie
Pulley Block

maillon de jonction
shackle

pattes d'articulation
link straps

caisse
side shell

roue à gorge
sheave

ganse
becket

corde
rope/line

crochet
hook

Palan
Block and Tackle

Chaînes
Chains

maillons
links

soudures
welds

Chaîne à maillons
Link chain

rouleaux
rollers

plaques
roller link plate

système de fermeture
pin link plate

goupilles
chain pins

douille
bushing

clavettes/goupilles fendues
cotter pins

Chaîne à rouleaux
Roller chain

Équipements d'exécution capitale

La lame d'une guillotine est libérée par une *corde ou un bouton* de *déclenchement*. La *mannaia* italienne et la *maiden* écossaise sont des variantes de la guillotine française. Une *potence*, semblable au gibet, n'a qu'un bras horizontal où pend le nœud coulant. Sur une chaise électrique, on attache des électrodes à la tête et aux jambes du prisonnier pour fermer le circuit. Un *tombereau* désigne tout véhicule pour transporter le condamné vers le lieu d'exécution.

Execution Devices

The blade on the guillotine is released by a *release cord* or *release button*. The Italian *mannaia* and the Scottish *maiden* were variations of the French guillotine. A *gibbet*, similar to a gallows, has a single, horizontal arm from which the noose was hung. On an electric chair, electrodes are attached to the prisoner's head and leg to complete the circuit. A *tumbrel* is any vehicle used to bring condemned people to the place of execution.

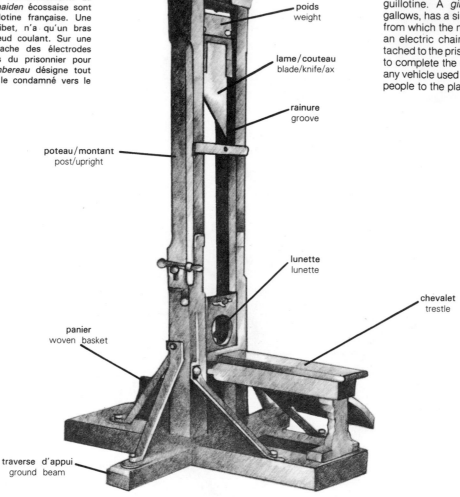

traverse
crossbeam

poids
weight

lame/couteau
blade/knife/ax

rainure
groove

poteau/montant
post/upright

lunette
lunette

chevalet
trestle

panier
woven basket

traverse d'appui
ground beam

Guillotine
Guillotine

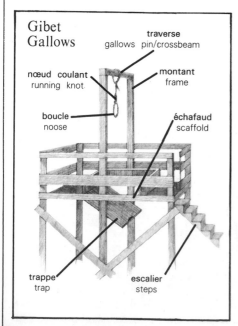

Gibet
Gallows

traverse
gallows pin/crossbeam

nœud coulant
running knot

montant
frame

boucle
noose

échafaud
scaffold

trappe
trap

escalier
steps

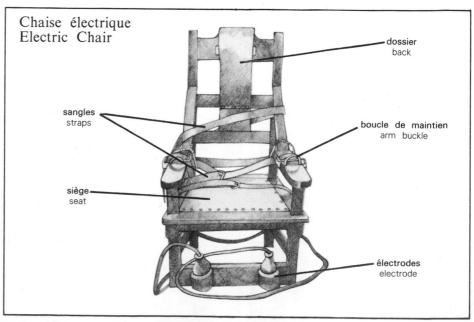

Chaise électrique
Electric Chair

dossier
back

sangles
straps

boucle de maintien
arm buckle

siège
seat

électrodes
electrode

Un poignard ou une épée sont conservés dans un *fourreau*. La lame se prolonge dans la poignée par une *soie*.

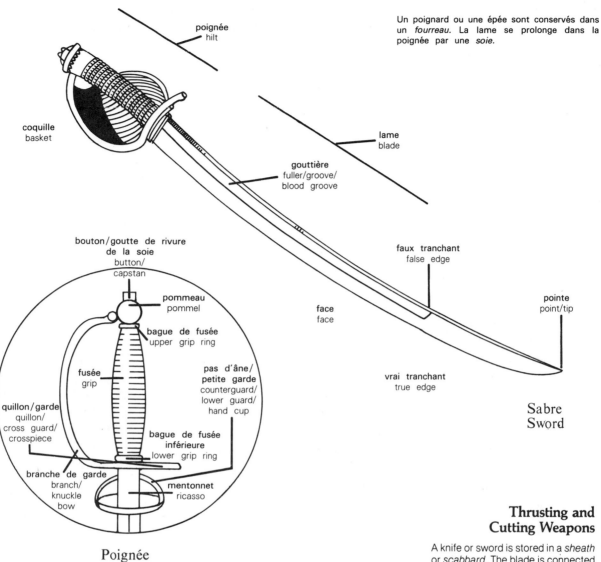

poignée
hilt

coquille
basket

lame
blade

gouttière
fuller/groove/
blood groove

faux tranchant
false edge

pointe
point/tip

face
face

vrai tranchant
true edge

Sabre
Sword

bouton/goutte de rivure
de la soie
button/
capstan

pommeau
pommel

bague de fusée
upper grip ring

fusée
grip

pas d'âne/
petite garde
counterguard/
lower guard/
hand cup

quillon/garde
quillon/
cross guard/
crosspiece

bague de fusée
inférieure
lower grip ring

branche de garde
branch/
knuckle
bow

mentonnet
ricasso

Poignée
Hilt

Thrusting and Cutting Weapons

A knife or sword is stored in a *sheath* or *scabbard*. The blade is connected to the handle by a *tang*.

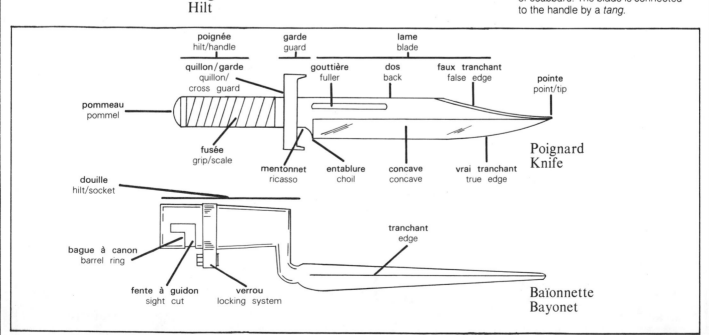

poignée
hilt/handle

garde
guard

lame
blade

quillon/garde
quillon/
cross guard

gouttière
fuller

dos
back

faux tranchant
false edge

pointe
point/tip

pommeau
pommel

fusée
grip/scale

mentonnet
ricasso

entablure
choil

concave
concave

vrai tranchant
true edge

Poignard
Knife

douille
hilt/socket

tranchant
edge

bague à canon
barrel ring

fente à guidon
sight cut

verrou
locking system

Baïonnette
Bayonet

Medieval Arms

A round shield held at arm's length is called a *buckler*, while a shield held across the body by straps or handles called *enarmes* is a *target*. A shield offering protection during a siege is a *pavise*. Cutouts on the sides of a shield for holding spears to be thrown are called *bouches*. A shafted weapon having a *spear blade* and a pair of curved *lobes* at the base of the *spearhead* is a *partisan*.

Armes médiévales

Un bouclier rond tenu à bout de bras s'appelle une *rondache* et un bouclier tenu devant le corps au moyen de lanières ou de poignées est une *targe*. Un bouclier offrant une protection au cours d'un siège est un *pavois*. On appelle *bouches* les découpures sur les boucliers, qui permettent de tenir les javelots à lancer. Une arme à longue hampe avec un *fer de lance* et deux *oreillons* à la base de celui-ci s'appelle une *pertuisane*.

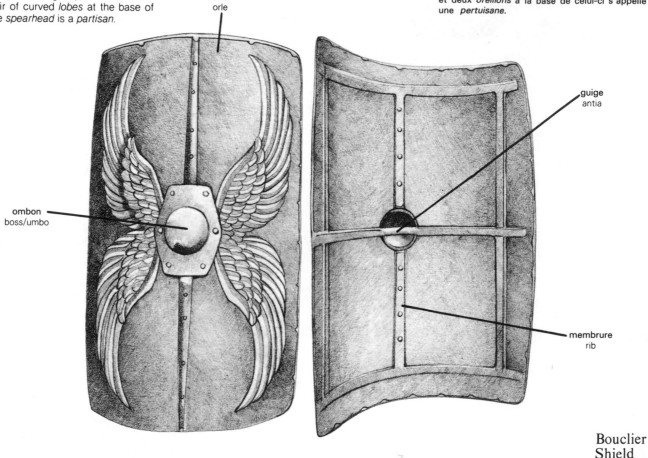

orle
orle

guige
antia

ombon
boss/umbo

membrure
rib

Bouclier
Shield

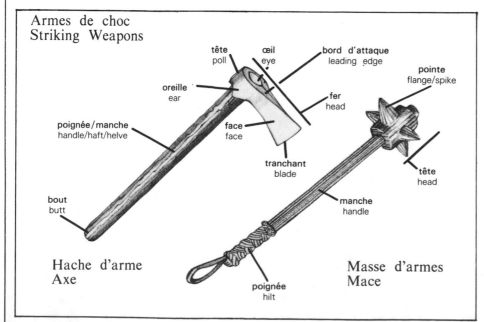

Armes de choc
Striking Weapons

tête
poll

œil
eye

bord d'attaque
leading edge

pointe
flange/spike

oreille
ear

fer
head

poignée/manche
handle/haft/helve

face
face

tête
head

tranchant
blade

manche
handle

bout
butt

Hache d'arme
Axe

poignée
hilt

Masse d'armes
Mace

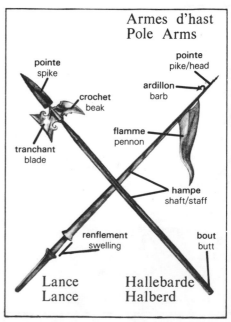

Armes d'hast
Pole Arms

pointe
spike

pointe
pike/head

crochet
beak

ardillon
barb

flamme
pennon

tranchant
blade

hampe
shaft/staff

renflement
swelling

bout
butt

Lance
Lance

Hallebarde
Halberd

454

Armor

Body armor, *protective clothing* and *headgear*, was usually made of iron or thick leather. It was often adorned with *decorative inlays*.

Armure

Les armures, les *cuirasses* et les *casques* étaient généralement faits de fer ou de cuir épais. Ils étaient souvent ornés d'*incrustations décoratives*.

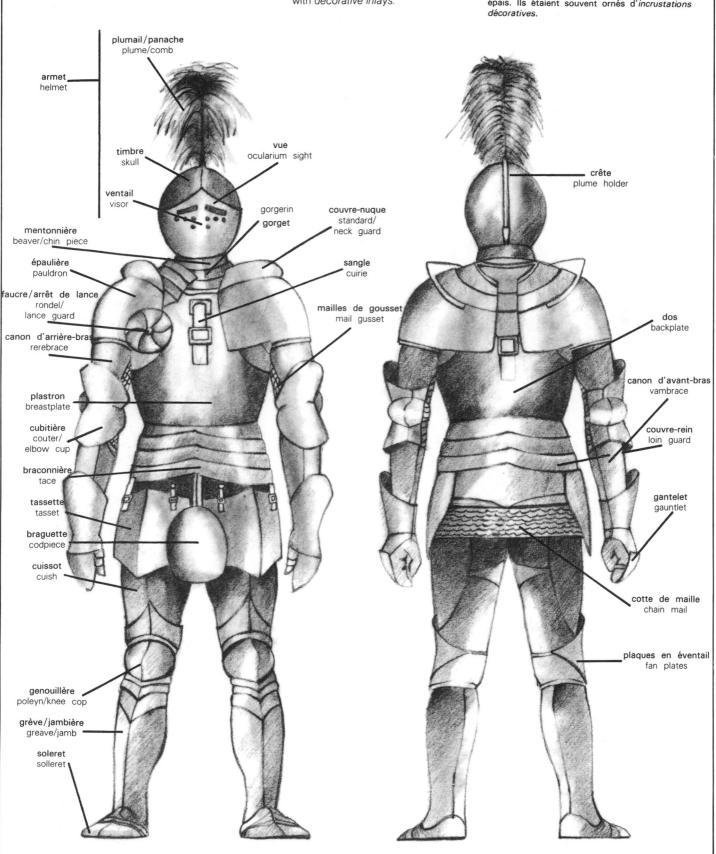

armet
helmet

plumail/panache
plume/comb

timbre
skull

ventail
visor

vue
ocularium sight

mentonnière
beaver/chin piece

gorgerin
gorget

couvre-nuque
standard/
neck guard

épaulière
pauldron

sangle
cuirie

faucre/arrêt de lance
rondel/
lance guard

mailles de gousset
mail gusset

canon d'arrière-bras
rerebrace

plastron
breastplate

cubitière
couter/
elbow cup

braconnière
tace

tassette
tasset

braguette
codpiece

cuissot
cuish

genouillère
poleyn/knee cop

grève/jambière
greave/jamb

soleret
solleret

crête
plume holder

dos
backplate

canon d'avant-bras
vambrace

couvre-rein
loin guard

gantelet
gauntlet

cotte de maille
chain mail

plaques en éventail
fan plates

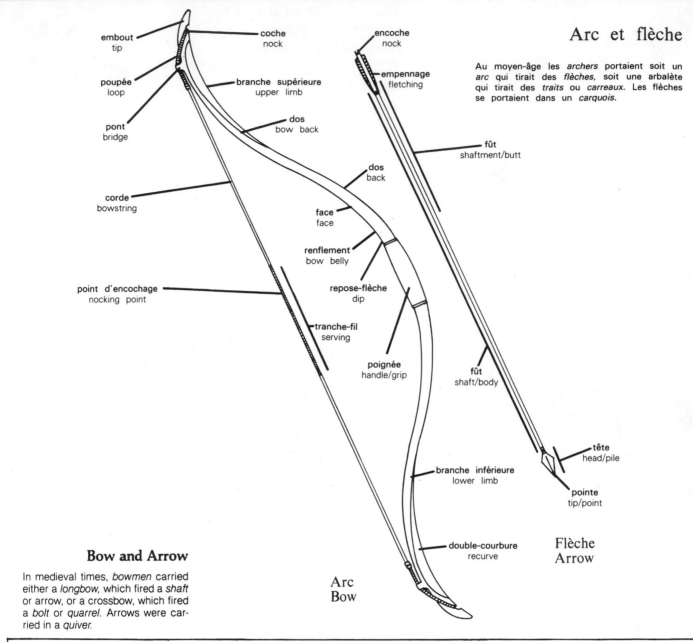

embout
tip

coche
nock

encoche
nock

empennage
fletching

Au moyen-âge les *archers* portaient soit un *arc* qui tirait des *flèches*, soit une arbalète qui tirait des *traits* ou *carreaux*. Les flèches se portaient dans un *carquois*.

poupée
loop

branche supérieure
upper limb

pont
bridge

dos
bow back

fût
shaftment/butt

dos
back

corde
bowstring

face
face

renflement
bow belly

point d'encochage
nocking point

repose-flèche
dip

tranche-fil
serving

poignée
handle/grip

fût
shaft/body

tête
head/pile

branche inférieure
lower limb

pointe
tip/point

double-courbure
recurve

Flèche
Arrow

Bow and Arrow

In medieval times, *bowmen* carried either a *longbow*, which fired a *shaft* or arrow, or a crossbow, which fired a *bolt* or *quarrel*. Arrows were carried in a *quiver*.

Arc
Bow

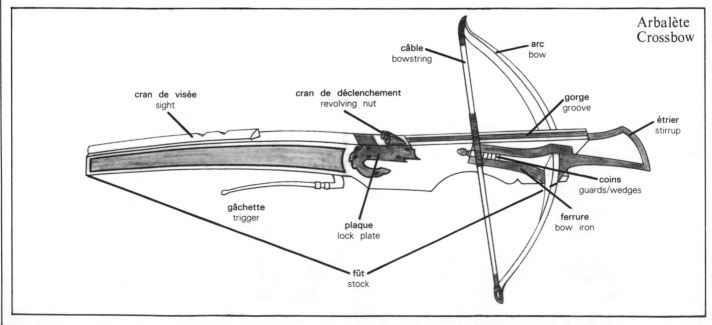

Arbalète
Crossbow

câble
bowstring

arc
bow

cran de visée
sight

cran de déclenchement
revolving nut

gorge
groove

étrier
stirrup

gâchette
trigger

plaque
lock plate

coins
guards/wedges

ferrure
bow iron

fût
stock

Canon et catapulte

Les *boulets de canon* tirés par les *canonniers* étaient transportés dans des *caissons* et rangés sur des plateaux. Les canonniers utilisaient un *écouvillon* pour retirer les restes de poudre, un *crochet* pour déboucher, et un *refouloir* pour faire entrer le projectile dans l'*âme* du canon. On utilisait des catapultes pour tirer des javelots à quatre cent cinquante mètres et plus, les balistes utilisant le même principe permettaient d'envoyer de lourdes pierres sur de courtes distances.

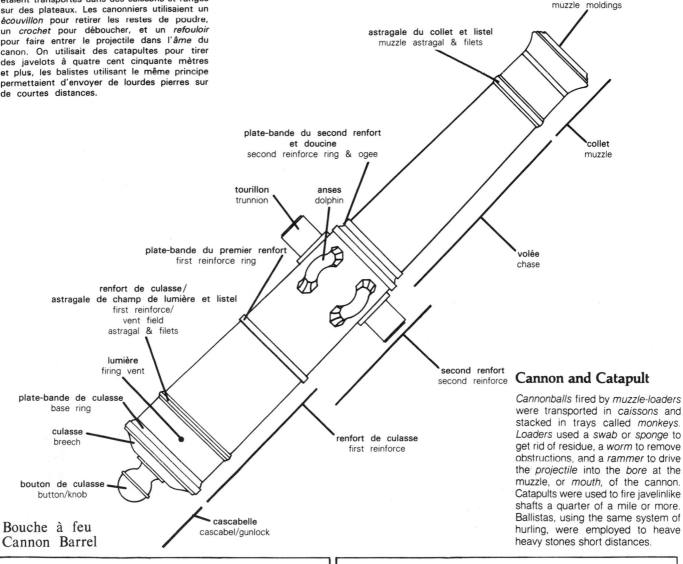

couronne/bourrelet en tulipe
muzzle moldings

astragale du collet et listel
muzzle astragal & filets

collet
muzzle

plate-bande du second renfort
et doucine
second reinforce ring & ogee

volée
chase

tourillon
trunnion

anses
dolphin

plate-bande du premier renfort
first reinforce ring

second renfort
second reinforce

renfort de culasse/
astragale de champ de lumière et listel
first reinforce/
vent field
astragal & filets

lumière
firing vent

renfort de culasse
first reinforce

plate-bande de culasse
base ring

culasse
breech

bouton de culasse
button/knob

cascabelle
cascabel/gunlock

Bouche à feu
Cannon Barrel

Cannon and Catapult

Cannonballs fired by *muzzle-loaders* were transported in *caissons* and stacked in trays called *monkeys*. *Loaders* used a *swab* or *sponge* to get rid of residue, a *worm* to remove obstructions, and a *rammer* to drive the *projectile* into the *bore* at the muzzle, or *mouth*, of the cannon. Catapults were used to fire javelinlike shafts a quarter of a mile or more. Ballistas, using the same system of hurling, were employed to heave heavy stones short distances.

Affût
Carriage

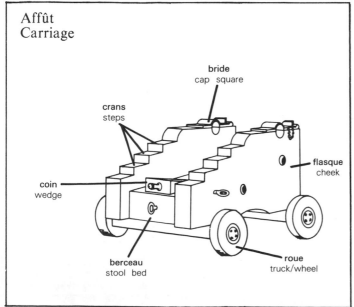

bride
cap square

crans
steps

flasque
cheek

coin
wedge

berceau
stool bed

roue
truck/wheel

Baliste
Ballista

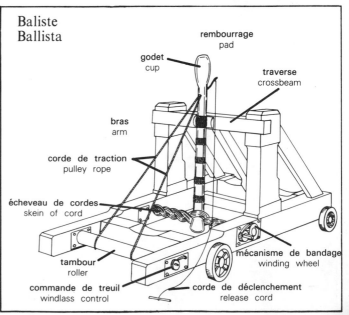

rembourrage
pad

godet
cup

traverse
crossbeam

bras
arm

corde de traction
pulley rope

écheveau de cordes
skein of cord

mécanisme de bandage
winding wheel

tambour
roller

commande de treuil
windlass control

corde de déclenchement
release cord

Fusil et carabine

Un fusil tire des *plombs* par un *canon lisse*, et une carabine tire des *balles* dans un *canon rayé*. Le canon d'un fusil de chasse est généralement *conique* ou *rétréci* pour resserrer le *groupage des plombs*. Il est possible de porter une carabine à l'épaule au moyen d'une *bretelle* attachée à l'arme par des *anneaux grenadière* et réglée par une *boucle à griffes*.

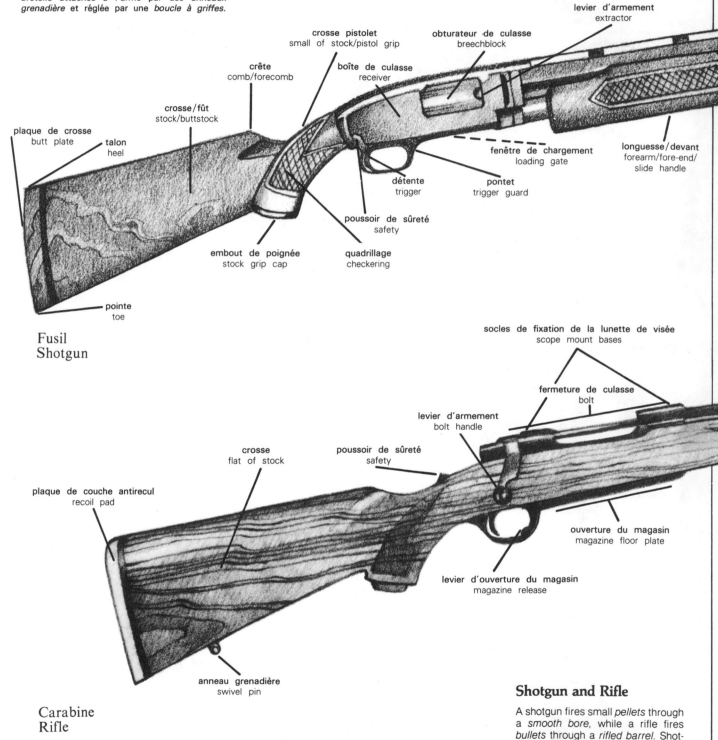

crosse pistolet
small of stock/pistol grip

obturateur de culasse
breechblock

levier d'armement
extractor

crête
comb/forecomb

boîte de culasse
receiver

crosse/fût
stock/buttstock

plaque de crosse
butt plate

talon
heel

fenêtre de chargement
loading gate

longuesse/devant
forearm/fore-end/slide handle

détente
trigger

pontet
trigger guard

embout de poignée
stock grip cap

poussoir de sûreté
safety

quadrillage
checkering

pointe
toe

Fusil
Shotgun

socles de fixation de la lunette de visée
scope mount bases

fermeture de culasse
bolt

levier d'armement
bolt handle

crosse
flat of stock

poussoir de sûreté
safety

plaque de couche antirecul
recoil pad

ouverture du magasin
magazine floor plate

levier d'ouverture du magasin
magazine release

anneau grenadière
swivel pin

Carabine
Rifle

Shotgun and Rifle

A shotgun fires small *pellets* through a *smooth bore*, while a rifle fires *bullets* through a *rifled barrel*. Shotgun barrels are usually tapered, or *choked*, to constrict the *shot pattern*. Rifles may be carried across the shoulder on a beltlike *sling* connected to the weapon by *sling swivels* and adjusted with bucklelike *claws*.

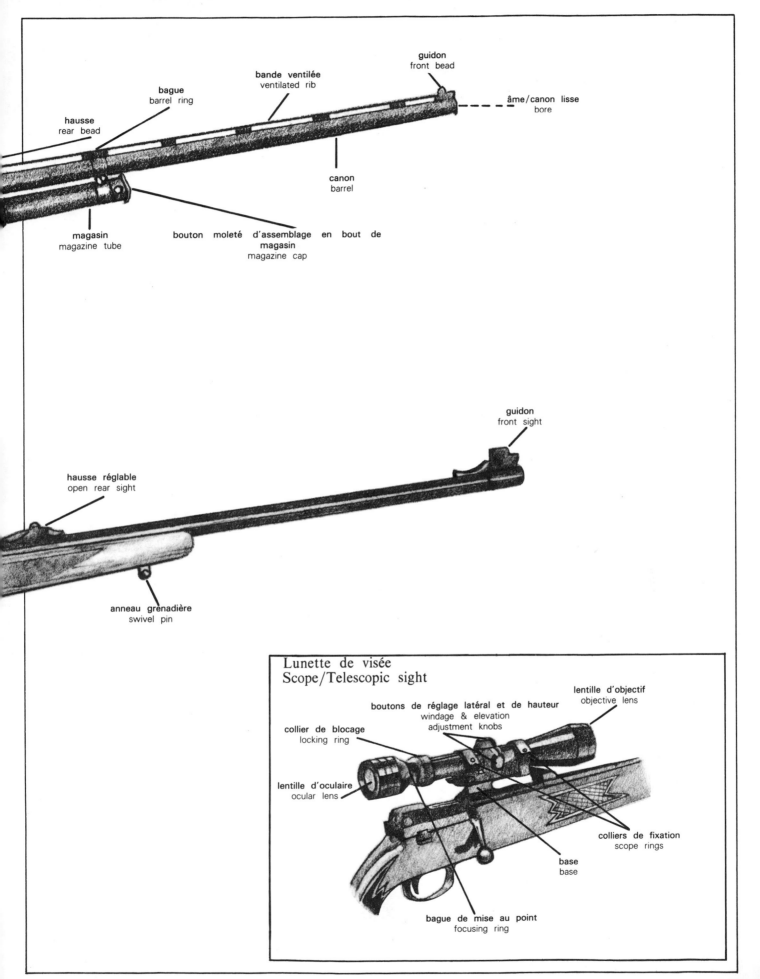

hausse
rear bead

bague
barrel ring

bande ventilée
ventilated rib

guidon
front bead

âme/canon lisse
bore

canon
barrel

magasin
magazine tube

bouton moleté d'assemblage en bout de magasin
magazine cap

hausse réglable
open rear sight

guidon
front sight

anneau grenadière
swivel pin

Lunette de visée
Scope/Telescopic sight

boutons de réglage latéral et de hauteur
windage & elevation
adjustment knobs

lentille d'objectif
objective lens

collier de blocage
locking ring

lentille d'oculaire
ocular lens

colliers de fixation
scope rings

base
base

bague de mise au point
focusing ring

459

Armes

Armes de poing

Un *pistolet tire* quand le *percuteur* à l'intérieur de la *culasse* frappe l'amorce de la *cartouche*. Un *silencieux* réduit le son d'un *coup* de pistolet. Des rainures à l'intérieur du *canon*, appelées aussi *rayures*, donnent à la *balle* un mouvement rotatoire qui lui permet de conserver une certaine stabilité pendant sa course. On désigne les *cartouches* par leurs *calibres* exprimés en *millimètres*. Les pistolets se portent dans des *étuis*.

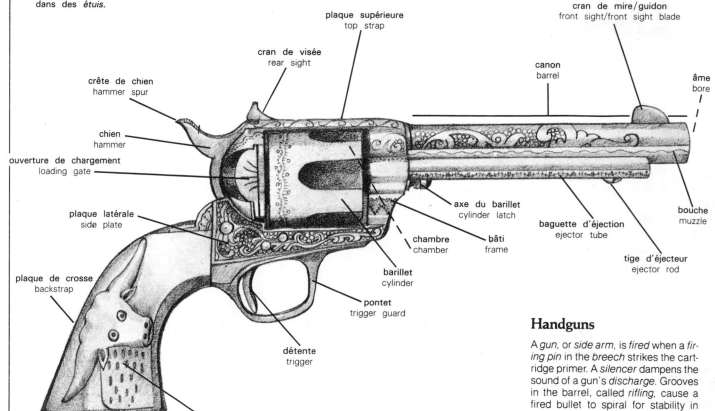

plaque supérieure
top strap

cran de mire/guidon
front sight/front sight blade

cran de visée
rear sight

canon
barrel

âme
bore

crête de chien
hammer spur

chien
hammer

ouverture de chargement
loading gate

axe du barillet
cylinder latch

bouche
muzzle

plaque latérale
side plate

chambre
chamber

bâti
frame

baguette d'éjection
ejector tube

plaque de crosse
backstrap

barillet
cylinder

tige d'éjecteur
ejector rod

pontet
trigger guard

détente
trigger

poignée
handle/grip

crosse
butt

Revolver
Revolver

Handguns

A *gun*, or *side arm*, is *fired* when a *firing pin* in the *breech* strikes the cartridge primer. A *silencer* dampens the sound of a gun's *discharge*. Grooves in the barrel, called *rifling*, cause a fired bullet to spiral for stability in flight. Cartridges are measured in *calibers*, their diameters in hundredths or thousandths of an inch written in a decimal fraction, or in *millimeters*. Handguns are carried in *holsters*.

Cartouche
Cartridge

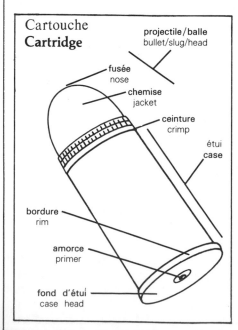

projectile/balle
bullet/slug/head

fusée
nose

chemise
jacket

ceinture
crimp

étui
case

bordure
rim

amorce
primer

fond d'étui
case head

Pistolet automatique
Automatic Pistol

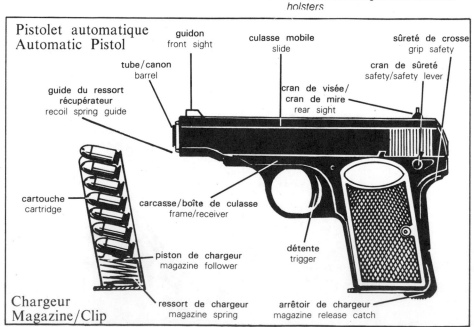

guidon
front sight

culasse mobile
slide

sûreté de crosse
grip safety

tube/canon
barrel

cran de sûreté
safety/safety lever

guide du ressort
récupérateur
recoil spring guide

cran de visée/
cran de mire
rear sight

cartouche
cartridge

carcasse/boîte de culasse
frame/receiver

détente
trigger

piston de chargeur
magazine follower

ressort de chargeur
magazine spring

arrêtoir de chargeur
magazine release catch

Chargeur
Magazine/Clip

Armes automatiques

Les armes automatiques sont classées en trois catégories : les armes *lourdes*, *mi-lourdes* et *légères*. La mitrailleuse mi-lourde *refroidie à air*, ci-dessous, peut être manœuvrée par un seul homme au sol ou à bord d'un véhicule quand elle est montée sur *affût pivotant*. Le fusil automatique léger peut aussi tirer par rafales rapides tant que la détente est pressée. Les *munitions* lui sont fournies par des *chargeurs*.

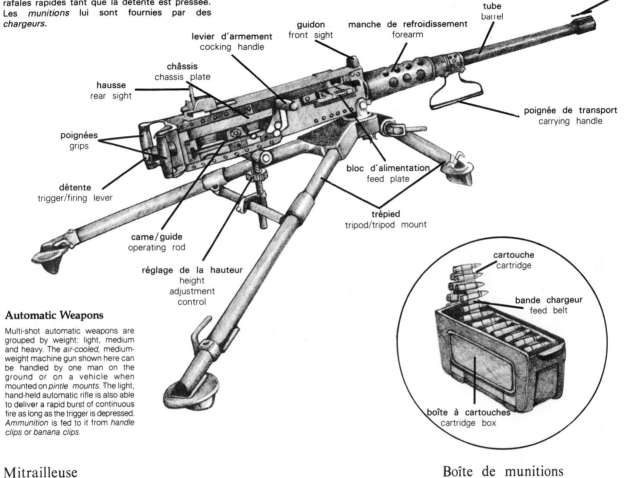

guidon
front sight

manche de refroidissement
forearm

levier d'armement
cocking handle

tube
barrel

pare-flamme
flash suppressor

châssis
chassis plate

hausse
rear sight

poignées
grips

poignée de transport
carrying handle

détente
trigger/firing lever

bloc d'alimentation
feed plate

came/guide
operating rod

trépied
tripod/tripod mount

réglage de la hauteur
height adjustment control

Automatic Weapons

Multi-shot automatic weapons are grouped by weight: light, medium and heavy. The *air-cooled*, medium-weight machine gun shown here can be handled by one man on the ground or on a vehicle when mounted on *pintle mounts*. The light, hand-held automatic rifle is also able to deliver a rapid burst of continuous fire as long as the trigger is depressed. *Ammunition* is fed to it from *handle clips* or *banana clips*.

cartouche
cartridge

bande chargeur
feed belt

boîte à cartouches
cartridge box

Mitrailleuse
Machine Gun

Boîte de munitions
Ammunition Can

Fusil automatique
Automatic Rifle

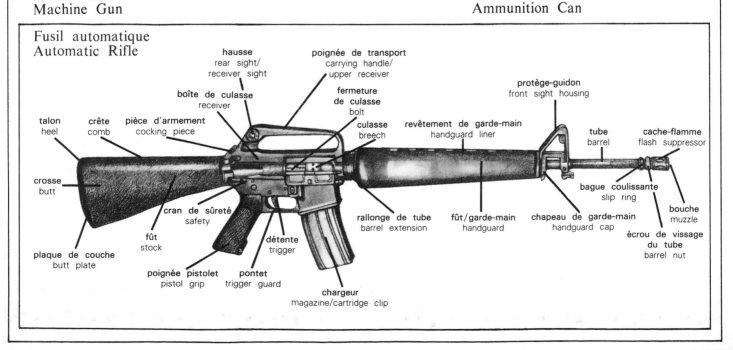

hausse
rear sight/receiver sight

poignée de transport
carrying handle/upper receiver

boîte de culasse
receiver

fermeture de culasse
bolt

culasse
breech

revêtement de garde-main
handguard liner

protège-guidon
front sight housing

tube
barrel

cache-flamme
flash suppressor

talon
heel

crête
comb

pièce d'armement
cocking piece

crosse
butt

cran de sûreté
safety

fût
stock

détente
trigger

rallonge de tube
barrel extension

fût/garde-main
handguard

chapeau de garde-main
handguard cap

bague coulissante
slip ring

bouche
muzzle

écrou de vissage du tube
barrel nut

plaque de couche
butt plate

poignée pistolet
pistol grip

pontet
trigger guard

chargeur
magazine/cartridge clip

461

Armes

Mortier et lance-roquette

Un mortier est un *canon à chargement par la gueule* ou *mini-obusier* utilisé pour tirer des *projectiles à ailettes* en tir vertical. Un bazooka ou lance-roquette est une arme portative pour tirer à l'épaule, à *tube lisse* et *culasse ouverte* capable de tirer plusieurs types de *roquettes*.

Mortar and Bazooka

A mortar is a *muzzle-loading cannon,* or *midget howitzer,* used to throw *finned projectiles* at high angles. A bazooka is a portable shoulder weapon with an *open-breech smoothbore firing tube* that fires several types of *rockets*.

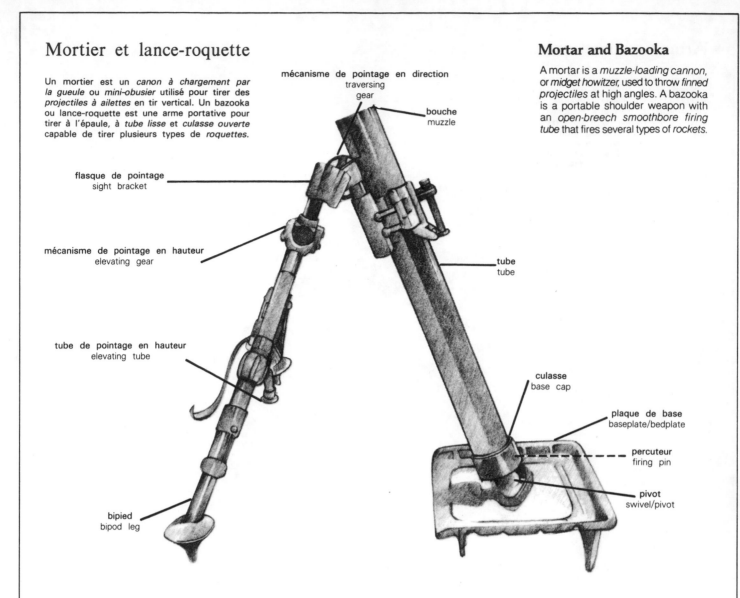

mécanisme de pointage en direction
traversing gear

bouche
muzzle

flasque de pointage
sight bracket

mécanisme de pointage en hauteur
elevating gear

tube
tube

tube de pointage en hauteur
elevating tube

culasse
base cap

plaque de base
baseplate/bedplate

percuteur
firing pin

bipied
bipod leg

pivot
swivel/pivot

Mortier
Mortar

Bazooka/Lance-roquette
Bazooka/Rocket Launcher

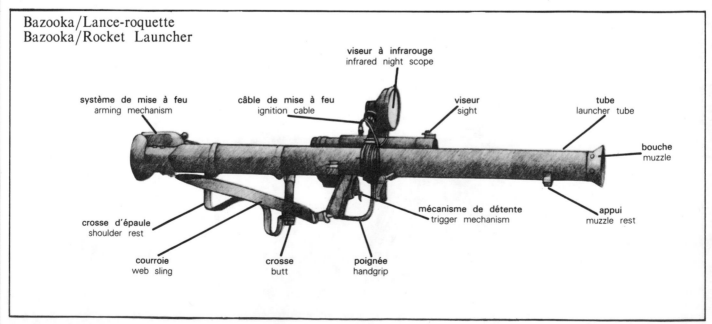

viseur à infrarouge
infrared night scope

système de mise à feu
arming mechanism

câble de mise à feu
ignition cable

viseur
sight

tube
launcher tube

bouche
muzzle

crosse d'épaule
shoulder rest

mécanisme de détente
trigger mechanism

appui
muzzle rest

courroie
web sling

crosse
butt

poignée
handgrip

Grenade et mine

Quand une grenade du genre de celle-ci explose, elle projette de nombreux éclats. Il y a d'autres types de grenades comme les *grenades fumigènes* et les grenades percutantes. Les *grenades à fusil* ont des *ailettes* pour leur donner de la stabilité dans leur course. Un *cocktail molotov* est une grenade grossière, souvent jetée sur les tanks pour les enflammer, il est fait d'une bouteille pleine d'essence munie d'une *mèche* allumée.

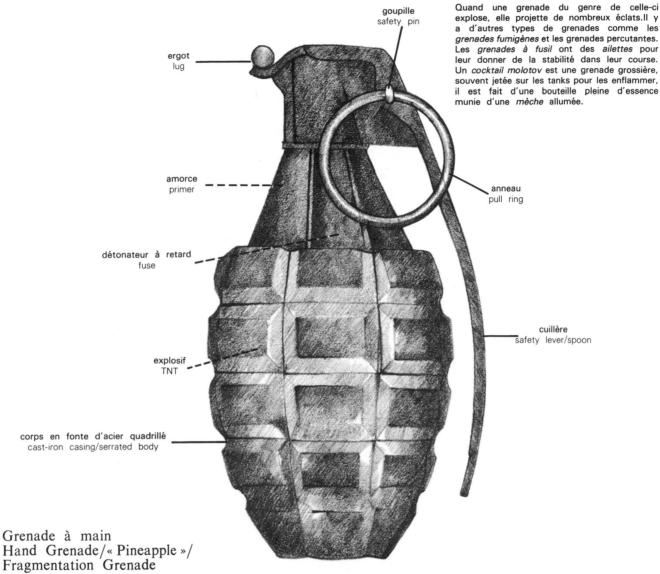

goupille
safety pin

ergot
lug

amorce
primer

anneau
pull ring

détonateur à retard
fuse

cuillère
safety lever/spoon

explosif
TNT

corps en fonte d'acier quadrillé
cast-iron casing/serrated body

Grenade à main
Hand Grenade/« Pineapple »/
Fragmentation Grenade

Mine antichar
Land Mine/Antitank Mine

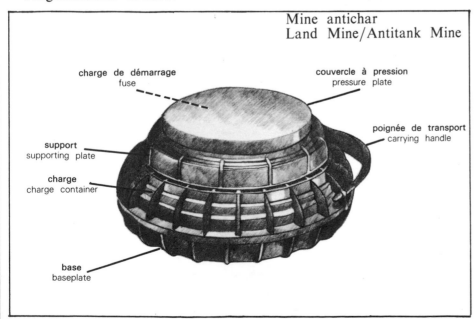

charge de démarrage
fuse

couvercle à pression
pressure plate

poignée de transport
carrying handle

support
supporting plate

charge
charge container

base
baseplate

Grenade and Mine

When the type of grenade shown here is detonated, it bursts into numerous metal fragments called *shrapnel*. Other types of grenades include *smoke grenades* and *concussion grenades*. Streamlined *rifle grenades* have rear *fins* to provide stability in flight. A *"Molotov cocktail,"* a crude grenade often thrown at tanks to set them on fire, consists of a gasoline-filled bottle with a lighted *wick* at the top.

Armes

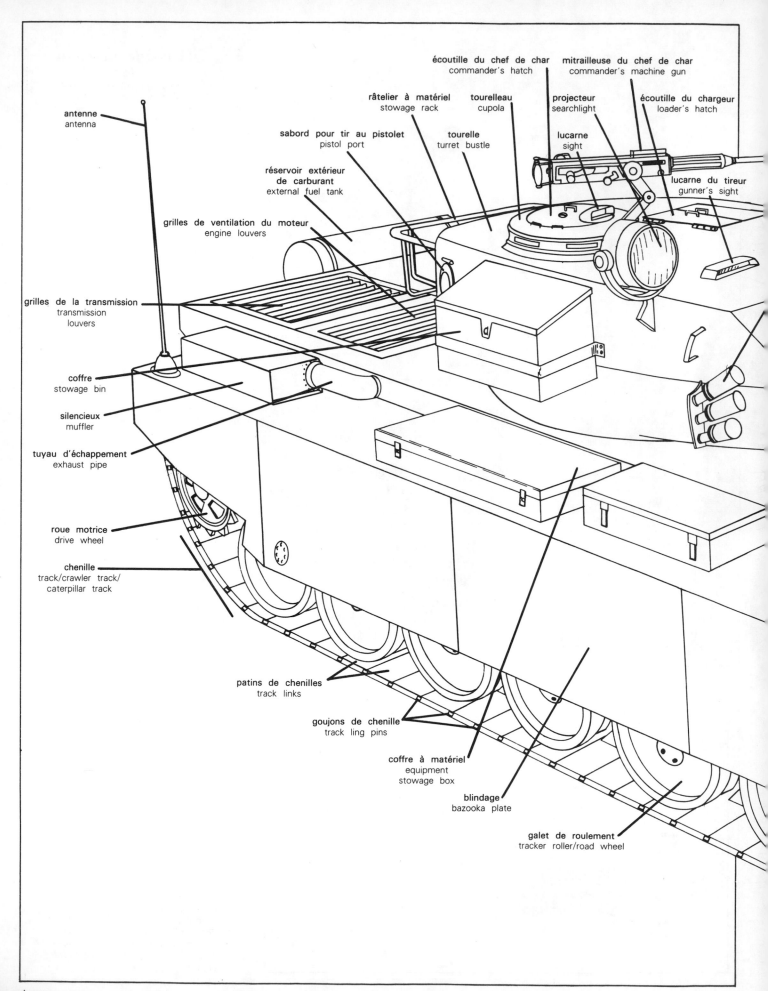

antenne
antenna

écoutille du chef de char
commander's hatch

mitrailleuse du chef de char
commander's machine gun

râtelier à matériel
stowage rack

tourelleau
cupola

projecteur
searchlight

écoutille du chargeur
loader's hatch

sabord pour tir au pistolet
pistol port

tourelle
turret bustle

lucarne
sight

réservoir extérieur
de carburant
external fuel tank

lucarne du tireur
gunner's sight

grilles de ventilation du moteur
engine louvers

grilles de la transmission
transmission
louvers

coffre
stowage bin

silencieux
muffler

tuyau d'échappement
exhaust pipe

roue motrice
drive wheel

chenille
track/crawler track/
caterpillar track

patins de chenilles
track links

goujons de chenille
track ling pins

coffre à matériel
equipment
stowage box

blindage
bazooka plate

galet de roulement
tracker roller/road wheel

Armes

464

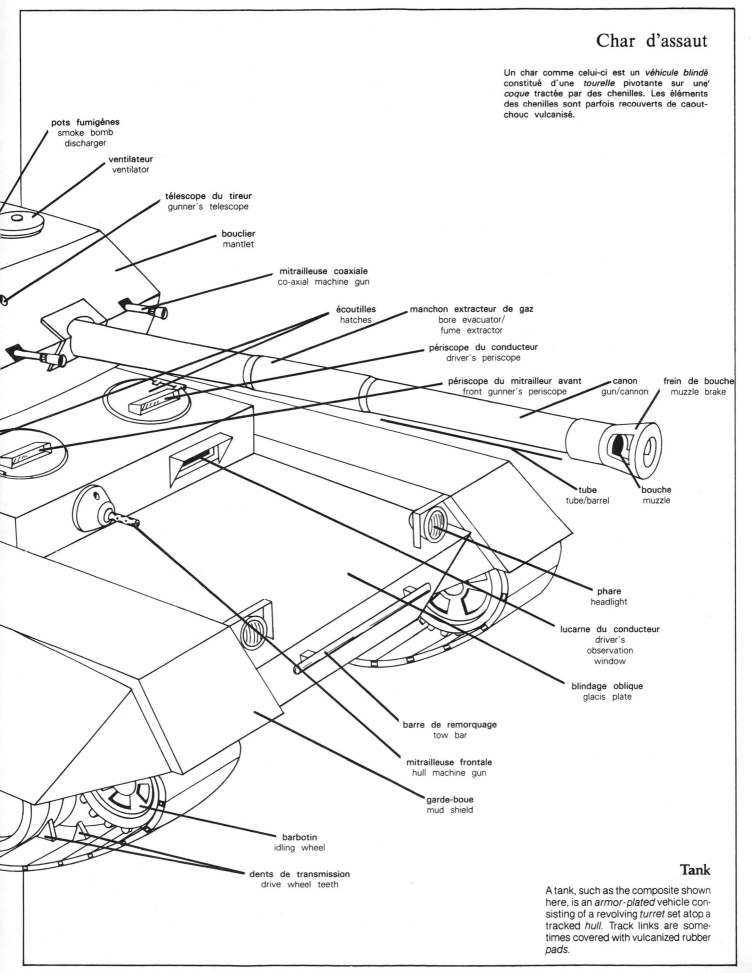

Char d'assaut

Un char comme celui-ci est un *véhicule blindé* constitué d'une *tourelle* pivotante sur une' *coque* tractée par des chenilles. Les éléments des chenilles sont parfois recouverts de caoutchouc vulcanisé.

pots fumigènes
smoke bomb discharger

ventilateur
ventilator

télescope du tireur
gunner's telescope

bouclier
mantlet

mitrailleuse coaxiale
co-axial machine gun

écoutilles
hatches

manchon extracteur de gaz
bore evacuator/ fume extractor

périscope du conducteur
driver's periscope

périscope du mitrailleur avant
front gunner's periscope

canon
gun/cannon

frein de bouche
muzzle brake

tube
tube/barrel

bouche
muzzle

phare
headlight

lucarne du conducteur
driver's observation window

blindage oblique
glacis plate

barre de remorquage
tow bar

mitrailleuse frontale
hull machine gun

garde-boue
mud shield

barbotin
idling wheel

dents de transmission
drive wheel teeth

Tank

A tank, such as the composite shown here, is an *armor-plated* vehicle consisting of a revolving *turret* set atop a tracked *hull*. Track links are sometimes covered with vulcanized rubber *pads*.

Armes

Missile et torpille

A la différence du *missile antibalistique (ABM)* présenté ici, le *missile balistique intercontinental (ICBM)* vole au-dessus de l'atmosphère terrestre et n'a pas de stabilisateurs. Les *fusées à têtes multiples (MIRV)* ont plusieurs charges qu'elles dispersent lorsqu'elles approchent de leur objectif. Les torpilles modernes tirées par des *tubes lance-torpilles* des sous-marins, se dirigent sur leurs objectifs par guidage au son ou bien sont filoguidées.

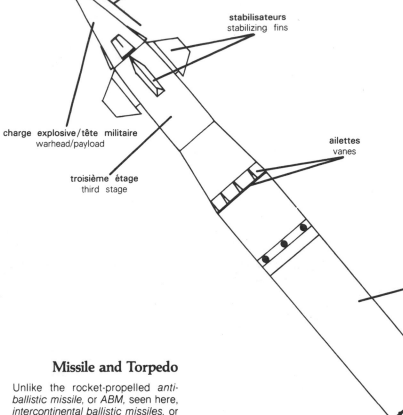

nez
nose

ogive
nose cone

stabilisateurs
stabilizing fins

charge explosive/tête militaire
warhead/payload

troisième étage
third stage

ailettes
vanes

deuxième étage
second stage

Missile and Torpedo

Unlike the rocket-propelled *antiballistic missile*, or *ABM*, seen here, *intercontinental ballistic missiles*, or *ICBMs*, fly outside earth's atmosphere and have no stabilizing fins. *Multiple independently targeted reentry vehicles*, or *MIRVs*, have several warheads which disperse as the missile nears the target. Modern torpedoes, fired from *torpedo tubes* inside submarines, home in on targets acoustically or are guided by wire.

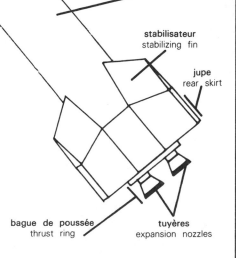

bague de poussée
thrust ring

stabilisateur
stabilizing fin

premier étage
first stage

stabilisateur
stabilizing fin

jupe
rear skirt

bague de poussée
thrust ring

tuyères
expansion nozzles

Missile
Missile

Torpille
Torpedo

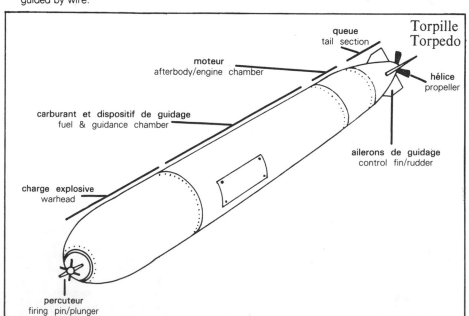

queue
tail section

moteur
afterbody/engine chamber

hélice
propeller

carburant et dispositif de guidage
fuel & guidance chamber

ailerons de guidage
control fin/rudder

charge explosive
warhead

percuteur
firing pin/plunger

Les uniformes et les costumes

Les costumes présentés dans ce chapitre vont des vêtements de cérémonie portés dans des circonstances bien précises, aux vêtements de type particulier portés uniquement par les membres de certains groupes spécifiques. Les tenues des fonctionnaires en uniforme indiquent non seulement dans quel corps ou armée ils exercent leurs fonctions, mais aussi leur grade et leurs distinctions.

Les vêtements peuvent obéir à des règles très strictes : le costume de la Cour Mandchou, par exemple, était porté uniquement à l'occasion de cérémonies d'apparat. Les vêtements des cowboys, par contre, furent imposés par les exigences de leur métier, et restèrent, de ce fait, beaucoup plus décontractés.

Une page est consacrée aux vêtements que l'on associe à des personnages historiques et légendaires, comme par exemple le général de la Révolution américaine, le pirate, l'avare, et le sorcier. De même, ce chapitre présente des costumes d'artistes aussi variés que celui du clown, de la danseuses classique et du tambour-major.

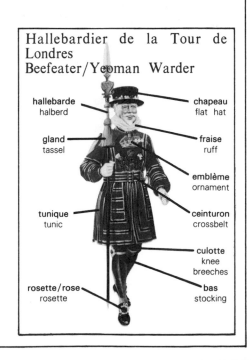

Hallebardier de la Tour de Londres
Beefeater/Yeoman Warder

hallebarde
halberd

chapeau
flat hat

gland
tassel

fraise
ruff

emblème
ornament

tunique
tunic

ceinturon
crossbelt

culotte
knee breeches

rosette/rose
rosette

bas
stocking

Insignes royaux

Lors des couronnements et des investitures, les rois portent, suspendue à leur baudrier, une épée de cérémonie. Parmi les sous-vêtements d'une reine on note le *corset, le corselet, la chemise de jour,* et la *culotte longue.*

Royal Regalia

In coronations and investitures, a king wears a blunted sword called a *curtein* on his sash. Among a queen's foundation garments, or *underpinnings,* are a *corset, corselet, chemise* and *pantaloons.*

diadème
tiara/coronet

col officier
turnover collar/military collar

pendants d'oreilles
drop earrings/pendant

rosette
rosette

fermoir
morse/clasp

fermoir
morse/clasp

médailles/décorations
parure/medals of order/trophies

tour de cou/rivière
chocker

cape courte en hermine/collet
capelet

manche ballon
puff sleeve

cordon
cordon/neckties

chemisette en dentelle
lace front/chemisette/tucker

chaîne
chain

corsage
bodice

ceinturon/baudrier
belt/sash

écharpe et étoile d'ordre
armilla/sash & star of order

tunique
tunic jacket

taille
pointed waist/V-waist

mouchoir/pochette
evening handkerchief/handruff

manchettes brodées de fil d'argen
silver-bullion
embroidered cuffs

jupe extérieure
overskirt

pantalon
trousers

robe
gown

volant
flounce/furbelow

souliers de cérémonie
dress shoes

glands
tassels

broderies
embroidery

bordure/bord
trim

manteau imperial/manteau de cour
imperial mantle/robe of state/coronation mantle

manteau de cour
imperial mantle

Reine
Queen

Roi
King

Royal Regalia

A *coronet* is a small crown worn by royalty ranking below the reigning monarch. A *tiara* is a royal head-piece, usually consisting of a *diadem*, or band, tied around the forehead, supporting several tiers of ornaments. A wreath, or circlet of leaves, worn as a crown or collar is a *garland*.

Insignes royaux

En général, les autres membres de la famille royale portent des couronnes plus petites que celle du monarque. Le diadème est une coiffure royale constituée, en général, d'un cercle ou bandeau ceint autour du front et surmonté de plusieurs rangs ou cercles incrustés de pierres précieuses. La guirlande est une couronne de feuillages portée sur la tête ou autour du cou.

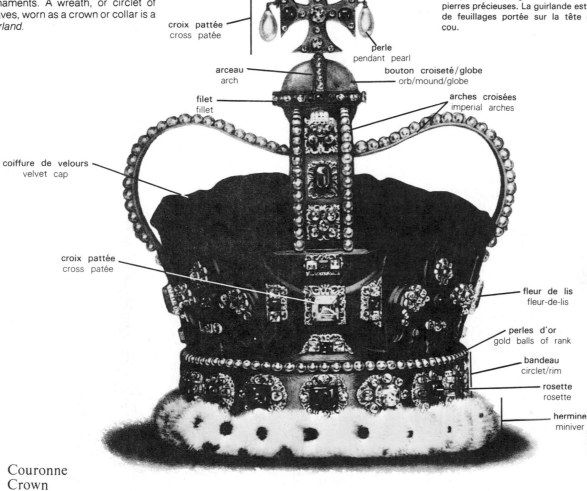

perle
pearl

branches
arms

fixation
bracket

croix pattée
cross patée

perle
pendant pearl

arceau
arch

bouton croiseté/globe
orb/mound/globe

filet
fillet

arches croisées
imperial arches

coiffure de velours
velvet cap

croix pattée
cross patée

fleur de lis
fleur-de-lis

perles d'or
gold balls of rank

bandeau
circlet/rim

rosette
rosette

hermine
miniver

Couronne
Crown

Sceptre
Scepter

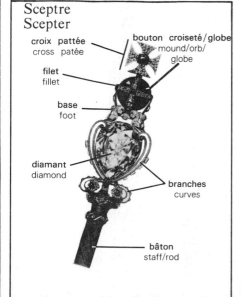

croix pattée
cross patée

bouton croiseté/globe
mound/orb/globe

filet
fillet

base
foot

diamant
diamond

branches
curves

bâton
staff/rod

Globe
Orb

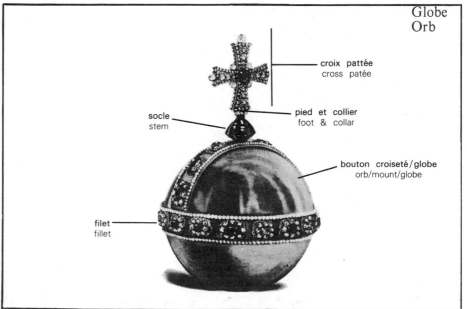

croix pattée
cross patée

socle
stem

pied et collier
foot & collar

bouton croiseté/globe
orb/mount/globe

filet
fillet

Vêtements royaux

Objets du rituel juif

Au cours d'un service religieux à la synagogue, le rabbin lit des extraits des Écritures, assisté dans son office par le chantre qui chante la liturgie. Ils portent les mêmes vêtements que les autres membres de la congrégation. Pendant la prière du matin, les hommes portent sur le front un shel rosh qui ressemble au téphiline. Certains juifs fixent une mezouzah au montant de la porte d'entrée de leur maison : il s'agit d'une boîte décorative qui contient des passages de la Thora.

Jewish Ritual Items

During regular service in a *Temple*, or *Synagogue*, excerpts are read by the *Rabbi*, who is assisted in leading the service by a *Cantor*, who sings the liturgy. Their vestments are the same as the rest of the congregation. During morning prayer, a *shel rosh*, similar to the tefillin, is worn on the forehead. Some Jews hang a *mezuzah*, a decorative box containing passages from the Torah, on the doorpost of their homes.

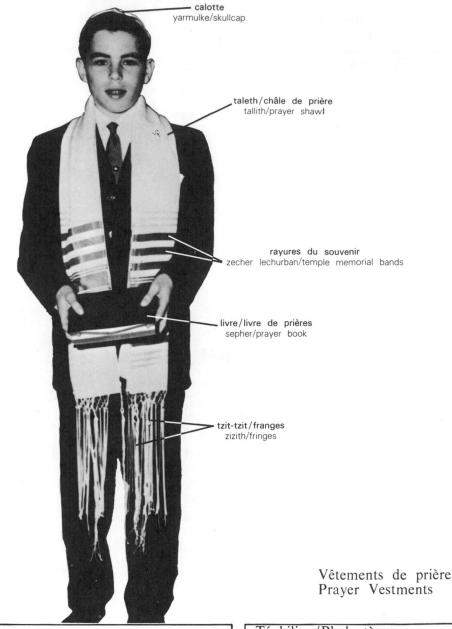

calotte
yarmulke/skullcap

taleth/châle de prière
tallith/prayer shawl

rayures du souvenir
zecher lechurban/temple memorial bands

livre/livre de prières
sepher/prayer book

tzit-tzit/franges
zizith/fringes

Vêtements de prière
Prayer Vestments

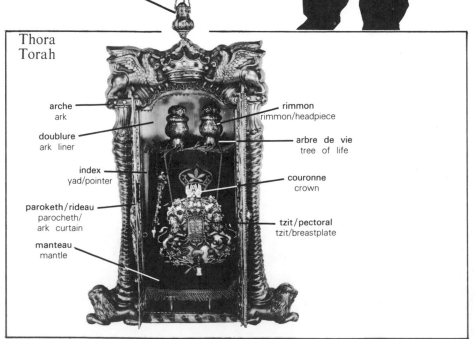

Ner Tamid
Lumière éternelle

Thora
Torah

arche
ark

doublure
ark liner

index
yad/pointer

paroketh/rideau
parocheth/
ark curtain

manteau
mantle

rimmon
rimmon/headpiece

arbre de vie
tree of life

couronne
crown

tzit/pectoral
tzit/breastplate

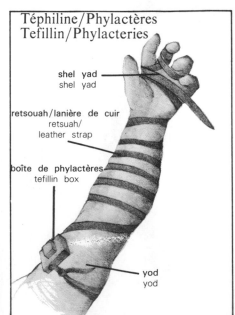

Téphiline/Phylactères
Tefillin/Phylacteries

shel yad
shel yad

retsouah/lanière de cuir
retsuah/
leather strap

boîte de phylactères
tefillin box

yod
yod

Religious Vestments

The small square cap with three corners worn by Roman Catholic clergy is a *biretta*. Ropes, belts or sashes used to keep vestments closed are *cinctures*. Traditionally, the white band worn by nuns to encircle their faces is a *wimple*, while the wide cloth worn below it to cover their necks and shoulders is a *guimpe*. The ring worn by the Pope is the *Ring of the Fisherman*.

Vêtements religieux

La petite toque carrée à trois ou quatre cornes portée par les ecclésiastiques de l'église catholique est une barrette. Les ceintures des vêtements religieux prennent la forme de cordelières, de bandes d'étoffe, etc. Le traditionnel bandeau blanc que portent les religieuses autour du visage est un serre-tête, tandis que le large morceau de tissu qui cache le cou et les épaules est une guimpe. Le pape porte l'anneau du pêcheur.

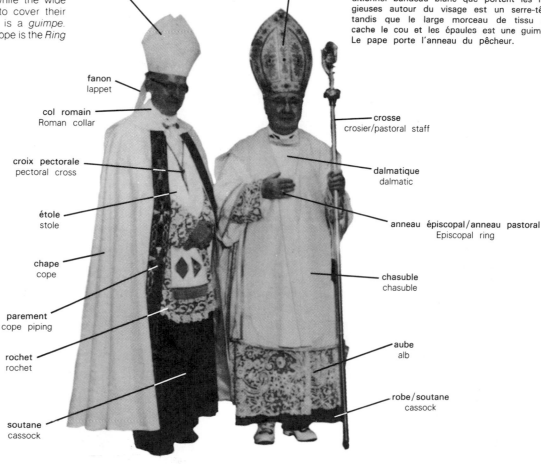

mitre blanche
simple miter

mitre précieuse
precious miter

fanon
lappet

col romain
Roman collar

croix pectorale
pectoral cross

étole
stole

chape
cope

parement
cope piping

rochet
rochet

soutane
cassock

crosse
crosier/pastoral staff

dalmatique
dalmatic

anneau épiscopal/anneau pastoral
Episcopal ring

chasuble
chasuble

aube
alb

robe/soutane
cassock

Évêque
Bishop

Cardinal
Cardinal

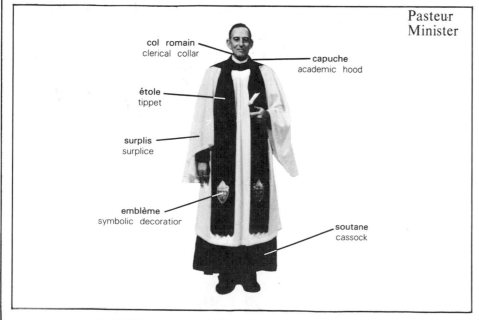

Pasteur
Minister

col romain
clerical collar

capuche
academic hood

étole
tippet

surplis
surplice

emblème
symbolic decoration

soutane
cassock

Religieuse
Nun

voile
veil

croix
cross

habit
habit

Habits religieux

Mariés

La mariée est habillée en blanc, en signe de pureté, et porte une voilette, qui symbolise la pudeur. Ici, elle porte un éventail, au lieu du traditionnel bouquet de la mariée. Certains mariés portent un smoking ; cet habit se porte avec une large ceinture de soie, une chemise à plastron à plis ou à fronces et dont la fermeture est assurée par des boutons de col, ainsi qu'un nœud papillon.

Bride and Groom

The bride, wearing white to symbolize purity, and a veil, symbol of modesty, is carrying a fan rather than the more traditional *wedding*, or *bridal*, *bouquet*, or *nosegay*. Some grooms wear semiformal evening dress at weddings: *tuxedos*, or *tuxes*, which are worn with *cummerbunds*, broad *waistbands*, *pleated* or *ruffled shirts* with *studs*, and *bow ties*.

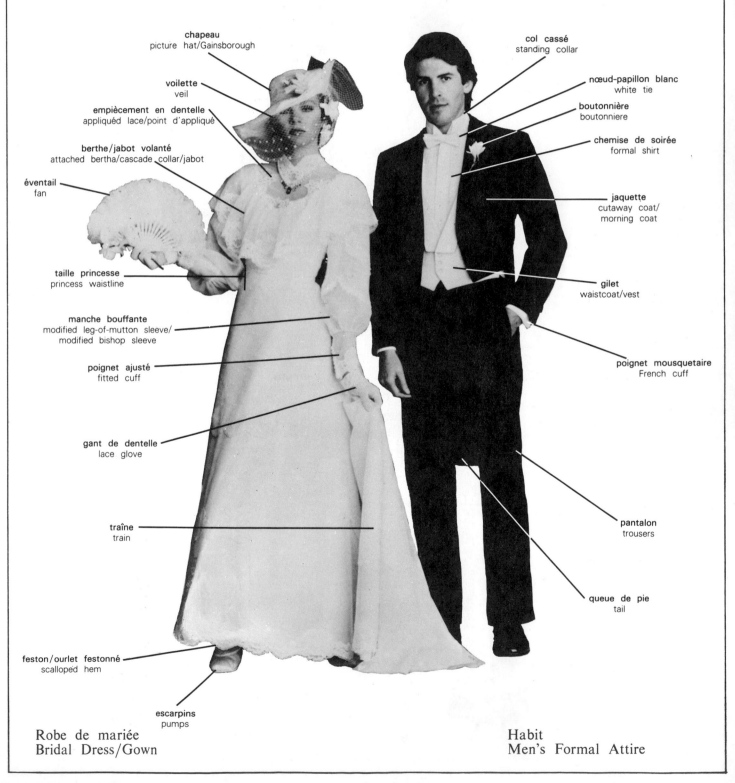

chapeau
picture hat/Gainsborough

voilette
veil

empiècement en dentelle
appliquéd lace/point d'appliqué

berthe/jabot volanté
attached bertha/cascade collar/jabot

éventail
fan

taille princesse
princess waistline

manche bouffante
modified leg-of-mutton sleeve/
modified bishop sleeve

poignet ajusté
fitted cuff

gant de dentelle
lace glove

traîne
train

feston/ourlet festonné
scalloped hem

escarpins
pumps

col cassé
standing collar

nœud-papillon blanc
white tie

boutonnière
boutonniere

chemise de soirée
formal shirt

jaquette
cutaway coat/
morning coat

gilet
waistcoat/vest

poignet mousquetaire
French cuff

pantalon
trousers

queue de pie
tail

Robe de mariée
Bridal Dress/Gown

Habit
Men's Formal Attire

Maid and Butler

Attire worn by male servants is called *livery*. Maids often wear a *bib*, an inverted triangular piece of white linen attached at the neck and descending to just above the waist, as well as a knee-length or ankle-length *apron*.

Maître d'hôtel et bonne

Le mot livrée désigne les vêtements portés par les domestiques masculins d'une maison. Les bonnes portent souvent une bavette, c'est-à-dire un morceau de tissu blanc de forme triangulaire qui s'attache au cou et qui descend juste au-dessous de la taille, ainsi qu'un tablier qui descend jusqu'aux genoux ou jusqu'aux chevilles.

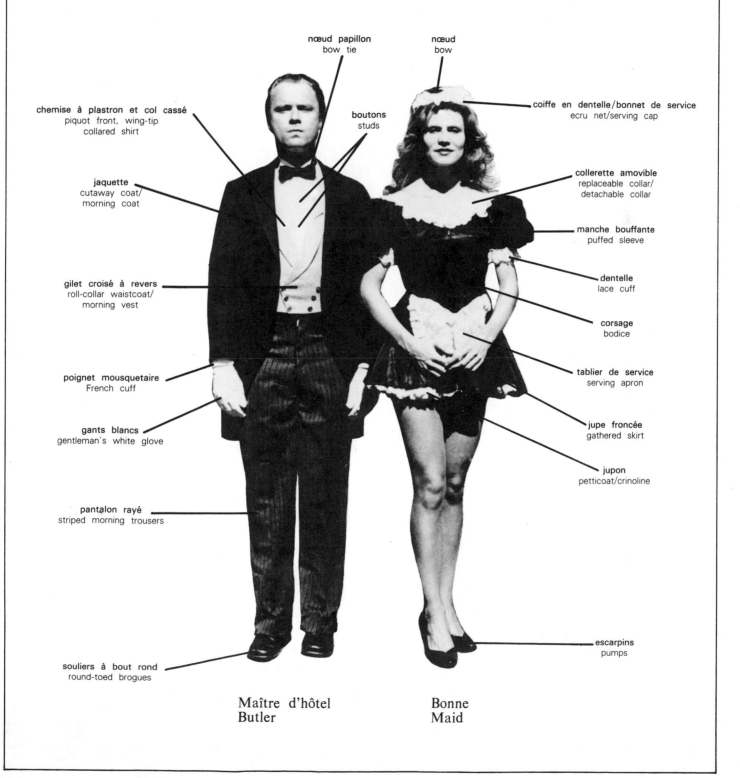

nœud papillon
bow tie

nœud
bow

boutons
studs

coiffe en dentelle/bonnet de service
ecru net/serving cap

chemise à plastron et col cassé
piquot front, wing-tip collared shirt

collerette amovible
replaceable collar/
detachable collar

jaquette
cutaway coat/
morning coat

manche bouffante
puffed sleeve

dentelle
lace cuff

gilet croisé à revers
roll-collar waistcoat/
morning vest

corsage
bodice

tablier de service
serving apron

poignet mousquetaire
French cuff

jupe froncée
gathered skirt

gants blancs
gentleman's white glove

jupon
petticoat/crinoline

pantalon rayé
striped morning trousers

escarpins
pumps

souliers à bout rond
round-toed brogues

Maître d'hôtel
Butler

Bonne
Maid

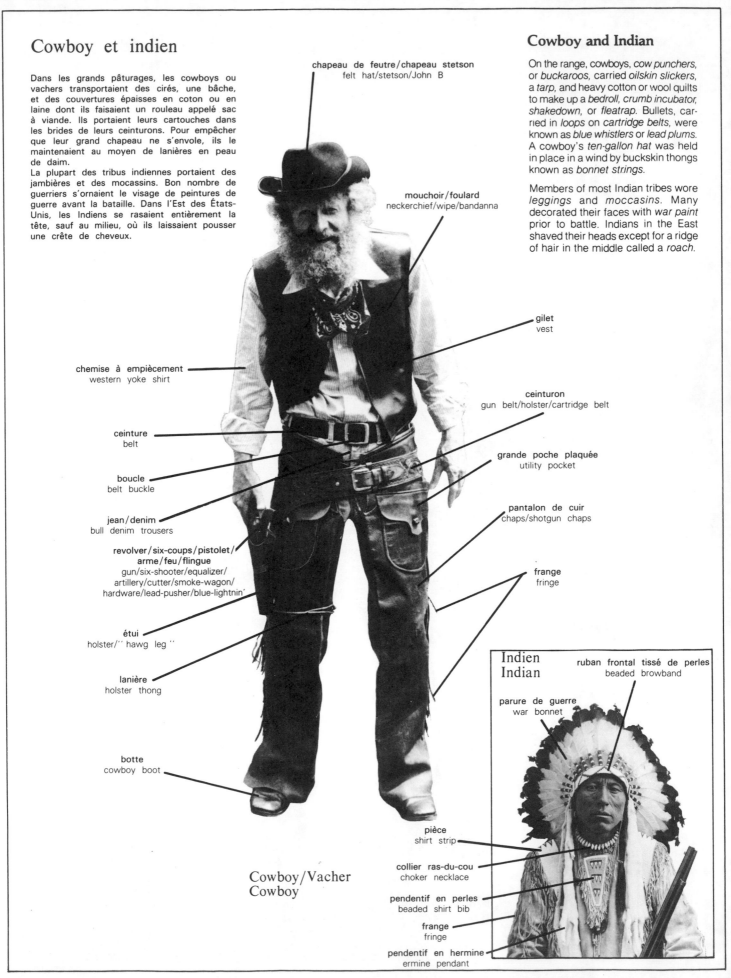

Cowboy et indien

Dans les grands pâturages, les cowboys ou vachers transportaient des cirés, une bâche, et des couvertures épaisses en coton ou en laine dont ils faisaient un rouleau appelé sac à viande. Ils portaient leurs cartouches dans les brides de leurs ceinturons. Pour empêcher que leur grand chapeau ne s'envole, ils le maintenaient au moyen de lanières en peau de daim.

La plupart des tribus indiennes portaient des jambières et des mocassins. Bon nombre de guerriers s'ornaient le visage de peintures de guerre avant la bataille. Dans l'Est des États-Unis, les Indiens se rasaient entièrement la tête, sauf au milieu, où ils laissaient pousser une crête de cheveux.

Cowboy and Indian

On the range, cowboys, *cow punchers*, or *buckaroos*, carried *oilskin slickers*, a *tarp*, and heavy cotton or wool quilts to make up a *bedroll*, *crumb incubator*, *shakedown*, or *fleatrap*. Bullets, carried in *loops* on *cartridge belts*, were known as *blue whistlers* or *lead plums*. A cowboy's *ten-gallon hat* was held in place in a wind by buckskin thongs known as *bonnet strings*.

Members of most Indian tribes wore *leggings* and *moccasins*. Many decorated their faces with *war paint* prior to battle. Indians in the East shaved their heads except for a ridge of hair in the middle called a *roach*.

chapeau de feutre/chapeau stetson
felt hat/stetson/John B

mouchoir/foulard
neckerchief/wipe/bandanna

gilet
vest

chemise à empiècement
western yoke shirt

ceinturon
gun belt/holster/cartridge belt

ceinture
belt

grande poche plaquée
utility pocket

boucle
belt buckle

pantalon de cuir
chaps/shotgun chaps

jean/denim
bull denim trousers

frange
fringe

revolver/six-coups/pistolet/
arme/feu/flingue
gun/six-shooter/equalizer/
artillery/cutter/smoke-wagon/
hardware/lead-pusher/blue-lightnin'

étui
holster/" hawg leg "

lanière
holster thong

botte
cowboy boot

Cowboy/Vacher
Cowboy

Indien / Indian

ruban frontal tissé de perles
beaded browband

parure de guerre
war bonnet

pièce
shirt strip

collier ras-du-cou
choker necklace

pendentif en perles
beaded shirt bib

frange
fringe

pendentif en hermine
ermine pendant

Costume indigène

Les romains portaient un long vêtement drapé, de forme assez ample, appelé la toge. Les indonésiennes portent des sarongs, alors que les femmes hindoues portent des saris. Le cafetan est un vêtement long aux manches longues qui se porte au Proche-Orient ; il est ceinturé à la taille. L'abah est un long vêtement ample et sans manches porté par les Arabes.

plumet en plumes de paon
peacock-feather tassel

bonnet d'hiver/
chapeau de mandarin
winter cap/Mandarin cap

pellerine/col de la Cour Impériale
ling-t'ou/court-robe collar

long collier
su-tshu/long necklace

écusson/armes
p'u fang/mandarin square/
coat of arms & badge of rank

manteau
p'u-fu jacket

poignets en forme de sabots de cheval
ma-ti hsiu/horse-hoof cuffs

parement
trim

dragon
cheng-lung/facing dragon

mang pau/vêtement de dessus avec motif de dragon
mang-p'ao/dragon robe

bordure du bas de la robe
li-shui portion of dragon robe

Costume d'apparat de Mandarin
Formal Mandarin Attire

Costume d'Arabe
Arab Dress

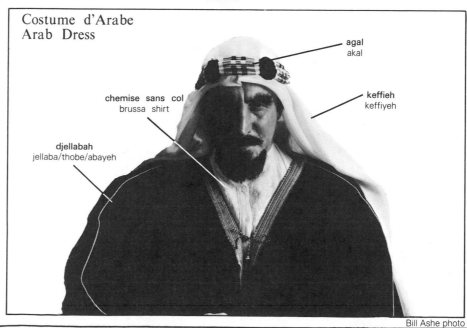

agal
akal

keffieh
keffiyeh

chemise sans col
brussa shirt

djellabah
jellaba/thobe/abayeh

Native Dress

Romans wore full-length, loose-fitting robes called *togas*. East Indian women wear *sarongs*, but Indian (Hindu) women wear *saris*. An ankle-length Middle East garment with long sleeves and a waist sash is called a *caftan*. The loose-fitting, sleeveless robes worn by Arabs are called *abas*.

Bill Ashe photo

Costumes indigènes

Costumes historiques

On associe certains vêtements aux personnages historiques ou légendaires qui les portaient. Parmi les autres vêtements militaires portés par les officiers de la révolution américaine, on trouve la tunique, la veste à col dur, et la capote, un grand manteau particulièrement épais.

Historical Costumes

Many characters in popular lore and history have become identified or associated with the clothing they wear. Other military attire worn by *Revolutionary* officers included a tunic, a plain jacket with a stiff collar, and a particularly heavy overcoat called a *greatcoat*.

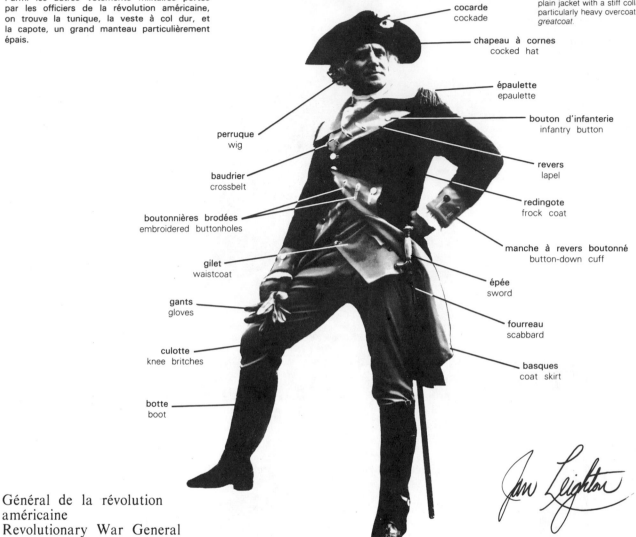

cocarde
cockade

chapeau à cornes
cocked hat

épaulette
epaulette

bouton d'infanterie
infantry button

revers
lapel

redingote
frock coat

manche à revers boutonné
button-down cuff

épée
sword

fourreau
scabbard

basques
coat skirt

perruque
wig

baudrier
crossbelt

boutonnières brodées
embroidered buttonholes

gilet
waistcoat

gants
gloves

culotte
knee britches

botte
boot

Général de la révolution américaine
Revolutionary War General

bandeau
eyepatch

tricorne
tricorne

baudrier
crossbelt

foulard
scarf

pistolet
petronel/revolver

Pirate
Pirate

photo by BODI

haut de forme
top hat

cache-col
muffler

lorgnon
Franklin glasses

mitaine
fingerless glove

bourse
purse

Avare
Miser

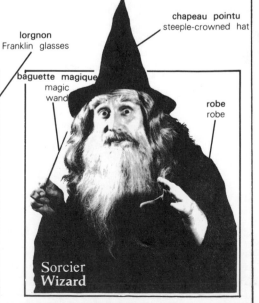

chapeau pointu
steeple-crowned hat

baguette magique
magic wand

robe
robe

Sorcier
Wizard

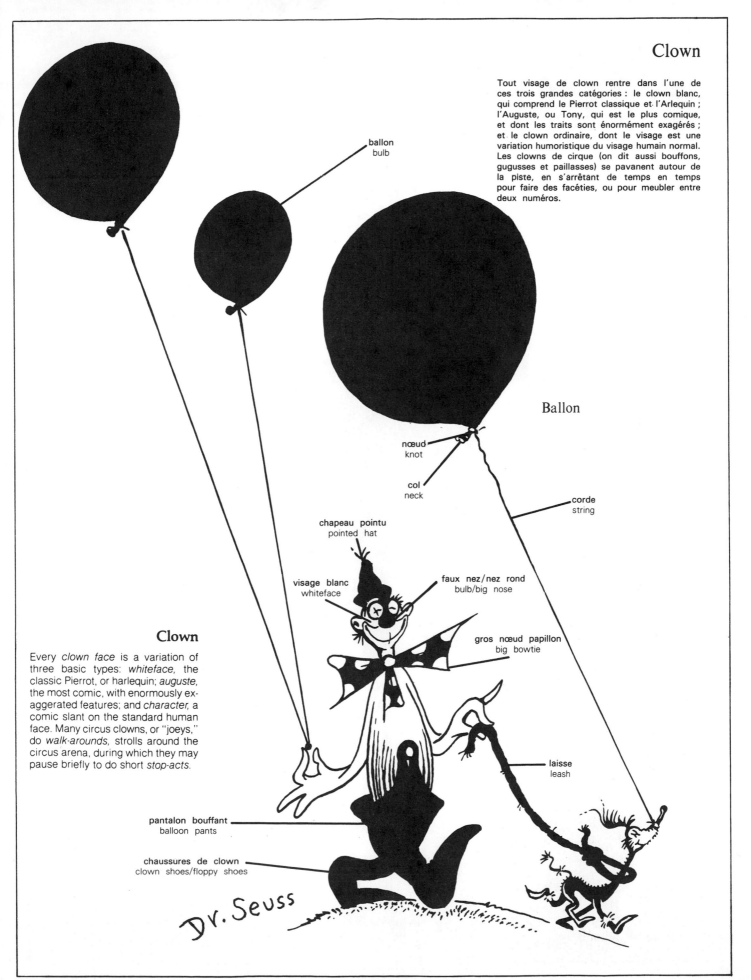

Clown

Tout visage de clown rentre dans l'une de ces trois grandes catégories : le clown blanc, qui comprend le Pierrot classique et l'Arlequin ; l'Auguste, ou Tony, qui est le plus comique, et dont les traits sont énormément exagérés ; et le clown ordinaire, dont le visage est une variation humoristique du visage humain normal. Les clowns de cirque (on dit aussi bouffons, gugusses et paillasses) se pavanent autour de la piste, en s'arrêtant de temps en temps pour faire des facéties, ou pour meubler entre deux numéros.

ballon
bulb

Ballon

nœud
knot

col
neck

corde
string

chapeau pointu
pointed hat

visage blanc
whiteface

faux nez/nez rond
bulb/big nose

gros nœud papillon
big bowtie

Clown

Every *clown face* is a variation of three basic types: *whiteface,* the classic Pierrot, or harlequin; *auguste,* the most comic, with enormously exaggerated features; and *character,* a comic slant on the standard human face. Many circus clowns, or "joeys," do *walk-arounds,* strolls around the circus arena, during which they may pause briefly to do short *stop-acts.*

laisse
leash

pantalon bouffant
balloon pants

chaussures de clown
clown shoes/floppy shoes

Dr. Seuss

Costumes d'artistes

Danseuse classique

Les bouts des chaussons à pointes portés par cette ballerine sont munis d'épais renforts en bois, recouverts de cuir. Les danseuses portent souvent le tutu, un costume de scène qui comporte plusieurs jupes de gaze superposées.

The toeshoes worn by this *ballerina* have thick, leather-covered wooden box toes. A short skirt of layered net often worn by female dancers is called a *tutu*.

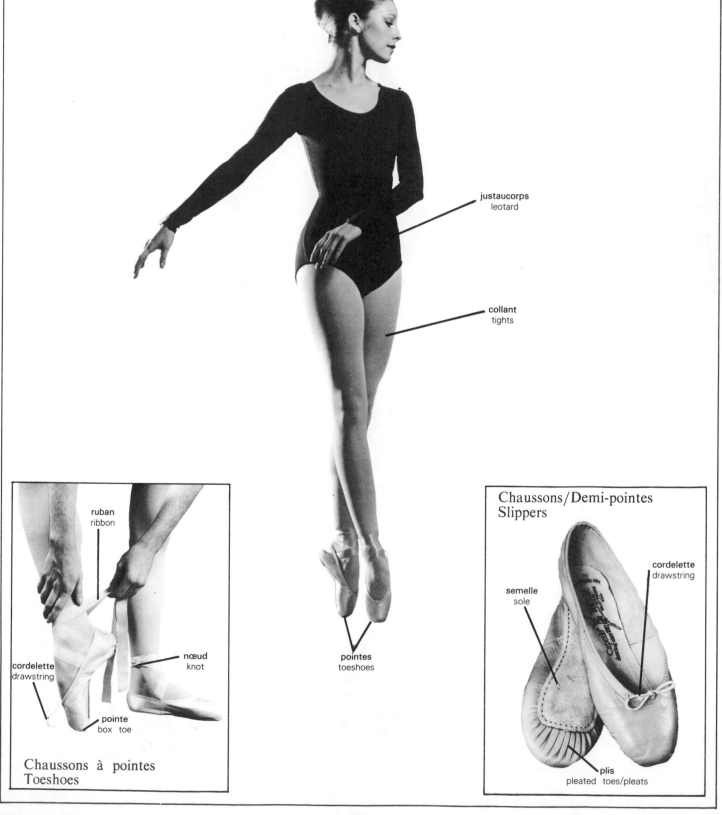

justaucorps
leotard

collant
tights

ruban
ribbon

cordelette
drawstring

nœud
knot

pointe
box toe

Chaussons à pointes
Toeshoes

pointes
toeshoes

Chaussons/Demi-pointes
Slippers

cordelette
drawstring

semelle
sole

plis
pleated toes/pleats

Costumes d'artistes

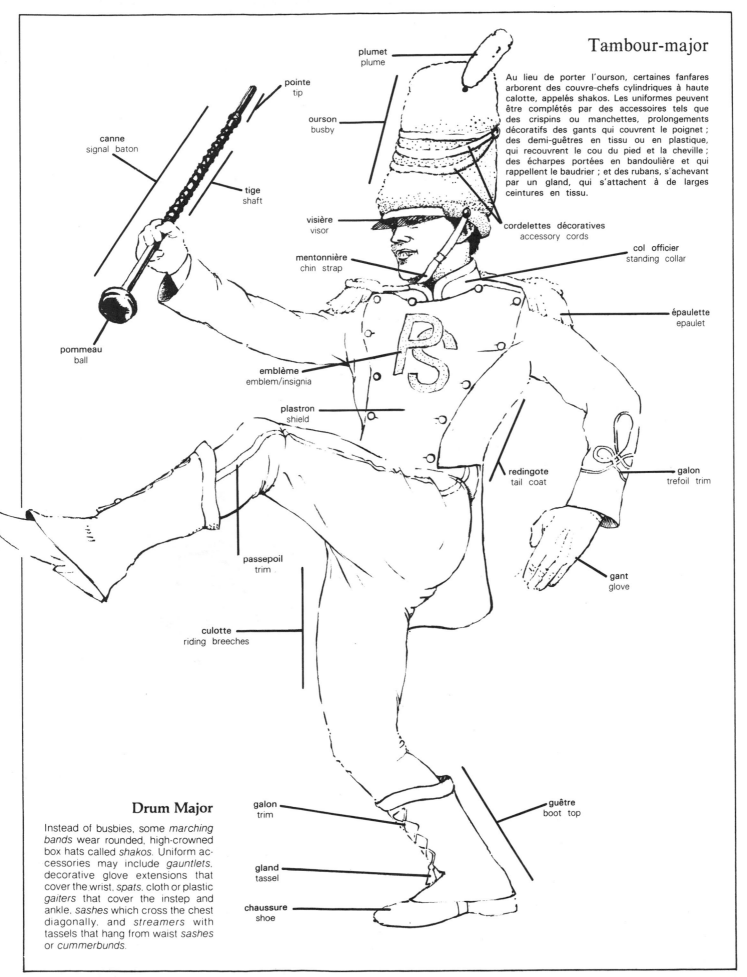

Tambour-major

Au lieu de porter l'ourson, certaines fanfares arborent des couvre-chefs cylindriques à haute calotte, appelés shakos. Les uniformes peuvent être complétés par des accessoires tels que des crispins ou manchettes, prolongements décoratifs des gants qui couvrent le poignet ; des demi-guêtres en tissu ou en plastique, qui recouvrent le cou du pied et la cheville ; des écharpes portées en bandoulière et qui rappellent le baudrier ; et des rubans, s'achevant par un gland, qui s'attachent à de larges ceintures en tissu.

plumet
plume

pointe
tip

ourson
busby

canne
signal baton

tige
shaft

visière
visor

mentonnière
chin strap

cordelettes décoratives
accessory cords

col officier
standing collar

épaulette
epaulet

pommeau
ball

emblème
emblem/insignia

plastron
shield

redingote
tail coat

galon
trefoil trim

passepoil
trim

gant
glove

culotte
riding breeches

galon
trim

guêtre
boot top

gland
tassel

chaussure
shoe

Drum Major

Instead of busbies, some *marching bands* wear rounded, high-crowned box hats called *shakos*. Uniform accessories may include *gauntlets*, decorative glove extensions that cover the wrist, *spats*, cloth or plastic *gaiters* that cover the instep and ankle, *sashes* which cross the chest diagonally, and *streamers* with tassels that hang from waist *sashes* or *cummerbunds*.

Costumes d'artistes

Uniformes militaires

La tenue peut être modifiée en fonction de la saison, du jour, ou de l'occasion. La bande d'étoffe portée au bras, comme par la police militaire, est un brassard. L'uniforme de cérémonie comporte une ceinture de cuir. Les rubans se portent sur des barrettes. Aux États-Unis, la seule décoration accordée aux militaires qui se porte autour du cou est la Médaille d'honneur.

Military Uniforms

The *uniform of the day* is worn for the season, day or occasion. A cloth band worn around the arm above the elbow, such as the one worn by *Military Police*, or *MPs*, is a *brassard*. A leather belt for a dress uniform is a *Sam Browne*, or *garrison*, belt. Service ribbons are worn on a *ribbon bar*. The only *neck decoration* awarded to members of the armed services is the *Medal of Honor*.

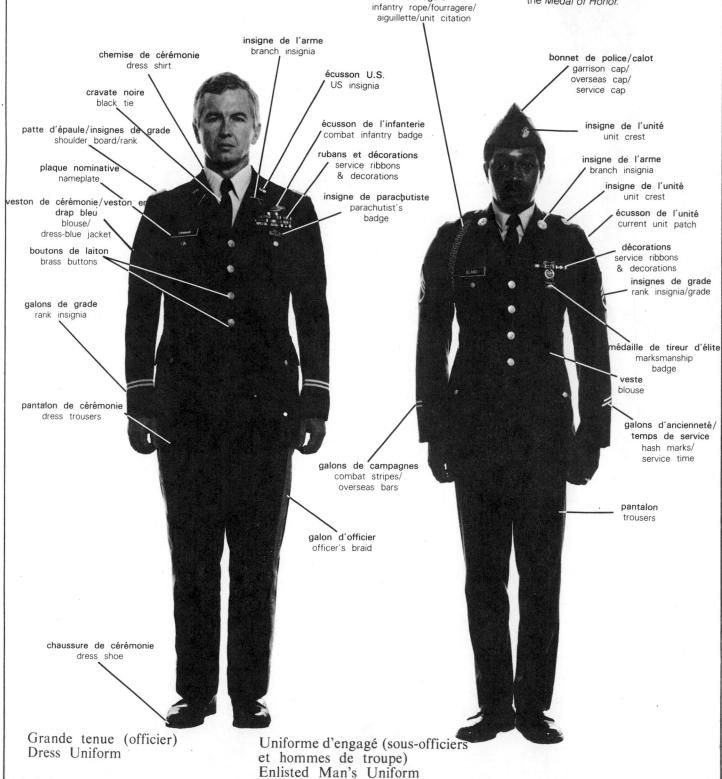

fourragère
infantry rope/fourragere/
aiguillette/unit citation

insigne de l'arme
branch insignia

chemise de cérémonie
dress shirt

écusson U.S.
US insignia

cravate noire
black tie

écusson de l'infanterie
combat infantry badge

patte d'épaule/insignes de grade
shoulder board/rank

rubans et décorations
service ribbons
& decorations

plaque nominative
nameplate

insigne de parachutiste
parachutist's
badge

veston de cérémonie/veston en
drap bleu
blouse/
dress-blue jacket

boutons de laiton
brass buttons

galons de grade
rank insignia

pantalon de cérémonie
dress trousers

galons de campagnes
combat stripes/
overseas bars

galon d'officier
officer's braid

chaussure de cérémonie
dress shoe

bonnet de police/calot
garrison cap/
overseas cap/
service cap

insigne de l'unité
unit crest

insigne de l'arme
branch insignia

insigne de l'unité
unit crest

écusson de l'unité
current unit patch

décorations
service ribbons
& decorations

insignes de grade
rank insignia/grade

médaille de tireur d'élite
marksmanship
badge

veste
blouse

galons d'ancienneté/
temps de service
hash marks/
service time

pantalon
trousers

Grande tenue (officier)
Dress Uniform

Uniforme d'engagé (sous-officiers
et hommes de troupe)
Enlisted Man's Uniform

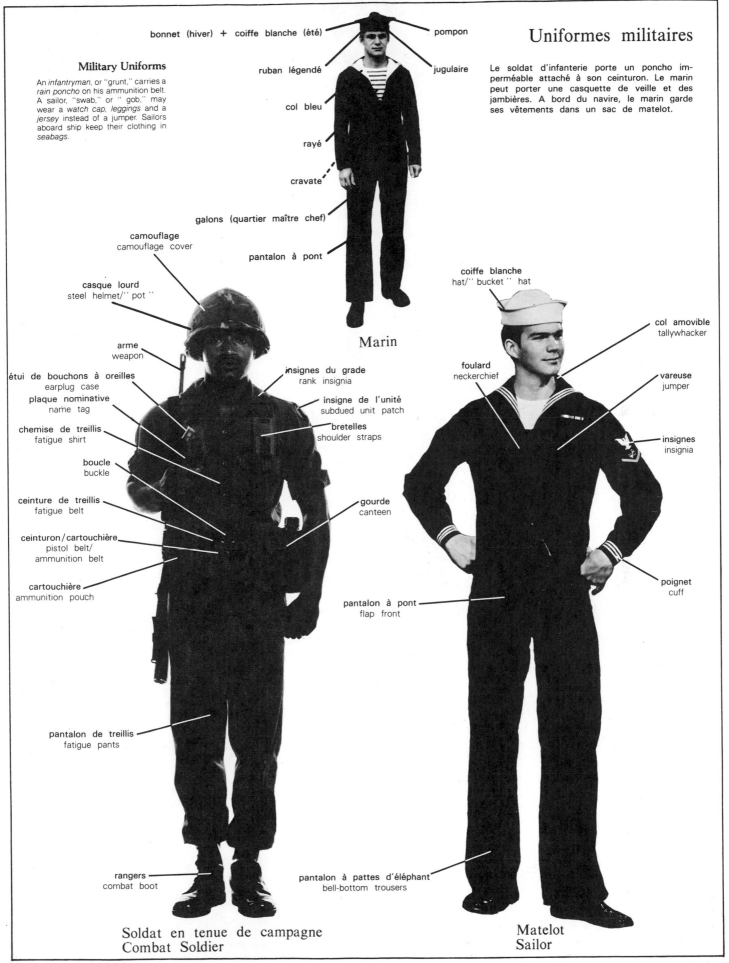

Uniformes militaires

Military Uniforms

An *infantryman*, or "grunt," carries a *rain poncho* on his ammunition belt. A sailor, "swab," or "gob," may wear a *watch cap, leggings* and a *jersey* instead of a jumper. Sailors aboard ship keep their clothing in *seabags*.

Le soldat d'infanterie porte un poncho imperméable attaché à son ceinturon. Le marin peut porter une casquette de veille et des jambières. A bord du navire, le marin garde ses vêtements dans un sac de matelot.

bonnet (hiver) + coiffe blanche (été)

pompon

ruban légendé

jugulaire

col bleu

rayé

cravate

galons (quartier maître chef)

pantalon à pont

Marin

camouflage
camouflage cover

casque lourd
steel helmet/"pot"

arme
weapon

étui de bouchons à oreilles
earplug case

plaque nominative
name tag

chemise de treillis
fatigue shirt

boucle
buckle

ceinture de treillis
fatigue belt

ceinturon/cartouchière
pistol belt/
ammunition belt

cartouchière
ammunition pouch

insignes du grade
rank insignia

insigne de l'unité
subdued unit patch

bretelles
shoulder straps

gourde
canteen

pantalon de treillis
fatigue pants

rangers
combat boot

pantalon à pattes d'éléphant
bell-bottom trousers

coiffe blanche
hat/"bucket" hat

col amovible
tallywhacker

foulard
neckerchief

vareuse
jumper

insignes
insignia

poignet
cuff

pantalon à pont
flap front

Soldat en tenue de campagne
Combat Soldier

Matelot
Sailor

Agent de police

Lorsqu'il fait sa ronde, en uniforme, ou en tenue, l'agent de police porte généralement une matraque en caoutchouc. On dit que les policiers qui ne portent pas d'uniforme sont en civil. Les agents chargés de la circulation sont munis de carnets de P.V. leur permettant de dresser en cas d'infraction des procès-verbaux, ou contraventions.

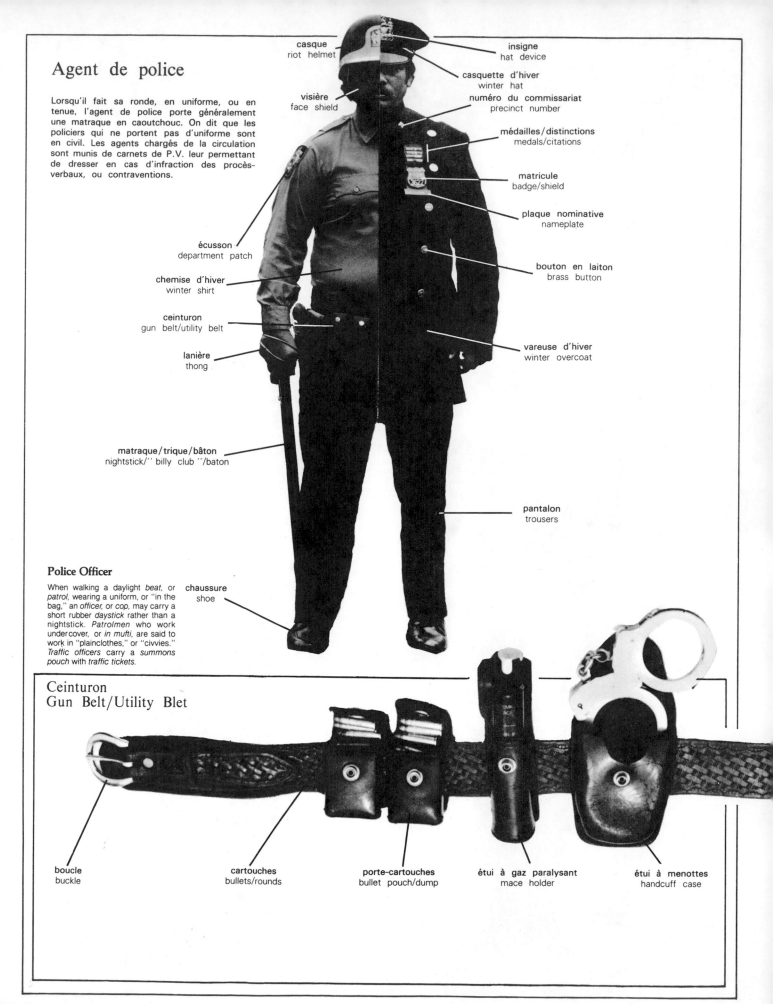

casque
riot helmet

insigne
hat device

casquette d'hiver
winter hat

numéro du commissariat
precinct number

visière
face shield

médailles/distinctions
medals/citations

matricule
badge/shield

plaque nominative
nameplate

écusson
department patch

bouton en laiton
brass button

chemise d'hiver
winter shirt

ceinturon
gun belt/utility belt

vareuse d'hiver
winter overcoat

lanière
thong

matraque/trique/bâton
nightstick/" billy club "/baton

pantalon
trousers

Police Officer

When walking a daylight *beat*, or *patrol*, wearing a uniform, or "in the bag," an *officer*, or *cop*, may carry a short rubber *daystick* rather than a nightstick. *Patrolmen* who work undercover, or *in mufti*, are said to work in "plainclothes," or "civvies." *Traffic officers* carry a *summons pouch* with *traffic tickets*.

chaussure
shoe

Ceinturon
Gun Belt/Utility Blet

boucle
buckle

cartouches
bullets/rounds

porte-cartouches
bullet pouch/dump

étui à gaz paralysant
mace holder

étui à menottes
handcuff case

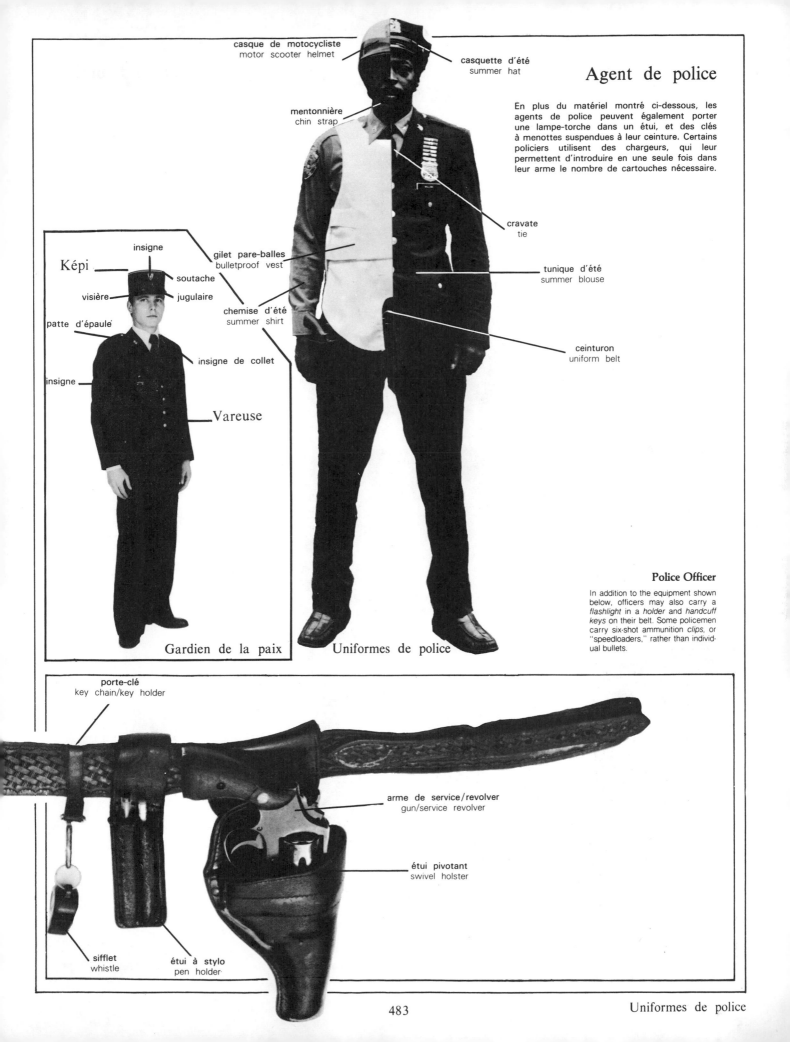

casque de motocycliste
motor scooter helmet

casquette d'été
summer hat

Agent de police

mentonnière
chin strap

En plus du matériel montré ci-dessous, les agents de police peuvent également porter une lampe-torche dans un étui, et des clés à menottes suspendues à leur ceinture. Certains policiers utilisent des chargeurs, qui leur permettent d'introduire en une seule fois dans leur arme le nombre de cartouches nécessaire.

cravate
tie

Képi

insigne

soutache

visière

jugulaire

patte d'épaule

insigne

gilet pare-balles
bulletproof vest

chemise d'été
summer shirt

insigne de collet

Vareuse

tunique d'été
summer blouse

ceinturon
uniform belt

Police Officer

In addition to the equipment shown below, officers may also carry a *flashlight* in a *holder* and *handcuff keys* on their belt. Some policemen carry six-shot ammunition *clips*, or "speedloaders," rather than individual bullets.

Gardien de la paix

Uniformes de police

porte-clé
key chain/key holder

arme de service/revolver
gun/service revolver

étui pivotant
swivel holster

sifflet
whistle

étui à stylo
pen holder

Uniformes de police

Sapeur-Pompier

L'uniforme de ce sapeur-pompier constitue sa tenue d'intervention.

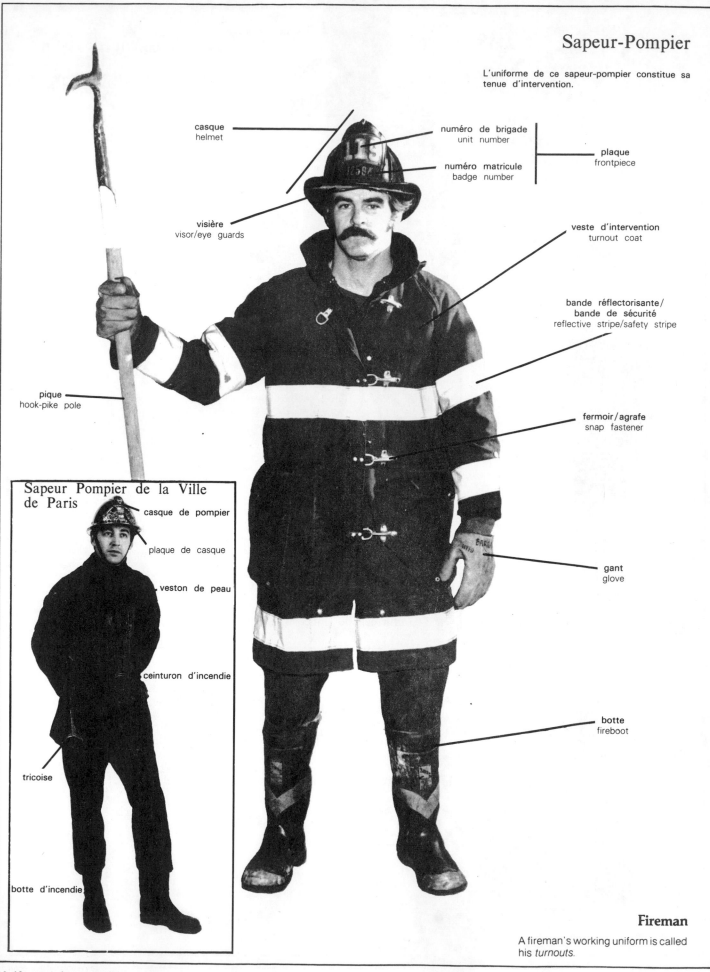

casque
helmet

numéro de brigade
unit number

numéro matricule
badge number

plaque
frontpiece

visière
visor/eye guards

veste d'intervention
turnout coat

**bande réflectorisante/
bande de sécurité**
reflective stripe/safety stripe

pique
hook-pike pole

fermoir/agrafe
snap fastener

gant
glove

Sapeur Pompier de la Ville de Paris

casque de pompier

plaque de casque

veston de peau

ceinturon d'incendie

tricoise

botte d'incendie

botte
fireboot

Fireman

A fireman's working uniform is called his *turnouts*.

Uniforme de pompier

484

Les signes et les symboles

Les signes et les symboles remplacent le langage et on les utilise pour donner une signification par évocation, implication ou association d'idées, et certains d'entre eux ont des parties qui ont nom spécifique. Par exemple, un drapeau est utilisé pour représenter une nation ou comme symbole de patriotisme et pourtant il possède des parties distinctes parfaitement identifiables. D'autres signes comme, par exemple, les signes de corrections typographiques, inclus aussi dans ce chapitre sont destinés à transmettre des instructions alors que le langage gestuel des sourds-muets est un ensemble de gestes destinés à remplacer des mots ou des lettres.

La science, le monde des affaires et l'industrie ont élaboré des signes dont le sens est reconnu sur le plan légal et juridique, et le monde des transports est régi par les signaux routiers. Même les chemineaux communiquent à l'aide de signes dessinés que nous présentons ici, au lieu d'un langage écrit.

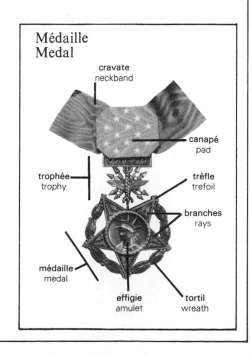

Médaille
Medal

cravate
neckband

canapé
pad

trophée
trophy

trèfle
trefoil

branches
rays

médaille
medal

effigie
amulet

tortil
wreath

Drapeaux

Un drapeau suspendu à une barre transversale fixée à un mât est un *gonfalon* ou *gonfanon*. La couleur de fond d'un drapeau est le *champ*. Un dessin ou un symbole sur un drapeau est un *emblème*, une *figure* ou une *devise*. Les drapeaux sont fabriqués en général avec un tissu léger appelé *étamine*. Les *flammes* ou *cravates* sont des bandes de tissu fixées juste en dessous de la pomme de mât pour indiquer les honneurs reçus.

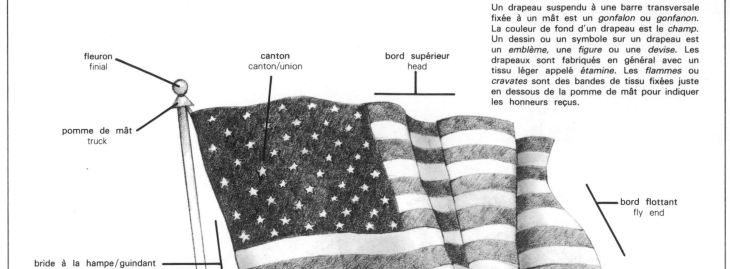

fleuron
finial

pomme de mât
truck

canton
canton/union

bord supérieur
head

bord flottant
fly end

bride à la hampe/guindant
hoist

bord inférieur
foot

flottant
fly

mât
flagpole/staff/mast

drisse
halyard

Flags

A flag hung from a crossbar attached to a pole is a *gonfalon*, or *gonfannon*. The background color of a flag is the *field*, or *ground*. A configuration or symbol on a flag is an *emblem*, *badge device* or *charge*. Flags are usually made of a lightweight material called *bunting*. *Streamers* are strips of cloth attached just below the truck on a flagpole to indicate honors.

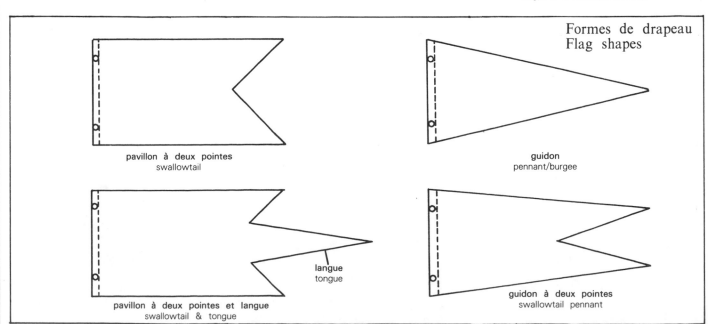

Formes de drapeau
Flag shapes

pavillon à deux pointes
swallowtail

guidon
pennant/burgee

langue
tongue

pavillon à deux pointes et langue
swallowtail & tongue

guidon à deux pointes
swallowtail pennant

Coat of Arms

Technically, a coat of arms, or *achievement of arms*, consists only of a shield, the surface of which is called the *field*. Everything surrounding a shield is *exterior decoration*. The entire grouping is known as *armorial achievement*. To the wearer's left but the viewer's right is the *sinister side*. The opposite side is the *dexter side*.

Armoiries

Techniquement les *armoiries* ou *blasons* sont constitués d'un écu dont la surface s'appelle le champ. Tout ce qui entoure l'écu s'appelle le *décor extérieur*. Tout l'ensemble est dénommé *emblème héraldique*. Le côté du blason à la gauche de celui qui le porte mais à la droite de l'observateur s'appelle la *sénestre*. Le côté opposé est la *dextre*.

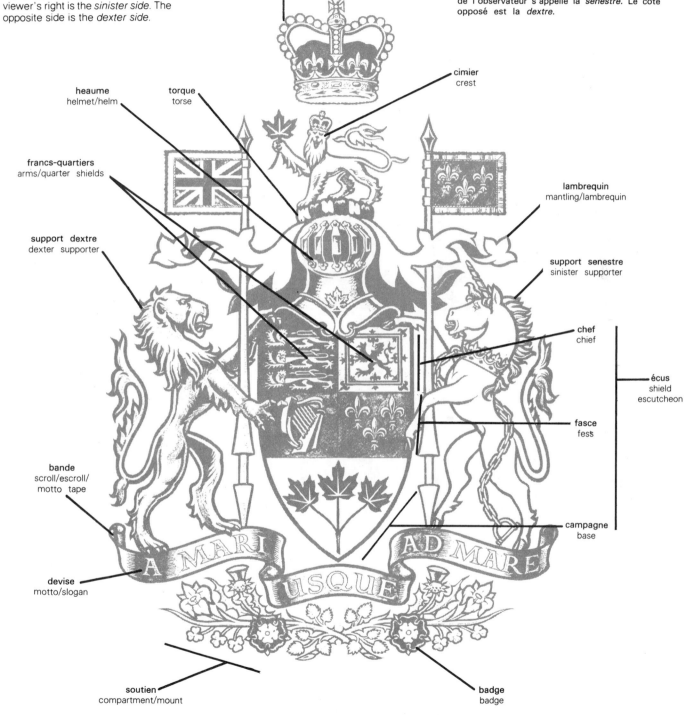

couronne
crown

cimier
crest

heaume
helmet/helm

torque
torse

francs-quartiers
arms/quarter shields

lambrequin
mantling/lambrequin

support dextre
dexter supporter

support senestre
sinister supporter

chef
chief

écus
shield
escutcheon

fasce
fess

bande
scroll/escroll/
motto tape

campagne
base

devise
motto/slogan

soutien
compartment/mount

badge
badge

A MARI USQUE AD MARE

Signes et symboles

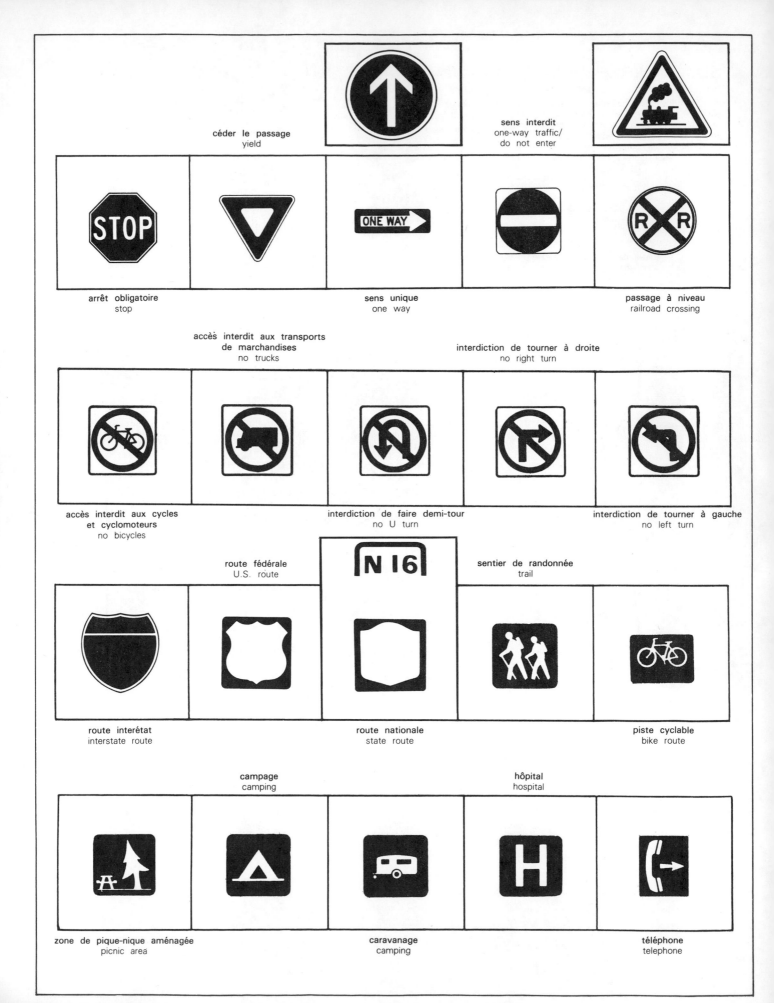

céder le passage
yield

sens interdit
one-way traffic/
do not enter

arrêt obligatoire
stop

sens unique
one way

passage à niveau
railroad crossing

accès interdit aux transports
de marchandises
no trucks

interdiction de tourner à droite
no right turn

accès interdit aux cycles
et cyclomoteurs
no bicycles

interdiction de faire demi-tour
no U turn

interdiction de tourner à gauche
no left turn

route fédérale
U.S. route

N 16

sentier de randonnée
trail

route interétat
interstate route

route nationale
state route

piste cyclable
bike route

campage
camping

hôpital
hospital

zone de pique-nique aménagée
picnic area

caravanage
camping

téléphone
telephone

Signaux routiers

A l'exception des *panneaux d'itinéraires* qui ont des formes et des couleurs différentes, tous les signaux routiers ont une couleur codifiée : les signaux rouges sont des signaux *d'interdiction* ; les jaunes indiquent un *danger particulier* ; les blancs sont des signaux de *régulation de la circulation* ; les signaux oranges indiquent des chantiers de *construction* ; les bleus sont des signaux de *service* et les verts indiquent la *direction*. Les signaux rouges octogonaux sont utilisés exclusivement pour un *arrêt obligatoire*. Les panneaux rectangulaires à lettres blanches sur fond vert sont des signaux *indicateurs de destination*.

Road Signs

With the exception of *route signs*, which are different shapes and colors, road signs are color-coded: red signs are *prohibit movement signs*; yellow are *warning signs*; white are *regulatory signs*; orange are *construction signs*; blue are *service signs*; green are *guide signs*. Octagonal red signs are used exclusively for *stop signs*. Rectangular signs with white letters on a green background are *destination signs*.

fin d'autoroute
divided highway ends

circulation dans les deux sens
two-way traffic

annonce de feux tricolores
signal ahead

zone interdite
no-passing zone

intersection avec route secondaire
sans priorité
merge

succession de virages dangereux
winding road

descente dangereuse
hill

chaussée rétrécie par la droite
merge left

chaussée glissante en cas de pluie
slippery when wet

sortie d'école
school crossing

débouché de cyclistes ou cyclomotoristes
bicycle crossing

passage d'animaux domestiques
cattle crossing

passage pour piétons
pedestrian crossing

débouché de véhicules agricoles
farm machinery

passage d'animaux sauvages
deer crossing

489

Signes et symboles

Signes publics

La pasigraphie est un langage universel qui utilise des signes et des symboles plutôt que des mots, alors que des pictogrammes représentent parfois un objet en même temps qu'une idée. Un symbole ou un caractère qui représente un mot, une syllabe ou un phonème est un sténogramme. La représentation symbolique d'une idée au lieu d'un mot est un idéogramme.

Public Signs

Pasigraphy is a universal written language that uses signs and symbols rather than words, whereas *pictographs* can represent an object as well as a thought. A symbol or character that represents a word, syllable or phoneme is a *phonogram*. A symbolic representation of an idea rather than a word is an *ideogram* or *ideograph*.

boutique gift shop	**renseignements hôteliers** hotel information	**restaurant** restaurant	**poste** mail	**poste de secours** first aid

casiers à bagages baggage lockers	**toilettes hommes** men's toilets	**toilettes dames** women's toilets	**pouponnière** nursery	**renseignements** information

station de taxi taxi stand	**arrêt d'autobus** bus transportation	**aéroport** air transportation	**location de voitures** car rental	**gare de chemin de fer** rail transportation

cafétéria coffee shop	**bar** bar	**défense de fumer** no smoking	**défense de stationner** no parking	**parc de stationnement** parking

enregistrement des bagages baggage check-in	**retrait des bagages** baggage claim	**douanes** customs	**objets trouvés** lost and found	**change** currency exchange

chutes de pierres falling rocks	**eau potable** drinking water	**mécanicien** mechanic	**handicapés** handicapped	**station service** gas station

point de vue viewing area	**feux autorisés** campfires	**zone aménagée pour le pique-nique** picnic area	**rampe** launching ramp	**allée cavalière** horse trail

piste cyclable bicycle trail	**chemin de grande randonnée** hiking trail	**zone de jeux** playground	**défense d'entrer** no entry	**ascenseur** elevator

Signes et symboles

Symboles religieux

Les symboles présentés ici sont ceux des croyances et des religions chrétienne, judaïque, islamique, shintoïste et de la philosophie chinoise. La croix ansée égyptienne, dite aussi croix de vie, était un ancien *symbole de vie* et la croix gammée était un *symbole de chance* oriental et indien qui remonte à la nuit des temps.

croix latine
Latin cross

croix de St. Antoine/croix en tau
St. Anthony's cross/
tau cross

croix celtique
Celtic cross

croix de Lorraine
Patriarchal cross

croix papale
Papal cross

croix orthodoxe russe
Russian cross

croix potencée
Jerusalem cross

croix de Malte
Maltese cross

croix tréflée
botonée

croix ancrée
moline

croix orthodoxe grecque
Greek cross

tori
torii

étoile et croissant
crescent and star

étoile de David
Star of David/Magen David/
Shield of David

chandelier à sept branches
menorah

croix ansée/croix égyptienne
ankh

yin-yang
Yin-Yang/female-male

croix gammée/svastika
gammadion/swastika

Religious Symbols

The symbols shown here represent beliefs and religions such as Christianity, Judaism, Islam, Shinto, as well as Chinese philosophy. The ankh was an ancient Egyptian *symbol of life*, and the gammadion was an eon-old Oriental and Indian *good luck symbol*.

 ←

Signs of the Zodiac

The *zodiac* is an imaginary belt in the heavens divided into twelve parts named for constellations, called *houses*. A *horoscope*, drawn by an *astrologer*, foretells the influence of these heavenly bodies on human affairs.

Signes du zodiaque

Le *zodiaque* est une ceinture imaginaire dans les cieux divisée en douze parties nommées d'après les constellations. Un *horoscope* tiré par un *astrologue* prédit l'influence de ces corps célestes sur les affaires humaines.

Signes du printemps
Spring Signs

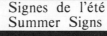

Bélier
Aries
The Ram

March 21—April 20

Taureau
Taurus
The Bull

April 21—May 21

Gémeaux
Gemini
The Twins

May 22—June 21

Signes de l'été
Summer Signs

Cancer
Cancer
The Crab

June 22—July 22

Lion
Leo
The Lion

July 23—August 23

Vierge
Virgo
The Virgin

August 24—September 23

Signes de l'automne
Autumn Signs

Balance
Libra
The Balance

September 24—October 23

Scorpion
Scorpio
The Scorpion

October 24—November 22

Sagittaire
Sagittarius
The Archer

November 23—December 21

Signes de l'hiver
Winter Signs

Capricorne
Capricorn
The Goat

December 22—January 20

Verseau
Aquarius
The Water Bearer

January 21—February 19

Poissons
Pisces
The Fish

February 20—March 20

Signes et symboles

Symboles scientifiques, des affaires et du commerce

Les symboles présentés ici sont utilisés dans le domaine médical et pharmaceutique, dans la chimie, l'ingéniérie et l'électronique, dans les mathématiques et les affaires et dans les centres d'échange de devises et les banques. Ils comprennent aussi un certain nombre de symboles divers utilisés dans d'autres moments de la vie.

Symbols of Science, Business and Commerce

The symbols shown here are used in the medical and pharmaceutical fields, in chemistry, engineering and electronics, in mathematics and business, and by currency-exchange centers and banks. Also included are miscellaneous symbols used in other walks of life.

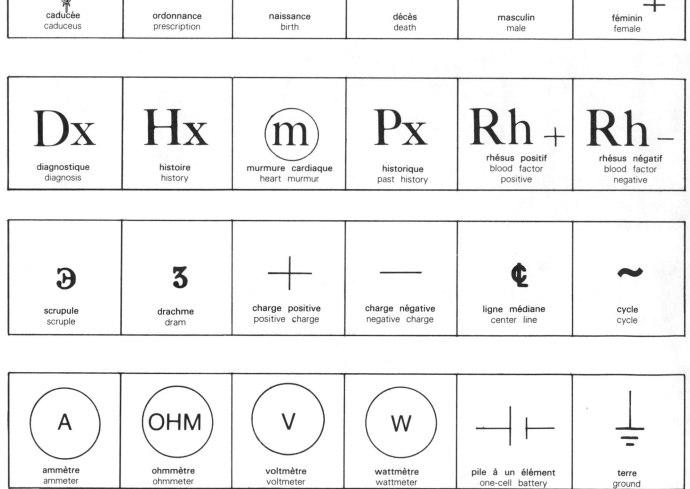

caducée / caduceus	ordonnance / prescription	naissance / birth	décès / death	masculin / male	féminin / female
diagnostique / diagnosis	histoire / history	murmure cardiaque / heart murmur	historique / past history	rhésus positif / blood factor positive	rhésus négatif / blood factor negative
scrupule / scruple	drachme / dram	charge positive / positive charge	charge négative / negative charge	ligne médiane / center line	cycle / cycle
ammètre / ammeter	ohmmètre / ohmmeter	voltmètre / voltmeter	wattmètre / wattmeter	pile à un élément / one-cell battery	terre / ground
antenne / antenna	oscillateur / oscillator	ajouter / plus / add/plus	soustraire / moins / subtract/minus		multiplier par / multiply/times/by

ajouter ou soustraire/plus ou moins
add or subtract/plus or minus

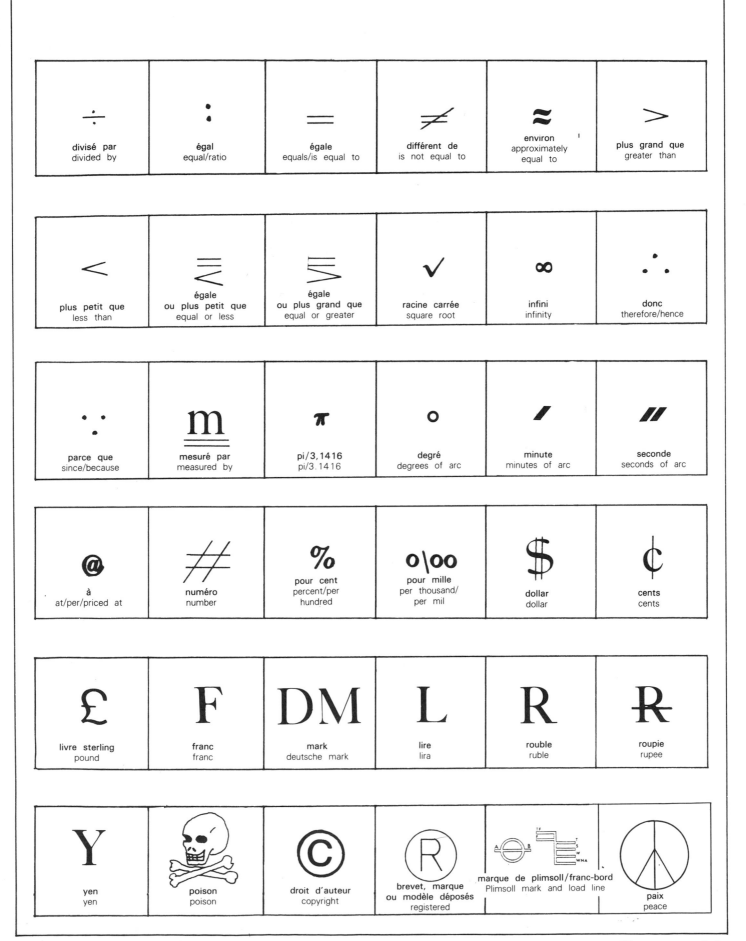

÷	:	=	≠	≈	>
divisé par divided by	**égal** equal/ratio	**égale** equals/is equal to	**différent de** is not equal to	**environ** approximately equal to	**plus grand que** greater than
<	≤	≥	√	∞	∴
plus petit que less than	**égale** ou plus petit que equal or less	**égale** ou plus grand que equal or greater	**racine carrée** square root	**infini** infinity	**donc** therefore/hence
∵	m	π	°	′	″
parce que since/because	**mesuré par** measured by	**pi/3,1416** pi/3.1416	**degré** degrees of arc	**minute** minutes of arc	**seconde** seconds of arc
@	#	%	o\oo	$	¢
à at/per/priced at	**numéro** number	**pour cent** percent/per hundred	**pour mille** per thousand/ per mil	**dollar** dollar	**cents** cents
£	F	DM	L	R	₨
livre sterling pound	**franc** franc	**mark** deutsche mark	**lire** lira	**rouble** ruble	**roupie** rupee
¥	☠	©	®		☮
yen yen	**poison** poison	**droit d'auteur** copyright	**brevet, marque** ou modèle déposés registered	**marque de plimsoll/franc-bord** Plimsoll mark and load line	**paix** peace

Signes et symboles

Langage symbolique

Le langage gestuel utilisé par les sourds-muets remplace les mots articulés par des *gestes*. Les aveugles utilisent des *points* en creux pour lire avec le bout de leur doigt. Le *sémaphore* et le *télégraphe optique* sont des systèmes de signalisation à l'aide de fanions tenus à bout de bras.

Symbolic Language

Sign language, used by deaf-mutes, substitutes *gestures* for spoken words. Embossed *dots* are used by blind people to read by touch. *Semaphore* and *wigwag* are systems of signalling by hand-held flags.

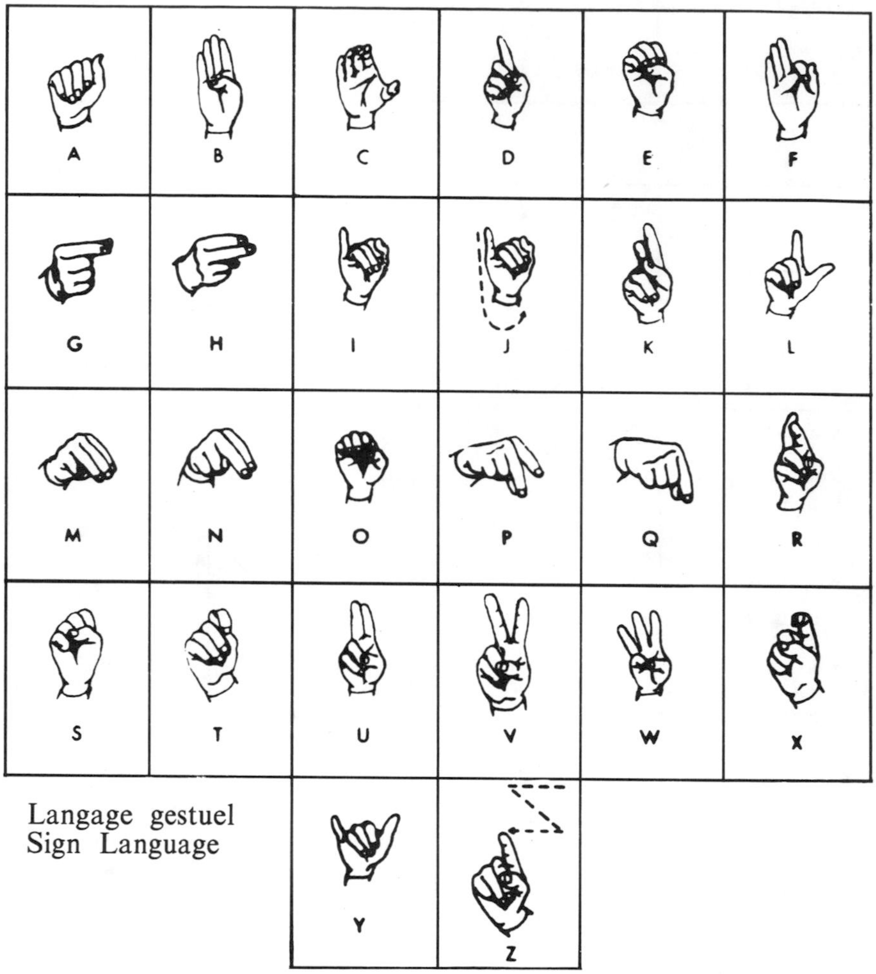

Langage gestuel
Sign Language

Braille
Braille

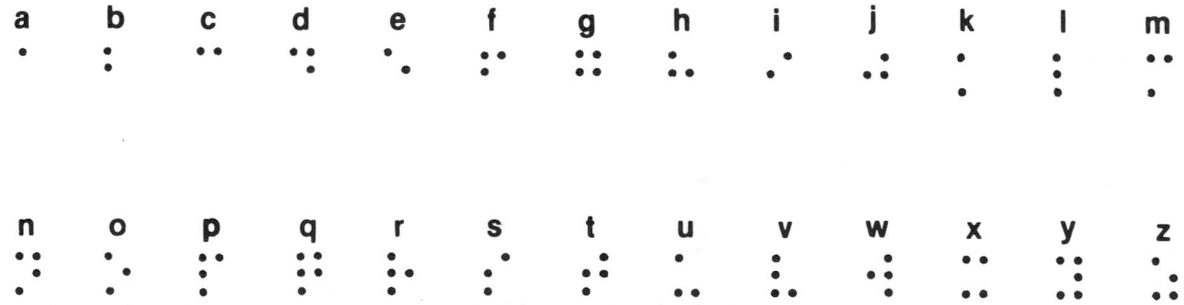

Grammatical Symbols

In addition to these *punctuation*, *diacritic* and *pronunciation symbols*, there are *phonetic symbols*, *abbreviations* and *contractions*.

Symboles grammaticaux

En plus des signes de *ponctuation*, *des signes diacritiques*, *et des signes de prononciation* il existe des *signes phonétiques*, des *abréviations* et des *contractions*.

'a' guillemets simples single quotation marks	**"a"** guillemets doubles quotation marks	**′** pied/minute/prime foot/minute/prime	**″** inch/seconde/ double prime inch/second/ double prime	**a'** apostrophe apostrophe
(a) parenthèses prentheses	**[a]** crochets brackets/crotchets	**a-a** trait d'union hyphen	**a—a** tiret dash	
a/a barre oblique virgule/ slant/slash	**,** virgule comma	**;** point-virgule semicolon	**:** deux-points colon	**&** abréviation de et ampersand
* astérisque asterisk	**•** point period/full point	**• • •** points de suspension ellipsis/marks of omission	**!** point d'exclamation exclamation point/ bang/ecphoneme	**?** point d'interrogation question mark/ eroteme
a̲ soulignement underline/ underscore	***ff*** ligature ligature	**é** accent aigu acute accent	**à** accent grave grave accent	**â** accent circonflexe circumflex accent/ doghouse
ñ tildé tilde	**ç** cédille cedilla	**ā** longue macron	**ă** brève breve	**äi** tréma dieresis/umlaut

Signes et symboles

Signes de correction typographique

Les signes ci-dessous ont pour but de normaliser la transmission des corrections et des questions entre les *éditeurs*, *correcteurs*, les *typographes* et les *imprimeurs*. Le *texte* une fois corrigé, on en *tire une épreuve* et on refait des corrections sur les *épreuves en première*. Le premier *document imprimé* à partir de la *galée corrigée* s'appelle le *bon à tirer*.

Proofreader's Marks

The marks illustrated below are used for the purpose of standardizing the transmittal of corrections and queries between *editors* and/or *proofreaders* and *typesetters* and/or *printers*. When the corrected *copy* is set in *type* it is *proved*, or *proofed*, and additional marks are then made on the *galley proofs*. The first *impressions* of the corrected galleys are called *page proofs*.

Enter HAMLET.

Ham. To be, or not to be: that is the question:

Whether 't is nobler in the mind to suffer

The slings and arrows of outrageous fortune

Or to take arms against a sea of troubles,

And end by opposing them? To die: to sleep:

No More; and by a sleep to say we end

The heart-ache and the 1000 natural shocks

That flesh is heir to 't is a consummation

Devoutly to be wish'd. To die, to sleep;

To sleep: perchance to dream: ay, there's

□ □ □ ← the rub;

For in that sleep of death what dreams may come

When we have shuffled off this mortal coil,

Must give us pause. There's the respect

That makes calamity of so long life;

For who would bear the whips and scorns of time,

The oppressor's wrong, the proud man's contumely,

The pings of disprized love, the law's delay,

The insolence of office, and the spurns

That patient merit of the unworthy takes,

When he himself might his quietus make

With a bare bodkin who would fardels bear,

to grunt and sweat under a weary life,

But that the dread of something death,

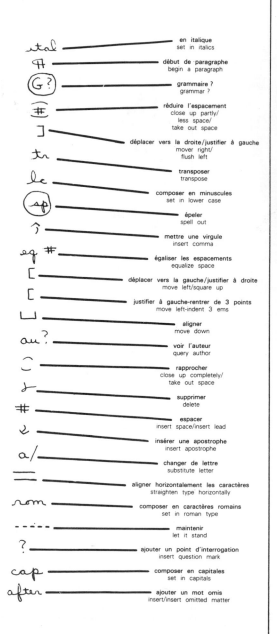

ital	en italique / set in italics
¶	début de paragraphe / begin a paragraph
G?	grammaire ? / grammar ?
#	réduire l'espacement / close up partly/ less space/ take out space
⌐	déplacer vers la droite/justifier à gauche / mover right/ flush left
tr	transposer / transpose
lc	composer en minuscules / set in lower case
sp	épeler / spell out
∧	mettre une virgule / insert comma
eq #	égaliser les espacements / equalize space
[	déplacer vers la gauche/justifier à droite / move left/square up
[	justifier à gauche-rentrer de 3 points / move left-indent 3 ems
⊔	aligner / move down
au?	voir l'auteur / query author
⌒	rapprocher / close up completely/ take out space
✓	supprimer / delete
#	espacer / insert space/insert lead
✓	insérer une apostrophe / insert apostrophe
a/	changer de lettre / substitute letter
=	aligner horizontalement les caractères / straighten type horizontally
rom	composer en caractères romains / set in roman type
-----	maintenir / let it stand
?	ajouter un point d'interrogation / insert question mark
cap	composer en capitales / set in capitals
after	ajouter un mot omis / insert/insert omitted matter

Signes de corrections
typographiques
Proofreader's Marks

Hobo Signs

Symbols, inscriptions, phrases and
signatures drawn in public places
are collectively called graffiti. Those
shown here are used among tramps
and vagrants.

Signes de chemineaux

On appelle graffitis les symboles, phrases et
signatures tracés dans des lieux publics. Ceux
qui sont représentés ici sont en usage parmi
les chemineaux et les vagabonds.

femme gentille kindhearted lady	**homme malhonnête** dishonest man	**ville assoupie, flics inactifs** town asleep, cops inactive	**ville réveillée, flics actifs** town awake cops active
la ménagère donne à manger contre du travail housewife feeds for chores	**raconter une histoire triste** tell pitiful story	**alcool autorisé dans la ville** town allows alcohol	**alcool prohibé dans la ville** town dislikes alcohol
chien dog	**docteur** doctor	**juge** judge	**cadène** chain gang
danger danger	**homme armé** man with gun	**persévérez** don't give up	**restez tranquille** be quiet
allez go	**lieu dangereux** unsafe place	**bonne cache** good for handout	**fonctionnaire** officer

Signes et symboles

Tombe et cercueil

La pierre placée au pied d'une tombe s'appelle la *pierre tumulaire*. Les *cryptes* ou les *caveaux* sont des *chambres mortuaires* entièrement ou en partie souterraines. Les *mausolées* sont de grandes *tombes* au-dessus du sol.

Tombstone and Coffin

A stone placed at the foot of a grave is a *footstone. Crypts*, or *vaults*, are wholly or partly underground *burial chambers. Mausoleums* are large aboveground *tombs*.

sculpture
ornament/carving

motif floral
floral carving

inscription
inscription

année de naissance
year of birth

épitaphe
epitaph

base
base

pierre tombale
tombstone/memorial/
monument/tablet/
gravestone/headstone

année du décès
year of death

couronne
wreath

support
easel

tombe/concession
grave/plot

J.SMITH
1803 – 1875
I TOLD THE DOCTOR I WAS SICK

MORT WALKER

Cercueil
Coffin/Casket

panneau
interior panel

oreiller
pillow

rabat
drop

matelas
bed/mattress

barre
arm

poignée
handle

oreille
lug

arc
bridge

couvre-lit
overlay

couvercle
lid panel

frisure
fishtail

poignée d'extrémité
end handle

Index anglais
(l'index français se trouve page 562)

A

A: braille, 496; piano keyboard octave, 355; sheet music notation, 347; sign language, 496
aba, Arab robe, 475
abacus, 431; column, 71
ABA number, check, 222
abayeh, Arab dress, 475
abbreviation: grammatical symbol, 497; magazine mailing label, 167
abdomen: grasshopper, 39; horse, 36; human, 24; lobster, 45; spider, 38
abdominal board, universal gym, 338
ablation zone, glacier, 12
ABM, 466
abort, pilot's instrument panel, 153
abrasive material, sander, 411
abstraction, work of art, 362
abutment, arch, 70
abutment tooth, partial denture, 443
abyssal plain, continental margin, 15
academic hood, minister, 471
acceleration contest, drag racing, 333
accelerator pedal, car, 106
accelerometer, pilot's instrument panel, 153
accent, grammatical symbol, 497
access arm, launch pad, 154
access door, turbine locomotive coupler, 113
accessories: musical, 361; patio, 284; photographic, 174
accessories shelf, telescope, 433
accessory cords, drum major's busby, 479
accessory panel, stove, 244
accessory rail, surgical table, 440
accessory socket, movie camera, 172
access plate, water heater, 391
access road, highway cloverleaf, 110
accidental, music notation, 346
accommodation, sailboat, 131
accommodation ladder, destroyer, 140
accordion, 360
accordion gusset, shoulder bag, 218
accordion windows, wallet, 219
account number: check, 222; credit card, 222
accumulation zone, glacier, 12
accumulator, dispenser, 263

ace, playing card, 342
A cell block, prison, 74
achene, strawberry, 53
achievement of arms, 487
Achilles heel, 25
Achilles tendon, 29; pad, running shoe, 296
acid-free backing, frame, 373
acorn, seed, 49
acorn nut, 401
acoustic guitar, 350
AC power cord, tape recorder, 175
acroterion, masonry gate post, 65
acrylic, painting medium, 364
acrylic resin, dental, 443, 445
act, circus, 88
act curtain, stage, 344, 345
act drop, stage, 344
action bolt, roller skate, 318
action nut, roller skate, 318
action strap, still camera, 171
activating lever, pencil sharpener, 273
activator button, dental x-ray, 444
active pointer, aneroid barometer, 18
active repeater satellite, 182
acute accent, grammatical symbol, 497
ACV, 145
Adam's apple, human, 25
adapter plate, tractor, 424
add, symbol, 494
adding machine, 431
addition, with abacus, 431
add-on segment weight, tractor planetary, 424
add or subtract, symbol, 494
address: check, 222; envelope, 161; letter, 161; magazine mailing label, 167
adductor longus, human, 26
adductor muscle, scallop, 45
adductor policis, human, 26
adhesive: Band-Aid, 441; roofing shingle, 66
adhesive tape, 441
adipose fin, fish, 43
adjustable arm, expansive bit, 409
adjustable barrel, hose nozzle, 418
adjustable bit gauge, drill, 409
adjustable buckle, brassiere, 191
adjustable channel, pliers, 404
adjustable C-clamp, 399
adjustable clip, jackhammer, 426
adjustable foot: potter's wheel, 367; surgical table, 440
adjustable frame, hacksaw, 406

adjustable fulcrum, diving board, 310
adjustable grill, patio accessory, 284
adjustable lamp, 235
adjustable mirror, cosmetic case, 281
adjustable neckband, ascot, 189
adjustable rear wing, racing car, 332
adjustable reference pointer, barometer, 18
adjustable screw, embroidery ring, 377
adjustable shoulder strap, bag, 218
adjustable stand, laboratory, 437
adjustable table extension, saw, 407
adjustable wheel tread, tractor planetary, 424
adjustable wrench, 405
adjuster, power mower wheel, 419
adjusting knob: knee kicker, 242; saw, 407
adjusting lever, plane, 410
adjusting nut, monkey wrench, 405
adjusting screw: expansive bit, 409; hitch and harrow, 424; pliers, 404; theodolite, 426; violin bow, 349
adjust knob, volt-ohm meter, 413
adjustment: microscope focus, 432; reflex camera, 171; speculum, 438
adjustment control, machine gun, 461
adjustment knob: lamp, 235; medical examination table, 440; microscope, 432; nozzle, 418; rifle scope, 459
adjustment lever: child's car seat, 282; stroller, 282
adjustment lines, sewing pattern, 380
adjustment nut, plane, 410
adjustment screw: lithographic press, 370; monkey wrench, 405; plane, 410; ski binding, 320
adjustment screw, volt-ohm meter, 413
administration building, prison, 74
ad service courts, tennis, 306
adult, insect, 39
advance, pocket camera, 170
advance control, cash register, 430
advanced life-support unit, ambulance, 119
adventitious root, 49
advertisement, magazine, 169
advertising panel: bus, 114;

gas pump, 108; subway car, 115
adz, ice axe, 328
adze eye, hammer, 402
aerator, kitchen sink, 243
aerial: CB radio, 179; hovercraft, 145; jumbo jet, 148; tanker, 137
aerialist, circus, 88
aerial platform, tower ladder, 120
aerial tom-tom, 358
aeronautical light, nautical chart, 22
A flat, piano keyboard octave, 355
A-frame, ferris wheel, 91
aft, boat, 128
aft cabin bunk, sailboat, 131
aft controls, tugboat, 144
aft equipment bay, lunar lander, 156
afterbody, torpedo, 466
after bulkhead, powerboat, 135
after-shave lotion, 213
after steering, fireboat, 144
aft monitor, fireboat, 144
aft superstructure, tanker, 137
against shooter, craps table, 341
agate line, newspaper, 166
agent, traveler's check, 223
agitator: spreader, 420; washing machine, 276
agitron, cartoon, 374
aglet: shoelace, 200; stringtie, 188
Agulhas Current, ocean, 6
aid: hearing, 442; public sign, 490; space shuttle navigation, 155
aiguillette, enlisted man's uniform, 480
aileron: glider, 147; jumbo jet, 148; single engine airplane, 147
aileron trim, 747 cockpit, 150
air bags, blimp, 158
air bladder, seaweed, 55
air blower, drag racing dragster, 333
air brake, space shuttle, 154
airbrake hose, locomotive, 112
airbrake paddle, glider, 147
air bubble, monovial, 414
air cleaner: automobile engine, 107; bulldozer, 425; mechanical sweeper, 123; mower, 419; truck, 116
air combat maneuver panel, pilot's instrument panel, 153
air compressor, truck, 116
air conditioner, 392; camper, 126
air conditioner compressor, automobile engine, 107
air conditioning: control,

504

511

524

541

551

Index français des titres des planches et des sous-rubriques

Index français
(l'index anglais se trouve page 501)

A la différence de l'anglais, on ne trouvera pas dans cet index les termes des textes français mis en introduction à chaque planche. Nous y avons fait figurer néanmoins certains néologismes français particulièrement intéressants, parmi lesquels : bouteur, campage, logiciel, matériel (hardware), roulier, numérique (digital), oriel (bow-window), pont (bridge), stimulateur cardiaque, unité dentaire, vedette fluviale (house-boat), etc.

COMPLÉMENTS & ERRATA

page **4** : Les figures de la nouvelle lune et de la pleine lune sont inversées.
page **26** : 9e ligne : lire « boîte cranienne ».
page **66** : Bois d'œuvre : Lumber.
page **78** : Parapet garni de créneaux : embattled parapet.
(encadré) Echauguette : bartizan/furret.
page **87** : Boîte des jurés : terme employé au Québec.
page **113** : T.G.V. : train à grande vitesse (en service sur les lignes du sud-est de la France ; T.G.V. Atlantique en projet).
page **120** : camion à grande échelle : tower ladder/truck.
page **121** : Bouche d'incendie : fire hydrant/fire plug. Véhicule de
(encadré) secours : pumper/engine.
page **134** : Gear oil pressure gauge : manomètre de pression d'huile de la transmission.
page **203** : 2e ligne : lire « socquettes ».
page **205** : Fermeture à glissière : zipper.
page **214** : 6e ligne : lire « un camée est une pierre... »
page **277** : La référence de pied est : « Office ».
à **281**
page **305** : Sac de golf et matériel : golf bag and club set.
page **324** : Daggerboard : plan anti-dérive.
page **325** : Wet suit jacket : veste de combinaison.

Wet suit pants : pantalon de combinaison.
Rib : nervure.
Vent : évent.
Regulator mouthpiece : boîtier du détendeur.
Inflation hose : tuyau de gonflage avec embout respiratoire.
Auto inflation hose : tuyau de gonflage rapide.
Automatic inflator : commande de gonflage rapide.
Pressure gauge hose : vidange rapide avec soupape.
B C inflator mouthpiece : embout respiratoire de la bouée de sécurité.
page **325** : Regulator : Détendeur (double étage).
(encadré) Valve : robinetterie du bloc-bouteille.
Regulator hose : tuyau du détendeur.
Exhaust port : déflecteur.
page **342** : Figures : picture cards/face cards.
Valet : Jack/Knave.
Reine : Queen
Roi : king.
page **378** : Aiguilles pour machine à tricoter : machine knitting needles.
(encadré) Aiguille à palette : latch needle.
page **476** : Franklin glasses : lire « bésicles » au lieu de « lorgnon ».